2020 국가공인 자격

반려견 스타일리스트

필기 3·2·1급 실기 3·2급

저자 김남진

도서출판 한수

**'반려견스타일리스트'로서
당신의 행복이 더욱 커지길 바랍니다**

근래 몇 년 간 우리나라의 반려동물 문화는 큰 변화를 맞이하고 있습니다. 반려동물 양육 인구의 증가와 맞물려 '반려동물 인구 천만시대'라는 수식어가 국내 사회, 산업, 정치 등 각 분야의 이슈를 만들어내고 있기 때문입니다.

반려동물과 함께하는 이들의 증가는 곧 선진국형 반려동물 문화 정착과 반려동물 복지를 생각하는 사람들이 더욱 많아지고 있다는 뜻입니다. 특히, 영원한 인간의 '벗'이라 불리는 반려견에 대한 관심과 다양한 관련 직업의 탄생 또한 이와 궤를 같이 한다고 볼 수 있을 것입니다.

그 중에서도 '반려견스타일리스트'는 반려견의 위생과 미용을 책임지는 '애견미용사'라는 역할에서 더 나아가, 반려견에 대한 행동과 심리에 대한 이해를 필요로 하는 전문가로서 그 의미가 보다 확장되고 있습니다.

    2020년 1월 1일부로 '반려견스타일리스트' 자격증이 국가공인 민간자격증으로 승격된 이유 또한 반려견과 함께하는 가족을 위한 더욱 책임감 있는 직종으로서의 무게감이 필요했기 때문이 아닐까 싶습니다.

    이 책에서는 '반려견스타일리스트'가 되기 위해서 갖춰야 미용교육에 대한 전문가적인 지식과 기술, 그리고 반려인으로서 반려동물을 대할 때 갖춰야 할 자질 등을 총망라해 수험생들에게 도움이 될 수 있는 내용들만을 담아냈습니다.

    부디 이 책을 통해 모든 사람들의 반려견이 행복해지는 것은 물론, '반려견스타일리스트'르서 당신의 행복 또한 더욱 커질 수 있기를 바랍니다. 감사합니다.

킴스애견미용학원
원장 김남진

【자격 검정 안내】

1. 필기시험 출제 영역 / 8
2. 실기 시험 매뉴얼 / 9
- ① 다이아몬드 클립(Diamond Clip) ··············· 9
- ② 더치 클립(Dutch Clip) ··············· 10
- ③ 램 클립(Lamb Clip) ··············· 12
- ④ 맨해튼 클립(Manhattan Clip) ··············· 14
- ⑤ 볼레로 맨해튼 클립(Bolero Manhattan Clip) ··············· 15
- ⑥ 소리터리 클립(Solitary Clip) ··············· 16
- ⑦ 잉글리시 새들 클립(English Saddle Clip) ··············· 18
- ⑧ 콘티넨털 클립(Continental Clip) ··············· 20
- ⑨ 퍼피 클립(Puppy Clip) ··············· 21
- ⑩ 피츠버그 더치 클립(Pittsburgh Dutch Clip) ··············· 23

3. 유의 사항 / 26
- ① 모델견 기준 ··············· 26
- ② 수험자 복장 기준 ··············· 28
- ③ 미용도구 기준 ··············· 29
- ④ 수험자 준수사항 ··············· 29
- ⑤ 감점기준 ··············· 30
- ⑥ 실격기준 ··············· 30

제1부 반려견스타일리스트 3급

【필기시험】
1. 애완동물 미용 안전·위생 관리 ··············· 32
   - ■ 정답 및 해설 ··············· 43
2. 애완동물 미용 기자재 관리 ··············· 47
   - ■ 정답 및 해설 ··············· 56
3. 애완동물 미용 고객 상담 ··············· 59
   - ■ 정답 및 해설 ··············· 69
4. 애완동물 목욕 ··············· 72
   - ■ 정답 및 해설 ··············· 81
5. 애완동물 기본 미용 ··············· 84
   - ■ 정답 및 해설 ··············· 92
6. 애완동물 일반 미용 ··············· 95
   - ■ 정답 및 해설 ··············· 104

★ Contents

【실기 시험】

1. 반려견스타일리스트 3급 실기시험 초벌 / 110
   - 1) 얼굴 클리핑 ··· 113
   - 2) 풋라인 ··· 114
   - 3) 넥라인 ··· 116
   - 4) 체장 및 체고 ··· 117
   - 5) 좌골 30°, 파팅 라인 설정 ··· 119
   - 6) 왼쪽 뒷다리 측면, 오른쪽 뒷다리 측면 ··· 121
   - 7) 왼쪽 뒷다리 안쪽, 오른쪽 뒷다리 안쪽 / 뒷다리 사이 윗부분 ··· 123
   - 8) 뒷다리 비절 90°, 앵귤레이션 ··· 125
   - 9) 뒷다리 풋라인 ··· 128
   - 10) 몸통 파팅 라인 ··· 130
   - 11) 오른쪽 견갑, 상완, 앞다리 앞 / 왼쪽 견갑, 상완, 앞다리 앞 ··· 131
   - 12) 오른쪽 어깨 다리 측면 / 즉쪽 어깨 다리 측면 ··· 134
   - 13) 오른쪽 앞다리 안쪽, 왼쪽 앞다리 안쪽 / 앞다리 사이 윗부분 ··· 136
   - 14) 오른쪽 앞다리 풋라인, 왼쪽 앞다리 풋라인 ··· 138
   - 15) 왼쪽 옆구리 측면, 언더라인, 앞다리 뒤, 뒷다리 앞 ··· 140
   - 16) 오른쪽 옆구리 측면, 언더라인, 뒷다리 앞, 앞다리 뒤 ··· 142
   - 17) 머리(앞, 측면), 목 측면 ··· 144
   - 18) 후두부, 넥라인, 등선, 머리 ··· 146
   - 19) 귀 ··· 148

2. 반려견스타일리스트 3급 실기시험 재벌 / 149
   - 1) 얼굴클리핑, 머리와 목, 등선, 엉덩이 가슴 ··· 150
   - 2) 뒷다리 ··· 154
   - 3) 앞다리 커트 ··· 160
   - 4) 귀, 꼬리 ··· 164
   - 5) 마무리 다듬기 ··· 168
   - 6) 완성 사진 ··· 170

제2부 반려견스타일리스트 2급

【필기시험】

1. 견체 용어 ··· 174
   - ■ 정답 및 해설 ··· 183
2. 애완동물 응용 미용 ··· 186
   - ■ 정답 및 해설 ··· 195
3. 애완동물 염색 ··· 198
   - ■ 정답 및 해설 ··· 207

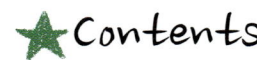

【실기 시험】

1. 반려견스타일리스트 2급 실기시험 초벌 / 210
   1) 램식 초벌(머즐클리핑, 풋라인, 체장, 체고) ……………………………… 210
   2) 램식 초벌(뒷부분) ……………………………………………………… 213
   3) 램식 초벌(앞부분, 몸통 아랫부분) …………………………………… 215
   4) 램식 초벌[클리핑식 초벌(머리, 목)] ………………………………… 218
   5) 램식 초벌[클리핑식 초벌(얼굴, 목 클리핑, 풋라인)] ……………… 220
   6) 램식 초벌[클리핑식 초벌(체장, 체고, 뒷다리 측면, 몸통, 가슴)] … 222
   7) 램식 초벌[클리핑식 초벌(뒷다리 안쪽, 앞다리, 배 아랫부분)] …… 224
   8) 램식 초벌[클리핑식 초벌(머리)] ……………………………………… 227
   9) 다이아몬드 클립 ………………………………………………………… 228
   10) 다이아몬드 클립 완성 ………………………………………………… 252
   11) 맨해튼 클립 …………………………………………………………… 254
   12) 맨해튼 클립 완성 ……………………………………………………… 268
   13) 소리터리 클립 ………………………………………………………… 270
   14) 소리터리 클립 완성 …………………………………………………… 294
   15) 볼레로 클립 …………………………………………………………… 296
   16) 볼레로 클립 완성 ……………………………………………………… 328
   17) 피츠버그 더치 클립 …………………………………………………… 330
   18) 피츠버그 더치 클립 완성 ……………………………………………… 360
   19) 더치 클립 ……………………………………………………………… 362
   20) 더치 클립 완성 ………………………………………………………… 384

제3부 반려견스타일리스트 1급

【필기시험】

1. 애완동물 일반 미용 ………………………………………………………… 388
   ■ 정답 및 해설 ……………………………………………………………… 392
2. 일반 미용(피부와 털) ……………………………………………………… 393
   ■ 정답 및 해설 ……………………………………………………………… 397
3. 애완동물 쇼 미용 …………………………………………………………… 398
   ■ 정답 및 해설 ……………………………………………………………… 407
4. 애완동물 장모종 관리 ……………………………………………………… 410
   ■ 정답 및 해설 ……………………………………………………………… 418

자격 검정 안내

1. 필기시험 출제 영역
2. 실기 시험 매뉴얼
3. 유의 사항

1 필기 시험 출제 영역

시험 과목	학습	학습 내용	1급	2급	3급
반려견 미용 관리	안전 위생 관리	안전교육			○
		안전장비 점검			○
		미용숍 위생 관리			○
		작업자 위생 관리			○
	기자재 관리	미용도구 관리			○
		미용소모품 관리			○
		미용장비 유지보수			○
	고객 상담	고객 응대			○
		고객 관리 차트 작성			○
		애완동물 상태 확인			○
		스타일 상담			○
		작업 후 상담			○
반려견 기초 미용	목욕	빗질			○
		샴푸			○
		린스			○
		드라이			○
	기본 미용	미용도구 활용			○
		발톱 관리			○
		귀 관리			○
		기본 클리핑			○
		기초 시저링			○
반려견 일반 미용 1	일반 미용	개체 특성 파악			○
		클리핑			○
		시저링			○
		트리밍 용어			○
반려견 일반 미용 2	일반 미용	견체 용어		○	
반려견 일반 미용 3	일반 미용	피부와 털	○		
		모색	○		
반려견 특수 미용	응용 미용	응용스타일 구상		○	
		도구 응용 사용		○	
		응용 스타일 완성		○	
	염색	염색 준비		○	
		염색 작업		○	
		염색 마무리		○	
반려견 고급 미용	쇼 미용	품종 표준미용 파악	○		
		테이블 매너 훈련	○		
		쇼 미용 커트	○		
		쇼 미용 스트리핑	○		
		쇼 미용 메이크업	○		
	장모 관리	장모종 브러싱	○		
		장모종 목욕	○		
		장모종 드라잉	○		
		장모종 래핑·밴딩	○		

▶ 자격 검정 안내

 실기 시험 매뉴얼

1 다이아몬드 클립(Diamond Clip)

1. 위그 견체를 준비한다.

2. 양 귀와 네 발목을 고무줄로 밴딩 한다.

3. 얼굴 클리핑하기

   1) 눈끝에서 귀를 향하여 직선의 이미지너리 라인을 설정한다.
   2) 눈끝에서 귀를 향하여 직선의 이미지너리 라인을 설정한다.
   3) 1)과 2)의 이미지너리 라인을 따라 주둥이 전부를 클리핑한다.

4. 풋라인 자르기

   1) 왼쪽 뒷발을 시작으로 네 발등의 높이를 균등히 맞추어 직선으로 자른다.
   2) 풋라인을 U자 형태가 되도록 다듬는다.

5. 체장 길이 자르기

   - 완성될 형태를 고려하여 전구와 후구의 한계 선을 수직으로 잘라낸다.

6. 등선 자르기

   1) 체장의 길이를 고려하여 등의 높이를 정하고 직선으로 자른다.
   2) 엉덩이뼈를 표현할 수 있도록 기울기를 주어 자른다.

7. 파팅 라인 자르기

   - 대칭을 맞추어 좌우 파팅 라인을 자른다.

8. 후구 자르기

   1) 견체의 후구 쪽에 서서 엉덩이에서 발끝을 향하여 부드러운 A라인이 되도록 자른다.
   2) 뒷다리의 내측을 자른다.
   3) 비절에서 지면을 향하여 수직으로 잘라낸다.
   4) 앵귤레이션을 부드러운 곡선 처리하며 잘라낸다.
   5) 비절과 풋라인을 자연스럽게 연결한다.
   6) 뒷다리의 측면과 안쪽의 각을 잘라낸다.

9. 전구 자르기

   1) 앞가슴의 견갑골의 각을 표현할 수 있도록 경사를 주어 자른다.
   2) 견갑골과 이어지는 상완골의 각을 표현할 수 있도록 경사를 주어 자른다.
   3) 앞다리의 앞쪽을 직선으로 자른다.
   4) 반대쪽도 같은 방법으로 자른다.
   5) 견체의 정면에서 어깨의 각을 표현할 수 있도록 경사를 주어 자른다.
   6) 어깨에서부터 가슴과 앞다리 측면을 직선으로 자른다.

7) 반대쪽도 같은 방법으로 대칭을 맞추어 자른다.
8) 좌우 대칭을 맞추어 앞다리의 안쪽을 직선으로 자른다.
9) 앞다리의 뒤쪽을 지면으로부터 수직으로 자른다.
10) 팔꿈치에서 턱업을 향하여 완만한 곡선을 그리며 커트한다.
11) 턱업에서 발끝을 향하여 완만한 곡선을 그리며 커트한다.
12) 목과 탑라인을 제외한 몸통을 정리한다.
13) 반대쪽도 같은 방법으로 커트한다.

10. 두상의 커트

1) 두상의 측면에서 바라보고 두상의 크기를 정하여 길이를 자른다.
2) 깊이 있는 두상을 표현하기 위해 스톱에서부터 경사를 주어 자른다.
3) 양쪽 귀 경계선을 정확히 자른다.
4) 완성될 두상의 크기를 고려하여 귀 구분선에서 사선으로 커트를 한다.
5) 두상의 높이를 결정한 후 수평으로 커트한다.
6) 1)과 같은 각을 주어 두상의 위쪽 좌, 우를 사선으로 커트한다.
7) 반대쪽도 같은 방법으로 커트하되 대칭을 맞춘다.

11. 넥라인 클리핑

1) 콧마루 윗등에서의 같은 높이로 옥서퍼트까지 가위로 파팅 라인을 잡는다.
2) 목 시작 2~2.5cm 위에서 경계 라인을 두고 90° 각을 이룬 지점에서 목 부위 지점에 파팅 라인을 잡는다.
3) 머리 뒷모습의 옥서퍼트와 앞모습은 U자형에 가까운 V자로 클리핑한다.

12. 탑라인 자르기

1) 등에 남아있는 털을 수평하게 자른다.
2) 몸통의 중심 A를 결정한다.
3) A를 중심으로 X자 형태가 되도록 B, C, D, E의 지점을 결정한다.
4) 결정된 X선의 위, 아래 삼각형태 안쪽을 모두 클리핑한다.
5) 반대편도 같은 방법으로 시행한다.
6) 등에 클리핑된 다이아몬드 형태를 확인한다.

2 더치 클립(Dutch Clip)

1. 위그 견체를 준비한다.

2. 양 귀와 네 발목을 고무줄로 밴딩 한다.

3. 얼굴 클리핑하기

1) 눈끝에서 귀를 향하여 직선의 이미지너리 라인을 설정한다.
2) 양 눈끝을 직선으로 이은 이미지너리 라인을 설정한다.
3) 1)과 2)의 이미지너리 라인을 따라 주둥이 전부를 클리핑한다.

4. 풋라인 자르기

1) 왼쪽 뒷발을 시작으로 네 발등의 높이를 균등히 맞추어 직선으로 자른다.

5. 체장 길이 자르기

- 완성될 형태를 고려하여 전구와 후구의 한계선을 수직으로 잘라낸다.

6. 등선 자르기

   1) 체장의 길이를 고려하여 등의 높이를 정하고 수평하게 자른다.
   2) 엉덩이뼈를 표현할 수 있도록 기울기를 주어 자른다.

7. 파팅 라인 자르기

   - 대칭을 맞추어 좌우 파팅 라인을 자른다.

8. 후구 자르기

   1) 견체의 후구쪽에 서서 엉덩이에서 발끝을 향하여 부드러운 A라인이 되도록 자른다.
   2) 뒷다리의 내측을 자른다.
   3) 비절에서 지면을 향하여 수직으로 잘라낸다.
   4) 앵귤레이션을 부드러운 곡선처리하며 잘라낸다.
   5) 비절과 풋라인을 자연스럽게 연결한다.
   6) 뒷다리의 측면과 안쪽의 각을 잘라낸다

9. 전구 자르기

   1) 앞가슴의 견갑골의 각을 표현할 수 있도록 경사를 주어 자른다.
   2) 견갑골과 이어지는 상완골의 각을 표현할 수 있도록 경사를 주어 자른다.
   3) 앞다리의 앞쪽을 직선으로 자른다.
   4) 반대쪽도 같은 방법으로 자른다.
   5) 견체의 정면에서 어깨의 각을 표현할 수 있도록 경사를 주어 자른다.
   6) 어깨에서부터 가슴과 앞다리 측면을 직선으로 자른다.
   7) 반대쪽도 같은 방법으로 대칭을 맞추어 자른다.
   8) 좌우 대칭을 맞추어 앞다리의 안쪽을 직선으로 자른다.
   9) 앞다리의 뒤쪽을 지면으로부터 수직으로 자른다.
   10) 팔꿈치에서 턱업을 향하여 완만한 곡선을 그리며 커트한다.
   11) 턱업에서 발끝을 향하여 완만한 곡선을 그리며 커트한다.
   12) 목과 탑라인을 제외한 몸통을 정리한다.
   13) 반대쪽도 같은 방법으로 커트한다.

10. 두상의 커트

    1) 두상의 측면에서 바라보고 두상의 크기를 정하여 길이를 자른다.
    2) 깊이 있는 두상을 표현하기 위해 스톱에서부터 경사를 주어 자른다.
    3) 양쪽 귀 경계선을 정확히 자른다.
    4) 완성될 두상의 크기를 고려하여 귀 구분선에서 사선으로 커트를 한다.
    5) 두상의 높이를 결정한 후 수평으로 커트한다
    6) 1)과 같은 각을 주어 두상의 위쪽 좌우를 사선으로 커트한다.
    7) 반대쪽도 같은 방법으로 커트하되 대칭을 맞춘다.

11. 넥라인 자르기

    - 후두부 끝나는 곳에서 어깨까지 넥라인을 곡선처리하여 자른다.

12. 탑라인 자르기

    1) 후두부에서 어깨뼈를 향하여 자른다.
    2) 등에 남아있는 털을 수평하게 자른다.

13. 넥라인 밴딩

1) 콧마루 윗등에서 연결되는 높이로 옥서퍼트까지 클리핑 라인을 설정한다.
2) 흉골단에서 3cm 위에서 위더스까지 45° 경사로 가상의 선을 설정한다.
3) 1)과 2)의 설정 부분을 반대쪽도 같은 방식으로 설정하여 클리핑한다.

14. 허리 밴드를 설정한다.

1) 턱업을 기준점으로 하여 지면과 수직이 되도록 설정
2) 턱업의 기준으로 설정한 라인이 몸통 방향으로 꼬리굵기(1.5~2cm) 가상의 선을 지면과 수직이 되도록 설정한다.
3) 설정한 부분을 클리핑하여 밴딩을 완성한다.

15. 등 밴딩 설정

1) 꼬리에서 시작하여 위더스까지 꼬리 굵기로 가상의 선을 완성한다.
2) 가상의 선을 설정시 가위로 위그의 모직이 상하지 않도록 주의한다.

16. 더치 클립 완성

1) 초벌이 된 클립을 전체적인 밸런스에 맞추어 완성한다.
2) 푸들의 견종 표준이 맞는 스퀘어 타입을 표현하면서 좌우, 앞뒤 밸런스 체크하여 클립을 완성한다.

17. 귀길이 자르기

- 전체적인 밸런스를 고려하여 귀의 길이를 잘라낸다.

18. 꼬리 자르기

- 꼬리의 크기를 결정하고 사각의 형태로 이미지너리 라인을 설정한다.
- 꼬리의 하단부를 직선으로 자른다.
- 같은 요령으로 이미지너리 라인에 맞추어 사각 형태로 잘라낸다.
- 사방의 각을 잘라낸다.

19. 더치 클립 밴딩의 포인트

1) 밴딩 부분의 완성은 모서리 부분의 자연스러운 라운딩을 형성하도록 완성한다.
2) 클리핑을 한 모든 부분의 마무리는 밴딩한 부분이 표현이 잘 보일 수 있도록 너무 과하게 블렌딩하지 않는다.

※ 참고 사항: 위의 미용 순서나 방법 등은 이해를 돕기 위한 설명으로 다른 순서나 방법을 활용하여 커트하여도 무관함. 램클립 초벌 작업 이후 밴드 부위를 설정하는 순서로 정리되었으나 램 클립 초벌 작업 없이 하여도 무관함.

3 램 클립(Lamb Clip)

1. 위그 견체를 준비한다.

2. 양 귀와 네 발목을 고무줄로 밴딩 한다.

- 초벌 작업 -
  초벌 작업은 1시간 이내에 마쳐야 하며 아래 순서대로 1회 작업한다.

3. 얼굴 클리핑하기

1) 눈끝에서 귀를 향하여 직선의 이미지너리 라인을 설정한다.

2) 양 눈끝을 직선으로 이은 이미지너리 라인을 설정한다.
3) 1)과 2)의 이미지너리 라인을 따라 주둥이 전부를 클리핑한다.

4. 목 부분 클리핑하기

1) 아담스애플의 위치를 결정하고 귀끝에서 V자 형태를 완성할 수 있는 이미지너리 라인을 설정한다.
2) 이미지너리 라인을 따라 귀끝에서 아담스애플을 향하여 사선으로 클리핑한다.

5. 풋라인 자르기

- 왼쪽 뒷발을 시작으로 네 발등의 높이를 균등히 맞추어 직선으로 자른다.

6. 체장 길이 자르기

- 완성될 형태를 고려하여 전구와 후구의 한계선을 수직으로 잘라낸다.

7. 등선 자르기

1) 체장의 길이를 고려하여 등의 높이를 정하고 수평하게 자른다.
2) 엉덩이뼈를 표현할 수 있도록 기울기를 주어 자른다.

8. 파팅 라인 자르기

- 대칭을 맞추어 좌우 파팅 라인을 자른다.

9. 후구 자르기

1) 견체의 후구쪽에 서서 엉덩이에서 발끝을 향하여 부드러운 A라인이 되도록 자른다.
2) 뒷다리의 내측을 자른다.
3) 비절에서 지면을 향하여 수직으로 잘라낸다.
4) 앵귤레이션을 부드러운 곡선 처리하며 잘라낸다.
5) 비절과 풋라인을 자연스럽게 연결한다.
6) 뒷다리의 측면과 안쪽의 각을 잘라낸다.

10. 전구 자르기

1) 앞가슴의 견갑골의 각을 표현할 수 있도록 경사를 주어 자른다.
2) 견갑골과 이어지는 상완골의 각을 표현할 수 있도록 경사를 주어 자른다.
3) 앞다리의 앞쪽을 직선으로 자른다.
4) 반대쪽도 같은 방법으로 자른다.
5) 견체의 정면에서 어깨의 각을 표현할 수 있도록 경사를 주어 자른다.
6) 어깨에서부터 가슴과 앞다리 측면을 직선으로 자른다.
7) 반대쪽도 같은 방법으로 대칭을 맞추어 자른다.
8) 좌우 대칭을 맞추어 앞다리의 안쪽을 직선으로 자른다.
9) 앞다리의 뒤쪽을 지면으로부터 수직으로 자른다.
10) 팔꿈치에서 턱업을 향하여 완만한 곡선을 그리며 커트한다.
11) 턱업에서 발끝을 향하여 완만한 곡선을 그리며 커트한다.
12) 목과 탑라인을 제외한 몸통을 정리한다.
13) 반대쪽도 같은 방법으로 커트한다.

11. 두상의 커트

1) 두상의 측면에서 바라보고 두상의 크기를 정하여 길이를 자른다.
2) 깊이 있는 두상을 표현하기 위해 스톱에서부터 경사를 주어 자른다.

3) 양쪽 귀 경계선을 정확히 자른다.
   4) 완성될 두상의 크기를 고려하여 귀 구분선에서 사선으로 커트한다.
   5) 두상의 높이를 결정한 후 수평으로 커트한다.
   6) 1)과 같은 각을 주어 두상의 위쪽 좌우를 사선으로 커트한다.
   7) 반대쪽도 같은 방법으로 커트하되 대칭을 맞춘다.

12. 넥라인 자르기

   - 후두부 끝나는 곳에서 어깨까지 넥라인을 곡선 처리하여 자른다.

13. 탑라인 자르기

   1) 후두부에서 어깨뼈를 향하여 자른다.
   2) 등에 남아 있는 털을 수평하게 자른다.

14. 귀길이 자르기

   - 전체적인 밸런스를 고려하여 귀의 길이를 잘라낸다.
   - 마무리 작업 -
     순서에 상관없이 다듬기와 마무리 작업을 한다.

15. 전체적인 면처리와 마무리 작업을 한다.

16. 꼬리 자르기

   - 꼬리의 크기를 결정하고 사각의 형태로 이미지너리 라인을 설정한다.
   - 꼬리의 하단부를 직선으로 자른다.
   - 같은 요령으로 이미지너리 라인에 맞추어 사각 형태로 잘라낸다.
   - 사방의 각을 잘라낸다.

17. 램 클립의 완성도를 확인한다.

4 맨해튼 클립(Manhattan Clip)

1. 견체 모형에 위그 털을 입히고, 한쪽씩 귀를 묶는다.

2. 얼굴을 클리핑한다.

   1) 귀를 젖혀 귀 시작점과 눈 끝을 잇는 가상선을 설정한다.
   2) 클리퍼로 얼굴의 털을 밀어 준다.

3. 목 파팅 라인을 잡은 후 클리핑한다.

   1) 콧마루 윗등에서의 같은 높이로 옥서퍼트까지 가위로 파팅 라인을 잡는다.
   2) 목 시작 2~2.5cm 위에서 경계라인을 두고 90° 각을 이룬 지점에서 목 부위 지점의 파팅 라인을 설정한다.
   3) 머리 뒷모습의 옥서퍼트와 앞모습은 U자형에 가까운 V자로 클리핑한다.

4. 허리 밴드를 설정한다.

   1) 허리 밴드는 턱업을 기준점으로 잡고, 1.5~2cm가량 전구 쪽으로 밴드 폭을 설정한다.
   2) 허리 밴드 쪽을 클리핑한다.

5. 네 다리의 풋라인을 설정한다.

6. 시저링을 한다.

   1) 뒷다리 털을 커트한다.
      - 엉덩이 윗부분, 뒷부분을 커트한다.
      - 꼬리 앞 일직선에서 좌골 끝단으로 30° 각도로 커트한다.
      - 허리 밴드는 일직선으로 커트하고, 좌골 끝단에서 아랫부분으로 자연스러운 커브형으로 잘라 앵귤레이션을 만든다.
      - 앵귤레이션을 만들어준 뒤 뒷다리 안쪽은 짧게 커트하고, 턱업에서 풋라인까지 연결되도록 커브형으로 커트하고 앞부분까지 라운딩으로 커트한다.
   2) 가슴 부위는 볼륨감을 주면서 둥근 원형으로 앞다리 라인을 연결하며 커트한다.
   3) 몸통 부위
      - 언더라인은 몸통과 앞다리 뒤쪽의 턱업 부분을 아치형으로 연결해서 자른다.
      - 백라인은 허리 밴드에서 위더스 부분까지 콧등의 등선을 평행하게 자른다.
   4) 머리를 커트한다.
      - 앞머리를 앞으로 빗어 45°로 커트한다.
      - 눈끝에서 귀 끝의 클리핑한 라인이 보이도록 커트한다.
      - 귀 라인을 따라 귀의 선단이 보이도록 반원으로 커트한다.
      - 머리는 인덴테이션에서 옥서퍼트까지 둥근 형태로 경사가 완만하게 자연스럽게 커트한다.
   5) 귀 커트를 한다.
      - 귀는 흉골단 윗부분에서 커트한다.
      - 귀의 끝이 둥근 원형 라인이 되도록 커트한다.
   6) 꼬리를 견체에 꽂고 꼬리를 둥글게 커트한다.
   7) 전체적인 균형미를 체크하면서 기용을 마무리한다.

5 볼레로 맨해튼 클립(Bolero Manhattan Clip)

1. 견체 모형에 위그 털을 입히고, 한쪽씩 구를 묶는다.

2. 얼굴을 클리핑한다.

   1) 귀를 젖혀 귀 시작점과 눈 끝을 잇는 가상선을 설정한다.
   2) 클리퍼로 얼굴의 털을 밀어준다.

3. 목 파팅 라인을 잡은 후 클리핑한다.

   1) 콧마루 윗등에서 같은 높이로 옥서퍼트까지 가로로 파팅 라인을 잡는다.
   2) 목 시작 2~2.5cm 위에서 경계라인을 두고 30° 각을 이룬 지점에서 목 부위 지점을 파팅 라인을 잡는다.
   3) 머리 뒷모습의 옥서퍼트와 앞모습은 U자형에 가까운 V자로 클리핑한다.

4. 허리 밴드를 설정한다.

   1) 허리 밴드는 턱업을 기준점으로 잡고, 1.5~2cm가량 전구 쪽으로 밴드 폭을 설정한다.
   2) 허리 밴드 쪽을 클리핑한다.

5. 네 다리의 풋라인을 설정한다.

6. 뒷다리 브레이슬릿 만들기

   1) 뒷다리 털을 커트한다.

- 엉덩이 윗부분, 뒷부분을 커트한다.
- 꼬리 앞 일직선에서 좌골 끝단으로 30° 각도로 커트한다.
- 허리 밴드는 일직선으로 커트하고, 좌골 끝단에서 아랫부분으로 자연스러운 커브형으로 잘라 앵귤레이션을 만든다.
- 앵귤레이션을 만들어주고 뒷다리 안쪽은 짧게 커트하고, 턱업에서 풋라인까지 연결되도록 커브형으로 커트하고 앞부분까지 라운딩으로 커트한다.

2) 뒷다리 브레이슬릿을 만든다.
- 뒷다리 비절 3~4cm 위에 가위로 45° 각도의 파팅 라인을 만든다.
- 파팅 라인의 2cm까지 클리핑한다.
- 뒷다리의 파팅 라인을 볼륨감 있게 시저링한다.

3) 가슴 부위는 볼륨감을 주면서 둥근 원형으로 앞다리 라인을 연결하며 커트한다.

4) 몸통 부위
- 언더라인은 몸통과 앞다리 뒤쪽의 턱업 부분을 아치형으로 연결해서 자른다.
- 백라인은 허리 밴드에서 위더스 부분까지 몸통의 등선을 평행하게 자른다.

7. 앞다리 브레이슬릿을 만든다.

1) 앞다리 파팅 라인 설정하기
- 뒷다리의 클리핑 라인과 같은 높이로 앞다리의 파팅 라인을 정한다.
- 파팅 라인의 2cm까지 클리핑한다.

2) 앞다리의 파팅 라인을 볼륨감 있게 시저링을 한다.

3) 머리를 커트한다.
- 앞머리를 앞으로 빗어 45°로 커트한다.
- 눈끝에서 귀 끝의 클리핑한 라인이 보이도록 커트한다.
- 귀 라인을 따라 귀의 선단이 보이도록 반원으로 커트한다.
- 머리는 인덴테이션에서 옥서퍼트까지 둥근 형태로 경사가 완만하게 자연스럽게 커트한다.

4) 귀 커트를 한다.
- 귀는 흉골단 윗부분에서 커트한다.
- 귀의 끝이 둥근 원형 라인이 되도록 커트한다.

5) 꼬리를 견체에 꽂고 꼬리를 둥글게 커트한다.
6) 전체적인 균형미를 체크하면서 미용을 마무리한다.

6 소리터리 클립(Solitary Clip)

1. 위그 견체를 준비한다.

2. 양 귀와 네 발목을 고무줄로 밴딩한다.

3. 얼굴 클리핑하기

1) 클리핑할 부위의 이미지너리 라인을 설정한다..
2) 이미지너리 라인을 따라 주둥이 전부를 클리핑한다.

4. 풋라인 자르기

1) 왼쪽 뒷발을 시작으로 네 발등의 높이를 균등히 맞추어 직선으로 자른다.
2) 풋라인을 U자 형태가 되도록 다듬는다.

5. 체장 길이 자르기

- 완성될 형태를 고려하여 전구와 후구의 한계선을 수직으로 잘라낸다.

6. 등선 자르기

1) 체장의 길이를 고려하여 등의 높이를 정하고 수평으로 자른다.
2) 엉덩이뼈의 각을 표현할 수 있도록 기울기를 주어 자른다.

7. 파팅 라인 자르기

- 대칭을 맞추어 좌우 파팅 라인을 자른다.

8. 후구 자르기

1) 견체의 후구 쪽에 서서 엉덩이에서 발끝을 향하여 부드러운 A라인이 되도록 자른다.
2) 뒷다리의 내측을 자른다.
3) 비절에서 지면을 향하여 수직으로 잘라낸다.
4) 앵귤레이션을 부드러운 곡선처리하며 잘라낸다.
5) 비절과 풋라인을 자연스럽게 연결한다.
6) 뒷다리의 측면과 안쪽의 각을 잘라낸다.

9. 전구 자르기

1) 앞가슴의 견갑골의 각을 표현할 수 있도록 경사를 주어 자른다.
2) 견갑골과 이어지는 상완골의 각을 표현할 수 있도록 경사를 주어 자른다.
3) 앞다리의 앞쪽을 직선으로 자른다.
4) 반대쪽도 같은 방법으로 자른다.
5) 견체의 정면에서 어깨의 각을 표현할 수 있도록 경사를 주어 자른다.
6) 어깨에서부터 가슴과 앞다리 측면을 직선으로 자른다.
7) 반대쪽도 같은 방법으로 대칭을 맞추어 자른다.
8) 좌우 대칭을 맞추어 앞다리의 안쪽을 직선으로 자른다.
9) 앞다리의 뒤쪽을 지면으로부터 수직으로 자른다.
10) 팔꿈치에서 턱업을 향하여 완만한 곡선을 그리며 커트한다.
11) 턱업에서 발끝을 향하여 완만한 곡선을 그리며 커트한다.
12) 목과 탑라인을 제외한 몸통을 정리한다.
13) 반대쪽도 같은 방법으로 커트한다.

10. 두상의 커트

1) 두상의 측면에서 바라보고 두상의 크기를 정하여 길이를 자른다.
2) 깊이 있는 두상을 표현하기 위해 스톱에서부터 경사를 주어 자른다.
3) 양쪽 귀 경계선을 정확히 자른다.
4) 완성될 두상의 크기를 고려하여 귀 구분선에서 사선으로 커트한다.
5) 두상의 높이를 결정한 후 수평으로 커트한다.
6) 1)과 같은 각을 주어 두상의 위쪽 좌우를 사선으로 커트한다.
7) 반대쪽도 같은 방법으로 커트하되 대칭을 갖춘다.

11. 넥라인 클리핑

1) 콧마루 윗등에서 같은 높이로 옥서퍼트까지 가위로 파팅 라인을 잡는다.
2) 목 시작 2~2.5cm 위에서 경계 라인을 두고 90° 각을 이룬 지점에서 목 부위 지점에 파팅 라인을 잡는다.

3) 머리 뒷모습의 옥서퍼트와 앞모습은 U자형에 가까운 V자로 클리핑한다.

12. 탑라인 자르기

   1) 등에 남아있는 털을 수평하게 자른다.
   2) 몸통의 중심점 A에서 좌우 같은 간격으로 B와 C의 지점을 결정한다.
   3) 결정한 이미지너리 라인을 따라 A, B, C를 연결하여 V자 형태로 자른다.
   4) 반대쪽도 같은 방법으로 V자 형태를 자른다.
   5) 견체의 등을 바라보고 첫 번째 정사각형을 확인한다.
   6) 첫 번째 커트된 정사각형에서 일정한 두께를 줄인 두 번째 정사각형의 이미지너리 라인을 설정하여 커트한다.
   7) 4)번의 정사각형과 5)번의 정사각형의 사이를 클리핑하여 등 위에 남은 정사각형을 확인한다.
   8) 클리핑된 곳의 각을 자연스럽게 곡선 처리한다.
   9) 목과 몸에 클리핑된 곳의 각을 자연스럽게 곡선 처리한다.
   10) 두상을 원형으로 커트하여 완성한다.

13. 귀길이 자르기

   - 전체적인 밸런스를 고려하여 귀의 길이를 잘라낸다.

14. 꼬리 자르기

   1) 꼬리의 크기를 결정하고 사각의 형태로 이미지너리 라인을 설정한다.
   2) 꼬리의 하단부를 직선으로 자른다.
   3) 같은 요령으로 이미지너리 라인에 맞추어 사각 형태로 잘라낸 후 원형으로 잘라낸다.

7 잉글리시 새들 클립(English Saddle Clip)

1. 작업을 준비한다.

   1) 위그 견체 모형에 위그 털을 입힌다.
   2) 위그를 전체적으로 브러싱한다.
   3) 양쪽 귀를 한쪽씩 묶는다.
   4) 세트업 부위 털을 하나로 밴딩하여 묶는다.
   5) 위그 견체 모형의 사지를 바로 세운다.

2. 머즐을 클리핑한다.

   - 귀 시작점과 눈끝을 연결하는 가상선을 설정한 후 클리퍼로 클리핑한다.

3. 네 다리의 풋라인을 설정한다.

4. 체장의 길이를 설정하여 커트한다.

   1) 좌골 끝선 수직 일직선으로 커트한다.
      - 엉덩이 뒷부분을 커트한다.
   2) 앞가슴을 수직 일직선으로 커트한다.
      - 앞가슴을 수직 일직선으로 커트하여 스퀘어 타입의 체형을 만든다.

5. 몸통을 초벌 커트한다.

   1) 몸통 부위를 적당한 길이로 초벌 커트한다.
   2) 좌골 위 등선을 커트한다.

- 엉덩이 윗부분을 일직선으로 커트한다.
3) 뒷다리를 커트한다.
- 뒷다리 측면 양쪽을 뒤에서 보았을 때 A라인이 되도록 적당한 길이로 커트한다.
- 뒷다리 안쪽을 적당한 폭으로 커트한다.
- 새들과 어퍼 브레이슬릿 분리선은 새들 윗부분 아래 지점이 턱업 높이에서 10~20°가량 앞선이 내려가도록 가위로 라인을 잡는다.
- 어퍼 브레이슬릿과 리어 브레이슬릿의 경계는 중간 높이에서 45°가량 앞선이 내려가도록 가위선을 넣는다.
- 반대쪽도 동일한 방법으로 분리선을 만든다.
- 안쪽 분리선도 측면 분리선으로 이어지도록 한다.
4) 프런트 브레이슬릿을 만든다.
- 엘보 경계라인을 정하여 커트한다.
- 프런트 브레이슬릿의 윗부분에서 엘보까지 클리핑한다.
- 반대쪽 앞다리도 동일하게 커트한다.
- 프런트 브레이슬릿의 윗부분에서 엘보까지 클리핑한다.
5) 키드니패치를 반달 모양으로 클리핑한다.

6. 재벌 커트를 한다.

1) 앞가슴 커트를 한다.
- 가슴 부분에 볼륨감을 살려 커트한다.
2) 자켓과 새들의 경계라인을 설정한다.
- 자켓과 새들의 경계라인은 턱업보다 약간 앞 지점으로 경계라인을 설정한다.
- 반대쪽도 같은 방법으로 가슴과 옆선을 다듬는다.
3) 새들을 커트한다.
- 새들 윗부분을 일직선으로 커트한 후 엉덩이 뒷부분이 내려가도록 30° 각도로 기울여 볼륨감 있게 커트한다.
- 새들 아랫부분과 뒷부분을 연결하여 커트한다.
- 새들 측면 부위는 양쪽이 짧아지도록 커트하여 허리의 경계를 만든다.
- 키드니패치 가장자리를 커트한다.
4) 뒷다리를 재벌 커트한다.
- 어퍼 브레이슬릿 뒷부분은 짧게 앞부분은 길게 커트하고 라운딩한다.
- 어퍼 브레이슬릿 측면과 안쪽 모두 원형으로 커트한다.
- 리어 브레이슬릿 앞부분은 짧게 윗부분은 길게 라운딩한다.
- 리어 브레이슬릿 측면과 안쪽 모두 원형으로 커트한다.
5) 앞다리를 재벌 커트한다.
- 프런트 브레이슬릿을 적당한 크기의 원형이 되도록 커트한다.
- 뒷다리 안쪽 윗부분 털을 커트하여 연결한다.

7. 세팅을 한다.

1) 세팅 준비를 한다.
- 세팅 준비를 위해 등선에서 머리 부분까지 충분히 브러싱한다.
2) 스웰을 잡는다.
- 앞머리 스웰 부분을 고무줄로 밴딩한다.
- 스웰 뒷부분을 적당한 간격으로 2~3등분 나누어 밴딩한다.
- 앞머리를 밴딩한 스웰의 뒷부분을 잡고 당겨 스웰의 볼륨감을 만들어 준다.
- 스웰 뒤 두 번째 고무밴딩은 앞부분 털의 절반 정도와 첫 번째 밴딩 털 전체를 모두 합하여 밴딩한다.
- 손가락 및 꼬리빗을 사용하여 스웰을 완성시킨다.

3) 헤어스프레이를 이용하여 세팅을 올린다.
- 앞머리 스웰 부분을 헤어스프레이로 고정시킨다.
- 앞머리를 조금씩 나누어 코밍하고 헤어스프레이를 뿌려준다.
- 간격을 조금씩 나누어 세팅하며 털이 지나치게 뭉치지 않도록 주의한다.
- 등선까지 모두 세팅하여 고정시킨다.
- 세팅 윗부분과 가장자리 부분 모두 코밍하여 헤어스프레이로 고정시킨다.
- 세팅 후 앞머리 부분은 자연스럽게 연결되도록 헤어스프레이를 도포하여 마무리한다.
- 세팅된 털을 적당한 길이로 커트한다.
- 세팅 부분 및 몸통 옆면의 튀어나온 털을 전체적으로 치핑해준다.
4) 귀와 꼬리를 커트한다.
- 귀의 길이를 흉골 위치보다 약간 위로 선정하여 커트한다.
- 꼬리를 둥근 모양으로 커트한다.

8. 잉글리시 새들 클립의 완성도를 확인한다.

8 콘티넨털 클립(Continental Clip)

1. 작업을 준비한다.

   1) 위그 견체 모형에 위그 털을 입힌다.
   2) 위그를 전체적으로 브러싱한다.
   3) 양쪽 귀를 한쪽씩 묶는다.
   4) 세트업 부위 털을 하나로 밴딩하여 묶는다.
   5) 위그 견체 모형의 사지를 바로 세운다.

2. 머즐을 클리핑한다.

   - 귀 시작점과 눈끝을 연결하는 가상선을 설정한 후 클리퍼로 클리핑한다.

3. 네 다리의 풋라인을 설정한다.

4. 앞가슴 길이와 몸통 길이를 설정하여 커트한다.

   1) 앞가슴을 수직 일직선으로 커트한다.
   2) 몸통 길이를 적당한 길이로 설정하여 커트한다.

5. 브레이슬릿을 만든다.

   1) 리어 브레이슬릿의 높이를 정하여 로제트 아래까지 클리핑한다.
      - 뒷다리 비절 약간 위에서 가로로 45° 각도의 파팅 라인을 만든다.
   2) 앞다리 프론트 브레이슬릿을 만든다.
      - 뒷다리 리어 브레이슬릿과 같은 높이로 앞다리 프론트 브레이슬릿의 위치를 정한다.
      - 엘보우 경계 라인을 설정한다.
      - 프론트 브레이슬릿 윗부분부터 엘보까지 클리핑한다.

6. 로제트를 만든다.

   1) 로제트 뒤 경계는 좌골 끝에서 약간 앞 지점에서 가위선을 넣어 경계 라인을 설정한다.
   2) 턱업을 기준으로 메인 코트의 위치를 정하고 약 1cm 뒤쪽으로 로제트의 앞쪽 위치를 설정한다.
   3) 로제트와 자켓의 경계를 설정한 후 클리핑한다.

    4) 로제트와 로제트 사이의 경계는 꼬리 두께로 정하여 클리핑한다.
    5) 상하, 좌우 같은 넓이로 로제트의 기초 크기를 설정한다.
    6) 사각형 형태를 기준으로 로제트의 가장자리를 원형으로 클리핑한다.

7. 재벌 커트 및 다듬기

    1) 가슴 및 몸통을 커트한다.
        - 가슴 부분에 볼륨감을 살리기 위해 둥근 원형으로 커트한다.
        - 파팅 라인과 몸통 자켓 부분이 가슴과 연결되도록 원형으로 커트한다.
    2) 로제트를 커트한다.
        - 로제트의 볼륨을 살려 둥근 원형으로 커트한다.
    3) 브레이슬릿을 커트한다.
        - 리어 브레이슬릿 앞과 뒤를 둥근 원형으로 커트한다.
        - 앞부분은 짧게 뒷부분은 풋라인 지점에서 45°로 각을 주어 길게 커트한다.
        - 안쪽은 짧게 측면을 길게 볼륨을 살려 원형으로 커트한다.
        - 프론트 브레이슬릿은 둥근 원형으로 커트한다.

8. 세팅을 한다.

    1) 세팅 준비를 한다.
        - 세팅 준비를 위해 등선에서 머리 부분까지 충분히 브러싱한다.
    2) 스웰을 잡는다.
        - 앞머리 스웰 부분을 고무줄로 밴딩한다.
        - 스웰 뒷부분을 간격을 나누어 2~3등분하여 밴딩한다.
        - 앞머리를 밴딩한 스웰의 뒷부분을 잡고 당겨 스웰의 볼륨감을 만들어 준다.
        - 손가락 및 꼬리빗을 사용하여 볼륨감을 더해준다.
        - 스웰 위 두 번째 고무밴딩은 뒷부분 털의 절반과, 첫 번째 밴딩의 전체 털과 합하여 밴딩한다.
    3) 헤어스프레이를 이용하여 세팅을 올린다.
        - 앞머리 스웰 부분을 헤어스프레이로 고정시킨다.
        - 앞머리를 조금씩 나누어 코밍하고 헤어스프레이를 뿌려준다.
        - 간격을 조금씩 나누어 세팅하며 털이 지나치게 뭉치지 않도록 주의한다.
        - 등선까지 모두 세팅하여 고정시킨다.
        - 세팅 윗부분과 가장자리 부분 모두 코밍하여 헤어스프레이로 고정시킨다.
        - 세팅 후 긴 털들은 적당한 길이로 커트한다.
        - 세팅 부분 및 몸통 옆면의 튀어나온 털을 전체적으로 치핑해준다.
        - 귀의 길이를 흉골 위치보다 약간 위로 선정하여 커트한다.
        - 꼬리를 둥근 모양으로 커트한다.
        - 전체적으로 튀어나온 털이 없는지 확인한 후 치핑하여 마무리한다.

9. 콘티넨털 클립의 완성도를 확인한다.

9 퍼피 클립(Puppy Clip)

1. 작업을 준비한다.

    1) 위그 견체 모형에 위그 털을 입힌다.
    2) 위그를 전체적으로 브러싱한다.

3) 양쪽 귀를 한쪽씩 묶는다.
4) 세트업 부위 털을 하나로 밴딩하여 묶는다.
5) 위그 견체 모형의 사지를 바로 세운다.

2. 머즐을 클리핑한다.

- 귀 시작점과 눈끝을 연결하는 가상선을 설정한 후 클리퍼로 클리핑한다.

3. 네 다리의 풋라인을 설정한다.

4. 체장의 길이를 설정하여 커트한다.

1) 좌골 끝선 수직 일직선으로 커트한다.
- 엉덩이 뒷부분을 커트한다.
2) 앞가슴을 수직 일직선으로 커트한다.
- 앞가슴을 수직 일직선으로 커트하여 스퀘어 타입의 체형을 만든다.

5. 체고 길이를 설정하여 커트한다.

1) 좌골 위에서 등선을 향하여 30°의 각도로 기울여 커트한다.
- 엉덩이 윗부분을 커트한다.

6. 앵귤레이션을 만든다.

1) 좌골 밑 일직선으로 커트한다.
- 좌골 밑 앵귤레이션 각도를 돋보이게 커트한다.
- 좌골 끝단이 완만한 선이 되도록 커트한다.

7. 뒷다리를 커트한다.

1) 뒷다리 측면 털을 커트한다.
- 뒷다리의 양쪽 측면부위가 A자 형태가 되도록 커트한다.
2) 뒷다리 안쪽 털을 커트한다.
- 뒷다리 안쪽 털이 적당한 간격이 되도록 커트한다.
- 뒷다리 안쪽 윗부분 털을 커트하여 연결한다.

8. 풋라인을 둥글게 커트한다.

- 풋라인 뒷부분을 45°로 커트하고, 가장자리는 둥근 원형이 되도록 한다.

9. 몸통 양쪽 옆 라인의 털을 초벌 커트한다.

10. 앞가슴을 커트한다.

1) 앞가슴의 볼륨을 살려 커트한다.
- 우측 앞가슴을 둥글게 커트한다.
- 우측 앞가슴에서 앞다리 앞선으로 연결하여 커트한다.
- 좌측 앞가슴을 볼륨감을 주어 커트한다.
- 좌측 앞가슴에서 앞다리 앞선으로 연결하여 커트한다.

11. 앞다리를 커트한다.

1) 양쪽 다리 측면을 커트한다.
- 우측 앞다리 측면 부위를 일직선으로 커트한다.
- 좌측 앞다리 측면 부위를 일직선으로 커트한다.

2) 앞다리 안쪽을 커트한다.
- 앞다리 안쪽 부위를 적당한 간격이 되도록 커트한다.
- 앞다리 윗부분을 연결하여 커트한다.

12. 몸통 옆면을 커트한다.

1) 몸통의 왼쪽 측면과 언더라인을 커트한다.
- 옆구리 측면 부위에서 언더라인을 연결하여 커트한다.
- 턱업에서 앞으로 15° 정도로 기울여 언더라인을 커트한다.
2) 앞다리 뒷부분을 커트한다.
- 앞다리 뒷부분을 일직선으로 커트하여 언더라인과 연결되도록 자연스럽게 커트한다.
3) 뒷다리 슬로프 라인을 커트한다.
- 뒷다리 슬로프 라인은 턱업에서 풋라인까지 곡선이 되도록 커트한다.
4) 몸통의 오른쪽도 동일한 방법으로 커트한다.

13. 세트업 작업을 한다.

1) 세팅 준비를 한다.
- 세팅 준비를 위해 등선에서 머리 부분까지 충분히 브러싱한다.
2) 스웰을 잡는다.
- 앞머리 스웰 부분을 고무줄로 밴딩한다.
- 스웰 뒷부분을 간격을 나누어 2~3등분하여 밴딩한다.
- 앞머리를 밴딩한 스웰의 뒷부분을 잡고 당겨 스웰의 볼륨감을 만들어 준다.
- 손가락 및 꼬리빗을 사용하여 볼륨감을 더해준다.
- 스웰 위 두 번째 고무밴딩은 뒷부분 털의 절반과, 첫 번째 밴딩은 전체 털과 합하여 밴딩한다.
3) 헤어스프레이를 이용하여 세팅을 올린다.
- 앞머리 스웰 부분을 헤어스프레이로 고정시킨다.
- 앞머리를 조금씩 나누어 코밍하고 헤어스프레이를 뿌려준다.
- 간격을 조금씩 나누어 세팅하며 털이 지나치게 뭉치지 않도록 주의한다.
- 등선까지 모두 세팅하여 고정시킨다.
- 세팅 윗부분과 가장자리 부분 모두 코밍하여 헤어스프레이로 고정시킨다.
- 세팅 부분을 적당한 길이로 커트한다.
- 세팅 부분 및 몸통 옆면의 튀어나온 털을 전체적으로 치핑해준다.
- 귀의 길이를 흉골 위치보다 약간 위로 선정하여 커트한다.
- 꼬리를 둥근 모양으로 커트한다.

15. 전체적인 밸런스를 고려하여 완성 상태를 확인한다.

10 피츠버그 더치 클립(Pittsburgh Dutch Clip)

1. 위그 견체를 준비한다.

2. 양 귀와 네 발목을 고무줄로 밴딩한다.

3. 얼굴 클리핑하기

1) 눈끝에서 귀를 향하여 직선의 이미지너리 라인을 설정한다.
2) 양 눈끝을 직선으로 이은 이미지너리 라인을 설정한다.

3) 1)과 2)의 이미지너리 라인을 따라 주둥이 전부를 클리핑한다.

4. 풋라인 자르기

- 왼쪽 뒷발을 시작으로 네 발등의 높이를 균등하게 맞추어 직선으로 자른다.

5. 체장 길이 자르기

- 완성될 형태를 고려하여 전구와 후구의 한계선을 수직으로 잘라낸다.

6. 등선 자르기

1) 체장의 길이를 고려하여 등의 높이를 정하고 수평하게 자른다.
2) 엉덩이뼈를 표현할 수 있도록 기울기를 주어 자른다.

7. 파팅 라인 자르기

- 대칭을 맞추어 좌우 파팅 라인을 자른다.

8. 후구 자르기

1) 견체의 후구 쪽에 서서 엉덩이에서 발끝을 향하여 부드러운 A라인이 되도록 자른다.
2) 뒷다리의 내측을 자른다.
3) 비절에서 지면을 향하여 수직으로 잘라낸다.
4) 앵귤레이션을 부드러운 곡선 처리하며 잘라낸다.
5) 비절과 풋라인을 자연스럽게 연결한다.
6) 뒷다리의 측면과 안쪽의 각을 잘라낸다.

9. 전구 자르기

1) 앞가슴의 견갑골의 각을 표현할 수 있도록 경사를 주어 자른다.
2) 견갑골과 이어지는 상완골의 각을 표현할 수 있도록 경사를 주어 자른다.
3) 앞다리의 앞쪽을 직선으로 자른다.
4) 반대쪽도 같은 방법으로 자른다.
5) 견체의 정면에서 어깨의 각을 표현할 수 있도록 경사를 주어 자른다.
6) 어깨에서부터 가슴과 앞다리 측면을 직선으로 자른다.
7) 반대쪽도 같은 방법으로 대칭을 맞추어 자른다.
8) 좌우 대칭을 맞추어 앞다리의 안쪽을 직선으로 자른다.
9) 앞다리의 뒤쪽을 지면으로부터 수직으로 자른다.
10) 팔꿈치에서 턱업을 향하여 완만한 곡선을 그리며 커트한다.
11) 턱업에서 발끝을 향하여 완만한 곡선을 그리며 커트한다.
12) 목과 탑라인을 제외한 몸통을 정리한다.
13) 반대쪽도 같은 방법으로 커트한다.

10. 두상의 커트

1) 두상의 반대쪽에서 바라보고 두상의 크기를 정하여 길이를 자른다.
2) 깊이 있는 두상을 표현하기 위해 스톱에서부터 경사를 주어 자른다.
3) 양쪽 귀 경계선을 정확히 자른다.
4) 완성될 두상의 크기를 고려하여 귀 구분선에서 사선으로 커트한다.
5) 두상의 높이를 결정한 후 수평으로 커트한다.
6) 1)과 같은 각을 주어 두상의 위쪽 좌우를 사선으로 커트한다.
7) 반대쪽도 같은 방법으로 커트하되 대칭을 맞춘다.

11. 넥라인 자르기

- 후두부 끝나는 곳에서 어깨까지 넥라인을 곡선 처리하여 자른다.

12. 탑라인 자르기

1) 후두부에서 어깨뼈를 향하여 자른다.
2) 등에 남아있는 털을 수평하게 자른다.

13. 넥라인 밴딩

1) 콧마루 윗등에서 연결되는 높이로 옥서퍼트까지 가상의 선을 설정한다.
2) 흉골단에서 3cm 위에서 위더스까지 45° 경사로 가상의 선을 설정한다.
3) 1)과 2)의 설정 부분을 반대쪽도 같은 방식으로 설정하여 목 부분의 좌우를 동일하게 클리핑하여 완성한다.

14. 허리 밴드를 설정

1) 턱업을 기준점으로 하여 지면과 수직이 되도록 설정한다.
2) 턱업의 기준으로 설정한 라인이 몸통 방향으로 꼬리굵기(1.5~2cm) 가상의 선을 지면과 수직이 되도록 설정한다.
3) 설정한 부분을 클리핑하여 밴드를 완성한다.

15. 등 밴딩 설정

1) 허리 밴딩을 시작으로 위더스까지 꼬리 굵기의 가상의 선을 설정한다.
2) 가상의 선을 설정할 때 가위가 위그의 모직이 상하지 않도록 주의한다.

16. 피츠버그 더치 클립 완성

1) 초벌이 된 클립을 전체적인 밸런스에 맞추어 완성한다.
2) 푸들의 견종 표준이 맞는 스퀘어 타입을 표현하면서 좌우, 앞뒤 밸런스를 체크한다.

17. 귀길이 자르기

- 전체적인 밸런스를 고려하여 귀의 길이를 잘라낸다.

18. 꼬리 자르기

1) 꼬리의 크기를 결정하고 사각의 형태로 이미지너리 라인을 설정한다.
2) 꼬리의 하단부를 직선으로 자른다.
3) 같은 요령으로 이미지너리 라인에 맞추어 사각 형태로 잘라낸다.
4) 사방의 각을 잘라낸다.

19. 피츠버그 더치 클립의 포인트

1) 몸통 부분의 밴딩의 완성은 자연스러운 라운딩이 되도록 완성한다.
2) 클리핑한 모든 부분의 마무리는 밴딩한 부분이 잘 보일 수 있도록 너무 과하게 블렌딩하지 않는다.

※ 참고 사항: 위의 미용 순서나 방법 등은 이해를 돕기 위한 설명으로 다른 순서나 방법을 활용하여 커트하여도 무관함. 램 클립 초벌작업 이후 밴드 부위를 설정하는 순서로 정리되었으나 램 클립 초벌작업 없이 작업하여도 무관함.

3 유의 사항

다음 사항은 공정한 평가를 위한 제반 조건이오니 사전에 충분히 숙지하시어 불상사가 없도록 각별히 유의하시기 바랍니다. 매우 중요한 사항입니다.

- 모든 밴드는 실견에 통상적으로 사용하는 재질로 검은색만 허용
- (선택)이라고 표기된 것 이외엔 모두 준수해야 되는 필수 사항임.

1 모델견 기준

1. 위그 및 견체 모형

① 위그(시험실 입실 전 브러싱 완료)와 견체 모형은 모두 수험자가 지참하고 시험실에 입실
② 견체 모형은 딱딱한 재질에 모든 다리 부위는 움직일 수 있어야 하고 훼손 또는 변형 금지
③ 견체 모형, 귀, 꼬리, 꼬리털에는 어떠한 패턴이나 표시, 이름 표기 금지
④ (선택) 배의 벨크로 부분을 꿰맬 필요가 있을 경우, 흰색 실만 허용
⑤ 시험실의 미용 테이블에서 위그의 머리는 수험자의 오른손 방향에 위치

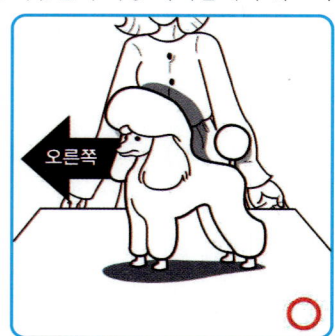

2. 털길이

등급	시험 과목	해당 클립	털길이(cm)	
			세트업	세트업 외
사범	쇼 미용	잉글리시 새들, 콘티넨털, 퍼피	13	7
1급	쇼 미용	잉글리시 새들, 콘티넨털, 퍼피	13	7
2급	응용 미용	맨해튼탄, 볼레로맨해튼, 소리터리, 다이아몬드, 더치, 피츠버그 더치	7	7
3급	일반 미용	램	7	7

① 물리력을 가하지 않은 자연 상태에서의 최소치임.
② 쇼 미용의 메인 코트 이상의 부위 털은 모두 13cm 이상이어야 함. (머즐, 세트업 부위 등의 털 길이 포함)

3. 눈, 코, 꼬리 및 꼬리털

① 위그의 양쪽 눈, 코, 꼬리와 꼬리털을 모두 준비해서 입실
② 눈은 아몬드형 검은색, 코는 입술이 없는 검은색만 허용
③ 가능한 꼬리와 꼬리털은 마무리 단계에서 반드시 견체에 부착 후 작업
④ 꼬리털은 밴드(검은색)로 꼬리 견체에 고정

⑤ (선택 사항)
- 코를 장착하기 위해 필요한 경우, 글루건이나 본드로 붙이는 것만 허용
- 꼬리 위치의 표시가 필요한 경우, 꼬리 위치 털에 가로·세로 각각 1cm 이하의 크기로 밴딩(검은색)만 허용

4. 귀털/밴딩

① 다음과 같이 사전에 준비하여 시험실에 입실
　가) 양 갈래로 묶는 것만 허용 (땋거나 코반 등 사용 금지)
　나) 양쪽 귀를 따로 밴딩

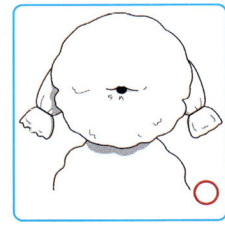 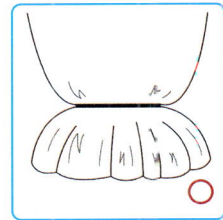

　다) 쇼 미용은 세트업 부위의 털을 한 개로 밴딩. 이미지너리 라인의 구분은 패턴 표시로 간주될 수 있으므로 눈과 코가 가려지도록 밴딩

 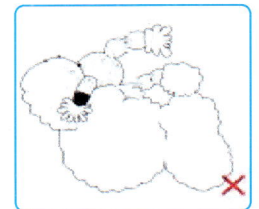

② 귀의 털을 머리 위로 묶는 것 금지(털길이 확인시 지장 초래)

5. 발/다리

① 4개의 모든 다리 부위 털을 견체의 발목 부위에 밴드(검은색)로 고정
② (선택) 견체의 수평 유지를 위해 필요한 경우, 총 3개 이하의 발바닥 부위에 발바닥보다 작은 크기로 패드 부착 허용

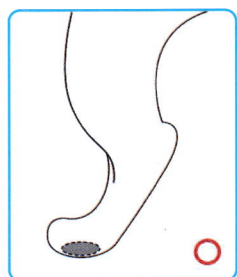 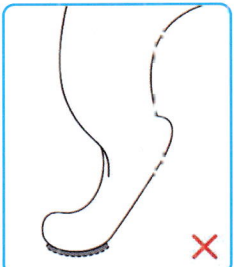

6. 밴드

상기 모델견에 사용하는 모든 밴드는 실견에 통상적으로 사용하는 재질로 검은색만 허용

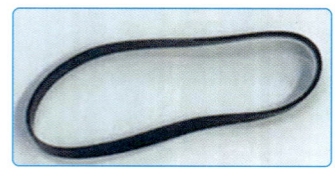

2 수험자 복장 기준

1. 가운

① 색상: 검은색(무늬가 없는 단일 색)
② 재질: 털이 붙지 않는 것만 허용(중량, 조직, 두께, 소재 등에 제한 없음)
③ 모양: 상의와 긴 바지 사이즈, 디자인, 칼라 여부, 소매길이, 주머니 유무·개수, 지퍼 장식, 단추 방식 등에 제한 없음.
④ 기타
  • 가운엔 일체의 무늬, 표식, 큐빅 등이 없어야 함.
  • 크기에 관계없이 무늬 등을 가리기 위한 테이프 부착이나 헝겊 덧대기 불가
  • 가운 안에 별도의 옷을 착용해야 하는 경우 반드시 무늬, 표식, 큐빅이 없는 검은색 옷만 허용 (소재, 모양 제한 없음)

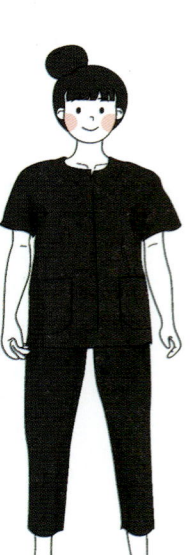

2. 액세서리 등

① 액세서리
  • 귀걸이, 목걸이, 반지, 팔찌, 피어싱 등 금지
  • 헤어핀, 머리끈(평이한 모양으로 리본, 무늬 같은 일체의 장식이 없는 검은색만 허용)
② 손톱: 매니큐어, 네일아트 등 금지

③ 모자, 두건: 일체 착용 금지
④ 가운 외부로 노출되는 문신: 반드시 가려야 하며 긴소매, 토시(검은색), 밴드(살색)만 허용
⑤ (선택 사항)
  • 시계: 스마트 워치는 금지
  • 마스크: 흰색만 허용(재질, 모양에 제한 없음)

3 미용도구 기준

1. 미용도구

　① 시판 상태 그대로 사용(단, 구매시 부착된 표기, 스티커, 테이프 등은 입실 전 제거)
　② 선택 사항
　　• 가위에 부착: 고무링(색상 무관)만 허용
　　• 벨트형 가위집: 표기나 무늬가 없는 검은색만 허용

2. 바구니

　미용도구를 다음 조건의 바구니에 담아 입실
　① 색상: 무늬가 없는 흰색
　② 규격(cm): 사각형이면 무방(가로 30~35, 세로 20~25, 높이 5~10)
　③ 스티커 부착이나 이름 등 일체의 표기 금지

4 수험자 준수사항

1. 감독위원의 지시에 따를 것

2. 시험 당일 신분증을 지참할 것(＊미지참시 응시 불가)

　① 신분증엔 반드시 수험자 본인의 사진과 생년월일이 기재되어야 함.
　② 상기 2가지 조건이 모두 충족된 주민등록증, 운전면허증, 여권, 국가자격증, 학생증만 인정

3. 시험 당일 수험표를 지참할 것
4. 시험 시작 전, 시험 종료 후 수험자 정면에서의 사진 촬영에 협조할 것
5. 왼손잡이도 오른손잡이와 동일한 방향으로 작업할 것
6. 시험 준비물이 기준에 부합하는지 수험자 본인이 반드시 사전에 확인할 것
7. 미용도구는 사전에 충분히 충전할 것(시험 중 시험실 내 전기시설 이용 불가)
8. 시험 중 미용도구는 본인의 것만 사용할 것
9. 테이블에 암 설치를 하지 말 것
10. 테이블 위에 매트를 설치하지 말 것
11. 의자에 앉아서 작업하지 말 것
12. 실견을 미용한다는 개념을 갖고 작업할 것
13. 3급은 블런트 가위(길이 제한 없음)만 사용할 것
14. 미용 작업 중 미용 테이블 위에 미용도구를 보관하지 말 것
15. 시험 종료가 선언되면 작업을 즉시 중단하고 다음 사항을 수행할 것

　① 절단된 털을 비치된 비닐봉투에 정리
　② 견체의 모든 발바닥이 미용테이블에 완전히 접촉되도록 바르게 세우고 시험 감독위원의 안내를 따를 것

5 감점기준

■ 감점 시 시험 현장에서 수험자 본인에게 사유와 함께 공지함.

1. 미용작업을 하지 않은 손의 위치

    작업 중 작업자의 손으로 모델견을 안전하게 보정해야 함.

2. 모델견 다리, 발, 발바닥 위치

    작업 중 모델견의 2개 이상의 발은 테이블 바닥에 닿아 있어야 함.

3. 모델견의 넘어짐 등

    작업 중 모델견이 넘어지거나 테이블 밑으로 떨어져서는 안 됨.

4. 모델견 머리 위치

    작업 중 모델견 머리의 위치나 방향이 바뀌어서는 안 됨.

6 실격기준

■ 시험 시작 전 및 시험 종료 후 수험자 사진 촬영이 누락된 경우 점수에 관계없이 실격되며 유형에 따라 다음과 같이 퇴실 조치

1. 퇴실

    ① 수험자가 작업 중 상해를 입은 경우
    ② 미용작업 중 모델견의 몸체 부위가 찢어진 경우
    ③ 수험자 복장이 기준에 위배된 경우
    ④ 미용도구가 기준에 위배된 경우
    ⑤ 모델견이 기준에 위배된 경우

2. 상황에 따라 퇴실

    ① 시험감독이 사전검사 선언 이후 시험 종료 선언까지의 시간 중 다른 수험자와 대화하는 경우
    ② 모델견에서 색칠, 표기, 패턴, 부착물 등이 발견된 경우
    ③ 휴대폰이 OFF로 되어 있지 않은 경우
    ④ 시험 중 감독위원의 채점표를 들여다보는 경우
    ⑤ 시험장에서 소란을 일으키는 경우

3. 퇴실 유예

    ① 작업 중 작업하지 않는 손이 5회 이상 모델견을 보정하지 않은 경우
    ② 모델견 발 3개 이상이 미용 테이블 바닥으로부터 동시에 5회 이상 떨어진 경우
    ③ 모델견의 머리 방향이 3회 이상 바뀐 경우
    ④ 모델견이 미용 테이블에서 3회 이상 넘어지거나 2회 이상 시험실 바닥으로 추락한 경우
    ⑤ 시험 과제와 다른 클립을 작업하는 경우
    ⑥ 3급 수험자가 블런트 가위가 아닌 다른 가위를 사용하는 경우
    ⑦ 실견이라면 할 수 없는 방식으로 모델견을 취급하거나 미용작업을 한 경우
    ⑧ 미용작업 전 및 미용작업 후 사진이 누락된 경우

출처 : (사)한국애견협회

반려견스타일리스트

3급

1 애완동물 미용 안전 · 위생 관리

1. **작업장과 미용숍의 구분으로 바르지 못한 것을 고르시오.**
   ① 원활한 작업을 위한 애완동물의 대기 공간을 작업장으로 구분한다.
   ② 애완동물 관련 용품을 전시해두는 곳은 미용숍으로 구분한다.
   ③ 고객과 상담을 하고 관련 용품을 판매하는 곳을 미용숍을 의미한다.
   ④ 작업장과 미용숍은 의미를 구분하여 관리한다.
   ⑤ 작업장은 애완동물을 실제 미용하는 공간을 의미한다.

2. **작업자 관련 안전 수칙으로 바르지 못한 것을 고르시오.**
   ① 작업자는 미용숍과 작업장 안에 있는 작업 도구를 주기적으로 점검해야 한다.
   ② 작업자는 동물의 안정을 위해 간식을 주어 친밀감을 형성한 후에 미용한다.
   ③ 작업자는 미용숍과 작업장 안에 환경을 청결하게 유지한다.
   ④ 작업자는 작업 중 안전사고를 방지하기 위해 동물과 작업에만 집중한다.
   ⑤ 작업자는 애완동물을 미용할 때 음주나 흡연을 하지 않는다.

3. **다음 중 전기 및 화재 안전 수칙으로 바르지 못한 것을 고르시오.**
   ① 작업자는 인화성 있는 제품과 화학제품의 취급에 주의한다.
   ② 작업자는 물기가 있는 손으로 전기 관련 작업 도구를 만지지 않는다.
   ③ 작업자는 소화기의 비치 장소와 사용 방법을 숙지하고 있어야 한다.
   ④ 작업자는 하수구에 유류 관련 제품을 버리지 않는다.
   ⑤ 작업자는 작업장에서 전기 고장을 발견하면 직접 수리한다.

4. **다음 중 애완동물에게 발생할 수 있는 안전사고에 대한 설명으로 바르지 못한 것을 고르시오.**
   ① 동물의 피부는 사람의 피부보다 취약하기 때문에 낮은 온도에서도 화상을 입을 수 있다.
   ② 호기심이 많은 어린 동물의 경우 이물질을 섭취하지 못하도록 주의한다.
   ③ 낙상은 높은 곳에서 떨어져 넘어지거나 다치는 것을 말하며, 어린 동물이나 노령 동물에게 발생한다.
   ④ 미용 시 사용하는 클리퍼, 염색제, 탈색제로 인해 화상을 입을 수 있다.
   ⑤ 이전 미용 경험으로 작업장 자체에 공포를 가지는 경우가 있으므로 도주에 각별히 주의해야 한다.

5. **다음 중 작업자에게 생길 수 있는 안전사고로 적절하지 못한 것을 고르시오.**
   ① 이물질 섭취
   ② 동물에 의한 전염성 질환
   ③ 미용도구에 의한 상처
   ④ 전기기구의 의한 화상
   ⑤ 동물에 의한 교상

6. **다음 중 화상에 대한 설명이 바른 것을 모두 고르시오.**
   ① 3도 화상은 신경 손상으로 통증을 못 느낄 수도 있으며 이는 피부 전체 층의 손상을 의미한다.
   ② 1도 화상은 손상 부위에 통증이 3일 정도 지속되며 수포는 생기지 않는다.
   ③ 4도 화상은 피부색이 검게 변하며 신경 손상으로 통증을 느끼지 못할 수도 있다.
   ④ 3도 화상은 표피층뿐 아니라 진피층까지 손상이 있으며 통증과 흉터와 수포가 생긴다.
   ⑤ 2도 화상은 피부가 검게 변하고 피부 전체 층뿐 아니라 근육, 인대, 뼈까지 손상이 있다.

7. **다음 중 동물에게 발생할 수 있는 안전사고로 적절하지 못한 것을 고르시오.**
   ① 누수
   ② 다른 동물에 의한 교상
   ③ 이물질의 섭취
   ④ 도주
   ⑤ 감전

8. **다음 중 작업장에서 발생할 수 있는 안전사고가 아닌 것을 모두 고르시오.**
   ① 화상
   ② 낙상
   ③ 화재
   ④ 누전
   ⑤ 누수

9. **다음 중 작업자가 할 수 있는 안전사고 예방을 위한 행동으로 적절하지 않은 것을 고르시오.**
   ① 동물에게 물리지 않도록 동물에게 물림 방지 도구를 착용시킨다.
   ② 전염성 질환이 의심되는 동물이나 작업자에게 이상 증상이 나타나면 즉시 병원으로 이동한다.
   ③ 동물을 억지로 붙잡거나 큰 소리를 내는 행위는 삼간다.
   ④ 동물의 빠른 안정을 위해 여러 동물들과 함께 대기하도록 한다.
   ⑤ 울타리 안에서 대기하는 경우 동물마다 독립된 공간에 있도록 조성하는 것이 좋다.

10. 작업자의 안전사고 예방 및 대처에 대한 우의사항으로 맞지 않는 것은?

① 전염성 질환에 의심되는 동물을 미용하거나 작업자 신체에 갑자기 이상이 나타나면 즉시 병원으로 이동해야 한다.
② 동물의 부정적인 감정 상태를 잘 파악해야 한다.
③ 동물에게 물림 방지 도구를 착용하여 사고를 최대한 예방하여야 한다.
④ 출혈이 발생할 때 충분히 압박하여 지혈하고 과다 출혈이거나 지혈이 안 될 경우에는 병원에 신속히 이동해야 한다.
⑤ 동물에 의해 교상이 발생하였을 때 알코올로 상처를 깨끗하게 씻어준다.

11. 다음 중 안전사고의 종류와 대처에 대해 잘못된 것을 고르시오.

① 사고가 일어났을 경우에 당황하지 않고 침착하게 대처해야 한다.
② 작업자에게 발생할 수 있는 안전사고의 대표적인 종류에는 동물에 의한 교상 및 전염성 질환, 미용도구에 의한 상처, 화상이 있다.
③ 작업자는 미용작업을 할 때에만 안전사고가 일어나지 않도록 신경 써야 한다.
④ 심폐 소생술은 호흡 및 심장 박동이 멈춘 심폐 정지 상황에서 인공적으로 호흡과 혈액 순환을 유지시켜 주는 응급조치 방법이다.
⑤ 작업장에서 발생할 수 있는 안전사고로는 화재, 누전, 누수가 있다.

12. 동물에 의한 가벼운 교상 상처에 대처하는 과정에 대한 설명이다. 바르게 나열된 것은?

> ㄱ. 물과 비누를 이용하여 몇 분간 상처를 깨끗하게 씻어준다.
> ㄴ. 멸균 거즈나 깨끗한 수건으로 상처를 압박한다.
> ㄷ. 피가 계속 날 경우엔 15분 이상 지혈한다.
> ㄹ. 항생제 연고를 바르고, 반창고나 거즈, 붕대를 이용해 상처 부위를 완전히 덮어 보호한다.
> ㅁ. 심하게 붓거나 농이 나오는 경우에는 병원으로 이동한다.

① ㄱ - ㄴ - ㄹ - ㄷ - ㅁ
② ㄱ - ㄴ - ㄷ - ㄹ - ㅁ
③ ㄴ - ㄱ - ㄷ - ㄹ - ㅁ
④ ㄴ - ㄷ - ㄱ - ㄹ - ㅁ
⑤ ㄱ - ㄷ - ㄴ - ㄹ - ㅁ

13. 다음 중 작업자가 교상을 입었을 때의 처치법으로 바르지 않은 것을 고르시오.

① 출혈이 심하고 상처가 깊을 경우 멸균 거즈로 압박 후 병원에 내원한다.
② 가벼운 교상에는 상처 부위를 흐르는 물에 씻어 준다.
③ 출혈이 일어날 경우에는 15분 이상 압박하여 지혈한다.
④ 출혈이 성겼을 경우엔 손을 충분히 차가운 물에 담그어 지혈한다.
⑤ 작업자의 치료 중 동물이 방치되지 않도록 주의한다.

14. 다음 중 미용숍과 작업장의 안전과 유의사항에 대한 설명 중 바르지 못한 것을 고르시오.

① 작업자는 항상 안전 수칙을 숙지하고 준수한다.
② 대기 장소에서 어린 동물은 예민하고 불안해하므로 안정을 취할 때까지 바닥에 풀어둔다.
③ 고객에게 대기하고 있는 다른 동물들을 만지지 못하도록 교육한다.
④ 동물의 도주 방지를 위해 출입로와 통로에는 안전문을 꼭 닫는다.
⑤ 동물의 도주 방지를 위해 목줄이나 가슴줄을 차고 있는 상태에서 바닥에 풀어 놓는다.

15. 다음 중 작업자에게 일어날 수 있는 안전사고 중, 미용도구로 발생할 수 있는 안전사고에 대한 대처법으로 맞지 않는 것은?

① 상처 부위를 클로르헥시딘이나 알코올로 소독해준다.
② 상처 부위를 클로르헥시딘이나 생리 식염수를 흘려서 세척해준다.
③ 상처 부위를 반창고로 덮어 상처 부위에 물이 들어가지 않도록 한다.
④ 상처가 심해 15분 이상 지혈해도 출혈이 멈추지 않으면 상처 부위를 깨끗한 수건으로 완전히 덮어 압박하면서 병원으로 이동한다.
⑤ 출혈이 있는 경우 멸균 거즈나 깨끗한 수건으로 충분히 압박하여 지혈한다.

16. 다음 중 작업자에게 일어날 수 있는 안전사고 중, 뜨거운 기기에 의한 열화상의 대처법으로 바르지 않는 것은?

① 습윤 드레싱 밴드를 사용하여 안전하고 편리하게 화상이 생긴 곳을 관리할 수 있다.
② 화상 부위를 흐르는 차가운 물로 30분 이상 통증이 호전될 때까지 적신다.
③ 화상 부위에 나있는 진물이나 고름이 많이 나오기 때문에 수포를 터트려 준다.
④ 화상 후 2일째까지는 삼출물이 많이 나오므로 거즈를 두껍게 대 주는 것이 좋다.
⑤ 얼굴, 관절, 생식기 부위, 넓은 범위의 화상은 화상 전문 병원으로 이동한다.

17. 다음 중 작업자에게 일어날 수 있는 안전사고 중, 화학제품에 의한 화학적 화상의 대처법으로 바르지 않은 것은?

① 얼굴, 관절, 생식기 부위, 넓은 범위의 화상은 화상 전문 병원으로 이동한다.
② 화상 부위를 흐르는 미지근한 물로 신속하게 남은 화학제품을 세척한다.
③ 충분히 세척을 한 뒤에 화상 부위를 마른 거즈로 가볍게 덮어 병원으로 이동한다.
④ 화학제품이 눈에 들어갔으면 재빨리 화학제품이 들어간 눈을 아래쪽으로 향하게 하여 눈꺼풀을 벌려 흐르는 물에 10~15분 동안 충분히 세척한다.
⑤ 화상 부위를 직접 얼음에 대서 화상 부위를 식혀준다.

18. 다음 중 동물의 안전사고에 대한 설명으로 가장 바른 것을 고르시오.

① 동물 간의 교상이 생겼을 경우 상처 부위를 확인하고 생리식염수나 크레졸로 세척한다.
② 이물질을 섭취한 동물이 숨을 제대로 쉬지 못하고 기침을 하면 기도가 막혔을 가능성이 있으므로 보호자에게 그 사실을 알리고 보호자에게 인계한다.
③ 미용도구가 피부에 깊게 박힌 경우 무리하게 빼려고 시도는 하지 않는다.
④ 작업자가 잠시 작업대를 벗어나야 하는 경우에는 동물을 테이블 고정 암으로 고정시킨다.
⑤ 미용도구에 의해 피부 베임이 생긴 경우 알코올로 소독 후 즉각 병원으로 이동한다.

19. 동물의 안전사고 예방 및 대처에 대한 안전 유의 사항으로 바르지 않은 것은?

① 뾰족하고 날카로운 도구는 동물들이 접근하지 못하는 곳에 보관한다.
② 동물을 케이지 안에 넣을 때, 문을 세게 흔들어 문이 제대로 잠겼는지 항상 확인한다.
③ 낙상을 목격한 순간 다친 곳이 없는지 확인하기 위해 재빨리 동물을 안아 올려야 한다.
④ 동물이 테이블 위에 있을 때에는 항상 동물을 주시한다.
⑤ 온수기 물을 처음 틀 때, 갑자기 너무 뜨거운 물이나 차가운 물이 나올 수 있으므로 동물에게 바로 사용하지 않는다.

20. 다음 중 동물의 낙상에 의한 안전사고 예방과 대처로 바른 것을 고르시오.

① 낙상 후 동물이 의식이 있는 경우에는 신체에 손상이 없다고 판단해도 된다.
② 동물이 낙상 시 놀란 동물을 안정시키기 위해 빠르게 안아준다.
③ 낙상을 목격한 순간 동물의 도주를 방지하기 위하여 동물을 안아 올린다.
④ 동물이 작업대에 위에 있을 때 작업자는 항상 동물을 주시하고 붙잡을 수 있게 가까운 거리에 있는다.
⑤ 동물 낙상 시에는 바닥에 가장 먼저 닿은 신체 부위만을 집중 관찰하면 된다.

21. 동물의 안전사고 중 낙상에 의한 안전사고의 예방과 대처에 관한 설명 중 바른 것은?

① 동물이 의식이 있는 경우에는 동물의 걷는 행동에 이상이 있는지 또는 신체 중 어느 부분이 먼저 땅에 닿았는지 체크한다.
② 작업자가 잠시 작업대를 벗어나야 하는 경우, 테이블 고정 암으로 동물을 고정시킨 후 작업대에서 벗어난다.
③ 낙상 후, 행동 이상이나 상처 부위가 관찰되지 않으면 반드시 보호자에게 낙상 사실을 알릴 필요가 없다.
④ 낙상 후, 소리를 질러서 동물의 움직임을 멈춘 후 안아서 다친 위치를 확인한다.
⑤ 동물의 의식이 없는 경우, 호흡과 심장 박동을 확인한다. 만약에 호흡이나 심장 박동이 없으면 심폐소생술을 한 뒤 안정을 취하게 한다.

22. 동물의 안전사고 중 미용도구의 상처에 의한 안전사고의 예방과 대처 중 바른 것은?

① 미용도구가 피부에 깊게 박힌 경우에는 빼준 다음에 소독해준다.
② 미용도구를 항상 소독하고 관리하여 청결을 유지한다.
③ 피부 베임, 찢김이 있는 경우에 장갑을 낀 상태에서 상처 위치 직접 만지며 확인하여 상처 부위에 식염수나 클로르헥시딘 액을 흘려서 세척해 준다.
④ 작업 중에는 필요한 도구는 손에 쥐고 사용하고, 그 외에도 여분의 도구를 작업대 위에 놓아둔다.
⑤ 피부 베임이나 찢김 등이 있는 경우에는 알코올 용액을 사용해 세척하고 멸균 거즈를 완전히 덮어준 후 동물병원으로 이동한다.

23. 다음 중 동물의 화상 예방이나 대처에 대한 설명 중 가장 바른 것을 고르시오.

① 동물 목욕 시 온수의 온도는 40° 정도로 준비한다.
② 클리퍼의 금속 날이 너무 뜨거워진 경우에는 반드시 플라스틱 덧날을 끼워 사용한다.
③ 화상 부위는 30분 이상 생리 식염수나 차가운 물을 흘려주어 차게 해 준다.
④ 헤어드라이어와 동물의 사이 간격은 50cm 이상 되도록 유지해야 한다.
⑤ 화상 부위에 생긴 수포는 터트리지 않고 직접 얼음을 대어주어 열을 식혀 연고를 발라 병원으로 이동한다.

24. 헤어드라이어를 사용할 때 헤어드라이어와 동물의 간격은 어느 정도가 적절한가?
① 헤어드라이어와 동물 사이의 간격은 10cm 이상으로 유지한다.
② 헤어드라이어와 동물 사이의 간격은 20cm 이상으로 유지한다.
③ 헤어드라이어와 동물 사이의 간격은 30cm 이상으로 유지한다.
④ 헤어드라이어와 동물 사이의 간격은 40cm 이상으로 유지한다.
⑤ 헤어드라이어와 동물 사이의 간격은 50cm 이상으로 유지한다.

25. 동물을 목욕시킬 때 적절한 물의 온도는?
① 동물에게 목욕시킬 때 물의 온도는 34~35℃ 정도로 준비한다.
② 동물에게 목욕시킬 때 물의 온도는 35~36℃ 정도로 준비한다.
③ 동물에게 목욕시킬 때 물의 온도는 36~37℃ 정도로 준비한다.
④ 동물에게 목욕시킬 때 물의 온도는 38~39℃ 정도로 준비한다.
⑤ 동물에게 목욕시킬 때 물의 온도는 39~40℃ 정도로 준비한다.

26. 동물의 화상에 의한 안전사고의 예방과 대처 중, 클리퍼에 의한 화상에 대한 설명으로 틀린 것은?
① 동물의 피부에 직접 닿지 않도록 클리퍼에 플라스틱 덧날을 끼워서 사용할 수도 있다.
② 금속날이 너무 뜨거운 경우에는 날이나 클리퍼를 교체한다.
③ 화상 부위를 30분 이상 차가운 물에 흘려주어 차게 해준다.
④ 금속날이 너무 뜨거운 경우에는 클리핑할 때 동물의 피부에 직접 닿지 않게 한다.
⑤ 금속날이 너무 뜨거운 경우에는 털을 조금씩 말아주면서 미용한다.

27. 동물의 화상에 의한 안전사고의 예방과 대처 중, 화학제품에 의한 화상에 대한 설명으로 틀린 것은?
① 염색제와 탈색제 등의 일부 화학제품은 화학적 화상을 일으킬 수 있다.
② 화상 부위에 생긴 수포는 터트리지 않아야 하며 화상 부위에 직접 얼음을 대거나 연고를 발라준다.
③ 화학제품을 사용하기 전에는 사용 방법을 숙지하여 화상 가능성이 있는지 확인한다.
④ 화학제품이 동물의 눈에 들어간 경우에는 깨끗한 물이나 생리 식염수로 15~20분 이상 세척해 주어야 한다.
⑤ 화학제품을 사용하는 경우에는 정해진 용량과 방법을 지켜서 사용해야 한다.

28. 동물의 안전사고 중 도주에 의한 안전사고의 예방으로 바르지 않은 것은?
① 대형견의 경우에는 안전문을 쉽게 넘거나 무너뜨릴 수 있기 때문에 높이가 높은 울타리를 사용하는 것이 좋다.
② 작업장의 출입구와 작업장으로 가는 통로에는 안전문을 설치해야 한다.
③ 건물 밖으로 나가는 출입문은 문단속을 철저하게 해야 한다.
④ 건물 밖으로 나가는 출입구에는 별도의 안전문을 설치하는 것이 좋다.
⑤ 모든 작업과 공간이 동물에게 친숙한 환경이 되게 만들어 동물의 불안감을 경감시키도록 해야 한다.

29. 동물의 안전사고 중 도주에 의한 안전사고의 대처로 바르지 못한 것은?
① 동물이 도주하였을 경우 큰소리로 이름을 불러 재빠르게 잡을 수 있도록 한다.
② 동물이 건물 밖으로 도주한 경우, 주변 사람들에게 큰 소리를 내어 상황을 알려 도움을 요청한다.
③ 동물이 건물 안에서 도주한 경우에는 밖으로 나가는 모든 출입문을 즉시 닫아야 한다.
④ 동물이 건물 밖으로 도주하고 공격성을 보이는 경우에는 주변 사람들에게 큰소리로 주의시키고 신속히 119에 연락한다.
⑤ 동물이 공격성을 보이는 경우에는 억지로 잡지 않고 넓은 이불이나 옷으로 얼굴을 가린 뒤 물리지 않게 주의하며 잡는다.

30. 동물의 안전사고 중 이물질 섭취에 의한 안전사고의 예방과 대처로 바르지 않은 것은?
① 작업 전 동물이 주변에 삼킬 수 있는 크기의 물건을 모두 치워야 한다.
② 작업 전 바닥에 떨어진 물건이 없도록 자주 청소한다.
③ 보호자에게 이물질 섭취 사실을 알리고 동물 병원으로 이동해야 한다.
④ 이물질을 섭취한 동물이 숨을 제대로 쉬지 못하고 심하게 기침을 하면 기도가 막혔을 가능성이 높기 때문에 동물병원으로 이동해야 한다.
⑤ 이물질을 섭취한 동물이 음식물을 먹고 토할 경우에 이물질이 소화기관에 있을 가능성이 높으므로 변을 볼 때까지 금식시킨다.

31. 동물의 안전사고 중 교상에 의한 안전사고의 예방과 대처로 바르지 않는 것은?
① 다른 동물을 문 동물에게 물림 방지 도구를 착용시키거나 수건을 얼굴로 가린 후 천천히 케이지 안에 넣는다.
② 동물들이 울타리 안에서 대기해야 할 경우에는 비슷한 체구의 동물들끼리 함께 있는 것이 좋다.

③ 동물이 흥분하였을 경우에는 작업자를 물 가능성이 높기 때문에 주의해서 접근한다.
④ 동물을 잡은 후에 작업자의 몸에 최대한 밀착시켜서 움직이지 못하게 한다.
⑤ 예민하거나 겁에 질린 동물이 없는지 항시 확인해야 하고, 발견하면 즉시 분리시킨다.

32. 동물의 안전사고 중 감전에 의한 안전사고의 예방과 대처로 바르지 않은 것은?

① 사용하지 않는 전기선은 정리한다.
② 감전된 동물의 외관과 행동에 이상이 있는지 확인하고 케이지에 넣어 안정시킨다.
③ 전기를 사용한 후에는 항상 콘센트를 뽑아 둔다.
④ 동물이 대기하는 공간에는 전기선이 있으면 안된다.
⑤ 손상된 전기선을 동물에게서 떨어뜨려 놓고 동물의 상태를 확인한다.

33. 다음 〈보기〉 중 심폐소생술의 방법을 순서대로 나열한 것을 고르시오.

〈보 기〉
ㄱ : 기도를 확보한다.
ㄴ : 가슴을 압박한다.
ㄷ : 의식 및 호흡, 심장박동을 확인한다.
ㄹ : 인공호흡을 4초에 1번씩 실시한다.

① ㄷ→ㄹ→ㄱ→ㄴ
② ㄱ→ㄹ→ㄷ→ㄴ
③ ㄷ→ㄴ→ㄹ→ㄱ
④ ㄷ→ㄱ→ㄹ→ㄴ
⑤ ㄱ→ㄹ→ㄴ→ㄷ

34. 심폐소생술에 대한 설명으로 바르지 않은 것은?

① 손으로 주둥이를 잡아 입이 닫히도록 한 후, 동물의 코에 입을 가까이 대어 인공호흡을 반복하여 준다.
② 기도를 확보할 때, 입을 열어 혀를 입 밖으로 잡아당겨 준다. 이때 동물이 의식이 없더라도 물릴 수 있으니 주의해야 한다.
③ 의식, 호흡, 심장박동을 확인할 때, 동물의 오른쪽 가슴에 귀를 대고 심장박동 소리를 듣거나, 손가락으로 허벅지 안쪽 살 부위를 만져 맥박이 느껴지는지 확인한다.
④ 기도가 확보된 동물에게 다시 인공호흡을 4초에 1회 실시한다.
⑤ 가슴 압박을 할 때, 동물의 오른쪽 부분이 땅에 닿고, 심장이 위치하는 왼쪽이 위를 향하게 눕힌다.

35. 하임리히 방법에 대한 설명으로 바르지 않은 것은?

① 이물질을 제거하였더라도 하임리히 방법으로 갈비뼈나 내부 장기에 손상이 있거나 여분의 이물질이 남아있을 수 있으므로 즉시 동물병원으로 이동한다.
② 먼저 동물의 입을 연 후, 입안에 이물질이 있는지 확인하고 제거해 준다.
③ 소형 동물은 양손으로 하복부나 다리를 잡고 머리가 땅을 향하고 배가 사람을 향하게 거꾸로 들어 올린 후, 30초간 부드럽게 좌우로 흔들어 준다.
④ 대형 동물은 양손으로 뒷다리를 잡고 들어올려, 머리가 땅을 향하고 몸이 기울어지게 한 뒤, 이물질이 나오도록 흔들어 준다.
⑤ 대형 동물은 두 팔로 동물의 등뼈가 끝나는 바로 아래의 하복부를 감싸 안는다.

36. 작업장 안전사고 예방 및 대처에 대한 설명으로 맞지 않는 것은?

① 누전이 의심될 때에는 절대 맨손으로 전선이나 콘센트를 만지면 안된다.
② 작업장의 콘센트에 한꺼번에 많은 전자기기를 연결하여 사용하지 않는다.
③ 전선이 손상된 전자기기는 사용하지 않는다.
④ 소화기를 이용한 초기 대처 시에는 불에 너무 가까이 접근하여 화상을 입지 않도록 한다.
⑤ 누전 차단기가 내려간 경우에는 누전 차단기를 올린다.

37. 작업장 안전사고 중 화재에 대한 안전사고 예방에 대한 설명으로 바르지 않은 것은?

① 전자기기의 전선 상태를 수시로 점검한다.
② 동시에 많은 전자기기를 연결하여 사용하면 과부하가 걸려서 화재의 위험이 있다.
③ 전자기기에 손상 부위가 있으면 오래 사용하지 않는다.
④ 콘센트에 먼지가 끼지 않게 자주 청소한다.
⑤ 전자기기 주변에 인화성이 있는 물건이 있는지 점검한다.

38. 작업장 안전사고 중 화재에 대한 안전사고 대처에 대한 설명으로 바르지 않은 것은?

① 전화로 119에 신고하여 신속하게 소방차가 출동할 수 있게 한다.
② 전기 화재나 유류 화재 시 신속하게 물 또는 소화기를 사용한다.
③ 큰 불길 속을 통과할 때, 몸과 얼굴을 물에 적신 수건으로 덮어주고, 연기가 많이 있는 곳에는 물에 적신 수건으로 코와 입을 가려주고 최대한 밑으로 기어서 이동한다.
④ 불길이 너무 강한 경우에는 섣불리 행동하면 안된다.
⑤ 작업장에 있는 동물들과 함께 대피한다.

39. 작업장 안전사고 중 누전에 대한 안전사고 예방과 대처에 대한 내용으로 알맞은 것은?

① 모든 전자기기를 끄고 콘센트에서 분리한 상태에서도 전력계가 돌아가면 누전일 가능성이 크다.
② 욕조 주변에는 온수기가 돌아가야 하므로 전자기기를 연결해야 한다.
③ 누전 차단기가 내려간 경우에는 즉시 누전 차단기를 올려 준다.
④ 누전 차단기는 반드시 설치할 필요가 없다.

⑤ 동물이 전선을 물어뜯지 못하도록 입마개를 채워 준다.

40. 작업장 안전사고 중 누수에 대한 안전사고 예방과 대처에 대한 설명으로 틀린 것은?
① 누수 부위를 여러 장의 수건으로 덮어 물이 튀지 않도록 하거나, 양동이를 받쳐 최대한 물이 주변 전자기기에 닿지 않아야 한다.
② 수도를 잠갔을 때 물이 새는지, 심하게 쏟아지는지, 확인해야 한다.
③ 물이 새면 관리사무소에 연락하거나 관련 기사가 방문하도록 해야 한다.
④ 동파를 예방하기 위해 외부에 노출된 배관에 천 같은 것들을 묶어 단열되도록 한다.
⑤ 겨울철 수도 동파를 예방하기 위해서 수도 계량기 주변에 스티로폼 등의 보온재를 넣고 수도꼭지는 잠궈둔다.

41. 다음 중 미용숍에 대기 장소의 장비로 적절하지 못한 것을 고르시오.
① 테이블 고정 암   ② 안전문
③ 케이지   ④ 울타리
⑤ 이동장

42~43. 다음 〈보기〉에서 설명하는 안전 장비를 고르시오.

42.
〈보기〉
동물의 도주를 예방하기 위해 사용하며 충분히 촘촘한 것을 선택한다.
또 대기하는 동물의 크기에 따라 충분히 높고, 잠금 장치가 튼튼해야 하며, 동물이 물리력을 가하여 열 수 없는 방향으로 제작되어야 한다. 출입문 주변에는 문을 여닫을 때 동물이 도주하지 못하도록 이중으로 설치하는 것이 좋고, 항상 닫힌 상태로 유지해야 한다.

① 울타리   ② 케이지
③ 바닥재   ④ 안전문
⑤ 이동장

43.
〈보기〉
동물이 대기하는 곳이다. 충분히 높고 튼튼하며 촘촘한 것을 선택한다. 만약 동물마다 독립된 공간을 제공하기 힘든 경우 연령과 성별과 크기가 비슷한 동물끼리 분리한다.

① 엘리자베스 칼라   ② 이동장
③ 안전문   ④ 케이지
⑤ 울타리

44. 다음 중 이동장의 사용과 점검에 대한 설명 중 바르지 않은 것을 고르시오.
① 울타리나 케이지로 이동시 이동장의 문을 살짝 열어주어 스스로 나오도록 한다.

② 예민하고 공격적인 성향이 있는 동물은 익숙한 이동장을 사용하여 이동한다.
③ 동물이 극도로 불안해하고 흥분한 경우 이동장을 밝은 곳으로 이동시킨다.
④ 동물의 크기에 알맞은 이동장을 선택하고 동물의 상태를 수시로 확인한다.
⑤ 이동장은 손상된 부분이 없는지 수시로 확인한다.

45. 다음 중 케이지에 관한 설명으로 바르지 않은 것은?
① 여러 동물들이 대기하는 곳이다.
② 여러 동물들이 대기하는 곳으로 동물의 출입 때나 퇴실할 때마다 각별히 위생에 신경 써야 한다.
③ 공격적인 성향의 동물은 울타리보다는 케이지에 대기하는 것이 좋다.
④ 대형 동물의 경우에는 케이지보다는 울타리에 대기하는 것이 좋다.
⑤ 소화기 증상이나 피부병이 있는 동물들은 따로 대기할 수 있게 한다.

46. 다음 중 미용작업 시 동물의 낙상과 움직임을 제한하여 보정하는 안전장치는 무엇인지 고르시오.
① 테이블 고정 암   ② 엘리자베스 칼라
③ 울타리   ④ 입마개
⑤ 룸 드라이어

47. 테이블에 까는 이것은 미끄럽지 않은 소재를 선택한다. 또 밑에 깔개를 깔아 동물이 미끄러짐과 낙상을 방지하기 위한 역할을 하는데 이것은 무엇인가?
① 바닥재   ② 케이지
③ 입마개   ④ 울타리
⑤ 안전문

48. 다음 중 안전장비 점검에 관한 설명으로 바르지 않은 것은?
① 동물이 도주하지 못하도록 울타리에 손상된 곳이 없는지 확인하고, 안전문의 잠금 여부를 수시로 확인한다.
② 동물의 호흡에 지장이 없도록 엘리자베스 칼라를 주먹 하나 정도의 여유를 두고 착용시킨다.
③ 울타리 안에는 소형 동물과 대형 동물을 반드시 분리하여 대기시켜야 한다.
④ 동물을 케이지 안에 넣기 전에 케이지 안의 위생 상태를 꼼꼼하게 점검한다.
⑤ 예민하거나 공격적인 성향을 보이는 동물은 평소 사용하는 이동장으로 이동시키고, 이동장이나 케이지에서 대기하도록 하면서 수시로 상태를 확인한다.

49. 대기 장소 내의 안전문의 사용과 점검 상태에 대한 설명이다. 바르지 않은 것을 고르시오.
① 대기하는 동물의 상태를 수시로 확인하고, 대기하는 동안에 도주하지 않도록 안전문을 잠가둔다.
② 안전문은 동물의 물리력으로 절대 열리지 않는 방향으로 제작해야 한다.
③ 안전문은 충분히 촘촘하고 낮은 높이의 안전문을 선택한다.
④ 안전문에 동물이 다칠 수 있는 요철과 손상된 부분이 있는지 점검한다.
⑤ 안전문의 위생 상태를 수시로 점검한다.

50. 대기 장소 내의 울타리의 사용과 점검 상태에 대한 설명이다. 바르지 않은 것을 고르시오
① 울타리에 동물이 다칠 수 있는 요철과 손상된 부분이 있는지 점검한다.
② 동물의 연령, 성별, 크기를 고려해 울타리 안에 대기시킨다.
③ 울타리 안에 공격적인 성향이 보이는 동물을 발견하면 즉시 따로 분리시킨다.
④ 고양이는 고양이 전용 울타리를 만들어 대기시킨다.
⑤ 울타리 안에 너무 많은 동물들이 대기하는지 점검한다.

51. 소방 안전 관리와 직접 관련된 법률이 아닌 것은?
① 소방기본법
② 위험물안전관리법
③ 다중이용업소의 안전관리에 관한 특별법
④ 소방시설공사업법
⑤ 고압가스 안전관리법

52. 대기 장소 내의 테이블 고정 암의 사용과 점검에 관하여 옳은 것을 모두 고르시오.
① 목줄과 하네스는 동물의 안전사고를 방지하기 위해 손상된 곳이 없는지 점검한다.
② 동물을 미용 테이블에 올려놓기 전에 미용 테이블의 상태를 점검한 다음에 올린다.
③ 테이블 고정 암의 목줄과 하네스를 동물에게 착용시킬 때 목줄을 꽉 조여 준다.
④ 동물을 빠르게 미용 테이블 위에 올린다.
⑤ 목줄과 하네스를 분리하기 전 소독제를 뿌려 위생 상태를 점검한다.

53. 물림 방지 도구의 상태의 사용과 점검에 관하여 바른 것은?
① 엘리자베스 칼라의 매끄러운 부분을 동물 쪽으로 하고, 동물의 목 뒤에 잠금부위가 오도록 착용한다. 이 때 손가락 한 개 들어갈 정도로 여유를 두고 고정한다.
② 동물의 옆에 위치하여 천천히 입마개를 씌운다.
③ 동물이 입을 벌려 헉헉대거나 더운 환경에서는 입마개 대신 엘리자베스 칼라를 사용한다.
④ 동물이 스스로 풀 수 없도록 입마개의 잠금장치는 귀 옆에 오도록 착용시킨다.
⑤ 일회용으로 사용하지 않는 경우에는 사용 후에만 세척과 소독을 해준다.

54. 다음 중 안전 장비 점검표 작성하지 않아도 되는 것은?
① 대기 동물들의 상태
② 동물 대기 장소의 상태
③ 테이블 고정 암의 상태
④ 물림 방지 도구 상태
⑤ 소모품 재고 상태

55. 작업자는 안전 장비 점검표를 수시로 작성해야 한다. 다음 중 맞지 않는 것은?
① 안전 장비 점검 후 이상이 발견되면 기록 후에 즉시 수리를 하거나 교체할 수 있게 조치한다.
② 안전 장비 점검 후 위생 상태와 손상 등의 문제가 발견하면 특이사항의 내용을 기록한다.
③ 작업자의 안전 장비 점검표와 작업자 위생 관리 점검 항목은 한달 단위로 작성한다.
④ 점검해야 할 항목은 동물 대기 장소 상태, 테이블 고정 암 상태, 물림 방지 도구의 상태 등이 있다.
⑤ 안전 장비 점검표는 매일매일 체크해야 한다.

56. 작업장 대기 장소 청결 상태에서 점검 대상이 아닌 것은?
① 바닥의 청결 상태
② 출입문의 청결 상태
③ 작업 테이블의 청결 상태
④ 욕조의 청결 상태
⑤ 동물 대기 공간의 청결 상태

57. 작업장 대기 장소의 청결 상태 및 미용도구 소독 점검에 관한 설명이다. 맞지 않은 것은?
① 작업장과 대기 공간의 바닥에 배설물을 발견하면 즉시 치우고 완전히 청소한 뒤 소독해야 한다.
② 작업 테이블 위에 동물이 이물질을 섭취하지 못하게 테이블을 청결하게 관리한다.
③ 피부 질환이 있는 동물은 미용 전에 도구를 소독 하는 것이 좋다.
④ 피부 질환이 있는 동물은 미용 후에 반드시 도구 소독을 해야 하며 다음 동물에 지장이 없도록 해야 한다.
⑤ 미용도구는 동물의 각종 털과 각질 등에 노출되기 쉬워 질병을 옮길 수 있기 때문에 세심하게 소독하고 점검해야 한다.

58. 작업장과 대기 장소의 청결 상태 점검 항목에 들어가 있지 않은 것은?
① 작업자　　② 바닥
③ 미용 테이블　　④ 욕조
⑤ 케이지

59. 작업장과 대기 장소의 청결 상태 및 미용도구 상태 점검에 관한 설명이다 바르지 않은 것은?
① 미용도구는 피부에 직접 닿기 때문에 수시로 위생 및 소독을 해야 한다.
② 배설물을 발견하면 즉시 제거하고 완전 혹은 부분청소한 뒤 소독한다.
③ 작업 테이블 위에 동물이 섭취할 가능성이 있는 이물질이 없도록 관리한다.
④ 피부 질환이 있는 동물은 미용 후에 반드시 소독을 실시해 다음 동물에게 지장이 없도록 한다.
⑤ 욕조 주변과 바닥의 물기는 미끄럽지 않게 퇴근할 때 닦는다.

60. 다음 중 소독에 관한 설명으로 바르지 않은 것을 고르시오.
① 소독의 방법은 화학적 소독, 자비 소독, 일광 소독 등 다양하다.
② 소독은 질병의 감염이나 전염을 예방하기 위해 아포를 제외한 유해한 미생물을 파괴하거나 불활성화시키는 것을 말한다.
③ 멸균은 아포를 포함한 모든 미생물을 사멸하는 것을 말한다.
④ 소독은 식품 보존이나 의약품 및 수술 도구에도 주로 사용된다.
⑤ 고압 증기 멸균법은 소독 방법에 포함된다.

61. 다음 중 소독 방법으로 바르게 이어지지 않은 것을 고르시오.
① 자비 소독 : 끓는 물에 소독하는 방법으로 아포와 일부 바이러스에는 효과가 없다.
② 자외선 멸균법 : 2500~2650Å의 자외선을 조사하여 멸균하는 방법으로 10cm 내에서는 1~2분 50m 내의 거리에서는 10분 정도 노출시킨다.
③ 고압 증기 멸균법 : 포화된 고압 증기 형태의 습기와 열을 이용하여 아포를 제외한 미생물을 사멸시킨다.
④ 화학적 소독 : 동물에 위해하지 않은 알맞은 소독제를 사용하여야 한다.
⑤ 일광 소독 : 직사광선에 노출하는 소독을 말한다. 계절 기후 환경에 영향을 받는다.

62. 다음 중 소독 방법에 대하여 적절하지 않은 것을 고르시오.
① 일광 소독　　② 화학적 소독
③ 자비 소독　　④ 적외선 멸균법
⑤ 고압 증기 멸균법

63. 다음 중 화학적 소독에 대한 설명으로 바르지 않은 것을 고르시오.
① 과산화물은 주로 23.5~32.5%의 농도로 사용한다.
② 계면활성제는 녹농균, 결핵균, 아포에는 효과가 없다.
③ 알코올은 분무나 솜 등에 적셔 사용하거나 기구를 10분간 담가 소독한다.
④ 크레졸은 냄새가 강하고 피부 손상을 일으킬 수 있다.
⑤ 락스의 구성 성분으로 넓은 범위의 살균력을 가진 것은 차아염소산나트륨이다.

64. 100℃ 끓는 물에 소독 대상을 넣어 소독하는 방법으로 아포나 일부 바이러스에는 효과가 없다. 이 소독 방법은 무엇인가?
① 자비 소독　　② 고압 증기 멸균법
③ 일광 소독　　④ 자외선 소독법
⑤ 화학적 소독

65. 다음 중 아포에 효과가 있는 소독제 또는 소독방법을 고르시오.
① 자비 소독　　② 페놀류(석탄류)
③ 계면활성제　　④ 크레졸
⑤ 고압 증기 멸균법

66. 다음 중 화학적 소독제의 종류가 아닌 것은?
① 알코올　　② 포비돈
③ 차아염소산나트륨　　④ 크레졸
⑤ 계면활성제

67. 다음 중 화학적 소독제에 관한 설명이다. 바르게 짝지어진 것은?
① 페놀류 - 락스의 구성 성분으로 다양한 용도에 쓰인다. 개에게 전염성이 높은 파보, 디스템퍼, 인플루엔자, 코로나 바이러스, 살모넬라 등을 불활성화시키고 넓은 범위의 살균력과 좋은 소독력을 가지고 있다.
② 과산화물 - 물에 잘 녹지 않아 비누로 유화해 비눗물과 50%로 혼합한 비누액으로 많이 사용한다.
③ 계면활성제 - 물과 기름 모두 잘 녹으며 일반적으로 손, 피부, 점막, 식기, 금속 기구와 식품을 소독할 때 사용한다.
④ 차아염소산나트륨 - 손이나 피부 및 미용 기구 소독에 가장 적합하나 가격이 비싸고 고무나 플라스틱에 손상을 일으킬 수 있으며, 상처 난 피부에 사용하면 매우 자극적이다.
⑤ 크레졸 - 가격이 저렴해 넓은 공간을 소독할 때 적합하며 고온일수록 소독 효과를 크게 볼 수 있으며 유기물이 있는 표면에 사용해도 소독력이 감소하지 않는다.

68. 다음 중 화학적 소독제인 과산화물에 적당한 농도를 고르시오.
① 2.5~3.5%　　② 20.5~30.5%
③ 25.5~35.5%　　④ 12.5~13.5%
⑤ 1.5~2.5%

69. 알코올을 사용했을 때 소독력 효과를 볼 수 없는 것을 고르시오.
① 세균 ② 결핵균
③ 바이러스 ④ 아포
⑤ 진균

70. 다음 〈보기〉에서 설명하는 소독제로 바른 것을 고르시오.

〈보 기〉
락스의 구성 성분으로 세탁, 기구소독, 식기세척, 바닥청소 등 광범위하게 쓰이는 소독제이다. 인플루엔자, 디스템퍼, 파보, 코로나바이러스 등 전염성이 높은 질병들을 불활성화시키고 소독력은 뛰어나지만 금속에 부식을 일으킬 수도 있어서 기구 소독에는 주의를 요한다.

① 알코올 ② 페놀류
③ 크레졸 ④ 과산화물
⑤ 차아염소산나트륨

71. 다음 중 소독제인 차아염소산나트륨에 관한 설명이다. 설명이 바르지 않은 것을 고르시오.
① 설명서에 표기된 농도로 반드시 사용 용도에 따라 희석하여 사용한다.
② 파보, 디스템퍼, 인플루엔자, 코로나바이러스 등 전염성이 높은 질병들을 불활성화시킨다.
③ 넓은 범위의 살균력을 가지고 있어 금속으로 된 기구를 소독할 때 반드시 사용한다.
④ 소독 외에도 바닥청소, 세탁, 식기세척 등 다양한 용도로 쓰인다.
⑤ 열에 의해 변질되므로 반드시 직사광선을 피해 보관한다.

72. 가격이 저렴하여 넓은 공간을 소독할 때 좋으며, 고온일수록 소독 효과가 크고 안정성이 강해 오래 두어도 화학 변화가 없고 유기물이 있는 표면에도 소독력이 감소하지 않으나, 독성이 강해서 배설물 소독 등의 한정된 용도로만 사용해야 한다. 이 소독제의 종류는 무엇인가?
① 크레졸 ② 페놀류
③ 알코올 ④ 차아염소산나트륨
⑤ 계면활성제

73. 다음 중 소독제인 크레졸에 관한 설명이다. 설명이 바르지 않은 것을 고르시오.
① 소독력이 좋으므로 피부소독제로 널리 쓰인다.
② 기구나 배설물 소독할 때 3~5%의 농도로 사용한다.
③ 페놀류와 같이 독성을 띠고 있어 주의하여 사용한다.
④ 금속을 부식시키고 냄새가 강하다.
⑤ 원액을 그대로 사용할 경우 피부가 손상될 수 있다.

74. 다음 중 〈보기〉를 보고 ( ) 안에 들어갈 알맞은 내용을 고르시오.

〈보 기〉
크레졸의 독성은 페놀류와 동일하지만 소독 효과는 (ㄱ)배 더 좋다.
결핵균, 녹농균을 포함한 대부분의 세균을 불활성화시키지만 아포나 바이러스에는 효과가 없다. 물에 잘 녹지 않아 비누로 유화해서 보통 비눗물과 (ㄴ)%로 혼합한 크레졸 비눗액으로 많이 사용한다. 기구나 배설물 소독에는 보통 농도 (ㄷ)로 사용한다. 하지만 냄새가 강하고 금속을 부식시키며 원액은 피부에 손상을 일으키기 때문에 주의해야 한다.

	ㄱ	ㄴ	ㄷ
①	2~3배	25%	3~5%
②	2~3배	50%	3.5~5%
③	3~4배	50%	3~5%
④	2~3배	40%	4~5%
⑤	3~4배	25%	2~5%

75. 다음 중 화학적 소독제로 적당하지 않은 것을 고르시오.
① 차아염소산나트륨 ② 과산화물
③ 계면 활성제 ④ 포비돈
⑤ 페놀류(석탄산)

76. 다음은 청소도구에 관한 설명이다. 바르게 짝지어진 것을 고르시오.
① 빗자루 - 용도에 맞게 적당한 크기의 빗자루를 선택하고, 청소기를 사용하고 나서 사용한다.
② 핸디 청소기 - 바닥 청소와 같이 넓은 공간에 사용한다.
③ 먼지떨이 - 실외에 미세먼지가 많아 별도의 환기 없이 먼지가 많이 쌓이는 곳에 사용한다.
④ 걸레 - 용도에 따라 따로 구분해서 사용한다.
⑤ 진공청소기 - 소음이 적은 제품을 사용하고, 영업 중 동물이 있을 때 사용한다.

77. 미용숍의 청소와 소독에 관한 설명이다. 바르지 않은 것은?
① 소독제 중에서는 인화성을 띠는 것이 많으므로, 콘센트 등 불꽃이 발생할 수 있는 환경에서 멀리 떨어진 곳에 보관해야 한다.
② 희석한 소독제는 오래 보관하지 않는다.
③ 진공청소기의 소음은 동물을 불안하게 하므로 가능하면 동물이 없을 때 사용하고, 동물 가까이에서 사용하지 말아야 한다.
④ 소독제를 사용하기 전에 제품 라벨에 명시된 사용법을 확인하고, 명시된 희석 배율로 희석하여 사용한다.
⑤ 살균력과 소독력을 극대화하기 위해서는 여러 소독제를 섞어 사용한다.

78. 미용숍의 위생 관리에 대한 설명으로 바르지 않은 것은?
① 오염 물질이 전달되는 것을 최소화하기 위해 청소나 소독은 가장 더러운 곳에서부터 깨끗한 곳에서 끝낸다.
② 테이블에 올려놓기 전에 테이블 위에 이물질이 있는지 확인 후 작업 전후에 수시로 청소한다.
③ 욕조와 싱크대는 일주일에 2회 이상 세제를 이용하여 거친 솔로 청소해준다.
④ 케이지는 동물이 퇴실할 때마다 청소하며, 바닥뿐만 아니라 내부 벽면, 천장, 문, 잠금장치 모두 청소한다.
⑤ 먼지를 털기 전, 환기를 시키고 높은 곳에서 낮은 곳으로 먼지를 털어서 제거한다.

79. 다음 중 미용숍과 작업장의 위생 관리에 대한 설명으로 바르지 않은 것을 고르시오.
① 바닥에 배설물이 있으면 즉시 제거 후 부분적으로 청소해도 무관하다.
② 욕조 주변의 물기는 수시로 마른 걸레질을 하여 물기를 제거한다.
③ 욕조와 싱크대는 일주일에 2회 이상 세제를 이용하여 청소한다.
④ 대기 공간의 바닥은 하루 1회 이상 청소하고 배설물은 즉시 치운다.
⑤ 청소나 소독은 가장 더러운 곳에서부터 깨끗한 곳에서 끝내야 오염 물질 전달이 최소화 된다.

80. 다음 중 작업자의 청소 및 소독 방법으로 바르지 않은 것을 고르시오.
① 희석한 소독제는 자주 사용하므로 넉넉하게 희석하여 보관해 놓는다.
② 소독제는 임의로 다른 용기에 보관하지 않는다.
③ 화학적 소독제는 자극적인 것이 많으므로 보호 장비에 각별히 신경 쓴다.
④ 소독 전 미리 청소하여 소독 효과를 높인다.
⑤ 진공청소기는 가능하면 동물이 없을 때에 사용한다.

81. 다음 중 미용도구 소독하는 방법으로 올바르지 않은 것을 고르시오.
① 자외선 소독기를 사용할 땐 도구가 겹쳐지지 않도록 펼쳐 놓는다.
② 미용도구는 자외선 소독기에 넣기 전에 충분히 건조시켜야 한다.
③ 클리퍼 날은 하루에 1번 이상 세척하고 소독해 준다.
④ 금속재질의 도구는 알코올에 10분 이상 담가두었다가 충분히 건조시킨다.
⑤ 소독제는 도구의 재질을 고려하여 선택한다.

82. 도구에 관한 소독 중 잘못된 방법으로 소독하고 있는 것은?
① 콤 – 콤에 붙어있는 엉킨 털이나 이물질을 먼저 제거 후 중성세제를 풀어서 세척한다.
② 가위 – 소독이 끝난 후에는 완전히 건조시킨 후, 가위집에 안전하게 보관한다.
③ 슬리커 브러시 – 사용 후 바로 미지근한 물에 살균 비누나 중성세제를 조금 풀어서 소독한다.
④ 클리퍼 날 – 전용 세척제가 없으면 알코올에 잠깐 담근 후 꺼내서 부드러운 천으로 닦는다.
⑤ 겸자 – 조이는 부분 안쪽에 있는 요철에는 이물질이 잘 끼기 때문에 세척을 잘해 주어야 한다.

83. 도구에 관한 소독 중 잘못된 것은?
① 브러시에 털이나 이물질을 제거할 때, 다른 브러시를 이용해 결에 따라 비벼 주면 쉽게 제거할 수 있다.
② 가위는 브러시를 이용하여 날의 바깥쪽에서 안쪽으로 쓸어주며 털을 제거해준다.
③ 세척 후에 물기가 남아 있으면 녹이 슬기 때문에 도구는 완전히 건조해야 한다.
④ 금속 재질의 도구는 부식이 쉽게 되기 때문에 물에 너무 오랫동안 담그지 않는다.
⑤ 드라이어나 청소기를 이용해 날에 낀 털을 쉽게 제거할 수 있다.

84. 다음 중 작업자의 위생 관리 점검 항목에 해당하지 않는 것은?
① 테이블   ② 장신구
③ 입냄새   ④ 손톱
⑤ 작업복

85. 다음 중 작업자에게 필요한 자세로 보기 어려운 것을 고르시오.
① 과한 장신구 착용 자제
② 손과 손톱을 청결하게 위생 관리
③ 오염이 덜 되는 작업복 착용
④ 흡연 및 입냄새 관리
⑤ 깔끔하고 밝은 이미지를 위해 헤어 염색

86. 인수공통 전염병이란 사람과 동물이 같은 병원체에 감염되고, 사람과 동물 사이에 전파할 수 있는 질병이다. 다음 중 인수공통 전염병에 해당되지 않는 병은?
① 살모넬라   ② 광견병
③ 백선증   ④ 개선충
⑤ 파보장염

87. 다음 중 곰팡이 감염으로 인해 생기는 질환을 고르시오.
① 개선충   ② 광견병
③ 백선증   ④ 지알디아
⑤ 캠필로박터

88. 다음 중 동물과 직접 접촉하여 감염되는 피부질환으로 표피에 굴을 파고 서식해 소양감이 매우 심하다. 무엇인지 고르시오.
① 백선증　② 개선충
③ 지알디아　④ 캠필로박터
⑤ 회충

89. 다음 중 인수공통 전염병으로 배설물에 의해 옮겨지지 않는 것을 고르시오.
① 대장균　② 캠필로박터
③ 살모넬라균　④ 회충
⑤ 개선충

90. 다음 중 피부 소독제로 쓰이는 것으로 적절하지 못한 것을 고르시오.
① 포비돈　② 과산화수소
③ 클로르헥시딘　④ 크레졸
⑤ 알코올

91. 다음 중 피부 소독제의 설명으로 바르지 않은 것을 고르시오.
① 알코올은 점막에 닿아 뛰어난 소독 효과를 보이므로 상처 부위에 주로 사용한다.
② 클로르헥시딘은 알코올보다는 소독 효과가 천천히 나타난다.
③ 과산화수소는 산화력이 강하고 산소가 발생하므로 세균 번식 억제에 효과가 있다.
④ 손 소독제는 제품에 따라 알코올, 과산화수소, 크레졸 등이 포함되어 있다.
⑤ 포비돈은 주로 상처 소독용이나 수술 전 소독용으로 사용한다.

92. 다음 중 피부 소독제에 관한 설명과 바르게 짝지어진 것은?
① 클로르헥시딘 – 도포 시 거품이 나며, 산화력이 강하고 산소가 발생해 호기성 세균 번식을 억제하는 데 사용한다.
② 알코올 – 살아있는 조직을 소독하는 데 주로 사용, 상처 부위에는 피해서 사용한다.
③ 알코올 – 넓은 범위의 살균력을 가지고 주로 상처 소독용, 수술 전 소독용으로 사용한다.
④ 과산화수소 – 일상적인 손 소독과 상처 소독에 모두 사용이 가능하다.
⑤ 포비돈 – 사용시 세균이 급격히 감소하지만 알코올보단 소독 효과가 천천히 나타난다.

93. 다음 중 작업자의 위생 관리에 대한 설명 중 바른 것을 고르시오.
① 작업자는 손톱을 단단한 네일아트로 보호해 준다.
② 열에 약한 작업복은 자비 소독만 해준다.
③ 작업자는 열에 강한 소재의 작업복과 신발의 경우 자비 소독이나 일광 소독을 해준다.
④ 작업자의 위생 관리 점검은 항목을 나눠 매년 실시한다.
⑤ 작업자는 손을 씻을 때 너무 뜨거운 물은 유분을 뺏어가 손을 건조하게 할 수 있으므로 차가운 물이 불순물을 손쉽게 제거하기가 더 쉬우므로 차가운 물로만 씻는다.

94. 작업자 위생 관리 설명에 관한 설명으로 바르지 않은 것은?
① 작업자는 동물과의 안전사고에 대비하여 머리를 단정하게 유지한다.
② 작업복과 신발은 동물의 배설물과 털 등의 오염물에 노출되기 쉽기 때문에 하루에 한 번 점검한다.
③ 동물과 장시간 접촉하므로 손과 손톱의 상태를 점검한다.
④ 동물과 보호자와 직접 대면하므로 입냄새와 체취에 신경 쓴다.
⑤ 작업복과 신발의 오염 부위에 화학적 소독제를 사용하기 전에 오염물질을 먼저 제거해 준다.

95. 손씻기의 순서는 9단계로 이루어져 있다. 순서가 바른 것은?

> 1. 마른 수건이나 종이 타월로 물기를 제거하고 건조시킨다.
> 2. 손톱을 반대쪽 손의 손바닥에 대고 원을 그리며 문지른다. 반대쪽 손톱도 같은 방법으로 한다.
> 3. 양손을 손가락이 맞물리게 잡은 뒤 손가락을 비벼 준다.
> 4. 한쪽 손의 손바닥으로 반대쪽 손의 손등을 덮어 깍지를 낀 뒤 비벼 준다. 반대쪽 손도 같은 방법으로 시행한다.
> 5. 흐르는 물에 손을 헹구고 충분히 적신 뒤, 충분한 양의 비누를 묻힌다.
> 6. 손바닥과 손바닥을 맞대고 여러 번 비벼 준다.
> 7. 손바닥과 손바닥을 맞대고 깍지를 낀 뒤 비벼 준다.
> 8. 한쪽 손으로 반대쪽 손의 엄지손가락을 잡은 뒤 돌려주며 문지른다. 반대쪽 손도 같은 방법으로 한다.
> 9. 흐르는 물에 손과 손톱 밑을 충분히 헹군다.

① 2-4-6-8-1-3-5-7-9
② 1-2-3-4-5-6-7-8-9
③ 1-3-5-7-9-8-6-4-2
④ 9-8-7-6-5-4-3-2-1
⑤ 5-6-4-7-3-8-2-9-1

96. 다음 중 작업자 손과 손톱 관리에 대한 사항으로 바르지 않은 것은?
① 배설물 청소, 식사 전후, 청소 후, 화장실 사용 전 후에는 반드시 손을 씻어야 한다.
② 손톱이 너무 길면 동물에게 상해를 입힐 수 있으므로 자주 손질한다.
③ 미용작업 전후로 반드시 손을 씻어야 한다.
④ 손을 씻을 때는 뜨거운 물로 씻어준다.
⑤ 부득이한 상황으로 손을 씻지 못하는 경우를 대비해 작업장에 손소독제를 비치해 둔다.

97. 작업자의 입냄새와 체취 관리 사항으로 바르지 않은 것은?

① 입냄새가 심할 경우에는 단백질 음식과 채소와 과일을 많이 섭취한다.
② 습하고 땀이 나는 여름에는 냄새가 빨리 퍼지기 때문에 매일 샤워한다.
③ 작업자는 음식을 먹은 후에 3분 안에, 3분 이상 양치질을 한다.
④ 입안이 건조해지면 입냄새가 심하므로 물을 자주 마신다.
⑤ 잠을 제대로 못자거나 스트레스가 심하게 받으면 입안이 건조해지므로 규칙적으로 생활하기 위해 노력한다.

98. 작업복과 신발의 소독 관리 사항으로 바르지 않은 것은?

① 차아염소산나트륨, 알코올 등의 화학적 소독제를 용법에 맞게 희석하여 오염 부위에 소독한다.
② 작업복에 오염물질이 묻어 있는 경우, 오염물질을 제거하고 세제로 애벌빨래한 후에 세탁한다.
③ 화학적 소독제를 바로 사용하면 소독 효과가 강해진다.
④ 세탁이 완료된 작업복과 신발은 통풍이 잘되는 곳에 널어서 건조한다.
⑤ 작업복은 오염된 후, 작업복끼리 따로 분류하여 세탁 보관함에 넣는다.

정답 및 해설

1	①	2	②	3	⑤	4	③	5	①
6	①②	7	①	8	①②	9	④	10	⑤
11	③	12	②	13	④	14	②	15	①
16	③	17	⑤	18	③	19	③	20	④
21	①	22	②	23	③	24	③	25	④
26	⑤	27	②	28	①	29	①	30	②
31	①	32	②	33	④	34	③	35	⑤
36	⑤	37	③	38	②	39	①	40	⑤
41	①	42	④	43	①	44	③	45	①
46	①	47	①	48	②	49	③	50	④
51	⑤	52	①②	53	③	54	⑤	55	③
56	②	57	③	58	①	59	⑤	60	⑤
61	③	62	④	63	①	64	①	65	⑤
66	②	67	③	68	①	69	④	70	⑤
71	③	72	②	73	①	74	③	75	④
76	④	77	③	78	①	79	⑤	80	①
81	④	82	③	83	②	84	①	85	⑤
86	⑤	87	③	88	②	89	⑤	90	④
91	①	92	②	93	③	94	②	95	⑤
96	④	97	①	98	③				

1. ① 원활한 작업을 위한 애완동물의 대기 공간을 미용 숍으로 구분한다.
2. ② 동물의 음식 섭취로 인한 사고가 발생할 가능성이 있기 때문에 사고에 대비하여 다른 동물에게 음식을 주지 않도록 고객에게 안전 교육을 하여야 한다.
3. ⑤ 작업장에서 전기 고장을 발견하면 즉시 상위자 또는 전기 기사에게 수리를 요청해야 한다.
4. ③ 낙상은 높은 곳에서 떨어져 넘어지거나 다치는 것을 말하며 전 연령의 동물에게 발생할 수 있다.
5. ① 이물질 섭취는 애완동물에게 발생할 수 있는 안전사고이다.
6. • 1도 화상 : 피부의 표피층에만 손상이 있으며 발적이 나타난다. 수포는 생기지 않고, 통증은 3일 정도 지속된다.
   • 2도 화상 : 피부의 진피층까지 손상이 있으며, 손상 부위에 종종 수포와 통증이 나타나며, 흉터가 남을 수 있다.
   • 3도 화상 : 피부의 전체 층에 손상이 있으며 피부색이 변한다. 피부 신경이 손상되면 통증이 없을 수 있다.
   • 4도 화상 : 피부 전체 층과 그 밑의 근육, 인대 또는 뼈까지 손상이 있으며, 피부는 검게 변한다.
7. 동물에게 발생할 수 있는 안전사고
   (1) 낙상
   (2) 미용도구에 의한 상처
   (3) 화상
   (4) 도주
   (5) 이물질의 섭취
   (6) 다른 동물에 의한 교상
   (7) 감전
8. 작업장에서 발생할 수 있는 안전사고
   (1) 화재
   (2) 누전
   (3) 누수
9. ④ 울타리 안에서 대기하는 경우 동물마다 독립된 공간에 있도록 조성하는 것이 좋다. 독립된 공간을 제공하기 힘든 경우라면 연령과 성별, 크기가 비슷한 동물끼리 분리해준다.
10. ④ 상처 부위를 소독할 때 알코올은 상처를 자극하여 통증이 심해질 수 있으

11. ③ 작업자는 처음 동물을 인도받을 때부터 보호자의 품으로 돌려 줄 때까지 모든 과정에 주의를 기울여 동물에게 안전사고가 일어나지 않도록 신경 써야 한다.
13. ④ 출혈이 생겼을 경우엔 압박하여 지혈해주고, 과다 출혈이거나 지혈이 되지 않을 시에는 신속하게 병원으로 이동한다.
14. ② 어린 동물은 질병에 취약하고 공격을 당하기 쉽기 때문에 고객에게 안거나 이동장 안에 안전하게 대기할 수 있도록 교육한다.
15. ① 상처 부위는 클로르헥시딘 또는 포비돈으로 소독한다.
16. ③ 깨끗하지 않은 도구나 손으로 수포를 터트리면 2차 감염의 위험이 있다.
17. ⑤ 화상 부위에 얼음을 사용하게 되면 세균, 먼지 등에 의해 염증 반응을 일으키는 등 화상의 손상 정도를 악화시킬 가능성이 높다.
18. ① 동물 간의 교상이 생겼을 경우 상처 부위를 확인하고 생리 식염수나 클로르헥시딘 액으로 세척한다.
    ② 애완동물의 기도가 막힌 경우에는 이물질을 확인하고 제거해주어야 한다. 또한 만일의 상황에 대비하여 하임리히 방법을 숙지하고 있어야 한다.
    ④ 작업자가 잠시 작업대를 벗어나야 하는 경우에는 케이지등 안전한 장소에 동물을 대기시켜야 한다.
    ⑤ 미용도구에 의해 피부 베임이 생긴 경우 생리 식염수나 클로르헥시딘 액을 흘려서 세척한 후 멸균 거즈로 완전히 덮어 동물 병원으로 이동한다.
19. ③ 동물의 낙상 시 작업자는 동물의 신체 중 어느 부분이 먼저 땅에 닿았는지 기억하여야 하며 당황해서 소리를 지르거나 급하게 동물을 끌어안는 등의 행동을 삼가야 한다.
20. ① 동물들은 본능적으로 부상을 숨기려고 하는 습성이 있기 때문에 짧은 관찰로 행동 이상을 판단하면 안된다.
    ②, ③ 동물이 낙상 후에는 급하게 동물을 안아 올리고 끌어안는 등의 행동을 삼가야 한다.
    ⑤ 동물의 낙상 후 동물이 의식이 있는지 행동에 이상이 있는지 등을 관찰하여야 하고 내부 장기의 출혈은 증상이 나타나기까지 시간이 걸리기 때문에 부상이 없다고 단정 짓는 것은 위험하다.
21. ② 작업대 위에 있는 동물을 테이블 고정 암으로 고정한 채 작업대를 벗어나는 행위는 동물이 떨어지면서 목이 졸릴 수 있기 때문에 매우 위험하다.
    ③ 행동 이상이나 상처부위가 관찰되지 않더라도 반드시 보호자에게 낙상 사실을 알려야 한다. 내부 장기의 출혈과 같은 경우는 증상이 나타나기까지 시간이 걸리기 때문에 부상이 없다고 단정 짓는 것은 위험하다.
    ④ 소리를 지르면 동물은 겁을 먹고 도망가거나, 아픈 것을 숨길 수 있다.
    ⑤ 심장 박동이 없거나 호흡을 하지 않으면 심폐 소생술을 하며 동물병원으로 이동해야 한다.
22. ① 박힌 미용도구를 무리하게 빼려고 시도하지 않는다. 무리하게 뺄 경우 더 큰 출혈을 일으킬 수 있어 매우 위험하다.
    ③ 장갑을 낀 상태라도 상처 부위를 직접 만지는 행동은 2차 감염이 생길 수 있다.
    ④ 사용하지 않는 도구는 동물이 있는 작업대 가급적이면 올려놓지 않는다.
    ⑤ 상처 부위를 소독할 때 알코올 용액을 사용하면 상처를 자극하여 통증이 심해진다.
23. ① 동물 목욕 시 온수의 온도는 38~39℃ 정도로 준비한다.
    ② 클리퍼의 금속 날이 너무 뜨거워진 경우에는 날이나 클리퍼를 교체하여 사용해야 한다.
    ④ 헤어드라이어와 동물의 사이 간격은 30cm 이상 되도록 유지해야한다.
    ⑤ 화상 부위에 생긴 수포는 터트리지 않고 직접 얼음을 대거나 연고를 바르지 않는다.
26. ⑤ 장시간 클리퍼를 사용하면 금속날 부분은 매우 뜨거워지므로 클리퍼나 날을 교체하여 사용해야 하며, 뜨거운 날은 피부에 직접 닿지 않게 해야 한다.
27. ② 화상 부위에는 직접 얼음을 대거나 연고를 바르는 것은 추천하지 않는다.
28. ① 대형견의 경우 안전문을 쉽게 넘거나 발로 무너뜨릴 수 있기 때문에 케이지 안에 넣어 두는 것이 좋다.
29. ① 소리를 지르거나 억지로 붙잡으려는 행동은 오히려 동물이 겁을 먹고 더 멀리 도주하거나 작업자에게 달려들어서 물 수 있다.
30. ⑤ 이물질을 섭취한 동물이 음식물을 먹고 토할 경우에는 이물질이 소화기관에 있을 가능성이 높으므로 동물 병원으로 이동한다.
31. ① 다른 동물을 문 동물에게 물림 방지 도구를 착용시키거나 수건을 얼굴로 가린 후 신속하게 케이지 안에 넣는다.
32. ② 감전된 동물의 외관과 행동에 이상이 없더라도 감전으로 인한 폐수종이나 내부 장기에 손상이 있을 수 있으므로 동물병원으로 즉시 이동한다.
34. ③ 왼쪽 가슴에 귀를 대고 심장 박동 소리를 들어야 한다.
35. ⑤ 대형 동물은 두 팔로 동물의 갈비뼈가 끝나는 바로 아래의 하복부를 감싸 안는다.
36. ⑤ 누전 차단기가 내려간 경우에는 섣불리 누전차단기를 올리지 않고 전기가 통하지 않는 장갑을 착용하여 준다.
37. ③ 즉시 사용 중지하고 수리를 받는다.
38. ② 전기 화재는 감전 위험이 있으므로 물을 사용하면 안 된다. 또한 유류 화재 시에 물을 사용하면 불이 번질 수 있다.
39. ② 물이 많은 환경 주변에는 감전의 위험이 있으므로 전자기기를 연결하여 사용하지 않는다.
    ③ 감전이 일어날 수 있으므로 섣불리 누전 차단기를 올리지 않고 전기가 통하지 않는 장갑을 착용하여야 한다.
    ④ 높은 전압이 들어오거나 누전이 발생하면 미리 감지하여 자동으로 전기를 차단해 주기 때문에 누전 차단기는 반드시 설치해야 한다.
    ⑤ 입마개를 채워주는 것이 아닌 동물이 대기하는 곳에는 전자기기를 없도록 해야 한다.
40. ⑤ 겨울철 수도 동파를 예방하기 위해 수도꼭지는 조금 틀어 수돗물이 조금씩 흐를 수 있도록 한다.
41. ① 테이블 고정 암 : 미용작업을 하는 동안, 동물의 안전을 위해 움직임을 제한하게 하는 보정 장치. 미용작업 중에만 사용해야 하므로 혼자 대기시키는 목적으로 사용해서는 절대 안 된다.
    ② 안전문 : 도주를 예방하기 위해 사용
    ③ 케이지 : 여러 동물들이 대기하는 곳, 공격적인 성향의 동물과 대형 동물의 경우에는 울타리보다 케이지에 대기하는 것을 권장
    ④ 울타리 : 동물이 대기하기 위해 설치하는 간이 벽. 동물마다 독립된 공간을 제공하며 그 안에서 대기하기 위해 사용
    ⑤ 이동장 : 동물을 이동할 수 있는 이동 가방. 예민하고 공격적인 성향을 보이는 동물이 주로 대기. 평소 사용하는 익숙한 이동장을 쓰며, 그로 인해 심리적인 안정감을 느낌.
43. 엘리자베스 칼라는 물림 방지 도구로 목에 착용시켜서 얼굴을 감싸는 용도로 사용된다.
44. ③ 동물이 극도로 불안해하고 흥분한 경우에는 이동장을 천으로 가려 시선을 차단하여 어둡게 유지해 주는 것이 좋다.
45. ① 대형 동물의 경우 울타리를 쉽게 넘을 수 있고 무너뜨릴 수 있기 때문에 케이지에 대기하는 것이 좋다.
46. ② 엘리자베스 칼라 : 목에 씌우는 물림 방지 도구
    ④ 입마개 : 입에 씌우는 물림 방지 도구
    ⑤ 룸 드라이어 : 털을 건조할 때 사용 하는 케이지 형 드라이기
48. ② 엘리자베스 칼라는 두 손가락 정도의 여유를 두고 착용시킨다.
49. ③ 대기하는 동물의 크기에 따라 충분히 높고 튼튼한 것을 선택한다.
50. ④ 고양이는 울타리 안에 대기시키지 않으며 이동장에서 대기할 수 있도록 하는 것이 좋다.
51. ⑤ 고압가스 안전관리법은 가스 분야의 관련된 법률이다.

52. ③ 테이블 고정 암의 목줄은 질식의 위험이 있으므로 목줄이 너무 꽉 조이지 않도록 해야 한다.
    ④ 갑자기 미용 테이블 위에 올리면 불안해하기 때문에 안정시켜 면서 조심스럽게 올려야 한다.
    ⑤ 여러 동물이 사용하기 때문에 분리하여 세척하고 소독하는 등 수시로 위생 상태를 점검한다.

53. ① 엘리자베스 칼라의 매끄러운 부분을 동물 쪽으로 하고, 동물의 목 뒤에 잠금 부위가 오도록 착용한다. 이때 손가락 두 개 들어갈 정도로 여유를 두고 고정한다.
    ② 동물의 옆에 위치해 재빨리 입마개를 씌운다.
    ④ 동물이 스스로 풀 수 없도록 입마개의 잠금장치는 귀 뒤에 오도록 착용시킨다.
    ⑤ 일회용으로 사용하지 않는 경우에는 사용 전후로 세척과 소독을 해준다.

54. 안전 장비 점검표에 작성해야 하는 항목 : 동물의 대기 장소, 테이블 고정 암 상태, 물림 방지 도구 상태

55. ③ 안전 장비 점검표는 한 달 단위로 작성하고 작업자 위생관리 점검 항목은 날짜별로 매일 체크한다.

56. 작업장과 대기 장소의 청결 상태 점검 목록 : 바닥, 작업 테이블, 욕조, 동물 대기 공간

57. ③ 미용 전과 후에 소독을 하는 것이 좋다.

59. ⑤ 욕조 주변과 바닥의 물기는 미끄럽지 않게 수시로 닦는다.

60. ④ 멸균에 대한 설명이다.
    *질병의 감염이나 전염을 예방하기 위해 아포를 제외한 대부분의 해로운 미생물을 파괴하거나 불활성화시키는 것. 비병원성 미생물을 파괴하지 않아서 모든 미생물을 사멸시키지는 못한다. 일반적으로 오염된 물질들을 제거하는 데 사용된다.

61. ③ 고압 증기 멸균법 : 포화된 고압 증기 형태의 습기와 열을 이용하여 아포를 포함한 미생물을 사멸시킨다.

62. ① 일광 소독 : 직사광선에 노출해 소독하는 것. 가장 간단한 소독법이나, 두께가 두꺼운 경우에는 소독이 깊은 부분까지 되지 않는다. 기후, 계절, 환경에 영향을 받기 때문에 효과가 일정하지 않다. 수건과 의류 소독에 적합하다.
    ② 화학적 소독 : 특정 화학제품을 사용하여 소독하는 것, 동물을 위해하지 않는 화학적 소독제 중에서 적합한 소독제를 사용해야 한다
    ③ 자비 소독 : 100℃의 끓는 물에 소독 대상을 넣어 소독하는 것. 100℃ 이상으로 올라가지 않으므로 미생물 전부를 사멸시키는 것은 불가능하며 아포와 일부 바이러스에는 효과가 없다. 100℃에서 10~30분 정도 충분히 끓여야 하며, 의류, 금속, 유리 등에 적합하고, 금속은 탄산나트륨 1~2% 추가하면 녹이 나는 것을 방지할 수 있다.
    ⑤ 고압 증기 멸균법 : 포화된 고압 증기 형태의 습기와 열을 이용해 아포를 포함한 모든 미생물을 사멸시키는 멸균법. 고압 증기 멸균기를 사용해 소독 대상을 물기가 없이 닦아 증기가 침투하여 쉽게 기구의 뚜껑을 열어 놓고 천이나 알루미늄 호일로 싼 후, 15파운드의 수증기압과 121℃에서 15~20분간 소독한다. 습기와 열에 약한 대상에는 사용하지 않으며 금속 날은 무뎌질 수 있다.

63. ① 과산화물은 주로 2.5~3.5%의 농도로 사용한다.

65. ⑤ 고압 증기 멸균법 - 포화된 고압 증기의 습기와 열을 이용해 아포를 사멸시킨다.

66. 포비돈 - 피부소독제, 세균, 곰팡이, 일부 바이러스 등 넓은 범위의 살균력을 가지고 있으며 소독용, 수술 전 소독용으로 사용한다.

67. ① 차아염소산나트륨에 관한 설명이다.
    ② 크레졸에 관한 설명이다.
    ④ 알코올에 관한 설명이다.
    ⑤ 페놀류에 관한 설명이다.

69. 알코올 : 세균, 결핵균, 바이러스를 불활성화시킬 수 있으나 아포에는 효과가 없다.

70. ① 알코올 : 에탄올이 주로 사용되고, 넓은 범위의 소독력을 가지고 있다. 세균, 바이러스, 결핵균, 진균을 불활성화시키지만 아포에는 효과가 없다. 피부와 미용기구 소독에 적합하다. 그러나 가격이 비싸며, 고무나 플라스틱에 손상을 일으킬 수 있고, 상처가 난 피부에 사용 시 매우 자극적이다. 인화성 물질이라서 화재의 위험성이 있기 때문에 보관에 주의가 필요하다.
    ② 페놀류 : 거의 모든 세균을 불활성화시키지만 바이러스나 아포에는 효과가 없다. 저렴하여 넓은 공간을 소독할 때 유용하며, 고온일수록 소독 효과가 크다. 오래 두어도 화학 변화가 없고, 유기물이 있는 표면에 사용해도 소독력이 감소하지 않는다. 그러나 점막, 눈, 피부에 자극이 생기며 특히 고양이에게는 독성이 나타나기 때문에 고양이가 있는 곳에는 사용하지 않는다. 배설물 소독과 같은 한정된 용도로만 사용이 가능하다.
    ③ 크레졸 : 대부분의 세균을 불활성화시키지만, 아포나 바이러스에는 효과가 없다. 물에 잘 녹지 않아 비누와 혼합하여 크레졸 비누액으로 많이 사용한다. 그러나 냄새가 강하고 금속을 부식시키며 원액은 피부에 손상을 줄 수 있다.
    ④ 과산화물 : 과산화수소, 과산화초산 등을 포함하고 있으며, 산화력으로 살균 소독을 하고 물과 산소로 분해되어 잔류물이 남지 않으나 자극성과 부식이 일어난다.

71. ① 넓은 범위의 살균력을 가지고 있어 금속으로 된 기구를 소독할 때 반드시 사용한다.

73. ① 소독력이 좋지만, 독성이 강하여 피부에 손상을 일으키기 때문에 피부 소독제로는 적합하지 않다.

75. ① 차아염소산나트륨
    ② 과산화물
    ③ 계면활성제
    ④ 포비돈 - 피부 소독제에 적합하다.
    ⑤ 페놀류(석탄산)

76. ① 청소기를 사용하기 전에 사용하며, 용도에 맞는 적당한 크기의 빗자루를 선택한다.
    ② 넓은 공간에 사용하는 것보다 미용 테이블에 떨어진 털을 제거하고 가구에 떨어진 먼지를 청소할 때 사용한다.
    ③ 먼지를 털기 전 창문을 열어 환기시키고 먼지가 많이 쌓이는 곳에서 사용한다.
    ⑤ 청소기의 소음 때문에 동물들이 불안해하거나 두려움을 느끼므로 소음이 적은 제품을 사용하고 동물에게 가까이 청소기를 대지 않으며 영업 전후에 동물이 없을 때 사용한다.

77. ⑤ 소독제를 섞어서 사용하면 살균력이 감소되거나 유해물질이 발생할 수 있다.

78. ① 오염 물질이 전달되는 것을 최소화하기 위해 청소나 소독은 가장 깨끗한 곳에서부터 가장 더러운 곳에서 끝낸다.

79. ⑤ 청소나 소독은 가장 깨끗한 곳에서부터 더러운 곳으로 끝내야 오염 물질 전달이 최소화 된다.

80. ① 희석한 소독제는 장기간 보관하지 않는다.

81. ④ 금속재질의 도구는 부식의 위험이 있기 때문에 오래 담가두지 않는다.

82. ③ 슬리커 브러시 - 사용 후 엉킨 털이나 이물질을 제거한 후에 미지근한 물에 중성세제를 풀어서 세척한다.

83. ② 브러시를 이용해 털을 제거할 때 날의 안쪽에서 바깥쪽으로 쓸어준다.

84. 작업자의 위생 관리 점검 항목 → 손, 손톱, 입냄새, 체취, 헤어, 장신구, 작업복, 신발

85. ⑤ 깔끔하고 밝은 이미지를 위해 헤어 염색 → 고객들과 직접 대면해야 하기 때문에 청결하고 단정하게 해야 한다.

86. ① 살모넬라 : 동물의 배설물로 인해 감염되는 소화기 질병 (인수공통)
    ② 광견병 : 광견병 바이러스로 인해 생기는 급성 뇌염 (인수공통)
    ③ 백선증 : 곰팡이 감염으로 인한 피부 질환, 곰팡이에 감염된 동물에 직접 접촉하거나 오염된 도구나 오염된 작업장의 접촉으로도 감염이 된다.(인

수공통)
④ 개선충 : 옴진드기로 인해 생기는 피부 질환 (인수공통)
⑤ 파보장염 : 개에서 발생하는 전염성 바이러스. 매우 전염성이 높으며 분변, 타액 등을 통해 개에서 개로 전파되고 감염된 개체에서 치료하지 않을 경우에는 치사율이 매우 높다. 포유동물로는 전염이 되나 사람에게는 전염되지 않는다. (비인수공통)

87. ① 개선충 : 옴진드기로 인해 생기는 피부 질환
② 광견병 : 광견병 바이러스로 인해 생기는 급성 뇌염
③ 백선증 : 곰팡이 감염으로 인한 피부 질환
④ 지알디아, ⑤ 캠필로박터 : 동물의 배설물로 인해 감염되는 소화기 질병

88. ① 백선증 : 곰팡이 감염으로 인한 피부 질환, 곰팡이에 감염된 동물에 직접 접촉하거나 오염된 도구나 오염된 작업장의 접촉으로도 감염이 된다.
③ 지알디아, ④ 캠필로박터, ⑤ 회충 : 동물의 배설물에 의해 옮겨지는 병원균, 주로 입으로 감염되고 사람과 동물에게 장염과 같은 소화기 질병을 일으킨다.

89. ⑤ 개선충 : 동물과 직접 접촉하여 감염된다. 배설물로 옮겨지는 질병 → 회충, 지알디아, 캠필로박터, 살모넬라, 대장균

90. ① 포비돈 : 세균, 곰팡이, 원충, 일부 바이러스 등 넓은 범위의 살균력을 가지고 있다. 상처 소독용, 수술 전 소독용으로 사용, 알코올과 함께 사용 시 효과가 상승한다. 1~10% 농도로 사용한다.
② 과산화수소 : 도포 시 거품이 난다. 산화력이 강하고 산소가 발생하여 호기성 세균 번식을 억제하는 효과가 있다. 농도에 따라 피부에 매우 자극적일 수 있기 때문에 농도 2.5~3%로 소독용으로 사용한다.
③ 클로르헥시딘 : 손 소독과 상처 소독에 모두 사용이 가능한 광범위 소독제 사용 시 세균이 급격하게 감소하나, 알코올보다는 소독 효과가 천천히 나타난다. 0.5%의 농도가 되도록 물과 생리 식염수에 희석하여 사용한다.

단, 귀와 눈에는 독성을 나타내므로 사용하면 안 된다.
④ 크레졸 : 일부 손소독제에 포함되어 있지만 페놀 계열의 성분의 독성이 있어 피부에 손상을 일으키므로 사용하지 않는다.
⑤ 알코올 : 피부와 같이 살아 있는 조직을 소독하는 데 사용한다. 점막에 닿으면 자극적이기 때문에 상처 부위에는 피해서 사용해야 한다. 60~80% 농도로 물에 희석하여 사용한다.

91. ① 알코올은 점막에 닿으면 매우 자극적이므로 상처는 피해서 사용한다.

92. ① 과산화수소에 관한 설명이다.
③ 포비돈에 관한 설명이다.
④ 클로르헥시딘에 관한 설명이다.
⑤ 클로르헥시딘에 관한 설명이다.

93. ① 작업자는 손톱을 단단한 네일아트로 보호해 준다 → 청결 상태를 확인하기 힘들뿐더러 동물에게 상처를 입힐 수 있기 때문에 네일 아트는 하지 않는 것이 좋다.
② 자비 소독만으로는 미생물을 전부 사멸시킬 수 없으며, 아포나 일부 바이러스에도 효과가 없기 때문에 화학적 소독제를 병행하여 사용한다.
④ 작업자의 위생 관리 점검은 항목을 나눠 날짜별로 매일 실시한다.
⑤ 작업자는 손을 씻을 때 너무 뜨거운 물은 유분을 뺏어가 손을 건조하게 할 수 있으므로 미지근한 물로 씻어준다.

94. ② 작업복과 신발은 동물의 배설물과 털 등의 오염물에 노출되기 쉽기 때문에 수시로 점검한다.

96. ④ 손을 씻을 때 뜨거운 물은 유분을 뺏어가 손을 건조하게 만든다. 미지근한 물은 손의 혈액 순환에 도움이 되고 건조함을 방지한다.

97. ① 단백질 음식은 입냄새를 유발하기 때문에 적게 섭취한다.

98. ③ 화학적 소독제를 오염 부위에 바로 사용하면 살균효과가 떨어진다.

2 애완동물 미용 기자재 관리

1. 다음 중 민가위라고도 불리며 애완동물의 털을 자르는 데 사용한다. 용도에 따라 크기와 길이가 다양한 이 가위의 다른 명칭을 고르시오.

① 블런트 가위 ② 텐텐 가위
③ 시닝 가위 ④ 커브 가위
⑤ 보브 가위

2. 다음 중 숱가위라고도 불리며 숱을 치는 데 사용한다. 발 수와 홈에 따라 절삭률이 달라지는 이 가위의 다른 명칭을 고르시오.

① 보브 가위 ② 요술 가위
③ 블런트 가위 ④ 시닝 가위
⑤ 커브 가위

3. 다음 중 가윗날의 모양이 곡선을 그리며 휘어져 있어 곡선 부분을 자를 때 유용한 이 가위의 명칭을 고르시오.

① 요술 가위 ② 커브 가위
③ 블런트 가위 ④ 보브 가위
⑤ 시닝 가위

4. 다음 중 요술 가위라고도 불리며 숱가위와 비슷하지만 절삭률이 더 좋은 이 가위의 명칭을 고르시오.

① 커브 가위 ② 시닝 가위
③ 블런트 가위 ④ 텐텐 가위
⑤ 보브 가위

5. 블런트 가위에 대한 설명으로 올바른 것은?

① 요술 가위라고도 불리며, 시닝 가위와 비슷하지만 절삭률이 더 좋다.
② 민가위와 같은 모양이지만, 가윗날의 길이가 짧고 눈앞이나 풋라인을 자를 때 사용한다.
③ 가윗날의 모양이 휘어져 있어 곡선 부분을 커트할 때 좋다.
④ 숱가위라고도 불리며, 숱을 치는 데 사용하며 발 수와 홈에 따라 절삭률이 달라진다.
⑤ 민가위라고도 불리며, 애완동물의 털을 자르는 데 사용하고 사용 용도에 따라 가위의 크기와 길이가 다양하다.

6. 시닝 가위에 대한 설명으로 올바른 것은?

① 가윗날의 모양이 휘어져 있어 곡선 부분을 커트할 때 좋다.
② 민가위와 같은 모양이지만 가윗날의 길이가 짧고 눈앞이나 풋라인을 자를 때 사용한다.
③ 숱가위라고도 불리며, 숱을 치는 데 사용하며 발 수와 홈에 따라 절삭률이 달라진다.
④ 민가위라고도 불리며 애완동물의 털을 자르는 데 사용하고 사용 용도에 따라 가위의 크기와 길이가 다양하다.
⑤ 요술 가위라고도 불리우며 시닝 가위와 비슷하지만 절삭률이 더 좋다.

7. 커브 가위에 대한 설명으로 올바른 것은?

① 민가위와 같은 모양이지만 가윗날의 길이가 짧고 눈앞이나 풋라인을 자를 때 사용한다.
② 가윗날의 모양이 휘어져 있어 곡선 부분을 커트할 때 좋다.
③ 숱가위라고도 불리며, 숱을 치는 데 사용하며 발 수와 홈에 따라 절삭률이 달라진다.
④ 민가위라고도 불리며 애완동물의 털을 자르는 데 사용하고 사용 용도에 따라 가위의 크기와 길이가 다양하다.
⑤ 요술 가위라고도 불리며, 시닝 가위와 비슷하지만 절삭률이 더 좋다.

8. 요술 가위에 대한 설명으로 올바른 것은?

① 텐텐 가위라고도 불리며, 시닝 가위와 비슷하지만 절삭률이 더 좋다.
② 민가위와 같은 모양이지만 가윗날의 길이가 짧고 눈앞이나 풋라인을 자를 때 사용한다.
③ 숱가위라고도 불리며, 숱을 치는 데 사용하며 발 수와 홈에 따라 절삭률이 달라진다.
④ 민가위라고도 불리며 애완동물의 털을 자르는 데 사용하고 사용 용도에 따라 가위의 크기와 길이가 다양하다.
⑤ 가윗날의 모양이 휘어져 있어 곡선 부분을 커트할 때 좋다.

9. 다음 중 클리퍼에 대한 설명으로 올바르지 못한 것은?

① 전문가용 클리퍼와 소형 클리퍼로 나뉜다.
② 전문가용 클리퍼는 여러 가지 클리퍼 날을 장착하여 사용할 수 있다.
③ 전문가용은 전체 미용을 할 때 효과적이다.
④ 소형 클리퍼는 기본 미용이나 섬세한 부분을 클리핑할 때 효과적이다.
⑤ 소형 클리퍼는 날의 길이가 제한적이지만 날의 폭이 넓다.

10. 다음 중 전문가용 클리퍼에 대한 설명을 모두 고르시오.

① 몸체, 얼굴, 발 등 전반적인 클리핑을 하는 데 다양하게 사용한다.
② 작고 가볍다는 장점이 있다.
③ 클리퍼에 부착된 날의 종류는 한 가지이다.
④ 길이가 다른 여러 가지 클리퍼 날을 장착하여 사용한다.
⑤ 날의 폭이 좁기 때문에 섬세한 표현을 할 수 있다.

11. 다음 중 소형 클리퍼에 대한 설명을 모두 고르시오.

> ㄱ. 날의 길이가 제한적이다.
> ㄴ. 전체 미용에 효과적이다.
> ㄷ. 날의 폭이 매우 좁다.
> ㄹ. 넓은 범위를 클리핑할 때 사용한다.
> ㅁ. 클리퍼에 부착된 날의 종류는 한 가지이다.

① ㄱ, ㄴ ② ㄱ, ㄷ, ㅁ
③ ㄴ, ㄷ ④ ㄷ, ㄹ, ㅁ
⑤ ㄹ, ㅁ

12. 클리퍼 날에 대한 설명으로 올바른 것은?
① 클리퍼 날의 아래쪽 날은 털을 자르는 역할을 한다.
② 클리퍼 날의 위쪽 날은 두께를 조절하는 역할을 한다.
③ 클리퍼의 번호가 클수록 털의 길이가 짧게 깎인다.
④ 클리퍼의 번호는 제조사마다 mm 수치가 동일하다.
⑤ 날에 표기된 mm 수치는 정방향으로 클리핑할 때 남아있는 털의 길이이다.

13. 클리퍼 날에 대한 설명으로 잘못된 것은 무엇인가?
① 클리퍼에 부착하여 잘리는 털의 길이를 조절하는 도구이다.
② 동물의 종류나 미용 방법 및 사용 부위에 따라 길이를 선택하여 사용한다.
③ 날에 표기된 mm 수치는 동물의 털을 역방향으로 클리핑 할 때 남는 털의 길이이다.
④ 일반적으로 클리퍼 날에 표기된 번호가 클수록 털의 길이가 짧게 깎인다.
⑤ 윗날의 두께에 따라 클리핑 되는 길이가 결정된다.

14. 클리핑했을 때 털의 길이가 짧게 남는 순서부터 길게 남는 순서까지 바르게 나열된 것은?
① 7F → 10 → 1mm → 40 → 30
② 10 → 7F → 40 → 1mm → 30
③ 30 → 40 → 1mm → 10 → 7F
④ 40 → 1mm → 30 → 10 → 7F
⑤ 40 → 30 → 1mm → 10 → 7F

15. 클리퍼 콤은 몇 mm의 클리퍼 날에 덧끼워 사용하는가?
① 0.5mm ② 1mm
③ 1.5mm ④ 2mm
⑤ 2.5mm

16. 클리퍼 콤에 대한 설명으로 올바른 것을 고르시오.
① 클리퍼 날에 끼우는 덧빗으로 보통 1mm 길이의 클리퍼 날에 덧끼워서 사용한다.
② 클리퍼에 부착하여 잘리는 털의 길이를 조절하는 도구이다.
③ 아래쪽 날은 두께를 조절하고 위쪽 날은 털을 자르는 역할을 한다.
④ 날의 폭이 매우 좁아서 섬세한 표현이 가능하다.
⑤ 클리퍼 날에 부착된 날의 종류는 한 가지이다.

17. 슬리커 브러시에 대한 설명으로 잘못된 것은?
① 엉킨 털을 빗거나 드라이를 위한 빗질 등에 사용된다.
② 장모종의 엉킨 털을 제거하고 오염물을 탈락시킨다.
③ 애완동물의 종류나 사용 용도에 따라 알맞은 슬리커 브러시는 선택하여 사용한다.
④ 금속이나 플라스틱 재질의 판에 고무 쿠션이 붙어 있다.
⑤ 고무 쿠션 위로 구부러진 철사 모양의 쇠가 촘촘하게 박혀 있다.

18. 핀 브러시에 대한 설명으로 올바른 것은?
① 동물의 털로 만든 브러시이다.
② 오일이나 파우더 등을 바를 때 사용된다.
③ 애완동물의 볼륨을 표현할 때 사용된다.
④ 고무 쿠션 위로 둥근 침 모양의 쇠로 된 핀이 끼워져 있다.
⑤ 엉키거나 죽은 털의 제거, 가르마 나누기, 털 세우기, 털 방향 만들기 등에 사용된다.

19. 브리슬 브러시에 대한 설명이 아닌 것은?
① 길쭉한 금속 막대 위에 끝이 굵고 둥근 빗살이 꽂혀 있는 브러시이다.
② 동물의 털로 만들어져 있다.
③ 피부를 자극하는 마사지 용도로 사용된다.
④ 오일이나 파우더 등을 바를 때 사용한다.
⑤ 사용 목적에 따라 길이나 재질을 선택하여 사용한다.

20. 콤에 대한 설명으로 잘못된 것은?
① 긴 금속 막대 위에 끝이 굵고 둥근 빗살이 꽂혀 있다.
② 빗의 크기, 굵기, 길이, 중량 등이 다양하다.
③ 동물의 털을 가르거나 래핑할 때 사용하는 빗의 종류이다.
④ 엉키거나 죽은 털의 제거에 사용된다.
⑤ 털을 세우거나 방향을 만들 때 사용된다.

21. 오발빗에 대한 설명으로 올바른 것을 모두 고르시오.
① 동물의 털로 만든 빗으로 오일이나 파우더 등을 바를 때 사용된다.
② 엉킨 털을 빗거나 드라이를 위한 빗질 등에 사용되는 빗이다.
③ 장모종의 엉킨 털을 제거하고 오염물을 탈락시키는 용도로 사용한다.
④ 포크 콤이라도고 부른다.
⑤ 애완동물의 볼륨을 표현하기 위해 털을 부풀릴 때 사용된다.

22. 꼬리빗에 대한 설명으로 올바른 것은?
    ① 애완동물의 볼륨을 표현하기 위해 털을 부풀릴 때 사용된다.
    ② 포크 콤이라고도 부른다.
    ③ 털을 세우거나 방향 만들기 등에 사용된다.
    ④ 길쭉한 금속 막대 위로 끝이 굵고 둥근 빗살이 꽂혀 있다.
    ⑤ 동물의 털을 가르거나 래핑을 할 때 사용된다.

23. 털의 감기는 성질 때문에 오일을 바르는데 주로 사용하는 브러시의 종류는?
    ① 말 털 브러시   ② 꼬리빗
    ③ 콤   ④ 돼지 털 브러시
    ⑤ 핀 브러시

24. 다른 동물의 털로 만든 브러시와 비교했을 때 굵고 딱딱한 브러시의 종류는?
    ① 꼬리빗   ② 슬리커 브러시
    ③ 돼지 털 브러시   ④ 오발빗
    ⑤ 멧돼지 털 브러시

25. 다음 ( ) 안에 들어갈 단어는 무엇인가?

    ( )의 털로 만든 브러시로 품종에 따라 굵기와 길이, 딱딱한 정도가 다르며 애완동물의 품종과 사용 용도에 따라 적당한 것을 선택하여 사용한다.

    ① 꽃돼지   ② 멧돼지
    ③ 돼지   ④ 꿀돼지
    ⑤ 흑돼지

26. 스트리핑을 할 때 사용하며 날이 가장 두껍고 거친 도구의 이름은?
    ① 코트킹   ② 파인 나이프
    ③ 미디엄 나이프   ④ 포크 콤
    ⑤ 코스 나이프

27. 스트리핑 나이프 중 미디엄 나이프에 대한 설명으로 올바른 것은?
    ① 날이 두껍고 거칠다.
    ② 중간 두께의 날로 꼬리, 머리, 목 부분의 털을 제거하는 데 사용된다.
    ③ 귀, 눈, 볼, 목 아래의 털을 제거하는 데 사용한다.
    ④ 언더코트를 제거하는 데 사용한다.
    ⑤ 날이 가장 얇고 촘촘하다.

28. 스트리핑 나이프의 종류 중 날이 가장 얇고 촘촘하며 귀, 눈, 볼, 목 아래의 털을 제거하는 데 사용되는 나이프의 종류는?
    ① 파인 나이프   ② 미디엄 나이프
    ③ 코스 나이프   ④ 코트킹
    ⑤ 드레서

29. 스트리핑 나이프에 대한 설명으로 잘못된 것은?
    ① 코스, 미디엄, 파인 세 가지 종류의 나이프가 있다.
    ② 미디엄 나이프는 귀, 눈 볼, 목 아래의 털을 제거하는 데 사용된다.
    ③ 죽은 털을 제거하고 굵고 건강한 모질을 만드는 데 사용된다.
    ④ 코스 나이프는 날이 가장 두껍다.
    ⑤ 파인 나이프는 날이 가장 얇고 촘촘하다.

30. 필요 없는 언더코트를 자연스럽게 제거해 주는 도구로 애완동물의 모발 특징에 따라 날의 촘촘함 정도와 크기를 선택하여 사용하는 도구의 명칭은?
    ① 코스 나이프   ② 파인 나이프
    ③ 미디엄 나이프   ④ 코트킹
    ⑤ 시닝 가위

31. 겸자에 대한 설명이 아닌 것은?
    ① 겸자의 종류로 곡선 유구 겸자가 있다.
    ② 귓속의 털을 뽑거나 다듬을 때 사용한다.
    ③ 겸자의 종류로 직선고·곡선 겸자가 있다.
    ④ 겸자의 종류로 무구오·유구 겸자가 있다.
    ⑤ 속눈썹을 뽑을 때 사용한다.

32. 다음 미용도구에 대한 설명으로 잘못된 것은?
    ① 겸자의 종류로 직선 무구 겸자, 직선 유구 겸자 등이 있다.
    ② 나이프는 세 가지 종류로 나누어져 있다.
    ③ 래핑이나 밴딩 작업 시 사용하는 밴딩 가위가 있다.
    ④ 대형견에게 사용하는 집게형 발톱깎이가 있다.
    ⑤ 다양한 종류의 가위가 있다.

33. 미용도구 중 발톱갈이에 대한 설명으로 잘못된 것은?
    ① 동물의 발톱을 깎으면 절단면이 뾰족하고 날카로워 사람이 상해를 입을 수 있기 때문에 사용한다.
    ② 전동 발톱갈이와 수동 발톱갈이가 있다.
    ③ 동물의 발톱을 깎고 절단면이 뾰족해지고 날카로워져 애완동물이 상해를 입을 수 있기 때문에 사용한다.
    ④ 발톱을 둥글게 다듬을 때 사용한다.
    ⑤ 전동 발톱갈이는 사람의 손으로 양방향으로 움직여 사용한다.

34. 래핑이나 밴딩 작업 시 고무밴드를 자를 때 사용하는 가위의 종류는?
    ① 밴딩 가위   ② 보브 가위
    ③ 시닝 가위   ④ 민가위
    ⑤ 숱가위

35. 동물이 수술을 마치고 수술 부위를 핥지 못하게 하기 위해 동물의 목에 착용시켜 얼굴을 감싸는 용도로 만들어진 도구의 이름은?
   ① 오리 주둥이
   ② 단두종 플라스틱 입마개
   ③ 엘리자베스 칼라
   ④ 하니스
   ⑤ 장두종 플라스틱 입마개

36. 엘리자베스 칼라에 대한 설명이 아닌 것은?
   ① 목에 착용시켜 얼굴을 감싸는 도구이다.
   ② 동물이 호흡을 하는 데 문제가 생길 수 있으므로 주의한다.
   ③ 플라스틱, 천 등으로 만들어져 있다.
   ④ 물림 방지 도구로도 사용된다.
   ⑤ 초기 목적은 수술 부위를 핥지 못하게 하려고 만들어졌다.

37. 다음 중 입마개에 대한 설명으로 잘못된 것은?
   ① 천이나 플라스틱 등으로 만들어졌다.
   ② 동물이 물지 못하게 하려고 주둥이에 씌우는 도구이다.
   ③ 매우 사나운 동물에게는 오리 주둥이를 사용한다.
   ④ 입이 다 가려지는 플라스틱 입마개 사용 시 동물의 호흡에 주의한다.
   ⑤ 엘리자베스 칼라는 매우 사나운 동물에게는 적합하지 못하다.

38. 미용도구의 종류를 파악하고 청소 및 관리를 할 때 주의해야 하는 내용으로 잘못된 것은?
   ① 전기 콘센트는 화재를 예방하기 위해 주기적으로 청소해준다.
   ② 클리퍼 날은 클리퍼에 부착한 후 소독제를 분무한다.
   ③ 전기 제품을 사용할 때에는 감전 사고에 주의한다.
   ④ 미용도구는 소독을 철저히 하여 관리한다.
   ⑤ 슬리커 브러시 등의 뾰족한 도구에 찔리지 않도록 주의한다.

39. 미용도구 및 물림 방지 도구를 소독할 때 내용으로 올바르지 못한 것은?
   ① 플라스틱 재질의 물림 방지 도구는 소독약에 담그거나 세탁하여 소독한다.
   ② 털을 털어 낼 때에는 부드러운 화장용 솔부터 뻣뻣한 칫솔까지 다양한 도구를 사용할 수 있다.
   ③ 고무나 플라스틱을 녹이거나 금속을 부식시키는 소독제의 종류를 미리 파악하여 사용해야 한다.
   ④ 소독 기기를 사용할 때에는 도구의 재질이 적용 가능한지를 먼저 살피도록 한다.
   ⑤ 도구가 소독제에 젖어 있지 않도록 소독제를 닦고 건조시킨다.

40. 다음 중 위생 관리 점검표를 작성하는 방법으로 잘못된 것은?
   ① 같은 도구이면 제조사명을 이름으로 하여 작성한다.
   ② 사용하지 않고 보관만 하는 도구는 점검표에 다른 색이나 선으로 표기하여 작성 시간을 단축시킨다.
   ③ 클리퍼 날은 A사 7F(1), A사 7F(2)등으로 번호를 괄호나 원에 넣어 표기한다.
   ④ 미용도구의 점검 항목을 날짜별로 매주 체크한다.
   ⑤ 위생 관리 점검표는 한 달 단위로 작성한다.

41. 가위의 관리 방법으로 올바르게 설명한 것은?
   ① 가위를 사용하기 전후에 윤활제를 뿌려주는 것이 좋다.
   ② 새로 구입한 가위에 적응하는 데에는 대략 6주에서 4개월 정도가 필요하다.
   ③ 가위의 날을 닦을 때는 전용 가죽으로 왕복하며 닦아준다.
   ④ 가위를 잡아 상하로 가위질을 할 때 다소 무겁게 느껴지는 정도로 볼트를 조절한다.
   ⑤ 가위는 약간 벌린 상태에서 보관한다.

42. 다음 중 가위의 관리 방법으로 잘못된 것은?
   ① 가윗날의 마모 및 외부 충격으로 날을 A/S를 할 시에 가능하면 빨리 A/S를 받도록 한다.
   ② 가위는 하루의 일과를 다 마친 후에는 깨끗이 닦고 각 부위에 윤활제를 충분히 발라 보관한다.
   ③ 가위는 날의 바닥 면을 날의 끝 쪽에서부터 날의 손잡이 쪽으로 밀면서 닦아준다.
   ④ 새로 구입한 가위는 기존의 가위질보다 좀 더 가볍고 부드럽게 사용하여 적응한다.
   ⑤ 가위가 벌린 상태로 있으면 외부 충격에 손상을 더 크게 입는다.

43. 다음 중 클리퍼와 클리퍼 날의 관리 방법으로 올바른 것은?
   ① 날이 기름이 묻은 상태로 클리핑을 시작하여 날이 부드럽게 움직일 수 있도록 한다.
   ② 클리퍼 날은 연마가 가능하며 관리를 잘하면 반영구적으로 사용할 수도 있다.
   ③ 새로 구입한 클리퍼 날은 기름을 충분히 바른 상태에서 6~8분 정도 충분히 공회전을 해준다.
   ④ 클리퍼 날은 항상 청결해야 하며 사용하지 않을 때에는 냉각제를 주입한 후 보관한다.
   ⑤ 새로 구입한 클리퍼 날은 공회전 후 분사되는 냉각제를 주입하여 생산 과정에서 날에 묻은 이물질을 제거한 후 사용한다.

44. 다음 중 클리퍼와 클리퍼 날의 관리 방법으로 잘못된 것은?
   ① 새로 구입한 클리퍼는 털을 바로 클리핑하지 않고 사용하기 전에 관리 작업을 해주는 것이 좋다.
   ② 동물의 털은 유분이 많아 이물질이 많이 끼어 있어 클리핑 후 클리퍼와 클리퍼 날은 반드시 청소를 해준다.
   ③ 클리퍼 날은 습기에 강하기 때문에 일반적으로 소독제에 담가 소독한다.
   ④ 날은 깨끗하게 청소한 후 윤활제를 뿌려 건조한 곳에다 보관한다.

⑤ 클리퍼 날을 연마할 때에는 숙련된 전문가에게 의뢰하는 것이 좋다.

45. 다음 중 핀 브러시의 관리 방법으로 잘못된 것은?
① 남아있는 물기는 직사광선에 바짝 말려 소독한다.
② 엄지손가락과 집게손가락을 이용하여 핀 브러시에 붙은 털을 제거한다.
③ 핀 브러시와 패드 부분에 낀 이물질을 모두 제거한다.
④ 브러시를 뒤집어 비눗물로 씻어 내고 깨끗한 물로 헹군다.
⑤ 브러시는 흔들어 물기를 털어 내고 뜨겁지 않은 바람으로 말려 준다.

46. 슬리커 브러시의 관리 방법으로 잘못된 것은?
① 콤이나 손을 이용하여 슬리커 브러시에 붙은 털을 제거한다.
② 패드와 빗 전체 부분의 이물질 제거를 위해 비눗물 세척을 한다.
③ 슬리커 브러시를 젖은 채로 보관하면 패드가 손상될 수 있다.
④ 미용 테이블에 슬리커 브러시를 긁어 컬을 제거하면 쉽게 털을 제거할 수 있다.
⑤ 슬리커 브러시를 젖은 채로 보관하면 핀에 녹이 생길 수 있다.

47. 브리슬 브러시의 관리 방법으로 잘못된 것은?
① 파우더가 묻어 있으면 손을 부드럽게 양옆으로 움직여 털어 낸다.
② 브러시를 뒤집은 상태로 물에 적셔 남은 오일과 파우더를 전용 세정제를 사용하여 닦아낸다.
③ 건조 시에는 브러시의 털이 갈라지거나 손상되지 않도록 주의한다.
④ 브러시에 붙은 털을 손으로 털어 낸다.
⑤ 오일이 묻어 있으면 젖은 수건으로 가볍게 닦아 낸다.

48. 미용도구의 성능 점검 및 보관 시 주의해야 하는 사항으로 잘못된 것은?
① 도구 점검 시 날카로운 도구에 작업자가 베이지 않도록 주의한다.
② 클리퍼 날에 윤활제를 분무할 때는 클리퍼에 부착한 후 분무한다.
③ 가위로 털 이외의 것을 자르거나 헛 가윗질이 잦으면 가윗날에 마찰로 손상이 발생될 수 있으므로 주의하도록 한다.
④ 윤활제가 작업장 바닥, 작업대에 뿌려지면 미끄러울 수 있으므로 주의한다.
⑤ 분사식 윤활제는 환기 시설을 작동시키거나 통풍이 잘 되는 곳에서 사용하며 화기에 주의하도록 한다.

49. 다음 중 미용도구의 성능을 점검하는 방법으로 잘못된 것은?
① 가위의 성능을 점검할 때 허공에 하는 헛가위질은 가위의 수명을 단축시킨다.
② 콤의 간격에 이상이 없는지 확인한다.
③ 가위의 성능을 점검할 때는 휴지나 종이를 가볍게 잘라 무딘 날을 찾을 수 있다.
④ 전동 발톱갈이는 회전 상태를 점검한다.
⑤ 도그 위그 견체는 다리 부분들을 움직여서 이상 여부를 점검한다.

50. 다음 중 미용도구의 성능을 점검하는 방법으로 올바르지 못한 것은?
① 클리퍼의 진동과 소리에 이상이 없는지 확인한다.
② 핀 브러시의 패드에 핀이 빠진 구멍이 한 개도 없는지를 확인한다.
③ 가위의 맞물림에 이상이 없는지 확인한다.
④ 슬리커 브러시의 철사 꺾임 부위에 이상이 없는지 확인한다.
⑤ 겸자의 맞물림 정도와 부식 상태를 확인한다.

51. 미용도구를 도구함에 정리, 정돈하는 방법으로 잘못된 것은?
① 미용도구는 되도록 온도가 높고 건조한 곳에 보관한다.
② 쇠로 된 재질의 도구는 녹이 슬지 않도록 보관한다.
③ 천으로 된 재질의 도구는 젖은 채로 방치되지 않도록 건조시킨 후 보관한다.
④ 무선 클리퍼는 충전한 후 보관한다.
⑤ 동물이나 사람이 상해를 입지 않도록 주의하여 보관한다.

52. 애완동물의 미용도구나 기자재 등의 관리에 사용하며 직접 뿌리거나 도구를 담가 보관하는 등 활용도에 따라 다양하게 사용되는 미용 소모품은 무엇인가?
① 염색제 ② 지혈제
③ 소독제 ④ 냉각제
⑤ 윤활제

53. 애완동물 미용사의 손이나 작업복, 미용도구, 기자재, 작업장 등을 소독할 때 사용하는 미용 소모품의 종류는?
① 윤활제 ② 지혈제
③ 냉각제 ④ 소독제
⑤ 방향제

54. 장시간 사용할 때 열이 발생되는 미용도구의 냉각에 사용되며 제품에 따라 도구를 부식시키는 성분도 포함되어 있으므로 사용 후엔 반드시 닦거나 건조시켜야 하는 미용 소모품은?
① 윤활제 ② 냉각제
③ 방향제 ④ 소독제
⑤ 지혈제

55. 애완동물의 미용 스타일 상담이나 미용 후 관리 방법 상담 등이 이루어지는 공간에 비치되는 소모품으로 고객에게 좋은 인상을 주고 고객이 좀 더 편안하게 상담할 수 있도록 활용되는 소모품으로 적절하지 않은 것은?
① 아로마향　　② 커피
③ 초크　　　　④ 방향제
⑤ 음료수

56. 다음 중 애완동물의 목욕 제품에 대한 설명으로 잘못된 것은?
① 구강 관리에 사용하는 치약은 삼켰을 때 유해하므로 주의한다.
② 동물의 모질, 모색, 코트의 상태 등을 파악하여 제품을 선택한다.
③ 각 동물의 pH에 맞추어 연구 개발된 여러 종류의 제품들이 있다.
④ 칫솔은 뿌리거나 바르는 제품 등 다양한 종류가 있다.
⑤ 애완동물의 구강 관리는 신체 건강과 밀접한 관계가 있다.

57. 지혈제에 대한 설명이 아닌 것은?
① 발톱 관리 시 출혈이 발생했을 때 사용한다.
② 처음에는 가루로 된 제품만을 사용하였다.
③ 지혈과 소독이 동시에 가능한 제품이 있다.
④ 요즈음에는 젤이나 스프레이 형태의 제품 등이 다양하게 판매되고 있다.
⑤ 수술이나 미용 시 피부의 작은 출혈에 사용할 수 있다.

58. 다음 중 미용 소모품에 대한 설명으로 바르지 못한 것은?
① 이어클리너 : 귀 세정제로 귀의 이물질을 제거하거나 소독할 때 사용한다.
② 지혈제 : 동물의 발톱 관리 시 출혈이 발생했을 때 지혈하는 용도로 사용한다.
③ 이어파우더 : 귓속의 털을 뽑을 때 털이 잘 잡히도록 할 때 사용한다.
④ 워터리스 샴푸 : 물 없이 오염을 제거하는 샴푸이다.
⑤ 브러싱 스프레이 : 정전기로 인해 코트가 날리는 현상을 줄여 주어 모질이 손상되지 않게 하려고 사용한다.

59. 애완동물의 털을 염색하는 데 사용하며 다양한 색으로 구성되어 하나의 색을 사용하기도 하고 두 개 이상의 색을 섞어 사용하기도 하는 미용 소모품은?
① 컬러초크　　　② 염모제
③ 이염 방지제　　④ 컬러페이스트
⑤ 페인트펜

60. 애완동물 염색약과 섞어서 사용하면 밝은 색을 표현할 수 있는 제품으로 물감의 원색에 하얀색을 섞는 원리로 사용하는 미용 소모품은?
① 이염 방지제　　② 염모제
③ 컬러믹스　　　 ④ 페인트펜
⑤ 글리터젤

61. 다음 중 이염 방지제에 대한 설명으로 올바른 것은?
① 염색할 부위 외에 이염되지 않도록 감아 두는 것이다.
② 애완동물 염색 시 원하지 않은 부위에 발라놓아 이염을 방지하는 것이다.
③ 미용사의 손에 염색약이 묻지 않도록 손에 사용하는 것이다.
④ 펜을 입으로 불어서 일회성 염색 효과를 주는 재료이다.
⑤ 애완동물의 털을 염색하는 데 사용하는 재료이다.

62. 애완동물의 털에 일시적으로 염색 효과를 낼 때 사용하는 재료를 모두 고르시오.
① 페인트펜　　② 블로펜
③ 컬러젤　　　④ 컬러초크
⑤ 컬러페이스트

63. 염색약 도포 후 염색약이 잘 스며들게 하려고 털 위에 감싸놓는 미용 재료로 적절한 것은 무엇인가?
① 일회용 장갑　　② 염모제
③ 알루미늄 포일　④ 이염 방지 테이프
⑤ 래핑지

64. 장모종의 개를 브러싱할 때 생기는 마찰로 모발의 손상을 덜어 주어 브러싱을 쉽게 할 수 있도록 도움을 주는 미용 소모품은 무엇인가?
① 워터리스 샴푸　　② 디탱클 제품
③ 정전기 방지 컨디셔너　④ 브러싱 스프레이
⑤ 린스

65. 다음 중 래핑지에 대한 설명이 아닌 것은?
① 백모견종의 털에 색이 염색되지 않도록 주의해야 한다.
② 장모종 개의 털을 보호하기 위해 사용하는 소모품이다.
③ 털의 성질에 따라 두께나 소재를 선택한다.
④ 종이, 비닐 등의 다양한 소재가 있다.
⑤ 밴딩을 할 때 반드시 사용한다.

66. 동물의 털을 묶거나 래핑지를 고정시키는 용도로 사용하며 사용 용도에 따라 재질이나 크기가 다양한 제품은 무엇인가?
① 고무밴드　　② 꼬리빗
③ 래핑지　　　④ 초크
⑤ 헤어스프레이

67. 쇼 도그 용품의 종류 중 동물의 털을 높이 세우거나 풍성하게 보이려고 사용하는 소모품은 무엇인가?
① 헤어스프레이
② 오발 빗
③ 브러싱 스프레이
④ 정전기 방지 컨디셔너
⑤ 고무밴드

68. 흰 털의 동물을 더욱 하얗게 보이도록 사용하는 미용 소모품의 종류는?
① 이염 방지제　② 컬러초크
③ 컬러 파우더　④ 페인트펜
⑤ 초크

69. 다음 중 위그에 대한 설명이 아닌 것은?
① 전체 위그와 얼굴, 다리 등의 부분 위그가 있다.
② 위그 견체 모형에 씌워 사용한다.
③ 개를 대신하여 미용 연습을 할 때 사용하는 가짜 털이다.
④ 위그의 외피를 씌워 미용 연습을 하는 견체 모양의 모형이다.
⑤ 전체 위그는 펫 클립용, 쇼 클립용, 래핑 연습용 등이 있다.

70. 미용 소모품의 종류 파악 및 상태를 점검할 때 주의해야 하는 사항으로 잘못된 것은?
① 액체 상태의 소모품은 상태를 점검한 후 제품이 흐르지 않도록 주의하여야 한다.
② 분사식 소모품은 환기가 잘 되는 곳에서 사용하여야 한다.
③ 휘발성 제품은 상태를 점검한 후 뚜껑을 살짝 열어서 보관한다.
④ 미용 소모품에 이상을 발견하면 제품별로 폐기하는 방법을 확인한 후 처리한다.
⑤ 아로마향이나 방향제는 동물이 닿지 않는 곳에 비치한다.

71. 다음 중 미용 소모품의 사용 방법을 파악하는 방법으로 잘못된 것은?
① 제품에 외부 포장이 있을 경우 외부 포장재에 표기를 확인한다.
② 제품 사용 설명서에는 용법 및 용량에 대한 내용을 확인할 수 있다.
③ 제품 사용 설명서에는 포장 단위, 소비전력량에 대한 내용을 확인할 수 있다.
④ 제품에 외부 포장이나 별지가 없을 경우 제품 뒷면의 사용 설명서를 확인한다.
⑤ 제품에 사용 설명서가 있으면 첨부된 사용 설명서를 확인한다.

72. 다음 중 미용 소모품의 상태를 점검하는 방법으로 적절하지 않은 것은?
① 래핑지는 찢어지거나 오염된 부분이 없는지 확인한다.
② 지혈제는 제품이 굳었거나 변질되지 않았는지 확인한다.
③ 헤어스프레이의 노즐에 문제가 없는지 분사하여 점검한다.
④ 파우더와 초크는 깨짐, 뭉침, 변질 등을 확인한다.
⑤ 이어 클리너는 이물질이 들어가 있지 않은지 확인한다.

73. 견체에 위그를 장착하는 순서로 바르게 나열한 것은?

> ㄱ. 앞다리와 같은 방법으로 뒷다리도 한쪽씩 입히기
> ㄴ. 앞다리부터 한쪽씩 아래로 내리기
> ㄷ. 위그 견체의 앞다리를 수평으로 하고 외피를 머리에 먼저 끼우기
> ㄹ. 양쪽이 다 내려가면 뒷다리도 한쪽씩 내리기
> ㅁ. 배 안쪽의 벨크로를 당겨서 서로 붙이기
> ㅂ. 위그 견체 앞다리를 하늘로 향하게 하고 외피의 앞다리를 한쪽씩 입히기
> ㅅ. 양손으로 귀를 잡고 봉재선과 귀의 위치를 잡아주기

① ㄷ-ㄱ-ㄹ-ㄴ-ㅁ-ㄹ-ㅅ
② ㄷ-ㅂ-ㄱ-ㄴ-ㄹ-ㅁ-ㅅ
③ ㄷ-ㅂ-ㄴ-ㄱ-ㄹ-ㅁ-ㅅ
④ ㄷ-ㅂ-ㄹ-ㄱ-ㄴ-ㅁ-ㅅ
⑤ ㅂ-ㄷ-ㄴ-ㄱ-ㄹ-ㅁ-ㅅ

74. 소모품의 구매 요구량을 파악하는 방법으로 잘못된 것은?
① 일별, 주별, 월별 소모품의 평균 사용량을 체크해본다.
② 소모품 보유량과 예상 사용량을 비교해본다.
③ 예상 사용량에 정확히 맞춰서 재고량을 보유한다.
④ 보통은 겨울보다 여름에 고객이 많으므로 이를 고려하여 사용량을 체크한다.
⑤ 평일보다 주말에 미용 의뢰가 많은 경우도 있으므로 이를 고려하여 사용량을 체크한다.

75. 소모품의 구매 절차 및 물품을 납품 받는 방법으로 잘못된 것은?
① 거래처 관리 대장을 확인하고 필요한 소모품의 취급 업체를 선정한다.
② 더 저렴하게 구매가 가능한 업체가 있더라도 무조건 오래된 업체를 선정한다.
③ 포일, 비닐장갑 등은 직접 방문하여 구입하는 것이 편리할 수도 있다.
④ 정해진 날짜에 주기적으로 담당자가 방문하여 납품받을 수 있다.
⑤ 전화, 메일, 팩스, 인터넷, 직접 방문 등으로 소모품을 주문 및 구매한다.

76. 다음 중 미용 소모품 재고 관리를 하는 방법으로 잘못된 것은?
① 소모품 재고 관리 대장을 작성하여 소모품의 입출고 내역을 기록한다.
② 거래처 관리 카드의 비고란에는 구매 개수별 할인율 등의 참고사항을 기록한다.
③ 부가세 별도 품목은 부가세를 별도로 결제한다.
④ 결제 방법과 결제 시기에 대한 계약은 첫 거래 전에 한다.
⑤ 소모품의 재고를 파악하여 기록한다.

77. 미용 테이블의 종류 중 견고하고 튼튼하지는 않지만 가볍고 휴대하기가 간편하여 이동식 미용 테이블로 사용하는 것은?
① 수동 미용 테이블 ② 접이식 미용 테이블
③ 유압식 미용 테이블 ④ 테이블 바구니
⑤ 전동식 미용 테이블

78. 미용 테이블의 종류로 가격이 매우 저렴하고 접었다 펼 수 있게 제작되어 이동은 수월하지만 높이를 수동으로 조절해야 하는 단점이 있는 미용 테이블은?
① 접이식 미용 테이블 ② 전동식 미용 테이블
③ 유압식 미용 테이블 ④ 테이블 고정 암
⑤ 수동 미용 테이블

79. 버튼을 발로 눌러 높낮이를 조절하는 미용 테이블로 높낮이 조절이 편리하고 비교적 가격이 저렴한 미용 테이블은?
① 테이블 고정 암 ② 전동식 미용 테이블
③ 접이식 미용 테이블 ④ 유압식 미용 테이블
⑤ 수동 미용 테이블

80. 다음 중 전동식 미용 테이블의 단점을 모두 고르시오.
① 부피 ② 가격
③ 높낮이 조절 방법 ④ 동물의 추락 방지 방법
⑤ 견고함

81. 다음 중 테이블 고정 암의 기능으로 올바르게 설명한 것은?
① 테이블 위에 동물을 올려놓고 동물의 드라이를 할 때 사용한다.
② 테이블 위에 동물을 올려놓고 미용사가 자리를 비울 때 사용한다.
③ 테이블 위에 동물을 올려놓고 미용할 때 동물의 추락을 방지한다.
④ 테이블 위에 동물을 올려놓고 미용사가 식사를 할 때 사용한다.
⑤ 테이블 위에 동물을 올려놓고 고객과 상담을 할 때 사용한다.

82. 가정에서 사용하는 드라이어로 바람의 단계 조절이 어렵고 바람의 세기가 비교적 약하지만 장소가 협소하거나 이동해야 하는 경우에 편리하게 사용할 수 있는 드라이기는?
① 룸 드라이어 ② 스탠드 드라이어
③ 플러프 드라이 ④ 개인용 드라이어
⑤ 블로 드라이어

83. 바람의 세기 조절이나 각도 조절이 쉬워 애완동물 미용에 가장 많이 사용되는 드라이어의 종류는?
① 개인용 드라이어 ② 스탠드 드라이어
③ 블로 드라이어 ④ 룸 드라이어
⑤ 플러프 드라이

84. 바람이 나오는 장치가 부착되어 있는 박스 형태의 룸 안에 동물을 넣고 작동시키면 미용사가 직접 동물을 말리지 않아도 되는 자동 드라이 시스템인 이 드라이어의 종류는?
① 개인용 드라이어 ② 켄넬 드라이
③ 블로 드라이어 ④ 스탠드 드라이어
⑤ 룸 드라이어

85. 강한 바람으로 털을 말리는 드라이어로 호스나 스틱형 관을 끼워서 사용한다. 바닥이나 테이블 위에 올려놓을 수 있고 스탠드 위에 올려 각도를 조절하여 사용하기도 하는 드라이어의 종류는?
① 룸 드라이어 ② 스탠드 드라이어
③ 블로 드라이어 ④ 켄넬 드라이
⑤ 개인용 드라이어

86. 다음 중 온수기에 대한 설명으로 올바른 것은?
① 전기온수기는 많은 양의 물을 사용하는 곳에는 적절하지 않다.
② 전기온수기는 많은 양의 물을 빨리 데울 수 있다.
③ 전기온수기는 설치 방법이 까다롭다.
④ 가스온수기는 물을 데우는 시간이 오래 걸린다.
⑤ 가스온수기는 설치가 간편하다.

87. 다음 중 소독기기에 대한 설명으로 잘못된 것은?
① 애완동물의 미용도구 소독에 사용된다.
② 자외선을 이용하여 살균하는 기계이다.
③ 소독과 건조 기능이 합쳐진 제품도 있다.
④ 가열 살균에 비교해 소독 시간이 길다.
⑤ 약제 소독에 비교해 소독 시간이 짧다.

88. 애완동물 미용 장비의 종류를 파악하고 사용 매뉴얼을 확인하는 방법에 대한 설명으로 잘못된 것은?
① 요정비품은 수리하여 사용하는 것이 경제적인 물품을 말한다.

② 각 장비의 사용 매뉴얼을 읽고 사용 방법과 주의사항을 파악한다.
③ 작성된 기자재 목록을 참고하여 장비 관리 대장을 작성한다.
④ 중고품은 사용 중인 물품으로 수리가 필요한 물품을 말한다.
⑤ 기자재의 목록을 작성한다.

89. 애완동물 미용 장비를 소독하고 성능을 점검하는 방법으로 잘못된 것은?
① 동물이 핥을 수 있는 부분은 소독을 하지 않는다.
② 가스온수기는 온수의 공급 상태가 원활한지 확인한다.
③ 소독 후에는 환기를 충분히 시킨다.
④ 룸 드라이어의 공기 필터는 세척 후 건조하여 장착한다.
⑤ 스탠드 드라이어는 스탠드 부위가 흔들리지 않는지 확인한다.

90. 미용 테이블을 소독하고 성능을 점검하는 방법으로 잘못된 것은?
① 테이블 상판의 털을 털어 낸 후 소독한다.
② 전동식 미용 테이블은 유압 장치를 눌러 높낮이 조절에 이상이 있는지 점검한다.
③ 수동식 미용 테이블은 테이블이 단단히 고정되었는지 점검한다.
④ 테이블에 도구 바구니가 설치되어 있는 경우 바구니의 털을 털어낸 후 소독한다.
⑤ 테이블 상판의 미끄럼 방지판이 이상이 있는지 점검한다.

91. 다음 중 드라이어를 소독하고 성능을 점검하는 방법으로 잘못된 것은?
① 룸 드라이어는 적외선램프가 장착되어 있을 경우 램프에 이상이 있는지 점검한다.
② 개인용 드라이어는 바람의 세기와 온도에 이상이 있는지 점검한다.
③ 블로 드라이어의 외부 벽면을 소독한다.
④ 스탠드 드라이어는 스탠드 부위가 흔들리지 않는지 점검한다.
⑤ 블로 드라이어는 블로 호스가 손상되지 않았는지 확인한다.

92. 샤워장비와 온수기를 소독하고 성능을 점검하는 방법으로 잘못된 것은?
① 전기온수기는 전기선과 콘셉트 연결 부위에 이상이 있는지 확인한다.
② 목욕조는 수도꼭지에 이물질을 닦아낸다.
③ 스파 기기는 노즐에 이상이 있는지 확인한다.
④ 목욕조의 물빠짐 상태의 이상 유무를 확인한다.
⑤ 가스온수기는 가스 실린더와 가스 조정기의 압력을 확인한다.

93. 다음 〈보기〉에서 점검하는 장비는 무엇인가?

〈보기〉
(1) 노즐에 이상이 있는지 확인
(2) 가스를 사용하는 장비는 가스 실린더와 가스 조정기의 압력을 확인
(3) 기기가 정상적으로 작동하는지 확인

① 샤워기　　　　② 스파 기기
③ 가스온수기　　④ 전기온수기
⑤ 드라이어

94. 다음 〈보기〉에서 점검하는 장비는 무엇인가?

〈보기〉
(1) 미끄럼 방지판에 이상이 있는지 확인한다.
(2) 흔들림 없이 설치가 되어 있는지 확인한다.
(3) 높낮이 조절 버튼을 눌러 높낮이 조절에 이상이 있는지 확인한다.

① 전동식 미용 테이블　　② 스탠드 드라이어
③ 유압식 미용 테이블　　④ 룸 드라이어
⑤ 목욕조

95. 다음 〈보기〉에서 점검하는 장비는 무엇인가?

〈보기〉
(1) 온수의 공급 상태가 원활한지 점검
(2) 가스 밸브 이상 유무 점검
(3) 점검 후 가스 밸브 잠그기

① 작업자에게 불쾌한 냄새가 나지 않도록 관리한다.
② 친절하고 따뜻한 인상을 주기 위해 부드러운 화법을 사용한다.
③ 청결함을 위해 손톱은 짧게 유지한다.
④ 불필요한 말을 줄이고, 밝은 표정으로 응대한다.
⑤ 단정하면서 깔끔해 보이기 위해 화장은 아예 하지 않도록 한다.

96. 미용 소모품의 상태를 점검하는 방법으로 잘못된 것은?
① 액체 상태의 제품은 내용물의 변질이나 이물질이 들어 있는지 점검
② 컬러초크, 블로펜, 페인트펜 등은 파손이나 손상된 곳이 없는지 점검
③ 고무밴드의 부식 여부 점검
④ 래핑지 뭉침, 깨짐, 변질 등의 점검
⑤ 헤어스프레이의 노즐의 문제 여부 점검

97. 다음 중 룸 드라이어 장비 소독과 성능을 점검하는 방법이 아닌 것은?

① 외부에서 보이는 유리문은 시야가 깨끗하도록 닦아준다.
② 타이머에 이상이 있는지 확인한다.
③ 호스 손상의 유무를 확인한다.
④ 바람의 세기 및 온도에 이상이 있는지 점검한다.
⑤ 공기 필터의 오염도 및 파손 여부를 확인한다.

98. 미용 소모품의 재고를 관리할 때 주의해야 하는 사항으로 잘못된 것은?

① 기자재 수리 의뢰서에는 장비명과 모델명의 항목이 포함되어 있다.
② 수리 의뢰서에는 장비명과 날짜에 대한 항목을 기록하며 수리를 해야 하는 내용은 구두로 설명한다.
③ 수리가 완료되면 수리 내용을 확인하고 장비점검을 한다.
④ 장비에 이상이 있을 시 필요한 경우 수리를 의뢰한다.
⑤ 수리가 잘 되었는지 확인이 되면 수리 비용을 결제한다.

99. 다음 중 스탠드 드라이어에 대한 설명 중 바른 것을 모두 고르시오.

① 바람의 세기 조절이 쉽다.
② 온풍만 가능하다.
③ 이동이 간편하다.
④ 가정에서 가장 많이 사용된다.
⑤ 각도 조절이 편리하다.

100. 다음 중 블로 드라이어에 대한 설명으로 바른 것을 모두 고르시오.

① 강한 바람으로 털을 말리는 드라이어이다.
② 무거워 이동은 까다롭다.
③ 호스나 스틱형 관을 끼워서 사용한다.
④ 가정에서 가장 많이 사용된다.
⑤ 바닥이나 테이블 위에 올려놓을 수 있다.

정답 및 해설

1	①	2	④	3	②	4	④	5	⑤
6	③	7	②	8	①	9	⑤	10	①④
11	②	12	③	13	⑤	14	⑤	15	②
16	①	17	②	18	④	19	①	20	③
21	④⑤	22	⑤	23	①	24	⑤	25	③
26	⑤	27	②	28	①	29	②	30	④
31	⑤	32	④	33	⑤	34	①	35	③
36	②	37	③	38	②	39	①	40	④
41	①	42	③	43	②	44	③	45	①
46	④	47	⑤	48	②	49	③	50	②
51	①	52	⑤	53	④	54	②	55	③
56	①	57	⑤	58	⑤	59	②	60	③
61	②	62	①②③④⑤			63	③	64	④
65	⑤	66	①	67	①	68	⑤	69	④
70	③	71	③	72	⑤	73	②	74	③
75	②	76	③	77	②	78	⑤	79	④
80	①②	81	③	82	②	83	②	84	⑤
85	③	86	①	87	④	88	④	89	①
90	②	91	③	92	⑤	93	②	94	①
95	⑤	96	④	97	③	98	②	99	①⑤
100	①③⑤								

1. 가위의 종류

(1) 블런트 가위 : 민가위라고도 불리며, 애완동물의 털을 자르는 데 사용하며 사용 용도에 따라 가위의 크기와 길이가 다양하다.

(2) 텐텐 가위 : 요술 가위라고도 불리며, 시닝 가위와 비슷하지만 절삭률이 더 좋다.

(3) 시닝 가위 : 숱가위라고도 불리며, 숱을 치는 데 사용하며 발 수와 홈에 따라 절삭률이 달라진다.

(4) 커브 가위 : 날의 모양이 휘어져 있어 곡선 부분을 커트할 때 좋다.

(5) 보브 가위 : 민가위와 같은 모양이지만, 가윗날의 길이가 짧고 눈앞이나 풋라인을 자를 때 사용한다.

9. ⑤ 소형 클리퍼는 날의 길이가 제한적이지만 날의 폭이 매우 좁아서 섬세한 표현을 할 수 있다.

10. ②, ③, ⑤는 소형 클리퍼에 대한 설명이다.

11. (ㄴ, ㄹ)은 전문가용 클리퍼에 대한 설명이다.

12. ① 클리퍼 날의 위쪽 날은 털을 자르는 역할을 한다.
② 클리퍼 날의 아래쪽 날은 두께를 조절하는 역할을 한다.
④ 번호는 제조사마다 조금씩 편차가 있다.
⑤ 날에 표기된 mm 수치는 역방향으로 클리핑할 때 남는 털의 길이이다.

13. ⑤ 아랫날의 두께에 따라 클리핑 되는 길이가 결정된다.

14. 1mm 길이로 털이 남는 클리퍼는 15번 날이다.

15. 클리퍼 콤 : 클리퍼 날에 끼우는 덧빗으로 보통 1mm 길이의 클리퍼 날에 덧끼워서 사용한다.

16. ②, ③ 클리퍼 날에 대한 설명이다.
④, ⑤ 소형 클리퍼에 대한 설명이다.

17. ② 핀 브러시에 대한 설명이다.

18. ①, ② 브리슬 브러시에 대한 설명이다.
③ 오발빗에 대한 설명이다.
⑤ 콤에 대한 설명이다.

20. ③ 꼬리빗에 대한 설명이다.

21. ① 브리슬 브러시에 대한 내용이다.
    ② 슬리커 브러시에 대한 내용이다.
    ③ 핀 브러시에 대한 내용이다.
22. ①, ② 오발빗에 대한 설명이다.
    ③, ④ 콤에 대한 설명이다.
26. 스트리핑 나이프 - 스트리핑에 사용되는 나이프로 죽은 털을 제거하고 굵고 건강한 모질을 만드는 데 사용된다.
    (1) 코스 나이프 : 날이 가장 두껍고 거칠며 언더코트를 제거하는 데 사용된다.
    (2) 미디엄 나이프 : 중간 두께의 날로 꼬리, 머리, 목 부분의 털을 제거하는 데 사용된다.
    (3) 파인 나이프 : 날이 가장 얇고 촘촘하며 귀, 눈, 볼, 목 아래의 털을 제거하는 데 사용된다.
28. ④ 코트킹 : 필요 없는 언더코트를 자연스럽게 제거하는 도구
    ⑤ 드레서 : 세이빙을 할 때 사용하는 도구
31. 겸자 : 귓속의 털을 뽑거나 다듬을 때 사용하며 직선, 곡선, 무구, 유구 등 다양한 종류가 있다.
32. ④ 발톱깎이는 집게형, 기요틴형, 니퍼형이 있으며 소형견에서는 주로 집게형 발톱깎이를 사용한다.
33. ⑤ 전동 발톱갈이는 충전을 하거나 건전지를 넣어 사용한다. 사람의 손으로 양방향으로 움직여 사용하는 발톱갈이는 수동식이다.
35. 하네스 : 산책할 때 개에게 입혀 주는 안전벨트 형식의 목줄 용품
36. ② 입이 전부 가려지는 플라스틱 입마개에 대한 설명이다.
37. ③ 매우 사나운 동물에게는 오리 주둥이나 엘리자베스 칼라는 적합하지 못하다.
38. ② 클리퍼 날은 클리퍼에서 분리한 다음 소독제를 분무한다.
39. ① 플라스틱 재질의 물림 방지 도구는 소독제를 분무하거나 소독약에 담가 소독한다.
40. ④ 미용도구의 점검 항목을 날짜별로 매일 체크한다.
41. ② 새로 구입한 가위에 적응하는 데에는 대략 3주에서 2개월 정도가 필요하다.
    ③ 날을 왕복해서 닦으면 가윗날이 손상될 수 있다.
    ④ 가위를 잡아 상하로 가위질을 할 때 너무 가볍거나 무겁지 않게 느껴질 정도로 볼트를 조절한다.
    ⑤ 가윗날은 항상 닫힌 상태로 보관한다.
42. ③ 가위는 날의 바닥면을 날의 손잡이 쪽에서 날 끝 쪽으로 닿으면서 닦아준다.
43. ① 날이 기름이 묻은 상태로 클리핑을 하면 털이 달라붙고 뭉쳐져 클리핑이 어렵다.
    ③ 새로 구입한 클리퍼 날은 기름을 충분히 바른 상태에서 2~3분 정도 충분히 공회전을 해준다.
    ④ 클리퍼 날은 항상 청결해야 하며 사용하지 않을 때에는 윤활제를 주입한 후 보관한다.
    ⑤ 새로 구입한 클리퍼 날은 공회전 후 분사되는 윤활제를 주입하여 생산 과정에서 날에 묻은 이물질을 제거한 후 사용한다.
44. ③ 클리퍼 날은 습기에 약하므로 날에 묻은 수분은 부식의 원인이 될 수 있다.
45. ① 핀 브러시는 직사광선, 오일, 제습기나 공기 청정기로 인해 패드 부분에 손상을 줄 수 있으므로 주의한다.
46. ④ 미용 테이블에 슬리커 브러시를 긁어 털을 제거하면 핀의 끝부분이 손상되어 빗질할 때 동물의 피부에 찰과상을 입힐 수 있다.
47. ⑤ 오일이 묻어 있으면 마른 수건으로 가볍게 닦아 낸다.
48. ② 클리퍼 날에 윤활제를 분무할 때는 클리퍼에서 날을 분리한 상태에서 분무한다.
49. ③ 펄프 종류는 가윗날을 무디게 만들기 때문에 가위로는 휴지나 종이 등을 자르지 않는다.
50. ② 핀 브러시의 패드에는 작은 구멍이 하나이면 정상이므로 이 부분에 물이나 이물질이 들어가지 않도록 주의한다.
51. ① 미용도구는 온도가 너무 높지 않고 건조한 곳에 보관한다.
52. ① 염색제 : 애완동물의 털을 염색하는데 사용하는 미용 재료
    ② 지혈제 : 동물의 발톱 관리 시 출혈이 발생했을 때 사용한다.
    ③ 소독제 : 애완동물 미용사의 손이나 작업복, 미용도구, 기자재, 작업장 등을 소독할 때 사용한다.
    ④ 냉각제 : 열이 발생하는 미용도구를 냉각할 때 사용한다.
53. 방향제 : 고객의 상담 등이 이루어지는 공간에 비치되는 소모품이다.
55. ③ 초크 : 흰 털의 동물을 하얗게 보이게 하기 위해 사용되는 쇼 도그 용품이다.
56. ① 애완동물은 칫솔질 후 치약을 뱉어 낼 수 없으므로 삼켜도 유해 하지 않은 성분으로 이루어져 있다.
57. ⑤ 지혈제는 대부분의 성분이 산으로 되어 있어 발톱의 혈관 외에는 사용하지 않는다.
58. ⑤ 브러싱 스프레이 : 장모종의 개를 브러싱할 때 생기는 마찰로 모발의 손상을 덜어 주어 브러싱을 쉽게 할 수 있도록 도움을 주는 미용 소모품이다.
59. 이염 방지제 : 애완동물을 염색할 때 이염을 방지하는 크림
    ①, ④, ⑤ 일시적으로 염색 효과가 있는 염색 제품의 종류
60. ⑤ 글리터 젤 : 젤 타입의 장식용 반짝이
61. ① 이염 방지 테이프에 대한 설명이다.
    ③ 일회용 장갑에 대한 설명이다.
    ④ 블로펜에 대한 설명이다.
    ⑤ 염모제에 대한 설명이다.
63. 래핑지 : 장모종의 털을 보호하기 위해 사용하는 미용 재료
64. ① 워터리스 샴푸 : 물 없이 오염을 제거하는 데 사용하는 샴푸
    ② 디탱클 제품 : 엉킨 털을 쉽게 풀 수 있도록 도움을 주는 제품
    ③ 정전기 방지 컨디셔너 : 정전기로 코트가 날리는 현상을 줄여 주는 제품
    ⑤ 린스 : 샴핑으로 알카리화된 상태를 중화시키는 목욕제품
65. ⑤ 래핑을 할 때 사용하며 밴딩을 할 때에는 래핑지가 필요하지 않다.
67. ① 헤어스프레이 : 동물의 털을 높이 세우거나 풍성하게 보이려 고정하는 스프레이
68. ② 컬러초크 : 털의 색상이 바랬을 때 털 색을 더욱 선명하게 할 수 있는 색상이 들어간 초크
    ③ 컬러 파우더 : 컬러 초크보다 입자가 곱고 접착력이 우수한 파우더
69. ④ 도그 위그 견체 모형에 대한 설명이다.
70. ③ 휘발성 제품이나 굳을 수 있는 내용물의 제품은 상태를 점검한 후 반드시 뚜껑을 닫아 보관한다.
71. ③ 소비전력량은 전기를 사용하는 장비 등에서 확인할 수 있는 내용이다.
72. ⑤ 이어클리너는 용기 부분이 오염되거나 내용물이 변질되지 않았는지 확인한다.
73. (견체에 위그를 장착하는 순서)
    1. 위그 견체의 앞다리를 수평으로 하고 외피를 머리에 먼저 끼우기
    2. 위그 견체 앞다리를 하늘로 향하게 하고 외피의 앞다리를 한쪽씩 입히기
    3. 앞다리와 같은 방법으로 뒷다리도 한쪽씩 입히기
    4. 앞다리부터 한쪽씩 아래로 내리기

5. 양쪽이 다 내려가면 뒷다리도 한쪽씩 내리기
6. 배 양쪽이 다 내려가면 뒷다리도 한쪽씩 내리기
7. 배 안쪽의 벨크로를 당겨서 서로 붙이기
8. 양손으로 귀를 잡고 봉재선과 귀의 위치를 잡아주기

74. ③ 예기치 못한 상황이 발생할 수 있으므로 예상 사용량보다 약간의 여유분을 구비하는 것이 바람직하다.

75. ② 여러 업체를 비교하여 같은 제품이더라도 더욱 저렴하게 구매 가능한 업체를 선정한다.

76. ③ 부가세 별도 품목은 부가세가 포함된 금액을 결제하도록 한다.

77. 미용 테이블의 종류
  (1) 접이식 미용 테이블 : 견고하고 튼튼하지는 않지만 가볍고 휴대가 간편하다.
  (2) 수동 미용 테이블 : 접었다 펼 수 있게 제작된 미용 테이블로, 애완동물 미용사의 키와 작업 스타일에 맞추어 높낮이를 조절할 수 있다. 가격이 저렴하고 접어 이동이 가능하단 장점이 있지만, 테이블의 높이를 수동으로 조절해야 하는 불편함이 있다.
  (3) 유압식 미용 테이블 : 버튼을 발로 눌러 높낮이를 조절하는 미용 테이블로 비교적 가격이 저렴하다.
  (4) 전동식 미용 테이블 : 전력을 이용하여 높낮이를 편리하게 조절하는 미용 테이블로 부피가 크고 가격이 비싸다.
  (5) 테이블 바구니 : 테이블 아래 도구를 올려놓을 수 있는 용도로 사용되는 바구니이다.

78. 테이블 고정 암 : 테이블 위에서 동물의 추락을 방지하기 위해 사용하는 장비

80. ③, ⑤ 전동식 미용 테이블의 장점이다.
  ④ 테이블 고정 암의 기능이다.

81. 테이블 고정 암은 테이블 위에 동물을 올려놓고 미용을 할 때 동물의 추락을 방지하기 위해 사용하는 장비로 테이블 위에 동물을 올려놓고 작업자가 자리를 비우는 것은 바람직하지 않다.

82. 드라이어의 종류
  (1) 개인용 드라이어 : 가정에서 사용하는 드라이어로 바람의 단계 조절이 어렵고 바람 세기가 비교적 약하지만 장소가 협소하거나 이동을 해야 하는 경우에 사용하면 편리한 장점이 있다.
  (2) 스탠드 드라이어 : 바람의 세기 조절이나 각도 조절이 쉬워 애완동물 미용에 많이 사용되는 드라이어
  (3) 룸 드라이어 : 박스 형태의 룸 안에 바람이 나오는 장치가 부착되어 동물을 넣고 작동시키면 미용사가 직접 동물을 말리지 않아도 되는 자동 드라이 시스템
  (4) 블로 드라이어 : 강한 바람으로 털을 말리는 드라이어로 호스나 스틱형 관을 끼워 사용

플러프 드라이어는 핀 브러시를 사용하여 모근에서부터 털을 세워 가며 모량을 풍성하게 드라이 기술

84. ② 켄넬 드라이 : 케이지 드라이라고도 하며 켄넬 박스 안에 목욕을 마친 동물을 넣고 안으로 드라이어 바람을 쏘이게 하여 털의 수분이 날아가도록 하는 드라이 방법이다.

86. (1) 전기온수기 : 설치가 간편한 장점이 있으나 저장된 물을 모두 사용하면 물을 데우는 데 시간이 오래 걸리기 때문에 많은 양의 물을 사용하는 곳에서는 적절하지 못하다.
  (2) 가스온수기 : 설치 방법이 까다롭지만 많은 양의 물을 빨리 데울 수 있다는 장점이 있다.

87. ④ 열 살균에 비해 소독 시간이 짧다.

88. ④ 중고품은 사용 중인 물품으로 수리가 필요하지 않는 물품을 말한다.

89. ① 동물이 핥을 수 있는 부분을 소독할 때에는 동물에게 유해한 소독제를 사용하지 않는다.

90. ② 유압 장치를 눌러 높낮이 조절에 이상이 있는지 점검하는 것은 유압식 미용 테이블에 관련된 내용이며 전동식 미용 테이블은 높낮이 조절 버튼을 눌러 높낮이 조절에 이상이 있는지 점검한다.

91. ③ 외부 벽면을 소독하는 것은 룸 드라이어에 관한 내용이다.

92. ⑤ 가스를 사용하는 스파 기기의 경우 가스 실린더와 가스 조정기의 압력을 확인한다.

96. ④ 래핑지는 찢어지거나 오염된 부분이 있는지를 점검한다. 뭉침, 깨짐, 변질 등의 점검은 파우더나 초크를 점검할 때 확인하는 항목이다.

97. ③ 블로 드라이어의 성능 점검 방법이다.

98. ② 수리 의뢰서를 작성할 때에는 이상 내용을 의뢰서에 상세하게 기록하여 제출한다.

3 애완동물 미용 고객 상담

1. 다음 중 애완동물 미용사의 고객 응대 시 적절하지 않은 것을 고르시오.
   ① 작업자에게 불쾌한 냄새가 나지 않도록 관리한다.
   ② 친절하고 따뜻한 인상을 주기 위해 부드러운 화법을 사용한다.
   ③ 청결함을 위해 손톱은 짧게 유지한다.
   ④ 불필요한 말을 줄이고, 밝은 표정으로 응대한다.
   ⑤ 단정하면서 깔끔해 보이기 위해 화장은 아예 하지 않도록 한다.

2. 다음 중 애완동물 미용사의 고객 응대 시 적절한 시선을 고르시오.
   ① 자신의 시선은 언제나 정중하게 고객의 시선 아래로 가도록 한다.
   ② 작업할 애완동물을 주시하며 대화한다.
   ③ 몸을 고객 쪽으로 향하여 시선을 마주하고 대화한다.
   ④ 편안함을 위하여 항상 낮은 음성으로 고객을 대하도록 한다.
   ⑤ 급한 다른 용무를 하고 있을 때는 양해를 구하고 대화와 일을 병행한다.

3. 다음 중 고객 응대 시 적절하지 않은 것을 고르시오.
   ① 고객이 요구하는 것을 이행하지 못할 땐 긍정적 화법을 사용한다.
   ② 고객이 지불하는 금액 이상의 효과를 주기 위해 신뢰할 수 있는 강한 어조와 과장된 단어를 사용한다.
   ③ 고객에게는 최대한 생기 있는 목소리로 밝게 대한다.
   ④ 고객의 눈을 마주 보며 인사하여 신뢰감을 준다.
   ⑤ 맨발에 슬리퍼를 신지 않도록 한다.

4. 다음 중 불만 고객을 응대하는 과정이 적절하지 않은 것을 고르시오.
   ① 불만에 대한 설득   ② 동감 및 이해
   ③ 해결방법 제시   ④ 문제 경청
   ⑤ 잘못에 대한 인정

5. 다음 중 애완동물 숍이나 작업장에 환경 조성과 거리가 먼 것을 고르시오.
   ① 친밀함을 위한 여러 동물과의 접촉
   ② 잔잔한 음악
   ③ 향기로운 아로마 향
   ④ 조명
   ⑤ 간식이나 장난감

6. 다음 중 작업자의 올바른 복장으로 적절한 것을 고르시오.
   ① 여름에 맨발에 굽이 낮은 슬리퍼를 신은 작업자
   ② 앞치마가 길어 짧은 반바지를 입은 작업자
   ③ 소매가 없는 생활복을 입고 작업 앞치마를 잘 착용한 작업자
   ④ 앞이 막힌 굽이 낮은 신발을 착용한 작업자
   ⑤ 키가 작아 앞이 막힌 굽이 높은 신발을 신은 작업자

7. 다음 중 대기하는 고객을 응대하는 방법으로 바른 것을 고르시오.
   ① 부담스럽지 않게 미용 금액을 미리 설명한다.
   ② 요즘 유행하는 장난감이나 용품을 구입하도록 설득한다.
   ③ 신뢰를 주기 위해 작업자의 이력을 자세히 설명한다.
   ④ 고객 인적사항을 적을 차트를 주어 지루하지 않게 시간을 번다.
   ⑤ 대기하는 데 소요가 되는 시간을 예상하여 알려준다.

8. 다음 중 고객 상담 시 가져야 할 바른 태도로 보기 어려운 것을 모두 고르시오.
   ① 고객의 성격이 마음에 안 들면 나의 태도와 응대도 달라져야 한다.
   ② 친밀감을 위해 고객에 대한 사적인 이야기를 유도한다.
   ③ 고객이 편하도록 차와 음료를 대접한다.
   ④ 되도록 짙은 화장은 하지 않는다.
   ⑤ 고객에게 도움이 되는 정보를 필요한 만큼만 간단히 제공한다.

9. 다음 중 고객과 대화 시 적절하지 못한 것을 모두 고르시오.
   ① 최대한 시선은 마주치도록 한다.
   ② 구취에 민감한 사람이 있으므로 살짝 입을 가리며 대화한다.
   ③ 친밀감을 위해 과한 제스처와 스킨십을 한다.
   ④ 밝은 미소와 친절한 말투로 대화한다.
   ⑤ 고객에게 지불한 비용 이상의 효과를 느끼도록 노력한다.

10. 다음 중 고객이 불만사항이 발생했을 때 응대하는 방법으로 적절하지 못한 것을 모두 고르시오.
    ① 진심 어린 사과와 고객의 불만에 동감한다.
    ② 불편함에 대해 끝까지 진지하게 경청하고 원인을 파악한다.
    ③ 해결방법을 제시하여 최선의 방법을 성의껏 제시한다.
    ④ 싸움을 피하기 위해 최대한 눈을 마주치지 않고 시선을 피한다.
    ⑤ 고객의 불편함을 느끼게 한 이유를 설명한다.

11. 다음 중 고객 응대에 대한 설명으로 바른 것을 모두 고르시오.
    ① 고객이 방문했다고 느끼는 순간 인사말과 함께 미소를 짓는다.
    ② 재방문의 고객에게는 친근함을 표시하며 맞이한다.
    ③ 작업 중일 때는 무시하고 작업에만 집중한다.
    ④ 신뢰감을 높이기 위해 낮고 어두운 목소리로 차분히 인사한다.
    ⑤ 나의 이력을 설명하여 신뢰감과 자부심을 표현한다.

12. 다음 〈보기〉 중 불만 고객 응대 과정을 나열하시오.

〈보기〉
ㄱ. 불만 사항 접수   ㄴ. 동감과 이해(사과)
ㄷ. 해결방법 제시   ㄹ. 문제 경청
ㅁ. 동감 및 이해 (인정과 표현 감사)

① ㄱ-ㄹ-ㅁ-ㄷ-ㄴ   ② ㄱ-ㄴ-ㅁ-ㄷ-ㄴ
③ ㄱ-ㄴ-ㄹ-ㅁ-ㄷ   ④ ㄱ-ㄷ-ㅁ-ㄴ-ㄹ
⑤ ㄱ-ㄹ-ㄴ-ㄷ-ㅁ

13. 다음 중 고객 응대와 대처를 위한 설명으로 바르지 못한 것을 고르시오.

① 기본적인 응대 매뉴얼을 만들어 작성한다.
② 상황별 응대 매뉴얼을 작성한다.
③ 경청하고 있다는 모습을 보이기 위해 뒷짐을 지고 대화한다.
④ 매뉴얼에 금기해야 하는 사항을 제시하여 효과를 높인다.
⑤ 응대 매뉴얼을 작성하면 서비스 품질을 향상시킬 수 있다.

14. 다음 〈보기〉에서 설명하는 화법으로 바른 것을 고르시오.

〈보기〉
고객이 요구하는 것을 이행하지 못할 때 "고객님 죄송합니다. 오늘은 예약이 종료되었습니다. 내일 이시간은 예약이 가능합니다. 괜찮으시겠어요?"

① 직접 화법   ② 긍정적 화법
③ 플러스 화법   ④ 마이너스 화법
⑤ 간접 화법

15. 다음 중 ㉠, ㉡에 해당되는 설명으로 바르게 짝지어진 것은?

애완동물이 미용을 위해 차에 타거나 이동장을 이용해 미용숍에 도착하자마자 목욕이나 미용을 하고 갔다. 이후 얼마 뒤 다시 차나 이동장을 이용할 때 거부 반응을 일으킨다. ㉠ 애완동물이 두려웠던 경험을 차나 이동장에 '연관'시킨 것이다. ㉡ 이런 문제를 수정하기 위해 또 다른 연관으로 개가 좋아하는 무언가와 연관 짓게 한다.

① (㉠) 역조건 형성,   (㉡) 고전적 조건 형성
② (㉠) 고전적 조건 형성,   (㉡) 조작적 조건 형성
③ (㉠) 고전적 조건 형성,   (㉡) 역조건 형성
④ (㉠) 역조건 형성,   (㉡) 도구적 조건 형성
⑤ (㉠) 고전적 조건 형성,   (㉡) 도구적 조건 형성

16. 다음 중 애완동물 숍 상담실에 대기 환경에 대한 설명으로 바르지 못한 것을 고르시오.

① 차나 다과를 준비하거나 대접한다.
② 애완동물이 긍정적인 기억을 가질 수 있도록 대기 공간에서 간식을 준다.
③ 상담이나 미용을 기다리는 중에 지루하지 않게 미용스타일 북을 비치한다.
④ 애완동물의 배변 냄새가 나지 않도록 최대한 강한 아로마 발향을 이용한다.
⑤ 털이 날리지 않도록 청소기를 사용하여 수시로 관리한다.

17. 다음 중 개와 고양이에게 위험한 식물로 볼 수 없는 것을 고르시오.

① 레몬그라스   ② 몬스테라
③ 시클라멘   ④ 디펜바키아
⑤ 백합

18. 다음 중 고양이가 좋아하는 식물이 아닌 것을 모두 고르시오.

① 아스파라거스 고사리   ② 알로에
③ 개다래나무   ④ 개밀
⑤ 곽향

19. 다음 중 개와 고양이가 모두 섭취할 경우 구강에 간지러움이 생기며 혀와 입술에 집중된다. 분비물 증가로 음식물 삼키는 데 어려움을 보이며 구토로 이어지는 이 식물은?

① 시클라멘   ② 디펜바키아
③ 캣닙   ④ 레몬그라스
⑤ 캣민트

20. 다음 〈보기〉에서 설명하는 식물을 고르시오.

〈보기〉
풍접초(족두리꽃)로 알려졌으며 개와 고양이에게 모두 위험하다. 식물의 줄기 뿌리를 많이 섭취했을 경우 심장마비와 죽음에 이를 수 있다.

① 아이비   ② 디펜바키아
③ 백합   ④ 시클라멘
⑤ 알로에

21. 실내에서 기르는 흔한 식물이며 잎이 열매보다 독성이 강하고 섭취 시 설사와 위장 장애, 발열, 다음다갈증, 동공 확장, 근육 쇠약과 호흡 곤란 등의 현상을 보이는 식물은?

① 시클라멘   ② 아이비
③ 알로에   ④ 디펜바키아
⑤ 백합

22. 다음 중 애완동물 숍에 환경 위생을 위한 관리로 적절하지 못한 것을 모두 고르시오.

① 탈취제로 수시로 관리한다.
② 애완동물의 배변과 배뇨는 퇴근 시 매일 폐기한다.
③ 애완동물의 긴장 완화와 우울증에 효과가 있는 라벤더 향을 발향한다.
④ 라벤더 향은 신경 안정 진통 살균에 효과가 있다.

⑤ 일일 점검표를 수시로 점검한다.

23. 다음 〈보기〉에서 설명하는 화법으로 바른 것을 고르시오.

> 〈 보 기 〉
> • 고객과 애완동물의 행동과 외모의 변화에 관심을 보이며 대화
> • 배려하는 말투로 칭찬이나 날씨에 관해 이야기하며 자연스러운 대화

① 플러스 화법　　② 긍정적 화법
③ 직접 화법　　　④ 간접 화법
⑤ 쿠션 화법

24. 다음 〈보기〉에서 설명하는 화법으로 바른 것을 고르시오.

> 〈 보 기 〉
> 미용이나 방문이 예약되지 않아 작업이나 상담을 진행할 수 없을 때에는 "오늘 예약이 종료되어 안 돼요." "예약을 안 하시면 바쁜 시간엔 미용과 상담은 못합니다." 등의 부정적인 안내를 하지 않고 되도록 가능한 방법을 모색하여 안내하는 대화법으로 적절한 것을 고르시오.

① 간접 화법　　② 플러스 화법
③ 쿠션 화법　　④ 부정적 화법
⑤ 직접 화법

25. 다음 중 고객 방문 시 바로 응대하는 방법으로 적절하지 않은 것을 고르시오.

① "안녕하세요. 필요한 용품이 있으신가요?"
② "안녕하세요. 미용 예약이 필요하신가요?"
③ "안녕하세요. 어떤 일로 방문하셨나요?"
④ "안녕하세요. 미용작업에 소요되는 시간은 2시간입니다. 이곳에서 기다리시겠어요?"
⑤ "안녕하세요. 무엇을 도와드릴까요?"

26. 다음 중 불만 사항 고객 발생 시 대처방법 설명으로 적절하지 않은 것을 고르시오.

① 불만 사항의 고객이 발생 시 소문이 날 수 있으니 다른 손님이 없을 조용한 때를 고려해서 방문해 주시길 미리 정중하게 부탁한다.
② 고객이 느꼈을 불편함에 내 기분만을 고집하지 않고 정중한 표현을 사용해 동감한다.
③ 내가 억울하고 화가 나더라도 일단 고객의 불만 사항을 집중해서 경청한다.
④ 실수한 부분에 대한 것은 충분히 유감을 표현하도록 한다.
⑤ 사과의 의미가 퇴색되니 '그러나', '하지만' 등의 접속사는 사용하지 않는다.

27. 다음 중 경청하는 태도로 적절하지 못한 행동을 모두 고르시오.

① 몸의 방향은 상대를 향하기
② 나쁜 말은 사전에 가로막기
③ 밝은 미소로 눈 맞추기
④ 적절한 고개 끄덕임
⑤ 무조건 맞장구치기

28. 다음 중 고객 관리 차트에 기재 사항으로 적절하지 않은 것을 고르시오.

① 애완동물의 구강 상태
② 고객의 성격과 성향
③ 애완동물의 이전 미용 스타일
④ 고객의 이름
⑤ 애완동물의 이름

29. 다음 설명하는 식물은 개와 고양이 모두에게 독성이 있다. 구토, 설사, 복통을 일으키고 지속적으로 노출되면 알레르기성 피부염이 생길 수 있다. 설명하는 식물을 고르시오.

① 백합
② 아이비
③ 아스파라거스 고사리
④ 몬스테라
⑤ 행운목

30. 다음 중 개와 고양이가 섭취 시 구토와 소변이 붉어지는 현상을 보이는 식물을 고르시오.

① 알로에　　　② 아이비
③ 디펜바키아　④ 시클라멘
⑤ 드라세나

31. 다음 중 개와 고양이에게 모두 독성을 띠어 구토, 토혈, 식욕감퇴, 우울증, 유연 증상과 고양이의 경우 동공 확장이 일어나는 옥수수 식물을 모두 고르시오.

① 행운목　　② 드라세나
③ 아이비　　④ 몬스테라
⑤ 시클라멘

32. 다음 중 애완동물의 개체 특성을 파악하는 데 적절하지 못한 것을 고르시오.

① 애완동물의 구강 상태
② 애완동물의 피모 상태
③ 애완동물의 혈통서 유무
④ 애완동물의 눈과 귀 상태
⑤ 애완동물의 행동과 걸음걸이

33. 다음 중 애완동물의 개체의 특성을 직접 적으로 파악할 때의 설명 중 바르지 못한 것을 고르시오.

① 애완동물의 눈을 잘 살펴본다.
② 애완동물의 털과 피모를 꼼꼼히 살펴본다.
③ 애완동물의 신체를 만져보며 불편한 곳이 있는지 확인한다.
④ 애완동물의 질병이 있는지 병력이 있었는지 만져서 확인한다.
⑤ 애완동물의 귀를 속까지 잘 살펴본다.

34. 다음 중 애완동물을 미용사가 고객에게 전달받을 때 설명으로 적절하지 못한 것을 고르시오.

① 애완동물의 분리불안 증상이 심하면 고객에게 양해를 구하고 의뢰를 받지 않는다.
② 애완동물의 상태는 계속 변하므로 고객과 소통하고 지속적으로 기록을 갱신한다.
③ 애완동물의 걸음걸이를 유심히 살펴본다.
④ 과거 미용 후 애완동물의 행동유형을 고객에게 전달받고 기억해야 한다.
⑤ 미용 전 애완동물의 문제 발견 시 고객에게 알리고 사진을 촬영해 남겨둔다.

35. 다음 중 애완동물 숍에서 고객과 애완동물에게 안정감을 주려고 음악을 제공할 때 적절한 음악을 모두 고르시오.

① 빠른 템포의 힙합   ② 조용한 발라드
③ 신나는 댄스곡   ④ 웅장한 클래식
⑤ 잔잔한 올드팝

36. 다음 중 원활한 미용작업을 위해 친밀감을 형성하기 위한 개의 인사법에 대한 설명이다. 적절하지 못한 것을 모두 고르시오.

① 개는 따뜻한 눈빛에 친밀감을 느끼므로 작업자는 먼저 개와 눈을 응시하며 교감한다.
② 개에게는 눈높이에 맞춰서 정면으로 마주 보며 접근해야 호감으로 받아들인다.
③ 고객이 안고 있는 개를 전달받을 시 개의 등 쪽으로 전달받는다.
④ 개들은 서로 시선을 마주치는 것을 피한다.
⑤ 교상 예방을 위해 접근 전에 고객에게 개의 성향을 묻고 접근한다.

37. 다음 중 작업자가 낯선 개와 친밀감 형성이나 접근법에 대한 설명으로 적절하지 않은 것을 고르시오.

① 경계심이 강한 개에게는 간식을 주며 친해지는 것은 어려우므로 억지로 진행하지 않는다.
② 목줄이 한 개인 경우 개를 향해 똑바로 서서 고개를 숙이고 줄을 잡아당기며 얼굴을 빤히 들여다보면 개의 움직임을 중지시키는 효과가 있다.
③ 살짝 몸을 앞으로 기울여 주는 작은 움직임에도 개의 움직임을 중지시킬 수 있다.
④ 어리거나 활동량이 많은 개는 공이나 장난감을 이용해 즐거운 공간이라 먼저 인식시킨다.
⑤ 고객과 분리불안이 심해 작업자에게 다가오지 않으면 작업자가 동물에게 먼저 다가가 안아준다.

38. 다음 중 고양이에 대한 설명 중 바르지 못한 것을 모두 고르시오.

① 경계심이 강한 고양이를 잡아야 할 때는 목덜미를 잡아 재빠르게 케이지에 옮긴다.
② 고양이의 표정으로 기분을 파악할 수 없으므로 반드시 꼬리 모양으로만 상태를 파악한다.
③ 고양이는 얼굴 표정이나 몸의 자세만으로는 기분 상태를 파악할 수 없다.
④ 고양이와 낯선 공간에서 친밀감을 형성하기란 매우 어렵다.
⑤ 고양이는 개처럼 복종을 하도록 교육하거나 강요로 길들일 수 없다.

39. 다음 중 고양이의 몸 자세로 기분 상태를 파악하는 설명과 잘못 이어진 것을 고르시오.

① 믿음 – 몸 전체를 늘어뜨리고 뒤집음
② 매우 두려움 – 몸 전체 꼬리와 털을 세우고 '하악' 소리로 위협
③ 무서움 – 등을 위쪽으로 세우고 꼬리를 내림
④ 호기심 – 귀를 세우고 천천히 걸으며 탐색
⑤ 경계 – 꼬리를 탁탁 치면서 불쾌감을 표현

40. 다음 중 고양이의 꼬리 모양으로 상태를 파악하는 설명으로 바르지 못한 것을 고르시오.

① 의심 – 꼬리를 사선으로 긴장하여 세움
② 짜증 – 꼬리를 좌우로 탁탁 치며 휘두름
③ 기쁨 – 꼬리와 털을 세우고 크게 부풀림
④ 흥미 – 꼬리를 끝부분만 살짝 돌림
⑤ 평화 – 꼬리를 편안한 상태로 세우고 걸음

41. 다음 중 고양이의 행동과 표정으로 파악할 수 있는 감정이 잘못 설명된 것을 고르시오.

① 평화 – 얼굴에 긴장감이 없고 힘이 들어가 있지 않은 편안한 표정이다.
② 호기심 – 눈을 동그랗게 뜨고 귀를 쫑긋 세우며 동공이 확장되어 주시한다.
③ 공격 준비 – 귀의 뒷면이 보이도록 귀를 세워 뒤로 돌려 재낀다.
④ 두려움 – 납작하게 귀를 눕히고 '하악' 소리를 낸다.
⑤ 경계 – 눈을 동그랗게 뜨고 동공이 확장된 것을 볼 수 있다.

42. 다음 중 고양이의 의사 표현 설명으로 바르지 못한 것을 모두 고르시오.

① 몸 전체를 늘어뜨린 채 뒤집으면 친근함을 의미한다.
② 꼬리가 쳐져 있고 배 쪽으로 꼬리를 달아 넣은 것은 신뢰감을 의미한다.
③ 꼬리가 쳐져 있고 귀를 세워 조심스레 움직이면 불안하다는 의미이다.
④ 등을 위쪽으로 세우고 꼬리를 내리는 것은 무서움을 의미한다.
⑤ 꼬리를 탁탁 치며 휘두르는 것은 짜증을 의미한다.

43. 다음 중 동물들에 대한 설명으로 바르지 못한 것을 고르시오.

① 애완동물로 각광 받고 있는 호기심이 많은 페럿은 훈련이 가능하다.
② 햄스터는 습기로 인한 털 뭉침이 생기건 전용 모래를 사용해 목욕한다.
③ 원숭이는 새로운 환경이 위협적이라 고객과 함께 미용작업을 하는 것이 안전하다.
④ 원숭이는 서열을 정하는 본성이 있으므로 작업자가 서열 위라 인식하도록 미용 전에 교육부터 시킨다.
⑤ 고양이를 새로운 환경으로 이동 시 페로몬 제품을 사용하면 불안감을 줄일 수 있다.

44. 다음 중 애완동물의 개체 특성을 파악할 때 안전과 유의사항으로 적절하지 못한 것을 고르시오.

① 고객과 상담 중 힘든 상황이 생기더라도 분별력을 가지고 자신의 감정을 조절해야 한다.
② 고양이가 경계심이 심할 때 잡아야 할 때라도 발이나 아랫배는 만지지 않도록 한다.
③ 고양이의 낯선 환경에 대한 돌발 상황 예방을 위해 미용작업 전까지 작업자가 동물을 안고 있도록 한다.
④ 고양이의 페로몬 제품은 작업대나 문처럼 단단하고 평평한 곳에 사용해 간접적으로 영향을 준다.
⑤ 애완동물의 움직임을 제어하려 목줄 사용 시 고객의 허락을 받아야 한다.

45. 다음 〈보기〉를 보고 고객에게 애견을 전달받아 미용작업 전까지의 순서를 올바르게 나열한 것을 고르시오.

<보 기>
ㄱ. 애견의 미용작업 전과 후에 대기 장소를 선정
ㄴ. 고객에게 애견에 대한 주의사항을 경청
ㄷ. 애견의 개체 특성을 파악 고객과 상담
ㄹ. 애견과 친밀감 형성을 위해 접근

① 모낭
② 주모
③ 입모근
④ 표피
⑤ 피하지방

46. 다음 중 고객과의 상담에 있어서 불필요한 대화를 고르시오.

① "이전 미용을 한 숍은 어디였나요?"
② "미용 후 아프거나 힘들어한 적이 있나요?"
③ "피모에 따로 사용하는 제품이 있나요?"
④ "이전에 미용을 해 본 경험이 있나요?"
⑤ "지금 질병이 있거나 신체 중 불편해하는 곳이 있나요?"

47. 다음 중 애완동물 미용작업 후 나타날 수 있는 행동이나 일시적인 변화에 대해 고객에게 안내하는 내용으로 적절하지 않은 것을 고르시오.

① 일시적인 소양감으로 긁는 행동
② 일시적으로 식탐을 보이는 행동
③ 구석진 곳을 찾아 숨는 행동
④ 심하게 떠는 행동
⑤ 엉덩이를 바닥에 끄는 행동

48. 다음 중 미용작업 시 미용사의 자세에 대한 설명으로 올바르지 않은 것을 고르시오.

① 고객에게 애완동물에 미용 전과 후의 행동 패턴을 묻고 기억한다.
② 미용에 관한 고객 전달 사항은 구두로 설명하더라도 잘 보이는 곳에 부착하도록 한다.
③ 미용작업 중 생길 수 있는 사고들은 안내하되 사고는 나지 않을 거라는 믿음과 신뢰감을 준다.
④ 예민하거나 사나운 동물은 가려져 있는 케이지로 고객과 함께 안내한다.
⑤ 애완동물의 피부나 귓속의 상태가 안 좋을 때는 고객에게 병원 치료를 권유한다.

49. 다음 중 애완동물과 친숙해지기 위한 행동으로 바르지 못한 것을 고르시오.

① 동물 행동 이해로 간식을 주며 접근하는 것은 개에게만 적용된다.
② 거부감이 없는 애완동물은 안아 쓰다듬어 주면 고객과 동물에게 신뢰와 안정감을 줄 수 있다.
③ 애완동물에 질병이나 고객의 취향에 따라 간식을 줄 수 없음을 인식하고 있어야 한다.
④ 친숙함을 위해 밝은 표정으로 애완동물의 눈을 가주 보며 정면으로 다가가 접근한다.
⑤ 애완동물이 경계심 없이 잘 따르면 쓰다듬는 등의 스킨십을 해 안정감을 준다.

50. 다음 중 애완동물 미용작업 전에 확인해야 할 사항으로 적절하지 않은 것을 고르시오.

① 구강 상태를 체크하며 이빨의 개수를 세고 치석을 확인한다.
② 체형을 확인하여 스타일을 제시하거나 추천한다.

③ 귀에 병은 없는지 귀에서 냄새는 나지 않는지를 확인한다.
④ 예민한 피부인지 혹은 건조한 피부인지 확인한다.
⑤ 털의 상태와 엉킴 정도를 확인한다.

51. 다음 중 고객이 불만 사항을 표현할 때 불만을 고조시킬 수 있는 상담사의 잘못된 행동에 대한 설명이 아닌 것은?

① 언성이 높은 고객과는 더 큰 마찰 예방을 위해 무시하고 무관심으로 일관한다.
② 애완동물이 갑자기 움직여서 난 상처는 작업자의 미숙함이 아님을 설명한다.
③ 불만을 표현하는 고객에게는 일단 동감을 하고 불편사항 표현에 감사를 표한다.
④ 터무니없는 말로 고객이 억지를 부릴 때는 나도 발뺌을 한다.
⑤ 일단 숍의 규정을 강조하고 나서 설득이 안 되면 해결방법을 제시한다.

52. 다음 중 개를 만지는 방법에 대한 설명 중 바르지 못한 것을 고르시오.

① 손을 내밀어 냄새에 민감하게 반응하지 않으면 접촉을 시도한다.
② 온순하고 잘 따르는 개는 곧바로 머리를 쓰다듬어 칭찬해 준다.
③ 개를 만질 때는 느릿하고 부드럽게 어루만져 마사지를 해 준다.
④ 몸을 낮추고 손을 가볍게 펴서 개가 먼저 냄새를 맡을 수 있도록 해 준다.
⑤ 개의 눈높이보다 몸을 낮은 상태로 숙여 접근한다.

53. 다음 중 고객 관리 차트의 작성요령에 대한 설명 중 바르지 못한 것을 고르시오.

① 애완동물 정보에 중성화 수술 여부와 과거 병력을 기록한다.
② 미용 관리 차트는 반드시 수기로 작성하여 보관하는 것이 좋다.
③ 애완동물 정보를 기록해 두면 이전 미용 스타일과 미용 시간을 알 수 있다.
④ 고객정보와 애완동물의 건강상태가 변동이 있을 시 반드시 고객에게 확인 후 갱신한다.
⑤ 고객정보는 개인 정보 보호법에 따라 반드시 애완동물 숍 안에서만 사용한다.

54. 다음 중 애완동물의 정보를 차트에 기록해야 할 사항과 거리가 먼 것을 고르시오.

① 애완동물의 분양가
② 애완동물의 특징
③ 애완동물의 나이
④ 애완동물의 품종
⑤ 애완동물의 이름

55. 다음 중 고객과 전화로 응대할 때의 요령과 거리가 먼 것을 고르시오.

① 음성만으로 의사소통을 하는 것이므로 정확한 발음과 친절한 어투가 아주 중요하다.
② 고객이 전화 응대로 받은 느낌으로 인해 숍이나 작업자에 대해 빠르게 평가할 수도 있다.
③ 고객의 궁금증에 빠르게 답변을 드리기 위해 최대한 단답형으로 빠르게 대답한다.
④ 전화 응대는 애완동물 숍의 첫인상이 될 수 있는 중요한 요소이다.
⑤ 전화 응대의 4원칙으로는 친절, 정확, 예의, 신속이다.

56. 다음 중 숍으로 고객의 전화가 왔을 때 받는 요령으로 적절하지 않은 것을 모두 고르시오.

① 고객의 입장에서 우선 배려하고 바쁘더라도 최대한 정중하게 받는다.
② 고객에게 신뢰감을 줄 수 있도록 무조건 숍에 대한 장점만을 설명한다.
③ 받자마자 인사와 함께 자신의 소속과 이름을 밝힌다.
④ 고객이 알고 싶어 할 부분들을 미리 예상하여 먼저 최대한의 정보를 충분히 제공한다.
⑤ 고객과의 대화가 끝났다고 느껴도 고객보다 전화는 먼저 끊지 않는다.

57. 다음 중 고객 응대와 차트 작성에 대한 설명으로 적절하지 않은 것을 고르시오.

① 전화 응대 시에 고객이 원하는 것을 빠르게 파악할 수 있도록 한다.
② 애완동물의 미용작업 후 만족도는 고객에게 확인한다.
③ 전화 응대 시에는 표정이 보이지 않으므로 항상 쿠션화법을 써서 정중함을 표현한다.
④ 고객에게 애완동물의 생활환경 파악을 위해 질문을 할 땐 조심스레 한다.
⑤ 고객의 정보를 수집할 때는 애완동물의 미용에 필요한 최소한의 정보만을 받도록 한다.

58. 다음 중 고객 관리 차트 기재 내용으로 불필요한 것을 모두 고르시오.

① 고객의 성격과 성향
② 고객의 집 주소
③ 고객의 전화번호
④ 고객의 재력 수준
⑤ 고객의 요구사항

59. 다음 중 관리 차트 작성에 대한 설명 중 바르지 못한 것을 고르시오.

① 전자 차트에는 개인 정보 수집 및 활용 동의서가 첨부되어 있다.
② 전자 차트에 정보 입력란에는 고객정보와 애완동물의 정보

③ 수기로 작성하는 관리 차트는 개인 정보 수집 및 활용 동의서가 필요하지 않다.
④ 수기와 전자 차트 모두 애완동물의 이름, 성별, 품종과 나이를 기록한다.
⑤ 고객 관리 차트에 기록 시 애완동물의 생활환경도 기록한다.

60. 다음 중 전화 응대의 4원칙으로 바르지 않은 것을 고르시오.
① 친절
② 배려
③ 신속
④ 정확
⑤ 예의

61. 다음 중 고객 관리 차트에 기재해야 할 사항으로 바른 것을 고르시오.
① 고객의 특이 요구사항과 인적사항
② 애완동물이 좋아하는 간식
③ 고객의 외모와 스타일
④ 애완동물의 분양가격
⑤ 고객의 성격과 재력

62. 다음 중 미용 요금에 대한 설명으로 적절하지 못한 것을 고르시오.
① 미용 가격은 체중, 품종, 크기, 외형, 미용기법, 지역과 숍의 전문성은 고려하지 않는다.
② 특수 동물 또는 특수 목적 애완동물의 미용 요금은 요금표에 명시되지 않더라도 작업자가 공정한 시장 요금을 확립하여 안내한다.
③ 사전에 요금과 관련된 상담을 하지 않으면 후에 요금을 정산할 때 불필요한 마찰이 생길 수 있다.
④ 시간이 오래 걸리거나 애완동물이 순응하지 못할 경우에 비용이 달라지는 부분도 함께 제시한다.
⑤ 제작한 스타일북 내부에 가격표를 부착해 고객에게 쉽게 안내할 수 있게 한다.

63. 다음 중 애완동물의 기초 신체검사에 대한 설명 중 바르지 못한 것을 고르시오.
① 미용작업 전 고객과의 마찰을 줄이기 위해 기초적인 신체검사를 진행한다.
② 개나 고양이의 체온은 사람의 체온보다 높다.
③ 애완동물의 체중을 정확하게 측정하려면 사람이 안고 체중계로 잰다.
④ 애완동물의 기초 신체검사로 체중과 체온은 기본적인 사항이다.
⑤ 대형견은 소형견보다 체온이 조금 더 높다.

64. 다음은 애완동물의 체온측정과 응급처치에 관한 설명 중 바르지 못한 것을 모두 고르시오.
① 작업 중 애완동물의 급격한 체온 이상 발견 시 최대한 빠르게 작업을 하고 고객에게 연락한다.
② 미용작업 중 체온이 심각하게 높아진 것을 발견하면 즉시 찬물로 목욕을 시킨다.
③ 대형 견의 정상 체온은 37.5~38.5℃이다.
④ 애완동물에게 열이 나면 허벅지나 겨드랑이 등 열이 많은 곳에 얼음 팩을 올려 열을 식힌다.
⑤ 개와 고양이의 정상 체온은 37.5~39.5℃이다.

65. 다음 중 작업자가 애완동물의 건강상태를 확인하는 사항으로 적절하지 않은 것을 고르시오.
① 귀속이 심하게 부었거나 진드기가 있지는 않은지 확인한다.
② 구취나 치석, 흔들리는 이빨이 있는지 확인한다.
③ 눈물 자국이 심한 경우 주변 피부 발적이 있는지 확인한다.
④ 네 다리를 여러 방향으로 들어보아 미용 시 보정이 가능한지 확인한다.
⑤ 너무 마르거나 비만은 아닌지 확인한다.

66. 다음 중 애완동물의 상태를 확인하고 대처하는 설명 중 적절하지 않은 것을 모두 고르시오.
① 호흡이 조금 불안정하거나 헐떡임이 있으면 작업 시 혹시 모를 문제가 발생할 수 있으니 작업자는 반드시 애완동물을 그냥 돌려보낸다.
② 털이 길거나 풍성하면 고객들이 애완동물이 마르거나 비만인지 인지를 못할 수 있으니 확인 후 안내한다.
③ 애완동물이 다리를 절거나 불편해 보이면 반드시 고객에게 안내하고 확인한다.
④ 애완동물을 바닥에 내려놓게 하여 걸음걸이를 관찰한다.
⑤ 기침과 콧물을 흘리는 애완동물은 미용할 수 없으니 반드시 고객에게 병원 진료를 권유한다.

67. 다음 중 애완동물의 피모 상태를 확인하는 사항과 거리가 먼 것을 고르시오.
① 피부의 종양이나 궤양
② 홍반이나 수포
③ 피부의 부스럼이나 딱지
④ 구강 내의 출혈
⑤ 털의 엉킴 정도

68. 다음 중 애완동물 미용 시 위험성이 있을 때 고객에게 동의서를 작성해야 하는 사항으로 적절하지 않은 것을 고르시오.
① 유치가 있는 어린 동물
② 현재 질병이 있는 동물
③ 사납고 경계심이 강한 동물
④ 접종하지 않은 어린 동물
⑤ 노령의 동물

69. 다음 중 미용 동의서 작성과 안내에 대한 설명 중 적절하지 않은 것을 고르시오.

① 과거나 현재 앓고 있는 병력을 기재한다.
② 사납거나 무는 동물에게는 물림 방지 도구를 사용할 수 있다고 안내 후 동의를 받는다.
③ 미용작업 중 일어날 수 있는 불가항력적인 가능성을 안내한다.
④ 애완동물의 접종유무를 확인 후 기재한다.
⑤ 미용 후 스트레스로 인한 2차 적인 문제는 없다고 고객에게 신뢰감을 주며 안심을 시킨다.

70. 다음 중 애완동물 미용 전 부위별로 반드시 살펴보아야 할 부위와 거리가 먼 것을 고르시오.

① 애완동물의 눈의 건강 상태
② 애완동물의 귀의 건강 상태
③ 애완동물의 구강의 상태
④ 애완동물의 꼬리의 상태
⑤ 애완동물의 다리 모양 상태

71. 다음 애완동물의 체온측정 설명 중 바르지 않은 것을 고르시오.

① 대형견의 항문으로 체온을 잴 때는 두 명이 함께 진행하고 한 명은 얼굴을 잡고 말을 걸어 주며 놀라지 않게 안정을 시켜 측정한다.
② 소형견의 체온을 잴 때는 꼬리를 잡아서 높게 들어 올린 후 항문으로 체온계를 넣어 신속하게 측정한다.
③ 개의 체온을 측정할 때는 꼬리를 들고 항문에 체온계를 넣고 측정한다.
④ 체온을 측정할 때는 애완동물이 최대한 안정되어 있는 상태에서 측정한다.
⑤ 경계심이 심하지 않은 고양이는 얼굴을 살포시 만지면서 체온계를 귀 안에 넣어 측정한다.

72. 다음 중 애완동물 미용 시 작업자가 해야 할 자세로 적절하지 못한 것을 모두 고르시오.

① 애완동물 미용 시 상처가 생겼을 경우 심하지 않다면 고객이 걱정하니 먼저 알리지 않는다.
② 애완동물 미용 시 작업하는 동물이 전염병이 의심되면 퇴근 전에 반드시 소독을 실시한다.
③ 애완동물 미용 시 동물이 설사와 구토를 하면 신속히 치우고 소독 후 빠르게 작업한다.
④ 애완동물 미용 시 피부에 상처가 났을 때 작은 상처라도 고객에게 알린다.
⑤ 애완동물 미용 시 피부나 귀 건강에 문제를 발견했을 시 병원 진료를 권유한다.

73. 다음 중 고객과 미용 스타일에 대한 작업자의 자세로 바르지 못한 것을 고르시오.

① 스타일을 결정할 때는 작업자의 의견보다는 고객의 의견을 우선적으로 반영한다.
② 스타일북이나 사진을 활용해 고객이 원하는 미용 스타일을 확인한다.
③ 시간이 오래 걸리거나 동물이 순응하지 않을 시 추가비용이 발생한다고 안내한다.
④ 애완동물은 품종이나 체중에 따라 요금이 달라짐을 안내한다.
⑤ 고객이 원하는 미용 스타일이 동물의 체형이나 피모에 어울리지 않으면 끝까지 설득해서 미용 후 나의 만족도를 올린다.

74. 다음 중 미용의 가격 책정이나 추가비용에 영향을 주는 요소가 아닌 것을 고르시오.

① 애완동물의 중성화 수술 유무
② 애완동물의 털 길이
③ 애완동물의 엉킴 정도
④ 애완동물의 미용 기법
⑤ 애완동물의 체중

75. 다음 중 스타일북의 정보를 수집하는 방법으로 적절하지 않은 것을 고르시오.

① 미용작업 후 직접 사진을 촬영해서 수집해서 활용한다.
② 수집한 사진은 품종별 스타일별 등 구분해서 수집하고 활용한다.
③ 미용 스타일 사진은 반드시 유행하는 스타일만 수집해서 활용하도록 한다.
④ 인터넷에서 저작권에 문제가 되지 않는 사진을 수집해 자료로 활용한다.
⑤ 스타일북을 따로 만들지 않아도 상담이 원활할 수 있게 스마트 기기를 사용해 사진을 검색해 모아 놓는다.

76. 다음 중 제품 광고 게시물 부착이나 안내에 대한 설명으로 적절하지 못한 것을 고르시오.

① 애완동물에게 잘 맞는 제품을 찾으면 고객에게 반드시 권유해서 판매한다.
② 제품 POP나 스크랩북에는 한눈에 보기 쉽게 가격표를 부착한다.
③ 제품 사진이나 전단지를 수집해서 제품 스크랩북을 만들어 비치한다.
④ POP 광고 활용은 충동적 동기를 이용해 직접 판매 역할을 한다.
⑤ 미용 제품은 애완동물의 피모에 맞게 선택할 수 있도록 안내하는 정도로만 한다.

77. 다음 중 미용 후 고객과 상담의 장점으로 적절하지 않은 것을 고르시오.
   ① 미용 시 애완동물의 특이 행동들을 설명해 줄 수 있다.
   ② 친밀감을 조성해 고객의 지인들을 고객으로 많이 소개받을 수 있다.
   ③ 고객의 미용 후 만족도를 알 수 있다.
   ④ 보완할 점이나 서비스의 향상 등에 대한 피드백을 받을 수 있다.
   ⑤ 애완동물의 미용 스타일이나 피모 관리 등 앞으로의 계획을 상의할 수 있다.

78. 다음 중 고객 만족도 확인에 대한 설명으로 적절하지 않은 것을 모두 고르시오.
   ① 고객의 재방문 시 미용작업을 원활하게 할 수 있다.
   ② 미용 용품이나 제품을 바로 구매로 이어지게 매출에 도움을 준다.
   ③ 미용 후 건강상태나 피모상태의 변화를 정확히 확인하려면 1~2주 후쯤 확인해 준다.
   ④ 개별적 피드백으로 서비스의 품질을 향상할 수 있다.
   ⑤ 작업 직후 고객의 의견으로 보완이 필요한 부분을 수정해 만족도를 높일 수 있다.

79. 다음 설문조사에 대한 설명 중 바르지 못한 것을 고르시오.
   ① 고객이 작업자 앞에서의 설문지 작성은 불만 내용을 작성하지 않을 수도 있다.
   ② 설문지를 만들어 작업 후 바로 진행하면 응답률이 높아 피드백에 용이하다.
   ③ 설문 조사 내용은 미용 스타일 만족도, 애완동물의 건강 상태, 고객 요구사항으로 구성되어 있다.
   ④ 설문지를 작성하여 메신저나 문자, 이메일 등으로도 전송하여 수집한다.
   ⑤ 무기명으로 설문을 진행하면 불만요소 확인도 정확하고 응답률이 높아 설문은 무기명 메신저가 가장 좋다.

80. 다음 미용 중에 애완동물에게 발생할 수 있는 사고로 적절하지 않은 것을 고르시오.
   ① 종양   ② 미용도구에 의한 상처
   ③ 화상   ④ 도주
   ⑤ 낙상

81. 다음 미용작업 중 사고 발생 시 대처에 대한 설명으로 바르지 못한 것을 고르시오.
   ① 작업자의 주의에도 불가피한 사고는 발생 가능하므로 응급처치 요령은 숙지해야 한다.
   ② 위급한 상황에는 반드시 수의사에게 진료를 받을 수 있도록 해야 한다.
   ③ 사고 발생의 상황을 초대한 사실로 고객에게 이야기해야 한다.
   ④ 작업자가 자기 방어적인 태도를 보여서는 안 된다.
   ⑤ 애완동물의 부주의로 인한 사고는 절대 작업자의 잘못이 아니라고 설명해야 한다.

82. 다음 미용 중 발생할 수 있는 상황들의 설명 중 바르지 못한 것을 고르시오.
   ① 작업자는 수의사는 아니지만 응급처치 요령에 대해서는 반드시 숙지해야 한다.
   ② 고객의 요구대로 미용스타일을 완성하지 못할 시에는 미용작업 전 미리 그 이유를 설명한다.
   ③ 미용시간이 많이 지연된 경우 애완동물이 비협조적이었다고 조심스레 고객을 설득해 공감을 얻는다.
   ④ 동물의 부주의로 사고가 발생하였더라도 당시 상황을 정확히 전달하고 사과하며 안내한다.
   ⑤ 애완동물의 스트레스나 건강상태로 미용시간이 지연되었을 시 사실을 조심스레 고객에게 알린다.

83. 다음 설명 중 바르지 못한 것을 고르시오.
   ① 애완동물이 다른 동물과 싸우는 경우 큰소리로 제지의사를 알리며 사고가 발생하지 않도록 직접 재빠르게 분리부터 시킨다.
   ② 흥분하고 공격성을 띠는 개의 경우 천이나 큰 수건을 이용해서 눈을 덮어 시야를 가려준다.
   ③ 서로 경계하는 동물들은 미리 서로의 시선이 마주치지 않게 동물과 동물의 사이를 막아준다.
   ④ 개들이 직접적으로 싸울 때 떨어뜨려야 한다면 개의 뒷다리를 들어준다.
   ⑤ 공격성을 띠는 개는 다른 동물은 물론 작업자에게도 교상을 일으킬 수 있으므로 섣불리 접근하지 않는다.

84. 다음 중 미용 후 상담 내용에서 적절하지 않은 것을 고르시오.
   ① 애완동물이 미용작업 중에 힘들어 하는 부분을 설명해 준다.
   ② 미용 다음 날 전화나 문자를 통해 애완동물의 건강상태를 확인한다.
   ③ 미용 중 문제가 없었더라도 간혹 집에 가서 발견 될 수 있는 증상은 다 설명한다.
   ④ 애완동물이 미용 중 만지면 싫어하는 부위가 있으면 설명해 준다.
   ⑤ 애완동물이 산만하거나 사나워서 작업이 힘들었다면 직접적이고 사실적으로 고객에게 작업이 힘들었다는 것을 알린다.

85. 다음 중 미용 후에 애완동물에게 나타날 수 있는 증상으로 거리가 먼 것을 모두 고르시오.

① 스트레스로 인한 구강 내에 수포 증상
② 스트레스로 인해 식욕이 왕성해지는 폭식 증상
③ 스트레스로 인해 구석이나 어두운 곳으로 숨는 증상
④ 스트레스로 인한 식욕부진이나 구토, 설사 증상
⑤ 스트레스로 인해 만지지 못하게 하며 이빨을 드러내는 증상

86. 미용 후에 고객에게 문제 제기가 발생했을 시 대처에 대한 설명 중 적절한 것을 모두 고르시오.

① 숍의 과실이 인정된다면 일단 최소한의 배상으로 협상할 수 있도록 노력한다.
② 미용 후 문제없이 보낸 동물의 고객이 갑자기 피모와 건강상태로 문제를 제기할 시에는 일단 작업자의 견해를 주장해서 발뺌부터 한다.
③ 누구의 과실을 따지기 전에 동물에 문제가 생겼다면 일단 보호자의 마음을 생각하며 공감부터 표현한다.
④ 미용 후에 건강상의 문제를 제시할 때에는 이전 타 숍에서도 그런 경험이 있었는지 반드시 확인한다.
⑤ 숍의 과실이 아닐 경우에는 고객이 이해할 수 있도록 충분히 정중하게 설명한다.

87. 다음 중 애완동물의 상태를 확인하는 데 있어서 해당되지 않는 항목을 모두 고르시오.

① 체고   ② 체장
③ 체온   ④ 피모
⑤ 체중

88. 미용 후 고객에게 관리 방법을 안내하는 것으로 적절하지 않은 것을 고르시오.

① 털의 길이에 알맞은 빗질 방법을 안내한다.
② 피모 상태에 따라 목욕시키는 방법을 설명한다.
③ 액세서리를 착용시킨 경우 털의 엉킴을 확인하는 방법을 안내한다.
④ 피부가 문제가 있는 경우에는 수의사의 진료를 받도록 권유한다.
⑤ 전체 삭모의 경우에는 미용 후 털 관리에 대한 설명은 필요하지 않다.

89. 다음 중 미용작업 후 고객에게 피드백을 받는 방법과 자세로 올바르지 않은 것을 고르시오.

① 미용 다음 날 고객에게 전화나 문자를 하여 동물의 건강 상태를 확인한다.
② 고객이 문제를 제기하는 경우 문제점을 정확히 경청하고 파악한 후 질문한다.
③ 애완동물의 스타일 변화를 기록하여 고객의 선호도를 파악한다.
④ 고객 만족도를 확인한 전화의 내용이나 설문은 고객 관리 차트에 기록한다.
⑤ 고객이 문제를 제기 시에는 적극적으로 해명하고 설득한다.

90. 다음 중 재방문한 고객에게 애완동물의 이름과 미용 기록 등을 기억하여 친밀감 있게 응대하는 화법으로 알맞은 것을 고르시오.

① 쿠션 화법   ② 직접 화법
③ 플러스 화법   ④ 간접 화법
⑤ 부정적 화법

91. 대기하는 고객에게 차와 다과를 접대할 때 애완동물이 섭취하지 못하도록 안내를 한다. 특히 초콜릿과 커피의 테오브로민과 카페인 성분이 애완동물에게 일으킬 수 있는 현상으로 보기 어려운 것을 고르시오.

① 근 경련   ② 발작
③ 흥분과 초조   ④ 설사
⑤ 출혈

92. 다음 중 개와 고양이에게 위험한 식물을 모두 고르시오.

① 레몬그라스   ② 행운목
③ 개다래나무   ④ 곽향
⑤ 백합

93. 다음 중 고양이가 좋아하는 식물을 모두 고르시오.

① 캣민트   ② 알로에
③ 아이비   ④ 개밀
⑤ 아스파라거스 고사리

94. 다음은 애완동물이 섭취 시 위험한 식물인 시클라멘에 대한 설명이다. 적절하지 못한 것을 고르시오.

① 풍접초(족두리꽃)로 알려진 아름다운 식물이다.
② 섭취할 경우 타액 분비가 증가하고 구토와 설사 증세를 보인다.
③ 개와 고양이에게 모두에게 위험하다.
④ 상당량 섭취할 경우 심장마비로 죽음에 이를 수 있다.
⑤ 알레르기성 피부염이 생길 수도 있다.

95. 다음 중 고객 응대 시에 사용하는 화법들로 적절하지 않은 것을 모두 고르시오.

① 긍정적 화법   ② 플러스 화법
③ 부정적 화법   ④ 쿠션 화법
⑤ 간접 화법

96. 다음 중 애완동물 숍에 환경 위생을 위한 관리로 올바른 것을 모두 고르시오.
   ① 탈취제로 수시로 관리한다.
   ② 일일 점검표를 매일 점검한다.
   ③ 애완동물의 긴장 완화와 우울증에 효과가 있는 라벤더 향을 발향한다.
   ④ 재스민 향은 신경 안정 진통 살균에 효과가 있다.
   ⑤ 애완동물의 배변과 배뇨는 퇴근 시 매일 폐기한다.

97. 다음 중 애완동물이 섭취 시 위험한 식물인 아이비에 대한 설명이다. 적절하지 못한 것을 고르시오.
   ① 섭취 시 위장 장애를 일으킨다.
   ② 열매보다 잎이 독성이 더 강하다.
   ③ 소변이 붉어지는 현상을 보인다.
   ④ 설사와 발열 등의 현상을 보인다.
   ⑤ 다음다갈증과 동공 확장의 현상을 보인다.

98. 다음 고객 응대와 상담환경 조성에 대한 안전과 유의사항으로 적절하지 않은 것을 고르시오.
   ① 상담 시 고객에게 원하는 대답을 듣기 위해 강요하거나 주장하는 행동은 삼가도록 한다.
   ② 고객이 대기할 마땅한 공간이 마련되지 않았다면 양해를 구하고 작업이 끝날 시간을 안내하도록 한다.
   ③ 애완동물의 배변과 배뇨를 처리할 쓰레기통은 뚜껑이 있는 것을 두도록 한다.
   ④ 상담과 대기 공간에 배치할 식물은 향이 좋고 보기 좋은 식물들만 두도록 한다.
   ⑤ 자극적인 단어와 부정적이고 강한 어조는 피하도록 한다.

99. 다음 중 개와 고양이의 정상 체온의 범위로 올바른 온도를 모두 고르시오.
   ① 39.1℃
   ② 37.9℃
   ③ 36.5℃
   ④ 39.9℃
   ⑤ 35.9℃

100. 고객과의 상담과 대기 장소에는 안정감을 느낄 수 있도록 잔잔한 음악을 제공하는 것이 좋지만 음악을 틀 수 없거나 그러한 환경일 경우 알맞은 대체 방안을 모두 고르시오.
   ① TV이나 라디오가 있다면 볼륨을 최대한 키워 활용한다.
   ② 되도록 큰 소리로 말하여 적막한 분위기 조성을 피한다.
   ③ 최대한 소음은 차단하도록 한다.
   ④ 잔잔한 허밍이나 부드러운 목소리로 노래를 흥얼거려 불러 준다.
   ⑤ 주변의 소음을 최소한으로 한다.

정답 및 해설

1	⑤	2	③	3	②	4	①	5	①
6	④	7	⑤	8	①②	9	②③	10	④⑤
11	①②	12	⑤	13	③	14	②	15	③
16	④	17	①	18	①②	19	②	20	①
21	②	22	②③	23	①	24	③	25	④
26	①	27	②⑤	28	②	29	③	30	①
31	①②	32	③	33	④	34	①	35	②⑤
36	①②	37	⑤	38	②③	39	⑤	40	③
41	②	42	①②	43	④	44	③	45	①
46	①	47	②	48	⑨	49	④	50	①
51	③	52	③	53	②	54	①	55	⑤
56	②④	57	③	58	①④	59	③	60	②
61	②	62	①	63	⑤	64	①②	65	④
66	①⑤	67	④	68	①	69	⑤	70	①
71	②	72	①②③	73	⑤	74	①	75	⑤
76	①	77	②	78	③	79	⑤	80	①
81	③	82	③	83	①	84	⑤	85	①②
86	③⑤	87	①②	88	②	89	⑤	90	③
91	⑤	92	②⑤	93	①④	94	⑤	95	③⑤
96	①②	97	③	98	④	99	①②	100	③⑤

1. ⑤ 위화감을 주는 과한 화장을 하지 않아야 하지만 단정해 보이기 위해서는 약간의 화장을 해주는 것이 좋다.
2. ③ 고객의 눈을 마주 보며 밝은 미소로 인사를 하여 신뢰감을 높인다.
3. ② 강한 어조와 과장된 단어 사용은 피해야 한다.
4. 문제 경청→동감과 이해→해결 방안 제시→동감과 이해 (잘못에 대한 인정)
5. ① 애완동물이 개체별 특성에 따라 대기할 수 있는 장소를 선정한다.
6. ④ 작업복 착용을 원칙으로 하고 작업 외의 시간에는 단정한·근무복을 착용하며, 맨발에 슬리퍼를 신지 않고 짧은 바지나 치마를 입지 않도록 한다.
7. ⑤ 애완동물 미용에 소요시간을 설명하고 숍에서 기다릴지 다른 용무를 보고 오실지를 확인한다.
8. ① 상담사의 태도와 응대가 고객에게 상대적으로 반응하지 않아야 한다.
   ② 불필요한 이야기는 하지 않는다.
9. ② 입을 가리며 대화하는 것은 예의가 아니다.
   ③ 과도한 제스처와 스킨십은 부담감을 줄 수 있다.
10. ④ 시선을 피하는 행동은 신뢰감을 떨어뜨릴 수 있다.
    ⑤ 이유를 갖다 붙이기 시작하면 갈등이 더 심해질 수 있다.
11. ③ 무시하는 행동은 불만을 가중시킬 수 있으므로 작업을 잠시 중지하고 양해를 구한다.
    ④ 낮은 음성으 어두운 목소리는 신뢰감을 떨어뜨린다.
    ⑤ 고객이 필요로 하는 정보일 경우에는 간단하게 설명하지만, 그 외에 불필요한 이야기는 하지 않는다.
12. ⑤ 불만 사항 접수→문제 경청→동감과 이해(사과)→해결방법 제시→동감 및 이해
13. ③ 뒷짐을 지는 자세는 좋은 경청 자세가 아니다.
14. ② 긍정적 화법 : 요구사항을 바로 이행하지 못할 시에 가능한 방법을 친절하게 안내하며 강한 어조와 과장된 단어와 지나친 표현 방법은 피하는 화법이다.
15. ③ 고전적 조건 형성 : 두 개 이상의 자극을 연관시켜 학습하게 되면서 하나의 행동으로 나타나는 것.
    • 역조건 형성 : 이미 고전적 조건 형성이 된 연관을 고전적 조건 형성을 이용하여 반대로 만드는 것

16. ④ 너무 강하지 않도록 잔잔한 발향을 이용하여 편안하고 아늑한 느낌을 주도록 한다.
17. ① 레몬그라스 : 고양이가 좋아하는 식물이다. 흥분을 유도하므로 사용할 때 주의해야 한다.
   ② 몬스테라 : 개와 고양이가 섭취할 경우 입과 혀 입술을 간지럽게 하는 물질이 있어서 타액 분비의 증가와 구토 증상을 보이며 음식물을 삼키는데 어려움을 보일 수 있다.
   ③ 시클라멘 : 개와 고양이에게 모두 위험하다. 섭취할 경우 타액 분비가 증가하고 구토와 설사 증세를 보인다. 만약 이 식물의 줄기 뿌리를 상당량 섭취할 경우 심장 박동에 이상을 보이며 심장마비와 죽음에 이를 수 있다.
   ④ 디펜바키아 : 개와 고양이 모두가 섭취할 경우 구강에 간지럼 증이 일어나며 주로 혀와 입술에 집중되고 음식물을 삼키는 데 어려움을 보이며 구토 증세를 보인다.
   ⑤ 백합 : 많은 종류에 백합은 고양이에게 독성이 있다. 몇 가지는 개에게도 독성이 있다고 알려져 있다. 고양이의 증상은 구토, 무기력증, 식욕감퇴이지만 빨리 치료하지 않으면 심각한 신장 손상과 죽음에 이를 수 있다.
18. ① 아스파라거스 고사리 : 개와 고양이에게 모두 독성이 있다. 열매를 먹으면 구토와 설사 복통이 일어날 수 있고 지속적으로 노출되면 알레르기성 피부염이 생길 수도 있다.
   ② 알로에 : 개와 고양이에게 독성이 있는 식물이며 즙이 아주 많고 섭취 시 구토와 소변이 붉어지는 현상을 보인다.
   ③, ④, ⑤ : 고양이가 좋아하는 식물이다.
19. ③, ④, ⑤는 고양이가 좋아하는 식물이다.
21. ② 아이비 : 잎이 열매보다 독성이 강하다. 섭취 시 설사, 위장 장애, 발열과 다음다갈증, 동공 확장, 근육 쇠약, 호흡 곤란 등의 현상을 보인다.
22. ② 애완동물의 배변과 배뇨는 수시로 치운다.
   ③ 라벤더 향은 애완동물의 신경 안정 진통 살균에 효과가 있다.
23. ① 플러스 화법에는 고객과 애완동물의 행동과 외모의 변화에 관심을 보이며 대화하는 방법과 배려하는 말투로 칭찬과 날씨 등을 이야기하며 대화하는 방법이 있다.
24. ③ 쿠션 화법 : 부정적인 안내를 하지 않고 되도록 가능한 방법을 모색하여 안내하는 대화법이다.
25. ④ 방문한 후에 미용 소요 시간을 안내하는 대화이다.
26. ① 불만 사항 발생 시 상황을 미루는 행동은 고객에게 더 큰 불만을 줄 수 있다.
27. ② 말하는 중간에 가로막지 않아야 한다.
   ⑤ 필요 이상의 과한 맞장구는 부담감을 줄 수 있다.
28. ② 보호자의 성격을 차트 작성으로 남길 필요는 없다.
29. ⑤ 행운목: 리본 식물로 불리는 옥수수 식물의 일종이다. 개와 고양이에게 모두 독성이 있는 식물이며 사포닌이라는 독성 화합물이 존재해 섭취할 경우 구토, 토혈, 식욕감퇴 우울증 유연 증상이 나타나고 고양이의 경우는 동공이 커지기도 한다.
30. 드리세나 : 리본식물로 불려지는 옥수수 식물이다. 개와 고양이에게 모두 독성이 있는 식물이며, 사포닌이라는 독성 화합물이 있어 섭취할 경우 구토 토혈 식욕감퇴 우울증 유연 증상이 나타나고 고양이의 경우는 동공이 커지기도 한다.
31. ①, ② 옥수수나무, 행운목, 드리세나는 리본 식물로 불리는 옥수수 식물이다.
32. 애완동물의 개체 특성을 파악할 시 동물의 행동과 피모의 상태, 눈, 귀, 구강, 걸음걸이 등으로 신체의 건강상태를 눈으로 확인하며, 애완동물의 행동과 피모의 상태나 신체의 건강상태를 만져보고도 확인한다. 미용작업을 하면서 이루어질 수 있는 상황을 설명하고 동물의 전신 건강상태와 질병의 유무와 과거 병력과 미용 전후로 나타냈던 애완동물의 행동을 고객에게 전달받는다.
33. ④ 애완동물의 과거 병력은 만져봐서 확인할 수 없다.
34. ① 분리불안 증상이 있다고 무조건 미용작업을 하지 못하는 것은 아니다.
35. ②, ⑤ 심리적으로 안정감을 주는 잔잔한 음악을 선정하는 것이 좋다.
36. 개는 처음 만나는 상대가 몸을 자신에게 향하여 눈을 계속해서 바라보면 도발적으로 위협을 느끼게 된다.
37. ⑤ 개가 낯선 공간에서 고객과 분리되는 불안감에 작업자에게 다가오지 않는 경우 고객에게 개를 안아서 고객이 개의 얼굴을 볼 수 있도록 하고 상담자는 동물의 몸 뒤쪽으로 전달받는다.
38. ②, ③ 고양이는 얼굴과 꼬리 모양과 몸 자세로 기분을 파악할 수 있다.
39. ⑤는 짜증에 대한 설명이다.
   경계–눈을 동그랗게 뜨며 동공을 확장, 꼬리를 낮추며 긴장감 유지, 몸과 꼬리를 웅크리고 귀를 접고 하악 소리를 냄.
40. ③ 화가 났을 때 설명이다.
   기쁨 – 꼬리가 파르르르 떤다.
41. ② 경계 상태일 때 표정 설명이다.
   호기심–귀를 세우고 천천히 걸으며 탐색한다.
42. ① 몸 전체를 늘어뜨린 채 뒤집으면 믿음을 의미한다.
   ② 꼬리가 쳐져 있고 배 쪽으로 꼬리를 말아 넣은 것은 순종을 의미한다.
43. ④ 서열을 결정하는 본성을 가진 원숭이는 새로운 환경을 위협적으로 느낄 수 있으므로 고객과 함께 미용작업을 하는 것이 안전하다.
44. ③ 경계심이 강한 고양이의 경우에는 작업자가 안지 않는다. 불가피하게 안아야 한다면 작업자와 고양이 모두 다치지 않도록 목덜미를 잡고 빠르게 케이지로 옮긴다.
45. ① 애견의 개체 특성을 파악 고객과 상담한다.– 애견의 미용작업 전과 후에 대기 장소를 선정한다.– 고객에게 애견에 대한 주의사항을 경청하여 듣는다.– 애견과 친밀감 형성을 위해 접근을 한다.
46. ① 이전에 미용을 받은 숍은 굳이 물을 필요가 없다.
47. ④ 애완동물 미용작업 후 나타날 수 있는 행동과 거리가 멀다.
48. ③ 미용작업 중 불가피하거나 돌발적으로 생길 수 있는 사고들을 작업자가 단언할 수는 없다.
49. ④ 개는 얼굴을 정면으로 마주 보며 접근하는 것을 위협의 신호로 받아들인다.
50. ① 구강 상태를 체크하며 치석을 확인하긴 하지만 굳이 이빨의 개수를 세어 볼 필요는 없다.
51. 고객의 불만을 고조시키는 태도에는 같이 화내기, 무관심하기, 무시하기, 발뺌하기, 규정만 앞세우거나 업무에 미숙함 등이 있으므로 주의하도록 한다.
52. ② 온순하고 잘 따르는 개일지라도 일단 몸을 낮추고 손을 펴서 개의 눈높이보다 낮은 상태로 접근하여 작업자의 냄새를 개가 먼저 맡을 수 있도록 하고 개의 모습을 관찰하며 갑자기 머리부터 만지지 않고 부드럽게 어루만지도록 한다.
53. ② 전자 차트 프로그램도 사용하여 보관, 관리할 수 있다.
54. ① 애완동물의 분양가격은 작성항목에 필요하지 않다.
55. ③ 고객과의 전화상담에 단답형으로 응대시 차가운 느낌을 받을 수 있다.
56. ② 무작정 숍에 대한 장점만을 설명하면 오히려 부담감과 거부감을 줄 수 있다.
   ④ 고객이 묻기도 전에 미리 예상 하거나 말을 가로막지 않고 경청한 후 정보를 제공하도록 한다.
57. ③ 필요치 않은 과한 쿠션 화법은 자칫 잘못하면 고객에게 부담감을 줄 수 있다.
58. ① 고객의 개인적인 성격을 기재할 필요는 없다.
   ④ 고객의 개인적인 재력 수준을 기재할 필요는 없다.
59. ③ 수기로 작성하는 관리 차트도 개인 정보 수집 및 활용 동의서가 필요하다.
60. 전화 응대의 4원칙 : 친절, 신속, 정확, 예의이다.

62. ① 비용 책정 기준 : 체중, 품종, 크기, 털 길이, 미용 스타일, 엉킴 정도, 지역, 숍의 전문성.
미용에 소요되는 시간을 기준으로 책정해야 한다.
63. ⑤ 대형견의 체온은 소형 견보다 조금 낮은 37.5~38.5℃이다.
64. ①, ② 작업 중 애완동물의 체온 이상 발견 시 작업을 중단하고 고객에게 빠르게 연락해 병원 내원을 권유한다.
65. ④ 억지로 무리하게 네 다리를 여러 방향으로 들어보며 보정을 확인하지는 않는다.
66. ①, ⑤ 애완동물이 호흡이 조금 불안정하거나 헐떡임이 있고, 기침과 콧물이 있다고 무조건 미용작업을 할 수 없는 것은 아니므로 동물의 건강상태를 충분히 관찰 후 작업 여부를 결정한다.
67. ④ 구강 체크에 해당되는 사항이다.
68. ① 사고의 위험성이 높은 동물은 가급적 미용을 진행하지 않는다. 다만 고객이 작업을 원하는 경우 위험성에 대해 충분히 설명한 뒤 불필요한 마찰을 피하기 위해 동의서를 작성한다.
69. ⑤ 미용작업 중 불가항력적으로 인해 일어날 수 있는 안전사고의 가능성을 충분히 설명하여야 한다.
71. ② 소형견의 체온을 잴 때는 한쪽 팔로 껴안듯이 조심스럽게 누른 후 껴안은 손으로 꼬리를 들어 올리고 다른 손으로 체온계를 항문에 끼워 넣고 개가 움직이지 않도록 잡아 체온을 잰다.
72. ① 미용 시 피부에 상처가 났을 때는 작은 상처라도 고객에게 알린다.
② 작업하는 동물이 전염병이 의심되면 작업 후 곧바로 소독을 실시한다.
③ 미용 시 동물이 설사와 구토를 하면 일단 작업을 중단하고 동물의 상태를 관찰한다.
73. ⑤ 스타일을 결정할 때는 작업자의 의견보다는 무조건 고객의 의견을 우선적으로 반영한다.
74. ① 애완동물의 중성화 수술 유무로 인해 미용 가격에 영향을 주지는 않는다.
75. ③ 미용 스타일을 다양하게 수집해서 활용하도록 한다.
76. ① 고객에게 제품을 무조건 권유해서 판매하는 것은 거부감을 줄 수 있다.
77. ② 고객의 지인들을 많이 소개받을 목적으로 상담을 하는 것은 아니다.
78. ③ 작업자는 작업이 끝난 직후에 고객에게 의견을 물어야 보완이 필요한 부분을 수정하고 만족도를 높일 수 있다.
79. ⑤ 무기명 메신저로도 설문은 가능하나 응답률은 높지 않을 수 있다.
80. ②, ③, ④, ⑤ : 미용작업 중 애완동물에게 발생할 수 있는 안전사고 종류

81. ⑤ 사고 발생의 상황을 전달할 때는 작업자는 방어적인 태도를 보이지 않으며 애완동물의 행동에 핑계를 대는듯한 느낌이 들지 않도록 전달한다.
82. ③ 고객과의 대화에서는 가급적 애완동물의 행동에 핑계를 대는듯한 느낌이 들지 않도록 한다.
83. 애완동물이 다른 동물과 싸우는 경우 작업자도 공격하여 교상을 일으킬 수 있으므로 섣부르게 접근하지 않으며 개의 뒷다리를 들거나, 다른 동물과의 사이를 막기 또는 천이나 큰 수건 등을 이용하여 눈을 덮는 등 안전한 방법으로 서로를 떨어뜨려야 한다.
84. 너무 직접적인 단어와 어조들은 고객에게 불만으로 들려 신뢰감이 떨어뜨리므로 가급적 돌려서 이야기하도록 한다.
85. ③, ④, ⑤ 미용 후 애완동물에게 나타날 수 있는 증상이다.
86. ① 숍의 과실일 인정될 경우에는 충분한 사과와 치료를 약속해 최대한 보상한다.
②, ④ 문제 제기할 시 발뺌하려는 느낌이 들게 되면 문제해결이 되지 않기 때문에 어떤 부분들이 문제인지 상세하게 질문한다.
88. ⑤ 전체 삭모의 경우에는 혹여 발생할 수 있는 증상에 대해 설명하도록 한다.
89. ⑤ 해명과 설득은 오히려 고객에게 더욱 큰 불만을 불러일으킬 수 있다.
90. 플러스 화법에는 고객과 애완동물의 행동, 외모의 변화 등에 관심을 보이며 대화하는 방법과 칭찬 또는 날씨 등을 이야기하며 대화하는 방법이 있다.
91. 초콜릿과 커피의 테오브로민과 카페인 성분은 애완동물에게 설사와 근 경련, 발작 과도한 흥분과 초조함 등을 일으킬 수 있으므로 섭취하지 못하도록 주의한다.
94. ⑤ 아스파라거스 고사리에 대한 설명이다.
96. ③ 라벤더 향은 애완동물의 신경 안정 진통 살균에 효과가 있다.
④ 재스민 향은 애완동물의 긴장 완화와 우울증에 효과가 있다.
⑤ 애완동물의 배변과 배뇨는 수시로 치운다.
97. ③ 알로에 섭취 시 나타나는 증상이다.
98. ④ 상담과 대기 공간에 배치할 식물은 우선 애완동물에게 위험하지 않은지를 반드시 확인한다.
99. 개와 고양이의 정상 체온은 37.5~39.5℃이다.
100. 애완동물과 고객에게 안정감을 느낄 수 있도록 잔잔한 음악을 틀거나 음악을 틀 수 없는 환경이라면 주변의 소음을 최소한으로 하며, 최대한 소음은 차단한다.

④ 애완동물 목욕

1. 다음 중 피부의 외층 부분을 뜻하는 것은?
   ① 모낭   ② 주모
   ③ 입모근   ④ 표피
   ⑤ 피하지방

2. 다음 중 굵고 길며 뻣뻣한 털을 뜻하는 것은?
   ① 주모   ② 부모
   ③ 땀샘   ④ 입모근
   ⑤ 피지선

3. 다음 중 입모근, 임파관, 혈관, 신경이 분포하는 곳은?
   ① 피하지방   ② 표피
   ③ 진피   ④ 땀샘
   ⑤ 부모

4. 다음 중 추위나 공포를 느꼈을 때 털을 세우는 근육을 뜻하는 것은?
   ① 입모근   ② 부모
   ③ 피하 지방   ④ 모낭
   ⑤ 표피

5. 다음 중 피부 아래와 근육 사이에 있는 지방을 뜻하는 것은?
   ① 피지선   ② 입모근
   ③ 표피   ④ 부모
   ⑤ 피하지방

6. 다음 중 물리, 화학적 장벽을 이루고 피지는 항균작용과 페로몬 성분을 함유하며 털이 난 피부 부위에 분포하는 것은?
   ① 피하 지방   ② 땀샘
   ③ 표피   ④ 피지선
   ⑤ 모낭

7. 다음 중 낭 형태 또는 관 형태로 비경을 제외한 모든 피부에 분포하는 것은?
   ① 땀샘   ② 부모
   ③ 진피   ④ 표피
   ⑤ 입모근

8. 다음 중 주모가 바로 서있게 도와주며, 보온과 피부보호의 역할을 하는 것은?
   ① 피지선   ② 피하지방
   ③ 부모   ④ 표피
   ⑤ 입모근

9. 다음 중 털을 단단히 지지하고 보호하며, 모근을 싸고 있는 주머니 형태의 구조물은 무엇인가?
   ① 땀샘   ② 부모
   ③ 진피   ④ 피지선
   ⑤ 모낭

10. 다음 중 주모에 대한 설명으로 올바른 것은?
    ① 피부 아래와 근육 사이에 있는 지방이다.
    ② 굵고 길며 뻣뻣하다.
    ③ 모근을 싸고 있는 주머니 모양으로 털을 보호하고 단단히 지지한다.
    ④ 털이 난 피부에 분포하며, 물리, 화학적으로 장벽을 이루고 피지는 항균 작용과 페로몬 성분을 함유한다.
    ⑤ 추위나 공포를 느꼈을 때 털을 세우는 근육이다.

11. 다음 중 표피에 대한 설명으로 올바른 것은?
    ① 짧은 털로 주모가 바로 서있게 도와주며, 보온기능과 피부 보호의 역할을 한다.
    ② 임파관, 모근, 혈관, 신경이 분포한다.
    ③ 모근을 싸고 있는 주머니 모양으로 털을 보호하고 단단히 지지한다.
    ④ 피부의 외층 부분을 말한다.
    ⑤ 피부 아래와 근육의 사이에 있는 지방이다.

12. 다음 중 진피에 대한 설명으로 올바른 것은?
    ① 굵고 길며 뻣뻣하다.
    ② 임파관, 모근, 혈관, 신경이 분포한다.
    ③ 꼬인 낭 형태 또는 관 형태로 털이 있는 모든 피부에 분포하며 비경에는 분포하지 않는다.
    ④ 추위나 공포를 느꼈을 때 털을 세우는 근육이다.
    ⑤ 피부의 외층 부분을 뜻한다.

13. 다음 중 입모근에 대한 설명으로 올바른 것은?
    ① 추위나 공포를 느꼈을 때 털을 세우는 근육이다.
    ② 피부의 외층 부분을 말한다.
    ③ 털이 난 피부에 분포하며, 물리, 화학적으로 장벽을 이루고 피지는 항균 작용과 페로몬 성분을 함유한다.
    ④ 굵고 길며 뻣뻣하다.
    ⑤ 피부 아래와 근육 사이에 있는 지방이다.

14. 다음 중 피하지방에 대한 설명으로 올바른 것은?
    ① 피부 아래와 근육 사이에 있는 지방이다.
    ② 모근을 싸고 있는 주머니 모양으로 털을 보호하고 단단히 지지한다.
    ③ 짧은 털로 주모가 바로 서있게 도와주며, 보온기능과 피부 보호의 역할을 한다.

④ 꼬인 낭 형태 또는 관 형태로 털이 있는 모든 피부에 분포하며 비경에는 분포하지 않는다.
⑤ 털이 난 피부에 분포하며, 물리, 화학적으로 장벽을 이루고 피지는 항균 작용과 페로몬 성분을 함유한다.

15. 다음 중 피지선에 대한 설명으로 올바른 것은?
① 피부의 외층 부분을 말한다.
② 털이 난 피부에 분포하며, 물리, 화학적으로 장벽을 이루고 피지는 항균 작용과 페로몬 성분을 함유한다.
③ 추위, 공포를 느꼈을 때 털을 세우는 근육이다.
④ 굵고 길며 뻣뻣하다.
⑤ 피부의 외층 부분을 말한다.

16. 다음 중 땀샘에 대한 설명으로 바른 것은?
① 임파관, 모근, 혈관, 신경이 분포한다.
② 모근을 싸고 있는 주머니 모양으로 털을 보호하고 단단히 지지한다.
③ 피부 아래와 근육 사이의 지방이다.
④ 짧은 털로 주모가 바로 서있게 도와주며, 보온기능과 피부 보호의 역할을 한다.
⑤ 꼬인 낭 형태 또는 관 형태로 털이 있는 모든 피부에 분포하며 비경에는 분포하지 않는다.

17. 다음 중 부모에 대한 설명으로 올바른 것은?
① 피부의 외층 부분을 말한다.
② 털이 난 피부에 분포하며, 물리, 화학적으로 장벽을 이루고 피지는 항균 작용과 페로몬 성분을 함유한다.
③ 짧은 털로 주모가 바로 서있게 도와주며, 보온기능과 피부 보호의 역할을 한다.
④ 피부 아래와 근육 사이에 있는 지방이다.
⑤ 추위나 공포를 느꼈을 때 털을 세우는 근육이다.

18. 다음 중 모낭에 대한 설명으로 올바른 것은?
① 피부의 외층 부분을 말한다.
② 굵고 길며 뻣뻣하다.
③ 짧은 털로 주모가 바로 서있게 도와주며, 보온기능과 피부 보호의 역할을 한다.
④ 모근을 싸고 있는 주머니 모양으로 털을 보호하고 단단히 지지한다.
⑤ 털이 난 피부에 분포하며, 물리, 화학적으로 장벽을 이루고 피지는 항균 작용과 페로몬 성분을 함유한다.

19. 다음 중 브러시를 이용하여 빗질하는 것으로 피부를 자극하여 마사지 효과를 주고 노폐모와 탈락모를 제거하고 엉킨 털 뭉치를 제거하는 것은?
① 그루밍 ② 그루머
③ 베이싱 ④ 브러싱
⑤ 블렌딩

20. 다음 중 브러싱의 효과가 아닌 것은?
① 신진 대사와 혈액 순환의 촉진
② 정전기 방지 및 알칼리 성분을 중화
③ 기생충과 이물질 점검
④ 작업자와 애완동물과의 친숙함 형성
⑤ 털의 관리 상태 및 건강 상태 점검

21. 다음 중 목욕 전 빗질을 해야 하는 이유가 아닌 것은?
① 드라잉을 수월하게 진행하기 위하여
② 엉킨 털이 물에 젖으면 더욱 단단한 상태가 되기 때문에
③ 육안으로는 엉킨 털이 보이지 않을 수도 있어서
④ 엉킨 털로 인하여 작업 시간이 길어질 수 있으므로
⑤ 개체의 성격을 판단하기 위하여

22. 다음 중 브러싱에 대한 설명으로 잘못된 것은?
① 털의 결에 따라 순서와 방향을 정해 놓으면 꼼꼼하게 관리할 수 있다.
② 동물에게 빗질이 고통스럽게 느끼지 않도록 강도를 조절하도록 한다.
③ 겨드랑이, 서혜부, 항문, 꼬리 등은 뼈가 돌출된 부위이므로 주의하여 브러싱한다.
④ 고객과의 상담을 통하여 개체의 특징을 파악한 후 작업에 들어간다.
⑤ 브러싱을 마친 후 털의 흐름을 따라 엉킨 부위가 없는지 콤으로 점검한다.

23. 다음 중 몸의 외형을 이루는 털로 길고 두꺼우며 방수 기능으로 체온을 유지하게 도움을 주는 털은?
① 보호털 ② 아웃 오브 코트
③ 솜털   ④ 역모
⑤ 촉각털

24. 다음 중 보호털에 비해 짧고 부드러우며 단열재 역할을 하는 털은?
① 촉각털 ② 보호털
③ 솜털   ④ 스테이링 코트
⑤ 아웃 오트 코트

25. 다음 중 외부 자극으로 들어오는 감각 정보를 수용하는 털로 보호털보다 두껍고 크며 안면부에 집중되어 있는 털의 종류는?
① 솜털   ② 촉각털
③ 스탠드 오프 코트 ④ 보호털
⑤ 아웃 오트 코트

26. 다음 중 보호털의 특징과 기능을 모두 고르시오.
① 몸의 외형을 이룬다.
② 단열재 역할을 한다.
③ 감각 정보를 수용한다.
④ 털을 보호하며 단단하게 지지한다.
⑤ 체온을 유지한다.

27. 다음 중 솜털의 특징과 기능을 모두 고르시오.
① 방수 기능이 있다.
② 안면부에 집중적으로 나 있다.
③ 부드럽다.
④ 단열재 역할을 한다.
⑤ 몸의 외형을 이룬다.

28. 다음 중 촉각털의 특징과 기능을 모두 고르시오.
① 방수 기능을 한다.
② 감각 정보를 수용한다.
③ 몸의 외형을 이룬다.
④ 안면부에 집중적으로 나 있다.
⑤ 짧고 부드럽다.

29. 털 주기에 대한 설명으로 올바르지 못한 것은?
① 전신 건강 상태, 유전자 등의 영향을 받는다.
② 온대 기후에 있는 개와 고양이는 봄과 가을에 현저하게 털이 빠진다.
③ 광주기, 주위 온도, 영양, 호르몬 등의 영향을 받는다.
④ 털은 각각 다른 성장 주기를 갖는다.
⑤ 출생 후 약 6개월경까지 가지고 있는 배냇털이 빠진다.

30. 다음 중 털의 성장 주기에 대한 설명으로 올바르지 못한 것은?
① 개와 고양이의 털갈이는 모자이크 형태로 진행된다.
② 진돗개는 싱크로니스틱 타입의 털 주기를 지닌다.
③ 전체의 털 주기가 일치하는 타입을 모자이크 타입이라 한다.
④ 요크셔테리어와 몰티즈는 모자이크 타입의 털 주기를 지닌다.
⑤ 배냇털이 빠지며 성체의 털로 새로 나게 되는 털갈이가 있다.

31. 다음 중 털의 성장 주기에 대한 설명으로 올바른 것은?
① 주로 주위 온도에 반응하고 일부분은 광주기에 영향을 받는다.
② 한대 기후의 개와 고양이는 봄과 가을에 현저히 털이 빠진다.
③ 개와 고양이의 털갈이는 싱크로니스틱 형태로 진행된다.
④ 몰티즈는 일정한 길이를 유지하며 털갈이가 진행된다.
⑤ 진돗개는 싱크로니스틱 타입으로 여름에 털갈이가 진행된다.

32. 다음 중 장모종에 대한 설명으로 올바르지 못한 것은?
① 코커스패니얼은 털이 미세하여 단위 면적당 털의 무게가 적다.
② 포메라니안은 털이 미세하여 단위 면적당 털의 무게가 적다.
③ 베들링턴테리어는 털이 미세하여 단위 면적당 털의 무게가 적다.
④ 푸들은 부모의 무게가 전체 무게의 70%를 차지한다.
⑤ 케리블루테리어는 부모의 무게가 전체 무게의 70%를 차지한다.

33. 다음 중 단모종에 대한 설명으로 올바르지 못한 것은?
① 거친 단모로는 로트와일러가 있다.
② 거친 단모로는 복서가 있다.
③ 많은 테리어 종이 거친 단모로 되어 있다.
④ 미세한 단모로는 닥스훈트가 있다.
⑤ 미세한 단모로는 미니어처핀셔가 있다.

34. 다음 중 털이 없거나 머리, 다리, 꼬리 등 일부에만 털이 나 있는 견종의 종류를 모두 고르시오.
① 벨지안 쉽도그 말리노이즈
② 멕시칸헤어리스
③ 차이니스헤어리스
④ 로디지안 리즈백
⑤ 살루키

35. 다음 중 털이 없는 견종에 대한 설명으로 올바르지 못한 것은?
① 피부 분비물이 많이 발생된다.
② 주기적인 점검과 관리가 필요하다.
③ 피부를 보호할 수 있는 기능이 전혀 없다.
④ 피부 분비물이 산화하여 냄새가 날 수 있다.
⑤ 보습과 영양 공급을 해주어야 한다.

36. 다음 〈보기〉 중 장모 견종을 모두 고르시오.

보 기	
ㄱ. 복서	ㄴ. 푸들
ㄷ. 케리블루테리어	ㄹ. 베들링턴테리어
ㅁ. 코커스패니얼	ㅂ. 포메라니안
ㅅ. 닥스훈트	ㅇ. 미니어처핀셔

① ㄱ, ㄷ, ㄹ, ㅁ, ㅂ
② ㄱ, ㄴ, ㄷ, ㅅ, ㅇ
③ ㄴ, ㄷ, ㄹ, ㅅ, ㅇ
④ ㄴ, ㄷ, ㄹ, ㅁ, ㅂ
⑤ ㄷ, ㅁ, ㅂ, ㅅ, ㅇ

37. 다음 〈보기〉 중 단모 견종을 모두 고르시오.

보 기
ㄱ. 미니어처핀셔   ㄴ. 멕시칸헤어리스
ㄷ. 케리블루테리어 ㄹ. 차이니스헤어리스
ㅁ. 코커스패니얼   ㅂ. 닥스훈트
ㅅ. 포메라니안   ㅇ. 복서

   ① ㄱ, ㄴ, ㅇ   ② ㄱ, ㅂ, ㄷ
   ③ ㄱ, ㄷ, ㄹ   ④ ㄱ, ㅁ, ㅅ
   ⑤ ㄱ, ㅁ, ㅇ

38. 다음 중 털이 곱슬거리는 형태로 엉키지 않도록 자주 빗질을 해줘야 하며 목욕과 털 손질 후 필요에 따라 커트를 해줘야 하는 코트는?

   ① 컬리 코트   ② 실키 코트
   ③ 메인 코트   ④ 스무스 코트
   ⑤ 와이어 코트

39. 다음 중 길고 부드러운 털의 형태로 빗질할 때 피부 관리에 주의가 필요한 코트는?

   ① 컬리 코트   ② 스무스 코트
   ③ 실키 코트   ④ 와이어 코트
   ⑤ 스트레이트 코트

40. 다음 빈칸에 들어가는 단어로 알맞은 것은?

부드럽고 짧은 털로 (   ) 등을 사용하여 털을 관리한다. 빗질하여 죽은 털을 제거하고 피부 자극을 주어 건강하고 윤기 있게 관리하여야 하는 이 코트는 (   ) 코트라고 부른다.

   ① 슬리커 브러시, 와이어 코트
   ② 슬리커 브러시, 컬리 코트
   ③ 핀 브러시, 스무스 코트
   ④ 루버 브러시, 와이어 코트
   ⑤ 루버 브러시, 스무스 코트

41. 다음 중 와이어 코트에 대한 설명으로 올바른 것은?
   ① 거칠고 두꺼운 형태로 털을 뽑아 주는 방법으로 관리를 한다.
   ② 길고 부드러운 형태의 털로 빗질할 때 피부 관리가 필요하다.
   ③ 부드럽고 짧은 형태의 털로 빗질하여 죽은 털을 제거하고 피부 자극을 주어 관리한다.
   ④ 털이 곱슬거리며 서로 엉키지 않도록 자주 빗질을 해 주며 필요 시 커트를 하여 관리한다.
   ⑤ 오버 코트와 언더 코트로 이루어진 이중모 구조의 털

42. 다음 중 컬리 코트 견종을 모두 고르세요.
   ① 베들링턴테리어   ② 노리치테리어
   ③ 요크셔테리어   ④ 보스턴테리어
   ⑤ 에어데일테리어

43. 다음 중 실키 코트를 가진 견종은?
   ① 푸들   ② 몰티즈
   ③ 치와와   ④ 퍼그
   ⑤ 와이어헤어드폭스테리어

44. 다음 중 스무스 코트를 가진 견종을 모두 고르세요.
   ① 케리블루테리어   ② 실키테리어
   ③ 보스턴테리어   ④ 노리치테리어
   ⑤ 불독

45. 다음 중 와이어 코트를 가진 견종은?
   ① 에어데일테리어   ② 요크셔테리어
   ③ 보스턴테리어   ④ 와이어헤어드닥스훈트
   ⑤ 케리블루테리어

46. 다음 중 핀 브러시를 사용하여 브러싱하는 방법으로 잘못된 것은?
   ① 어깨의 탄력을 이용하여 원을 그리듯 움직이며 브러싱한다.
   ② 핀 브러시의 핀 면 전체를 사용하여 브러싱한다.
   ③ 핀 브러시의 무게만으로 가볍게 누르며 브러싱한다.
   ④ 핀 브러시는 가볍게 쥔다.
   ⑤ 손잡이를 움켜쥐어 핀 브러시가 흔들리지 않도록 한다.

47. 다음 중 슬리커 브러시를 사용하여 브러싱하는 방법으로 잘못된 것은?
   ① 빗질하지 않는 손으로는 개체 또는 털과 피부를 고정시킨다.
   ② 엄지손가락과 집게손가락으로 손잡이를 움켜쥔다.
   ③ 손목의 스냅을 이용하여 브러싱한다.
   ④ 피부의 안쪽 면까지 닿게 하여 꼼꼼하게 브러싱한다.
   ⑤ 중지, 약지, 새끼손가락을 이용하여 손잡이를 받쳐준다.

48. 다음 중 슬리커 브러시를 점검하고 사용하는 방법으로 올바르지 못한 것은?
   ① 오래 사용하게 되면 핀이 꺾이거나 절단되어 피부를 상하게 할 수 있다.
   ② 털갈이 시기에 중요한 도구이다.
   ③ 습기가 남은 채로 보관하면 핀 부분에 녹이 슬 수 있다.
   ④ 거의 모든 애완동물의 죽은 털과 엉킨 털을 제거하는 데 사용할 수 있다.
   ⑤ 실키 코트에 효과적으로 사용할 수 있는 빗의 종류이다.

49. 다음 중 콤을 사용하여 빗질하는 방법으로 잘못된 것은?
   ① 손 전체에 힘이 들어가면 털이 끊길 수 있으니 주의한다.
   ② 털의 결과 수직이 되도록 빗질한다.

③ 엄지손가락과 집게손가락으로 빗 아랫면의 1/3 지점을 감싸 잡는다.
④ 팔에 힘을 주지 않고 손목의 움직임으로 빗질한다.
⑤ 털의 정리와 죽은 털 제거, 엉킨 털 풀기 등에 사용한다.

50. 다음 중 루버 브러시에 대한 설명으로 잘못된 것은?
① 브러싱을 하여 윤기 있는 털을 유지시킨다.
② 장모종의 죽은 털 제거와 피부 마사지에 사용된다.
③ 털의 흐름에 따라 피부를 마사지하듯 사용한다.
④ 고무 재질의 판과 돌기로 구성되어 있다.
⑤ 루버 브러시는 글로브 형태와 브러시 형태가 있다.

51. 다음 샴핑에 대한 설명 중 바르지 못한 것을 고르시오.
① 개의 경우는 사람과 비슷한 중성이므로 때에 따라 사람용 샴푸를 사용해도 좋다.
② 샴푸는 털의 상태와 목적에 맞게 종류를 선택하여 사용할 수 있다.
③ 과도한 피지 제거와 세정은 피부 보호막의 기능을 약화시킬 수 있다.
④ 샴핑은 털의 발육과 피부의 건강을 관리하기 위함이다.
⑤ 샴핑은 오염된 피부와 털을 청결히 하는 데 그 목적이 있다.

52. 다음 애완동물 목욕에 사용하는 샴푸의 종류와 기능에 대한 설명으로 바르지 못한 것을 모두 고르시오.
① 외부 기생충 퇴치나 예방을 위해 샴푸를 선택하여 사용할 수 있다.
② 일반적으로 pH가 알칼리성에 가까운 샴푸를 사용한다.
③ 세정력을 강화하려면 최대한 중성에 가까운 샴푸를 선택하여 사용한다.
④ 털을 납작하게 눕게 하거나 뜨는 털을 가라앉혀 주는 샴푸를 선택하여 사용할 수 있다.
⑤ 털의 모질과 모색에 따라 종류를 선택하여 사용한다.

53. 다음 중 항문낭에 관리와 설명으로 바르지 못한 것을 모두 고르시오.
① 항문낭은 개체마다 특색 있는 체취를 담은 항문 주위로 위치한 주머니이다.
② 항문선이 붓거나 막힌 경우엔 항문낭을 수술로 제거해야 할 경우도 있다.
③ 항문낭에 문제로 동물이 불편하면 핥거나 엉덩이를 끄는 행동을 보인다.
④ 항문낭은 가능하면 어릴 때 수술로 미리 제거해 주어 염증을 예방한다.
⑤ 항문낭은 항문의 위에 양쪽으로 위치한다.

54. 다음 중 어린 동물의 목욕 방법과 설명으로 바르지 못한 것을 모두 고르시오.
① 작업 전 놀아 주는 것처럼 빗을 갖다 대거나 발을 만져주며 사람의 손길에 익숙하게 길들인다.
② 어린 동물은 면역력이 생겨야 하므로 6~8주는 지나서 관리를 시작해야 한다.
③ 생식기나 항문 주위의 청결을 위해 수시로 부분목욕을 하여 위생에 각별히 주의한다.
④ 목욕은 온수로 최단시간, 최소의 자극으로 진행한다.
⑤ 어린 동물은 태어나서 처음 받는 손질에 의해 평생의 버릇이 길들여진다.

55. 다음 중 애완동물 목욕 시 주의사항으로 적절하지 않은 것을 모두 고르시오.
① 목욕 도구와 장비는 위생을 위해 매주 한 번씩 철저하게 소독을 실시한다.
② 욕조 안에 미끄럼 방지를 위해 매트를 사용한다.
③ 애완동물의 탈출경로는 미리 차단한다.
④ 온수의 온도는 일정하게 유지하여 화상에 주의한다.
⑤ 노령이거나 질병이 있는 동물은 모질과 모색에 각별히 유의하여 목욕시킨다.

56. 다음 샴푸에 대한 설명 중 바르지 못한 것을 모두 고르시오.
① 샴푸 기능에 대한 정보를 알고 개체 특징에 알맞게 선택해 사용한다.
② 피부병이 의심되는 동물은 천연 성분의 제품을 사용하여 치료해 준다.
③ 털의 상태에 따라 외부 기생충의 퇴치와 예방, 드라이 샴푸 등 선택하여 사용할 수 있다.
④ 일반적으로 pH가 알칼리성에 가까운 세정력이 좋은 샴푸를 사용하도록 한다.
⑤ 애완동물 목욕 시에는 동물 전용 샴푸를 사용하도록 한다.

57. 다음 목욕 시 방법과 주의사항으로 바르지 못한 것을 고르시오.
① 항문낭의 위치를 잡을 때는 시계 2시와 10시 방향으로 잡는다.
② 목욕 시 동물의 귓속에 물이 들어갔을 시에는 몸을 털도록 내버려 둔다.
③ 동물 목욕 시 온수의 온도는 40℃가 적당하다.
④ 욕조 안은 미끄럼 방지를 위해서 매트를 깔아 준다.
⑤ 샴핑 시 욕조 안에서 목줄을 적당히 짧게 매어 동물의 활동 반경을 좁힌다.

58. 다음 애완동물 샴핑 시 항문낭 배출이나 방법에 대한 설명 중 바르지 못한 것을 모두 고르시오.
① 항문낭선이 막혀 있으면 염증이 있을 수 있으므로 수의사의

진료를 받도록 한다.
② 항문낭이 꽉 차서 부풀었는데도 배출이 되지 않으면 억지로 짜지 않는다.
③ 항문낭 액이 잘 배출되지 않으면 온수로 마사지 후 완벽하게 제거해 준다.
④ 항문의 4시와 6시 방향을 엄지와 새끼손가락을 이용해 짜 준다.
⑤ 배출된 항문낭 액은 온수로 깨끗이 세척한다.

59. 다음 중 애완동물 샴핑에 대한 설명 중 적절하지 않은 것을 고르시오.
① 가슴 배 겨드랑이는 연약한 부위로 스펀지를 사용해야만 상처 없이 목욕시킬 수 있다.
② 샴푸는 용기에 물과 희석해 사용하여 쓸데없는 낭비를 줄인다.
③ 눈 주변 눈곱과 분비물로 지저분할 때는 안면 빗을 사용해 제거한다.
④ 장모의 경우는 털 손상 예방을 위해 조심스레 주의하여 마사지한다.
⑤ 단모의 경우 루버 브러시를 이용해서 샴푸 마사지를 해주면 죽은 털의 관리에 용이하다.

60. 다음 〈보기〉 중 애완동물의 샴핑 순서를 알맞게 나열한 것을 고르시오.

〈 보　기 〉
ㄱ. 피부를 적당히 자극하며 마사지 해준다.
ㄴ. 물의 온도와 수압을 조절한다.
ㄷ. 항문낭을 짜서 항문낭액을 배출시킨다.
ㄹ. 개체와 모질의 알맞은 샴푸의 종류를 선택한다.
ㅁ. 동물의 전신을 충분히 적신 후 샴푸를 몸 전체에 드포한다.
ㅂ. 물살의 방향을 고려해 잔여물이 남지 않도록 깨끗이 헹궈준다.

① ㄷ-ㄹ-ㄴ-ㅁ-ㄱ-ㅂ　② ㄹ-ㄴ-ㄱ-ㄷ-ㅁ-ㅂ
③ ㄱ-ㄴ-ㄷ-ㄹ-ㅁ-ㅂ　④ ㄷ-ㄴ-ㄹ-ㄱ-ㅁ-ㅂ
⑤ ㄹ-ㄴ-ㄷ-ㅁ-ㄱ-ㅂ

61. 다음 중 샴푸를 용기에 희석해 사용하거나 희석한 샴푸를 스펀지에 적셔 사용하는 이유로 적절하지 않은 것을 모두 고르시오.
① 쓸데없는 샴푸의 낭비를 막을 수 있다.
② 희석해서 연해진 샴푸로 피부 트러블을 예방할 수 있다.
③ 샴푸 희석액이 전신에 골고루 퍼져 효과적인 샴핑을 할 수 있다.
④ 동물의 피모에 자극을 최소화 할 수 있다.
⑤ 샴푸를 절약할 수 있다.

62. 다음 단모종 샴핑 시 이 브러시를 이용해 마사지를 해주면 죽은 털의 관리가 쉬워진다. 이 브러시는?
① 브리슬 브러시　② 멧돼지털 브러시
③ 루버 브러시　④ 핀 브러시
⑤ 슬리커 브러시

63. 다음 중 샴핑 과정으로 옳지 않은 것을 고르시오.
① 몸 전체에 샴푸를 골고루 도포한다.
② 목욕 시 수온은 약간 따뜻한 40℃ 정도가 적당하다.
③ 눈과 코에만 샴푸가 들어가면 안 된다.
④ 장모종에 경우 털의 손상에 주의하며 마사지한다.
⑤ 눈곱 등의 분비물로 지저분할 때는 온수에 불려 안면 빗을 사용하여 조심스럽게 제거한다.

64. 다음 중 애완동물 샴푸의 종류로 옳은 것을 모두 고르시오.
① 드라이 샴푸　② 모질 약화 샴푸
③ 오토 샴푸　④ 보습 약화 샴푸
⑤ 러프 코트용 샴푸

65. 다음 중 샴핑의 목적으로 적절하지 않은 것을 고르시오.
① 과도한 피지의 제거와 세정은 피부의 보호막 기능을 약화시킨다.
② 피부와 털을 점검한다.
③ 털의 발육을 촉진한다.
④ 먼지와 분비물 피지를 제거한다.
⑤ 피부병을 치료한다.

66. 다음 중 애완동물 샴푸의 종류가 아닌 것을 고르시오.
① 러프 코트용 샴푸　② 화이트닝 샴푸
③ 컬러 코트용 샴푸　④ 심한 오염 제거 샴푸
⑤ 볼륨 웨이브 샴푸

67. 다음 중 어른 동물의 목욕 시 설명으로 바르지 못한 것을 고르시오.
① 보통 일반적으로 생후 3~4주면 관리를 시작한다.
② 처음 손질은 놀라거나 아프게 하지 않도록 주의한다.
③ 목욕은 온수로 놀라지 않도록 천천히 진행한다.
④ 목욕 후 드라이 시에 소음과 브러싱에 주의한다.
⑤ 놀아 주는 것처럼 빗을 대거나 발을 만지작거려 사람의 손길에 익숙해게 길들인 후 손질을 시작한다.

68. 다음 중 샴핑 시 설명에 대한 것으로 바르지 못한 것을 모두 고르시오.
① 항문낭은 3시와 9시 방향에 있으니 부드럽게 올려서 짜 준다.
② 목줄을 적당히 짧게 매어 동물의 활동 반경을 좁히고 작업에 순응하도록 안정시킨다.
③ 욕조 안에 미끄럼 방지용 매트를 깔아 안전에 유의한다.

④ 샴핑 전 물이 털 깊숙이 스며들도록 전신을 충분히 적셔 준다.
⑤ 단모종의 경우 핀 브러시를 이용하여 샴푸 마사지를 해주면 죽은 털의 관리가 쉬워진다.

69. 다음 중 항문낭의 문제로 인해 생기는 불편함을 완화시키기 위한 개의 공통적인 행동 특징으로 적절하지 않은 것을 모두 고르시오.
① 핥기
② 혈변
③ 엉덩이 끌기
④ 침 흘리기
⑤ 앉으며 갑자기 놀람

70. 다음 중 애완동물의 샴푸에 관한 설명 중 바르지 못한 것을 고르시오.
① 모색 강화용 샴푸 중 대표적인 것은 드라이 샴푸이다.
② 현재 시판되는 샴푸는 종류와 기능이 다양하여 사용자에 선택의 폭이 넓다.
③ 일반적으로 알칼리성이 강한 샴푸는 세척력이 강하다.
④ 샴푸는 털의 종류와 형태에 따라 사용자가 선택할 수 있다.
⑤ 개체에 따라서 특징에 알맞은 제품을 사용하도록 한다.

71. 다음 중 린스의 가장 큰 목적으로 올바른 것은?
① 털의 정전기와 엉킴을 방지하기 위한 작업이다.
② 드라이 시 수월하도록 넉넉한 양을 사용해서 털을 부드럽게 한다.
③ 제품에 따라 과도한 세정으로 생긴 피부와 털의 손상을 적절히 회복시켜 줄 수 있다.
④ 린싱 후 여러 번 깨끗이 헹구어 털의 끈적거림을 예방한다.
⑤ 샴핑으로 알칼리화된 상태를 중화시키기 위한 작업이다.

72. 다음 중 린스의 기능에 대한 설명 중 적절하지 않은 것을 고르시오.
① 정전기와 엉킴을 방지해 준다.
② 드라이로 인한 열의 손상을 막기 위한 전처리제 역할을 한다.
③ 빗질로 발생한 손상된 털을 회복시켜 주는 역할을 한다.
④ 엉킴을 풀기 위한 크림 형태의 고농축 제품이 있다.
⑤ 털의 윤기와 광택을 준다.

73. 다음 중 린스의 종류와 기능에 대한 설명 중 맞지 않은 것은?
① 외부에서 묻은 먼지와 피지를 제거하고 피모를 부드럽고 빛나게 한다.
② 린스의 종류 중에서 천연 성분을 함유한 자극이 적은 천연 제품이 있다.
③ 린스의 종류에는 영양, 오일, 보습 제품이 있다.
④ 정전기를 방지해 엉킴을 방지하고 빗질에 발생한 손상된 털을 보호해 준다.
⑤ 린스에 함유된 오일 성분을 비롯한 여러 성분들이 털에 윤기와 광택을 준다.

74. 다음 중 애완동물의 목욕에 대한 유의사항으로 맞지 않은 것을 고르시오.
① 노령이거나 질병이 있는 동물은 호흡이나 다른 상태에 유의해서 목욕시켜야 한다.
② 동물의 화상을 방지하기 위해 물 온도는 일정하게 유지하며, 물 공급이 충분해야 한다.
③ 동물의 개체별 특성을 숙지하고 있어야 한다.
④ 동물의 건강 상태는 작업 중에도 수시로 체크한다.
⑤ 샴푸와 린스를 사용하는 목욕은 모든 애완동물에게 적용한다.

75. 다음 중 애완동물 목욕 시 주의해야 되는 사항으로 잘못된 것을 모두 고르시오.
① 노령이거나 질병이 있는 동물은 호흡이나 행동 상태에 세심히 주의하여 목욕시켜야 한다.
② 린스를 사용할 때 동물 전용 린스만을 사용한다.
③ 동물의 건강 상태는 목욕 후 바로 확인해야 한다.
④ 동물의 화상을 방지하기 위해 물의 온도는 시원하게 유지한다.
⑤ 장비는 목욕 전과 후에 위생과 소독을 철저히 해 준다.

76. 다음 린스에 대한 설명이나 사용방법으로 적절하지 않은 것을 모두 고르시오.
① 린스는 피모에 있는 유분기를 제거해 주는 역할을 한다.
② 린스는 샴핑으로 산성화된 상태를 중화시키는 작업이다.
③ 린스는 정전기 방지제, 보습제, 오일, 수분 등의 성분으로 구성되어 있다.
④ 린스 희석액은 털의 상태에 따라 농도를 조절하여 사용한다.
⑤ 린스는 용기에 물을 섞어 희석해 사용한다.

77. 다음 중 린스의 기능에 대한 설명 중 바른 것을 고르시오.
① 샴핑으로 알칼리화된 상태를 중화시키는 역할을 한다.
② 손상된 털을 완전히 회복시키는 효과가 있다.
③ 피모에 이물질과 오염을 제거하는 역할을 한다.
④ 하얀색의 털을 더욱 하얗게 만들어 주는 역할을 한다.
⑤ 린스는 곱슬거리고 엉킨 털을 펴 줄 때 효과적이다.

78. 다음 중 린스의 올바른 사용 방법에 대한 설명으로 틀린 것은?
① 린스는 샴푸와 다르게 종류와 기능이 다양하지 않아 선택의 폭이 넓지 않다.
② 린스를 잘못 사용하면 효과가 떨어지므로 사용 방법을 숙지한다.
③ 건강한 모질 관리를 위해 린스의 기능에 대한 정보를 습득한다.
④ 개체 특성에 맞는 린스를 사용한다.
⑤ 모질 상태에 따라 기능이 강화된 제품을 고려하여 사용한다.

79. 다음 〈보기〉 중에 맞는 순서로 짝지어진 것을 고르시오.

> 〈 보 기 〉
> ㄱ. 털 깊숙이 린스 성분이 잘 스며들게 전신을 충분히 마사지한다.
> ㄴ. 린스를 희석한다.
> ㄷ. 희석액을 동물의 전신에 골고루 도포한다.

① ㄴ – ㄷ – ㄱ   ② ㄴ – ㄱ – ㄷ
③ ㄱ – ㄴ – ㄷ   ④ ㄱ – ㄷ – ㄴ
⑤ ㄷ – ㄴ – ㄱ

80. 다음 중 드라잉에 대한 설명으로 적절하지 못한 것을 고르시오.
① 드라잉 전 목욕 후엔 타월링으로 먼저 수분제거를 실시한다.
② 드라이어의 풍향, 풍량, 온도의 조절과 브러싱하는 방향은 매우 중요하다.
③ 드라잉 시간의 단축을 위해 반드시 강한 바람으로 신속하게 작업한다.
④ 드라잉 작업 시에는 브러싱과 동시에 이루어져야 한다.
⑤ 드라잉은 털이 곱슬거리는 상태로 마르는 것을 방지하기 위하여 하는 것이다.

81. 다음 〈보기〉에서 설명하는 드라이 하는 방법으로 바른 것을 고르시오.

> 〈 보 기 〉
> 장모종에 비해 비교적 짧은 이중모를 가지고 있는 포메라니안이나 페키니즈를 핀 브러시로 모근에서부터 털을 세워 풍성하게 드라이 하는 방법

① 플러프 드라이   ② 핸드 드라이
③ 룸 드라이어   ④ 타월링
⑤ 켄넬 드라이

82. 다음은 드라잉 시에 털이 들뜨고 곱슬거린 채 건조되는 것을 막기 위하여 타월로 몸을 감싸며 건조할 부위만 나누어 드라잉하는 것은 무엇인가?
① 타월링   ② 켄넬 드라이
③ 핸드 드라이   ④ 새킹
⑤ 플러프 드라이

83. 다음 타월링에 대한 방법과 설명 중 적절하지 않은 것을 고르시오.
① 타월링 전 타월은 사용 전과 후 소독과 건조로 위생에 신경 쓴다.
② 드라이 시 원하지 않은 부분의 건조를 막기 위해 타월로 덮어주며 드라잉한다.
③ 목욕 후 수분을 제거하기 위해 타월을 이용하는 작업이다.
④ 드라잉 시 지나치게 수분을 제거하지 않도록 한다.
⑤ 와이어 코트의 경우 타월링만으로 드라잉을 대체 할 수 있다.

84. 다음 드라이에 대한 설명 중 적절하지 않은 것을 모두 고르시오.
① 작업장에서는 주로 가장 안전하고 빠르고 편한 룸 드라이어만 사용한다.
② 핀 브러시를 사용하여 모근에서부터 털을 세워가며 모량을 풍성하게 드라이하는 것을 플러프 드라이라 한다.
③ 곱슬거리는 상태로 건조되었다면 컨디셔너 스프레이로 수분을 다시 주어 드라이한다.
④ 웨이브 코트가 남아있지 않도록 브러시 각도를 조절하여 드라이한다.
⑤ 드라이 시에 피모에 수분이 남지 않도록 완전히 건조시켜야 한다.

85. 다음 〈보기〉에서 설명하는 드라이 방법을 고르시오.

> 〈 보 기 〉
> 케이지 드라이라고도 하며 박스 형태의 드라이어가 부착된 전용 드라이어도 있다. 목욕 후 수분 제거를 잘 해주면 드라잉을 빨리 마칠 수 있다. 지나치게 수분을 제거하면 피부와 털이 건조될 수 있으므로 적당한 수분 제거로 털의 습도를 조절할 수 있어야 한다.

① 룸 드라이어   ② 핸드 드라이
③ 켄넬 드라이   ④ 플러프 드라이
⑤ 타월링

86. 다음 드라잉 작업 시 작업자의 자세로 알맞지 않은 것을 고르시오.
① 상처를 내지 않게 클리핑할 수 있어야 한다.
② 브러시의 각도를 조절할 수 있어야 한다.
③ 드라이어의 풍향과 온도를 조절할 수 있어야 한다.
④ 화상과 찰과상에 주의해야 한다.
⑤ 드라이 후 엉킨 곳이 있는지 콤으로 마무리 확인을 해야 한다.

87. 다음 중 동물의 드라이 작업 시 필요한 도구로 적절하지 않은 것을 고르시오.
① 콤   ② 엘리자베스 칼라
③ 스탠드형 드라이기   ④ 슬리커 브러시
⑤ 클리퍼 콤

88. 다음 중 동물의 목욕에 대한 설명이다. 적절하지 않은 것을 고르시오.
① 드라잉은 타월링과 동시에 이루어져야 한다.
② 품종의 피모 특징에 따라 드라이 방법이 달라진다.
③ 린싱 시 지나치게 너무 많이 헹구어 내지 않도록 한다.
④ 타월링 시 수분 제거는 적당한 습도를 남기고 제거 해 준다.
⑤ 동물의 탈출 경로는 미리 차단해 둔다.

89. 다음 타월링에 대한 설명 중 적절하지 못한 것을 모두 고르시오.
① 동물의 털에 수분을 완전히 건조시킨다.
② 펫타월은 한 달에 한번 세탁과 소독을 해 준다.
③ 펫타월은 꼭 짜서 사용한다.
④ 펫타월로 몸통과 머리, 다리와 꼬리를 덮어 꾹꾹 눌러가며 적당히 수분을 제거한다.
⑤ 목욕 후 털의 수분을 완전히 제거하지는 않는다.

90. 다음 드라이 작업에 대한 설명 중 바른 것을 모두 고르시오.
① 드라잉을 할 때는 드라이어의 적절한 온도와 브러싱의 알맞은 각도, 타이밍은 매우 중요하다.
② 털의 흐름과 털이 난 방향에 맞게 차례대로 드라이 한다.
③ 작업 중에는 털의 상태가 덜 말라 있기 때문에 건강 상태는 드라이 이후에 확인한다.
④ 어린 동물 드라잉 시 따뜻하고 강한 바람으로 단시간에 빠르게 작업을 마친다.
⑤ 노령이거나 질병이 있는 동물은 체온조절이 어려우므로 찬 바람으로 드라이를 해준다.

91. 다음 중 드라이 방법과 내용이 바르게 짝지어진 것을 고르시오.
① 룸 드라이어 - 드라이어를 크게 공간화시켜 다양한 사이즈와 기능을 갖춘 드라이어. 타이머, 바람 세기, 자외선 소독, 음이온 등의 기능 조절이 가능하며 룸 안에서 입체적으로 바람이 만들어져 수분이 날아가도록 하는 방법이다.
② 타월링 - 커트를 하기 위해 털이 들뜨고 곱슬거리는 상태로 건조되는 것을 막기 위해 타월로 몸을 감싸는 것을 말한다.
③ 플러프 드라이 - 케이지 드라이라고도 하며 목욕을 마친 동물을 넣고 안으로 드라이어 바람을 쏘게 해 털의 수분이 날아가도록 하는 방법이다.
④ 켄넬 드라이 - 말티즈와 같은 장모에 비해 비교적 짧은 이중모를 가진 포메라니안 같은 경우에 핀 브러시를 사용해 모근에서부터 털을 세워가며 모양을 풍성하게 하는 드라이 방법이다.
⑤ 새킹 - 목욕 후 수분을 제거하기 위해 타월을 사용하는 방법을 말한다.

92. 다음 중 룸 드라이어에 대한 설명으로 바르지 않은 것은?
① 목욕 후 타월링을 마친 동물을 안에 넣어 타이머, 바람세기 등의 기능을 조정해 사용한다.
② 드라이어를 크게 공간화 시켜 다양한 사이즈와 기능을 갖춘 드라이어다.
③ 룸 드라이어에 익숙하지 않은 동물도 편하게 사용 가능하다.
④ 룸 안에서 바람이 입체적으로 만들어져 수분을 날아가게 한다.
⑤ 어느 정도 수분이 제거되면 개체의 피부와 털을 확인하여 드라이어로 다시 꼼꼼하게 말려준다.

93. 다음 드라이 순서에 대한 설명 중 타월링에 대한 설명으로 바르지 않은 것은?
① 목욕 후 몸에 남아 있는 수분을 손으로 눌러서 짜준다.
② 수분을 모두 제거해 신속하게 드라이 작업을 할 수 있도록 한다.
③ 수분이 가득한 펫타월은 꽉 짜서 수분을 제거 후 사용한다.
④ 펫타월을 사용하여 몸통, 머리, 다리, 꼬리 부분을 눌러 가며 적당히 수분을 제거한다.
⑤ 털에 적당한 수분을 남겨 드라이할 수 있도록 해야 한다.

94. 다음 중 드라이어로 털을 건조시키는 과정 중 틀린 것은?
① 드라이는 머리 - 몸통 - 배 - 다리 - 엉덩이 - 꼬리 - 귀 순서로 한다.
② 드라잉 순서를 정하여 빠짐 없이 꼼꼼하게 드라이 한다.
③ 털의 흐름과 털이 난 방향에 따라 차례대로 드라이 한다.
④ 마무리 시 스프레이나 컨디셔너를 뿌려준다.
⑤ 드라이 후 엉킨 털이 남아있는지 콤으로 점검한다.

95. 드라잉이 끝난 후 작업자가 고객에게 해야 할 사항으로 알맞지 않은 것은?
① 베이싱과 드라잉 과정에서 별다른 특이사항을 발견하지 못하면 그냥 넘어간다.
② 고객에게 동물의 특징을 전달해야 한다.
③ 피부와 털의 상태를 점검하고 전달해야 한다.
④ 베이싱과 드라잉 과정 중에 관찰한 동물의 특이사항을 전해야 한다.
⑤ 베이싱과 드라잉 과정에서 털과 피부의 관리 상태를 확인할 수 있으며, 이에 따른 고객 상담이 들어가야 한다.

96. 다음 중 드라잉 마무리에 대한 설명으로 바른 것은?
① 드라잉이 끝난 후에 덜 마른 부분이 있는지 체크한다.
② 드라이어로 건조되는 순서를 정하여 말렸을 경우에는 두 번 체크하지 않아도 된다.
③ 드라이어로 건조하고 나서 드라잉 작업을 종료한다.
④ 조금 덜 마른 부분이 있더라도 곧 마를 예정이므로 드라잉 작업을 종료한다.
⑤ 건조 후에 드라이 바람이나 콤으로 재확인하는 것은 피모에 자극이 되기 때문에 확인하지 않는다.

97. 다음 〈보기〉 중 드라이 순서가 바르게 연결된 것은?

> **보 기**
> ㄱ. 몸통과 다리를 빗질해 드라이한다.
> ㄴ. 머리와 귀를 빗질해 드라이한다.
> ㄷ. 배와 엉덩이를 빗질해 드라이한다.
> ㄹ. 꼬리를 빗질해 드라이한다.
> ㅁ. 엉킨 곳은 빗질하여 풀어준다.
> ㅂ. 엉킨 곳이 남아 있는지 콤으로 점검한다.
> ㅅ. 컨디셔너 제품을 뿌려주면서 드라이를 마무리 한다.

① 마운틴 콤   ② 실키 콤
③ 페이스 콤   ④ 푸들 콤
⑤ 콤

98. 린스에 대한 사용으로 바르지 않은 것은?
① 린스의 잔여물이 남지 않도록 최대한 많이 헹구어야 한다.
② 피모의 상태에 따라 린스의 적용 시간과 양을 조절할 수 있어야 한다.
③ 샴핑 후 알칼리성 잔여물을 중화시키기 위해 린싱을 할 수 있어야 한다.
④ 동물의 피모의 상태에 따라 린스를 선택할 수 있어야 한다.
⑤ 과도한 세정으로 생긴 피부와 털의 손상은 린싱으로 적절히 회복시킬 수 있다.

99. 다음 중 드라이 목적에 대한 설명으로 바르지 않은 것은?
① 드라잉을 할 때에 순서를 정하지 않아도 작업을 할 수 있다.
② 털을 말리는 것이다.
③ 바람으로 말리는 동안 반복적으로 신속하게 빗질을 해야 한다.
④ 견종과 털의 특징에 따라 드라잉 방법이 달라질 수 있다.
⑤ 드라잉에서 가장 중요한 것은 털을 커트하기 위해 털을 최상의 상태로 마무리하는 것이다.

100. 다음 중 새킹에 대한 설명으로 바르지 않은 것은?
① 효율적으로 드라이하기 위해 드라이어 바람이 전체적으로 가야 한다.
② 털이 들뜨고 곱슬거리는 상태로 건조되는 것을 막는 과정
③ 타월링 후에 드라이하기 전 타월로 몸을 감싸는 것
④ 바람이 브러싱하는 곳 외에는 털이 건조되지 않아야 한다.
⑤ 드라잉이 끝나기 전에 곱슬거리는 상태로 건조되더라도 컨디셔너 스프레이를 뿌려서 드라이한다.

정답 및 해설

1	④	2	①	3	③	4	①	5	⑤
6	④	7	①	8	③	9	⑤	10	②
11	④	12	②	13	①	14	①	15	②
16	⑤	17	③	18	④	19	④	20	②
21	⑤	22	③	23	①	24	③	25	②
26	①⑤	27	③④	28	②④	29	⑤	30	③
31	④	32	③	33	②	34	②③	35	②
36	④	37	②	38	①	39	③	40	⑤
41	①	42	①⑤	43	②	44	③⑤	45	④
46	①	47	④	48	⑤	49	③	50	②
51	①	52	②③	53	④⑤	54	②③	55	①⑤
56	②④	57	①	58	③④	59	①	60	⑤
61	②⑤	62	③	63	②	64	①⑤	65	⑤
66	⑤	67	③	68	①⑤	69	②④	70	①
71	①	72	①	73	①	74	⑤	75	③④
76	①②	77	①	78	①	79	①	80	⑤
81	①	82	④	83	②	84	①⑤	85	③
86	①	87	⑤	88	①	89	①②	90	①②
91	①	92	③	93	②	94	①	95	①
96	①	97	⑤	98	①	99	①	100	①

1. 피부 구조와 특징
  (1) 주모 : 길고 굵으며 뻣뻣한 털이다.
  (2) 표피 : 애완동물 피부의 외층 부분이다.
  (3) 진피 : 입모근, 임파관, 혈관, 신경 등이 분포한다.
  (4) 입모근 : 불수의근으로 추위나 공포를 느꼈을 때 털을 세우는 근육이다.
  (5) 피하지방 : 피부 아래와 근육 사이의 지방을 말한다.
  (6) 피지선 : 털이 난 피부에 분포하며, 물리 화학적 장벽을 형성하고 피지는 페로몬 성분을 함유하고 항균작용을 한다.
  (7) 땀샘 : 아포크린선은 꼬인 낭 형태 또는 관 형태로 비경을 제외한 털이 나 있는 모든 피부에 분포한다.
  (8) 부모 : 짧은 털로 주모가 설 수 있게 도와주며, 피부 보호와 보온 기능을 한다.
  (9) 모낭 : 모근을 싸고 있는 주머니 형태의 구조물로 털을 보호하고 단단히 지지하는 역할을 한다.

19. ① 그루밍 : 피모에 대한 일상적인 관리
  ② 그루머 : 애완동물 미용사
  ③ 베이싱 : 목욕작업
  ⑤ 블렌딩 : 털의 층을 자연스럽게 연결하는 것

20. ② 린싱에 대한 효과이다.

21. 개체와 작업자가 모두 힘든 상황이 발생될 수 있으므로 목욕을 하기 전 꼼꼼하게 브러싱 작업을 해줘야 한다.

22. ③ 겨드랑이, 서혜부, 항문, 꼬리 등은 움직임이 많아 마찰로 엉킴이 생기는 부위이다. 뼈가 돌출되고 피부가 약한 부위는 걸굴과 눈 주변, 귀와 관절 부위 등을 말한다.

23. ② 아웃 오브 코트 : 모량이 부족하거나 탈모가 된 상태
  ③ 솜털 : 보호털에 비해 짧고 부드러우며 단열재 역할을 한다.
  ④ 역모 : 털 결에서 반대로 자라는 털
  ⑤ 촉각털 : 외부 자극으로 들어오는 감각 정보를 수용하는 털

24. ④ 스테이링 코트 : 건조하고 거칠며 상태가 나빠져 있는 털

25. ③ 스탠드 오프 코트 : 꼿꼿하게 선 모양의 털로 개립모라고도 한다.

29. ⑤ 출생 후 약 3개월령까지 가지고 있는 배냇털이 빠진다.

30. ③ 전체의 털 주기가 일치하는 타입을 싱크로니스틱 타입이라고 한다.

31. ① 주로 광주기에 반응하고 일부분은 주위 온도에 영향을 받는다.

② 온대 기후의 개와 고양이는 봄과 가을에 현저히 털이 빠진다.
③ 개와 고양이의 털갈이는 모자이크 형태로 진행된다.
⑤ 진돗개는 싱크로니스틱 타입으로 봄, 가을에 털갈이가 진행된다.

32. ③ 베들링턴테리어는 부모의 무게가 전체 무게의 70%를 차지한다.

33. ② 복서는 미세한 단모를 가지고 있다.

34. 털이 없는 견종으로는 멕시칸헤어리스가 있으며 몸의 일부에만 털이 나는 견종으로는 차이니스헤어리스가 있다.

35. ③ 털이 없는 견종은 피부 보호막을 형성하기 위한 피부 분비물이 많이 발생된다.

38. ② 실키 코트 : 길고 부드러운 형태의 털
③ 메인 코트 : 몸의 중심이 되는 부분의 털
④ 스무스 코트 : 부드럽고 짧은 형태의 털
⑤ 와이어 코트 : 거칠고 두꺼운 형태의 털

39. ⑤ 스트레이트 코트 : 구불거리지 않는 직선의 털로 직립모라고도 한다.

41. ⑤ 더블 코트

42. ② 노리치테리어 : 와이어 코트 견종이다.
③ 요크셔테리어 : 실키 코트 견종이다.
④ 보스턴테리어 : 스무스 코트 견종이다.

43. ① 푸들 : 컬리 코트
③ 치와와 : 스무스 코트
④ 퍼그 : 스무스 코트
⑤ 와이어헤어드폭스테리어 : 와이어 코트

44. ① 케리블루테리어 : 컬리 코트
② 실키테리어 : 실키 코트

46. ① 손목의 탄력을 이용하여 원을 그리듯 움직이며 브러싱한다.

47. ④ 피부에 닿지 않게 부드럽게 움직이며 브러싱한다.

48. ⑤ 컬리 코트에 효과적으로 사용할 수 있는 빗의 종류이다.

49. ③ 엄지손가락과 집게손가락으로 빗 윗면의 1/3 지점을 감싸 잡는다.

50. ② 단모종의 죽은 털 제거와 피부 마사지에 사용된다.

51. 개의 피부는(pH 7~7.4) 중성에 가까우며 사람 피부는(pH 4.5~5.5)로 개와는 다르므로 사람용 샴푸는 개의 피부에 자극적일 수 있다.

52. ② 일반적으로 pH가 중성에 가까운 샴푸를 사용한다.
③ 세척력이 강한 샴푸는 알칼리성이 강하다.

53. ④ 항문선이 붓거나 막힌 경우엔 치료하지 않고 방치할 경우 염증이 유발되어 수술로 항문낭을 제거해야 하는 상황이 생길 수 있으므로 꾸준한 점검과 관리를 하여 항문낭의 질병을 예방하도록 한다.
⑤ 항문낭은 항문의 아래쪽에 4시와 8시 방향에 위치한다.

54. ② 보통 생후 3~4주면 관리를 시작하도록 한다.
③ 발바닥이나 생식기, 항문 주변의 털을 짧게 깎거나 잘라서 자주 목욕시키지 않도록 한다.

55. ① 목욕도구와 장비는 위생을 위해 사용 후 수시로 철저하게 청소와 소독을 실시한다.
⑤ 노령이거나 질병이 있는 동물은 호흡과 행동 등 상태에 각별히 유의하여 목욕을 시킨다.

56. ② 천연 성분의 제품을 사용한다고 피부병이 치료되는 것은 아니다.
④ 일반적으로 pH가 중성에 가까운 샴푸를 사용한다.

57. ① 항문낭은 항문의 아래쪽에 시계의 4시와 8시 방향으로 잡는다.

58. ③ ④ 항문낭은 항문의 아래쪽으로 4시와 8시 방향을 엄지와 집게손가락을 이용해 짜준다. 항문낭이 꽉 차서 부풀었는데 배출이 되지 않으면 무리하게 자극하지 않아야 한다.

59. ① 어떤 부위든 스펀지를 사용해야만 목욕시킬 수 있는 것은 아니다.

60. (샴푸하기 순서)
1. 개체와 모질의 알맞은 샴푸의 종류를 선택한다.
2. 물의 온도와 수압을 조절한다.
3. 항문낭을 짜서 항문낭액을 배출시킨다.
4. 동물의 전신을 충분히 적신 후 샴푸를 몸 전체에 도포한다.
5. 피부를 적당히 자극하며 마사지 해준다.
6. 물살의 방향을 고려해 잔여물이 남지 않도록 깨끗이 헹궈준다.

61. 희석한 샴푸를 용기에 두고 쓰거나 스펀지에 적셔 사용할 경우 쓸데없는 샴푸의 낭비를 막을 수 있을 뿐만 아니라 희석액이 애완동물의 전신에 골고루 퍼져 효과적인 샴핑을 할 수 있다.

63. 물이 호흡기나 귀에 들어가지 않도록 주의한다.

65. 샴핑으로 피부병을 예방할 수는 있으나 치료의 목적으로 볼 수는 없다.

67. ③ 목욕은 온수로 최단 시간에 자극이 최소가 되도록 하며 호흡기에 물이 들어가지 않도록 세심하게 주의한다.

68. ① 항문낭은 항문의 아래쪽에 시계의 4시와 8시 방향으로 잡는다.
⑤ 단모종의 경우 루버 브러시를 이용하여 샴푸 마사지를 해주면 죽은 털의 관리가 쉬워진다.

70. 모색 강화용으로 화이트닝, 블랙 코트용, 컬러 코트용이 있다.

71. ② 과도하게 사용하거나 잘못 사용하면 드라이 후 털이 끈적거린다. ④ 지나치게 헹구면 효과가 떨어지므로 사용 방법을 숙지한다.

72. ① 빗질로 발생한 손상된 털을 보호해 주는 역할을 한다.

73. ① 샴푸에 대한 설명이다.

74. ① 샴푸와 린스를 사용하는 목욕은 물 목욕 상태가 가능한 동물에게만 적용해야 한다.

75. ③ 동물의 건강 상태는 작업하기 전, 작업 중에도 수시로 확인해야 한다.
④ 동물의 화상을 방지하기 위해 물 온도는 일정하게 유지하며, 충분한 물 공급이 가능해야 한다.
⑤ 장비는 목욕 전후에 위생과 소독을 철저히 해 준다.

76. ① 린스는 오일 성분으로 인하여 털에 윤기와 광택을 준다.
② 린스는 샴핑으로 알칼리화된 상태를 중화시키는 작업이다.

77. ② 손상된 털을 보호해 주는 역할을 하지만 완전히 회복시키지는 못한다.
③ 샴푸의 기능이다
④ 화이트닝 샴푸에 대한 설명이다.
⑤ 슬리커 브러시 샤용에 대한 설명이다.

78. ① 린스도 샴푸와 마찬가지로 종류와 기능이 다양해 사용 선택의 폭이 넓다.

80. ③ 강한 바람으로 드라이를 하여도 브러시를 사용하는 타이밍과 온도와 바람 방향을 제대로 맞추지 못하면 털이 곱슬거리는 상태에서 건조되므로 신속한 빗질과 피부에서 털 바깥으로 풍향을 설정하여 드라이해야 한다.

81. ② 핸드 드라이 - 보통 가정이나 이동해야 할 때 사용하는 드라이어, 바람 단계 조절이 어렵고 바람세기가 약하다.
③ 룸 드라이어 - 드라이어를 크게 공간화하여 다양한 사이즈와 기능을 갖춘 드라이어.
④ 타월링 - 목욕 후 타월로 수분을 제거하는 것.
⑤ 켄넬 드라이 - 케이지 드라이, 켄넬 박스 안에 목욕이 끝난 동물을 넣고 안으로 드라이어 바람을 쐬어 털의 수분이 날아가도록 하는 드라이 방법.

82. ① 타월링 - 목욕 후 수분을 제거하기 위해 타월을 사용하는 것.
② 켄넬 드라이 - 케이지 드라이, 켄넬 박스 안에 목욕이 끝난 동물을 넣고 안으로 드라이어 바람을 쐬어 털의 수분이 날아가도록 하는 드라이 방법.
③ 핸드 드라이 - 보통 가정이나 이동해야 할 때 사용하는 드라이어, 바람 단계 조절이 어렵고 바람세기가 약하다.
⑤ 플러프 드라이 - 장모종에 비해 비교적 짧은 이중모를 가지고 있는 포메라

니안이나 페키니즈 등을 핀 브러시를 이용해 모근에서부터 털을 세워 풍성하게 드라이하는 방법

83. ② 새킹에 관한 설명이다.
84. ① 작업장에서 룸 드라이어만을 사용하지는 않는다.
    룸 드라이어 사용 시 익숙하지 않은 동물은 연습이 필요함을 숙지하고 드라이하는 동안 동물을 장비 안에 방치하면 열화상을 입거나 체온이 상승하여 호흡곤란을 일으킬 수 있다.
    ⑤ 드라이 시 수분을 모두 제거하지 않고 드라이를 하는 동안 컬의 수분 함량을 일정한 상태로 유지시키는 것이 중요하다. 그러나 품종과 피모의 특징에 따라 드라이 방법은 달라질 수 있다.
85. ① 룸 드라이어 - 드라이어를 크게 공간화하여 다양한 사이즈와 기능을 갖춘 드라이어
    ② 핸드 드라이 - 보통 가정이나 이동해야 할 때 사용하는 드라이어로 바람 단계 조절이 어렵고 바람세기가 약함.
    ④ 플러프 드라이 - 장모종에 비해 비교적 짧은 이중모를 가지고 있는 포메라니안이나 페키니즈 등을 핀 브러시를 이용해 모근에서부터 털을 세워 풍성하게 드라이하는 방법
    ⑤ 타월링 - 목욕 후 수분을 제거하기 위해 타월을 사용하는 것
86. ① 클리핑에 관한 설명이다.
87. ① 엉키거나 죽은 털의 제거, 털을 세울 때 사용한다.
    ② 본래는 동물이 수술 부위를 핥지 못하게 하기 위해 목에 착용시켜 얼굴을 감싸는 용도, 물지 못하게 하기 위해서도 사용된다.
    ③ 스탠드 형식으로 되어 있으며 바람의 세기 조절이나 각도 조절이 용이하다.
    ④ 엉킨 털을 빗거나 드라이를 할 때 사용하는 빗
    ⑤ 클리퍼 날에 씌우는 덧빗, 보통 1mm 클리퍼 날에 덧끼워 사용한다.
88. ① 드라잉하기 전에 수분 제거를 위해 타월링을 걷저 한다.
89. ① 지나치게 수분을 제거하면 드라잉할 때 피부와 털이 빠르게 건조될 수 있다.
    ② 정기적으로 세탁과 소독을 해주어야 한다.
90. ③ 동물의 건강 상태는 작업 중에도 수시로 확인해야 한다.
    ④ 어린 동물을 드라이 시 강한 바람은 소음을 유발하고 브러시의 작은 사용에도 고통받을 수 있기 때문에 부드럽게 드라이해야 한다.
    ⑤ 노령이거나 질병이 있는 동물은 호흡이나 행동에 더욱 신경 써야 하며 찬 바람으로 드라잉을 할 경우에 체온 조절이 더 어려워지거, 각종 질병에 취약해질 수 있다.
91. ② 새킹에 대한 설명이다
    ③ 켄넬 드라이에 대한 설명이다.
    ④ 플러프 드라이에 대한 설명이다
    ⑤ 타월링에 대한 설명이다.
92. ① 룸 드라이거에 익숙하지 않은 동물일 경우에는 익숙해질 때까지 연습이 필요하다.
93. ② 수분을 모두 제거하면 드라이 타이밍을 놓쳐 털이 곱슬 거리는 상태로 건조될 수 있다.
94. ① 머리 – 귀 – 몸통 – 다리 – 배 – 엉덩이 – 꼬리
95. ① 별다른 특이사항을 발견하지 못하더라도 다시 한 번 동물의 상태를 꼼꼼히 점검한다.
96. 드라잉이 끝나면 덜 마른 부분이 있는지 점검해야 하며. 귀, 머리, 배, 다리 등 안쪽의 마르지 않은 부위를 다시 한번 꼼꼼히 말려 준다. 엉킨 털이 있는지 콤으로 최종적으로 확인한다.
98. ① 린스의 잔여물이 남지 않게 헹구어야 하지만, 너무 지나치게 헹구면 린스의 효과가 떨어진다.
99. ① 드라잉을 할 때에 일정한 순서를 정해야 효율적으로 작업을 할 수 있다.
100. ① 최상의 털 상태를 유지하여 드라이 하기 위해서는 바람이 건조해야 하는 부위에만 가도록 유도해야 한다.

5 애완동물 기본 미용

1. 핀의 길이가 짧아 얼굴, 눈 앞과 풋라인을 자를 때 주로 사용하는 콤의 종류는?
   ① 마운틴 콤　② 실키 콤
   ③ 페이스 콤　④ 푸들 콤
   ⑤ 콤

2. 핀의 길이가 길고 파상모의 피모를 빗을 때 사용하는 콤의 종류는?
   ① 페이스 콤　② 실키 콤
   ③ 푸들 콤　④ 콤
   ⑤ 마운틴 콤

3. 핀 간격이 넓은 면은 털을 세우거나 엉킨 털을 제거할 때 사용하고, 핀의 간격이 좁은 면은 섬세하게 털을 세울 때 사용하는 콤의 종류는?
   ① 푸들 콤　② 콤
   ③ 마운틴 콤　④ 실키 콤
   ⑤ 페이스 콤

4. 다음 중 실키 콤에 대하여 설명한 내용은?
   ① 핀의 길이가 짧아 얼굴, 눈 앞과 풋라인을 자를 때 주로 사용하는 콤
   ② 핀의 길이가 길고 파상모의 피모를 빗을 때 사용하는 콤
   ③ 하나의 콤으로 좁은 부위와 넓은 부위를 번갈아가며 빗질할 수 있도록 핀의 길이를 산 모양의 형태로 만든 콤
   ④ 핀 간격이 넓은 면은 털을 세우거나 엉킨 털을 제거할 때 사용하고, 간격이 좁은 면은 섬세하게 털을 세울 때 사용하는 콤
   ⑤ 길고 짧은 핀이 어우러진 빗으로 부드러운 피모를 빗을 때 사용하는 콤

5. 다음 중 블런트 가위에 대한 설명이 아닌 것을 모두 고르시오.
   ① 털을 자연스럽게 연결시킬 때 사용하는 가위이다.
   ② 민가위 또는 스트레이트 시저라고도 부른다.
   ③ 크기는 평균 7인치이다.
   ④ 가윗날이 휘어져 있어 볼륨감을 주어야 하는 부위에 사용하기 좋다.
   ⑤ 인치 수가 높을수록 초벌 미용이나 대형견 미용에 사용된다.

6. 다음 중 시닝 가위에 대한 설명이 아닌 것을 모두 고르시오.
   ① 실키 코트의 부드러운 털을 가위 자국 없이 자를 수 있다.
   ② 평균 7인치(약 20cm)가 기준이 된다.
   ③ 털의 길이를 자르고 다듬는 데 사용된다.
   ④ 처지는 털을 자를 때 가위 자국 없이 자를 수 있다.
   ⑤ 정날은 빗살로, 동날은 자르는 면으로 되어 있다.

7. 다음 중 보브 가위에 대한 설명으로 올바른 것은?
   ① 각을 없애야 하는 곳에 쉽게 사용할 수 있게 제작되어 있다.
   ② 털을 자연스럽게 연결시킬 때 사용된다.
   ③ 스트레이트 시저라고 부른다.
   ④ 주로 눈 앞의 털이나 풋라인의 털, 귀 끝의 털을 자를 때 사용한다.
   ⑤ 빗살 사이의 간격 수에 따라 잘리는 면의 절삭력이 다르다.

8. 가윗날이 동그랗게 휘어져 있어 볼륨감을 주거나 각을 없애야 하는 곳에 쉽게 사용할 수 있게 제작된 가위는?
   ① 블런트 가위　② 시닝 가위
   ③ 커브 가위　④ 보브 가위
   ⑤ 요술 가위

9. 가위의 부분별 명칭으로 동날에 연결된 원형의 고리로 엄지손가락을 끼워 조작하는 부위의 명칭은?
   ① 소지걸이　② 선회측
   ③ 약지환　④ 엄지환
   ⑤ 동날

10. 클리퍼 날에 대한 설명으로 잘못된 것은?
    ① 클리퍼 날의 mm 수가 작을수록 날의 간격이 좁다.
    ② 클리퍼 날의 mm 수가 클수록 피부에 상처를 입힐 수 있는 위험성이 낮다.
    ③ 0.1~1mm는 주둥이, 발바닥, 발등, 항문 꼬리 등을 클리핑한다.
    ④ 2mm는 슈나우저, 코커스패니얼의 얼굴부 등을 클리핑한다.
    ⑤ 3~20mm는 개체의 몸통부를 클리핑한다.

11. 애완동물을 콤으로 빗질하는 방법을 잘못 설명한 것은?
    ① 빗질할 때 관절 부위에 무리가 가지 않도록 동물을 주의하며 잡는다.
    ② 콤으로 눈을 찌르지 않도록 주의한다.
    ③ 빗질을 하기 전 한 손은 콤을 잡고, 다른 한 손은 애완동물의 머즐을 살며시 잡는다.
    ④ 한 부위만 지속적으로 빗을 경우 피모에 해를 입힐 수 있으니 주의한다.
    ⑤ 겨드랑이, 다리 안쪽, 턱업, 발가락 사이, 귀 끝의 피부는 약해 상처가 날 수 있으니 주의한다.

12. 겸자를 사용하는 방법으로 잘못된 것은?
    ① 겸자의 환에 엄지손가락을 끼운다.
    ② 환에 끼우지 않은 세 손가락으로 겸자를 감싸듯 지그시 잡는다.
    ③ 겸자를 감싸듯 손가락은 안으로 접는다.
    ④ 겸자의 환에 셋째 손가락을 끼운다.

⑤ 도구를 지면에 떨어뜨리지 않도록 주의한다.

13. 발톱깎이를 사용하는 방법으로 잘못된 것은?
① 니퍼형 발톱깎이의 한쪽 손잡이는 세 손가락으로 잡는다.
② 기요틴형 발톱깎이는 동날 손잡이를 네 손가락으로 살며시 잡는다.
③ 기요틴형 발톱깎이는 한쪽 손잡이에 엄지손가락을 얹는다.
④ 기요틴형 발톱깎이는 정날 부분의 손잡이에 엄지손가락을 얹는다.
⑤ 니퍼형 발톱깎이는 양쪽 손잡이를 계란을 쥐듯이 가볍게 잡는다.

14. 클리퍼를 사용하는 방법으로 올바른 것은?
① 클리퍼는 본체 앞의 1/2 되는 지점을 다섯 손가락으로 연필 잡듯이 감싸 잡는다.
② 클리퍼 날이 잘 끼워지지 않았다면 날의 떨림이 불안정하고 날이 돌아가는 소리가 나지 않는다.
③ 클리퍼 본체의 날을 끼우는 틈은 클리퍼의 본체 쪽으로 항상 누워 있다.
④ 클리퍼 본체 뒷부분의 클리퍼 날을 끼우는 틈에 클리퍼 날을 끼운다.
⑤ 클리퍼는 본체의 끝부분을 잡으면 안 된다.

15. 클리퍼 날을 탈착하는 순서를 올바르게 나열 한 것은?

| ㄱ. 클리퍼 본체 앞부분에 있는 클리퍼 날 탈착 버튼 누르기 |
| ㄴ. 클리퍼 날을 살며시 잡기 |
| ㄷ. 클리퍼 날을 탈착하기 |
| ㄹ. 클리퍼 날을 가슴 쪽을 향해 일으켜 세워주기 |

① ㄱ-ㄴ-ㄷ-ㄹ   ② ㄱ-ㄴ-ㄹ-ㄷ
③ ㄱ-ㄷ-ㄴ-ㄹ   ④ ㄱ-ㄷ-ㄹ-ㄴ
⑤ ㄱ-ㄹ-ㄴ-ㄷ

16. 가위를 잡는 방법으로 잘못된 것은?
① 손바닥을 펼쳐 넷째 손가락을 약지환에 끼운다.
② 가위의 동날은 움직이지 않고 정날만 움직이며 털을 자른다.
③ 엄지환에 엄지손가락을 끼운다.
④ 집게손가락과 가운뎃손가락은 가위를 감싸듯 잡는다.
⑤ 새끼손가락은 소지걸이 받쳐준다.

17. 엄지손가락의 움직임으로 조작되는 가위의 날을 뜻하는 명칭은?
① 동날   ② 정날
③ 날끝   ④ 가위끝
⑤ 다리

18. 애완동물을 콤으로 빗질하는 방법을 잘못 설명한 것은?
① 뒷다리는 가볍게 잡고 위에서 아래 방향으로 모근부터 빗질한다.
② 앞다리 안쪽은 겨드랑이에서 발끝 부분까지 빗질한다.
③ 백 라인은 털을 꼬리에서 목 뒷부분까지 빗질한다.
④ 눈 앞부분의 털은 코에서 눈을 향해 빗질한다.
⑤ 뺨과 턱 밑의 털은 털의 결 방향에 따라 가볍게 빗질한다.

19. 다음 설명 중 민가위에 대한 설명을 모두 고르시오.
① 눈 앞의 털이나 풋라인의 털 등을 자를 때 많이 사용한다.
② 정날이 빗살로 되어 있다.
③ 평균 약 20cm가 기준이 된다.
④ 가윗날이 휘어져 있다.
⑤ 스트레이트 시저라고도 부른다.

20. 0.1~1mm의 클리퍼 날 사이즈의 적용 부위는 모두 몇 개인가?

ㄱ. 주둥이	ㄴ. 발바닥	ㄷ. 발등
ㄹ. 항문	ㅁ. 꼬리	ㅂ. 복부
ㅅ. 귀	ㅇ. 몸통	

① 4개   ② 5개
③ 6개   ④ 7개
⑤ 8개

21. 발톱의 구조에 대한 설명으로 올바르지 못한 것은?
① 고양이는 뒷발에 네 개의 발톱이 있다.
② 개는 앞발에 다섯 개의 발톱이 있다.
③ 발톱은 지면으로부터 발을 보호하기 위해 갈랑하게 되어 있다.
④ 발톱에는 혈관과 신경이 연결되어 있다.
⑤ 발톱이 자라면 혈관과 신경도 같이 자란다.

22. 다음 개체의 발뼈와 발톱의 역할에 대한 설명 중 올바른 것을 모두 고르시오.
① 발의 발가락뼈(지골)는 애완동물이 보행할 때 힘을 지탱해 주는 역할을 한다.
② 발톱은 지골(발가락뼈)을 보호하며 지골의 보조 역할을 한다.
③ 발이 미끄러지지 않도록 털이 나지 않는다.
④ 각질화된 패드로 되어 있다.
⑤ 지면의 상태를 감지하는 역할을 한다.

23. 다음 중 발바닥의 역할에 대한 내용이 아닌 것은?
① 지면에서 받는 충격을 완화시킨다.
② 신경과 혈관이 존재한다.
③ 발가락뼈의 역할을 보조한다.
④ 지면의 상태를 감지한다.
⑤ 각질화된 패드로 되어 있다.

24. 애완동물의 발톱에 대한 설명으로 올바르지 못한 것은?
① 발톱 안에는 혈관이 분포하고 있다.
② 검게 보이는 발톱은 멜라닌 색소 때문이다.
③ 혈관이 보이는 발톱은 발톱 관리에 유리하다.
④ 고양이의 뒷발에는 네 개의 발톱이 있다.
⑤ 발톱에는 신경과 혈관이 있어 지면 상태를 감지한다.

25. 강아지의 발톱 색상에 대한 표현으로 적절하지 않은 것은?
① 검은색
② 갈색
③ 혈관이 보이는 하얀색 발톱
④ 혈관의 색상과 같은 붉은색 발톱
⑤ 혈관이 보이지 않는 어두운 색의 발톱

26. 듀클로우와 같은 뜻으로 사용되는 용어가 아닌 것을 모두 고르시오.
① 며느리발톱   ② 늑대 발톱
③ 낭조   ④ 엄지발톱
⑤ 미사용 발톱

27. 다음 아래 내용은 무엇에 대한 설명인가?

> 많은 신경과 혈관이 있어 지면 상태를 감지하고 지면에서 받는 충격을 완화시켜 준다.

① 낭조   ② 발바닥
③ 혈관   ④ 발톱
⑤ 신경

28. 발톱을 자른 후의 단면이다. 발톱의 절단 지점은 어디인가?

① 발톱의 시작점   ② 발톱의 신경 앞
③ 발톱의 신경 전 ④ 발톱의 끝
⑤ 발톱의 혈관

29. 발톱을 관리할 때 주의해야 하는 사항으로 잘못된 것은?
① 발톱을 자를 때에는 애완동물이 움직이지 않도록 안정적인 보정 자세를 취하도록 한다.
② 발톱에 출혈이 있을 시 발톱 자르는 것을 중단한다.
③ 발톱 안에는 신경과 혈관이 있기 때문에 너무 짧게 자르지 않도록 주의한다.
④ 애완동물의 도주와 낙상 방지를 위해 테이블 고정 장치를 사용하도록 한다.
⑤ 발톱은 한 달에 2회 정도 관리한다.

30. 발톱을 자르는 방법으로 올바르지 못한 것은?
① 발톱을 깎는 첫 번째 순서로 위의 각을 잘라준다.
② 발톱깎이, 발톱갈이, 지혈제를 미리 준비한다.
③ 발톱을 깎을 애완동물의 발을 손으로 고정하여 잡는다.
④ 발톱을 깎는 세 번째 순서로 밑의 각을 잘라준다.
⑤ 발톱의 혈관을 미리 확인한다.

31. 니퍼형 발톱깎이를 사용하여 발톱을 자르는 순서로 올바른 것은?
① 정날에 발톱 넣기→동날의 레버를 위로 잡아당겨 발톱 자르기→자른 발톱 각 자르기
② 발톱깎이날에 발톱 넣기→레버를 잡아당겨 발톱 자르기→자른 발톱의 각 자르기
③ 동날의 레버를 위로 잡아당겨 발톱 자르기→정날에 발톱 넣기→자른 발톱의 각을 자르기
④ 레버를 잡아 당겨 발톱 자르기→발톱깎이의 날 부분에 발톱 넣기→발톱의 각을 자르기
⑤ 발톱깎이의 날 부분에 발톱 넣기→발톱의 각을 자르기→레버를 잡아 당겨 발톱 자르기

32. 기요틴형 발톱깎이로 발톱을 자르는 방법이 아닌 것은?
① 깎아야 할 발톱을 손으로 잡아 보정한다.
② 발톱을 자른 후 발톱의 각을 자른다.
③ 발톱깎이는 정날이 위로 가고 동날의 레버가 밑을 향하게 한다.
④ 동날의 레버는 위에서 아래로 잡아당겨 발톱을 자른다.
⑤ 정날의 동그란 부분에 발톱을 넣는다.

33. 생활 환경에 따라 발톱을 관리하는 방법으로 올바르지 못한 것은?
① 실외에서 생활하는 애완동물은 발톱의 표면을 발톱갈이로만 다듬어 준다.
② 산책을 자주하는 애완동물은 발톱이 자연적으로 관리되는 경우가 있다.
③ 실외에서 생활하는 애완동물은 발톱을 짧게 잘라준다.
④ 자연적으로 관리되는 발톱이라도 며느리발톱은 따로 관리해 준다.
⑤ 실외에서 생활하는 애완동물은 발톱이 자연적으로 관리되는 경우가 있다.

34. 살을 파고든 발톱을 관리하는 방법으로 잘못된 것은?
① 발톱이 시작되는 부분을 먼저 확인한다.
② 살에 박힌 발톱은 뽑아 준다.
③ 발톱의 휘어진 부분을 니퍼형 발톱깎이를 사용하여 자른다.
④ 발톱을 뽑아 구멍이 난 살 부분은 소독한다.
⑤ 재발 방지를 위해 혈관과 함께 발톱을 잘라준다.

35. 발톱의 중간 지점이 부러져 있는 발톱을 관리하는 방법으로 올바른 것은?
① 발톱이 부러진 부분의 약간 뒷부분을 잘라준다.
② 발톱이 부러진 부분의 약간 앞부분을 잘라준다.
③ 발톱이 부러진 부분의 바로 앞부분을 잘라준다.
④ 발톱이 부러진 부분의 바로 뒷부분을 잘라준다.
⑤ 발톱이 부러진 부분의 바로 윗부분을 잘라준다.

36. 발톱이 길어 보행에 지장을 주는 발톱을 관리하는 방법이 아닌 것은?
① 혈관이 많이 자라있는 상태라면 발톱을 자르지 않고 표면을 다듬어 준다.
② 발톱이 옆으로 휘면서 자라게 되면 이상 보행을 보일 수 있다.
③ 혈관이 자라지 않았다면 혈관 앞까지 자른다.
④ 발톱갈이로 발톱 표면을 다듬는다.
⑤ 발톱이 휘어진 부분의 시작점을 발톱깎이로 자른다.

37. 발톱에서 출혈이 있을 시 지혈하는 방법으로 올바른 것은?
① 출혈이 있는 발톱 부위는 검지손가락으로 힘을 주어 지압한다.
② 출혈이 있는 발톱 부위는 새끼손가락으로 힘을 주어 지압한다.
③ 출혈이 있는 발톱 부위는 엄지손가락으로 힘을 주어 지압한다.
④ 지혈제 가루를 출혈 부위에 바른 후 새끼손가락으로 1~2분간 지압한다.
⑤ 지혈제 가루를 출혈 부위에 바른 후 엄지손가락으로 4~5분간 지압한다.

38. 발톱을 자른 후의 단면이다. 발톱의 절단지점은 어디인가?

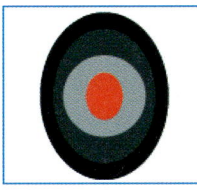

① 발톱의 끝 ② 발톱의 신경 전
③ 발톱의 신경 앞 ④ 발톱의 시작점
⑤ 발톱의 혈관

39. 혈관이 보이지 않는 발톱의 원인은 무엇인가?
① 타액 ② 멜라닌 색소
③ 잦은 산책 ④ 발톱의 모양
⑤ 음수량

40. 발톱을 관리하는 적당한 주기는?
① 일주일에 1회 ② 일주일에 2회
③ 한 달에 1회 ④ 한 달에 2회
⑤ 두 달에 1회

41. 애완동물의 귀의 구조에 대한 설명으로 잘못된 것은?
① 공기가 쉽게 통하지 못하는 구조로 되어 있다.
② L자형 구조로 되어 있다.
③ 외이, 내이로 구성되어 있다.
④ 고막을 보호하기에 좋은 구조이다.
⑤ 악취가 발생하기 쉽다.

42. 애완동물의 외이에 대한 설명이 아닌 것은?
① 소리를 고막으로 전달하는 기능을 한다.
② 이도의 표면은 모낭, 피지샘, 귀지샘 등이 존재한다.
③ 수직 이도와 수평 이도로 구성되어 있다.
④ 듣기를 담당하는 기관은 달팽이관이다.
⑤ 이도의 표면은 피부와 동일한 구조로 되어 있다.

43. 애완동물의 내이에 대한 설명이 아닌 것은?
① 전정 기관은 위치를 감지한다.
② 달팽이관은 듣는 것을 담당한다.
③ 전정 기관은 균형을 감지한다.
④ 반고리관은 회전을 감지한다.
⑤ 유스타키오관은 고막 안팎의 기압을 조절한다.

44. 애완동물의 중이에 대한 설명이 아닌 것은?
① 모낭, 피지샘, 귀지샘 등의 상피가 존재한다.
② 중이를 보호하는 고막이 있다.
③ 이소골이 있는 내이와 외이 사이의 공간을 고실이라고 한다.
④ 고막 안팎의 기압을 일정하게 유지해 주는 유스타키오관이 있다.
⑤ 고막은 이소골을 진동시켜 소리를 내이로 전달한다.

45. 귀의 구조에서 중이를 보호하고 이소골을 진동시켜 소리를 내이로 전달하는 기능을 하는 기관은?
① 달팽이관 ② 고막
③ 반고리관 ④ 유스타키오관
⑤ 고실

46. 애완동물의 귀 구조 중 위치와 균형을 감지하는 기관은 무엇인가?
① 반고리관 ② 달팽이관
③ 유스타키오관 ④ 고막
⑤ 전정기관

47. 애완동물의 귀 청소에 대한 설명으로 잘못된 것은?
① 귓속의 털이 자라는 견종은 외이염이 발생하기 쉽다.
② 애완동물의 귓속을 관리해 주지 않으면 외부 기생충이 기생할 수 있다.
③ 귀 청소를 하기 위해서는 겸자, 이어 클리너, 탈지면, 지혈제가 필요하다.
④ 귀가 밑으로 쳐진 견종은 습기가 쉽게 차고 습도가 높아 세균 번식이 쉽다.
⑤ 애완동물은 주기적으로 털을 뽑아 관리한다.

48. 귀 관리가 안 될 시에 나타나는 증상으로 잘못 서술된 것은?
① 귀에서 냄새가 나고 이물질이 쌓인다.
② 외이의 피부가 정상보다 두꺼워지며, 검게 보인다.
③ 비틀거리고 빙빙 돈다.
④ 귀를 만지는 것을 싫어한다.
⑤ 이도가 점점 좁아진다.

49. 다음 중 이어 파우더의 효과가 아닌 것은?
① 미끄럼을 방지한다.
② 피부 자극을 줄여준다.
③ 피부 장벽을 느슨하게 해준다.
④ 귓속 미생물의 번식을 억제한다.
⑤ 모공을 수축한다.

50. 다음 중 이어 클리너의 효과가 아닌 것은?
① 귀지를 용해해 준다.
② 귓속의 악취를 제거해 준다.
③ 귓속의 이물질을 제거해 준다.
④ 귓속 미생물의 번식을 억제한다.
⑤ 모공을 수축한다.

51. 겸자에 탈지면을 말아 귓속의 이물질을 제거할 때 겸자의 방향으로 가장 적절한 것은?
① 귓속을 향해 3시 방향이 되도록 한다.
② 귓속을 향해 4시 방향이 되도록 한다.
③ 귓속을 향해 5시 방향이 되도록 한다.
④ 귓속을 향해 6시 방향이 되도록 한다.
⑤ 귓속을 향해 7시 방향이 되도록 한다.

52. 애완동물의 귀를 관리할 때 주의해야 되는 사항으로 올바르지 못한 것은?
① 겸자로 귓속의 피부를 찌르지 않도록 한다.
② 겸자의 끝이 탈지면 밖으로 약간 나오도록 한다.
③ 고름이 많이 차있는 경우에는 이어 클리너로만 가볍게 닦아 준다.
④ 이어 파우더는 사용 전 용기 안의 공기를 뺀 후 사용한다.
⑤ 귓속의 피부 상태가 좋지 않아 피가 나는 경우 귀 청소를 중단하도록 한다.

53. 애완동물의 귀 관리를 하는 순서를 올바르게 나열하세요.
> ㄱ. 애완동물을 안정적으로 보정한다.
> ㄴ. 겸자에 탈지면을 감싸준다.
> ㄷ. 겸자, 이어 파우더, 이어 클리너, 탈지면을 준비한다.
> ㄹ. 개체의 귀 상태와 종으로 알맞게 관리한다. (털 뽑기)
> ㅁ. 귀의 상태를 확인한다.
> ㅂ. 미용도구를 소독한다.
> ㅅ. 이어 클리너를 적셔 귓속과 귀 표면을 닦아 준다.

① ㄱ-ㄷ-ㅁ-ㄹ-ㅅ-ㄴ-ㅂ
② ㄱ-ㄴ-ㄷ-ㅅ-ㅁ-ㄹ-ㅂ
③ ㄷ-ㄱ-ㅁ-ㄹ-ㄴ-ㅅ-ㅂ
④ ㄷ-ㄴ-ㅁ-ㄹ-ㄱ-ㅅ-ㅂ
⑤ ㄷ-ㄱ-ㅁ-ㄴ-ㄹ-ㅂ-ㅅ

54. 건강한 상태의 귀를 관리하는 방법으로 잘못된 것은?
① 손이 닿지 않는 귓속의 털은 겸자로 뽑아준다.
② 겸자는 귓속을 향해 일직선으로 집어넣는다.
③ 이어 파우더를 귓속에 넣고 귀를 문지른다.
④ 귀 주위의 털은 손으로 뽑을 수 있는 한 많이 뽑아준다.
⑤ 물티슈에 이어 클리너를 적셔 귓속과 귀 표면을 닦는다.

55. 겸자에 탈지면을 고정시키는 순서로 올바른 것은?
> ㄱ. 겸자에 탈지면 말아주기
> ㄴ. 겸자 끝부분을 탈지면으로 감싸기
> ㄷ. 적당량의 탈지면을 겸자로 잡기
> ㄹ. 겸자의 락 부분 닫기

① ㄷ-ㄱ-ㄹ-ㄴ ② ㄷ-ㄱ-ㄴ-ㄹ
③ ㄷ-ㄴ-ㄱ-ㄹ ④ ㄷ-ㄴ-ㄹ-ㄱ
⑤ ㄷ-ㄹ-ㄴ-ㄱ

56. 귀 관리 후 겸자 소독 방법으로 잘못된 것은?
① 차가운 물에 겸자 핀을 닦아 낸 후 물기를 제거한다.
② 겸자의 핀 사이에 낀 이물질을 제거한다.
③ 핀 부분을 알코올로 소독한다.
④ 소독 후에는 수분을 제거한 후 보관한다.
⑤ 핀 부분을 미용도구 소독제로 소독한다.

57. 귀를 관리하는 방법으로 올바르지 못한 것은?
① 이어파우더는 귓속에 뿌려준 후 손으로 비벼 준다.
② 귀 관리시 귓속에서 피가 나는 경우 귀 청소를 중단한다.
③ 귀 청소는 목욕 후에 하는 것이 좋다.
④ 귓속털은 겸자로 뽑기 전에 손으로 최대한 많이 뽑아준다.
⑤ 이어 클리너는 귓속에 넣어 준 후에는 가볍게 귀를 문질러 준다.

58. 귀 관리에 대한 설명으로 잘못된 것은?
① 귀가 밑으로 처진 견종은 귀에 습기가 쉽게 찬다.
② 귓속 털이 자라지 않는 견종은 귀 관리를 하지 않아도 된다.
③ 귀 관리가 안 될 경우 애완동물의 한쪽 귀가 처진다.
④ 귀 관리가 안 될 경우 애완동물은 귀를 만지는 것을 싫어한다.
⑤ 겸자의 방향은 귓속을 향해 일직선이 되도록 한다.

59. 이관(유스타키오관)에 대한 설명으로 올바른 것은?
① 회전을 감지한다. ② 기압을 조절한다.
③ 듣는 기능을 담당한다. ④ 소리를 전달한다.
⑤ 균형을 감지한다.

60. 다음 중 이어 파우더의 효능을 모두 고르시오.
① 미끄럼을 방지한다.
② 귀지를 용해한다.
③ 모공을 수축한다.
④ 귓속 미생물의 번식을 억제한다.
⑤ 귓속의 악취를 제거한다.

61. 다음 중 이어 클리너의 효능을 모두 고르시오.
① 모공을 수축한다.
② 귓속의 악취를 제거한다.
③ 피부 자극과 피부 장벽을 느슨하게 해준다.
④ 귓속의 이물질을 제거한다.
⑤ 미끄럼을 방지한다.

62. 기본 클리핑이란 무엇인가?
① 소형 클리퍼를 사용하여 클리핑하는 기술
② 개와 고양이에게 0.1~1mm의 클리퍼 날을 이용하여 발바닥, 항문, 복수, 귀, 꼬리, 얼굴 부위의 털을 제거하는 작업이다.
③ 개와 고양이에게 0.1~3mm의 클리퍼 날을 이용하여 발바닥, 항문, 복수, 귀, 꼬리, 얼굴 부위의 털을 제거하는 작업이다.
④ 개와 고양이에게 0.1~3mm의 클리퍼 날을 이용하여 발바닥, 항문, 복수, 귀, 꼬리, 얼굴 부위, 몸통의 털을 제거하는 작업이다.
⑤ 개와 고양이에게 0.1~1mm의 클리퍼 날을 이용하여 발바닥, 항문, 복수, 귀, 꼬리, 얼굴 부위, 몸통의 털을 제거하는 작업이다.

63. 클리퍼를 사용할 때 주의해야 하는 사항으로 잘못된 것은?
① 클리퍼는 피부와 수직이 되는 방향으로 사용한다.
② 클리퍼 날의 mm 수가 클수록 피부에 해를 입힐 수 있다.
③ 클리퍼 날은 세우지 않고 사용해야 한다.
④ 클리퍼를 장시간 사용하면 기계가 뜨거워지니 주의해야 한다.
⑤ 사용한 클리퍼 날은 털을 제거한 후 소독한다.

64. 발의 뼈 구조에 대한 설명으로 올바르지 못한 것은?
① 사람의 보행은 발가락이 지면에 접하며 걷는다.
② 사람의 보행은 발뒤꿈치가 지면에 접지한다.
③ 개체 보행 시 발바닥 패드는 쿠션 역할을 한다.
④ 개체 보행 시 발가락뼈는 보행할 때 발톱을 보호하는 역할을 한다.
⑤ 개체의 발꿈치는 지면에서 떨어져 있다.

65. 지골(발가락뼈)의 끝 부위에 있는 뼈가 작아 고양이 발을 닮은 발 모양을 무엇이라 하는가?
① 캣 풋 ② 페이퍼 풋
③ 바니 풋 ④ 헤어 풋
⑤ 노들 풋

66. 베들링턴테리어, 보르조이, 사모예드 견종에 많이 나타나는 발의 모양으로 가운데 두 발가락이 긴 발 모양은?
① 노들 풋 ② 캣 풋
③ 페이퍼 풋 ④ 바니 풋
⑤ 헤어 풋

67. 발바닥이 종이처럼 얇고 패드의 움직임이 빈약한 발의 명칭은?
① 바니 풋 ② 노들 풋
③ 헤어 풋 ④ 페이퍼 풋
⑤ 캣 풋

68. 패스턴에 대한 정의로 올바른 것은?
① 아랫다리와 패스턴 사이의 뒷다리 관절로 비절이라고도 한다.
② 라스트 러브와 엉덩이 사이의 몸통 측면으로 옆구리를 뜻한다.
③ 손의 관절과 손가락뼈 사이의 부위로 중수골(중족)이라고도 한다.
④ 대퇴골과 하퇴골을 연결하는 부위로 무릎의 관절을 뜻한다.
⑤ 이상적인 각도의 비절을 뜻한다.

69. 발등을 클리핑할 때 기준점이 되는 이 뼈의 이름은?
① 지골 ② 패스턴
③ 비절관절 ④ 중족골
⑤ 비골

70. 복부의 클리핑 범위에 대한 설명으로 올바른 것을 모두 고르시오.
① 암컷은 바꼽 위에서 역 U자형으로 클리핑한다.
② 수컷은 바꼽 위에서 역 V자형으로 클리핑한다.
③ 암컷은 바꼽 밑에서 역 U자형으로 클리핑한다.
④ 수컷은 바꼽 밑에서 역 V자형으로 클리핑한다.
⑤ 암컷은 바꼽 위에서 역 V자형으로 클리핑한다.

71. 기본 클리핑에 대한 설명으로 잘못된 것은?
① 미끄러지지 않도록 발바닥의 털을 클리핑한다.
② 항문에 배변이 묻지 않도록 청결을 위한 클리핑이다.
③ 코커스패니얼의 표준 미용은 머즐 털의 클리핑도 포함한다.
④ 주둥이 부위에 피부병이 있어서 치료 목적을 위해 클리핑한다.
⑤ 발가락의 습진을 예방하기 위해 클리핑한다.

72. 다음 중 귀 시작부의 1/2을 클리핑하는 견종은?
① 슈나우저   ② 댄디디몬드테리어
③ 베들링턴테리어   ④ 코커스패니얼
⑤ 스코티시테리어

73. 다음 중 귀에 털을 클리핑할 때 장식으로 털을 귀 끝만 남기고 클리핑을 하는 견종을 모두 고르시오.
① 스코티시테리어   ② 베들링턴테리어
③ 화이트테리어   ④ 요크셔테리어
⑤ 댄디디몬드테리어

74. 다음 중 귀를 전체 클리핑하는 견종을 모두 고르시오.
① 슈나우저   ② 화이트테리어
③ 케리블루테리어   ④ 댄디디몬드테리어
⑤ 시추

75. 다음 중 귀 끝의 털을 1/3만 클리핑하는 견종이 아닌 것을 모두 고르시오.
① 스코티시테리어   ② 코커스패니얼
③ 화이트테리어   ④ 요크셔테리어
⑤ 몰티즈

76. 개체의 주둥이 형태와 푸들의 주둥이 털 클리핑에 대한 설명으로 올바르지 못한 것은?
① 귀 시작점에서 눈 끝까지 클리핑한다.
② 애담스애플에서 1~2cm 내려간 곳을 V자형으로 클리핑한다.
③ 주둥이는 머즐이라고 부른다.
④ 머즐이 짧은 견종은 콧구멍이 크고 후각이 발달되어 있다.
⑤ 턱 밑을 주둥이와 같은 길이로 클리핑한다.

77. 발바닥과 발등의 털을 제거하는 방법으로 올바르지 못한 것은?
① 발 양쪽의 발목뼈와 발목뼈 사이의 털을 일직선으로 클리핑한다.
② 클리퍼는 발가락 패드 부분에서 시작하여 발바닥 패드 부분으로 나온다.
③ 대형견은 산책할 때 다칠 위험이 있으므로 패드 안쪽의 털은 제거하지 않는다.
④ 발바닥은 발이 움직이지 않도록 손으로 고정하고 패드 부분을 벌려준 후 클리핑한다.
⑤ 발가락 사이사이의 털은 클리퍼의 중간 날을 이용하여 클리핑한다.

78. 복부, 항문, 생식기의 털을 제거하는 방법으로 잘못된 것은?
① 항문 클리핑 시 항문이 보이도록 꼬리 시작 부분을 가볍게 잡고 백라인 위를 향하도록 올려 준다.
② 복부 클리핑 시 애완동물의 뒷다리 테이블 면에 닿게 하고, 앞다리를 손으로 조심스럽게 테이블 위로 들어 올린다.
③ 항문 주위의 털을 1~2mm 둘레로 동그랗게 클리핑한다.
④ 수컷의 경우 복부에 있는 생식기의 털은 클리핑하지 않는다.
⑤ 암컷의 생식기는 클리퍼를 위에서 아래 방향으로 털을 클리핑해준다.

79. 머즐의 클리핑 방법으로 잘못된 것은?
① 눈과 눈 사이의 털은 역 V자가 되도록 클리핑한다.
② 턱 밑의 움푹 팬 곳을 세 손가락으로 살며시 잡아준다.
③ 귀에서 눈 끝 방향으로 클리핑한다.
④ 엄지손가락으로 주둥이 윗부분을 살며시 잡는다.
⑤ 귓구멍의 시작점에서 눈 끝이 일직선이 되도록 클리핑한다.

80. 애완동물의 기본 클리핑 시 주의해야 하는 사항으로 잘못된 것은?
① 클리퍼 날에 화상을 입지 않도록 날의 온도를 확인하며 작업한다.
② 클리퍼는 떨어뜨리지 않도록 힘을 주어 작업한다.
③ 고환의 피부는 얇아서 상처가 나기 쉬우므로 주의한다.
④ 항문과 생식기 사이의 털은 클리핑하지 않는다.
⑤ 정기적으로 도구에 파손된 곳이 없는지 확인한다.

81. 인덴테이션에 대한 설명으로 올바른 것은?
① 우묵한 패임을 만드는 것으로 푸들의 스톱에 역 V자형 표현이다.
② 두부를 부풀려 볼륨 있게 모양을 낸 것이다.
③ 외부에 설정하는 가상의 선을 말한다.
④ 톱 노트를 형성하기 위해 두부의 코트를 밴딩하고 세트 스프레이를 하는 작업이다.
⑤ 털을 가위로 잘라 일직선으로 가지런히 하는 것이다.

82. 발 주변의 털을 정리하는 방법과 목적으로 올바르지 못한 것은?
① 발바닥을 클리핑한 발은 동그란 모양으로 발 주변의 털을 자른다.
② 발등을 클리핑한 발은 라인을 따라 시저링하여 발의 아름다움을 보이게 한다.
③ 발바닥을 클리핑한 둥근발 미용은 발등의 털이 발톱을 가려지게 한다.
④ 발바닥 패드를 가리고 있는 털을 잘라 발의 아름다움을 보이게 한다.
⑤ 발등을 클리핑한 라인이 보이도록 풋라인을 시저링한다.

83. 눈 주변의 털을 정리하는 방법과 목적으로 올바르지 못한 것은?
① 시야가 가려지면 애완동물이 생활하는 데 지장을 준다.
② 눈을 찌르면서 발생하는 피부병을 예방한다.
③ 눈의 윗부분의 털을 시저링한다.
④ 눈이 보이도록 눈 앞의 털을 시저링한다.
⑤ 눈병과 피부병의 예방을 위하여 눈 주변의 털을 정리한다.

84. 다음 중 꼬리를 단미하는 견종은?
① 페키니즈 ② 올드잉글리시시프도그
③ 웰시코기 ④ 푸들
⑤ 포메라니안

85. 다음 중 꼬리가 없는 견종의 종류를 모두 고르시오.
① 웰시코기 ② 슈나우저
③ 푸들 ④ 올드잉글리시시프도그
⑤ 요크셔테리어

86. 다음 중 직립 테일의 대표 견종을 모두 고르시오.
① 스코티시테리어 ② 포메라니안
③ 페키니즈 ④ 아프간하운드
⑤ 비글

87. 심하게 말려 올라가 등 가운데 짊어진 꼬리로 꼬리 끝 털 길이를 시저링하는 꼬리의 명칭은?
① 스턴 ② 게이 테일
③ 컬드 테일 ④ 스냅 테일
⑤ 훅 테일

88. 스냅 테일에 대한 설명으로 올바른 것은?
① 대표 견종으로 슈나우저가 있다.
② 대표 견종으로 페키니즈가 있다.
③ 대표 견종으로 비글이 있다.
④ 대표 견종으로 포메라니안이 있다.
⑤ 대표 견종으로 웰시코기가 있다.

89. 쫑긋 선 귀를 가진 견종이 아닌 것을 모두 고르시오.
① 요크셔테리어 ② 슈나우저
③ 몰티즈 ④ 폭스테리어
⑤ 화이트테리어

90. 다음 중 늘어진 귀를 가진 견종을 모두 고르시오.
① 코커스패니얼 ② 슈나우저
③ 화이트테리어 ④ 폭스테리어
⑤ 몰티즈

91. 다음 중 앞으로 꺾인 반 직립 귀(세미 프릭 이어)를 가진 견종은?
① 화이트테리어 ② 요크셔테리어
③ 폭스테리어 ④ 슈나우저
⑤ 코커스패니얼

92. 다음 중 동그란 발에 대한 설명이 아닌 것은?
① 발바닥을 클리핑한다.
② 발의 모양을 따라 동그랗게 시저링한다.
③ 동그란 발의 모양에 발톱이 보이도록 시저링한다.
④ 대표 견종으로 페키니즈가 있다.
⑤ 대표 견종으로 슈나우저가 있다.

93. 다음 중 발등을 클리핑하고 풋라인을 시저링 하는 발에 대한 설명이 아닌 것은?
① 발바닥을 클리핑한다.
② 대표 견종으로 포메라니안이 있다.
③ 풋라인을 시저링한다.
④ 패스턴까지 일직선으로 클리핑한다.
⑤ 대표 견종으로 푸들이 있다.

94. 다음 중 포메라니안 발에 대한 설명이 아닌 것은?
① 발톱이 보이게 시저링한다.
② 동그란 발의 모양이다.
③ 대표 견종으로 포메라니안이 있다.
④ 발바닥을 클리핑한다.
⑤ 풋라인을 시저링한다.

95. 눈 주변의 털을 시저링하는 방법으로 잘못된 것은?
① 눈 앞의 털을 일직선으로 시저링한다.
② 눈을 가리는 털이 없도록 시저링한다.
③ 정수리에서 눈 쪽을 향해 빗질한다.
④ 눈 밑의 털을 자른 후 눈 위의 털을 빗질한다.
⑤ 눈 위의 털을 반원 모양으로 시저링한다.

96. 눈의 주변의 털을 시저링하는 순서를 올바르게 나열한 것은?

> ㄱ. 눈 밑의 털을 콤으로 빗어 올리기
> ㄴ. 눈을 가리고 있는 눈 앞의 털을 반원 모양으로 자르기
> ㄷ. 눈을 가리는 털이 없을 때까지 반복하여 자르기
> ㄹ. 눈 밑의 털을 다시 빗질하여 자르기
> ㅁ. 눈 위의 털을 정수리에서 눈 쪽으로 빗질하기
> ㅂ. 눈을 가리는 털이 없도록 눈 위의 털을 반원 모양으로 자르기

① ㄱ-ㄴ-ㄷ-ㄹ-ㅁ-ㅂ ② ㄱ-ㄴ-ㄹ-ㄷ-ㅁ-ㅂ
③ ㄱ-ㄴ-ㅁ-ㄹ-ㄷ-ㅂ ④ ㄱ-ㄹ-ㄷ-ㄴ-ㅁ-ㅂ
⑤ ㄱ-ㄹ-ㅁ-ㄴ-ㅂ-ㄷ

97. 항문 주위의 털을 커트하는 순서를 올바르게 나열한 것은?

> ㄱ. 항문을 가리고 있는 털을 잘라주기
> ㄴ. 배변이 묻지 않도록 길이를 조절하여 잘라주기
> ㄷ. 항문 주위의 털 빗질하기
> ㄹ. 항문이 보이도록 꼬리를 등 쪽으로 살며시 올리기

① ㄹ-ㄱ-ㄷ-ㄴ
② ㄹ-ㄷ-ㄴ-ㄱ
③ ㄹ-ㄴ-ㄱ-ㄷ
④ ㄹ-ㄱ-ㄴ-ㄷ
⑤ ㄹ-ㄷ-ㄱ-ㄴ

98. 복부 및 생식기 주변의 털을 정리하는 방법으로 잘못된 것을 모두 고르시오.

① 복부의 털을 털의 결 방향으로 빗어 준다.
② 클리핑한 복부 주변을 블런트 가위로 라인을 따라 잘라준다.
③ 클리핑한 복부 주변을 시닝 가위로 라인을 따라 잘라준다.
④ 복부의 털을 털의 결 반대 방향으로 빗어 준다.
⑤ 생식기 주변의 털은 배변 활동에 지장이 없도록 짧게 잘라 준다.

99. 발바닥 클리핑을 한 발을 시저링하는 순서로 바르게 나열한 것은?

> ㄱ. 발을 지면에 닿게 한 후 털의 결 방향으로 빗질하기
> ㄴ. 발 모양 그대로 블런트 가위로 동그랗게 잘라 주기
> ㄷ. 클리핑 한 발바닥의 털을 콤으로 빗어 주기
> ㄹ. 발바닥 주위의 털을 동그랗게 잘라 주기

① 다음에 시행할 미용 스타일을 완성하기 위해 털을 기르는 관리 방법을 설명한다.
② 털 관리 이전 고객이 원하는 미용을 할 수 있도록 틀을 잡아 준다.
③ 스타일 변화를 주기 위해서 털이 자라는 동안 관리가 필요하다.
④ 고객이 원하는 미용 스타일을 파악한다.
⑤ 털이 자라는 데 걸리는 시간을 예상하여 고객에게 안내해 준다.

100. 발등 클리핑을 한 발의 풋라인을 시저링하는 방법으로 잘못된 것은?

① 패스턴 부분을 반원으로 시저링한다.
② 다리털의 결 방향을 따라 콤으로 빗질한다.
③ 클리핑 부분을 일직선으로 원을 그리듯 잘라 나간다.
④ 앞쪽, 옆쪽, 뒷부분 순으로 풋라인을 잡는다.
⑤ 클리핑한 라인이 보이도록 시저링한다.

정답 및 해설

1	③	2	③	3	②	4	⑤	5	①④
6	②③	7	④	8	③	9	④	10	②
11	③	12	④	13	①	14	⑤	15	②
16	②	17	①	18	④	19	③⑤	20	④
21	③	22	①②	23	③	24	⑤	25	④
26	②⑤	27	②	28	②	29	②	30	①
31	②	32	④	33	③	34	⑤	35	⑤
36	①	37	③	38	⑤	39	②	40	④
41	③	42	④	43	⑤	44	①	45	②
46	⑤	47	③	48	②	49	④	50	④
51	①	52	②	53	②	54	⑤	55	④
56	①	57	③	58	②	59	②	60	①③
61	②④	62	②	63	①	64	④	65	①
66	⑤	67	④	68	③	69	②	70	①②
71	③	72	④	73	②⑤	74	①③	75	②⑤
76	④	77	⑤	78	④	79	②	80	②
81	①	82	④	83	②	84	④	85	①④
86	①⑤	87	②	88	④	89	③④	90	①⑤
91	③	92	③	93	②	94	⑤	95	①
96	②	97	⑤	98	③④	99	④	100	①

1. 콤의 종류
   (1) 페이스 콤 : 핀의 길이가 짧아 얼굴, 눈 앞과 풋라인을 자를 때 주로 사용하는 콤
   (2) 푸들 콤 : 핀의 길이가 길고 파상모의 피모를 빗을 때 사용하는 콤
   (3) 콤 : 핀 간격이 넓은 면은 털을 세우거나 엉킨 털을 제거할 때 사용하고, 간격이 좁은 면은 섬세하게 털을 세울 때 사용하는 콤
   (4) 실키 콤 : 길고 짧은 핀이 어울러진 빗으로 부드러운 피모를 빗을 때 사용하는 콤
   (5) 마운틴 콤 : 하나의 콤으로 좁은 부위와 넓은 부위를 번갈아가며 빗질할 수 있도록 핀의 길이를 산 모양의 형태로 만든 콤

5. ① 시닝 가위에 대한 설명이다.
   ④ 커브 가위에 대한 설명이다.

6. ②, ③ 민가위(블런트 가위)에 대한 설명이다.

7. ① 커브 가위에 대한 설명이다.
   ②, ⑤ 시닝 가위에 대한 설명이다.
   ③ 블런트 가위에 대한 설명이다.

8. ⑤ 요술 가위 : 시닝 가위와 비슷하지만 절삭율이 더 좋다.

9. ① 소지걸이 : 정날과 약지환이 이어져 있으며 새끼손가락을 걸치는 부위
   ② 선회측 : 가위를 느슨하게 하거나 조이는 역할을 하는 중심축
   ③ 약지환 : 정날에 연결된 고리고 넷째 손가락을 끼워 조작하는 부위
   ⑤ 동날 : 엄지손가락의 움직임으로 조작되는 날

10. ② 클리퍼 날의 mm 수가 클수록 피부에 상처를 입힐 수 있는 위험성이 높아진다.

11. ③ 빗질을 하기 전 한 손은 콤을 잡고, 다른 한 손은 애완동물의 빗질할 부위를 살며시 잡는다.

12. ④ 겸자의 환에 넷째 손가락을 끼운다.

13. ① 니퍼형 발톱깎이의 한쪽 손잡이는 네 손가락으로 잡는다.

14. ① 클리퍼는 본체 앞의 1/3 되는 지점을 다섯 손가락으로 연필 잡듯이 감싸 잡는다.
    ② 클리퍼 날이 잘 끼워지지 않았다면 날의 떨림이 불안정하고 요란한 소리가 난다.

③ 클리퍼 본체의 날을 끼우는 틈은 항상 서 있어야 하며 본체 쪽으로 누워 있으면 겸자를 사용해서 일으켜 세운다.
④ 클리퍼 본체 앞부분의 클리퍼 날을 끼우는 틈에 클리퍼 날을 끼운다.

16. ② 동날 : 움직이는 날, 정날 : 고정되어 있는 날
17. ② 정날 : 넷째 손가락의 움직임으로 조작되며 움즈이지 않는다.
    ③ 날끝 : 정날과 동날의 안쪽 면을 자르는 날 끝을 말한다.
    ④ 가위끝 : 정날과 동날 양쪽의 뾰족한 앞쪽 끝을 말한다.
    ⑤ 다리 : 선회측 나사와 환 사이의 부분을 말한다.
18. ④ 눈 앞부분의 털은 눈에서 코를 향해 빗질한다.
19. ① 보브 가위에 대한 내용이다.
    ② 시닝 가위에 대한 내용이다.
    ④ 커브 가위에 대한 내용이다.
21. ③ 발톱은 지면으로부터 발을 보호하기 위해 단단하게 되어 있다.
22. ③, ④, ⑤ 발바닥의 역할에 대한 내용이다.
23. ③ 발톱의 역할에 대한 내용이다.
24. ⑤ 발바닥의 역할에 대한 내용이다.
25. 강아지의 발톱은 크게 혈관이 보이는 발톱과 보이지 않는 발톱으로 나뉘며, 혈관이 보이는 발톱은 하얀색을 기본으로 약간의 색소가 첨가 될 수 있으며 혈관이 보이지 않는 발톱은 대체적으로 어두운 색의 발톱이다.
26. ①, ③, ④ 모두 듀클로우와 같은 뜻의 용어이다.
29. ② 발톱에 출혈이 있을 때에는 바로 지혈제로 지혈한다.
30. ① 발톱을 깎는 첫 번째 순서로 발톱의 길이를 잘라준다.
32. ④ 동날의 레버는 밑에서 위로 잡아당겨 발톱을 자른다.
33. ③ 실외에서 생활하는 애완동물은 발톱의 길이는 자르지 않는다.
34. ⑤ 되도록 혈관이 다치지 않도록 발톱을 자른다.
35. 중간이 부러진 발톱은 바로 윗부분을 잘라주고 부러진 부분이 잘려 나가게 한다.
36. ① 발톱을 제때 관리해 주지 않으면 발톱이 길어지면서 옆으로 휘어지게 된다. 발톱이 옆으로 휘면서 자라면 이상 보행을 보일 수 있으며 이 경우 휘어진 부분의 시작점을 먼저 발톱깎이로 잘라 준다.
41. ③ 외이, 중이, 내이로 구성되어 있다.
42. ④ 내이와 관한 설명이다.
43. ⑤ 중이에 대한 설명이다.
44. ① 외이에 관한 설명이다.
45. ① 달팽이관 : 듣기를 담당하는 기관
    ③ 반고리관 : 회전 감지하는 기관
    ④ 유스타키오관 : 기압을 유지하는 기관
    ⑤ 고실 : 내이와 외이 사이의 공간
47. ③ 귀 청소를 하기 위해서는 겸자, 이어클리너, 탈지면, 이어파우더가 필요하다.
48. ② 외이의 피부가 정상보다 두꺼워지며, 붉어 보인다.
49. ④ 이어 클리너의 효과이다.
50. ④ 이어 파우더의 효과이다.
51. 겸자에 탈지면을 말아 귓속의 이물질을 제거할 때 겸자의 방향은 귓속을 향해 일직선이 되게 한다.
52. ② 겸자의 끝이 탈지면 밖으로 나오지 않도록 한다.
54. ⑤ 탈지면에 이어 클리너를 적셔 귓속과 귀 표면을 닦는다.

56. ① 뜨거운 물에 겸자 핀을 닦아 낸 후 물기를 제거한다.
57. ③ 귓속 털에 수분이 있으면 잘 뽑히지 않고 귓속 털을 완전히 제거하지 않으면 목욕 후 이물질이 계속 올라오기 때문에 귀 청소는 목욕 전에 하는 것이 좋다.
58. ② 귓속 털이 자라지 않는 견종은 탈지면에 이어 클리너를 사용하여 닦아주는 정도로 관리한다.
59. 이관 : 유스타키오관으로 고막 안팎의 기압을 일정하게 유지하는 기능을 한다.
63. ① 클리퍼는 피부와 평행하게 들어가야 한다.
64. ④ 개체의 보행 시 발가락뼈는 보행할 때 걸을 수 있게 힘을 받쳐주는 역할을 한다.
65. 발 모양에 따른 종류
    (1) 캣 풋 : 발가락뼈(지골)의 끝 부위에 있는 뼈가 작아 고양이 발을 닮은 모양
    (2) 헤어 풋 : 엄지발가락을 제외한 네 발가락 중 가운데 두 발가락이 긴 모양
    (3) 페이퍼 풋 : 발바닥이 종이처럼 얇고 패드의 움직임이 빈약한 발 모양
68. ① 호크에 대한 설명이다.
    ② 플랭크에 대한 설명이다.
    ④ 스타이플에 대한 설명이다.
    ⑤ 웰 벤트 호크에 대한 설명이다.
69. ① 지골 : 발가락뼈
    ② 패스턴 : 발목뼈를 뜻하며 발등 클리핑을 할 때는 패스턴 위치까지 클리핑을 한다.
    ③ 비절관절 : 뒤 발목관절
    ④ 중족골 : 뒷발 허리뼈
    ⑤ 비골 : 종아리뼈
70. 암컷의 경우 바꼽 위에서 역 U자형으로 클리핑한다.
    수컷의 경우 배꼽 위에서 역 V자형으로 클리핑한다.
71. ③ 표준 미용으로 머즐의 털을 클리핑하는 견종은 푸들이다.
72. 귀를 클리핑 하는 견종의 분류
    (1) 귀 시작부의 털 1/2을 클리핑하는 견종 : 코커스패니얼
    (2) 귀에 장식 털로 끝만 남기고 클리핑하는 견종 : 베들링턴테리어, 댄디디몬드테리어
    (3) 귀의 털 전체를 클리핑하는 견종 : 슈나우저, 케리블루테리어
    (4) 귀 끝의 털 1/3을 클리핑하는 견종 : 요크셔테리어, 스코티시테리어, 화이트테리어
76. ④ 머즐이 짧은 견종은 콧구멍이 작고 후각이 약하다.
77. ⑤ 발가락 사이사이의 털은 클리퍼의 양 끝날을 이용하여 클리핑한다.
78. ④ 수컷의 경우 복부에 있는 생식기 털도 같이 클리핑한다.
79. ② 턱 밑의 움푹 팬 곳을 네 손가락으로 살며시 잡아준다.
80. ② 클리퍼에 힘을 주어 작업하면 다칠 수 있으므로 클리퍼의 힘과 각도에 유의한다.
81. ② 스웰에 대한 설명이다.
    ③ 이미지너리 라인에 대한 설명이다.
    ④ 세트업에 대한 설명이다.
    ⑤ 밥 커트에 대한 설명이다.
82. ④ 발바닥 패드를 가리고 있는 털의 시저링 목적은 보행 시 미끄러지지 않도록 하기 위함이다.
83. ② 눈 주위에 털이 자라 눈을 찌르게 되면 눈병의 원인이 된다.
84. 꼬리를 단미하는 대표 견종 : 푸들, 슈나우저, 요크셔테리어

85. 꼬리가 없는 대표 견종 : 웰시코기, 올드잉글리시시프도그
86. ⑤ 직립 테일의 대표 견종 : 비글, 스코티시테리어, 폭스테리어
87. ① 스턴 : 테리어나 하운드의 견종 중 짧은 꼬리
　　② 게이 테일 : 치켜든 꼬리
　　④ 스냅 테일 : 낫 모양의 꼬리
　　⑤ 훅 테일 : 갈고리 모양의 꼬리
88. 스냅 테일 : 전체적으로 부채꼴 모양으로 시저링하며 대표 견종으로 포메라니안이 있다.

89. 귀 모양 별 대표견종
　　(1) 쫑긋 선 귀 : 요크셔테리어, 슈나우저, 화이트테리어
　　(2) 늘어진 귀 : 코커스패니얼, 몰티즈
　　(3) 앞으로 꺾인 귀 : 폭스테리어
92. ③ 포메라니언 발에 대한 설명이다.
94. ⑤ 푸들 발에 대한 설명이다.
95. ① 눈 앞의 털을 반원 모양으로 시저링한다.
100. ① 패스턴 부분을 일직선으로 시저링한다.

⑥ 애완동물 일반 미용

1. **털 길이가 짧으나 고객이 털이 긴 미용 스타일을 원할 때 스타일을 제안하는 방법으로 올바르지 못한 것은?**
   ① 다음에 시행할 미용 스타일을 완성하기 위해 털을 기르는 관리 방법을 설명한다.
   ② 털 관리 이전 고객이 원하는 미용을 할 수 있도록 틀을 잡아준다.
   ③ 스타일 변화를 주기 위해서 털이 자라는 동안 관리가 필요하다.
   ④ 고객이 원하는 미용 스타일을 파악한다.
   ⑤ 털이 자라는 데 걸리는 시간을 예상하여 고객에게 안내해준다.

2. **털에 오염된 부분이 있을 때 스타일을 제안하는 방법으로 올바르지 못한 것은?**
   ① 일시적인 오염인지 파악한다.
   ② 미용 후의 발생 여부는 미용사와는 관계가 없다.
   ③ 다시 착색될 우려가 있다면 문제점을 해결해야 한다.
   ④ 스트레스로 인하여 핥는 경우에도 변색이 될 수 있다.
   ⑤ 일시적으로 부위를 핥지 못하도록 조처를 취할 수 있다.

3. **애완동물이 예민하거나 사나울 때 스타일을 제안하는 방법으로 올바르지 못한 것은?**
   ① 애완동물이 사납더라도 트리머로서의 자부심을 가지고 미용을 진행한다.
   ② 애완동물의 예민함 정도를 파악한다.
   ③ 물림 방지 도구의 사용 여부는 고객에게 알리고 동의를 얻는다.
   ④ 애완동물의 사나움 정도를 파악한다.
   ⑤ 미용사는 애완동물의 상태가 미용이 가능한 정도인지를 파악한다.

4. **애완동물이 특정 부위의 미용을 거부할 때에 스타일을 제안하는 방법으로 올바르지 못한 것은?**
   ① 발을 만지면 예민하게 반응하는지 파악한다.
   ② 얼굴 부위에 클리핑을 거부하면 시저링으로 대체한다.
   ③ 기타 특정 부위에 거부반응을 보이는지 파악한다.
   ④ 발에 예민한 애완동물은 발 미용 시간을 늘려 최대한 천천히 미용을 진행한다.
   ⑤ 애완동물의 스트레스를 줄일 수 있는 미용 스타일을 선택하여야 한다.

5. **애완동물이 날씨나 온도의 영향을 받는 곳에서 생활할 때 스타일을 제안하는 방법으로 올바르지 못한 것은?**
   ① 애완동물이 생활하는 장소에 날씨를 파악한다.
   ② 추운 곳에서 생활하는 애완동물은 털의 길이가 짧지 않도록 스타일을 제안한다.
   ③ 애완동물이 즐겨먹는 사료의 종류를 파악한다.
   ④ 애완동물이 생활하는 장소의 온도를 파악한다.
   ⑤ 햇볕에 오랜 시간 노출되는 장소에서 생활하는 애완동물은 피부가 드러나지 않도록 미용 스타일을 제안한다.

6. **애완동물이 미끄러운 곳에서 생활을 할 때 제안하는 미용 스타일로 올바른 것은?**
   ① 스트레스를 줄일 수 있는 미용 스타일을 제안한다.
   ② 털에 오염이 있는지 파악한다.
   ③ 애완동물이 신을 수 있는 신발을 추천한다.
   ④ 애완동물의 예민함과 사나움 정도를 파악한다.
   ⑤ 보행에 방해가 되는 발바닥 아래의 털을 짧게 유지하는 미용 스타일을 제안한다.

7. **고객이 시간적 여유가 없을 때 제안하는 미용 스타일로 잘못된 것은?**
   ① 귀와 얼굴을 밴딩하여 리본을 묶을 수 있는 스타일을 제안한다.
   ② 털 손질이 간단한 스타일을 제안한다.
   ③ 빗질을 최소화할 수 있는 스타일을 제안한다.
   ④ 털 손질에 들어가는 시간을 최소화할 수 있는 스타일을 제안한다.
   ⑤ 얼굴 부위는 짧은 스타일을 제안한다.

8. **고양이의 발톱에 관한 설명으로 올바른 것은?**
   ① 발톱이 짧으면 부러지거나 갈라지는 구조이다.
   ② 가파른 벽이나 나무를 기어오르는 데 불편한 구조이다.
   ③ 발톱을 깎으면 방어수단이 없다는 것을 알고 온순해진다.
   ④ 발톱이 너무 길면 고양이가 물건을 잡지 못한다.
   ⑤ 발톱갈기를 할 수 있는 나무판자 같은 도구를 주면 좋다.

9. **고양이 발톱 관리 방법으로 올바르지 못한 것은?**
   ① 발톱을 너무 짧게 깎으면 고양이가 물건을 잡지 못한다.
   ② 발톱을 깎으면 사람을 물 수 있으며 우울해지기 쉽다.
   ③ 발톱을 너무 짧게 깎으면 달리고 오르는 일 등을 제대로 할 수 없다.
   ④ 실내에서 키우는 고양이는 발톱이 빠르게 자라므로 짧게 깎아 관리한다.
   ⑤ 발톱갈기를 할 수 있는 나무판자나 나무 빨래판 같은 도구를 준다.

10. 애완동물이 노령일 경우 제안하는 미용 스타일로 잘못된 것은?
① 오랜 시간 서 있는 미용 스타일은 피한다.
② 청각이나 시각을 잃을 경우 예민할 수 있으니 주의한다.
③ 피부에 탄력이 없고 주름이 없어 클리핑할 때 빠르게 진행한다.
④ 심장병 등의 지병이 있는 경우 그 정도가 미용을 할 수 있는 상태인지 파악한다.
⑤ 시간이 오래 걸리는 미용 스타일은 피한다.

11. 애완동물에게 질병이 있을 때 제안하는 미용 스타일로 잘못된 것은?
① 시간이 오래 걸리는 미용은 피한다.
② 특이사항을 참고하여 미용 스타일을 결정한다.
③ 질병 발생 부위에 접촉을 거부할 수 있다.
④ 질병의 정도가 미용을 할 수 있는 상태인지 파악한다.
⑤ 미용이 질병을 악화시킬 가능성이 있다면 최대한 천천히 미용하여 스트레스를 받지 않도록 한다.

12. 미용 스타일을 제안할 때 바르지 못한 것은?
① 고객의 의견보다는 미용사의 의견을 우선적으로 반영한다.
② 스타일북을 활용한다.
③ 고객이 이해할 수 있는 용어를 활용한다.
④ 미용 스타일을 제안하면서 미용 요금도 함께 안내한다.
⑤ 미용 스타일을 제안하기 전에 고객의 요구 사항을 파악한다.

13. 털을 깎은 자리에 털이 다시 자라나지 않는 증상으로 탈모를 제외하면 다른 피부 병변의 증상이 보이지 않는 것은?
① 팅커벨 신드롬
② 포스트 클리핑 신드롬
③ 카그라스 신드롬
④ 리셋 신드롬
⑤ 피스트 증후군

14. 포스트 클리핑 신드롬에 대한 내용으로 잘못된 것은?
① 고양이에게서도 발생된다.
② 모낭 자극으로 생긴 상처 때문이라는 의견이 있다.
③ 털을 밀고 난 부위에 체온이 떨어지면서 혈관이 수축하기 때문이라는 의견이 있다.
④ 털이 새로 난 부위의 피부에는 색소 침착을 보이기도 한다.
⑤ 주로 등과 귀에 발생된다.

15. 다음 중 포스트 클리핑 신드롬이 발생될 수 있는 견종을 모두 고르시오.
① 말티즈
② 푸들
③ 미니핀
④ 스피츠
⑤ 포메라니안

16. 미용 스타일을 제안하는 방법으로 올바른 것은?
① 새로운 미용의 명칭을 이해하도록 노력한다.
② 미용사의 의견은 전문적이기 때문에 미용사의 의견을 우선적으로 주장한다.
③ 그림이나 사진을 제공하는 것보다 구두 상으로 설명하는 것이 효과적이다.
④ 전문용어를 사용하여 프로페셔널하게 보이도록 한다.
⑤ 개개인의 취향이나 개성은 비슷하므로 유행하는 스타일은 제안한다.

17. 미용 스타일을 제안할 때 주의해야 되는 사항으로 바르지 못한 것은?
① 애완동물의 단점은 말하지 말고 고객 차트에만 작성한다.
② 미용하기 전에 애완동물의 건강 상태를 확인한다.
③ 고객에게 동물의 공격성 여부를 확인한다.
④ 애완동물에 대해 파악한 자료는 고객 차트에 작성한다.
⑤ 상담 내용을 자세히 기록해둔다.

18. 고양이의 특징으로 올바르지 못한 것은?
① 고양이의 수염은 자르지 않는다.
② 고양이는 자기 키의 5배가 넘는 높이를 뛰어넘는다.
③ 고양이의 입 주변에는 촉모가 있다.
④ 눈이 검은 흰 고양이 중에는 난청이 많다.
⑤ 고양이는 입으로 냄새를 맡을 수 있다.

19. 애완동물 종의 특성을 파악하는 방법으로 올바른 것은?
① 고양이는 스트레스에 매우 민감하지만 질병의 직접적인 원인이 되지는 않는다.
② 미용작업이 끝난 후에 애완동물 종의 특징에 따라 생기는 문제점은 미용 종료 후 안내한다.
③ 애완동물의 종에 따른 주의사항에 따라 미용 스타일을 구상해야 된다.
④ 털이 심하게 엉켜 있으면 찰과상이 발생될 수 있으며 찰과상이 발생되면 고객과의 마찰이 생기므로 미용을 중단한다.
⑤ 고양이의 수염은 짧게 잘라 관리한다.

20. 애완동물의 몸의 구조적 특징을 파악하는 방법으로 올바르지 못한 것은?
① 견종 표준에 따른 이상적인 체형을 파악한다.
② 보완이 어려운 정도의 단점은 개성으로 표현할 수 있는 스타일로 구상한다.
③ 애완동물 종의 이상적인 표준과 미용 의뢰를 받은 동물의 몸 구조를 비교해 본다.
④ 애완동물의 몸 구조에서 장점이 되는 부분은 부각시킨다.
⑤ 애완동물의 몸 구조에서 단점이 되는 부분이 있다면 부각시킨다.

21. 애완동물의 털의 특징을 파악하는 방법으로 올바르지 못한 것은?
① 애완동물의 몸에서 털 길이가 가장 긴 곳을 파악하여 미용 스타일 구상에 활용한다.
② 털이 젖어 있는지 확인한다.
③ 털의 엉킴 정도를 육안과 손으로 만져 보아 확인한다.
④ 털의 엉킴 정도에 따라 실현 가능한 스타일을 구상한다.
⑤ 이물질의 오염 상태를 고려하여 스타일을 구상한다.

22. 애완동물의 털의 특징을 파악하는 방법으로 올바르지 못한 것은?
① 이물질은 목욕으로 제거되는 상태인지 털을 잘라내야 하는 상태인지 파악한다.
② 쥐 끈끈이는 오일로 충분히 마사지한 후 목욕시키면 쉽게 제거할 수 있다.
③ 미용 중 외부 기생충이 발견된다면 몸을 전체적으로 클리핑해 준다.
④ 털의 오염도에 따라 추가 요금이 발생한다면 미용 전 스타일 상담과 함께 비용을 안내한다.
⑤ 얼굴, 등, 다리 등의 부위를 손으로 만져 보아 엉킨 부위가 있는지 확인한다.

23. 애완동물의 성격을 파악하는 방법이 아닌 것은?
① 애완동물의 예민함 및 산만함 정도를 파악한다.
② 애완동물이 이상 행동을 보일 때 안정을 취하는 방법을 고객으로부터 제공 받는다.
③ 애완동물의 특정 부위 미용에 대한 부적응을 파악한다.
④ 애완동물이 배변 활동을 하는 장소를 파악한다.
⑤ 애완동물이 거부 반응을 보이는 행동을 파악한다.

24. 애완동물의 생활 환경을 파악하는 방법이 아닌 것은?
① 애완동물의 예민함 및 산만함 정도를 파악한다.
② 생활하는 곳이 실내인지 실외인지 파악한다.
③ 애완동물이 배변 활동을 하는 장소를 파악한다.
④ 생활하는 곳의 바닥재 종류를 파악한다.
⑤ 애완동물이 생활하는 장소가 외부 기생충으로부터 안전한지 확인한다.

25. 다음 중 애완동물의 특징을 파악하는 내용으로 잘못된 것은?
① 질병의 종류에 따라 스트레스로 사망할 수 있으니 애완동물의 질병 여부를 반드시 확인한다.
② 바닥이 미끄러운 곳에서 생활하는 경우 발바닥 아래 털이 짧으면 보행에 어려움을 겪게 되니 애완동물이 생활하는 곳의 바닥이 미끄럽지 않은지 확인한다.
③ 애완동물의 보행 상태를 확인하여 관절에 이상이 있는지 파악한다.
④ 노화로 털이 빠진 부위가 없는지 혹은 모질 상태는 양호한지 파악한다.
⑤ 치석이 많으면 입을 만지는 것을 거부하고 약해져 있는 치아나 턱뼈가 작은 충격에 부러질 수 있으니 입을 벌려 치아의 상태를 확인한다.

26. 고객이 함께 있을 때에만 미용사를 공격하는 성향이 있는 개를 받는 방법으로 올바른 것은?
① 두 손으로 개의 뒷다리를 하나씩 잡고 번쩍 들어 올려 미용사에게 안겨 주도록 안내한다.
② 개의 귀를 이용하여 눈을 가려준 뒤 미용사에게 안겨 주도록 안내한다.
③ 개에게 노래를 불러주어 안정시키면서 미용사에게 안겨 주도록 안내한다.
④ 개의 뒷다리와 앞다리를 하나씩 잡고 번쩍 들어 올려 미용사에게 안겨 주도록 안내한다.
⑤ 개의 얼굴을 고객 쪽으로 하고 고정하여 엉덩이 부분부터 미용사에게 안겨 주도록 안내한다.

27. 고객의 특성을 파악하는 내용으로 바르지 못한 것은?
① 동물의 주기적인 산책 등으로 털 오염 가능성을 파악한다.
② 고객의 가족 구성원의 특성을 파악한다.
③ 고객이 시간적 여유가 있는지 파악한다.
④ 애완동물이 생활하는 곳이 실내인지 실외인지 파악한다.
⑤ 고객의 취향 및 성향을 파악한다.

28. 대상에 맞는 미용 방법을 선정하는 방법으로 올바르지 못한 것은?
① 동물이 예민한 경우에는 미용 시간을 늘려 최대한으로 할 수 있는 미용 스타일을 선정하여야 한다.
② 털 길이에 따라 실현 가능한 미용 방법을 선정하여야 한다.
③ 애완동물이 안정을 취할 수 있는 방법을 파악하고 미용할 때 활용하여야 한다.
④ 털이 변색된 부분이 있다면 변색의 원인에 따라 이를 방지할 수 있는 미용 스타일을 선정하여야 한다.
⑤ 털의 곱슬거림 정도, 상모와 하모의 유무 등을 파악하여 실행 가능하고 단점을 보완할 수 있는 미용 스타일을 선정하여야 한다.

29. 고객에게 미용 스타일을 제안하는 방법으로 올바르지 못한 것은?
① 고객 상담에서 수집한 애완동물의 특성을 정리하여 고객에게 다시 설명해준다.
② 비용에 대한 안내는 미용작업이 끝난 후에 자세히 설명하도록 한다.
③ 제안한 미용 스타일의 관리 방법을 설명해준다.
④ 고객이 원하는 미용 스타일이 불가능할 때에는 타당한 이유를 함께 설명한다.
⑤ 고객이 원하는 미용 스타일이 무엇인지 확인한다.

30. 애완동물의 등, 배, 다리, 가슴, 얼굴, 머리, 귀, 꼬리에 있는 털을 모두 클리퍼로 깎는 작업은 무엇인가?

① 모두 클리핑
② 일부 클리핑
③ 전체 클리핑
④ 부분 클리핑
⑤ 올빽 클리핑

31. 전체 클리핑을 할 때에 클리퍼와 클리퍼 날의 선택 방법으로 올바른 것은?

① 전체 클리핑을 할 때에는 소형 클리퍼를 사용한다.
② 클리퍼 날에 표기된 숫자는 정방향으로 클리핑할 때에 남는 털 길이이다.
③ 정방향으로 클리핑을 하면 털 관리가 더욱 편하지만 피모에 손상을 줄 우려가 있다.
④ 역방향으로 클리핑을 하면 털 길이가 더 길게 남기 때문에 미용 주기가 더욱 짧아진다.
⑤ 3mm 클리퍼 날로 역방향 클리핑이 어려운 경우 1mm 클리퍼 날을 정방향으로 이용한다.

32. 전체 클리핑을 할 때에 클리퍼와 클리퍼 날의 선택 방법으로 잘못된 것은?

① 소형 클리퍼는 클리퍼 날의 폭이 좁고 얇다.
② 클리퍼 날은 정방향과 역방향에 따라 털 길이가 달라진다.
③ 정방향으로 클리핑할 때에는 털 길이가 역방향보다 세 배가 남는다.
④ 귀 안쪽 부위는 1mm 클리퍼 날을 사용한다.
⑤ 1mm 클리퍼 날은 전체 클리핑 시 정교한 클리핑을 해야 할 때 사용한다.

33. 애완동물이 전체 클리핑을 하는 이유가 아닌 것은?

① 애완동물의 털이 심하게 엉켜 있을 경우
② 보호자가 털 알레르기가 있을 경우
③ 보호자가 비염이 있을 경우
④ 애완동물이 처음 미용을 할 경우
⑤ 애완동물의 털이 심하게 오염됐을 경우

34. 이미지너리 라인에 대한 설명으로 올바르지 못한 것은?

① 클리핑을 하기 전에 만들어 놓은 가상선을 말한다.
② 역방향으로 클리핑하면 털이 난 반대 방향에 따라 이미지너리 라인을 만들 수 있다.
③ 정방향으로 클리핑하면 털이 난 방향에 따라 이미지너리 라인을 만들 수 있다.
④ 얼굴은 모든 개체가 털이 난 반대 방향으로 이미지너리 라인을 만든다.
⑤ 이미지너리 라인을 만들 때 개체 특성상 역방향과 정방향을 선택하여 라인을 만들 수도 있다.

35. 전체 클리핑을 할 때에 보정하는 방법으로 잘못된 것은?

① 머리를 클리핑할 때에는 주둥이를 잡고 하늘로 향하게 보정한다.
② 클리핑 시 양쪽 입꼬리 부분을 귀 쪽으로 당겨 보정한다.
③ 뒷다리는 관절이 움직이지 않게 고정하여 보정한다.
④ 가슴 클리핑은 주둥이를 잡고 얼굴 쪽을 위로 들어올린다.
⑤ 등 클리핑 시 구부러지거나 휘어지지 않게 곧게 펴서 보정한다.

36. 클리핑 작업 시 주의해야 되는 사항으로 올바르지 못한 것은?

① 클리퍼를 장시간 사용할 경우 클리퍼 날에 화상을 입을 수 있다.
② 애완동물이 물거나 산만할 경우 테이블 고정 암을 사용한다.
③ 상해를 입기 쉬운 사타구니와 겨드랑이는 클리핑 할 때 더욱 주의한다.
④ 클리핑 시 눈과 입 주변에 상해를 입히지 않도록 주의한다.
⑤ 노령견은 피부에 탄력이 없어 상해를 입기 쉬우므로 주의한다.

37. 3mm 클리퍼 날을 사용하여 역방향으로 전체 클리핑할 때의 방법으로 틀린 것은?

① 겨드랑이의 피부가 접히지 않게 펴서 클리핑한다.
② 등 클리핑은 꼬리 뿌리 부분부터 등선과 몸통 부분을 클리핑한다.
③ 애완동물의 피부에 딱지나 상처가 없는지, 클리핑이 가능한지 확인한다.
④ 가슴은 한 손으로 애완동물이 움직이지 않게 양쪽 앞다리를 들어 올려 보정한다.
⑤ 목 주변 클리핑은 한 손으로 애완동물의 상악을 잡아 누르고 목과 목 주변을 클리핑한다.

38. 3mm 클리퍼 날을 사용하여 역방향으로 전체 클리핑할 때의 방법으로 틀린 것은?

① 목욕 후 추가로 전체 클리핑을 한다.
② 꼬리는 초벌 클리핑 시 정방향으로 클리핑한다.
③ 귀는 손바닥 위에 주름지지 않도록 귀를 펴서 올린 후 클리핑한다.
④ 마무리 클리핑 후 귀 끝과 풋라인을 가위로 커트한다.
⑤ 미간은 클리퍼 날 중간 부분으로 클리핑한다.

39. 3mm 클리퍼 날을 정방향으로 전체 클리핑하는 방법으로 올바르지 못한 것은?

① 뒷다리의 안쪽 털은 반대쪽 다리를 들어 보정 후 클리핑한다.
② 역방향보다 털이 길게 남기 때문에 콤으로 빗질한 후 요술 가위로 풋라인을 정리해 준다.
③ 한 손으로 애완동물이 움직이지 않게 보정하여 클리핑한다.

④ 주둥이를 잡고 목에 주름이 잡히지 않게 펴게 한 후 앞가슴을 클리핑한다.
⑤ 클리핑하기 전 애완동물의 피부에 딱지나 상처가 있는지 확인한다.

40. 전체적으로 너무 짧은 스타일을 원하지 않을 때 활용할 수 있는 클리핑 방법은?
① 1mm 역방향 클리핑 ② 3mm 역방향 클리핑
③ 3mm 정방향 클리핑 ④ 10mm 정방향 클리핑
⑤ 20mm 정방향 클리핑

41. 다음 중 개의 머리에 해당되는 명칭은 무엇인가?
① 인후 ② 좌골단
③ 꼬리 ④ 발
⑤ 견단

42. 다음 중 개의 머리에 해당되는 명칭을 모두 고르시오.

ㄱ. 주둥이	ㄴ. 두개부
ㄷ. 인후	ㄹ. 후두부
ㅁ. 코	ㅂ. 대퇴부
ㅅ. 하퇴부	ㅇ. 비절

① ㄱ, ㄴ, ㄷ, ㄹ
② ㄱ, ㄴ, ㄷ, ㄹ, ㅁ
③ ㄱ, ㄴ, ㄷ, ㄹ, ㅁ, ㅂ
④ ㄱ, ㄴ, ㄷ, ㄹ, ㅁ, ㅂ, ㅅ
⑤ ㄱ, ㄴ, ㄷ, ㄹ, ㅁ, ㅂ, ㅅ, ㅇ

43. 다음 중 개의 몸통에 해당되는 명칭은?
① 두개부 ② 아래턱
③ 비절 ④ 견단
⑤ 중족

44. 다음 중 개의 몸통에 해당되는 명칭을 모두 고르시오.

ㄱ. 눈	ㄴ. 전완
ㄷ. 발	ㄹ. 중족
ㅁ. 이마단	ㅂ. 갈비
ㅅ. 좌골단	ㅇ. 커플링

① ㄱ, ㄷ, ㅁ
② ㄴ, ㄹ, ㅅ
③ ㄷ, ㄹ, ㅁ
④ ㅁ, ㅅ, ㄷ
⑤ ㅂ, ㅅ, ㅇ

45. 다음 중 개의 다리에 해당되는 명칭은?
① 허리 ② 엉덩이
③ 하퇴부 ④ 기갑
⑤ 커플링

46. 다음 중 개의 다리에 해당되는 명칭을 모두 고르시오.

ㄱ. 비절	ㄴ. 전완
ㄷ. 무릎관절	ㄹ. 후두부
ㅁ. 커플링	ㅂ. 중족
ㅅ. 앞가슴	ㅇ. 대퇴부

① ㄱ, ㄴ, ㅁ, ㅂ, ㅅ
② ㄱ, ㄴ, ㄷ, ㅂ, ㅇ
③ ㄴ, ㄷ, ㄹ, ㅂ, ㅅ
④ ㄴ, ㄷ, ㄹ, ㅁ, ㅂ
⑤ ㄴ, ㄹ, ㅁ, ㅂ, ㅇ

47. 개의 늑골과 관골의 연결부를 뜻하는 몸통에 관련된 명칭은?
① 커플링 ② 실버링
③ 골드링 ④ 솔로링
⑤ 우정링

48. 모질에 따른 가위 선택 방법으로 올바른 것은?
① 각을 없앨 때에는 시닝 가위를 사용한다.
② 털의 결을 자연스럽게 연결할 때는 커브 가위를 사용한다.
③ 마무리 작업을 할 때에는 커브 가위를 사용한다.
④ 전반적인 커트에는 블런트 가위를 사용한다.
⑤ 모질이 부드럽고 힘이 없을 때에는 블런트 가위를 사용한다.

49. 모질에 따른 가위의 선택 방법으로 올바르지 못한 것은?
① 얼굴의 머리 부분이나 다리 장식은 시닝 가위를 사용한다.
② 모량이 많은 털을 가볍게 할 때 시닝 가위를 사용한다.
③ 아치형으로 커트할 때 커브 가위를 사용한다.
④ 부위별 커트 후 각을 없앨 때 커브 가위를 사용한다.
⑤ 모질이 굵고 건강하여 털이 잘 서는 모질에는 블런트 가위를 사용한다.

50. 모질이 굵고 건강하여 콤으로 빗질하였을 때 털이 잘 서는 모질에 사용하며 전반적인 커트와 마무리 작업에 사용되는 가위의 종류는?
① 커브 가위 ② 시닝 가위
③ 블런트 가위 ④ 보브 가위
⑤ 요술 가위

51. 모질이 부드럽고 힘이 없어 빗질하였을 때 처지는 모질에 사용하며 모량이 많은 털을 가볍게 할 때에도 사용한다. 얼굴 라인을 자를 때 실수를 해도 라인이 뚜렷하지 않기 때문에 수정이 가능한 가위의 종류는?
① 블런트 가위 ② 요술 가위
③ 커브 가위 ④ 시닝 가위
⑤ 보브 가위

52. 아치형 또는 동그랗게 커트를 할 때 쉽고 간단하게 연출할 수 있도록 가윗날이 휘어져 있는 가위의 종류는?

① 보브 가위 ② 커브 가위
③ 민가위 ④ 시닝 가위
⑤ 텐텐 가위

53. 하이온 타입의 커트 방법으로 잘못된 것은?
① 긴 다리를 짧게 보일 수 있도록 커트한다.
② 몸의 높이가 긴 체형으로 다리를 짧게 보이도록 한다.
③ 언더라인의 털을 길게 남겨 커트한다.
④ 키를 작아 보이게 커트한다.
⑤ 백라인을 길게 커트한다.

54. 드워프 타입의 커트 방법으로 잘못된 것은?
① 엉덩이 부분의 털을 짧게 커트한다.
② 가슴 부분의 털을 길게 커트한다.
③ 몸의 길이가 짧아 보이도록 커트한다.
④ 언더라인의 털을 짧게 커트한다.
⑤ 다리가 길어 보이도록 커트한다.

55. 몸 길이와 몸 높이의 길이가 1:1의 이상적인 체형의 명칭은 무엇인가?
① 드워프 ② 코비
③ 스퀘어 ④ 클로디
⑤ 하이온

56. 푸들의 램 클립의 특징으로 잘못된 것은?
① 어린 산양의 모습에서 나온 미용 스타일이다.
② 아담스애플에서 볼륨감있게 앞가슴을 커트한다.
③ 얼굴을 클리핑한다.
④ 몸통부의 시저링은 백라인, 언더라인, 앞가슴으로 나뉜다.
⑤ 엉덩이는 30° 각도의 각을 주어 시저링한다.

57. 푸들의 램 클립 커트 방법으로 잘못된 것은?
① 턱업에서 엘보까지 대각선으로 시저링한다.
② 꼬리의 1/3을 클리핑한다.
③ 엉덩이에서 비절까지 아치형으로 시저링한다.
④ 하퇴부에서 지면까지 일직선으로 시저링한다.
⑤ 눈 끝과 귀 끝은 일직선으로 시저링한다.

58. 퍼프를 만드는 순서를 바르게 나열하세요.

ㄱ. 다리의 털을 위를 향해 코밍하기
ㄴ. 클리핑 라인이 보이게 커트하기
ㄷ. 다리의 털을 발등을 향해 코밍하기
ㄹ. 풋라인 자르기
ㅁ. 다리의 털을 코밍하기
ㅂ. 각을 없애면서 커트하기

① ㄱ-ㄴ-ㄷ-ㄹ-ㅁ-ㅂ
② ㄱ-ㄷ-ㄹ-ㄴ-ㅁ-ㅂ
③ ㄱ-ㄴ-ㄹ-ㄷ-ㅁ-ㅂ
④ ㄷ-ㄴ-ㄱ-ㄹ-ㅁ-ㅂ
⑤ ㄷ-ㄹ-ㄱ-ㄴ-ㅁ-ㅂ

59. 애완동물을 시저링할 때 주의해야 되는 사항으로 올바르지 못한 것은?
① 작업자가 현장에서 벗어날 때에는 테이블 고정 암을 사용한다.
② 애완동물이 미용도구에 상처를 입지 않도록 주의한다.
③ 주저앉은 동물은 무리하게 손에 힘을 주어 강제로 일으키지 않는다.
④ 가위에 애완동물이 다치지 않도록 주의한다.
⑤ 미용도구는 바닥에 떨어뜨리지 않도록 주의한다.

60. 시저링 부위별 보정 자세에 대한 설명으로 올바르지 못한 것은?
① 개체의 전반부를 작업할 때에는 턱 밑을 살며시 잡아 준다.
② 뒷다리→몸통→앞가슴→앞다리→몸통→뒷다리→목→얼굴→귀→꼬리의 순서로 작업을 한다.
③ 개체를 중심으로 왼쪽에서 오른쪽으로 돌면서 작업한다.
④ 손에 힘을 빼고 뒷다리 사이에 살며시 손바닥을 대며 개체가 움직이지 않도록 고정한다.
⑤ 개체와는 거리가 가까울수록 좋다.

61. 블런트 가위를 사용하여 푸들의 뒷다리를 커트하는 방법으로 잘못된 것은?
① 뒷다리 옆면을 지면을 향해 일직선으로 커트한다.
② 옆면과 수평하게 뒷다리 안쪽 털을 커트한다.
③ 비절에서 지면까지 45° 각도로 둥글게 커트한다.
④ 뒷다리 앞면의 털은 턱업에서 지면을 향해 아치형으로 커트한다.
⑤ 뒷다리 좌골단에서 비절까지 아치형으로 커트하여 앵귤레이션 라인을 만든다.

62. 블런트 가위를 사용하여 푸들의 앞다리를 커트하는 방법으로 잘못된 것은?
① 앞다리 옆면의 털을 다리 시작점에서 지면까지 일직선으로 커트한다.
② 안쪽의 털은 옆면 쪽과 수직되게 커트한다.

③ 앞쪽의 털을 지면을 향해 직선으로 커트한다.
④ 앞다리 뒤쪽은 엘보 부분에서 지면을 향해 수직으로 커트한다.
⑤ 앞다리 앞면, 뒷면, 옆면, 안쪽면의 다리 굵기가 동일 되도록 커트한다.

63. 블런트 가위를 사용하여 푸들의 몸통을 커트하는 방법으로 잘못된 것은?
① 원통형 모양으로 볼륨감 있도록 커트한다.
② 꼬리 앞에서 위더스 전까지 일직선으로 커트한다.
③ 귀 밑에서 앞다리 시작 전까지 사선으로 내려오며 커트한다.
④ 가슴의 털을 커트할 때에는 가위 방향이 수직으로 들어간다.
⑤ 몸통 끝에서 언더라인을 향하여 볼륨감 있게 커트한다.

64. 블런트 가위를 사용하여 푸들의 머리를 커트하는 방법으로 잘못된 것은?
① 입에서 귀까지 클리핑한 털을 커트한다.
② 눈 앞을 가리고 있는 털을 반원 모양으로 커트한다.
③ 귀의 선단을 따라 귀 커트라인을 만들어준다.
④ 잔털을 정리해 주며 마무리한다.
⑤ 머리를 살짝 앞으로 숙인 후 동그랗게 커트한다.

65. 위그의 얼굴과 목을 클리핑하는 방법으로 잘못된 것은?
① 귀 끝에서 눈 끝을 소형 클리퍼로 클리핑한다.
② 눈과 눈 사이를 V자형으로 클리핑한다.
③ 머즐의 털을 클리핑한다.
④ 귀 시작점과 턱 밑까지 클리핑한다.
⑤ 머즐 길이만큼 내려간 목 부위 지점을 U자형에 가까운 V자로 클리핑한다.

66. 애완동물의 피모 관리를 전문적으로 하는 사람으로 트리머(trimmer)라고 부르기도 하는 용어는?
① 그리핑(gripping) ② 드라잉(drying)
③ 레이킹(raking) ④ 그루머(groomrer)
⑤ 밥 커트(bob cut)

67. 장모종의 긴 털을 보호하기 위하여 적당한 양의 털을 나누어 래핑지로 감싸주는 작업의 용어는?
① 베이싱(bathing) ② 래핑(wrapping)
③ 브러싱(brushing) ④ 네일트리밍(nail trimming)
⑤ 그리핑(gripping)

68. 면도날로 털을 자르는 것을 뜻하는 용어는?
① 레이저 커트(razor cut) ② 린싱(rinsing)
③ 레이킹(raking) ④ 블렌딩(blending)
⑤ 밥 커트(bob cut)

69. 띠 모양으로 형태를 잡아 깎은 부분을 뜻하는 용어는?
① 새킹(sacking) ② 밴드(band)
③ 세트 스프레이(set spray) ④ 레이저 커트(razor cut)
⑤ 래핑(wrapping)

70. 톱 노트를 형성하기 위하여 두부의 코트를 밴딩하고 세트 스프레이를 하는 작업의 용어는?
① 새킹(sacking) ② 셰이빙(shaving)
③ 스웰(swell) ④ 레이킹(raking)
⑤ 세트업(set up)

71. 냄새나 더러움을 제거하기 위하여 흰색 털에 흰색을 표현할 수 있는 제품을 문질러 바르는 것을 뜻하는 용어는?
① 초킹(chalking) ② 카딩(carding)
③ 코밍(combing) ④ 토핑오프(topping-off)
⑤ 페이킹(faking)

72. 털의 길이가 다른 곳의 층을 연결해 자연스럽게 하는 것을 뜻하는 용어는?
① 그리핑(gripping) ② 스테이징(staging)
③ 브러싱(brushing) ④ 블렌딩(blending)
⑤ 드라잉(drying)

73. 빗살 가위로 과도하게 많은 부분의 털을 잘라 내어 모양을 줄이고 형태를 만드는 것을 뜻하는 용어는?
① 그리핑(gripping) ② 시닝(thinning)
③ 린싱(rinsing) ④ 셰이빙(shaving)
⑤ 스테이징(staging)

74. 가위로 털을 자르는 것을 뜻하는 용어는?
① 밥 커트(bob cut) ② 파팅(parting)
③ 스펀징(sponging) ④ 클리핑(clipping)
⑤ 시저링(scissoring)

75. 긁어내거나 빗질하여 털을 제거하는 미용 방법을 뜻하는 용어는?
① 커팅(cutting) ② 클리핑(clipping)
③ 카딩(carding) ④ 토핑오프(topping-off)
⑤ 화이트닝(whitening)

76. 두부를 부풀려 볼륨있게 하여 모양을 낸 것을 뜻하는 용어는?
① 인덴테이션(indentation)
② 토핑오프(topping-off)
③ 스웰(swell)
④ 핑거 앤 섬 워크(finger and thumb work)
⑤ 세트업(set up)

77. 나이프나 드레서를 사용하여 털을 베듯이 자르는 기법을 뜻하는 용어는?
① 드라잉(drying) ② 베이싱(bathing)
③ 블렌딩(blending) ④ 새킹(sacking)
⑤ 셰이빙(shaving)

78. 외부의 가상의 선을 설정하는 것을 뜻하는 용어는?
① 펫 클립(pet clip)
② 세트업(set up)
③ 인덴테이션(indentation)
④ 이미지너리 라인(imaginary line)
⑤ 스웰(swell)

79. 베이싱 후 털이 뜨거나 튀어나오는 것을 막아 가지런히 하기 위해 신체를 타월로 싸 놓는 것을 뜻하는 용어는?
① 새킹(sacking) ② 시저링(scissoring)
③ 초킹(chalking) ④ 카딩(carding)
⑤ 타월링(toweling)

80. 트리밍 칼로 털을 뽑아 원하는 스타일을 만드는 것을 뜻하는 용어는?
① 피킹(picking) ② 파팅(parting)
③ 플러킹(plucking) ④ 클리핑(clipping)
⑤ 트리밍(trimming)

81. 스트리핑 후 완성된 아웃코트 위에 튀어나온 털을 뽑아 정리하는 것을 뜻하는 용어는?
① 페이킹(faking) ② 토핑오프(topping-off)
③ 코밍(combing) ④ 화이트닝(whitening)
⑤ 초킹(chalking)

82. 털을 좌우로 분리하는 것을 뜻하는 용어는?
(분리한 선은 파팅라인이라고 함.)
① 치핑(chipping) ② 파팅(parting)
③ 플러킹(plucking) ④ 래핑(wrapping)
⑤ 그루밍(grooming)

83. 피모에 오일을 발라서 브러싱하는 것을 뜻하는 용어는?
① 스펀징(sponging)
② 시닝(thinning)
③ 인덴테이션(indentation)
④ 오일 브러싱(oil brushing)
⑤ 초킹(chalking)

84. 치핑(chipping)의 정의는?
① 빗살가위나 가위를 이용하여 털끝을 잘라내는 미용 방법
② 트리밍 칼로 털을 뽑아 원하는 미용 스타일을 만들어내는 것
③ 털을 가위로 잘라내는 것
④ 털을 가지런하게 빗질하는 것. 털의 방향으로 일정하게 정리하는 것이 기본적인 의미임.
⑤ 우묵한 패임을 만드는 것. 푸들 스톱에 역 V자형 표현

85. 베이싱(bathing)의 정의는?
① 털의 길이가 다른 부분의 층을 연결해 자연스럽게 하는 것
② 트리밍 칼로 털을 뽑아 원하는 미용 스타일을 만들어내는 것
③ 더러움이나 냄새를 제거하기 위하여 흰색 털에 흰색을 표현할 수 있는 제품을 문질러 바르는 것
④ 견체에 하얀 털을 더욱 하얗게 보이게 하기 위한 작업
⑤ 목욕. 입욕. 코트를 물로 적셔 샴푸로 세척하고 충분히 헹구는 작업

86. 타월링(toweling)의 정의는?
① 피모에 대한 일상적인 손질을 포함하는 포괄적인 것. 몸을 건강하고 청결하게 하기위한 브러싱, 베이싱, 코밍, 트리밍 등의 피모에 대한 모든 작업을 포함
② 빗살가위나 가위를 이용하여 털끝을 잘라내는 미용 방법
③ 목욕 후 타월을 감싸 닦아내는 것
④ 애완동물 미용사. 동물의 피모 관리를 전문적으로 하는 사람이며, 트리머(trimmer)라고 부르기도 함.
⑤ 털을 뽑거나 자르거나 미는 등의 모든 미용작업을 일컫는 말. 필요하지 않은 부분의 털을 제거하여 스타일을 만듦.

87. 페이킹(faking)의 정의는?
① 눈속임. 여러 가지 기법으로 모질 및 모색에 대한 눈속임을 하는 것
② 듀플렉스 쇼트와 같은 작업. 손가락을 주로 사용하여 오래된 털을 정리함.
③ 엄지손가락과 집게손가락을 사용해 털을 제거하는 것
④ 미니어처슈나우저에게 하는 스트리핑 방법의 순서
⑤ 털을 가지런하게 빗질하는 것. 털의 방향으로 일정하게 정리하는 것이 기본적인 의미임.

88. 커팅(cutting)의 정의는?
① 스트리핑 후 완성된 아웃코트 위에 튀어나오는 털을 뽑아내는 것
② 트리밍 나이프로 소량의 털을 골라서 뽑아내는 것
③ 클리퍼나 가위로 털을 잘라 원하는 형태를 만드는 것
④ 장모종의 긴 털을 보호하기 위하여 털을 나누어 래핑지로 감싸주는 작업
⑤ 드라이어로 코트를 말리는 과정. 품종의 스탠더드나 모질에 따라 여러 가지 드라이 방법을 활용할 수 있음.

89. 밥 커트(bob cut)의 정의는?
① 띠 모양으로 형태를 잡아 깎고 들어간 부분
② 면도날로 털을 자르는 것
③ 털의 길이가 다른 곳의 층을 연결시켜 자연스럽게 하는 것
④ 가위로 털을 잘라 일직선으로 가지런히 하는 것
⑤ 나이프나 드레서를 이용하여 털을 베듯이 자르는 기법

90. 세트 스프레이(set spray)의 정의는?
① 장모종의 긴 털을 보호하기 위하여 적당한 양의 털을 나누어 래핑지로 감싸주는 작업. 동물이 보행 중 불편함이 없어야 하며 털을 보호할 수 있도록 해야 함.
② 스트리핑 후 남은 언더코트나 오버코트를 일정 간격으로 제거해 주는 것
③ 발톱을 손질하는 것
④ 톱 노트 부분의 코트를 세우기 위하여 스프레이를 뿌리는 작업
⑤ 외부에 가상의 선을 설정하는 것

91. 인덴테이션(indentation)의 정의는?
① 빗살 가위로 과도하게 많은 부분의 털을 잘라 내어 모량을 줄이고 형태를 만드는 것
② 우묵한 패임을 만드는 것. 푸들 스톱에 역 V자형 표현
③ 톱 노트 부분의 코트를 세우기 위해 스프레이를 뿌리는 작업
④ 베이싱을 한 후 털이 튀어나오거나 뜨는 것을 막아 가지런히 하기 위해 신체를 타월로 싸 놓는 것
⑤ 견체에 하얀 털을 더욱 하얗게 보이게 하기 위한 작업

92. 브러싱(brushing)의 정의는?
① 냄새나 더러움을 제거하기 위하여 하얀 털에 흰색을 표현할 수 있는 제품을 문질러 바르는 것
② 오일을 피부에 발라 브러싱하는 것
③ 베이싱을 한 후 털이 튀어나오거나 뜨는 것을 막아 가지런히 하기 위해 신체를 타월로 싸놓는 것
④ 털 길이가 다른 곳의 층을 연결해 자연스럽게 하는 것
⑤ 브러시를 이용하여 빗질하는 것. 피부를 자극하여 마사지 효과를 내고 노폐모와 탈락모를 제거함. 혈액순환을 좋게 하고 신진대사를 촉진하여 건강한 피부가 되도록 함. 엉킨 털을 제거하고 피모를 청결하게 함.

93. 드라잉(drying)의 정의는?
① 드라이어로 코트를 말리는 과정. 품종의 스탠더드나 모질에 따라 여러 가지 드라이 방법을 활용할 수 있음.
② 피모에 대한 일상적인 손질을 포함하는 포괄적인 것. 몸을 건강하고 청결하게 하기 위한 브러싱, 베이싱, 코밍, 트리밍 등의 피모에 대한 모든 작업을 포함
③ 목욕 후 타월을 감싸 닦아내는 것
④ 견체에 하얀 털을 더욱 하얗게 보이게 하기 위한 작업
⑤ 듀플렉스 쇼트와 같은 작업. 손가락을 주로 사용하여 오래된 털을 정리함.

94. 코밍(combing)의 정의는?
① 트리밍 나이프로 소량의 털을 골라 뽑아내는 것
② 띠 모양으로 형태를 잡아 깎은 부분
③ 털을 뽑거나 자르거나 미는 등의 모든 미용작업을 일컫는 말. 필요하지 않은 부분의 털을 제거하여 스타일을 만듦.
④ 스트리핑 후 완성된 아웃코트 위에 튀어나오는 컬을 뽑아내는 것
⑤ 털을 가지런하게 빗질하는 것. 털의 방향으로 일정하게 빗질하는 것이 기본적인 의미임.

95. 레이킹(raking)의 정의는?
① 면도날로 털을 자르는 것
② 가위로 털을 잘라 일직선으로 가지런히 하는 것
③ 스트리핑 후 남은 언더코트나 오버코트를 일정간격으로 제거해 주는 것
④ 톱 노트를 형성하기 위해 두부의 코트를 밴딩하고 세트 스프레이를 하는 작업
⑤ 미니어처슈나우저에게 하는 스트리핑 방법의 순서

96. 스테이징(staging)의 정의는?
① 트리밍 나이프를 사용해 탈락된 언더코트 및 노폐물을 제거하거나 고도의 언더코트 양을 감소시키기 위해 털을 뽑아 스타일을 만들어 내는 미용 방법
② 우묵한 패임을 만드는 것. 푸들 스톱에 역 V자형 표현
③ 눈속임. 여러 가지 기법으로 모질 및 모색에 대한 눈속임을 하는 것
④ 미니어처슈나우저에게 하는 스트리핑 방법의 순서
⑤ 더러움이나 냄새를 제거하기 위하여 흰색 털에 흰색을 표현할 수 있는 제품을 문질러 바르는 것

97. 클리핑(clipping)의 정의는?
① 스트리핑 후 완성된 아웃코트 위에 튀어나오는 털을 뽑아내는 것
② 클리퍼를 이용하여 스타일 완성에 불필요한 털을 잘라내는 것
③ 샴핑할 때 스펀지를 사용하는 것
④ 두부를 부풀려 볼륨있게 모양을 내는 것
⑤ 빗살 가위로 과도하게 많은 부분의 털을 잘라내어 모량을 줄이고 형태를 만드는 것

98. 쇼 클립(show clip)의 정의는?

① 가위로 털을 잘라 일직선으로 가지런히 하는 것
② 털 길이가 다른 곳의 층을 연결해 자연스럽게 하는 것
③ 쇼의 출진하기 위한 그루밍으로 쇼에서 요구하는 미용스타일을 완성해야 함. 보통 각 견종 표준에 맞는 그루밍 방법이 정해져 있으며, 출진할 시기에 맞추어 출진 견이 최상의 상태로 돋보일 수 있도록 쇼 당일에 초점을 맞추어 계획적으로 피모를 정돈해 두어야 함.
④ 면도날로 털을 자르는 것
⑤ 빗살 가위나 가위를 이용하여 털끝을 잘라내는 미용 방법

99. 화이트닝(whitening)의 정의는?

① 털을 가지런하게 빗질하는 것. 털의 방향으로 일정하게 빗질하는 것이 기본적인 의미임.
② 트리밍 칼로 털을 뽑아 원하는 미용 스타일을 만들어내는 것
③ 톱 노트 부분의 코트를 세우기 위해 스프레이를 뿌리는 작업
④ 더러움이나 냄새를 제거하기 위하여 흰색 털에 흰색을 표현할 수 있는 제품을 문질러 바르는 것
⑤ 견체에 하얀 털을 더욱 하얗게 보이게 하기 위한 작업

100. 피킹(picking)의 정의는?

① 엄지손가락과 집게손가락을 사용해 털을 제거하는 것
② 듀플렉스 쇼트와 같은 작업. 손가락을 주로 사용하여 오래된 털을 정리함.
③ 나이프나 드레서를 이용하여 털을 베듯이 자르는 기법
④ 샴푸를 사용하여 씻기는 것. 몸을 따뜻한 물로 적시고 손가락으로 마사지하여 세척한 후 헹구어 내는 작업
⑤ 긁어내거나 빗질하여 털을 제거하는 방법

정답 및 해설

1	②	2	②	3	①	4	④	5	③
6	⑤	7	①	8	⑤	9	④	10	③
11	⑤	12	①	13	②	14	⑤	15	③④⑤
16	①	17	①	18	④	19	③	20	⑤
21	①	22	③	23	④	24	①	25	②
26	⑤	27	④	28	①	29	②	30	③
31	⑤	32	③	33	④	34	④	35	①
36	②	37	⑤	38	⑤	39	②	40	④
41	①	42	②	43	④	44	⑤	45	③
46	②	47	①	48	④	49	①	50	③
51	④	52	②	53	⑤	54	②	55	③
56	①	57	④	58	⑤	59	①	60	⑤
61	③	62	②	63	④	64	①	65	②
66	④	67	②	68	①	69	②	70	⑤
71	①	72	④	73	②	74	⑤	75	③
76	③	77	⑤	78	④	79	①	80	③
81	②	82	②	83	④	84	①	85	⑤
86	③	87	①	88	③	89	④	90	④
91	②	92	⑤	93	①	94	⑤	95	③
96	④	97	②	98	③	99	⑤	100	②

1. ② 털 관리 이후 고객이 원하는 미용을 할 수 있도록 틀을 잡아 준다.
2. ① 미용 후에도 오염이 발생될 여지가 있는지 파악하여야 하며 지속적으로 착색될 우려가 있을 때에는 문제점을 해결해야 한다.
3. ① 애완동물의 상태가 미용이 불가능할 수도 있으며 불가능하다고 판단된다면 그 이유를 고객에게 이해하기 쉽게 설명한다.
4. ④ 발에 예민한 애완동물은 발 미용 시간을 최소화 한다.
5. ③ 애완동물의 생활하는 장소의 날씨나 온도를 파악하여 체온이 너무 오르거나 낮아지지 않도록 스타일을 제안하며 섭취하는 사료의 종류와는 관계가 없다.
7. ① 밴딩을 하여 리본을 묶게 되면 털의 상태를 자주 확인해주고 브러싱을 해주어야 하기 때문에 빗질을 최소화할 수 있는 스타일을 제안하는 것이 좋다.
8. ① 발톱이 너무 자라나서 부러지거나 갈라질 수 있다.
   ② 가파른 벽이나 나무를 기어오르는데 편리한 구조이다.
   ③ 발톱을 깎으면 방어수단이 없다는 것을 알고 사람을 물거나 우울해질 수 있다.
   ④ 발톱이 너무 짧으면 고양이가 물건을 잡지 못한다.
9. ④ 실내에서 키우는 고양이는 발톱이 너무 자라 부러지거나 갈라질 수 있으므로 끝 부분만 조금 잘라 준다.
10. ③ 피부에 탄력이 없고 주름이 있으므로 클리핑할 때 상처가 나지 않도록 주의한다.
11. ⑤ 미용이 질병을 악화시킬 가능성이 있다면 미용을 하지 않도록 한다.
12. ① 미용사의 의견보다는 고객의 의견을 우선적으로 반영한다.
13. 포스트 클리핑 신드롬 : 털을 깎은 자리에 털이 다시 자라나지 않는 증상으로 피부병으로 오해하기도 하지만 탈모를 제외하면 다른 피부 병변의 증상이 보이지 않는 차이점이 있다. 일반적으로 포메라니안, 스피츠, 사모예드 등의 이중모 개에서 발견되며 단모종 개에게서도 흔히 볼 수 있다.
14. ⑤ 주로 등이나 엉덩이, 허벅지 등에 발생된다.
16. ② 미용사가 최선이라고 생각하는 미용 스타일이 고객에게 만족스럽지 못할 수 있음을 이해하고 고객의 의견을 우선적으로 반영한다.

③ 구두 상으로만 설명한다면 같은 말이라도 고객과 미용사가 다르게 이해할 수 있으며 이러한 생각의 차이는 그림이나 사진을 제공함으로써 생각의 오차를 줄일 수 있다.

④ 너무 어려운 용어는 고객이 이해하기 어렵기 때문에 보편적으로 사용하는 전문 용어를 어느 정도 섞어가며 설명한다.

⑤ 개개인의 취향이나 개성이 다르기 때문에 고객과의 상담을 통하여 미용 스타일을 결정하도록 한다.

17. ① 고객에게 애완동물의 단점을 이야기할 때에는 고객이 불쾌하지 않도록 단어 선택에 주의한다.

18. ④ 눈이 푸른 흰 고양이 중에서는 난청이 많다.

19. ① 고양이는 스트레스에 매우 민감하여 질병의 직접적인 원인이 될 수도 있다.

② 미용작업이 끝난 후에 애완동물 종의 특징에 따라 생기는 문제점은 미용을 시작하기 전에 안내한다.

④ 털이 심하게 엉킨 애완동물은 피부 질환이 발생하기 쉬우며 엉킨 털이 당겨져 찰과상이 발생되기도 한다. 이러한 것들은 엉킨 털 때문에 가려져 고객이 인지하지 못하는 경우가 많아 미용 때문에 생긴 것으로 오해하기도 한다. 때문에 애완동물 미용사는 미용 전에 이러한 상황을 고객에게 설명하여 고객과 마찰을 미리 예방하여야 한다.

⑤ 고양이의 수염은 자르지 않는다.

20. ⑤ 애완동물의 몸 구조에서 단점이 되는 부분을 보완시켜 줄 수 있는 미용 스타일을 구상한다.

21. ① 애완동물의 몸에서 털 길이가 가장 짧은 곳을 파악하여 미용 스타일을 구상하는 데 활용한다.

22. ③ 미용 중 외부 기생충이 발견된다면 미용을 중단하고 보호자에게 연락하여 동물을 인계한다.

23. ④ 애완동물의 생활 환경을 파악하는 방법이다.

25. ② 바닥이 미끄러운 곳에서 생활하는 경우 발바닥 아래 털이 길면 보행에 어려움을 겪게 되니 애완동물이 생활하는 곳의 바닥이 미끄럽지 않은지 확인한다.

27. ④ 생활 환경을 파악하는 내용이다.

28. ① 동물이 예민한 경우 미용에 걸리는 시간을 최소화하는 미용 방법을 선정한다.

29. ② 고객이 원하는 미용 스타일과 미용사가 선정한 미용 방법이 일치하면 고객에게 비용을 설명하고 미용을 시작한다.

31. ① 전체 클리핑을 할 때에는 전문가용 클리퍼를 사용한다.

② 클리퍼 날에 표기된 숫자는 역방향으로 클리핑 할 때에 남는 털 길이이다.

③ 역방향으로 클리핑을 하면 털 관리가 더욱 편하지만 피모어 손상을 줄 우려가 있다.

④ 정방향으로 클리핑을 하면 털 길이가 더 길게 남기 때문에 미용 주기가 더욱 짧아진다.

32. ③ 정방향으로 클리핑 할 때에는 털 길이가 역방향보다 두 배가 남는다.

33. ④ 강아지가 처음 미용을 하는 경우에는 무조건 전체 클리핑을 하지 않는다. 개체의 상태와 보호자의 의견 등을 반영하여 스타일을 정하며 가급적이면 처음 미용을 할 때에는 미용에 대한 거부감이 있을 수 있으므로 기본미용부터 시작하여 미용에 익숙해질 수 있는 과정을 거치는 것이 좋다.

34. ④ 일반적으로 얼굴은 털이 난 반대 방향으로 이미지너리 라인을 만들지만 개체 특성상 정방향으로 이미지너리 라인을 만들수도 있다.

35. ① 머리를 클리핑 할 때에는 주둥이를 잡고 바닥으로 향하게 한다.

36. ② 애완동물이 물거나 산만할 경우 클리퍼를 입으로 물거나 상처를 입을 수 있으므로 입마개를 착용시킨다.

37. ⑤ 목 주변 클리핑은 한 손으로 애완동물이 입을 벌리지 않게 주둥이를 잡아 위로 올리고 목과 목 주변을 클리핑한다.

38. ⑤ 미간은 클리퍼 날 모서리의 끝부분으로 클리핑한다.

39. ② 역방향보다 털이 길게 남기 때문에 콤으로 빗질한 후 블런트 가위로 풋라인을 정리해준다.

41. ① 인후는 목의 앞부분을 말하며 ②, ③, ④, ⑤는 몸통과 다리에 대한 명칭이다.

43. ④ 견단은 어깨끝을 말하는 명칭이다.

①, ②는 머리에 해당되며 ⑤는 다리에 관련된 명칭이다.

45. ③ 하퇴부는 종아리 부위를 말한다.

①, ②, ④, ⑤는 몸통에 관련된 명칭이다.

48. ① 각을 없앨 때에는 커브 가위를 사용한다.

② 털의 결을 자연스럽게 연결할 때는 시닝 가위를 사용한다.

③ 마무리 작업을 할 때에는 블런트 가위를 사용한다.

⑤ 모질이 부드럽고 힘이 없을 때에는 시닝 가위를 사용한다.

49. ① 얼굴의 머리 부분이나 다리 장식은 커브 가위를 사용한다.

50. 모질 특성에 따른 가위의 선택

① 커브 가위 : 아치형 또는 동그랗게 커트할 때 사용한다.

② 시닝 가위 : 모질에 힘이 없거나 모량이 많아 털을 가볍게 할 때 사용한다.

③ 블런트 가위 : 전반적인 커트 및 마무리 작업에 사용한다.

④ 보브 가위 : 눈앞이나 풋라인을 자를 때 사용한다.

⑤ 요술 가위 : 시닝 가위와 비슷하지만 절삭율이 더 좋기 때문에 넓은 범위에 주로 사용한다.

52. ③ 민가위 : 블런트 가위의 다른 이름이다.

⑤ 텐텐 가위 : 요술 가위의 다른 이름이다.

53. ⑤ 백 라인을 짧게 커트하여 키를 작아 보이게 한다.

54. ② 가슴 부분의 털을 짧게 커트하여 몸이 짧아 보이게 한다.

55. ① 드워프 : 몸게 비해 다리가 짧은 체형

② 코비 : 몸통이 짧고 간결한 모양

④ 클로디 : 등이 낮고 몸통이 굵은 모양

⑤ 하이온 : 몸에 비해 다리가 긴 체형

56. ① 어린 양의 모습에서 나온 미용 스타일이다.

57. ④ 비절에서 지면까지 일직선으로 시저링한다.

59. ① 애완동물이 미용 테이블 위에 있을 때에는 작업자는 현장에서 벗어나지 않도록 한다.

60. ⑤ 개체와 너무 가까우면 전체적인 밸런스를 맞추기 힘들고 개체와 너무 멀면 돌발 상황에서 대처 능력이 떨어질 수 있으므로 개체와는 한 발자국 정도 떨어진 거리를 유지한다.

61. ③ 비절에서 지면까지 일직선으로 커트한다.

62. ② 안쪽의 털은 옆면 쪽과 평행하게 커트한다.

63. ④ 가슴의 털을 커트할 때에는 가위 방향이 수평으로 들어간다.

64. ① 눈에서 귀까지 클리핑한 털을 커트한다.

65. ② 눈과 눈 사이를 역 V자형으로 클리핑한다.

66. ① 그리핑(gripping) : 트리밍 나이프로 소량의 털을 골라 뽑아내는 것

② 드라잉(drying) : 드라이어로 코트를 말리는 과정. 품종의 스탠더드나 모질에 따라 여러 가지 드라이 방법을 활용할 수 있음.

③ 레이킹(raking) : 스트리핑 후 남은 언더코트나 오버코트를 일정 간격으로 제거해 주는 것

⑤ 밥 커트(bob cut) : 가위로 털을 잘라 일직선으로 가지런히 하는 것

67. ① 베이싱(bathing) : 목욕. 입욕. 물로 코트를 적셔 샴푸로 세척하고 헹구어내는 작업

③ 브러싱(brushing) : 브러시를 이용하여 빗질하는 것. 피부를 자극하여 마사지 효과를 내고 노폐모와 탈락모를 제거함. 혈액순환을 좋게 하고 신진대

사를 촉진하여 건강한 피모가 되도록 함. 엉킨 털을 제거하고 피모를 청결하게 함.

　④ 네일트리밍(nail trimming) : 발톱을 손질하는 것

68. ② 린싱(rinsing) : 샴푸 후 린스를 뿌려 코트를 마사지하고 헹구는 작업. 털을 부드럽게 하여 정전기를 방지하고 샴푸의 알칼리 성분을 중화하는 작업
　④ 블렌딩(blending) : 털 길이가 다른 곳의 층을 연결해 자연스럽게 하는 것

69. ① 새킹(sacking) : 베이싱을 한 후 털이 튀어나오거나 뜨는 것을 막아 가지런히 하기 위해 신체를 타월로 싸 놓는 것
　③ 세트 스프레이(set spray) : 톱 노트 부분의 코트를 세우기 위해 스프레이를 뿌리는 작업
　⑤ 래핑(wrapping) : 장모종의 긴 털을 보호하기 위하여 적당한 양의 털을 나누어 래핑지로 감싸주는 작업. 동물이 보행 중 불편함이 없어야 하며 털을 보호할 수 있도록 해야 함.

70. ② 셰이빙(shaving) : 나이프나 드레서를 이용하여 털을 베듯이 자르는 기법
　③ 스웰(swell) : 두부를 부풀려 볼륨있게 모양을 내는 것

71. ② 카딩(carding) : 긁어내거나 빗질하여 털을 제거하는 방법
　③ 코밍(combing) : 털을 가지런하게 빗질하는 것. 털의 방향으로 일정하게 빗질하는 것이 기본적인 의미임.
　④ 토핑오프(topping-off) : 스트리핑 후 완성된 아웃코트 위에 튀어나오는 털을 뽑아내는 것
　⑤ 페이킹(faking) : 눈속임. 여러 가지 기법으로 모질 및 모색에 대한 눈속임을 하는 것

72. ② 스테이징(staging) : 미니어처슈나우저에게 하는 스트리핑 방법의 순서

74. ② 파팅(parting) : 털을 좌우로 분리시키는 것. 분리된 선은 파팅 라인이라고 함.
　③ 스펀징(sponging) : 샴핑할 때 스펀지를 사용하는 것.
　④ 클리핑(clipping) : 클리퍼를 이용하여 스타일 완성에 불필요한 털을 잘라내는 것.

75. ① 커팅(cutting) : 클리퍼나 가위로 털을 잘라 원하는 형태를 만드는 것
　⑤ 화이트닝(whitening) : 견체에 하얀 털을 더욱 하얗게 보이게 하기 위한 작업

76. ① 인덴테이션(indentation) : 우묵한 패임을 만드는 것. 푸들 스톱에 역 V자형 표현
　④ 핑거 앤드 섬 워크(finger and thumb work) : 엄지손가락과 집게손가락을 사용해 털을 제거하는 것
　⑤ 세트업(set up) : 톱 노트를 형성하기 위해 두부의 코트를 밴딩하고 세트 스프레이를 하는 작업

78. ① 펫 클립(pet clip) : 쇼 클립을 제외한 나머지 미용을 대부분 펫 클립이라고 함. 가정에서 애완견으로 키우기 위해 털을 청결하게 관리하여 건강을 유지할 수 있어야 하며, 견종에 따른 피모의 특성, 생활 환경, 개체의 성격과 보호자의 생활 방식이나 취향 등을 고려하여 다양한 스타일을 연출함.

79. ② 시저링(scissoring) : 털을 가위로 잘라 내는 것
　③ 초킹(chalking) : 더러움이나 냄새를 제거하기 위하여 흰색 털에 흰색을 표현할 수 있는 제품을 문질러 바르는 것
　⑤ 타월링(toweling) : 목욕 후 타월을 감싸 닦아내는 것

80. ① 피킹(picking) : 듀플렉스 쇼트와 같은 작업. 손가락을 주로 사용하여 오래된 털을 정리함.
　⑤ 트리밍(trimming) : 털을 뽑거나 자르거나 미는 등의 모든 미용작업을 일컫는 말. 필요하지 않은 부분의 털을 제거하여 스타일을 만듦.

82. ① 치핑(chipping) : 빗살가위나 가위를 이용하여 털끝을 잘라내는 미용방법
　③ 플러킹(plucking) : 트리밍 칼로 털을 뽑아 원하는 미용 스타일을 만들어내는 것

　⑤ 그루밍(grooming) : 피모에 대한 일상적인 손질을 포함하는 포괄적인 것. 몸을 건강하고 청결하게 하기 위한 브러싱, 베이싱, 코밍, 트리밍 등의 피모에 대한 모든 작업을 포함

84. ② 플러킹(plucking)
　③ 시저링(scissoring)
　④ 코밍(combing)
　⑤ 인덴테이션(indentation)

85. ① 블렌딩(blending)
　② 플러킹(plucking)
　③ 초킹(chalking)
　④ 화이트닝(whitening)

86. ① 그루밍(grooming)
　② 치핑(chipping)
　④ 그루머(groomer)
　⑤ 트리밍(trimming)

87. ② 피킹(picking)
　③ 핑거 앤드 섬 워크(finger and thumb work)
　④ 스테이징(staging)
　⑤ 코밍(combing)

88. ① 토핑오프(topping-off)
　② 그리핑(gripping)
　④ 래핑(wrapping)
　⑤ 드라잉(drying)

89. ① 밴드(band)
　② 레이저 커트(razor cut)
　③ 블렌딩(blending)
　⑤ 셰이빙(shaving)

90. ① 래핑(wrapping)
　② 레이킹(raking)
　③ 네일 트리밍(nail trimming)
　⑤ 이미지너리 라인(imaginary line)

91. ① 시닝(thinning)
　③ 세트 스프레이(set spray)
　④ 새킹(sacking)
　⑤ 화이트닝(whitening)

92. ① 초킹(chalking)
　② 오일 브러싱(oil brushing)
　③ 새킹(sacking)
　④ 블렌딩(blending)

93. ② 그루밍(grooming)
　③ 타월링(toweling)
　④ 화이트닝(whitening)
　⑤ 피킹(picking)

94. ① 그리핑(gripping)
　② 밴드(band)
　③ 트리밍(trimming)
　④ 토핑오프(topping-off)

95. ① 레이저 커트(razor cut)
　② 밥 커트(bob cut)

④ 세트업(set up)
　　⑤ 스테이징(staging)
96. ① 스트리핑(stripping)
　　② 인덴테이션(indentation)
　　③ 페이킹(faking)
　　⑤ 초킹(chalking)
97. ① 토핑오프(topping-off)
　　③ 스펀징(sponging)
　　④ 스웰(swell)
　　⑤ 시닝(thinning)
98. ① 밥 커트(bcb cut)
　　② 블렌딩(blending)
　　④ 레이저 커트(razor cut)
　　⑤ 치핑(chipping)

99. ① 코밍(combing)
　　② 플러킹(plucking)
　　③ 세트 스프레이(set spray)
　　④ 초킹(chalking)
100. ① 핑거 앤드 섬 워크(finger and thumb work)
　　③ 셰이빙(shaving)
　　④ 샴핑(shampooing)
　　⑤ 카딩(carding)

Memo

Key Point

실기 시험 시간은 2시간이고 3급 초벌은 1시간 이내 이루어져야 하며 초벌이 굉장히 중요한 비중을 차지하고 있는 가운데 초벌은 정해진 순서에 의해 진행해야 하며 정해진 시간과 순서와 방향을 잘 숙지해야 할 것이다. 또한 작업 중에는 절대로 위그에서 손을 떼면 안 되고 늘 보정된 상태로 해야 되며 테이블 위에 고정된 상태로 해야 되므로 정확한 보정 방법이 필요하다.

1. 반려견스타일리스트 3급 실기 시험 초벌

먼저 위그 상태를 잘 이해해야 한다. 위그는 기준은 실견의 체형과 많이 다르다. 실견은 체고보다 체장이 약간 긴 편의 적당한 밸런스를 하고 있는 반면 위그는 체장이 매우 짧은 스퀘어에 가까운 형태를 이루고 있다. 비절 부분도 짧은 편이며 목 부분 또한 짧은 편이므로 위그의 본체를 생각하지 않고 실견의 기준점을 보아 커트를 한다면 매우 좋지 않은 밸런스가 나올 수 있다. 수험자는 이 점을 생각하며 교재를 숙지하고 시험에 응하기 바란다.

다음과 같은 방법으로 진행을 한다.

1. (1) 위그와 견체는 모두 흰색이며 어떠한 패턴이나 표시도 없어야 한다.
   (2) 털 길이는 7cm 이상이 되어야 한다.
   (3) 도구는 흰색 바구니에 담아 테이블 밑에 보관한다.

▶ 제1부 반려견스타일리스트 3급

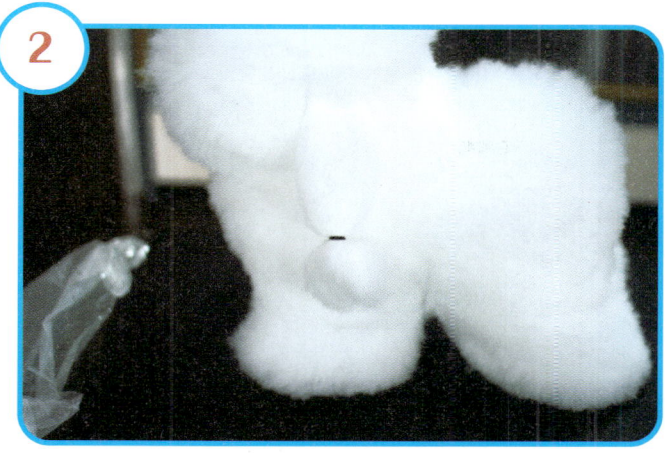

2. 검은색 밴드로 귀 부분을 묶는다.

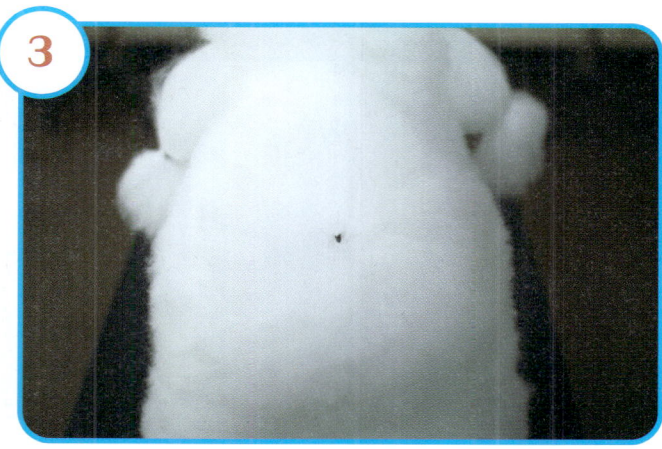

3. 꼬리 위치를 검은색 밴드로 묶는다.

4. 입술이 없는 검은색 코를 부착한다.

5. 검은색 아몬드 모양의 눈을 부착한다.

6. 패드 위 단단히 고정할 수 있는 검은색 밴드로 묶는다.

7. 배 밑 벨크로 부분이 부착되어 있어야 하며 만일 제대로 부착이 되지 않을 경우 흰색 실로 꿰매는 것만 허용한다.

8. 검은색 밴드로 꼬리 밑 부분을 고정시킨다.

* **초벌 순서**: 얼굴 클리핑→풋라인(왼쪽 뒷다리, 오른쪽 뒷다리, 오른쪽 앞다리, 왼쪽 앞다리)→넥라인(오른쪽 넥라인, 왼쪽 넥라인)→체장 및 체고→좌골 30°, 파팅 라인 설정(왼쪽 옆구리 파팅 라인, 오른쪽 옆구리 파팅 라인)→왼쪽 뒷다리 측면, 오른쪽 뒷다리 측면→왼쪽 뒷다리 안쪽, 오른쪽 뒷다리 안쪽/뒷다리 사이 윗부분→뒷다리 비절 90°(왼쪽 뒷다리 비절, 오른쪽 뒷다리 비절), 앵귤레이션(왼쪽 뒷다리 앵귤레이션, 오른쪽 뒷다리 앵귤레이션)→뒷다리 풋라인(왼쪽 뒷다리 비절 45° 및 풋라인, 오른쪽 뒷다리 비절 45° 및 풋라인)→몸통 파팅 라인 앞선→오른쪽 견갑, 상완, 앞다리 앞/왼쪽 견갑, 상완, 앞다리 앞→오른쪽 어깨 다리 측면/왼쪽 어깨 다리 측면→오른쪽 앞다리 안쪽, 왼쪽 앞다리 안쪽/앞 다리 사이 윗부분→오른쪽 앞다리 풋라인, 왼쪽 앞다리 풋라인→왼쪽 옆구리 측면, 언더라인, 앞다리 뒤, 뒷다리 앞→오른쪽 옆구리 측면, 언더라인, 뒷다리 앞, 앞다리 뒤→머리(앞, 측면), 목 측면→후두부, 넥라인, 등선, 머리→귀

또는 앞부분 순서에서 오른쪽 견갑, 상완, 앞다리 앞, 오른쪽 어깨 다리 측면 / 왼쪽 견갑, 상완, 앞다리 앞, 왼쪽 어깨 다리 측면으로 이어지는 순서도 있다.

1) 얼굴 클리핑

1~4. 눈과 눈 사이를 클리핑하고 옆 라운딩 눈꼬리에서 귀 앞부분까지 일직선, 머즐 전체를 다 클리핑해 준다.

> **TIP** (1) 머즐 부위가 잘 찢어질 수 있으므로 클리핑 날은 너무 얇지 않은 것으로 선택하며 가급적 속도를 내지 않고 클리핑해 준다.
> (2) 클리핑 작업은 머리를 눌러 잡을 수 있으나 시저링 작업은 머리를 눌러 잡으면 완벽한 머리의 형태를 낼 수 없기 때문에 하지 않도록 주의한다.

5~6. 클리핑된 옆모습과 앞모습(목 경계는 목 시작에서 3~3.5cm 밑선으로 한다. 위그를 실견과 같이 길게 내릴 경우 가슴을 만질 수가 없다.)

7. 클리핑하고 절단된 털은 테이블 옆 비닐봉투에 넣어준다.(넣는 연습이 반드시 필요하다. 넣는 격차는 3~5분 정도 생긴다.)

8. 클리퍼 사용 후에 반드시 바구니에 보관한다.

> **TIP** 클리핑할 경우 테이블 위에는 아무것도 올라가 있지 않아야 하며 가위로 커트하는 경우 일자빗만 테이블 위에 올려 있어야 한다.

2) 풋라인

1~2. 뒷다리 왼쪽 발밑을 코밍하고 블런트 가위로 일직선으로 커트한다.

> **TIP** 맨 밑부분 천이 시작되는 부분을 경계로 한다.

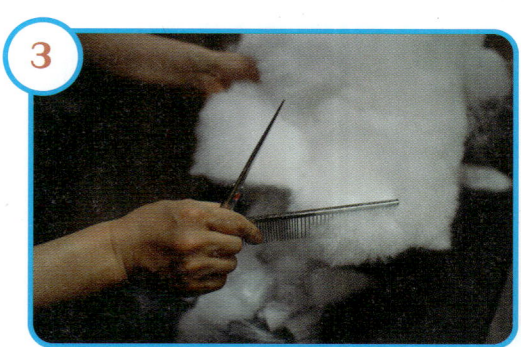 

3~6. 반대로 뒷다리 오른쪽 발밑을 코밍하고 블런트 가위로 일직선으로 커트한다.

> **TIP** (1) 보정 방법은 머즐 부분 및 다리 부분을 보정한다.
> (2) 3급 실기시험에 정해진 가위는 블런트 가위만 허용된다.

7. 절단된 털은 비닐봉투에 처리한다.

8~9. 앞다리 오른쪽 발밑 부분을 일직선으로 커트한다.

▶ 제1부 반려견스타일리스트 3급

10~13. 반대로 앞다리 왼쪽 발밑 부분을 일직선으로 커트한다.

TIP (1) 보정 방법은 머즐 부위를 잡는다.
　　　(2) 라인선이 바뀔 때마다 코밍을 하고 커트한다.

14. 절단된 털은 비닐봉투에 처리한다.

완성된 풋라인 모습 ▶

115

3) 넥라인

1. 왼쪽 넥라인 부분을 부풀리듯 코밍한다.

2. 왼쪽 넥라인의 긴 털을 커트한다.

3. 오른쪽 넥라인 부분을 부풀리듯 코밍한다.

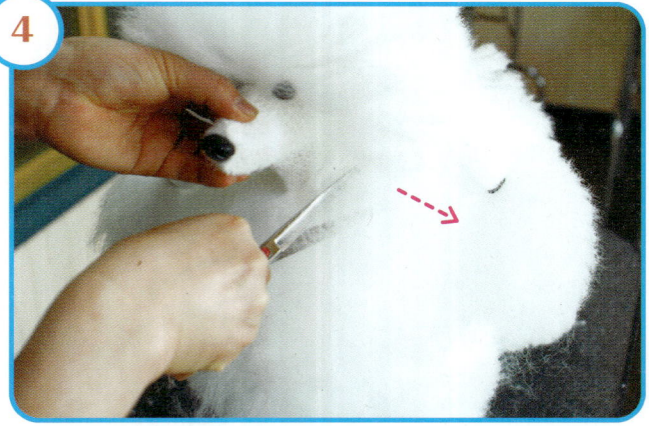

4. 오른쪽 넥라인의 긴 털을 커트한다.

4) 체장 및 체고

1~3. 앞가슴을 코밍 후 체장 앞가슴 부분을 일직선으로 커트한다.

> **TIP** 가슴털의 길이는 머즐 앞부분과 목이 시작되는 부분에 중간 정도가 가장 적당하다.

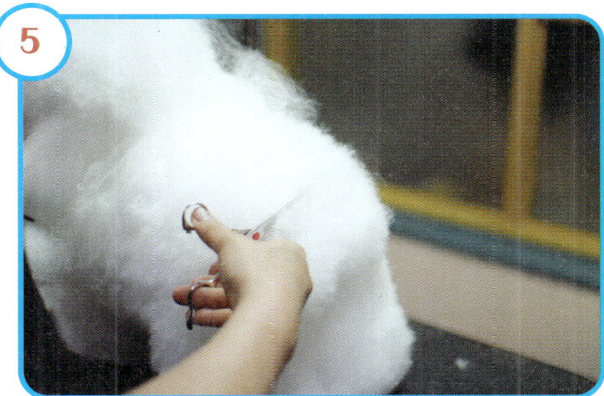

4~6. 좌골 끝단 부분을 코밍 후 앵귤레이션이 나오도록 일직선으로 커트한다.

> **TIP** 좌골 끝단을 1~1.5cm 뒤에 컬 길이를 정하고 뒷다리 전체 높이를 1/2로 커트하면 적당하다.

7~8. 체고 부분을 코밍하고 일직선으로 커트한다.

TIP 등부분 1.5cm가량 털길이를 남기고 커트하되 체장의 1/3까지 길이를 정한다.

완성된 모습 ▲

5) 좌골 30°, 파팅 라인 설정

1~3. 코밍 후 좌골 윗선이 30°가 되도록 커트한다.

4. 왼쪽 옆구리 파팅 라인 부분을 코밍한다.

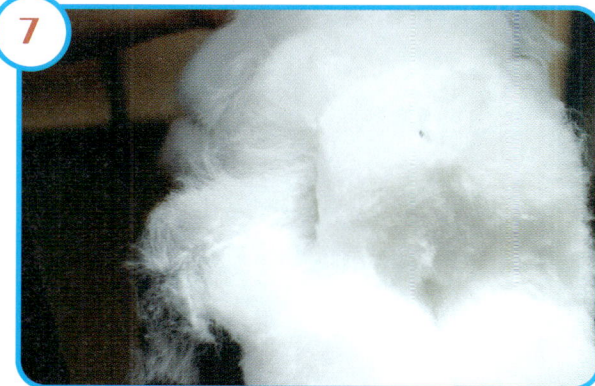

5~7. 왼쪽 옆구리 파팅 라인을 먼저 커트한다.

8. 오른쪽 옆구리 파팅 라인 부분을 코밍한다.

9~10. 오른쪽 옆구리 파팅 라인을 먼저 커트한다.

> **TIP** 허리 양쪽 길이는 대략 12cm 정도를 정하고 위에서 보아 허리쪽이 좁아보이도록 커트한다.

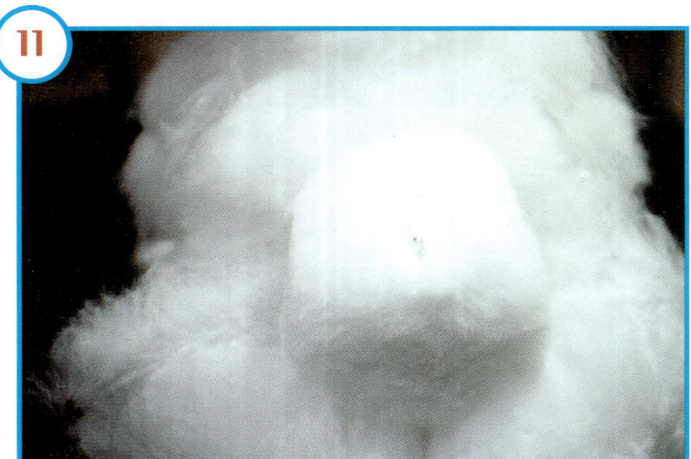

◀ **11~12.** 완성된 모습

6) 왼쪽 뒷다리 측면, 오른쪽 뒷다리 측면

1. 왼쪽 뒷다리 측면을 밑에서부터 위로 올라가며 코밍한다.

2~4. 왼쪽 뒷다리 측면을 턱업에서 발밑선까지 사다리꼴로 넓어보이게끔 커트한다.

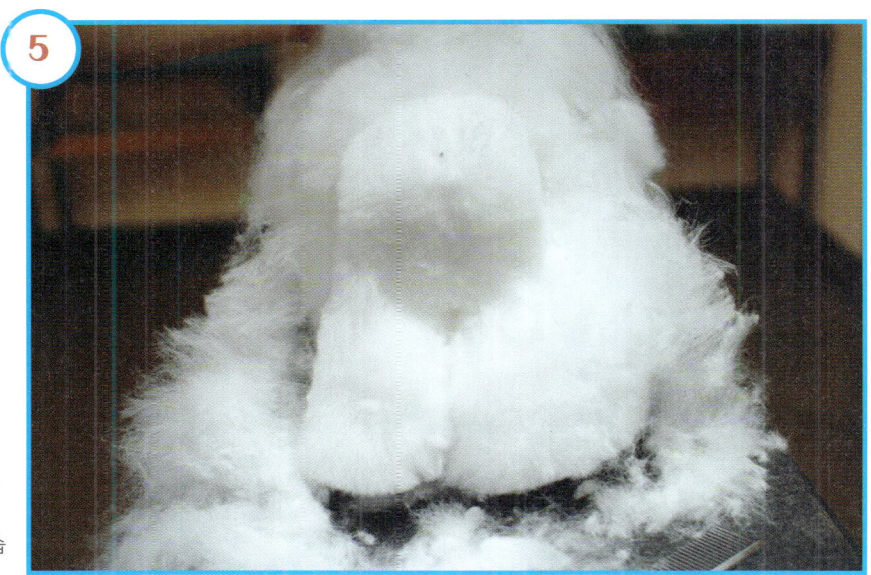

5. 완성된 모습

6~8. 같은 방법으로 오른쪽 다리 측면을 코밍 후 커트한다.

완성된 모습 ▲

7) 왼쪽 뒷다리 안쪽, 오른쪽 뒷다리 안쪽 / 뒷다리 사이 윗부분

1. 왼쪽 뒷다리 안쪽을 밑에서부터 위로 쓸어올리듯이 코밍한다.

   TIP 다리 사이 안쪽은 많은 털이 엇갈려 있기 때문에 확실하게 털을 당기면서 코밍한다.

2~3. 왼쪽 뒷다리 안쪽을 위에서 아래로 일직선으로 내리며 커트한다.

4. 안쪽의 커트된 털을 확실하게 제거해야 다시 커트하기 유용하다.

   TIP 2~4회 반복하며 커트한다.

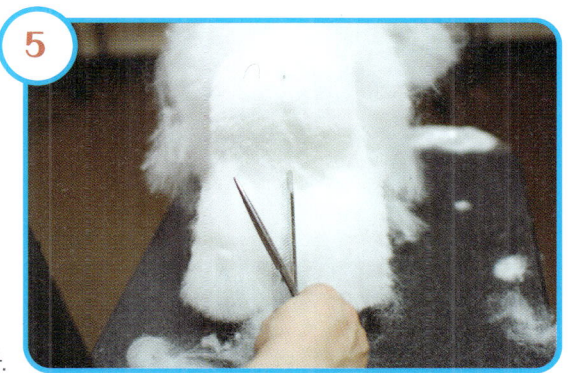

5~7. 반대로 오른쪽 다리 안쪽을 코밍 후 위에서부터 밑으로 일직선으로 커트한다.

8~10. 다리 사이 윗부분을 먼저 커트하며 안쪽 가장자리 부분을 사진과 같이 이어준다.

TIP 양쪽의 간격은 1.5cm가량 보이게끔 한다.

완성된 모습 ▲

8) 뒷다리 비절 90°, 앵귤레이션

1~2. 왼쪽 비절 끝부분을 코밍 후 일직선으로 30°로 커트한다.

3~4. 오른쪽 비절 끝부분을 코밍 후 일직선으로 90°로 커트한다.

5. 왼쪽 앵귤레이션을 코밍한다.

6~8. 왼쪽 비절 윗부분을 먼저 커트 후 사진과 같이 위에서 아래로 내려가며 앵귤레이션을 만든다.

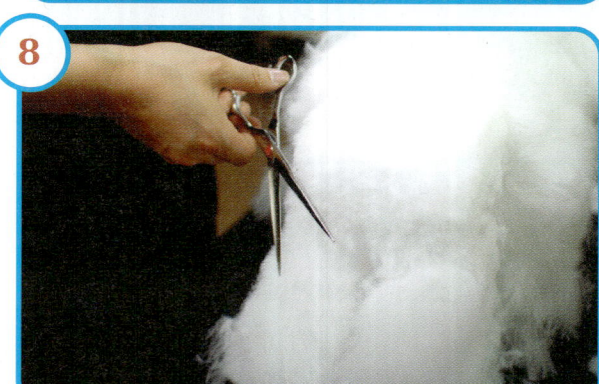

◀ **9.** 완성된 모습

10. 오른쪽 앵귤레이션을 코밍한다.

▶ 제1부 반려견스타일리스트 3급

11~13. 오른쪽 비절 윗부분을 먼저 커트 후 사진과 같이 위에서 아래로 내려가며 앵귤레이션을 단든다.

TIP 다리털이 양에 많으므로 아랫부분을 먼저 사진과 같이 커트하고 위에서 연결하도록 한다.

▲ 완성된 모습

9) 뒷다리 풋라인

1. 왼쪽 뒷다리 풋라인을 코밍한다.

2~3. 왼쪽 비절 부분 45°로 커트 후 발 라운딩한다.

4. 완성된 모습

5. 오른쪽 뒷다리 풋라인을 코밍한다.

▶ 제1부 반려견스타일리스트 3급

6~8. 오른쪽 비절 부분 45°로 커트 후 발 라운딩한다.

▲
◀ 9~10. 완성된 모습

10) 몸통 파팅 라인

1~3. 허리 파팅 라인 뒷부분으로 넘어오는 양측면과 윗부분의 털을 커트한다.

TIP 몸통 전체 털을 제거하는 것이 아니고 파팅라인 뒤로 넘어오는 털만 커트한다.

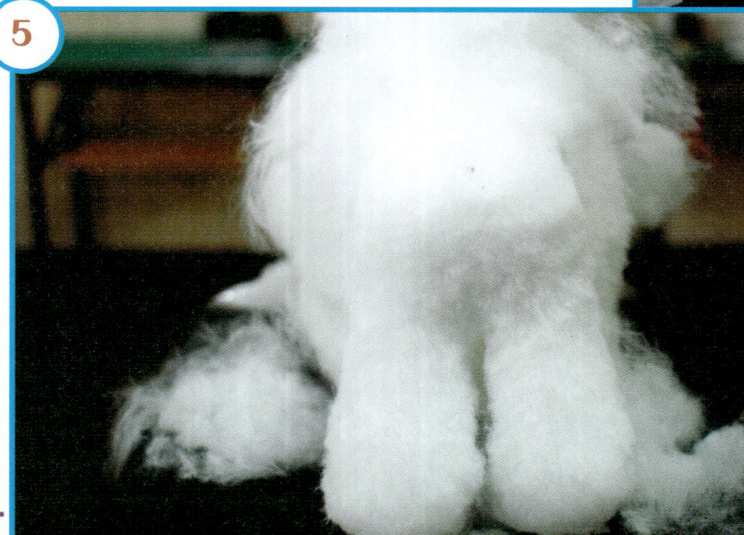

◀ **4~5.** 완성된 모습

11) 오른쪽 견갑, 상완, 앞다리 앞 / 왼쪽 견갑, 상완, 앞다리 앞

1~2. 오른쪽 견갑골 위치를 코밍하고 45° 각도로 커트한다.

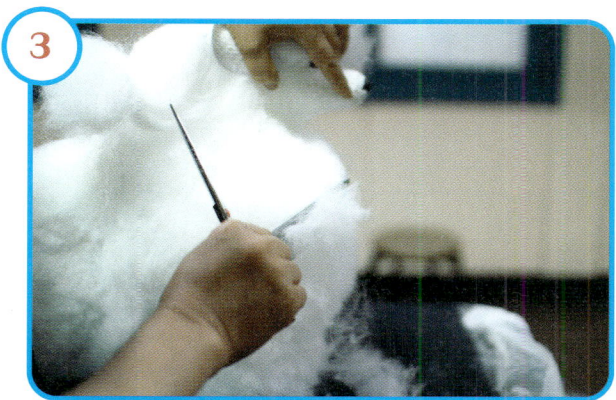

3~5. 오른쪽 상골 위치를 코밍하고 45° 각도로 커트한다.

> **TIP** 가슴 끝지점을 재벌시에 둥근 원형을 생각하여 앞정중 부분에서 3cm 밑 부분을 설정하여 다래 가슴 모양으로 커트한다.

6~8. 오른쪽 앞다리 앞 부위를 일직선이 되도록 커트한다.

TIP 앞다리 시작점 길이 설정은 아래턱 목 시작점에 일치하도록 선정한다.

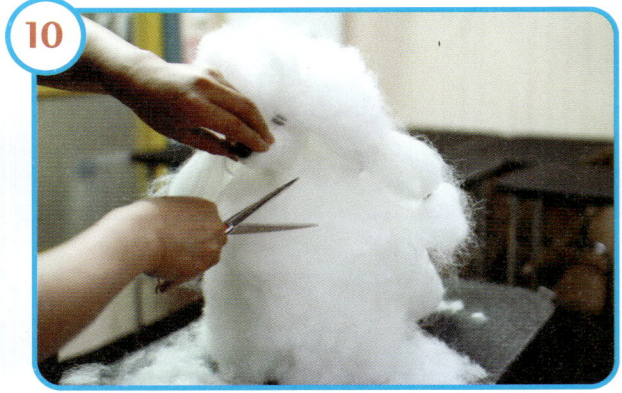

9~10. 왼쪽 견갑골 위치를 코밍하고 45° 각도로 커트한다.

11~12. 왼쪽 상골 위치를 코밍하고 45° 각도로 커트한다.

▶제1부 반려견스타일리스트 3급

13~14. 왼쪽 앞다리 앞면 부위를 일직선이 되도록 커트한다.

15~16. 완성된 모습 ▶

12) 오른쪽 어깨 다리 측면 / 왼쪽 어깨 다리 측면

1~2. 오른쪽 어깨 측면 부위를 코밍 후 A자 형태로 커트한다.

3~5. 오른쪽 다리 측면 부위를 코밍 후 위에서 아래로 내려가며 일직선으로 커트한다.

6. 완성된 모습 ▶

▶ 제1부 반려견스타일리스트 3급

7~8. 왼쪽 어깨 측면 부위를 코밍 후 A자 형태로 커트한다.

9~11. 왼쪽 다리 측면 부위를 코밍 후 위에서 아래로 내려가며 일직선으로 커트한다.

TIP 어깨 부분부터 목 시작까지 좁아지도록 사다리꼴로 커트하고 다리 측면 부위는 일직선으로 커트한다.

◀ **12.** 완성된 모습

13) 오른쪽 앞다리 안쪽, 왼쪽 앞다리 안쪽/앞다리 사이 윗부분

1. 오른쪽 앞다리 안쪽을 코밍한다.

> **TIP** 뒷다리 안쪽과 마찬가지로 앞다리 안쪽도 많은 털이 엇갈려 있기 때문에 확실하게 털을 당기면서 코밍한다.

2~3. 오른쪽 앞다리 안쪽부분을 일직선이 되도록 위에서 아래로 커트한다. **TIP** 2~4회 반복하며 커트한다.

4. 왼쪽 앞다리 안쪽을 코밍한다.

5~6. 왼쪽 앞다리 안쪽부분을 일직선이 되도록 위에서 아래로 커트한다. **TIP** 양쪽 간격은 1~1.5cm가 되도록 커트한다.

7. 앞다리 사이 윗부분 안쪽을 커트한다.

8~9. 사진과 같이 앞다리 사이 윗부분 안쪽을 오른쪽을 커트 후 왼쪽을 커트하며 이어준다.

TIP 약간의 코밍은 좀 더 효과적일 수 있다.

완성된 모습 ▶

14) 오른쪽 앞다리 풋라인, 왼쪽 앞다리 풋라인

1. 오른쪽 앞다리 풋라인을 코밍한다.

2~3. 오른쪽앞 풋라인이 둥근 모양이 되도록 커트한다.

◀ 4. 완성된 모습

▶ 제1부 반려견스타일리스트 3급

5. 왼쪽 앞다리 풋라인을 코밍한다.

6. 왼쪽 앞다리 풋라인이 둥근 모양이 되도록 커트한다.

◀▼ 7~8. 완성된 모습

15) 왼쪽 옆구리 측면, 언더라인, 앞다리 뒤, 뒷다리 앞

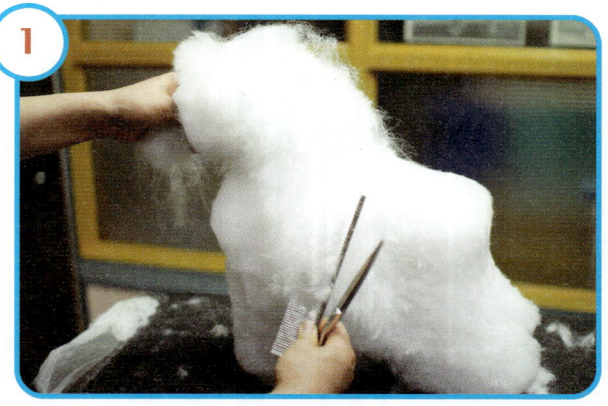

1~2. 왼쪽 옆구리 풍성한 털을 코밍 후 허리 라인선이 들어가도록 커트한다.

3. 언더라인 털은 많은 양이 있으므로 확실하게 코밍한다.

4. 턱업에서 아래 가슴쪽으로 15°가량 내려가도록 커트한다.

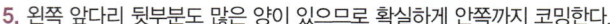

5. 왼쪽 앞다리 뒷부분도 많은 양이 있으므로 확실하게 안쪽까지 코밍한다.

6~7. 왼쪽 앞다리 뒷부분은 엘보 뒷부분에서부터 풋라인까지 일직선이 되도록 커트한다.

TIP 안쪽다리 사이는 서로 붙는 털이 많기 때문에 가위를 깊숙이 넣어서 커트한다.

▶ 제1부 반려견스타일리스트 3급

8. 앞다리 두께 크기는 턱업에서부터 앞다리 잎까지 중간지점 또는 조금 앞으로 한다.

9. 왼쪽 뒷다리 앞부분도 많은 양이 있으므로 안쪽까지 확실하게 코밍한다.

10~11. 왼쪽 뒷다리 앞부분은 턱업에서 아래 풋라인까지 자연스럽게 곡선을 주며 커트한다.

12. 안쪽 사이가 서로 붙는 털을 제거한다.

13. 완성된 모습 ▶

141

16) 오른쪽 옆구리 측면, 언더라인, 뒷다리 앞, 앞다리 뒤

1~2. 오른쪽 옆구리 풍성한 털을 코밍 후 허리 라인선이 들어가도록 커트한다.

3. 언더라인 털은 많은 양이 있으므로 확실하게 코밍한다.

4. 턱업에서 아래 가슴쪽으로 15°가량 내려가도록 커트한다.

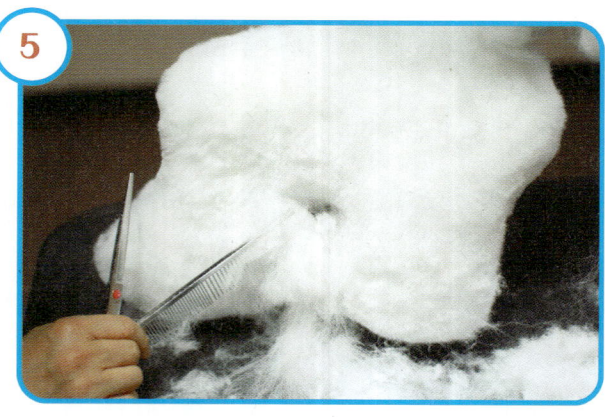

5. 오른쪽 뒷다리 앞부분도 많은 양이 있으므로 안쪽까지 확실하게 코밍한다.

6~7. 오른쪽 뒷다리 앞부분은 턱업에서 아래 풋라인까지 자연스럽게 곡선을 주며 커트한다.

▶ 제1부 반려견스타일리스트 3급

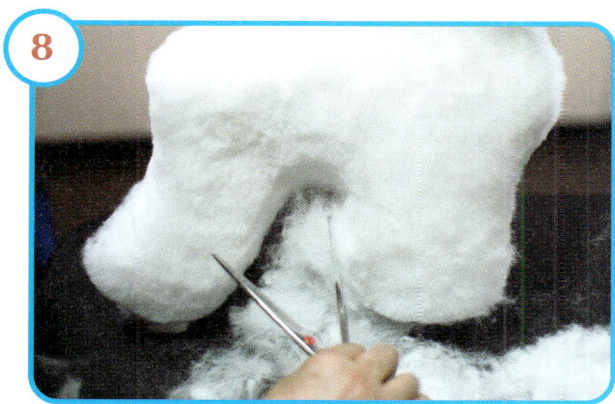

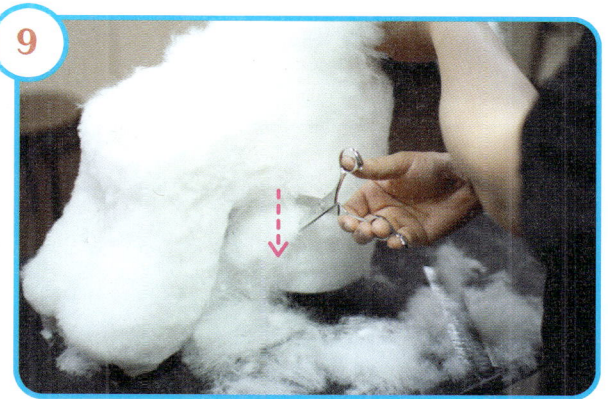

9. 오른쪽 앞다리 뒷부분은 엘보 뒷부분에서부터 풋라인까지 일직선이 되도록 커트한다.

◀ 10~11. 완성된 모습

143

17) 머리(앞, 측면), 목 측면

1. 머리 윗부분과 앞부분을 부풀리듯 코밍한다.

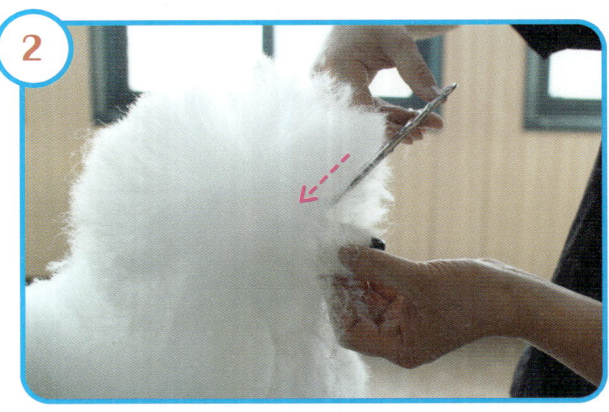

2~3. 액단 부위를 사진과 같이 45°로 커트한다.

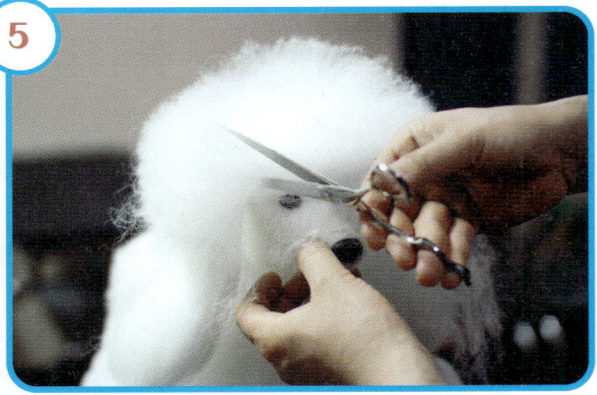

4~7. 오른쪽 머리 측면 부위를 코밍하고 20° 가량 V자 형태로 커트 후 왼쪽도 동일한 방법으로 코밍 후 커트한다.

8~11. 오른쪽 귀와 머리 사이를 코밍 후 일직선이 되도록 커트하고 왼쪽도 동일한 방법으로 코밍 후 커트한다.

12~15. 오른쪽 목 부분을 코밍 후 일직선이 되도록 커트하고 왼쪽도 동일한 방법으로 코밍 후 커트한다.

18) 후두부, 넥라인, 등선, 머리

1. 후두부부터 목선까지 부풀리듯 코밍한다.

2~3. 후두부 윗부분부터 넥라인선과 기갑부 뒷부분까지 자연스럽게 커트한다.

4. 등선 부분을 코밍한다.

5~6. 등선 부분을 일직선으로 커트한다.

▶ 제1부 반려견스타일리스트 3급

7~8. 튀어나온 목 가장자리 부분을 자연스럽게 커트한다.

9~12. 머리 부분 전체를 코밍하고 둥근 형태로 커트하여 준다.

13. 완성된 모습 ▶

19) 귀

1~2. 귀 부분의 검정 고무밴드를 손으로 풀어준다.

3. 밴드가 엉켜 있다면 밴드 제거 가위를 사용하여 커트한다.(밴드는 손으로 풀어야 하고 블런트 가위로 커트해서는 안 된다. 도구 손상될 수 있음.)

4~5. 귀 길이는 가슴의 중심 부분과 일치하도록 곡선으로 커트한다.

6~9. 완성된 모습

2. 반려견스타일리스트 3급 실기 시험 재벌

　초벌이 1시간 이내에 끝이 나고 총 시간 2시간 안에 완성 재벌까지 완성해야 한다. 중요한 점은 초벌의 잘못된 라인선을 파악하고 재벌시 보완하며 미적 감각을 살려주도록 한다.
　전체적인 컷의 재벌이 끝이 나면 15~20분의 시간을 남기고 꼬리컷을 해야 한다. 꼬리컷을 하고 마지막으로 전체를 다듬으며 끝이 난다. 작업 과정 중 초벌과 마찬가지로 보정도 중요하며 미용 매너에도 신경을 써야 한다.
　재벌은 머리에서부터 다리 끝으로 이어지도록 커트해야 한다. 만일 다리에서 부터 시작되어 몸통, 얼굴 순으로 커트가 되면 위에 털들이 이미 지나간 부분에 쌓이기 때문에 머리 위에서 시작해서 발 부분으로 끝이 나야 재작업을 할 필요가 없다.

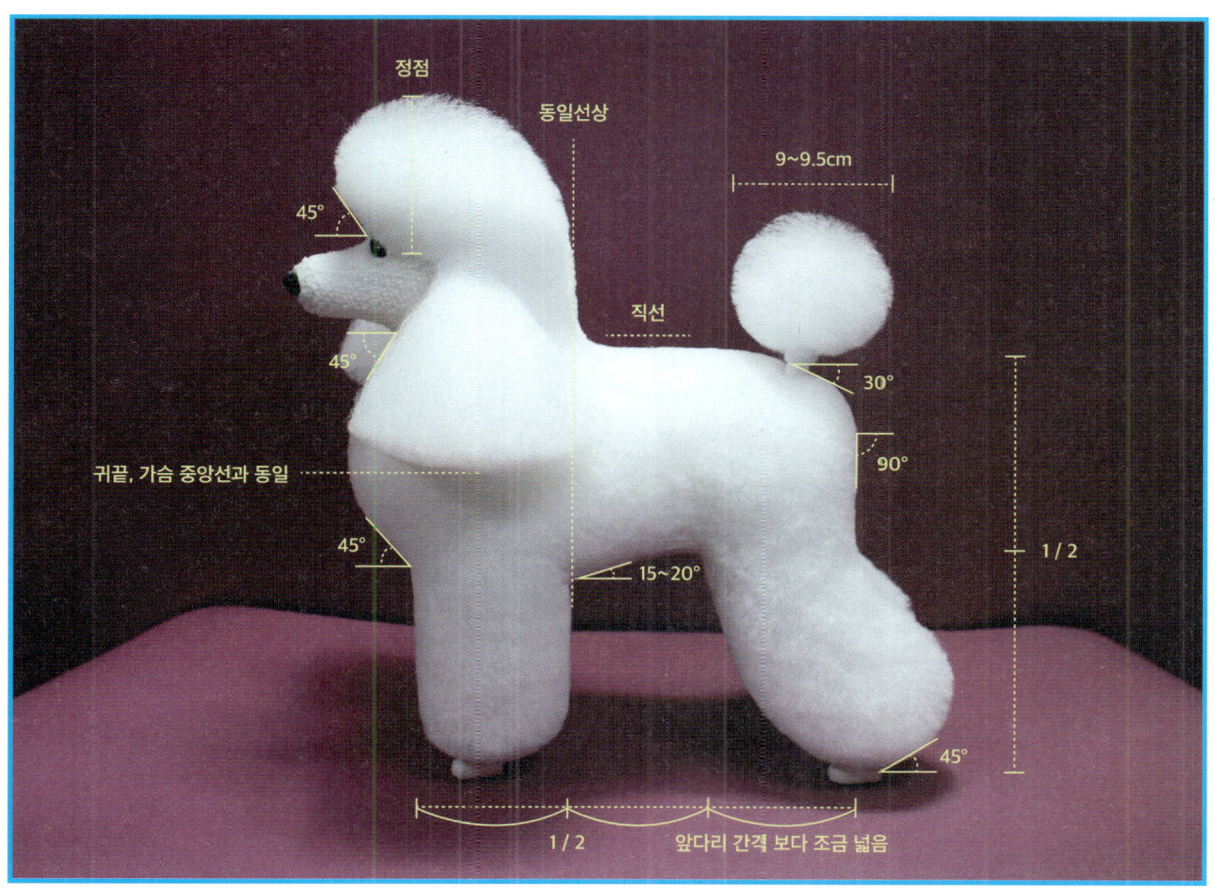

1) 얼굴클리핑, 머리와 목, 등선, 엉덩이 가슴

1. 초벌시 부족한 머즐 부분을 다시 클리핑한다.

2~6. 머리 부분과 목 부위를 코밍하고 둥근 형태로 커트한다.

TIP 위그 자체는 계속 코밍하여도 털이 발생하므로 초벌과 마찬가지로 재벌 또한 정확한 코밍 방법이 필요하다.

▶ 제1부 반려견스타일리스트 3급

7. 어깨요· 등선, 엉덩이 뒤쪽을 코밍 한다.

8~9. 어깨선은 목선에서 보아 A자 형태로 이거지도록 커트한다.

10~12. 등선은 일직선이 되도록 커트하며 양쪽이 둥근 형태로 이루어지도록 한다.

13. 엉덩이 부분은 30°에 각도를 유지하며 앵귤레이션이 이루어지도록 연결하여 커트한다.

14. 양쪽 옆구리와 아랫배 부분을 코밍한다.

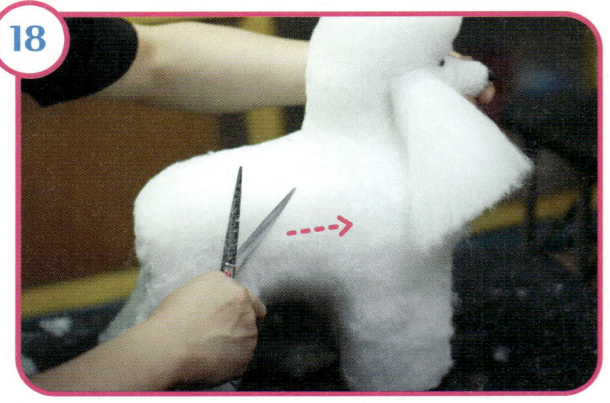

15~19. 옆구리 부분을 둥근 형태로 커트하며 아랫부분으로 이어지도록 한다.

TIP 옆구리는 허리라인선을 생각하며 볼륨감 있게 커트해 주고 아랫배 부분은 앞쪽이 10~15° 내려가도록 커트한다.

▶ 제1부 반려견스타일리스트 3급

20. 가슴 부분을 볼륨감 있게 코밍한다.

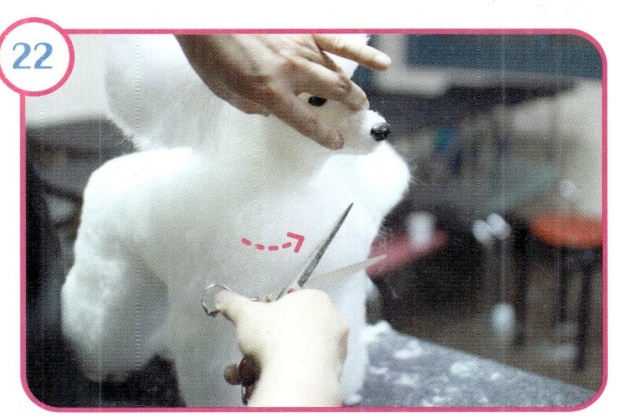

21~22. 가슴 부분의 균형미를 생각하여 둥근 형태로 커트한다.

▲ 23. 완성된 모습

2) 뒷다리

1~3. 양쪽 뒷다리 풋라인을 코밍을 하며 둥글게 커트하여 준다.

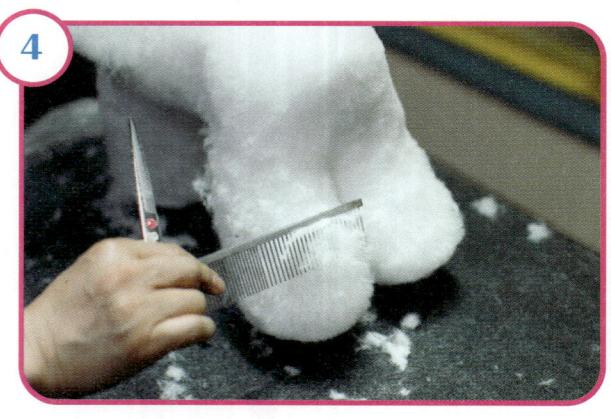

▶ 제1부 반려견스타일리스트 3급

4~8. 왼쪽 뒷다리 뒷부분을 코밍 후 앵귤레이션과 비절라인 선이 이어지도록 커트한다.

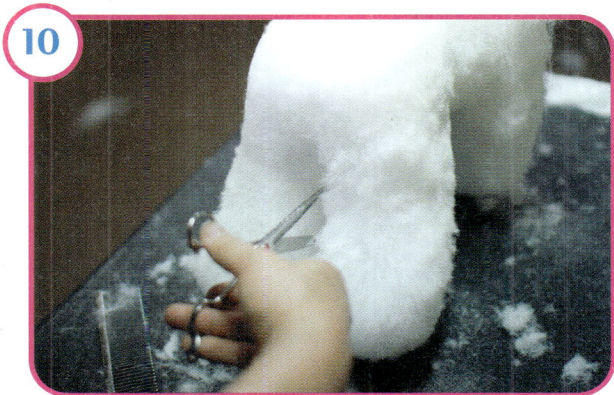

9~11. 왼쪽 뒷다리 안쪽 부분을 코밍 후 일직선이 되도록 커트한다.

12~14. 오른쪽 뒷다리 뒷부분을 코밍 후 앵귤레이션과 비절라인 선이 이어지도록 커트한다.

15~17. 오른쪽 뒷다리 안쪽 부분을 코밍 후 일직선이 되도록 커트한다.

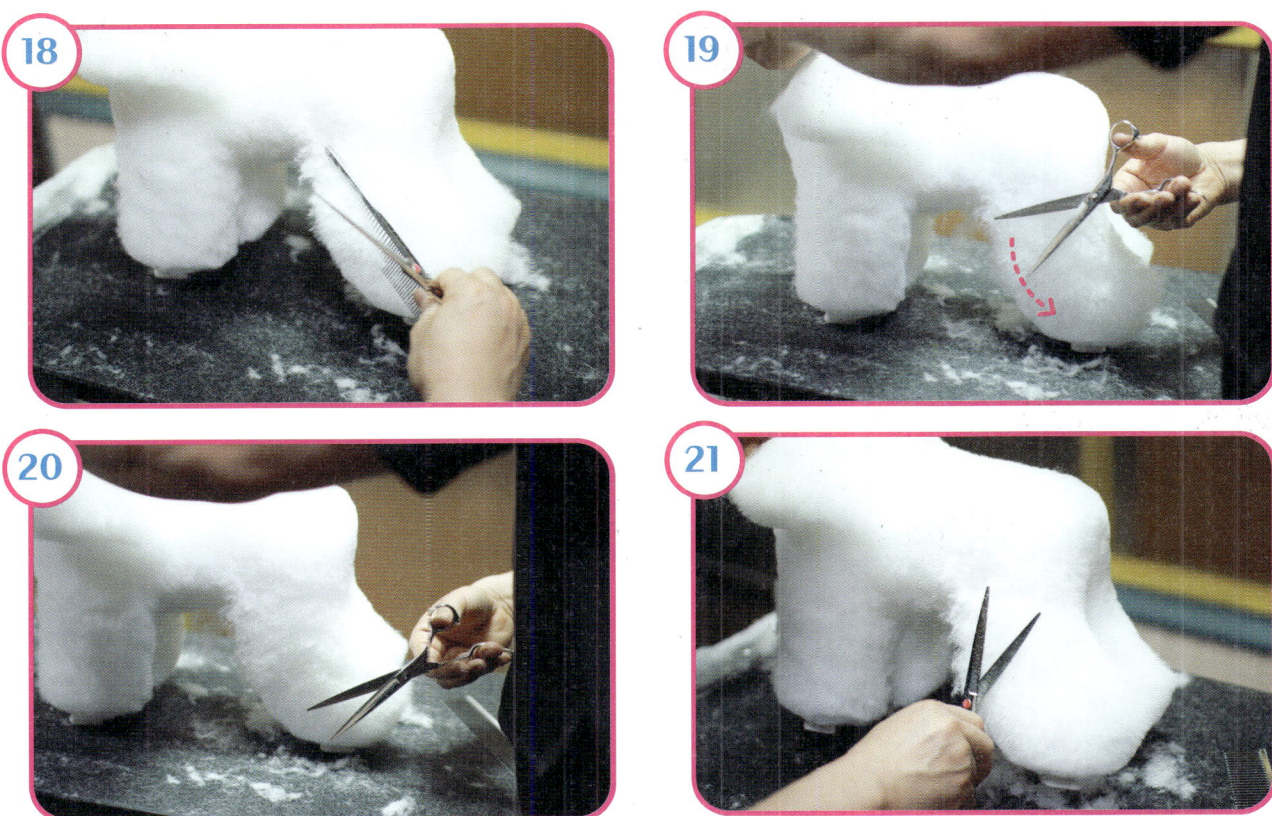

18~21. 오른쪽 뒷다리 옆부분을 코밍 후 위에서 밑으로 내려가면서 A자 형태로 커트한다.

22~24. 왼쪽 뒷다리 앞쪽을 코밍 후 턱업에서 풋라인까지 둥근 나선형으로 커트한다.

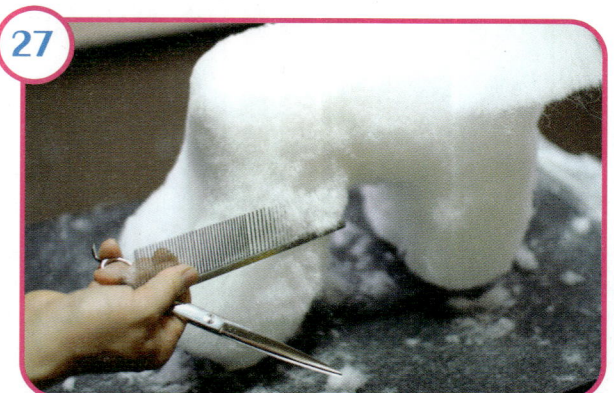

27~29. 오른쪽 뒷다리 부분을 코밍 후 측면 부위가 A자 형태가 되도록 위에서 아래로 커트한다.

▶ 제1부 반려견스타일리스트 3급

30~32. 오른쪽 뒷다리 앞쪽을 코밍 후 턱업 부분부터 풋라인까지 둥근 나선형이 되도록 커트한다.(무릎 위치의 표현이 잘 되도록 한다.)

▲ 33. 완성된 모습

3) 앞다리 커트

1~2. 양쪽 앞다리 풋라인을 코밍하며 둥글게 커트하여 준다.

3~5. 오른쪽 앞다리 앞과 안쪽을 코밍 후 앞부분을 위에서 밑으로 일직선으로 커트한다.

6~7. 오른쪽 앞다리 안쪽을 위에서 밑으로 일직선으로 커트하며 풋라인으로 이어준다.

▶ 제1부 반려견스타일리스트 3급

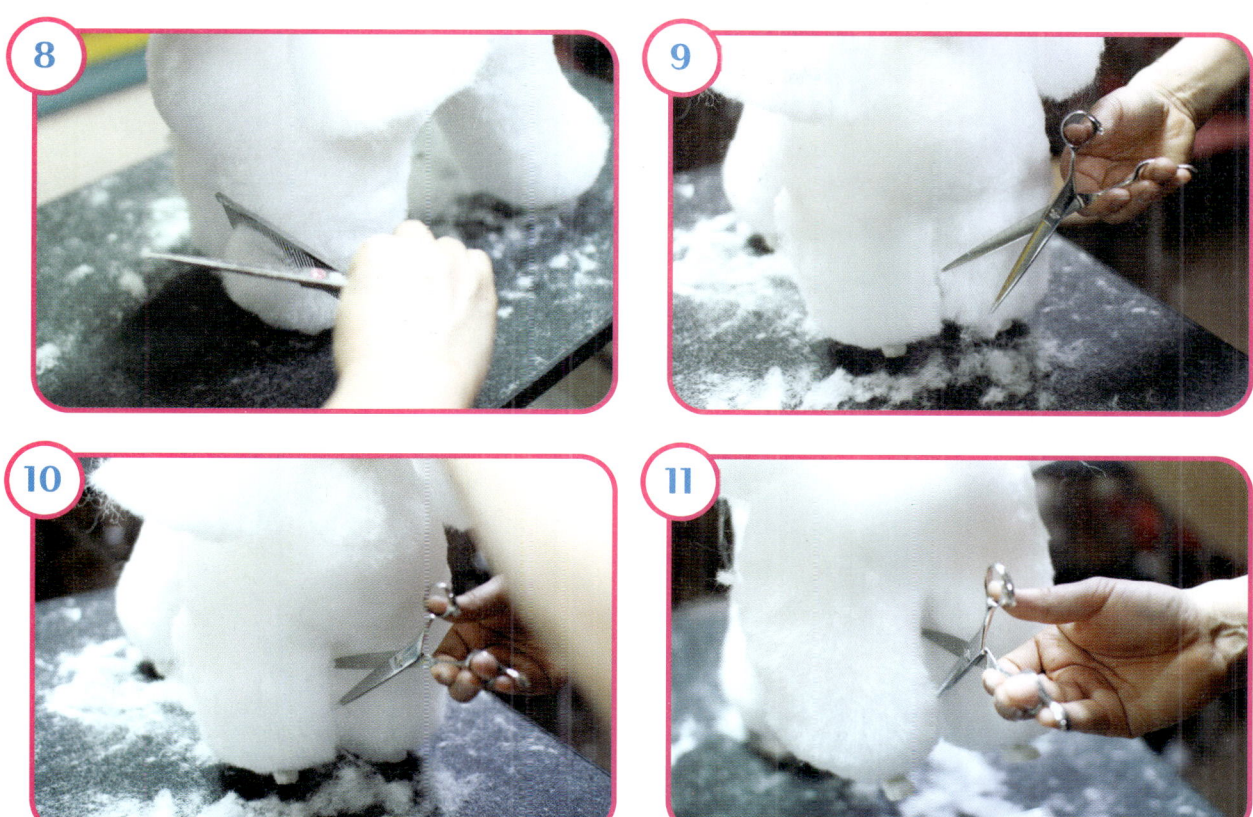

8~11. 왼쪽 앞다리 앞과 안쪽을 코밍 후 앞부분을 위에서 밑으로 일직선으로 커트하며 풋라인으로 이어준다.

12. 오른쪽 앞다리 옆부분과 뒷부분을 코밍한다.

13~14. 오른쪽 앞다리 옆부분을 일직선으로 커트하며 풋라인으로 이어준다.

15~17. 오른쪽 앞다리 뒷부분을 일직선으로 커트하며 엘보와 가슴 윗부분이 잘 이어지도록 한다.

18. 풋라인 선이 깔끔하지 못할 경우 다듬어 이어준다.

19. 왼쪽 앞다리 앞과 안쪽을 코밍한다.

▶ 제1부 반려견스타일리스트 3급

20~22. 왼쪽 앞다리 뒷부분을 일직선으로 커트하며 엘코와 가슴 윗부분이 잘 이어지도록 한다.

23~24. 완성된 모습

4) 귀, 꼬리

1~2. 오른쪽 귀 부분의 정리되지 않은 털을 코밍하고 라운딩으로 커트한다.

 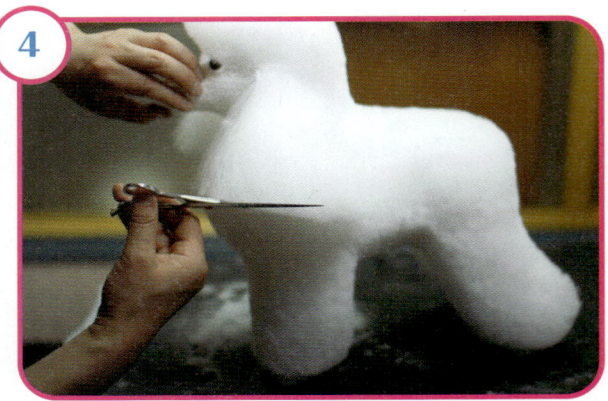

3~4. 왼쪽 귀 부분의 정리되지 않은 털을 코밍하고 라운딩으로 커트한다.

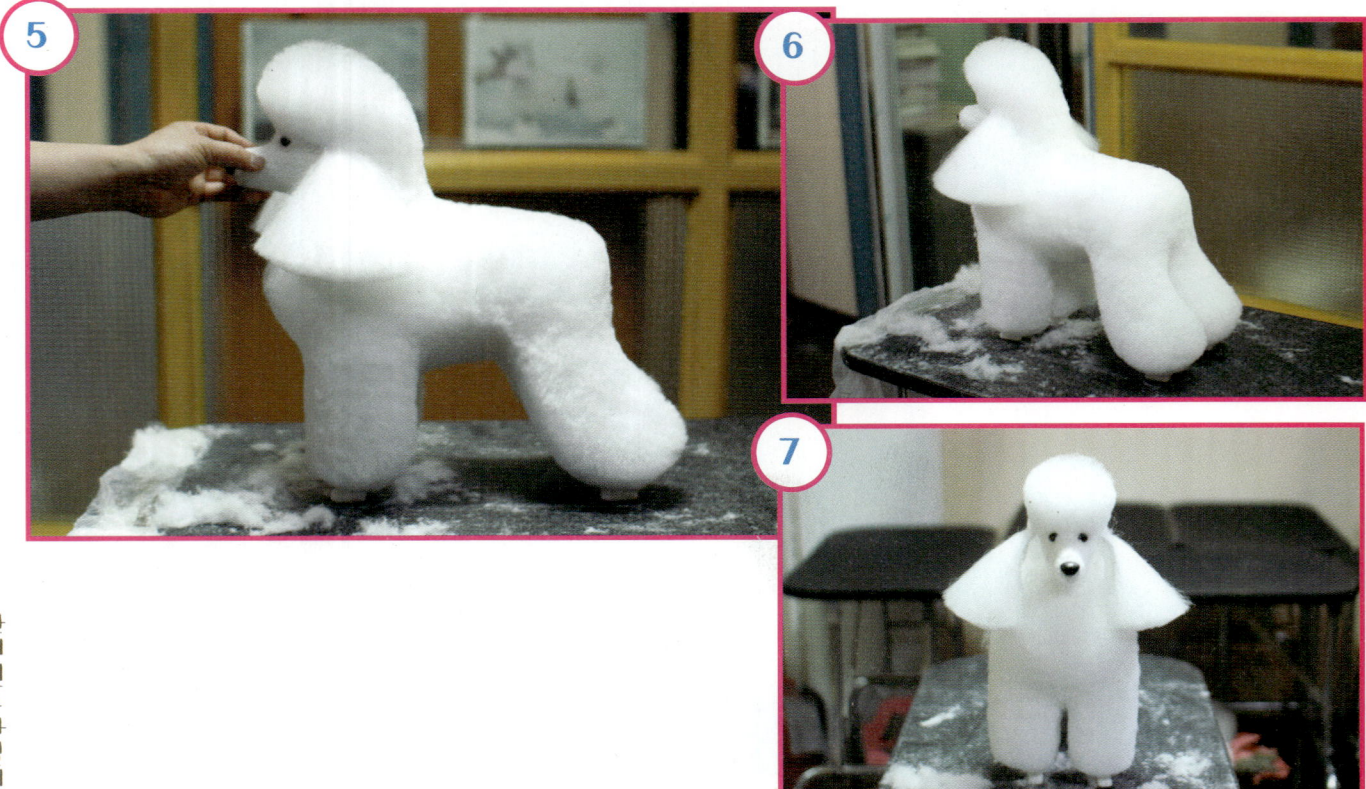

▶ 제1부 반려견스타일리스트 3급

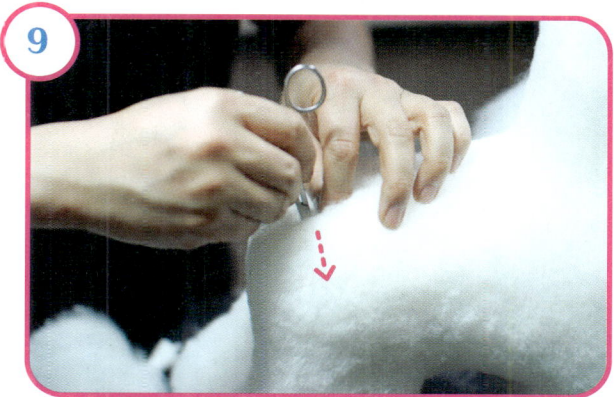

8~9. 가위와 콤을 테이블 밑에 바구니에 보관 후 꼬리 위치의 검정밴드를 제거한 후 겸자로 꼬리 위치를 뚫어준다.

TIP 만일 검정밴드를 엉켜서 제거할 수 없을 경우 밴드 제거 가위로 커트한다.

10. 꼬리를 준비한다.

TIP 작업 중에는 반드시 손으로 견체를 보정해야 하지만 꼬리 교체 준비시에는 견처에서 손을 떠도 된다. 꼬리 교체 완료 후 다시 커트를 할 경우 견체를 보정하고 진행해야 한다.

11~13. 아랫배 부분을 손으로 받쳐주고 몸체 꼬리 위치 구멍어 꼬리를 끼운다.

14. 꼬리 윗부분을 보정하고 밑에 털을 코밍한다.

165

15~16. 꼬리 아랫부분을 둥근 모형으로 커트한다.

17. 꼬리 윗부분을 꼬리 길이에 맞게 커트한다.

18~21. 꼬리의 전체 사이즈는 9~9.5cm 되도록 정하여 사각형으로 커트한다.

▶ 제1부 반려견스타일리스트 3급

22~23. 꼬리의 튀어나온 털을 둥근 모형이 되도록 커트한다.

▲ **24.** 완성된 모습

5) 마무리 다듬기

1~5. 꼬리에서 떨어지는 털을 제거한 후 깔끔하지 못한 라인선을 커트한다.

▶ 제1부 반려견스타일리스트 3급

6~7. 가슴과 몸통, 다리 부분을 전체적으로 가볍게 커트한다.

8~9. 귀와 머리 부분을 가볍게 커트한다.

TIP 작업자의 손이 머리 부분과 귀 부분을 만져서 라인선이 깔끔하지 못하게 되므로 머리와 귀 부분을 마지막으로 정리한다.

6) 완성 사진

▶ 제1부 반려견스타일리스트 3급

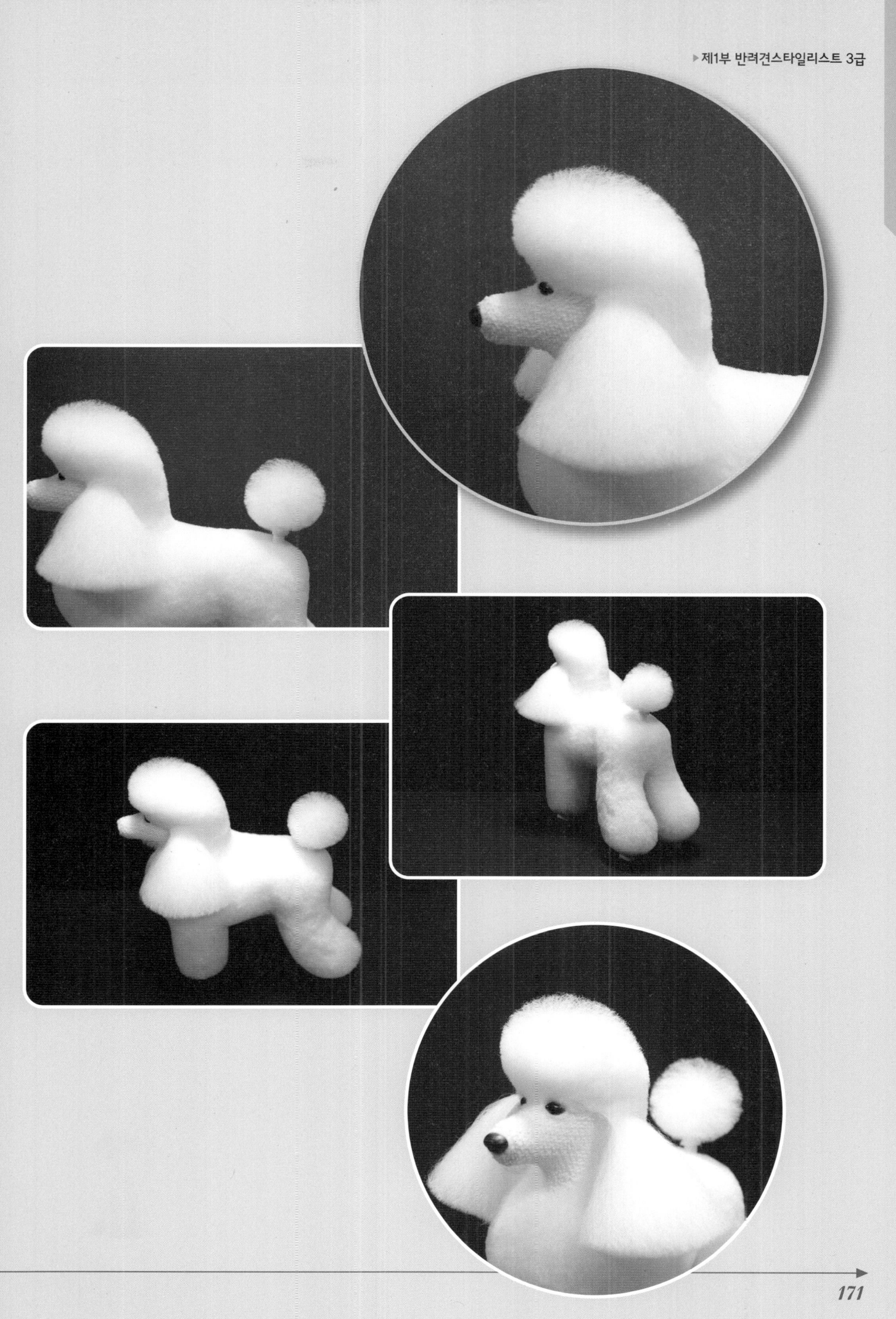

Memo

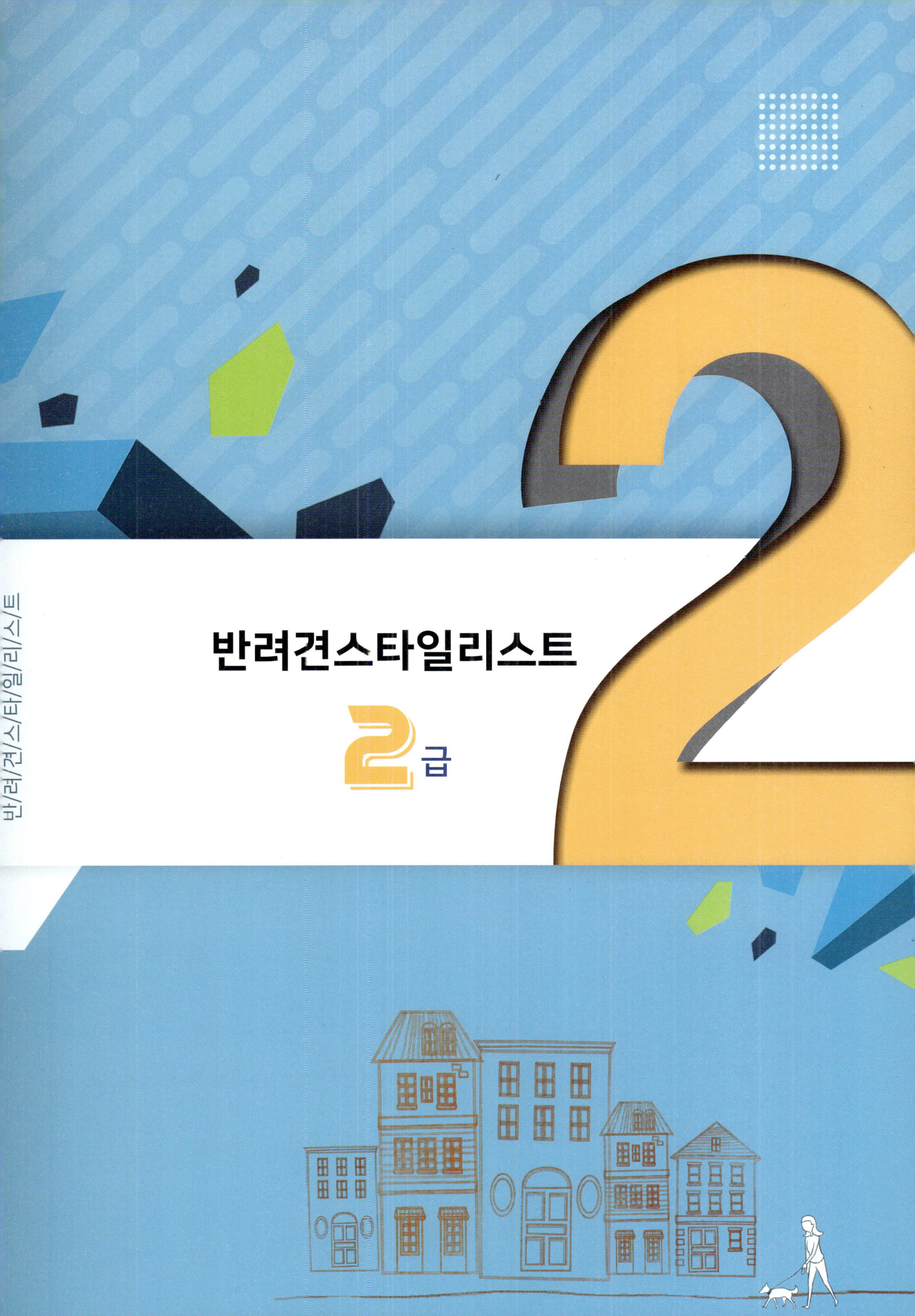

필기시험

1 견체 용어

1. 다음 견체 용어 중 사람의 콧등과 같은 부분을 말하며 비량이라고도 한다. 알맞은 것을 고르시오.
   ① 노즈 밴드(nose band)　② 더들리 노즈(dudley nose)
   ③ 스노 노즈(snow nose)　④ 리버 노즈(liver nose)
   ⑤ 노즈 브리지(nose bridge)

2. 다음 견체 용어 중 사과 모양의 머리를 말하는 애플 헤드와 동일한 의미를 가지는 또 다른 용어를 고르시오.
   ① 페어 셰이프드 헤드(pear-shaped head)
   ② 밸런스드 헤드(balanced head)
   ③ 돔 헤드(dome head)
   ④ 블로키 헤드(blocky head)
   ⑤ 투 앵글드 헤드(tow angled head)

3. 다음은 견체 용어 중 짧고 넓은 두개를 말한다. 알맞은 것을 고르시오.
   ① 장두형(長頭型)　② 단두형(短頭型)
   ③ 폭시(foxy)　④ 중두형(中頭型)
   ⑤ 전안부(fore face)

4. 다음은 견체 용어 중 두개를 뜻하며, 앞머리의 전두골, 두정골, 측두골, 후두골 등을 포함한 머리부에 뼈 조직을 말한다. 알맞은 것을 고르시오.
   ① 스컬(skull)　② 스톱(stop)
   ③ 퍼로(furrow)　④ 크라운(crown)
   ⑤ 돔 헤드(dome head)

5. 다음 견체 용어 중 서양 배 모양의 머리로 폭이 좁고 스톱이 없다. 대표 견종으로는 베들링턴테리어인 두개형을 고르시오.
   ① 밸런스드 헤드(balanced head)
   ② 블로키 헤드(blocky head)
   ③ 클린 헤드(clean head)
   ④ 페어 셰이프드 헤드(pear-shaped head)
   ⑤ 투 앵글드 헤드(tow angled head)

6. 다음 견체 용어 중 샤페이의 얼굴 주름이나 바센지의 전두부 주름과 같이 앞에 머리나 얼굴 쪽의 이완된 피부를 뜻하는 것을 고르시오.
   ① 링클(wrinkle)　② 몰레라(molera)
   ③ 치즐드(chiselled)　④ 퍼로(furrow)
   ⑤ 드라이 스컬(dry skull)

7. 다음 견체 용어 중 아래턱이 들어가 코가 돌출된 얼굴을 말한다. 개구리 모양의 얼굴이며 오버 샷이 되는 얼굴형으로 알맞은 것을 고르시오.
   ① 옥시풋　② 와안
   ③ 치키　④ 폭시
   ⑤ 몰레라

8. 다음 견체 용어 중에서 두부의 앞면으로 눈에서 앞쪽의 주둥이 부위를 뜻하는 것을 고르시오.
   ① 머즐(muzzle)　② 스컬(skull)
   ③ 스톱(stop)　④ 디시 페이스(dish face)
   ⑤ 전안부(fore face)

9. 다음 견체 용어 중 탑 스컬이라고도 불리며, 두부의 가장 높은 정수리 부분을 뜻하는 것으로 바른 것을 고르시오.
   ① 크라운(crown)　② 옥시풋(occiput)
   ③ 퍼로(furrow)　④ 중두형(中頭型)
   ⑤ 다운 페이스(down face)

10. 다음은 에어데일테리어와 스탠더드슈나우저의 두개 모양으로, 앞이나 옆에서 볼 때 평평한 두개의 모양을 뜻한다. 바른 것을 고르시오.
    ① 플랫 스컬(flat skull)
    ② 스컬(skull)
    ③ 단두형(短頭型)
    ④ 투 앵글드 헤드(tow angled head)
    ⑤ 밸런스드 헤드(balanced head)

11. 다음 견체 용어 중 몰티즈처럼 동그란 눈을 뜻하는 것으로 바른 것을 고르시오.
    ① 라운드 아이(round eye)
    ② 풀 아이(full eye)
    ③ 오벌 아이(oval eye)
    ④ 차이나 아이(china eye)
    ⑤ 아몬드 아이(almond eye)

12. 다음은 견체 용어 중 눈물 자국을 뜻하는 것으로 바른 것을 고르시오.
    ① 아이리드(eyelid)　② 벌징 아이(bulging eye)
    ③ 아이 스테인(eye stain)　④ 아이라인(eye line)
    ⑤ 마블 아이(marble eye)

13. 다음은 아프간하운드의 눈 모양을 말하는 것으로 눈꺼풀의 바깥쪽이 올라가 삼각형 모양을 이루는 눈을 고르시오.

① 차이나 아이(china eye)
② 트라이앵글러 아이(triangular eye)
③ 벌징 아이(bulging eye)
④ 마블 아이(marble eye)
⑤ 풀 아이(full eye)

14. 다음은 견체 용어 중 튀어나와서 볼록하게 보이는 눈을 말한다. 올바른 것을 고르시오.

① 라운드 아이(round eye)
② 오벌 아이(oval eye)
③ 트라이앵글러 아이(triangular eye)
④ 풀 아이(full eye)
⑤ 벌징 아이(bulging eye)

15. 다음 중 계란형의 눈으로, 일반적인 모양의 타원형을 말한다. 대표 견종으로 푸들과 살루키의 눈으로 알맞은 것을 고르시오.

① 트라이앵글러 아이(triangular eye)
② 벌징 아이(bulging eye)
③ 오벌 아이(oval eye)
④ 마블 아이(marble eye)
⑤ 라운드 아이(round eye)

16. 다음 견체 용어 중 도베르만핀셔와 저먼셰퍼드의 눈 모양을 말하는 것으로 올바른 것을 고르시오.

① 아몬드 아이(almond eye)
② 라운드 아이(round eye)
③ 마블 아이(marble eye)
④ 오벌 아이(oval eye)
⑤ 벌징 아이(bulging eye)

17. 다음 중 견체 용어에서 눈꺼풀을 뜻하는 용어로 올바른 것을 고르시오.

① 순막
② 아이리드(eyelid)
③ 아이 스테인(eye stain)
④ 단절된 눈
⑤ 아이라인(eye line)

18. 다음 견체 용어에서 눈 모양에 대한 설명 중 풀 아이(full eye)에 대해 올바르게 설명한 것을 고르시오.

① 둥글게 밖으로 튀어나온 눈이다.
② 튀어나와서 볼록하게 보이는 눈이다.
③ 동그란 고양이 눈이다.
④ 아프간하운드의 눈 모양을 말하는 것이다.
⑤ 계란형의 눈으로, 일반적인 모양의 눈이다.

19. 다음 중 밝은 청색의 눈으로 마루 색 유전자로 인해 나타나는 불완전한 눈을 말한다. 올바른 것을 고르시오.

① 마블 아이(marble eye)
② 오벌 아이(oval eye)
③ 라운드 아이(round eye)
④ 차이나 아이(china eye)
⑤ 트라이앵글러 아이(triangular eye)

20. 다음 견체 용어 중에서 눈 모양에 대한 설명이다. 튀어나와 볼록하게 보이는 눈을 의미하는 용어로 올바른 것을 고르시오.

① 벌징 아이(bulging eye)
② 트라이앵글러 아이(triangular eye)
③ 오벌 아이(oval eye)
④ 풀 아이(full eye)
⑤ 라운드 아이(round eye)

21. 다음은 견체 용어 중 선천적으로 정상 치아 수보다 치아 수가 없는 것을 말하며, 단두종에게 많이 발생한다. 알맞은 용어를 고르시오.

① 과리치 ② 라이 마우스
③ 템퍼치 ④ 결치
⑤ 실치

22. 다음은 턱이 밀착되지 않은 입술로 아래로 늘어진 입술을 말하는 용어를 고르시오.

① 라이 마우스(wry mouth)
② 리피(lippy)
③ 촙(chop)
④ 조율(jowel)
⑤ 조(jaw)

23. 다음 윗니와 아랫니에 교합에 대한 설명 중 협상 교합으로, 위턱 앞니와 아래턱 앞니가 조금 접촉되어 맞물린 것을 뜻하는 용어로 올바른 것을 고르시오.

① 언더숏(undershot)
② 정상 교합
③ 시저스 바이트(scissors bite)
④ 이븐 바이트(even bite)
⑤ 오버숏(overshot)

24. 다음 견체 용어 중 과도하게 아래턱이 돌출된 오버숏을 뜻하는 용어를 모두 고르시오.

① 피그 조(pig jow) ② 협상교합
③ 과리교합 ④ 스니피 머즐(snipy muzzle)
⑤ 반대교합

25. 다음은 페키니즈에게서 볼 수 있는 입술로, 윗입술이 두툼하고 풍만한 입술을 뜻하는 용어를 고르시오.

① 플루즈(flews) ② 조율(jowel)
③ 쿠션(cushion) ④ 춥(chop)
⑤ 조(jaw)

26. 다음은 애완동물이 디스템퍼나 고열을 앓아 치아가 변색되는 것을 말하는 것으로 알맞은 것을 고르시오.

① 템퍼치 ② 손상치
③ 실치 ④ 리피
⑤ 결치

27. 다음 〈보기〉에서 ( ) 안에 들어갈 내용으로 알맞게 짝지어진 것은?

〈 보 기 〉
개는 생후 (ㄱ) 이 되면, 영구치가 유치를 밀어내어 빠지고 이갈이를 하며, (ㄴ) 쯤이면 거의 모두 영구치로 바뀐다. 영양 상태가 좋지 않거나 단두종의 경우는 다소 늦어질 수도 있다.

　　　ㄱ　　　　ㄴ　　　　　ㄱ　　　　　ㄴ
① 3~6개월, 7~8개월 ② 2~6개월, 7~8개월
③ 3~4개월, 5~8개월 ④ 3~7개월, 5~8개월
⑤ 4~8개월, 7~8개월

28. 다음 중 개의 영구치 개수로 올바른 것을 고르시오.

① 42개 ② 41개
③ 40개 ④ 44개
⑤ 46개

29. 다음 중 개의 유치 개수로 올바른 것을 고르시오.

① 26개 ② 42개
③ 28개 ④ 46개
⑤ 20개

30. 다음 중 절단 교합을 말하며, 위턱과 아래턱이 정확하게 맞물린 모양의 용어로 올바른 것을 고르시오.

① 부정 교합 ② 이븐 바이트
③ 정상 교합 ④ 시저스 바이트
⑤ 과리 교합

31. 다음 〈보기〉 중 ( ) 안에 들어갈 것으로 올바르게 나열한 것을 고르시오.

〈 보 기 〉
개의 유치는 총 (ㄱ)이고, 생후 3~4주경에 유치가 나오기 시작해서 생후 (ㄴ) 정도에 모두 완성된다. 절치는 (ㄷ)이고 견치는 (ㄹ) 그리고 구치는 (ㅁ)로 좌우로 위치한다.

　　ㄱ，　　ㄴ，　　ㄷ，　　ㄹ，　　ㅁ
① (28개), (6주), (6개), (2개), (6개)
② (28개), (4주), (6개), (1개), (7개)
③ (26개), (6주), (4개), (2개), (8개)
④ (26개), (6주), (8개), (2개), (4개)
⑤ (28개), (4주), (12개), (4개), (12개)

32. 다음 중 개의 주둥이에 흰색의 띠로 둘러싸여 이룬 반점을 뜻하는 용어로 올바른 것을 고르시오.

① 노즈 브리지(nose bridge)
② 스노 노즈(snow nose)
③ 노즈 밴드(nose band)
④ 프레시 노즈(fresh nose)
⑤ 스니피 페이스(snipy face)

33. 다음 견체 용어 중 색소가 부족한 살빛의 코를 뜻하며, 빨간 코라고도 불리는 용어로 바른 것을 고르시오.

① 스노 노즈(snow nose) ② 리버 노즈(liver nose)
③ 로만 노즈(roman nose) ④ 프레시 노즈(fresh nose)
⑤ 더들리 노즈(dudley nose)

34. 다음 〈보기〉에서 설명하는 코의 알맞은 용어를 고르시오.

〈 보 기 〉
다음은 살색의 코에 검은 반점이 있거나, 검은색의 코에 살색 반점이 있는 코를 말한다. 반점 있는 모양의 코이다.

① 리버 노즈(liver nose)
② 버터플라이 노즈(butterfly nose)
③ 로만 노즈(roman nose)
④ 더들리 노즈(dudley nose)
⑤ 프레시 노즈(fresh nose)

35. 다음은 견체 용어 중 코에 대한 용어로 살색의 코를 뜻한다. 올바른 것을 고르시오.

① 더들리 노즈(dudley nose)
② 버터플라이 노즈(butterfly nose)
③ 로만 노즈(roman nose)
④ 프레시 노즈(fresh nose)
⑤ 스노 노즈(snow nose)

36. 다음은 평소에 코가 검은색이지만, 겨울철에는 핑크색의 줄무늬가 생기는 코를 말한다. 이 코의 용어로 올바른 것을 고르시오.

① 스노 노즈(snow nose)
② 프레시 노즈(fresh nose)
③ 리버 노즈(liver nose)
④ 로만 노즈(roman nose)
⑤ 버터플라이 노즈(butterfly nose)

37. 다음 중 리버 노즈(liver nose)에 대한 설명 중 올바른 것을 고르시오.
   ① 사람의 매부리코를 닮은 코를 말한다.
   ② 간장 색을 띄는 코를 말한다.
   ③ 살색의 코를 말한다.
   ④ 색소가 부족한 살빛의 코를 말한다.
   ⑤ 빨간 코라고도 불린다.

38. 다음은 보르조이의 코를 말하며, 독수리 코라고도 한다. 사람의 매부리코를 닮은 이 코를의 용어로 올바른 것을 고르시오.
   ① 로만 노즈(roman nose)
   ② 리버 노즈(liver nose)
   ③ 버터플라이 노즈(butterfly nose)
   ④ 스노 노즈(snow nose)
   ⑤ 프레시 노즈(fresh nose)

39. 다음 중 노즈 브리지(nose bridge)에 대한 설명 중 올바른 것을 모두 고르시오.
   ① 스톱에서 코까지 주둥이 면을 말한다.
   ② 날카롭고 좁은 뾰족한 주둥이를 말한다.
   ③ 주둥이에 흰색의 띠로 둘러싸여 이룬 반점을 말한다.
   ④ 코의 표면을 말하며, 건강한 개는 항상 젖어 있다.
   ⑤ 주둥이의 상면을 말하며, 코등보라고도 불린다.

40. 다음은 버터플라이 노즈(butterfly nose)에 대한 설명 중 올바른 것을 모두 고르시오.
   ① 간장색의 코를 말한다.
   ② 반점 모양의 코를 말한다.
   ③ 살색 코에 검은 반점이 있거나, 검은 코에 살색 반점이 있다.
   ④ 색소가 부족한 살빛의 코를 말한다.
   ⑤ 빨간 코라고도 불린다.

41. 다음 중 더들리 노즈(dudley nose)에 대한 설명 중 올바른 것을 고르시오.
   ① 추우면 핑크색의 줄무늬가 생긴다.
   ② 독수리 코이다.
   ③ 간장색의 코이다.
   ④ 살색의 코이다.
   ⑤ 색소가 부족한 살빛의 코이다.

42. 다음 견체 용어 중 나비 모양의 귀를 말한다. 긴 장식 털에 서 있는 큰 귀 두 개가 특징이며 파피용의 귀를 뜻하는 것으로 바른 것을 고르시오.
   ① 버터플라이 이어(butterfly ear)
   ② 배트 이어(bat ear)
   ③ 파렌 이어(phalene ear)
   ④ 버튼 이어(button ear)
   ⑤ 로즈 이어(rose ear)

43. 바셋하운드처럼 아래로 늘어진 귀를 뜻하는 용어를 고르시오.
   ① 크롭드 이어(cropped ear)
   ② 드롭 이어(drop ear)
   ③ 플레어 링 이어(flaring ear)
   ④ 배트 이어(bat ear)
   ⑤ 벨 이어(bell ear)

44. 다음 중 폭스테리어와 러프콜리, 그레이하운드의 귀 모양으로 반 직립형 귀이다. 알맞은 것을 고르시오.
   ① 버터플라이 이어(butterfly ear)
   ② 배트 이어(bat ear)
   ③ 프릭 이어(prick ear)
   ④ 세미 프릭 이어(semiprick ear)
   ⑤ 펜던트 이어(pendant ear)

45. 다음 견체 용어 중 귀가 촛불 모양의 귀이며 대표 견종으로는 잉글리시토이테리어가 있다. 알맞은 용어를 고르시오.
   ① 캔들 프레임 이어(candle flame ear)
   ② 플레어 팅 이어(flaring ear)
   ③ 필 버트 타입 이어(fillbert shaped ear)
   ④ 벨 이어(bell ear)
   ⑤ V형 귀(V-shaped ear)

46. 다음 견체 용어 중 귀가 높게 위치해 있는 것을 뜻하는 용어로 올바른 것을 고르시오.
   ① 업 이어   ② 크라운 이어
   ③ 탑 이어   ④ 로우 셋 이어
   ⑤ 하이 셋 이어

47. 다음 중 개암나무 열매 형태의 귀로, 필버트 타입 이어(fillbert shaped ear)라 한다. 이 형태의 귀를 가진 견종을 고르시오.
   ① 폭스테리어
   ② 시베리안 허스키
   ③ 그레이트데인
   ④ 베들링턴테리어
   ⑤ 폭스테리어

48. 다음 중 캔들 프레임 이어(candle flame ear)에 대한 설명으로 올바른 것을 고르시오.
   ① 나팔꽃 모양의 귀를 말한다.
   ② 촛불 모양의 귀를 말한다.
   ③ 삼각형 모양의 귀를 말한다.
   ④ 나비 모양의 귀를 말한다.
   ⑤ 종 모양의 귀를 말한다.

49. 다음은 세터에게서 주로 볼 수 있는 것으로 길게 늘어진 귀 주변에 장식 털을 말한다. 알맞은 것을 고르시오.
   ① 리브케이지
   ② 이렉트
   ③ 버터플라이 이어
   ④ 이어 프린지
   ⑤ 브리스킷

50. 다음 중 정면에서 귀의 안쪽이 보이며 뒤틀려서 작게 늘어진 로즈 이어를 가지고 있는 견종을 모두 고르시오.
   ① 불도그
   ② 휘핏
   ③ 치와와
   ④ 에어데일테리어
   ⑤ 바셋하운드

51. 다음 중 프렌치불도그와 웰시코기의 귀 모양으로 알맞은 것을 고르시오.
   ① 플레어링 이어(flaring ear)
   ② 로즈 이어(rose ear)
   ③ 배트 이어(bat ear)
   ④ 버튼 이어(button ear)
   ⑤ 버터플라이 이어(butterfly ear)

52. 보통 꼬리가 낮게 자리 잡고 있으며 근육의 발달이 불충분해서 골반의 경사가 급한 것을 말한다. 바른 것을 고르시오.
   ① 구스 럼프(goose rump)
   ② 스웨이 백(sway back)
   ③ 버톡(buttock)
   ④ 로치 백(roach back)
   ⑤ 다운힐(dowunhill)

53. 다음 〈보기〉에서 설명하는 것을 고르시오.
   〈보 기〉
   낭조 또는 며느리발톱이라고도 불리며, 다리 안쪽의 엄지발톱을 말한다.
   ① 리브(rib)
   ② 듀클로(dewclaw)
   ③ 페이퍼 풋(paper foot)
   ④ 헤어 풋(hare foot)
   ⑤ 캣 풋(cat foot)

54. 다음 견의 바람직한 등 모양으로 기갑에서 허리까지 수평한 등 모양을 한 것을 뜻하는 용어로 올바른 것을 고르시오.
   ① 다운힐(dowunhill)
   ② 스웨이 백(sway back)
   ③ 캐멀 백(camel back)
   ④ 로치 백(roach back)
   ⑤ 레벨 백(level back)

55. 다음은 몰티즈의 몸통으로 몸이 짧고 간결한 모양이다. 알맞은 것을 고르시오.
   ① 클로디(cloddy)
   ② 코비(cobby)
   ③ 레이시(racy)
   ④ 위디(weedy)
   ⑤ 보시(bossy)

56. 다음은 견체 용어 중 허리 부분에서 복부가 감싸 올려진 상태를 말하는 것으로 올바른 것을 고르시오.
   ① 파텔라(patella)
   ② 턱 업(tuck up)
   ③ 로인(loin)
   ④ 에이너스(anus)
   ⑤ 힙 조인트(hip joint)

57. 다음 〈보기〉에서 설명하는 것으로 바른 것을 고르시오.
   〈보 기〉
   개의 등선이 잉어의 등 모양처럼 등에서 허리로 향해 부드럽게 커브한 모양을 말한다.
   ① 로치 백(roach back)
   ② 다운 힐(dowunhill)
   ③ 레벨 백(level back)
   ④ 스웨이 백(sway back)
   ⑤ 캐멀 백(camel back)

58. 다음 중 개의 등선이 움푹 파인 모양을 한 등선을 일컫는 말로 올바른 것을 고르시오.
   ① 로치 백(roach back)
   ② 레벨 백(level back)
   ③ 캐멀 백(camel back)
   ④ 스웨이 백(sway back)
   ⑤ 다운 힐(dowunhill)

59. 다음 중 어깨가 앞으로 나와 등뼈와 평행하지 않은 어깨의 끝을 일컫는 것으로 올바른 것을 고르시오.
   ① 아웃 오브 숄더(out of shoulder)
   ② 인 숄더(in shoulder)
   ③ 쇼트 백(short back)
   ④ 슬로핑 숄더(sloping shoulder)
   ⑤ 스트레이트 숄더(straight shoulder)

60. 다음 중 개에 등선이 낙타의 등처럼 어깨 쪽이 낮고 허리 쪽이 둥글게 올라가며 엉덩이가 내려간 모양을 일컫는 말로 바른 것을 고르시오.
   ① 레벨 백(level back)
   ② 캐멀 백(camel back)
   ③ 스웨이 백(sway back)
   ④ 로치 백(roach back)
   ⑤ 위더스(withers)

61. 다음 〈보기〉에서 ( ) 안에 비어있는 것을 바르게 나열한 것을 고르시오.

〈보 기〉
뼈와 뼈가 연결된 각도는 (ㄱ), 항문은 (ㄴ), 가슴은 체스트(chest), 슬개골은 (ㄷ)이다.

	ㄱ	ㄴ	ㄷ
①	앵귤레이션(angulation)	에이너스(anus)	파텔라(patella)
②	언더 라인(under line)	앵귤레이션(angulation)	크루프(croup)
③	앵귤레이션(angulation)	크루프(croup)	파텔라(patella)
④	언더 라인(under line)	에이너스(anus)	앵귤레이션(angulation)
⑤	앵귤레이션(angulation)	파텔라(patella)	에이너스(anus)

62. 다음 견체 몸통 중 비피(beefy)의 체형으로 적절한 것을 모두 고르시오.

① 골격이 가늘고 왜소한 체형
② 근육이나 살이 과도하게 발달한 체형
③ 등이 낮고 몸통이 굵어 무겁게 느껴지는 체형
④ 미발육의 상태인 체형
⑤ 살이 쪄서 비만인 체형

63. 다음은 개의 키를 측정하는 위치로 기갑이라고도 하며, 목 아래에 있는 어깨의 가장 높은 부분을 말하는 것으로 올바른 용어를 고르시오.

① 위더스(withers) ② 브리스킷(brisket)
③ 백 라인(back line) ④ 커플링(coupling)
⑤ 흉심

64. 다음은 어깨가 전출되어 전방으로 기울어진 어깨모양을 일컫는 것으로 올바른 것을 고르시오.

① 슬로핑 숄더(sloping shoulder)
② 아웃 오브 숄더(out of shoulder)
③ 스트레이트 숄더(straight shoulder)
④ 인 숄더(in shoulder)
⑤ 레인지(rangy)

65. 다음 중 불도그의 귀 모양과 몸통으로 알맞은 것을 모두 고르시오.

① 아웃 오브 숄더 ② 스트레이트 숄더
③ 로즈 이어 ④ 플레어링 이어
⑤ 오버 숏

66. 다음 중 쇼트커플드(short-coupled)에 대한 설명 중 적절한 것을 고르시오.

① 기갑(위더스)에서 둔부까지의 거리가 짧은 것을 말한다.
② 라스트 리브에서 둔부까지 거리가 짧은 것을 말한다.
③ 기갑(위더스)에서 꼬리뿌리까지의 거리가 짧은 것을 말한다.
④ 라스트 리브에서 꼬리뿌리까지의 거리가 짧은 것을 말한다.
⑤ 가슴(체스트)에서 꼬리까지의 거리가 짧은 것을 말한다.

67. 다음 중 보르조이의 전반부로 앞가슴의 폭이 좁아 앞다리의 간격도 좁은 것을 일컫는 것으로 올바른 것을 고르시오.

① 스트레이트 프런트(straight front)
② 피들 프런트(fiddle front)
③ 보우드 프런트(bowed front)
④ 스팁 프런트(steep front)
⑤ 내로 프런트(narrow front)

68. 다음 중 내로 사이(narrow thigh)에 대한 설명으로 올바른 것을 고르시오.

① 앞가슴의 폭이 좁은 것을 말한다.
② 폭이 좁은 비절을 말한다.
③ 어깨의 폭이 좁은 것을 말한다.
④ 폭이 좁은 대퇴부를 말한다.
⑤ 지골과 비절의 폭이 좁은 것을 말한다.

69. 다음 불도그의 전반부처럼 앞발의 간격이 넓은 프런트를 말하는 것으로 바른 것을 고르시오.

① 와이드 프런트(wide front)
② 피들 프런트(fiddle front)
③ 보우드 프런트(bowed front)
④ 스팁 프런트(steep front)
⑤ 내로 프런트(narrow front)

70. 다음 〈보기〉에서 설명하는 프런트로 올바른 것을 고르시오.

〈보 기〉
팔꿈치가 바깥쪽으로 굽어 사람의 안짱다리처럼 보인다. 활 모양의 전반부이다.

① 와이드 프런트(wide front)
② 보우드 프런트(bowed front)
③ 스팁 프런트(steep front)
④ 피들 프런트(fiddle front)
⑤ 내로 프런트(narrow front)

71. 다음 중 피들 프런트(fiddle front)에 대한 설명으로 올바른 것을 모두 고르시오.

① 팔꿈치가 바깥쪽으로 굽은 프런트이다.
② 보통 테리어 종의 프런트이다.
③ 어깨가 높아서 깎아진 듯 경사진 프런트이다.
④ 앞다리 간격이 좁은 프런트이다.
⑤ 발가락이 밖을 향해 있다.

72. 다음 중 아랫다리와 패스턴 사이에 비절이라 부르는 뒷다리 관절의 용어로 올바른 것을 고르시오.

① 엘보(elbow) ② 카우 호크(cow hock)
③ 호크(hock) ④ 사이(thigh)
⑤ 스타이플(stiffle)

73. 다음 중 다운 인 패스턴(down in pastern)에 대한 설명 중 적절한 것을 모두 고르시오.

① 패스턴이 옆쪽으로 굽어진 것이다.
② 패스턴이 앞쪽으로 경사진 것이다.
③ 지구력이 결여되므로 결점이다.
④ 패스턴이 뒤쪽으로 굽어진 것이다.
⑤ 지구력이 뛰어나 장점이다.

74. 다음 중 전완부를 일컫는 용어를 고르시오.

① 포어 암(fore arm) ② 세컨드 사이(second thigh)
③ 어퍼 암(upper arm) ④ 프런트(front)
⑤ 패스턴(pastern)

75. 다음 중 각도가 없는 관절을 일컫는 말로 올바른 것을 고르시오.

① 카우 호크(cow hock)
② 트위스팅 호크(twisting hock)
③ 스트레이트 호크(straight hock)
④ 시클 호크(sickle hock)
⑤ 웰 벤트 호크(well bent hock)

76. 다음 중 발가락이 안쪽으로 굽어 밖으로 돌아간 비절을 일컫는 용어로 바른 것을 고르시오.

① 배럴 호크(barrel hock)
② 웰 벤트 호크(well bent hock)
③ 시클 호크(sickle hock)
④ 트위스팅 호크(twisting hock)
⑤ 아웃 앳 엘보(out at elbow)

77. 다음 중 스코티시테리어의 꼬리로 치켜든 꼬리를 일컫는 용어로 올바른 것을 고르시오.

① 세이버 테일(saver tail) ② 시클 테일(sickle tail)
③ 크룩 테일(crook tail) ④ 하이셋 테일(high set tail)
⑤ 게이 테일(gay tail)

78. 다음 중 곧고 길며 끝이 가는 채찍형 꼬리를 일컫는 용어를 고르시오.

① 휩 테일(whip tail) ② 훅 테일(hook tail)
③ 판 테일(fan tail) ④ 이렉트 테일(erect tail)
⑤ 스쿼럴 테일(squirrel tail)

79. 다음 〈보기〉에서 설명하는 꼬리를 고르시오.

〈 보 기 〉
비글의 꼬리를 말하며, 등선에 대해 직각으로 올라간 꼬리의 형태를 말한다.

① 게이 테일(gay tail)
② 이렉트 테일(erect tail)
③ 플래그폴 테일(flagpoles tail)
④ 콕트업 테일(cocked-up tail)
⑤ 크룩 테일(crook tail)

80. 다음 페키니즈의 꼬리인 컬드 테일(curled tail)에 대한 설명으로 올바른 것을 고르시오.

① 꼬리 끝이 등에 접촉된 낫 모양 꼬리이다.
② 장식 털이 깃털 모양으로 아래를 향해 늘어진 꼬리이다.
③ 꼬리의 뿌리 부위가 두껍고 둥글며 끝은 가는 수달의 꼬리 모양이다.
④ 과하게 말려 올라 등 가운데에 짊어진 것 같은 꼬리이다.
⑤ 여우의 꼬리처럼 길고 늘어진 둥근 브러시 모양의 꼬리이며, 폭스 브렛슈라고도 한다.

81. 다음은 견종 중 파피용의 꼬리로 다람쥐꼬리라고도 불린다. 이 꼬리에 알맞은 용어를 고르시오.

① 스크루 테일(screw tail) ② 스쿼럴 테일(squirrel tail)
③ 컬드 테일(curled tail) ④ 플래그 테일(flag tail)
⑤ 킹크 테일(kink tail)

82. 다음은 피레니언마운틴도그와 브리아드에게서 볼 수 있는 꼬리로, 훅 테일(hook tail)이라고 하는 꼬리의 모양에 대한 설명으로 올바른 것을 고르시오.

① 갈고리 모양 꼬리이다.
② 깃발 형태의 꼬리이다.
③ 비틀린 모양의 꼬리이다.
④ 구부러진 모양의 꼬리이다.
⑤ 수달의 꼬리 모양을 한 꼬리이다.

83. 다음은 잘린 꼬리, 즉 단미를 일컫는 용어로 적절한 것을 모두 고르시오.

① 밥 테일(bob tail) ② 랫 테일(rat tail)
③ 독(dock) ④ 스턴(stern)
⑤ 테일리스(tailless)

84. 다음 중 꼬리의 뿌리 부분을 말하며, 꼬리와 몸통을 연결하는 점을 일컫는 것이다. 올바른 용어를 고르시오.

① 로셋 테일(low set tail) ② 독(dock)
③ 테일(tail) ④ 스턴(stern)
⑤ 셋온(set-on)

85. 다음은 아프간하운드의 꼬리처럼 바퀴 모양으로 꼬리 뿌리가 높게 올라가 원형을 이루는 커브진 꼬리의 용어를 고르시오.
   ① 세이버 테일(saver tail)
   ② 링 테일(ring tail)
   ③ 스쿼럴 테일(squirrel tail)
   ④ 판 테일(fan tail)
   ⑤ 플룸 테일(plume tail)

86. 다음 〈보기〉에서 설명하는 꼬리의 용어를 고르시오.

   〈보 기〉
   굴곡진 꼬리로 짧고 아래를 향하며 말단이 위쪽으로 꼬부라진다.

   ① 브러시 테일(brush tail)
   ② 크랭크 테일(crank tail)
   ③ 밥 테일(bob tail)
   ④ 콕트업 테일(cocked-up tail)
   ⑤ 킹크 테일(kink tail)

87. 다음 중 판 테일(fan tail)에 대한 설명으로 알맞은 것을 모두 고르시오.
   ① 부채를 편 것 같은 형태의 꼬리이다.
   ② 포메라니안의 꼬리이다.
   ③ 다람쥐꼬리라고도 불린다.
   ④ 페키니즈의 꼬리이다.
   ⑤ 깃발 형태의 꼬리이다.

88. 다음 꼬리와 특징을 짝지은 것 중에서 바르지 못한 것을 모두 고르시오.
   ① 휩 테일(whip tail) – 채찍형 꼬리
   ② 킹크 테일(kink tail) – 비틀린 모양 꼬리
   ③ 훅 테일(hook tail) – 갈고리 모양 꼬리
   ④ 오터 테일(otter tail) – 낫 모양 꼬리
   ⑤ 시클 테일(sickle tail) – 수달의 꼬리 모양

89. 다음 견체 용어 중 꼬리에 관한 설명으로 바르게 짝지어지지 않은 것을 모두 고르시오.
   ① 크랭크 테일(crank tail) – 치켜든 꼬리
   ② 게이 테일(gay tail) – 채찍형 꼬리
   ③ 이렉트 테일(erect tail) – 직립 꼬리
   ④ 크룩 테일(crook tail) – 구부러진 꼬리
   ⑤ 킹크 테일(kink tail) – 비틀린 꼬리

90. 다음 견종과 꼬리를 짝지은 것 중 바르지 못한 것을 모두 고르시오.
   ① 플래그풀 테일 – 파피용
   ② 링 테일 – 아프간하운드
   ③ 브러시 테일 – 시베리안허스키
   ④ 스냅 테일 – 알래스칸맬러뮤트
   ⑤ 컬드 테일 – 비글

91. 다음 세이버 테일(saver tail)은 두 가지 형태의 꼬리 모양이 있다. 이 특징 두 가지를 모두 고르시오.
   ① 바셋하운드의 꼬리처럼 부드럽게 커브를 그리며 올라간 형태
   ② 포메라니안의 꼬리처럼 부채를 편 것 같은 형태
   ③ 폭스테리어의 꼬리처럼 위를 향해 선 직립 형태
   ④ 저먼셰퍼드의 꼬리처럼 반원형을 이루며 낮게 유지한 형태
   ⑤ 아프간하운드의 꼬리처럼 뿌리가 높게 올라 원형을 이루는 형태

92. 다음 중 바센지의 전두부, 샤페이와 블러드하운드에게서 공통적으로 볼 수 있는 얼굴의 이완된 피부는 무엇인지 고르시오.
   ① 폭시(foxy)   ② 몰레라(molera)
   ③ 리피(lippy)   ④ 와안(frog face)
   ⑤ 링클(wrinkle)

93. 다음 견체 용어 중 두부와 견종에 대해 짝지은 것 중 바르지 못한 것을 고르시오.
   ① 블로키 헤드(blocky head) – 보스턴테리어
   ② 클린 헤드(clean head) – 살루키
   ③ 밸런스트 헤드(balanced head) – 고든세터
   ④ 페어 셰이프트 헤드(pear-shaped head) – 베들링턴테리어
   ⑤ 투 앵글드 헤드(tow angled head) – 치와와

94. 다음 견체 용어 중 머리에 관한 설명이 잘못 이어진 것을 모두 고르시오.
   ① 클린 헤드(clean head) – 주름이 없고 앙상한 두부형
   ② 투 앵글드 헤드(tow angled head) – 두개면과 주둥이의 평면이 평행하지 않고 각도가 있는 두부형
   ③ 블로키 헤드(blocky head) – 사과 모양의 두부형
   ④ 밸런스트 헤드(balanced head) – 균형 잡힌 두부형
   ⑤ 페어 셰이프트 헤드(pear-shaped head) – 넓고 네모난 모양의 각진 두부형

95. 다음 중 클린 헤드와 같은 의미로 얼굴에 피부가 밀착해서 주름이 없는 얼굴을 일컫는 것으로 올바른 것을 고르시오.
   ① 드라이 스컬(dry skull)
   ② 디시 페이스(dish face)
   ③ 와안(frog face)
   ④ 스니피 페이스(snipy face)
   ⑤ 치즐드(chiselled)

96. 다음 견체 용어 중 견종과 견종의 눈(eye)에 대해 짝지어진 것 중 바르지 못한 것을 고르시오.

① 아몬드 아이(almond eye) – 저먼셰퍼드
② 트라이앵글러 아이(triangular eye) – 웰시코기카디건
③ 라운드 아이(round eye) – 몰티즈
④ 오벌 아이(oval eye) – 푸들
⑤ 차이나 아이(china eye) – 시베리안 허스키

97. 다음 견체 용어 중 눈(eye)에 관한 설명으로 바르지 않은 것을 고르시오.

① 아이 스테인(eye stain)은 눈물 자국을 말한다.
② 벌징 아이(bulging eye)는 밖으로 튀어나와 볼록하게 보이는 눈을 말한다.
③ 아이리드(eyelid)는 눈꺼풀을 뜻한다.
④ 차이나 아이(china eye)는 밝은 청색의 눈을 말한다.
⑤ 풀 아이(full eye)는 움푹 패인 눈이다.

98. 다음 견체 용어 중 입에 관한 설명으로 바르게 짝지어지지 않은 것을 고르시오.

① 이븐 바이트(even bite) – 절단 교합
② 정상 교합 – 협상 교합
③ 오버숏(overshot) – 과리 교합
④ 시저스 바이트(scissors bite) – 협상 교합
⑤ 언더숏(undershot) – 반대 교합

99. 다음 견체 용어 중 코(nose)에 관한 설명으로 바르게 짝지어지지 않은 것을 고르시오.

① 더들리 노즈(dudley nose) – 빨간 코
② 노즈 브리지(nose bridge) – 코 근육
③ 프레시 노즈(fresh nose) – 간장색의 코
④ 버터플라이 노즈(butterfly nose) – 반점 모양의 코
⑤ 로만 노즈(roman nose) – 매부리코

100. 다음 견체 용어 중 귀(ear)에 관한 설명으로 바르게 짝지어지지 않은 것을 고르시오.

① 드롭 이어(drop ear) – 귀를 세우기 위해 자른 귀
② 배트 이어(bat ear) – 박쥐 날개 모양의 귀
③ 버터플라이 이어(butterfly ear) – 나비 모양의 귀
④ 펜던트 이어(pendant ear) – 늘어진 귀
⑤ 플레어링 이어(flaring ear) – 나팔꽃 모양의 귀

정답 및 해설

1	⑤	2	③	3	②	4	①	5	④
6	①	7	②	8	⑤	9	①	10	①
11	①	12	③	13	②	14	⑤	15	③
16	①	17	②	18	①	19	④	20	①
21	④	22	⑤	23	③	24	①③	25	③
26	①	27	⑤	28	①	29	③	30	②
31	①	32	③	33	⑤	34	②	35	④
36	①	37	③	38	①	39	①⑤	40	②③
41	⑤	42	①	43	②	44	④	45	①
46	⑤	47	④	48	②	49	④	50	①②
51	③	52	①	53	②	54	⑤	55	②
56	②	57	①	58	④	59	②	60	②
61	①	62	②⑤	63	①	64	①	65	①③
66	②	67	③	68	④	69	①	70	②
71	①⑤	72	③	73	②③	74	①	75	③
76	①	77	⑤	78	①	79	⑤	80	④
81	②	82	①	83	①③	84	⑤	85	②
86	②	87	①②	88	④⑤	89	①②	90	①⑤
91	①④	92	⑤	93	⑤	94	③⑤	95	①
96	②	97	⑤	98	②	99	③	100	①

1. ① 노즈 밴드(nose band) : 주둥이를 둘러싸고 있는 흰색의 띠를 이룬 반점을 말
   ② 더들리 노즈(dudley nose) : 빨간 코라고도 하며, 색소가 부족해 살빛의 코를 말한다.
   ③ 스노 노즈(snow nose) : 평소에는 코가 검은색이지만, 겨울철에는 핑크색의 줄무늬가 생기는 코를 말한다.
   ④ 리버 노즈(liver nose) : 간장 색 코를 말한다.

2. ① 애플 헤드(apple head) : 사과 모양의 머리를 말하며, 뒷머리 부분이 부풀어 올라 동그란 모양이다. 대표 견종으로는 치와와가 있다.
   ② 밸런스드 헤드(balanced head) : 스톱을 중심으로 머리 부분과 얼굴 부분의 길이가 동일하게 균형이 잡힌 머리를 말하며 대표 견종으로는 고든 세터가 있다.
   ④ 블로키 헤드(blocky head) : 머리 부분에 각이 지거나 넓게 퍼져 길이에 반해 폭이 매우 넓은 네모난 모양의 각이 진 머리형을 말하며 대표 견종으로는 보스턴테리어가 있다.
   ⑤ 투 앵글드 헤드(tow angled head) : 옆에서 보았을 때 머리의 면과 주둥이의 면이 평행하지 않고 각도가 있는 것을 말하며 대표 견종으로는 러프 콜리가 있다.

3. ① 장두형(長頭型) : 길고 좁은 머리 형태를 말한다.
   ③ 폭시(foxy) : 여우의 표정을 띠며 전안부가 짧고 코끝이 뾰족하다. 대표 견종으로는 포메라니안이 있다.
   ④ 중두형(中頭型) : 길이와 폭이 중간 정도의 머리 형태를 말한다.
   ⑤ 전안부(fore face) : 주둥이 부위를 말하며 두부의 앞면으로 눈에서 앞쪽을 말한다.

4. ② 스톱(stop) : 눈 사이의 패인 부분을 말하며 액단이라고도 불린다.
   ③ 퍼로(furrow) : 스컬 중앙에서 스톱 방향으로 세로로 가로지르는 이마 부분의 주름을 말한다.
   ④ 크라운(crown) : 두부의 가장 높은 정수리 부분으로 두정부, 톱 스컬이라고도 한다.

5. ③ 클린 헤드(clean head) : 앙상한 머리의 형태를 달하며, 주름이 없는 머리형을 말한다. 대표 견종으로는 살루키가 있다.

6. ② 몰레라(molera) : 치와와 두개의 파인 곳으로 부드러운 부분을 말한다.

③ 치즐드(chiselled) : 눈 밑이 건조하며 살집이 없어서 윤곽이 뚜렷한 형태의 얼굴을 말한다.
④ 퍼로(furrow) : 스컬 중앙에서 스톱 방향으로의 세로 주름을 말한다.
⑤ 드라이 스컬(dry skull) : 클린 헤드와 같은 의미로 주름이 없는 얼굴을 말한다.

7. ① 옥시풋(occiput) : 후두부의 뒷부분으로 양쪽 귀 사이의 주먹 모양의 뼈를 말한다.
   ③ 치키(cheeky) : 볼이 발달해서 팽창되어 불거진 얼굴을 말하며, 얼굴 뼈가 돌출된 것이다. 스탠포드셔불테리어에 한하여 바람직한 표현이다.

8. ① 머즐(muzzle) : 주둥이, 입
   ④ 디시 페이스(dish face) : 스톱보다 콧대가 높아 옆에서 보면 코가 휘어져 접시 모양을 띠는 얼굴형을 말한다.

9. ⑤ 다운 페이스(down face) : 디시 페이스의 반대말로 두개에서 코끝 아래쪽으로 경사진 얼굴을 말한다.

11. ② 풀 아이(full eye) : 둥글게 튀어나온 눈을 말한다.
    ③ 오벌 아이(oval eye) : 계란형의 눈으로, 일반적인 모양의 타원형을 말한다. 대표 견종으로는 푸들과 살루키 등이 있다.
    ④ 차이나 아이(china eye) : 밝은 청색의 눈으로 마루색 유전자를 가진 견종에게서 나타나는 불완전한 눈이다. 보통은 결점으로 간주되나 모색과 관계해 허용되는 견종도 있다.
    ⑤ 아몬드 아이(almond eye) : 눈 양쪽의 끝이 뾰족한 아몬드 모양의 눈을 말한다. 대표 견종으로는 저먼셰퍼드, 도베르만핀셔 등이 있다.

12. ① 아이리드(eyelid) : 눈꺼풀을 말한다.
    ② 벌징 아이(bulging eye) : 튀어나와 볼록하게 보이는 눈을 말한다.
    ④ 아이라인(eye line) : 눈꺼풀 가장자리의 선을 말한다.
    ⑤ 마블 아이(marble eye) : 대리석 색상의 눈을 말한다.

17. ① 순막 : 상하 두 개의 눈꺼풀 안쪽에서 안구에 접한 한 장의 얇은 막을 말한다.
    ③ 아이 스테인(eye stain) : 눈물 자국을 말한다.
    ④ 단절된 눈 : 아이라인에 검정 선이 연결되지 않은 눈을 말한다.

21. ① 과리치 : 표준 치아의 수보다 많은 것을 말한다. 결치의 반대말이다.
    ② 라이 마우스(wry mouth) : 뒤틀려서 삐뚤어진 입을 말한다.
    ③ 템퍼치 : 변색된 치아를 말한다. 디스템퍼나 고열에 의해 변화되는 경우이다.
    ⑤ 실치 : 후천적으로 치아를 다예 상실한 치아를 말한다.

22. ③ 촙(chop) : 대표 견종으론 블도그가 있으며, 두꺼운 입술과 턱을 말한다.
    ④ 조율(jowel) : 촙과 같은 말토 두꺼운 입술과 턱을 말한다.
    ⑤ 조(jaw) : 견체 용어로 턱을 뜻한다.

23. ① 언더숏(undershot) : 아래턱 앞니가 위턱 앞니보다 앞쪽으로 돌출되어 맞물려 있다. 반대 교합이라고도 한다.
    ② 정상 교합 : 견종 표준에서 요구하는 교합을 말한다. 일반적으로 시저스 바이트를 정상 교합으로 하는 견종이 많지만 견종의 목적에 따라 정상 교합이 다를 수 있다.
    ④ 이븐 바이트(even bite) : 위턱 앞니와 아래턱의 앞니가 정확히 맞물린 것으로 절단 교합이라고도 한다.
    ⑤ 오버숏(overshot) : 위턱의 앞니가 아래턱 앞니보다 앞쪽으로 돌출되어 맞물린 것을 말하며, 과리 교합이라고도 한다.

24. ④ 스니피 머즐(snipy muzzle) : 날카롭고 좁은 뾰족한 주둥이를 말한다.

25. ① 플루즈(flews) : 윗입술이 늘어진 것을 말한다.

26. ② 손상치 : 후천적으로 파손된 치아를 말한다.

27. 생후 4~8개월기 되면 유치의 치근이 융해되면서 영구치가 유치를 밀어내어

빠지고 이갈이를 하는데 7~8개월쯤이면 거의 모두 영구치로 바뀐다. 영양 상태가 좋지 않거나 단두종의 경우에는 다소 늦을 수도 있다.

28. 성견의 경우 윗니 20개와 아랫니 22개로 총 42개의 영구치를 가지고 있다.

29. 생후 3~4주경에 절치, 견치, 구치의 순서로 나오며, 생후 6주 정도에 모두 완성된다. 절치 6개, 견치 2개, 구치 6개로 상악과 하악을 합쳐 총 28개의 유치가 생성된다.

31. 개의 유치는 총 28개이고, 생후 3~4주경에 절치와 견치 그리고 구치의 순서로 나오기 시작해서 생후 6주 정도에 모두 완성된다. 절치는 6개이고 견치는 2개 그리고 구치는 6개로 상하로 위치한다.

32. ① 노즈 브리지(nose bridge) : 스톱에서 코까지의 주둥이 상면으로 코 근육을 말한다. 코들보라고도 불린다.
  ④ 프레시 노즈(fresh nose) : 살색의 코를 말한다.
  ⑤ 스니피 페이스(snipy face) : 주둥이가 뾰족하여 약한 느낌의 얼굴을 말한다.

33. ③ 로만 노즈(roman nose) : 독수리 코, 사람의 매부리코를 닮은 코를 말한다. 대표 견종으로는 보르조이가 있다.

39. ④ 코 거울에 대한 설명이다.

42. ② 배트 이어(bat ear) : 귀의 아래는 넓고 박쥐 날개처럼 둥글게 서있는 귀이다. 대표 견종으로는 웰시코기와 프렌치 불독 등이 있다.
  ③ 파렌 이어(phalene ear) : 늘어진 귀 타입으로 드물게 파피용의 귀가 늘어져 있다면 완전하게 늘어져야만 한다.
  ④ 버튼 이어(button ear) : 아래는 직립해 서 있고 귓불이 두개 앞쪽을 향해 v자 모양으로 늘어진 귀를 말한다. 대표 견종으로는 보더테리어와 폭스테리어 등이 있다.
  ⑤ 로즈 이어(rose ear) : 귀의 안쪽이 보이며 뒤틀려 작게 늘어진 귀로 휘핏과 불독 등이 있다.

43. ① 크롭드 이어(cropped ear) : 귀를 세우기 위해서 자른 귀이다.
  ③ 플레어 링 이어(flaring ear) : 나팔꽃 모양의 귀이다.
  ⑤ 벨 이어(bell ear) : 종 모양의 귀로 끝이 둥근 벨과 같은 모양의 귀이다.

44. ③ 프릭 이어(prick ear) : 직립 귀라고도 한다. 인위적으로 잘라 만든 귀와 자연적인 직립 귀가 있다.
  ⑤ 펜던트 이어(pendant ear) : 늘어진 귀를 말하며, 대표 견종으로는 닥스훈트와 바셋하운드 등이 있다.

45. ③ 필버트 타입 이어(fillbert shaped ear) : 베들링턴테리어의 귀 모양이며, 개암나무 열매 형태의 귀이다.
  ⑤ V형 귀(V-shaped ear) : 삼각형 모양의 귀이며, 늘어진 귀와 선 귀 두 가지의 타입이 있다.

46. ④ 로우 셋 이어(lowset ear) : 귀가 낮게 위치해 있는 귀
  ⑤ 하이 셋 이어(highset ear) : 귀가 높게 위치해 있는 귀

47. ① 폭스테리어 : 세미프릭 이어
  ② 시베리안 허스키 : V형 귀
  ③ 그레이트데인 : 프릭 이어
  ⑤ 폭스테리어 : 버튼 이어

49. ① 리브케이지(ribcage) : 심장이나 폐 등을 수용하는 바구니 형태의 골격, 즉 흉곽을 말한다.
  ② 이렉트(erect) : 귀나 꼬리를 위쪽으로 세운 것을 말한다.
  ③ 브리스킷(brisket) : 몸 앞쪽 가슴의 아래 부분, 즉 하흉부를 뜻한다.

50. ③ 치와와 : 플레어 링 이어
  ④ 에어데일테리어 : v자형 귀
  ⑤ 바셋하운드 : 드롭 이어, 펜던트 이어

51. ① 플레어링 이어(flaring ear) : 치와와

② 로즈 이어(rose ear) : 불독그, 휘핏
④ 버튼 이어(button ear) : 폭스테리어, 보더테리어
⑤ 버터플라이 이어(butterfly ear) : 파피용

52. ② 스웨이 백(sway back) : 견체의 등선 가운데가 움푹 파인 모양으로 캐멀 백의 반대 모양이다.
  ③ 버톡(buttock) : 엉덩이를 말한다.
  ④ 로치 백(roach back) : 견체의 등선에서 허리로 향하여 부드럽게 커브 한 잉어 등의 모양이다.
  ⑤ 다운힐(dowunhill) : 견체의 등선이 허리부로 갈수록 점점 낮아지는 모양이다.

53. ① 리브(rib) : 늑골. 즉 갈비뼈를 말하며 13개의 뼈로 흉추로 연결된다.
  ③ 페이퍼 풋(paper foot) : 발바닥이 너무 얇아서 움직임이 빈약해 종이발이라고도 한다.
  ④ 헤어 풋(hare foot) : 긴 발가락을 말하며 토끼 발이라고도 불린다.
  ⑤ 캣 풋(cat foot) : 고양이의 발로 짧고 둥근 아치형의 발 모양이다.

54. ④ 캐멀 백(camel back) : 낙타 등처럼 어깨 쪽이 낮고 허리 부분이 둥글게 올라가고 엉덩이가 내려간 모양

55. ① 클로디(cloddy) : 몸통이 굵어 무겁게 느껴지고 등이 낮은 몸통의 타입이다.
  ③ 레이시(racy) : 균형이 잡히고 세련된 모양으로 긴 다리에 등이 높고 비교적 가늘어 보이는 몸통 타입이다.
  ④ 위디(weedy) : 미발육 신체의 상태를 말하며, 골의 양이 부족하여 골격이 가늘고 외소한 몸통 타입이다.
  ⑤ 보시(bossy) : 어깨 근육이 과도하게 발달하여 두꺼운 몸통 타입이다.

56. ① 파텔라(patella) : 슬개골을 말한다.
  ③ 로인(loin) : 허리. 즉 요부를 말한다.
  ④ 에이너스(anus) : 항문을 말한다.
  ⑤ 힙 조인트(hip joint) : 고관절을 말한다.

59. ① 아웃 오브 숄더(out of shoulder) : 전구가 매우 넓어진 상태. 두드러지게 벌어진 어깨로 불독그 등이 있다.
  ③ 쇼트 백(short back) : 기갑의 높이보다 짧은 등을 말한다.
  ④ 슬로핑 숄더(sloping shoulder) : 견갑골이 후방으로 경사진 어깨
  ⑤ 스트레이트 숄더(straight shoulder) : 전방으로 기울어진 어깨

60. ⑤ 위더스(withers) : 기갑. 목 아래에 있는 어깨의 가장 높은 곳으로 체고를 측정하는 기준점이 된다.

61. • 앵귤레이션(angulation) : 뼈와 뼈가 연결되는 각도
  • 언더 라인(under line) : 가슴 아랫부분에서 배를 따라 만들어진 아래의 윤곽선
  • 크루프(croup) : 엉덩이

63. ③ 백 라인(back line) : 기갑부터 꼬리뿌리까지의 등선
  ④ 커플링(coupling) : 요부. 흉부와 엉덩이의 중간 부위
  ⑤ 흉심 : 가슴의 깊이로 기갑의 최고점에서 가슴 아래로의 수직.거리

64. ⑤ 레인지(rangy) : 흉심이 얕은 긴 몸통 타입

67. • 프런트(Front) : 앞다리, 앞가슴, 가슴, 어깨, 목 등을 포함 한 개의 전반부
  ① 스트레이트 프런트(straight front) : 테리어 종의 프런트로 일직선상의 프런트를 말한다.
  ② 피들 프런트(fiddle front) : 팔꿈치가 바깥쪽으로 굽은 프런트로 발가락도 밖을 향해 있다.
  ③ 보우드 프런트(bowed front) : 팔꿈치가 바깥쪽으로 굽은 안짱다리로 활 모양의 프런트를 말한다.
  ④ 스팁 프런트(steep front) : 어깨가 높아서 깎아진 듯 경사진 프런트를 말한다.

68. 사이(thigh) : 흉지 엉덩이에서 무릎 관절까지의 부위를 말한다.
72. ① 엘보(elbow) : 팔꿈치를 말한다.
    ② 카우 호크(cow hock) : 뒷다리의 양쪽이 소의 다리처럼 안쪽으로 구부러진 다리를 말한다.
    ⑤ 스타이플(stifle) : 대퇴골과 하퇴골을 연결하는 부위로 무릎 관절을 말한다.
73. 패스턴(pastern) : 중수골. 손의 관절과 손가락뼈 사이의 부위를 말한다.
74. ② 세컨드 사이(second thigh) : 하퇴부
    ③ 어퍼 암(upper arm) : 상완부
75. ② 트위스팅 호크(twisting hock) : 과체중으로 지탱이 어려워 좌우의 비절 관절이 염전된 것이다.
    ④ 시클 호크(sickle hock) : 비절이 낮아 낫 모양의 관절이다.
    ⑤ 웰 벤트 호크(well bent hock) : 비절의 각도가 이상적인 것을 말한다.
76. ⑤ 아웃 앳 엘코(out at elbow) : 팔꿈치가 밖으로 돌아간 것
77. ① 세이버 테일(saver tail) : 부드럽게 커브하며 올라간 바셋하운드의 꼬리 형태와 저먼 셰퍼드처럼 반원형의 낮은 형태의 꼬리
    ② 시클 테일(sickle tail) : 꼬리의 뿌리에서 등 위로 높게 자리 잡아 중간에 반원형을 그리며 구부러진 낫 모양의 꼬리를 말한다.
    ③ 크룩 테일(crook tail) : 구부러진 꼬리를 말한다.
    ④ 하이 셋 테일(high set tail) : 높게 달린 꼬리를 말한다.
78. ② 훅 테일(hook tail) : 꼬리의 모양이 갈고리 같으며, 대표 견종으로는 피레니언마운틴도그와 브리아드 등이 있다.
    ③ 판 테일(fan tail) : 부채를 편 것 같은 모양의 꼬리로 풍부한 모량의 긴 꼬리를 등 위로 말아 올리고 있으며, 대표 견종으로는 포메라니안이 있다.
    ④ 이렉트 테일(erect tail) : 위를 향해 선 직립 꼬리이며, 대표 견종으로는 스코티시테리어와 폭스테리어 등이 있다.
    ⑤ 스쿼럴 테일(squirrel tail) : 다람쥐 꼬리라고도 한다. 대표 견종으로는 파피용이 있다.
79. ④ 콕트업 테일(cocked-up tail) : 등선에 직각으로 구부러져 올려진 꼬리이다.
80. ① 스냅 테일(snap tail)에 대한 설명이며, 대표 견종으로는 알라스칸맬러뮤트가 있다.

② 플룸 테일(plume tail)에 대한 설명이며, 대표 견종으로는 잉글리시세터가 있다.
③ 오터 테일(otter tail)에 대한 설명이며, 대표 견종으로는 래브라도리트리버가 있다.
⑤ 브러시 테일(brush tail)에 대한 설명이며, 대표 견종으로는 시베리안 허스키가 있다.
81. ① 스크루 테일(screw tail) : 불도그와 보스턴테리어 등의 꼬리처럼 와인 오프너와 같은 모양의 나선형 꼬리이다.
    ③ 컬드 테일(curled tail): 페키니즈의 꼬리로 과하게 말려 등 가운데 짊어진 듯한 꼬리이다.
    ④ 플래그 테일(flag tail): 잉글리시세터의 꼬리 모양처럼 깃발 형태의 모양이다.
    ⑤ 킹크 테일(kink tail): 프렌치불도그의 꼬리처럼 비틀린 모양의 꼬리이다.
83. ① 밥 테일(bob tail) : 선천적으로 꼬리가 없거나 잘린 꼬리를 말한다.
    ③ 독(dock) : 잘린 꼬리를 뜻하며 보통 생후 4~7일에 실시한다.
    ⑤ 테일리스(tailless) : 꼬리가 없는 것. 선천적으로 꼬리가 없는 경우
84. ① 로셋 테일(low set tail) : 꼬리가 낮게 달린 것을 말한다.
    ③ 테일(tail) : 꼬리를 말한다.
    ④ 스턴(stern) : 하운드나 테리어종 중에서 짧은 꼬리의 경우를 일컬으며, 대표 견종으로는 폭스테리어를 들 수 있다.
90. ① 플래그폴 테일 : 비글
    ⑤ 컬드 테일 : 페키니즈
91. ② 판 테일
    ③ 이렉트 테일
    ⑤ 링 테일
93. ⑤ 애플 헤드(apple head) : 치와와
96. ② 트라이앵글러 아이 : 아프간하운드
97. ⑤ 풀 아이(full eye) : 둥글게 밖으로 튀어나온 눈을 말한다.

❷ 애완동물 응용 미용

1. 허리와 목 부분의 클리핑 라인이 강조되는 스타일로 신체적인 장점을 살릴 수 있는 푸들의 클립 명칭은?
   ① 곰돌이 커트 ② 맨해튼 클립
   ③ 스포팅 클립 ④ 브로콜리 커트
   ⑤ 퍼스트 콘티넨털 클립

2. 맨해튼 클립의 특징으로 올바른 것은?
   ① 로제트, 폼폰, 브레이슬릿의 커트가 있으며 가정에서 관리가 편리하다.
   ② 몸통이 짧고 다리는 원통형이다.
   ③ 포스트 클리핑 신드롬이 발생할 수 있다.
   ④ 허리와 목 부분의 클리핑 라인이 강조되는 스타일로 신체적인 장점을 강조할 수 있는 클립이다.
   ⑤ 비숑 프리제의 머리 형태에서 머즐 부분만 짧게 커트한 스타일이다.

3. 쇼 클립에 가장 가까운 스타일로 허리의 로제트, 꼬리의 폼폰, 다리의 브레이슬릿 커트의 균형미가 좋은 미용으로 콘티넨털 클립보다 짧게 커트되어 가정에서 관리가 용이한 클립은?
   ① 브로콜리 커트 ② 맨해튼 클립
   ③ 곰돌이 커트 ④ 콘티넨털 클립
   ⑤ 퍼스트 콘티넨털 클립

4. 퍼스트 콘티넨털 클립의 특징으로 올바른 것은?
   ① 클리핑 면적이 좁다.
   ② 로제트, 폼폰, 브레이슬릿을 커트한다.
   ③ 목 부위를 클리핑한다.
   ④ 얼굴을 둥글게 커트하고 몸은 짧게 커트한다.
   ⑤ 털의 길이가 길어 관리가 힘들다.

5. 얼굴은 둥근 형태로 커트하고 몸은 짧게 커트하여 관리가 쉽고 포메라니안 특유의 귀여운 이미지를 유지할 수 있는 스타일은?
   ① 곰돌이 커트 ② 볼레로 클립
   ③ 브로콜리 커트 ④ 스포팅 클립
   ⑤ 퍼스트 콘티넨탈 클립

6. 곰돌이 커트의 특징으로 올바른 것은?
   ① 로제트, 폼폰, 브레이슬릿의 균형미가 중요한 커트이다.
   ② 포메라니안 일중모의 특성상 포스트 클리핑 신드롬이 발생할 수 있다.
   ③ 허리와 목 부위는 클리핑한다.
   ④ 얼굴은 둥근 형태로 연출하고 몸털은 짧게 커트하여 포메라니안 특유의 귀여운 이미지를 유지할 수 있다.
   ⑤ 입선에서부터 후두부와 귀선까지 전체적으로 둥근 이미지로 표현되어야 한다.

7. 몸통은 짧고 다리는 원통형으로 비숑 프리제의 머리 형태에서 머즐 부분만 짧게 커트한 푸들 스타일의 명칭은?
   ① 스포팅 클립 ② 브로콜리 커트
   ③ 곰돌이 커트 ④ 퍼스트 콘티넨털 클립
   ⑤ 맨해튼 클립

8. 브로콜리 커트에 대한 설명으로 올바른 것은?
   ① 몸통은 길게 커트한다.
   ② 목과 허리는 클리핑한다.
   ③ 비숑 프리제의 머리 형태에서 머즐 부분만 짧게 커트한다.
   ④ 한국에서는 허리만 클리핑하는 경우가 많다.
   ⑤ 최종 늑골에서 1~2cm 뒤에 파팅 라인이 있다.

9. 다음 중 맨해튼 클립의 특징을 모두 고르시오.
   > ㄱ. 둥근 고양이 발 모양
   > ㄴ. 인덴테이션에서 옥서퍼트까지 둥글게 커트
   > ㄷ. 목 시작 3~5cm 위에서 경계 라인
   > ㄹ. 엘보에서 파팅 라인으로 연결하며 커트
   > ㅁ. 리어 브레이슬릿
   > ㅂ. 최종 늑골에서 0.5cm~1cm 뒤에서 파팅 라인 커트

   ① ㄹ, ㅁ, ㅂ ② ㄷ, ㄹ, ㅂ
   ③ ㄱ, ㄹ, ㅂ ④ ㄷ, ㅁ, ㅂ
   ⑤ ㄴ, ㄹ, ㅂ

10. 다음 중 퍼스트 콘티넨털 클립의 특징을 모두 고르시오.
    > ㄱ. 로제트
    > ㄴ. 턱 업에서 풋라인까지 커브형으로 커트
    > ㄷ. 비절 1~2cm 위에서 45° 각도로 클리핑 라인
    > ㄹ. 프런트 브레이슬릿
    > ㅁ. 부채 모양의 꼬리
    > ㅂ. 리어 브레이슬릿

    ① ㄱ, ㄷ, ㅁ ② ㄱ, ㄴ, ㄹ
    ③ ㄱ, ㄹ, ㅁ ④ ㄱ, ㄷ, ㅂ
    ⑤ ㄱ, ㄷ, ㄹ, ㅂ

11. 포메라니안의 곰돌이 커트의 특징을 모두 고르시오.
    > ㄱ. 턱 업에서 엉덩이 끝선까지 라운딩 라인
    > ㄴ. 엘보에서 발까지 점점 좁아지는 라인
    > ㄷ. 부채 모양의 꼬리
    > ㄹ. 엉덩이에서 비절까지 자연스러운 원형으로 커트
    > ㅁ. 둥근 고양이 발
    > ㅂ. 최종 늑골 0.5~1cm 뒤에 파팅 라인

    ① ㄱ, ㄷ, ㄹ, ㅁ ② ㄴ, ㄹ, ㅁ, ㅁ
    ③ ㄷ, ㄹ, ㅁ, ㅂ ④ ㄱ, ㄴ, ㄷ, ㄹ
    ⑤ ㄴ, ㄷ, ㄹ, ㅂ

12. 브로콜리 커트의 특징을 모두 고르시오.

    ㄱ. 좌골 끝에서 아래로 이어지는 자연스러운 커브
    ㄴ. 비절 1~2cm 위에서 45° 각도로 클리핑 라인
    ㄷ. 13~16mm 클리퍼 또는 클리퍼 콤 사용
    ㄹ. 둥근 고양이 발
    ㅁ. 둥근 원형의 머즐
    ㅂ. 최종 늑골 0.5~1cm 뒤에 파팅 라인

    ① ㄱ, ㅁ, ㅂ   ② ㄴ, ㄹ, ㅁ
    ③ ㄱ, ㄷ, ㅁ   ④ ㄷ, ㅁ, ㅂ
    ⑤ ㄹ, ㅁ, ㅂ

13. 고객 요구에 따른 미용 스타일을 구상할 때에 주의해야 되는 사항으로 올바른 것은?
    ① 최신 유행을 따르도록 고객에게 권유할 수 있어야 한다.
    ② 현재 미용 스타일을 이해하고 이전 미용 스타일을 구상할 수 있어야 한다.
    ③ 작업자의 휴식 공간을 제공하여야 한다.
    ④ 애완동물의 개체별 특성을 알아야 한다.
    ⑤ 고객은 작업자의 요구 사항을 정확하게 이해하고 소통하여야 한다.

14. 미용 스타일을 구상할 때 고려해야 되는 사항은?
    ① 미용사의 기분   ② 유행하고 있는 미용 스타일
    ③ 오늘의 날씨   ④ 고객의 말투
    ⑤ 고객의 패션 스타일

15. 미용 스타일을 구상할 때 고려해야 되는 사항이 아닌 것은?
    ① 털 관리 상태 확인하기
    ② 애완동물의 신체적 특징 확인하기
    ③ 고객의 패션 감각 확인하기
    ④ 이전 미용 상태 확인하기
    ⑤ 유해하지 않은 스타일 확인하기

16. 맨해튼 클립의 구상 방법이 아닌 것은?
    ① 귀는 후두부 뒷면과 자연스럽게 연결한다.
    ② 엉덩이 각도는 30°이다.
    ③ 목은 후두부 0.5cm 뒤를 기준점으로 1.5~2cm 부분에 위치한다.
    ④ 몸통은 자연스럽고 균형미 있는 둥근 원형이다.
    ⑤ 뒷다리 앵귤레이션은 강조한다.

17. 맨해튼 클립의 구상 방법으로 올바른 것은?
    ① 엉덩이 각도는 35°이다.
    ② 몸통은 자연스럽고 균형미 있는 삼각 형태여야 한다.
    ③ 등선은 꼬리쪽으로 살짝 다운되어야 한다.
    ④ 뒷다리는 원통형으로 일직선이 되도록 한다.
    ⑤ 허리선은 최종 늑골에서 0.5cm 뒤를 기준점으로 1.5~2cm 부분에 위치한다.

18. 퍼스트 콘티넨털 클립의 구상 방법이 아닌 것은?
    ① 폼폰은 꼬리 시작 부분부터 2~2.5cm 클리핑한다.
    ② 머리는 양쪽이 5~10°로 퍼지는 둥근 형태이다.
    ③ 폼폰은 원형이다.
    ④ 리어 브레이슬릿은 뒤쪽이 돌출된 원형이다.
    ⑤ 귀는 타원형이다.

19. 퍼스트 콘티넨털 클립의 구상 방법으로 올바른 것은?
    ① 리어 브레이슬릿의 클리핑 라인은 프런트 브레이슬릿과 같은 높이에 위치한다.
    ② 양쪽 로제트의 경계는 꼬리 넓이의 2배로 한다.
    ③ 머리의 뒷면은 목선에서 등 라인까지 자연스럽지 이어져야 한다.
    ④ 프런트 브레이슬릿은 둥근 원형이 되어야 한다.
    ⑤ 허리선은 원형으로 표현되어야 한다.

20. 곰돌이 커트의 구상 방법이 아닌 것은?
    ① 귀는 120°의 둥근 형태이어야 한다.
    ② 다리는 둥근 고양이 발 모양이다.
    ③ 몸통은 짧게 보이도록 한다.
    ④ 꼬리는 둥근 나뭇잎 모양이다.
    ⑤ 목선은 짧은 느낌이 들어야한다.

21. 곰돌이 커트의 구상 방법으로 올바른 것은?
    ① 뒷다리 뒷부분은 엉덩이에서 이어진다.
    ② 얼굴은 전체적으로 둥근 이미지여야 한다.
    ③ 머리에서 뒷다리까지 선이 자연스럽게 이어진다.
    ④ 귀는 115°의 둥근 형태이어야 한다.
    ⑤ 털이 길어 답답한 이미지를 준다.

22. 푸들의 브로콜리 커트 구상 방법이 아닌 것은?
    ① 다리는 둥근 형태이다.
    ② 꼬리는 둥근 부채모양이다.
    ③ 뒷다리는 나팔바지 형태이다.
    ④ 귀는 후두부 뒷면과 자연스럽게 연결된다.
    ⑤ 머리는 비숑 프리제와 유사하다.

23. 푸들의 브로콜리 커트 구상 방법으로 올바른 것은?
    ① 앞다리 윗부분은 짧고 아래로 내려가면서 둥글게 표현된다.
    ② 귀는 후두부 앞면과 자연스럽게 연결된다.
    ③ 머즐에 비해 머리를 짧게 커트하여 귀여운 이미지이다.
    ④ 머즐은 비숑 프리제와 유사하다.
    ⑤ 꼬리는 둥근 부채 모양이다.

24. 오버코트와 언더코트가 자연스럽게 얽혀 새끼줄 모양으로 되어 있는 털은?

① 권모종　　② 견모종
③ 장모종　　④ 단모종
⑤ 강모종

25. 오버코트와 언더코트가 자연스럽게 서로 얽혀 새끼줄 모양으로 되어 있는 털을 가진 견종을 모두 고르시오.

① 치와와　　② 푸들
③ 베들링턴테리어　　④ 시추
⑤ 몰티즈

26. 권모종의 털 관리법으로 올바르지 못한 것은?

① 귀를 제외한 부분은 털의 결 반대로 빗질한다.
② 귀속 털을 정기적으로 제거해 준다.
③ 털이 자라는 속도가 빠르다.
④ 핀 브러시를 사용하여 빗질한다.
⑤ 주기적인 손질이 필요하다.

27. 긴 오버코트와 촘촘한 언더코트가 같이 자라 보온성이 뛰어나지만 털이 잘 엉킬 수 있고 관리가 미흡하면 탈모가 될 수도 있으므로 정기적인 관리가 필요한 털은?

① 견모종　　② 권모종
③ 장모종　　④ 단모종
⑤ 강모종

28. 장모종의 견종이 아닌 것을 모두 고르시오.

① 몰티즈　　② 푸들
③ 요크셔테리어　　④ 시추
⑤ 닥스훈트

29. 장모종의 털 관리 방법으로 올바르지 못한 것은?

① 생식기 주변은 래핑한다.
② 입 주변은 래핑한다.
③ 털의 결 방향으로 빗질한다.
④ 하루에 다섯 번은 핀 브러시로 빗질한다.
⑤ 오염되기 쉬운 부분은 래핑하여 털을 보호한다.

30. 길이가 짧은 털로 스무드 코트라고도 하며 발수성이 좋다. 모질에 비하여 관리가 쉬운 털은?

① 단모종　　② 장모종
③ 권모종　　④ 견모종
⑤ 강모종

31. 단모종에 속하는 견종을 모두 고르시오.

① 몰티즈　　② 비숑 프리제
③ 비글　　④ 치와와
⑤ 베들링턴테리어

32. 닥스훈트의 털 관리 방법으로 올바르지 못한 것은?

① 다른 모질에 비해 털 관리가 비교적 쉽다.
② 잦은 목욕은 피모가 건조해질 수 있다.
③ 길이가 매우 짧은 것이 특징이다.
④ 털갈이 시기에는 주기적으로 빗질하여 속 털을 제거해 주어야 한다.
⑤ 핀 브러시는 사용하여 빗질한다.

33. 다음 중 푸들의 신체적 특징으로 올바르지 못한 것은?

① 체형이 작고 목이 짧다.
② 전체적인 몸의 형태가 짧다.
③ 신축성이 좋은 털로 덮여 있다.
④ 다리와 얼굴이 길다.
⑤ 여러 스타일의 창작 미용이 가능하다.

34. 다음 중 포메라니안의 특징으로 올바른 것을 모두 고르시오.

ㄱ. 긴 다리	ㄴ. 흰색 털
ㄷ. 더블 코트	ㄹ. 작은 체형
ㅁ. 짧은 머즐	ㅂ. 짧은 목
ㅅ. 장방형 몸을 가짐	ㅇ. 신축성이 좋은 털

① ㄱ, ㄴ, ㄷ, ㄹ　　② ㄴ, ㄷ, ㄹ, ㅁ
③ ㄷ, ㄹ, ㅁ, ㅂ　　④ ㅁ, ㅂ, ㅅ, ㅇ
⑤ ㄷ, ㅁ, ㅅ, ㅇ

35. 머즐이 길지 않은 얼굴과 흰색 털의 장방형 몸을 가진 품종은?

① 포메라니안　　② 시추
③ 푸들　　④ 요크셔테리어
⑤ 몰티즈

36. 판탈롱 스타일의 특징으로 올바르지 못한 것은?

① 머리에 밴드를 묶어 발랄한 느낌을 연출할 수 있다.
② 털은 자라난 방향대로 누워 있는 경우가 많다.
③ 몸을 클리핑한다.
④ 털의 방향과 가위 방향을 반대로 두고 작업해야 한다.
⑤ 다리의 털을 살려 커트한다.

37. 비숑 프리제의 펫 스타일 커트 특징으로 올바르지 못한 것은?

① 몸을 짧게 클리핑한다.
② 가정에서 선호하는 스타일이다.
③ 다리는 윗부분을 좀 더 넓게 한다.
④ 다리는 원통형으로 시저링한다.
⑤ 큰 얼굴의 둥근 이미지를 강조한다.

38. 푸들의 스포팅 클립 특징으로 올바르지 못한 것은?
① 몸의 굴곡을 살린다.
② 포스트 클리핑 신드롬 발생에 주의한다.
③ 몸 전체를 짧게 클리핑한다.
④ 클리핑 라인을 조절하여 다리를 길어 보이게 연출할 수 있다.
⑤ 다리가 짧아 보이지 않게 주의한다.

39. 미용 스타일 구상 시 주의해야 되는 점으로 올바르지 못한 것은?
① 애완동물의 미적 표현을 가장 먼저 고려한다.
② 애완동물의 탈출 경로가 차단되어 있어야 한다.
③ 이전 미용 스타일에 따른 제약을 이해한다.
④ 애완동물의 건강 상태와 특이 사항을 파악한다.
⑤ 유행을 이해하고 고객이 만족하는 미용 스타일을 구상해야 한다.

40. 몰티즈의 판탈롱 스타일 구상 방법으로 올바른 것은?
① 어깨와 목의 연결이 정면에서 ∩자 형태가 되어야 한다.
② 다리털은 짧아야 한다.
③ 모근 부분이 오염되거나 모질 상태가 좋지 않은 경우에 제시한다.
④ 귀는 균형감 있게 래핑한다.
⑤ 꼬리는 시작 부분부터 2cm 정도까지 짧게 커트한다.

41. 몰티즈의 판탈롱 스타일 구상 방법으로 올바르지 못한 것은?
① 발은 둥근 형태이다.
② 가슴은 짧게 클리핑한다.
③ 뒷다리는 힙에서 풋라인까지 자연스럽게 이어진다.
④ 뒷머리는 밴드 작업 후에도 귀 털까지 자연스럽게 이어진다.
⑤ 꼬리는 타원 모양이다.

42. 비숑 프리제의 펫 스타일 구성 방법으로 올바른 것은?
① 몸 부분을 짧게 클리핑하는 미용 스타일이다.
② 발은 둥근 형태이다.
③ 얼굴의 아래턱은 타원형의 형태이다.
④ 등선은 직선 형태이다.
⑤ 앞다리는 둥근 원형으로 이어진다.

43. 비숑 프리제의 펫 스타일 구성 방법으로 올바르지 못한 것은?
① 앞다리는 엘보 위 클리핑 라인에서 풋라인까지 원통형으로 이어진다.
② 꼬리는 시작 부분부터 3cm 정도까지 짧게 커트한다.
③ 뒷다리는 위에서 아래로 A자 형태의 원형으로 이어져야 한다.
④ 꼬리는 몸통과 분리되어 보이게 한다.
⑤ 발은 둥근 형태이다.

44. 맨해튼 클립의 변형 미용으로 허리와 목 부분의 파팅 라인을 넣어 체형의 단점을 보완하는 푸들의 미용 클립은?
① 볼레로 클립　② 스포팅 클립
③ 밍크칼라 클립　④ 퍼피 클립
⑤ 퍼스트 콘티넨털 클립

45. 맨해튼의 변형 클립으로 짧은 상의를 뜻하며 다리에 브레이슬릿을 만드는 것이 특징인 클립은?
① 밍크칼라 클립　② 퍼스트콘티넨털 클립
③ 스포팅 클립　④ 볼레로 클립
⑤ 잉글리시 새들 클립

46. 견갑골의 돌출된 윗부분과 등뼈가 만나는 부분으로 발바닥에서 이 부분까지의 높이가 애견의 몸 높이를 결정하는 부위는 명칭은?
① 크라운　② 스컬
③ 전안부　④ 옥시풋
⑤ 기갑부

47. 위더스의 뜻을 바르게 설명한 것은?
① 등이 높고 비교적 가는 체구의 몸통
② 가슴 아랫부분에서 배를 따라 만들어진 선
③ 기갑에서 허리까지 수평한 등
④ 견갑골의 돌출된 윗부분과 등뼈가 만나는 점으로 목 아래에 있는 어깨의 가장 높은 점
⑤ 낙타 모양의 등으로 어깨 쪽이 낮고 허리 부분이 둥글게 올라가며 엉덩이가 내려간 모양

48. 다음 중 도구를 응용하여 애완동물 커트를 하기 위해서 필요한 재료와 장비는 모두 몇 개인가?

ㄱ. 시져링 매뉴얼	ㄴ. 물림 방지 도구
ㄷ. 클리퍼 제품 사용 설명서	ㄹ. 나이프
ㅁ. 쇼 미용 매뉴얼	ㅂ. 테이블 고정 암
ㅅ. 커트 가위	ㅇ. 나이프 제품 사용 설명서
ㅈ. 샤워 스펀지	ㅊ. 고객 차트

① 6개　② 7개
③ 8개　④ 9개
⑤ 10개

49. 도구를 응용하여 커트하는 과정에서 주의해야 되는 사항으로 올바르지 못한 것은?
① 작업시간의 단축을 위하여 가위나 클리퍼 등 사용할 도구를 테이블에 올려놓는다.
② 작업 장소는 청결하고 통풍이 잘 되는 장소여야 한다.
③ 작업 중에는 애완동물의 건강 상태를 수시로 체크한다.
④ 작업 중에 도구가 갑작스럽게 파손이 될 경우를 대비하여 여분의 도구를 준비한다.
⑤ 질병 감염 예방을 위한 위생과 소독을 철저하게 관리한다.

50. 포메라니안의 곰돌이 커트에 필요한 도구가 아닌 것은?
① 클리퍼　　　　　② 핀 브러시
③ 블런트 가위　　　④ 시닝 가위
⑤ 커트 가위

51. 포메라니안의 곰돌이 커트 방법으로 올바르지 못한 것은?
① 꼬리와 엉덩이 사이는 먼저 블런트 가위로 커트한다.
② 가슴은 흉골을 중심으로 둥글게 표현한다.
③ 옆구리에서 이어지는 아랫배는 블런트 가위와 커브 가위를 적절히 사용한다.
④ 발바닥 주위는 고양이 발 모양으로 둥글게 보이도록 블런트 가위로 커트한다.
⑤ 어깨와 목의 네크라인은 정면에서 보았을 때 A자 모양으로 커트한다.

52. 포메라니안의 곰돌이 커트 방법을 바르게 설명한 것은?
① 옆구리는 시닝 가위를 사용하여 볼륨감을 준다.
② 귀 끝부분은 커브 가위로 125°로 커트한다.
③ 가슴 털을 너무 많이 남겨 답답해 보이지 않도록 커트한다.
④ 얼굴은 전체적으로 둥글게 커트하며 시닝 가위를 사용한다.
⑤ 목 부분은 블런트 가위로 둥근 원형으로 커트한다.

53. 포메라니안의 곰돌이 커트 방법으로 올바르지 못한 것은?
① 옆구리는 커브 가위를 사용하며 허리선을 짧게 연출한다.
② 커브 가위와 시닝 가위를 사용하여 얼굴을 전체적으로 둥글게 커트한다.
③ 시닝 가위와 커브 가위를 사용하여 아래턱 부분을 둥글게 귀로 이어지도록 커트한다.
④ 앞다리는 팔꿈치에서 발목으로 좁아지도록 시닝 가위로 커트한다.
⑤ 꼬리는 블런트 가위로 둥근 부채모양이 되도록 커트한다.

54. 포메라니안의 곰돌이 커트 순서를 바르게 나열하세요.

ㄱ. 꼬리	ㄴ. 발
ㄷ. 몸통	ㄹ. 기본 클리핑
ㅁ. 목	

① ㄱ-ㄴ-ㄷ-ㅁ-ㄹ　　② ㄷ-ㅁ-ㄴ-ㄱ-ㄹ
③ ㄹ-ㄴ-ㄱ-ㄷ-ㅁ　　④ ㅁ-ㄷ-ㄱ-ㄴ-ㄹ
⑤ ㅁ-ㄴ-ㄱ-ㄷ-ㄹ

55. 드워프 타입의 푸들에서 맨해튼 클립을 커트하는 방법으로 올바른 것은?
① 엉덩이는 30°의 각도를 주어 길게 커트한다.
② 가슴은 볼륨감 있도록 풍성하게 커트한다.
③ 등선의 털을 길게 커트한다.
④ 배 부분의 털을 길게 커트한다.
⑤ 허리 밴드는 최종 늑골 1cm 뒤를 기준으로 한다.

56. 드워프 타입의 푸들에서 맨해튼 클립을 커트하는 방법으로 바르지 못한 것은?
① 꼬리는 앞부분을 먼저 커트한 후 전체적으로 둥글게 커트한다.
② 허리 밴드의 클리핑 라인을 빗질한 후 가위로 커트한다.
③ 귀 라인은 일직선이 되도록 커트한다.
④ 귀는 라운드 형태로 끝을 커트한다.
⑤ 앞머리를 앞으로 빗어 45°로 커트한다.

57. 맨해튼 클립에서 밍크칼라 클립으로 응용 커트를 할 때 올바르지 못한 것은?
① 기갑부 3cm 위에서 옥서퍼트까지를 파팅 라인 기준으로 잡는다.
② 기갑부의 파팅 라인을 몸의 재킷 라인과 연결한다.
③ 목 부분의 파팅 라인은 클리핑한다.
④ 목 부분의 파팅 라인은 3등분한다.
⑤ 전체적인 균형미와 커트라인을 확인한다.

58. 맨해튼 클립에서 밍크칼라 클립으로 응용 커트를 하는 순서로 올바른 것은?

| ㄱ. 기갑부 2cm 위에서 옥서퍼트까지 목 부분을 3등분하여 파팅 라인을 만든다. |
| ㄴ. 파팅 라인을 클리핑한다. |
| ㄷ. 기갑부의 파팅 라인을 시저링하여 몸의 재킷 라인과 연결해준다. |
| ㄹ. 3등분한 목 부분을 둥근 원형으로 시저링한다. |
| ㅁ. 밍크칼라 클립의 전체적인 균형미와 커트라인을 확인한다. |

① ㄱ-ㄴ-ㄷ-ㄹ-ㅁ　　② ㄱ-ㄴ-ㄹ-ㄷ-ㅁ
③ ㄱ-ㄷ-ㄹ-ㄴ-ㅁ　　④ ㄱ-ㄷ-ㄴ-ㄹ-ㅁ
⑤ ㄱ-ㄹ-ㄷ-ㄴ-ㅁ

59. 밍크칼라 클립에서 맨해튼 클립으로 응용 커트를 할 때 해야 하는 것은?
① 목 장식털을 완전히 클리핑하여 제거한다.
② 다리와 머리 부분을 제외하고 몸통을 클리핑한다.
③ 호크 1.5~2cm 위에서 가위로 파팅 라인을 만든다.
④ 호크의 파팅 라인은 2cm 위까지 클리핑한다.
⑤ 맨해튼 클립으로 응용 커트를 할 수 없다.

60. 맨해튼 클립에서 볼레로 클립으로 응용 커트하는 방법으로 올바른 것은?
① 앞다리의 파팅 라인은 시저링으로 마무리한다.
② 뒷다리 파팅 라인의 3cm 위까지 클리핑한다.
③ 뒷다리의 클리핑 라인과 같은 높이로 앞다리의 파팅 라인을 맞춘다.
④ 뒷다리 호크 1.5~3cm 위에서 가위로 45° 각도로 파팅 라인을 만든다.
⑤ 브레이슬릿은 둥근 삼각형으로 시저링한다.

61. 맨해튼 클립에서 볼레로 클립으로 응용 커트하는 방법으로 틀린 것은?

① 앞다리의 파팅 라인은 볼륨감 있게 시저링한다.
② 뒷다리는 파팅 라인의 2cm 위까지 클리핑한다.
③ 앞다리의 파팅 라인은 뒷다리의 클리핑 라인과 같은 높이로 정한다.
④ 뒷다리 파팅 라인의 각도는 40°이다.
⑤ 뒷다리는 호크를 기준으로 1.5~2cm 위로 파팅 라인을 잡는다.

62. 귀의 털이 엉키는 경우가 많아 관리가 어렵거나 목선을 길어 보이게 연출하고 싶을 때 응용할 수 있는 방법은?

① 크라운을 클리핑한다.
② 자켓을 클리핑한다.
③ 귀를 클리핑하여 태슬을 만든다.
④ 앞다리를 클리핑한다.
⑤ 꼬리를 클리핑한다.

63. 비숑 프리제의 펫 스타일에 대한 설명으로 틀린 것은?

① 등, 가슴, 배 털을 짧게 커트한다.
② 털이 너무 길어 가정에서 관리하기 힘든 경우 커트한다.
③ 하이온 타입은 엉덩이, 가슴, 배의 털 길이를 길게 남겨 체형을 다운시킨다.
④ 드워프 타입은 등 털을 기존보다 짧게 커트한다.
⑤ 여름철에 긴 털 때문에 더워하는 경우 커트한다.

64. 비숑 프리제 펫 스타일을 커트하는 방법으로 올바르지 못한 것은?

① 목과 가슴이 이어질 수 있도록 클리핑한다.
② 머리에서 목까지 라인은 자연스럽게 이어지도록 시저링한다.
③ 기갑부의 3cm 위 정도에서 등선, 옆구리, 아랫배까지 털의 결 방향으로 클리핑한다.
④ 뒷다리는 앵귤레이션을 강조해 준다.
⑤ 꼬리 부분은 털의 반대 방향으로 클리핑한 후 털의 결과 같은 방향으로 다시 클리핑한다.

65. 비숑 프리제 펫 스타일을 커트하는 순서를 바르게 나열하세요.

> ㄱ. 뒷다리 시저링
> ㄴ. 목 길이의 반 정도에서 등선, 옆구리 아랫배까지 클리핑
> ㄷ. 목과 가슴이 이어지도록 클리핑
> ㄹ. 뒷다리와 앞다리에 클리핑 라인을 만들고 다리털 남기기
> ㅁ. 얼굴 시저링

① ㄴ-ㄷ-ㄹ-ㄱ-ㅁ   ② ㄴ-ㄹ-ㄷ-ㄱ-ㅁ
③ ㄴ-ㄹ-ㄱ-ㄷ-ㅁ   ④ ㄷ-ㄴ-ㄹ-ㄱ-ㅁ
⑤ ㄷ-ㄴ-ㄱ-ㄹ-ㅁ

66. 푸들 드워프 타입의 스포팅 클립(브로콜리 커트)에서 커트 방법으로 올바르지 못한 것은?

① 목 길이의 반 정도를 남기고 등선, 옆구리 클리핑을 한다.
② 발등을 클리핑해 준다.
③ 다리는 둥근 형태로 시저링한다.
④ 앵귤레이션을 강조한다.
⑤ 꼬리는 푸들의 둥근 기본 형태로 시저링한다.

67. 푸들 드워프 타입의 스포팅 클립(브로콜리 커트)에서 커트 방법으로 올바른 것은?

① 머즐은 원형으로 짧게 커트해 준다.
② 머리의 측면은 귀 앞선까지 자연스럽게 이어지도록 시저링한다.
③ 앞머리는 35° 각도의 원형으로 시저링한다.
④ 목 길이의 1/2 정도를 남기고 등선, 옆구리까지 클리핑한다.
⑤ 귀에 나이프 사용은 하지 않는다.

68. 푸들 드워프 타입의 스포팅 클립(브로콜리 커트)에서 커트 순서를 올바르게 나열하세요.

> ㄱ. 목 부분부터 가슴, 아랫배까지 클리핑
> ㄴ. 앞다리 커트   ㄷ. 꼬리 커트
> ㄹ. 클리핑 부위 면처리 ㅁ. 뒷다리 커트

① ㄱ-ㅁ-ㄹ-ㄴ-ㄷ   ② ㄱ-ㄹ-ㄴ-ㅁ-ㄷ
③ ㄱ-ㄹ-ㅁ-ㄴ-ㄷ   ④ ㄱ-ㄹ-ㅁ-ㄷ-ㄴ
⑤ ㄱ-ㄹ-ㄴ-ㅁ-ㄷ

69. 아트 미용의 정의로 올바른 것은?

① 동물의 피모 관리를 전문적으로 하는 사람
② 털을 자르거나 뽑는 등의 미용 작업
③ 피모에 대한 일상적인 손질을 모두 포함하는 것
④ 미용 상식과 기술을 기초로 하여 미용사의 창작력과 숙련된 기술로 개성을 표현하는 것
⑤ 털 길이가 다른 곳의 층을 연결하여 자연스럽게 하는 기술

70. 유해하지 않은 재료로 자연의 동식물 및 사물의 형태와 색체를 애완동물에게 표현하는 방법과 기술을 뜻하는 용어는?

① 시저링   ② 그리핑
③ 클리핑   ④ 트리머
⑤ 아트 미용

71. 헤어스프레이의 사용 방법으로 올바르지 못한 것은?

① 머리 위의 털을 세워주는 용도로 사용한다.
② 눈과 호흡기에 닿지 않도록 주의한다.
③ 등 털을 세워주는 용도로 사용한다.
④ 코트를 고정시키는 용도이다.
⑤ 모근까지 고정하기 위하여 피부에 직접 분사한다.

72. 글리터 젤의 사용 방법으로 올바르지 못한 것은?
① 털에 포인트를 주는 재료이다.
② 화사한 이미지를 표현해 준다.
③ 장식털에 포인트를 주는 재료이다.
④ 글리터 젤은 다른 재료와 섞이지 않도록 단독으로 사용한다.
⑤ 미용 스타일을 연출할 때 사용한다.

73. 미용 스타일 연출하기에서 필요한 재료를 모두 고르시오.

ㄱ. 헤어스프레이	ㄴ. 래핑지
ㄷ. 글리터 젤	ㄹ. 생리 식염수
ㅁ. 장식 털	ㅂ. 구급상자
ㅅ. 고무밴드	ㅇ. 블로펜

① ㄱ, ㄷ, ㅁ, ㅅ, ㅇ
② ㄱ, ㄷ, ㄹ, ㅂ, ㅅ
③ ㄱ, ㄷ, ㄹ, ㅁ, ㅈ
④ ㄴ, ㄹ, ㅁ, ㅂ, ㅅ
⑤ ㄴ, ㄷ, ㅁ, ㅂ, ㅅ

74. 미용 스타일 연출하기에서 필요한 장비가 아닌 것은?
① 미용 테이블
② 드라이기
③ 염색용 브러시
④ 꼬리빗
⑤ 콤

75. 미용 스타일을 연출할 때 주의해야 되는 사항으로 올바르지 못한 것은?
① 애완동물의 개체별 특성을 숙지하여야 한다.
② 작업 중에는 애완동물의 상태를 체크하기 힘들기 때문에 작업 전 반드시 상태를 체크한다.
③ 애완동물이 휴식을 취할 수 있는 장소가 있어야 한다.
④ 애완동물의 질병 감염 예방을 위하여 위생과 소독을 철저히 관리한다.
⑤ 도구가 갑작스럽게 파손될 경우를 대비하여 여분의 도구를 준비한다.

76. 구상된 스타일을 연출하는 순서로 올바른 것은?

| ㄱ. 구상한 형태로 시저링 |
| ㄴ. 염색제 사용 |
| ㄷ. 가위로 구상한 형태 만들기 |
| ㄹ. 글리터 젤과 헤어스프레이 사용 |
| ㅁ. 구상된 형태의 불필요한 부분 클리핑 |

① ㄷ-ㅁ-ㄱ-ㄴ-ㄹ
② ㄷ-ㄱ-ㅁ-ㄴ-ㄹ
③ ㄷ-ㄴ-ㄱ-ㅁ-ㄹ
④ ㄷ-ㅁ-ㄱ-ㄹ-ㄴ
⑤ ㄷ-ㄱ-ㅁ-ㄹ-ㄴ

77. 애완동물에게 헤어핀을 사용하는 이유는 무엇인가?
① 애완동물의 털의 양이나 스타일에 따라 다양한 연출을 할 때에 사용한다.
② 애완동물의 머리 위 털이나 등털 등을 고정할 때 사용한다.
③ 털과 장식 털 등에 포인트를 주어 화사한 이미지를 표현할 때 사용한다.
④ 보온을 목적으로 하며 미용 스타일에 따라 선택하여 입힌다.
⑤ 미용 스타일과 의상 콘셉트에 맞는 액세서리로 활용한다.

78. 애완동물의 미용 스타일과 의상 콘셉트에 맞는 액세서리로 활용하며 장소나 상황에 상관없이 착용하기도 하고 이름을 넣어 이름표로도 활용하는 액세서리는?
① 의상
② 신발
③ 헤어핀
④ 하니스
⑤ 목걸이

79. 애완동물에게 봄가을 의상을 선택할 때 바르지 못한 것은?
① 미용 스타일에 따라서 선택하여 입힐 수 있다.
② 활동량이 많을 경우 신축성이 좋은 원단을 선택한다.
③ 애완동물의 체온 보호를 해준다.
④ 처음 털을 짧게 잘랐을 경우에 입혀준다.
⑤ 암컷의 경우 생식기를 고려하여 배 부분이 깊고 넓게 파인 것을 선택한다.

80. 애완동물의 겨울 의상에 대한 설명으로 가장 올바른 것은?
① 미용 스타일에 따라 의상을 선택한다.
② 산책을 하거나 추위를 많이 타는 동물에게 적합하다.
③ 보온을 주요 목적으로 한다.
④ 이름표로 활용된다.
⑤ 귀가 늘어져 있는 개에게 털이 오염되는 것을 방지한다.

81. 액세서리와 의상의 종류가 아닌 것은?
① 헤어핀
② 겨울 의상
③ 봄가을 의상
④ 매너 벨트
⑤ 목걸이

82. 산책할 때 개에게 입혀 주는 안전벨트 형식의 용구로 목줄을 불편해 하는 개에게 사용하는 것은?
① 하니스
② 드라이빙 키트
③ 스누드
④ 목걸이
⑤ 매너 벨트

83. 귀가 늘어진 경우 귀가 더럽혀지는 것을 방지하고 귀털이 길어서 음식을 먹을 때나 입 안으로 털이 들어가는 경우 등에 사용하는 용품은?
① 매너 벨트
② 스누드
③ 하니스
④ 헤어핀
⑤ 드라이빙 키트

84. 스누드를 사용하는 경우가 아닌 것은?
① 눈곱을 떼거나 세수를 할 때에 주변의 털이 물에 젖는 것을 방지하는 경우
② 산책 시 얼굴 주변의 털이 땅에 끌리는 경우
③ 수술 후 수술 부위를 핥지 못하게 방지하는 경우
④ 음식을 먹을 때 입 안으로 털이 들어갈 경우
⑤ 얼굴 주변의 털이 길어 오염되는 것을 방지하는 경우

85. 영역 표시를 많이 하는 수컷에게 사용하며 애견 카페나 낯선 곳, 공공장소를 방문할 때 주로 사용하는 용품은?
① 하니스 ② 스누드
③ 봄가을 의상 ④ 매너 벨트
⑤ 드라이빙 키트

86. 매너 벨트에 대한 설명으로 올바르지 못한 것은?
① 소변을 흡수하는 패드를 붙이는 과정을 용이하게 도와주는 용도
② 애견 카페나 낯선 곳에서 사용한다.
③ 생식기가 짓무르지 않도록 안쪽 패드를 자주 갈아 준다.
④ 공공장소를 방문할 때 사용한다.
⑤ 원단은 실크로 한다.

87. 차 안에서 편안하고 안전하게 개의 이동을 도와주는 용품으로 차를 타면 산만하고 불안해 하는 애완동물에게 사용하는 것은?
① 스누드 ② 매너 벨트
③ 드라이빙 키트 ④ 케이지
⑤ 하니스

88. 드라이빙 키트에 대한 설명으로 올바르지 못한 것은?
① 차 바닥으로 굴러 떨어지는 개에게 사용한다.
② 차 안에서 움직임이 없는 개에게 사용한다.
③ 사방이 막힌 켄넬을 두려워하는 개에게 사용한다.
④ 차 안에서 안전하게 개의 이동을 도와준다.
⑤ 차를 타면 산만하고 불안해하는 애완동물에게 사용한다.

89. 애완동물에게 액세서리를 부착할 때 주의해야 되는 사항으로 올바른 것은?
① 구슬 목걸이용 우레탄 줄은 신축성이 없는 것으로 한다.
② 헤어핀은 무게감이 있는 것으로 사용한다.
③ 하니스 착용은 안전벨트의 역할을 위하여 한 사이즈 작은 것으로 착용한다.
④ 드라이빙 키트 장착 시 차의 안전벨트에서 떨어져 나가지 않도록 주의한다.
⑤ 하니스는 애완동물의 겨드랑이에 끼이는 사이즈로 착용한다.

90. 애완동물에게 액세서리를 부착할 때 주의해야 사항으로 올바르지 못한 것은?
① 하니스 착용 시 사이즈가 크면 안전벨트의 역할을 하지 못하고 벗겨져서 애완동물이 위험에 노출될 수 있으니 주의한다.
② 구슬 목걸이용 우레탄 줄은 쉽게 끊어지는 것으로 선택한다.
③ 장시간 액세서리를 하는 것은 피부 자극과 스트레스를 유발할 수 있다.
④ 헤어핀이 무거우면 털이 당겨져서 피모에 자극을 줄 수 있으니 주의한다.
⑤ 액세서리가 애완동물의 몸에서 떨어졌을 때 애완동물이 잔여물들을 삼키지 못하게 한다.

91. 콤으로 완성한 미용 스타일의 균형미를 체크하는 방법으로 올바른 것은?
① 털의 커트 흐름을 고려하여 털 깊숙이 콤을 넣어 빗질하는 방법으로 털의 표면이 고르게 커트되어 있는지 확인한다.
② 풋라인의 원형이 잘 커트되어 있는지 체크한다.
③ 엉덩이에서 등선이 바르게 연결되었는지 체크한다.
④ 꼬리 시작 부분에서 끝 부분까지 원하는 모양으로 커트되었는지 확인한다.
⑤ 얼굴의 양쪽 측면의 길이가 서로 다르지 않는지 확인한다.

92. 풋라인 및 다리 부분의 스타일을 체크하는 방법이 아닌 것은?
① 풋라인의 원형이 잘 커트되어 있는지 체크한다.
② 가슴 아랫부분에서 배 부분으로 연결되는 부분을 빗질하여 체크한다.
③ 앞다리의 엘보 안쪽을 빗질하여 체크한다.
④ 커트하기 힘든 부분을 마무리로 빗질하여 체크한다.
⑤ 뒷다리 턱 업 안쪽을 빗질하여 체크한다.

93. 장모종을 체크하는 방법으로 올바른 것은?
① 피모 깊숙이 콤을 넣어 빗질한다.
② 넓게 전체적으로 빗질한다.
③ 피모와 90°를 이루도록 빗질한다.
④ 털의 결 방향을 고려하여 피모에서 털 끝부분까지 완전히 빗질하여 체크한다.
⑤ 웨이브가 생겨 튀어나온 털이 있는지 확인한다.

94. 중장모종을 체크하는 방법으로 올바른 것은?
① 힘이 약하여 쳐지는 부분이 많으니 주의한다.
② 털의 힘이 좋으므로 튀어나온 털이 있는지 확인한다.
③ 언더코트의 양이 많은 품종으로 피모 깊숙이 콤을 넣어 빗질한다.
④ 전체적으로 넓게 빗질하여 체크한다.
⑤ 힘 조절을 약하게 하여 천천히 빗질한다.

95. 권모종을 체크하는 방법으로 올바른 것은?

① 털에 힘이 약하여 쳐지는 부분이 많으므로 힘을 약하게 조절하여 빗질한다.
② 털의 결 방향을 고려하여 피모에서 시작하여 털 끝부분까지 빗질하는 방법으로 체크한다.
③ 더블 코트를 가진 품종으로 피모 깊숙이 콤을 넣어 빗질하는 방법으로 체크한다.
④ 피모와 90°를 이루도록 빗질하는 방법으로 체크한다.
⑤ 적은 양의 빗질 방법보다 넓게 전체적으로 빗질하여 체크한다.

96. 미용 완성 후 털에 묻어 있는 잔여물을 제거할 때 필요한 도구가 아닌 것을 모두 고르시오.

① 브러시　　② 드라이기
③ 울타리　　④ 콤
⑤ 오발빗

97. 미용 스타일을 점검할 때 필요한 도구가 아닌 것은?

① 윤활제　　② 헤어핀
③ 브러시　　④ 소독제
⑤ 미용 테이블

98. 미용 스타일을 점검할 때 주의해야 되는 사항으로 바르지 못한 것은?

① 미용 작업이 끝나면 가위와 클리퍼의 털을 털어내고 소독한 후 윤활제를 도포하여 안전하고 습기가 있는 장소에 보관한다.
② 작업을 하는 장소는 애완동물의 탈출 경로가 차단되어 있어야 한다.
③ 작업을 하는 장소는 청결하고 통풍이 잘 되어 있는 곳이어야 한다.
④ 미용을 마친 후에는 애완동물의 몸에 달라붙어 있는 털을 드라이어를 이용하여 털어낸다.
⑤ 미용 도구와 장비는 애완동물의 질병 감염을 예방하고 위생과 소독을 철저히 관리해야 한다.

99. 장모종에 맞는 미용 방법으로 균형미 있게 커트되었는지 확인하는 방법이 아닌 것은?

① 얼굴이 개체의 특징에 적합한 형태로 커트되었는지 확인한다.
② 다리는 풍성한 모질로 커트 층이 생기지 않았는지 확인한다.
③ 꼬리의 길이가 균형미 있게 커트되었는지 확인한다.
④ 얼굴과 귀의 리본 장식이 전체적인 균형미와 어울리는지 확인한다.
⑤ 엉덩이, 등선, 배, 가슴, 얼굴이 적당한 모양과 균형미를 이루며 클리핑 되었는지 확인한다.

100. 완성된 미용 스타일에 대하여 고객에게 피드백을 받을 때 잘못된 것은?

① 고객에게 앞으로 유행할 미용 스타일을 자세히 설명한다.
② 보이지 않는 곳까지 꼼꼼하게 체크하고 남은 잔여물을 제거해야 고객 만족도를 높일 수 있다.
③ 고객이 수정을 원하면 충분히 상의한 후에 수정 작업을 한다.
④ 미용으로 인하여 상해가 발생되었을 경우 고객과 상의하여 문제를 해결한다.
⑤ 완성된 미용 스타일은 고객의 피드백을 받고 부족한 부분을 수정한다.

정답 및 해설

1	②	2	④	3	⑤	4	②	5	①
6	④	7	②	8	③	9	⑤	10	⑤
11	②	12	③	13	④	14	②	15	③
16	①	17	⑤	18	③	19	③	20	④
21	②	22	②	23	①	24	①	25	②③
26	④	27	③	28	②⑤	29	④	30	①
31	③④	32	⑤	33	①	34	③	35	⑤
36	④	37	③	38	②	39	①	40	⑤
41	④	42	③	43	②	44	③	45	④
46	⑤	47	④	48	②	49	①	50	②
51	①	52	③	53	④	54	③	55	③
56	①	57	①	58	②	59	①	60	③
61	④	62	③	63	④	64	⑤	65	②
66	②	67	①	68	③	69	③	70	⑤
71	⑤	72	④	73	②	74	②	75	②
76	①	77	①	78	⑤	79	⑤	80	②
81	④	82	①	83	②	84	③	85	④
86	⑤	87	③	88	②	89	④	90	②
91	①	92	②	93	④	94	③	95	⑤
96	③⑤	97	②	98	①	99	⑤	100	①

1. ① 곰돌이 커트 : 포메라니안 특유의 귀여운 이미지를 유지할 수 있는 스타일로 얼굴은 둥근 형태로 연출하고 몸털을 짧게 커트한다.
   ③ 스포팅 클립 : 얼굴, 목, 꼬리 밑은 면도하며 다른 부위는 시저링하는 클립으로 다리의 털은 몸의 털 길이보다 약간 더 길게 표현되기도 한다.
   ④ 브로콜리 커트 : 비숑 프리제의 머리 형태에서 머즐 부분만 짧게 커트한 스타일이다.
   ⑤ 퍼스트 콘티넨털 클립 : 펫 콘티넨털 클립으로 콘티넨털 클립보다 짧게 커트되어 관리가 용이하다.

2. ① 퍼스트 콘티넨털 클립에 대한 설명이다.
   ② 브로콜리 커트에 대한 설명이다.
   ③ 더블 코트의 특성에 대한 설명이다.
   ⑤ 브로콜리 커트에 대한 설명이다.

3. ④ 콘티넨털 클립은 로제트, 폼폰, 브레이슬릿을 커트하지만 퍼스트 콘티넨털보다 털 길이가 길고 가정에서 관리가 힘들다.

5. ② 네 개의 다리에 브레이슬릿이 있는 것이 특징으로 앞다리, 뒷다리, 허리 총 3개의 파팅라인을 가지고 있다.

6. ① 퍼스트 콘티넨털 클립에 관한 설명이다.
   ② 포메라니안은 이중모를 가지고 있으며 이중모의 특성상 포스트 클리핑 신드롬이 발생될 수 있다.
   ③ 맨해튼 클립에 관한 설명이다.
   ⑤ 브로콜리 커트에 관한 설명이다.

8. ① 몸통은 짧게 커트한다.
   ②, ④ 맨해튼 클립에 대한 설명이다.
   ⑤ 퍼스트 콘티넨털 클립에 대한 설명이다.

13. ① 최신 유행을 이해하고 고객이 만족하는 미용 스타일을 구상한다.
    ② 이전 미용 스타일을 이해하고 현재 적용할 미용 스타일을 구상할 수 있어야 한다.
    ③ 애완동물의 휴식 공간을 제공하여야 한다.
    ⑤ 작업자는 고객의 요구 사항을 정확히 이해하고 소통하여야 한다.

16. ① 브로콜리 커트에 대한 설명이다.

17. ① 엉덩이 각도는 30°이다.
    ② 몸통은 자연스럽고 균형미 있는 원통 형태여야 한다.
    ③ 등선은 수평이어야 한다.
    ④ 앞다리 원통형으로 일직선이 되도록 한다.

18. ③ 폼폰은 타운형이다.

19. ① 프런트 브레이슬릿의 클리핑 라인은 리어 브레이슬릿과 같은 높이에 위치한다.
    ② 양쪽 로제트의 경계는 꼬리 두께 정도로 한다.
    ④ 프런트 브레이슬릿은 타원형의 둥근 모양이다.
    ⑤ 허리선은 계란형으로 표현되어야 한다.

20. ④ 꼬리는 둥근 부채 모양이다.

21. ① 뒷다리 뒷부분은 꼬리에서 이어진다.
    ③ 머리에서 등까지 선이 자연스럽게 이어진다.
    ④ 귀는 120°의 둥근 형태이어야 한다.
    ⑤ 털이 길어 답답한 이미지를 주지 않아야 한다.

22. ② 꼬리는 기본 푸들의 둥근 형태이다.

23. ② 귀는 후두부 뒷면과 자연스럽게 연결된다.
    ③ 거리는 비숑 프리제와 유사하다.
    ④ 머즐 짧게 커트하여 귀여운 이미지이다.
    ⑤ 꼬리는 기본 푸들의 둥근 형태이다.

24. ② 견모종 : 털이 길고 부드럽다.
    ③ 장모종 : 길게 자란 코트
    ④ 단모종 : 길이가 매우 짧은 코트
    ⑤ 강모종 : 털이 뻣뻣하고 억세다.

25. ① 치와와 : 단모종
    ④ 시추 : 장모종
    ⑤ 몰티즈 : 장모종

26. ④ 슬리커 브러시를 사용한다.

28. ② 푸들 : 권모종
    ⑤ 닥스훈트 : 단모종

29. ④ 하루에 한 번은 핀 브러시로 빗질해 준다.

31. ①은 장모종, ②, ⑤는 권모종에 속한다.

32. ⑤ 슬리커 브러시 또는 루버 브러시 등을 사용하며, 핀 브러시는 주로 장모종에 사용한다.

33. ① 포메라니안의 특징이다.

36. ④ 털의 방향과 가위 방향을 일치하도록 두고 작업해야 한다.

37. ③ 다리는 원통형으로 커트하되 아랫부분이 좀 더 넓은 이미지여야 한다.

38. ② 포스트 클리핑 신드롬 : 포스트 클리핑 앨러피시어라고도 하며 털을 깎은 자리에 털이 다시 자라나지 않는 증상으로 이중모 개에게서 흔히 발견되며 단모종에서도 흔히 볼 수 있다.

39. ① 애완동물의 안전을 가장 먼저 고려한다. 미적 표현을 위해 애완동물에게 위해를 주는 방법을 선택하지 않는다.

40. ① 어깨와 목의 연결이 정면에서 A자 형태가 되어야 한다.
    ② 몸털은 짧아야 한다.

③ 털 끝 부분이 오염되거나 모질 상태가 좋지 않은 경우에 제시한다.
④ 귀는 균형감 있게 밴딩한다.

41. ④ 윗머리는 밴드 작업 후에도 귀 털까지 자연스럽게 이어진다.
42. ③ 얼굴의 아래턱은 둥근 형태이다.
43. ② 꼬리는 시작 부분부터 2cm 정도까지 짧게 커트한다.
44. ① 볼레로 클립 : 맨해튼의 변형 클립으로 짧은 상의를 뜻한다. 다리에 브레이슬릿을 만드는 것이 특징이다.
   ② 스포팅 클립 : 얼굴, 목, 꼬리 밑은 면도하며 다른 부위는 시저링하는 클립으로 다리의 털은 몸의 털 길이보다 약간 더 길게 표현되기도 한다.
   ④ 퍼피 클립 : 쇼 클립으로 얼굴, 목, 발 , 꼬리 밑이 클립된다.
   ⑤ 퍼스트 콘티넨털 클립 : 펫 콘티넨털 클립으로 콘티넨털 클립보다 짧게 커트되어 관리가 용이하다.
45. ⑤ 잉글리시 새들 클립 : 쇼 클립으로 얼굴, 목, 발과 앞다리 브레이슬릿 상부와 꼬리 밑둥을 클립한다. 뒷다리에 2개의 브레이슬릿이 있다.
46. ① 크라운 : 두부의 가장 높은 부분
   ② 스컬 : 후두골, 두정골, 전두골, 측두골 등을 포함한 머리부위
   ③ 전안부 : 두부 앞면
   ④ 옥시풋 : 후두부의 뒷부분
47. ① 몸통 타입인 레이시에 대한 설명이다.
   ② 언더라인에 대한 설명이다.
   ③ 레벨 백에 대한 설명이다.
   ⑤ 캐멀 백에 대한 설명이다.
48. 도구 응용 커트하기에 필요한 재료와 장비 : ㄱ, ㄴ, ㄷ, ㄹ, ㅂ, ㅅ, ㅇ
49. ① 도구의 파손 예방 및 상해 방지를 위해 미용 테이블에는 가위나 클리퍼 등을 올려놓지 않는다.
50. ② 핀 브러시는 장모종의 엉킨 털을 제거하고 오염물을 탈락시키는 용도로 활용된다.
51. ① 꼬리와 엉덩이 사이는 먼저 시닝 가위로 커트한다.
52. ① 옆구리는 커브 가위를 사용하여 볼륨감을 준다.
   ② 귀 끝부분은 커브 가위로 120°로 커트한다.
   ④ 얼굴은 전체적으로 둥글게 커트하며 커브 가위와 시닝 가위를 사용한다.
   ⑤ 목 부분은 시닝 가위와 블런트 가위로 둥근 원형으로 이어지도록 커트한다.
53. ④ 앞다리는 팔꿈치에서 발목으로 좁아지도록 블런트 가위로 커트한다.
55. ① 엉덩이는 30°의 각도를 주어 짧게 커트한다.
   ② 가슴은 볼륨감을 주되 다소 짧게 커트한다.
   ④ 배 부분의 털을 짧게 커트하여 몸을 높아 보이게 한다.
   ⑤ 허리 밴드는 최종 늑골 0.5cm 뒤를 기준으로 한다.
56. ① 꼬리는 끝부분을 먼저 커트한 후 전체적으로 둥글게 커트한다.
57. ① 기갑부 2cm 위에서 옥서퍼트까지를 파팅 라인 기준으로 잡는다.
59. ② 스포팅 클립으로 응용 커트할 때의 방법이다.
   ③, ④ 볼레로 클립의 커트 방법이다.
   ⑤ 한국에서는 목을 클리핑하지 않는 맨해튼 클립을 선호하지만 일반적인 맨해튼 클립은 목을 클리핑한다.
60. ① 앞다리의 파팅 라인은 클리핑한다.
   ② 뒷다리 파팅 라인의 2cm 위까지 클리핑 한다.

④ 뒷다리 호크 1.5~2cm 위에서 가로로 45° 각도로 파팅 라인을 만든다.
⑤ 브레이슬릿은 둥근 원형으로 시저링한다.

61. ④ 뒷다리 파팅 라인의 각도는 45°이다.
62. ③ 귀 끝 털의 1/3을 남기고 클리핑하여 태슬을 만들면 귀의 털이 엉키지 않아 관리가 수월해지고 목선이 강조되어 더욱 길어 보이게 연출할 수 있다.
63. ④ 등털을 기존보다 짧게 커트하는 것을 하이온 타입이라고 한다.
64. ⑤ 꼬리 부분은 털의 결과 같은 방향으로 클리핑한 후 반대 방향으로 다시 클리핑한다.
66. ② 발등 클리핑은 하지 않는다.
67. ② 머리의 측면은 귀 뒷선까지 자연스럽게 이어지도록 시저링한다.
   ③ 앞머리는 45° 각도의 원형으로 시저링한다.
   ④ 목 길이의 1/3 정도를 남기고 등선, 옆구리까지 클리핑한다.
   ⑤ 귀의 자연스러움을 강조하기 위해 나이프를 사용하기도 하며 커트를 해도 관계없다.
69. ① 그루머에 대한 설명이다.
   ② 트리밍에 대한 설명이다.
   ③ 그루밍에 대한 설명이다.
   ⑤ 블렌딩에 대한 설명이다.
70. ① 시저링 : 가위로 털을 자르는 것
   ② 그리핑 : 트리밍 나이프로 소량의 털을 골라 뽑는 기술
   ③ 클리핑 : 클리퍼를 사용하여 불필요한 털을 잘라내는 것
   ④ 트리머 : 동물의 피모 관리를 전문적으로 하는 사람
71. ⑤ 피부에 닿지 않도록 주의하며 코트를 고정시키는 정도로만 사용한다.
72. ④ 글리터 젤을 뿌린 부분에 헤어스프레이를 사용하면 고정효과가 있다.
74. ② 미용이 끝난 후 연출하는 과정으로 드라이기는 필요하지 않다.
75. ② 작업하기 전 애완동물의 건강 상태와 특이 사항을 파악하고, 작업하는 중에는 애완동물의 건강 상태를 수시로 체크하여 준다.
77. ② 헤어스프레이를 사용하는 이유
   ③ 글리터 젤을 사용하는 이유
   ④ 겨울 의상을 입히는 경우
   ⑤ 목걸이를 착용하는 이유
78. ① 의상 : 계절별, 미용 스타일별에 따라 선택하여 입히는 애완동물 의상
   ② 신발 : 애완동물 외출 시 발을 보호하는 용도로 착용하는 애완동물 신발
   ③ 헤어핀 : 애완동물의 다양한 스타일을 연출할 때 사용
   ④ 하니스 : 애완동물 산책 시 입혀 주는 안전벨트 형식의 용구
79. ⑤ 수컷의 경우 생식기를 고려하여 배 부분이 깊고 넓게 파인 것을 선택한다.
80. 겨울 의상은 미용 스타일에 따라 의상을 선택하기도 하며 산책을 하거나 추위를 많이 타는 애완동물에게도 활용할 수 있지만 대부분 보온을 주목적으로 한다.
81. ⑤ 유사시 필요한 용품으로 분류된다.
82. ② 드라이빙 키트 : 차 안에서 편안하고 안전하게 개의 이동을 도와주는 용품
   ③ 스누드 : 얼굴 주변의 털이 길거나 귀가 늘어져 있는 개에게 털이 오염되는 것을 방지하기 위한 용품

④ 목걸이 : 애완동물의 미용 스타일과 의상 콘셉트에 맞춰 착용하는 액세서리

⑤ 매너 벨트 : 영역 표시를 하는 수컷의 생식기에 소변을 흡수하는 패드를 붙이는 과정을 용이하게 도와주는 용품

83. ④ 다양한 스타일을 연출할 때 사용하는 액세서리

84. ③ 엘리자베스칼라를 사용하는 경우에 대한 설명이다.

86. ⑤ 원단은 면으로 한다.

87. ④ 케이지 : 애완동물이 대기하는 장소

89. ① 구슬 목걸이용 우레탄 줄은 신축성이 좋은 것으로 한다.

② 헤어핀이 무거우면 털이 당겨져서 피모에 자극을 준다.

③ 하니스는 안전벨트의 역할을 위하여 애완동물의 몸에 맞는 사이즈를 착용한다.

⑤ 하니스의 사이즈가 작을 경우 애완동물의 겨드랑이가 끼어 불편하므로 몸에 맞는 사이즈를 착용한다.

90. ② 구슬 목걸이용 우레탄 줄은 쉽게 끊어지지 않는지 확인하고 주의한다.

91. ②, ③, ④, ⑤ 신체 부위별 체크 방법에 대한 설명이다.

92. ② 몸 전체를 체크하는 방법이다.

93. ①, ③ 중장모종 체크 방법이다.

②, ⑤ 권모종 체크 방법이다.

94. ① ⑤ 장모종 체크 방법이다.

②, ④ 권모종을 체크하는 방법이다.

95. ③. ④ 중장모종을 체크하는 방법이다.

①, ② 장모종을 체크하는 방법이다.

96. ③ 울타리 : 동물이 대기하는 장소에 사용된다.

⑤ 오발빗 : 애완동물의 볼륨을 표현할 때 사용한다.

97. ② 헤어핀 액서서리를 부착할 때 사용한다.

98. ① 미용 작업이 끝난 후에는 가위와 클리퍼의 털을 털어내고 소독한 후 윤활제를 도포하여 안전하고 습기가 없는 장소에 보관한다.

99. ⑤ 엉덩이, 등선, 배, 가슴, 목이 적당한 모양과 균형미를 이루며 클리핑되었는지 확인한다.

100. ① 고객에게 걀출한 미용 스타일을 자세히 설명한다.

3 애완동물 염색

1. 다음 중 염색 전 피부 트러블 가능성 여부를 확인하는 방법을 모두 고르시오.

   > ㄱ. 자극에 이상 반응이 있는지 미리 확인하기
   > ㄴ. 미용 작업 시 피부 트러블이 발생한 적이 있는지 확인하기
   > ㄷ. 클리핑 후 이상 반응이 있는지 확인하기
   > ㄹ. 드라이 온도에 따른 이상 반응이 있는지 확인하기

   ① ㄱ   ② ㄱ, ㄴ
   ③ ㄱ, ㄴ, ㄷ   ④ ㄱ, ㄴ, ㄷ, ㄹ
   ⑤ ㄱ, ㄷ, ㄹ

2. 염색 전 피부 트러블 가능성 여부를 확인하는 방법이 아닌 것은?
   ① 염색 후 피부가 부었는지 확인한다.
   ② 이전에 염색 작업 시 피부 트러블이 발생한 적이 있었는지 확인한다.
   ③ 샴푸 교체 후 이상 반응이 있었는지 확인한다.
   ④ 피부가 예민한지 확인한다.
   ⑤ 사소한 자극에 이상 반응이 있었는지 확인한다.

3. 다음 중 염색 후 피부 트러블을 확인하는 방법을 모두 고르시오.

   > ㄱ. 염색 부위를 가려워하는지 확인하기
   > ㄴ. 염색 부위를 계속 핥는지 확인하기
   > ㄷ. 염색 부위가 발갛게 되었는지 확인하기
   > ㄹ. 염색 후 피부 트러블이 발생한 적이 있었는지 확인하기

   ① ㄱ, ㄴ   ② ㄱ, ㄴ, ㄷ
   ③ ㄴ, ㄷ   ④ ㄴ, ㄷ, ㄹ
   ⑤ ㄱ, ㄹ

4. 염색 후 피부 트러블을 확인하는 방법이 아닌 것은?
   ① 피부가 발갛게 되었는지 확인하기
   ② 염색 부위를 가려워하는지 확인하기
   ③ 피부가 예민한지 미리 확인하기
   ④ 탈락한 코트가 피부 트러블로 보이는 상태인지 확인하기
   ⑤ 염색 부위가 부었는지 확인하기

5. 애완동물 염색에 대한 설명으로 올바르지 못한 것은?
   ① 엉킨 털은 제거하거나 풀어내고 염색한다.
   ② 염색 작업 전 피부 트러블 가능성 여부를 미리 확인한다.
   ③ 엉킨 털은 가위집을 넣어서 풀 수도 있다.
   ④ 염색 작업 후 피부 트러블을 확인한다.
   ⑤ 오염이 있는 털은 잘라낸 후 염색한다.

6. 애완동물 염색에 대한 설명으로 올바르지 못한 것은?
   ① 염색 전 털에 오염도가 심할 경우 샴푸 목욕으로 씻어낸다.
   ② 염색 중 작업 테이블에서 뛰어내리지 않도록 주의한다.
   ③ 엉킨 털은 가위집을 넣어서 풀 수 있다.
   ④ 염색 작업 후 피부 트러블 확인은 중요한 것은 아니다.
   ⑤ 털의 엉킴과 오염은 염색을 저해하는 요인이 된다.

7. 염색 전 꼬리의 상태를 확인하는 방법이 아닌 것은?
   ① 심하게 물어뜯은 흔적이 있는지 확인하기
   ② 딱지가 있는지 확인하기
   ③ 안쪽에 이물질, 부어오름, 상처 등의 여부 확인
   ④ 집중적으로 털이 없는 부위가 있는지 확인하기
   ⑤ 만졌을 때 예민한 반응을 보이는지 확인하기

8. 염색 전 볼과 주둥이 상태를 확인하는 방법으로 올바른 것은?
   ① 패드가 부어 있는지 확인하기
   ② 혀가 염색 부위에 닿는지 확인하기
   ③ 걸음걸이가 정상적인지 확인하기
   ④ 핥아서 색깔이 변해 있는지 확인하기
   ⑤ 현재 병원 치료 중인지 확인하기

9. 귀의 상태를 확인하는 방법이 아닌 것은?
   ① 이물질이 있는지 확인하기
   ② 부어오름이 있는지 확인하기
   ③ 상처가 있는지 확인하기
   ④ 귀 청소 후 머리를 자주 흔드는지 확인하기
   ⑤ 혀를 자주 내미는 습관이 있는지 확인하기

10. 발과 다리의 상태를 확인하는 방법을 모두 고르시오.

    > ㄱ. 머리를 자주 흔드는지 확인하기
    > ㄴ. 걸음걸이가 정상인지 확인하기
    > ㄷ. 패드가 부어 있는지 확인하기
    > ㄹ. 핥아서 색깔이 변해 있는지 확인하기

    ① ㄱ, ㄴ   ② ㄱ, ㄷ
    ③ ㄱ, ㄷ, ㄹ   ④ ㄴ, ㄷ
    ⑤ ㄴ, ㄷ, ㄹ

11. 염색하기 전 보호자와의 상담으로 확인해야 하는 부위가 아닌 것은?
    ① 예전에 앓았던 질병
    ② 현재 앓고 있는 질병
    ③ 걸음걸이
    ④ 육안으로 확인되지 않는 예민한 부위
    ⑤ 예전에 있던 트라우마로 예민해진 부위

12. 염색 전처리 작업으로 올바른 것은?
   ① 염색할 부위의 엉킨 털을 브러싱하여 풀어준다.
   ② 귀의 상태를 미리 확인한다.
   ③ 발과 다리의 상태를 미리 확인한다.
   ④ 꼬리의 상태를 미리 확인한다.
   ⑤ 볼과 주둥이의 상태를 미리 확인한다.

13. 피모의 오염도 확인 방법이 아닌 것은?
   ① 오염을 제거하기 위하여 브러싱한다.
   ② 엉킨 털을 제거하기 위하여 브러싱한다.
   ③ 브러싱 후 샴푸로 세척한다.
   ④ 오염도에 따라 물 세척만 진행할 수 있다.
   ⑤ 세척 후에는 드라이를 한다.

14. 염색제에 대한 설명으로 틀린 것은?
   ① 지속성이 강하여 샴핑으로 제거가 어렵고 반영구적이다.
   ② 애완동물의 털에 컬러를 내기 위한 제품이다.
   ③ 겔, 액체, 초크, 펜 등의 여러 타입으로 되어 있다.
   ④ 이염이 될 수 있다.
   ⑤ 그러데이션 염색 작업이 가능하다.

15. 색상환에서 반대되는 색상끼리 배색되었을 때 얻어지는 조화로 색상환에서 마주 보고 있는 색상은?
   ① 색상   ② 채도
   ③ 명도   ④ 유사 대비
   ⑤ 보색 대비

16. 색상환에서 서로 근접해 있는 색상끼리 배색 되었을 때 얻어지는 조화로 투 톤 이상의 염색 작업에 활용되는 것은?
   ① 삼원색   ② 보색 대비
   ③ 채도   ④ 유사 대비
   ⑤ 명도

17. 염색 작업 시 염료가 염색해야 할 부위가 아닌 곳에 물드는 것은?
   ① 인덴테이션   ② 아이브로
   ③ 이염   ④ 아이리드
   ⑤ 위더스

18. 애완동물 염색에 필요한 재료가 아닌 것은?
   ① 염색제   ② 염색용 브러시
   ③ 블로펜   ④ 염색초크
   ⑤ 페인트펜

19. 애완동물 염색에 필요한 재료를 모두 고르시오.
   ① 슬리커 브러시   ② 가위
   ③ 영양 보습 크림 ④ 보습 스프레이
   ⑤ 드라이어

20. 다음 중 애완동물 염색 준비에 필요한 재료를 모두 고르시오.

   | ㄱ. 알루미늄 포일 | ㄴ. 오발빗 |
   | ㄷ. 알코올 패드 | ㄹ. 일회용 장갑 |

   ① ㄱ, ㄴ, ㄷ   ② ㄴ, ㄱ, ㄹ
   ③ ㄴ, ㄷ, ㄹ   ④ ㄱ, ㄷ, ㄹ
   ⑤ 없음

21. 애완동물 염색 작업 시 주의해야 되는 사항이 아닌 것은?
   ① 워터리스 샴푸로 염색제를 세척할 때에는 꼼꼼하게 작업한다.
   ② 염색제의 유통 기한을 확인한다.
   ③ 사용한 염색제는 뚜껑을 닫아 보관한다.
   ④ 지속성 염색제는 작업자의 피부에 묻지 않도록 주의한다.
   ⑤ 애완동물에게 유해하지 않은 제품이여야 한다.

22. 작업자의 안전한 염색 작업을 준비하는 방법이 아닌 것을 모두 고르시오.
   ① 작업복은 염색제가 이염되지 않는 원단이어야 한다.
   ② 일회용 장갑은 여유 있게 준비한다.
   ③ 작업복은 알맞은 사이즈로 착용한다.
   ④ 애완동물 전용 염색제를 준비한다.
   ⑤ 애완동물에게 유해하지 않는 염색제를 선택한다.

23. 염색 전 이염을 방지하기 위한 작업으로 올바른 것을 모두 고르시오.

   | ㄱ. 이염 방지제 사용하기 |
   | ㄴ. 애완동물에게 유해하지 않는 염색제를 준비한다. |
   | ㄷ. 염색 부위에 경계선을 나누고 테이핑 작업하기 |
   | ㄹ. 애완동물 전용 염색제와 염색 도구를 준비한다. |
   | ㅁ. 염색을 방지할 부분에 부직포 씌우기 |

   ① ㄱ, ㄷ, ㅁ   ② ㄹ, ㄱ, ㅁ
   ③ ㄴ, ㄷ, ㅁ   ④ ㄱ, ㄴ, ㄹ, ㄷ
   ⑤ ㄱ, ㄴ, ㄷ, ㄹ, ㅁ

24. 애완동물 옷색에 관한 다음 문항 중 올바르지 못한 것은?
   ① 염색제의 종류에 따라 매뉴얼이 다르기 때문에 매뉴얼을 숙지한다.
   ② 접착력이 약한 종이테이프를 사용하면 애완동물의 피부에 자극이 덜 간다.
   ③ 염색하지 않을 털에 염색제가 도포되었다면 산 성분의 샴푸를 적당량 바르고 닦아낸다.
   ④ 애완동물의 종 특성을 파악하여 염색제 사용 여부를 결정한다.
   ⑤ 초크 염색제는 떨어뜨리게 될 시 쉽게 파손되니 주의한다.

25. 염색을 준비하는 과정이 아닌 것은?
① 작업복은 알맞은 사이즈로 착용하기
② 액세서리로 장식하기
③ 염색제와 염색 도구를 준비하기
④ 이염 방지 작업하기
⑤ 일회용 장갑은 여유 있게 준비하기

26. 유사대비 색상의 연결로 바르지 못한 것은?
① 주황 – 남색   ② 보라 – 자주
③ 빨강 – 주황   ④ 녹색 – 파랑
⑤ 남색 – 보라

27. 염색 준비과정에서 주의해야 되는 사항으로 올바르지 못한 것은?
① 초크 염색제는 떨어지면 쉽게 파손되므로 주의한다.
② 염색제의 유통 기한을 확인한다.
③ 작업에 불편함이 없도록 넉넉한 사이즈의 작업복을 착용한다.
④ 애완동물에게 유해하지 않은 제품을 선택한다.
⑤ 염색제는 사용 후 이물질이 들어가지 않도록 뚜껑을 닫아 준다.

28. 염색제가 염색하지 않을 털에 도포되었을 때 대처 방법으로 올바른 것은?
① 염색이 되기 전에 산 성분의 샴푸를 바르고 작업을 이어간다.
② 염색이 되기 전에 산 성분의 샴푸를 적당량 바르고 여러 번 닦아낸다.
③ 염색이 되기 전에 알칼리 성분의 샴푸를 바르고 작업을 이어 간다.
④ 염색이 되기 전에 알칼리 성분의 샴푸를 적당량 바르고 여러 번 닦아낸다.
⑤ 물로 세척 후 작업을 처음부터 다시 시작한다.

29. 염색 재료를 준비하는 단계에서 필요한 재료들을 모두 몇 개인가?

ㄱ. 염색제	ㄴ. 글리터 젤
ㄷ. 이염 방지 크림	ㄹ. 고무밴드
ㅁ. 일회용 장갑	ㅂ. 샴푸
ㅅ. 스텐실 도안	ㅇ. 온수기

① 3개   ② 4개
③ 5개   ④ 6개
⑤ 7개

30. 염색 전처리 방법으로 올바르지 못한 것은?
① 엉킨 털을 제거한다.
② 오염 제거를 위한 브러싱을 한다.
③ 브러싱 후 콤으로 정리한다.
④ 오염이 심할 경우 클리핑 한다.
⑤ 오염을 제거하기 위해 물티슈로 닦아 낸다.

31. 지속성 염색제 중 겔 타입 염색제의 특징이 아닌 것은?
① 수분감이 있다.
② 뭉침 없이 얇게 도포가 가능하다.
③ 발림성이 좋다.
④ 초벌용으로 사용된다.
⑤ 발색력이 좋다.

32. 수분감이 있어 작업할 때 적은 양으로도 뭉침 없이 얇게 도포가 가능하며 발림성과 발색력이 우수한 염색제는?
① 분말형 염색제   ② 겔 타입의 염색제
③ 블로펜   ④ 페인트펜
⑤ 컬러초크

33. 분말로 된 초크형 염색제의 특징이 아닌 것은?
① 초벌용으로 사용된다.   ② 발림성이 좋다.
③ 발색력이 좋다.   ④ 파손되기 쉽다.
⑤ 수분감이 있다.

34. 분말로 된 초크형 염색제의 특징을 모두 고르시오.

| ㄱ. 수분을 흡수해 준다. |
| ㄴ. 초벌용으로 사용된다. |
| ㄷ. 반영구적이다. |
| ㄹ. 발색력이 좋다. |
| ㅁ. 조금씩 짜서 사용한다. |
| ㅂ. 파손되기 쉽다. |
| ㅅ. 목욕으로 제거가 가능하다. |
| ㅇ. 습기가 생기지 않도록 보관한다. |

① ㄱ, ㄴ, ㄹ, ㅂ, ㅅ, ㅇ   ② ㄱ, ㄴ, ㄷ, ㅂ, ㅅ, ㅇ
③ ㄱ, ㄷ, ㄹ, ㅁ, ㅅ, ㅇ   ④ ㄱ, ㄷ, ㅁ, ㅂ, ㅅ, ㅇ
⑤ ㄱ, ㄹ, ㅁ, ㅂ, ㅅ, ㅇ

35. 지속성 염색제의 특징으로 올바른 것을 모두 고르시오.
① 일회용 장갑을 착용한 후 작업해야 한다.
② 수분감이 없다.
③ 목욕으로 제거되지 않는다.
④ 습기에 약하다.
⑤ 튜브형 용기에 담긴 겔 타입으로 되어 있다.

36. 이염 방지제의 역할로 올바른 것은?
① 소독과 이물질 제거 목적으로 사용한다.
② 염색할 부위가 아닌 다른 부위에 염색되는 것을 방지하는 목적으로 사용한다.
③ 정전기로 코트가 날리는 현상을 줄여주는 목적으로 사용한다.
④ 염색할 부위에 염색제가 잘 스며들게 하는 목적으로 사용한다.
⑤ 작업자의 손에 염색약이 묻지 않게 하는 목적으로 사용한다.

37. 수분감이 거의 없는 크림 타입으로 목욕으로 제거 가능하며 염색제를 도포할 부분에 조금이라도 묻어 있으면 염색이 되지 않는 것은?

① 겔 타입 염색제 ② 부직포
③ 이염 방지 테이프 ④ 이염 방지 크림
⑤ 컬러초크

38. 이염 방지 크림에서 수분감을 최소화한 이유는 무엇인가?

① 애완동물의 피모를 보호하기 위하여
② 흘러내림을 최소화하기 위하여
③ 애완동물의 피부를 보호하기 위하여
④ 샴푸로 제거를 쉽게 하기 위하여
⑤ 사용자의 편의를 위하여

39. 이염 방지 테이프의 특징으로 올바른 것은?

① 일회성 염색에 사용하기 좋다.
② 간단한 염색에 사용하기 좋다.
③ 목욕을 하지 않아도 되는 염색 작업에 권장한다.
④ 물에 닿으면 쉽게 제거할 수 있다.
⑤ 느슨하게 고정하면 벗겨질 수 있다.

40. 발, 다리, 꼬리 부위에 사용하기 편리하며 물에 닿으면 쉽게 제거할 수 있는 이염 방지제는?

① 이염 방지 크림 ② 이염 방지 테이프
③ 알루미늄 포일 ④ 부직포
⑤ 일회용 장갑

41. 이염을 방지하는 부직포에 대한 설명으로 올바른 것을 모두 고르시오.

① 간단한 염색에 사용하기 좋다.
② 발 부위에 사용하기 편리하다.
③ 테이프를 한 바퀴 돌려 테이프끼리 접착하는 방식이다.
④ 꼬리 부위에 사용하기 편리하다.
⑤ 일회성 염색에 사용하기 좋다.

42. 다음은 무엇에 대한 설명인가?

> 일회성 염색이나 간단한 염색에 사용하기 좋으며 목욕이 필요 없는 염색 작업에 권장한다.

① 알루미늄 포일 ② 부직포
③ 종이테이프 ④ 래핑지
⑤ 이염 방지 크림

43. 알코올 소독 패드의 특징으로 올바르지 못한 것은?

① 소독을 하는 데 사용한다.
② 탈지면에 알코올이 적셔져 있다.
③ 이물질을 제거하는 데 사용한다.
④ 스프레이 형식으로 뿌려서 사용한다.
⑤ 건조 시간 없이 바로 사용이 가능하다.

44. 염색 작업을 하기 위한 재료가 아닌 것은?

① 고객 카드 ② 알루미늄 포일
③ 일회용 장갑 ④ 타월
⑤ 염색제

45. 염색 작업을 할 때 유의해야 되는 사항이 아닌 것은?

① 테이핑 작업은 공간이 없도록 최대한 당겨서 사용한다.
② 이염이 진행된 경우에는 빠르게 조치를 취한다.
③ 애완동물이 염색 작업으로 스트레스를 받지 않도록 주의한다.
④ 브러싱이 잘 되어 있어야 염색제의 도포와 발색이 잘 된다.
⑤ 염색제 도포 후 대기시간 동안 이염되지 않도록 주의한다.

46. 애완동물의 귀 염색 작업을 할 때 귀털 뽑기와 귀 세정은 언제 하는 것이 적정한가?

① 염색 작업을 시작하기 전
② 이염 방지 작업을 마친 후
③ 염색제 제거를 위한 샴핑 전
④ 하지 않는 것을 권장한다.
⑤ 염색 작업이 모두 끝난 후

47. 일회성 염색제를 이용하여 귀를 염색하는 순서를 바르게 나열하세요.

> ㄱ. 애완동물의 긴장을 풀어준다.
> ㄴ. 염색제를 뭉치지 않게 도포한다.
> ㄷ. 부직포를 귀 뿌리 부분에 씌운다.
> ㄹ. 수분을 제거하기 위한 드라이작업을 한다.

① ㄱ-ㄴ-ㄷ-ㄹ ② ㄱ-ㄴ-ㄹ-ㄷ
③ ㄱ-ㄷ-ㄴ-ㄹ ④ ㄱ-ㄷ-ㄹ-ㄴ
⑤ ㄱ-ㄹ-ㄷ-ㄴ

48. 염색제 도포 후 초크를 사용하는 이유는 무엇인가?

① 더욱 선명한 발색을 위해서
② 피모의 보호를 위해서
③ 수분을 증발시키기 위해서
④ 반짝임 표현을 위해서
⑤ 안쪽의 털에 색상을 칠하기 위해서

49. 노란색의 일회성 염색제를 사용하여 염색한 후 염색용 초크를 사용할 때 어떤 색상의 초크를 사용하여야 하는가?

① 보라색 ② 흰색
③ 검은색 ④ 빨간색
⑤ 주황색

50. 일회성 염색제를 사용하여 꼬리를 염색하는 순서로 올바른 것은?

> ㄱ. 염색할 부위의 경계선을 나눈다.
> ㄴ. 보정한 손은 테이핑 한 경계선에 고정한다.
> ㄷ. 염색하지 않을 부위에 종이테이프를 감아 준다.
> ㄹ. 염색제가 뭉치지 않게 도포한다.

① ㄱ-ㄷ-ㄴ-ㄹ ② ㄱ-ㄹ-ㄷ-ㄴ
③ ㄱ-ㄴ-ㄷ-ㄹ ④ ㄱ-ㄷ-ㄹ-ㄴ
⑤ ㄱ-ㄹ-ㄴ-ㄷ

51. 일회성 염색제를 사용하여 염색할 때 염색 순서로 가장 적절한 것은?

> ㄱ. 염색제 도포 후 초크 염색제를 함께 사용하여 수분을 제거한다.
> ㄴ. 염색제가 뭉쳐 있거나 수분이 남아 있는지 확인하고 제거하기 위해 브러싱과 드라이 작업을 동시에 진행한다.
> ㄷ. 염색제가 골고루 도포되었는지 콤을 이용하여 확인한다.

① ㄱ-ㄴ-ㄷ ② ㄴ-ㄷ-ㄱ
③ ㄷ-ㄱ-ㄴ ④ ㄴ-ㄷ-ㄱ
⑤ 순서를 바꾸거나 동시에 진행될 수 있는 항목들이다.

52. 일회성 염색제를 사용하여 발을 염색하는 과정이 아닌 것은?
① 도포할 부위에 꼬리빗을 사용하여 경계선을 나눈다.
② 염색제 도포 전 염색할 부위에 초크 염색제로 점을 찍는다.
③ 꼬리빗으로 나눈 경계선은 보정하는 손으로 고정한다.
④ 염색제가 뭉치지 않게 손가락으로 넓게 문질러 가며 도포한다.
⑤ 염색할 부위의 경계선에 이염 방지를 위한 테이핑을 한다.

53. 일회성 염색제를 사용하여 볼터치를 하는 방법으로 잘못된 것은?
① 보정하는 손은 얼굴을 고정 시킨다.
② 지속성 염색제를 사용하기 전 초벌용으로 사용할 수 있다.
③ 좌우 밸런스를 맞춰 가며 원하는 사이즈를 확인하며 도포한다.
④ 원하지 않는 부위에 도포되면 반드시 샴푸를 해야 하므로 주의한다.
⑤ 컬러의 발색을 확인하면서 도포한다.

54. 지속성 염색제로 염색할 때 알루미늄 포일로 감싼 후 자연건조를 진행하는 시간은?
① 5분~10분 ② 10분~15분
③ 15분~20분 ④ 20분~25분
⑤ 25분~30분

55. 지속성 염색제로 염색 작업을 할 때 주의사항 중 알맞지 않은 것은?
① 고무밴드는 조이지 않도록 고정한다.
② 드라이 작업을 할 때에 염색 부위는 만지면서 온도를 확인한다.
③ 염색제 도포 후 이염 방지를 위해 알루미늄 포일을 감싼다.
④ 드라이 작업은 염색 작업 시간을 단축시킬 수 있다.
⑤ 피부와 먼 부위부터 염색 속도가 빠르게 진행된다.

56. 투톤 염색에 대한 설명으로 올바르지 못한 것은?
① 보색 대비 투톤 염색은 경계선에 이염 방지 작업을 철저하게 해야 한다.
② 유사 대비보다 보색 대비가 컬러의 발색에 더 좋다.
③ 두 가지 컬러의 염색제로 한 부위에 동시에 발색되게 하는 것
④ 염색이 오래된 경우에도 컬러가 자연스러워 보인다.
⑤ 피부와 가까운 부위는 염색이 더 진하게 나오므로 연한 컬러로 염색하는 것이 좋다.

57. 그러데이션 염색에 대한 설명이 아닌 것은?
① 보색 대비보다 유사 대비 컬러의 활용을 권장한다.
② 두 가지 컬러 이상의 색 번짐을 이용하는 것이다.
③ 두 가지 컬러 이상의 색 겹침을 이용하는 것이다.
④ 두 가지 컬러 이상을 자연스럽게 연결하는 것이다.
⑤ 그러데이션 염색은 피부와 1cm 정도 떨어진 곳에서부터 시작한다.

58. 블리치에 대한 설명으로 바르지 못한 것은?
① 컬러로 포인트를 주는 전체염색 방법이다.
② 발색을 보기위한 테스트용으로 이용할 수 있다.
③ 염색제 도포 시 피부와 1cm 정도 떨어진 곳에서 시작한다.
④ 발색이 마음에 안 들면 염색한 털만 커트할 수 있다.
⑤ 피부가 예민한 애완동물에게 이용할 수 있다.

59. 염색제 도포 후 작용 시간에 대한 설명으로 올바른 것은?
① 자연 건조 상태로 대기하는 시간은 25~30분 정도이다.
② 작용 시간은 털의 양과 길이에 따라 변하지 않는다.
③ 염색 부위를 고정한 고무밴드가 풀어지지 않도록 최대한 조인다.
④ 염색제 도포 후 드라이 작업은 이염을 방지하기 위한 방법이다.
⑤ 염색제 도포 후에 작용 시간은 자연 건조 또는 드라이 작업을 하여 가온할 수 있다.

60. 투톤, 그러데이션, 부분염색 작업을 할 때 주의사항으로 올바르지 못한 것은?
① 투톤 염색 작업 시 유사 대비로 할 경우 두 가지 컬러가 섞이면 자연스럽지 않으니 주의한다.
② 부분염색 시 털의 양이 너무 적으면 털이 뽑히거나 끊어질 수 있으니 주의한다.
③ 그러데이션 염색 작업 시 1번 염색제와 2번 염색제의 배치 비율을 미리 구상한 후 작업한다.
④ 부분염색을 할 때에는 피부와 1cm 정도 떨어진 곳에서부터

시작한다.
⑤ 꼬리빗의 끝이 날카로워 찔릴 수 있으니 주의한다

61. 애완동물에게 투톤 염색을 하는 순서로 올바른 것은?

> ㄱ. 알루미늄 포일 감싸기
> ㄴ. 염색제를 도포할 부위에 꼬리빗으로 경계선 나누기
> ㄷ. 1/3 또는 1/2 지점에 2번 컬러 도포하기
> ㄹ. 염색 부위를 보정 후 1번 컬러 도포하기
> ㅁ. 염색할 부위에 이염 방지 종이테이프 감싸기
> ㅂ. 알루미늄 포일을 고무밴드로 고정하기

① ㄱ - ㅁ - ㄹ - ㄷ - ㄴ - ㅂ
② ㄴ - ㅁ - ㄹ - ㄷ - ㄱ - ㅂ
③ ㄷ - ㄱ - ㅂ - ㄴ - ㅁ - ㄹ
④ ㄹ - ㄷ - ㄱ - ㅂ - ㄴ - ㅁ
⑤ ㅁ - ㄹ - ㄷ - ㄱ - ㅂ - ㄴ

62. 애완동물에게 그러데이션 염색을 하는 순서로 올바른 것은?

> ㄱ. 두 가지 컬러가 겹쳐 잘 도포되었는지 확인하기
> ㄴ. 도포부위에서 1cm 정도 띄우고 손으로 고정하기
> ㄷ. 한 손으로 보정하며 테이핑 한 경계 선부터 1번 염색제를 1/3 선까지 도포하기
> ㄹ. 콤으로 빗질하면서 안쪽 털까지 꼼꼼하게 도포하기
> ㅁ. 나머지 부분의 털을 2번 염색제로 도포하기
> ㅂ. 중간 부분을 1번과 2번 염색제를 섞어 가며 도포하기

① ㄱ - ㄹ - ㄴ - ㅁ - ㅂ - ㄷ
② ㄷ - ㄹ - ㄴ - ㅂ - ㅁ - ㄱ
③ ㄷ - ㄹ - ㄴ - ㅁ - ㅂ - ㄱ
④ ㄷ - ㄴ - ㄹ - ㅂ - ㅁ - ㄱ
⑤ ㅂ - ㄴ - ㄹ - ㅁ - ㄷ - ㄱ

63. 애완동물에게 부분염색을 하는 순서로 올바른 것은?

> ㄱ. 15분 동안 자연 건조하거나 드라이어로 가온하여 건조하기
> ㄴ. 핀으로 고정하고 반대쪽 부위를 반복하여 작업하기
> ㄷ. 피모에서 1cm 정도 띄우고 털을 익히는 양만큼 조금씩 도포하기
> ㄹ. 도포한 부위에 이염을 방지하기 위해 알루미늄 포일 감싸기
> ㅁ. 발색하고 싶은 컬러로 반복하여 도포하고 알루미늄 포일 감싸기

① ㅁ - ㄹ - ㄴ - ㄷ - ㄱ
② ㅁ - ㄹ - ㄷ - ㄴ - ㄱ
③ ㄷ - ㄹ - ㄴ - ㅁ - ㄱ
④ ㄷ - ㄹ - ㅁ - ㄴ - ㄱ
⑤ ㄷ - ㅁ - ㄹ - ㄴ - ㄱ

64. 염색 재료에 대한 설명으로 올바르지 못한 것은?

① 이염 방지제 : 원하지 않는 부위에 염색이 되는 것을 방지
② 블로펜 : 일회성 염색제로 펜을 입으로 불어 사용하는 도구
③ 글리터 젤 : 젤 타입의 장식용 반짝이
④ 초크 : 일회성 염색제로 수분을 흡수해 주며 초벌용으로도 사용
⑤ 페인트펜 : 지속성 염색제로 펜 타입의 도구도 정교한 작업이 가능

65. 스탬프 효과에 대한 설명으로 올바르지 못한 것은?

① 스탬프, 스텐실 기법을 활용할 수 있다.
② 스탬프는 고무도장에 잉크 등을 도포하여 작업한다.
③ 커피숍 등에서 쿠폰에 찍어주는 도장 등을 스텐실 이라 한다.
④ 도안지는 물감에 흡수되지 않는 코팅된 종이가 좋다.
⑤ 스텐실 작업 시 도안지는 고정 작업이 잘 되어야 한다.

66. 다양한 도구를 활용하여 작업할 때 주의해야 되는 사항으로 올바르지 못한 것은?

① 염색용 붓을 사용하면서 컬러를 자주 교체할 경우 알코올 패드로 닦아내면서 작업한다.
② 스텐실과 페인팅 작업을 할 때에 피부에 직접 닿으면 차가워서 애완동물이 놀라기 때문에 직접 닿지 않도록 주의한다.
③ 스텐실과 페인팅 작업을 할 때에 이염을 방지하기 위하여 도안 작업을 한다.
④ 블로펜으로 작업할 때에는 다른 곳에 분사하여 컬러의 농도를 체크한다.
⑤ 블로펜으로 작업할 때에는 애완동물이 놀라지 않게 피모에 미리 입으로 바람을 불어 본다.

67. 블로펜으로 등 부위를 염색하는 순서로 올바른 것은?

> ㄱ. 염색할 부위에 도안을 올려놓고 손으로 고정한다.
> ㄴ. 다른 곳에 분사의 강도와 염색제의 농도를 미리 체크한다.
> ㄷ. 도안을 떼어내고 건조한다.
> ㄹ. 분사하는 거리와 입으로 부는 강도를 조절하여 염색제를 도포한다.
> ㅁ. 모양과 발색이 잘 되었는지 확인한다.

① ㄱ - ㄴ - ㅁ - ㄹ - ㄷ   ② ㄱ - ㄴ - ㄹ - ㄷ - ㅁ
③ ㄴ - ㄱ - ㄹ - ㄷ - ㅁ   ④ ㄴ - ㄱ - ㄷ - ㄹ - ㅁ
⑤ ㄴ - ㄱ - ㅁ - ㄹ - ㄷ

68. 다양한 도구로 염색 작업을 할 때 올바르지 못한 것은?

① 페인트펜 염색 시 컬러를 바꾸어 칠할 때 손에 묻어있는 다른 컬러는 물티슈로 닦아낼 수 있다.
② 액세서리는 염색제 도포가 끝나고 컬러의 발색과 스타일을 확인한 후에 장식한다
③ 보습 영양제를 염색제 도포 후 수분이 남지 않고 뭉치지 않게 도포한다.
④ 글리터 젤의 컬러를 교체할 때에는 알코올 패드로 붓을 닦은 후에 사용한다.
⑤ 블로펜을 세게 불면 동물이 놀랄 수 있으므로 강도를 조절하며 사용한다.

69. 애완동물의 염색 작업 후 안정적인 자세로 목욕시키는 방법에 대한 설명이다. 어느 부위에 대한 설명인가?

> 흔들거나 올리면 다른 부위에 이염이 될 수 있으니 끝을 욕조 바닥으로 향하게 하고 애완동물이 놀라지 않도록 천천히 샤워기를 댄다. 항문 속으로 이물질이 들어가지 않도록 주의하여야 한다.

① 귀 ② 꼬리
③ 발 ④ 다리
⑤ 볼

70. 애완동물의 염색 작업 후 목욕시키는 방법에 대한 설명으로 올바른 것은?
① 물티슈를 사용할 때에는 털이 당기지 않게 한 올씩 부드럽게 닦아낸다.
② 귀 안쪽까지 세척될 수 있도록 뒤집어서 헹궈준다.
③ 이염 방지제는 물티슈로만 제거해주면 된다.
④ 염색 작업 과정에서 이물질이 묻었을 때에는 샴핑을 한다.
⑤ 물이 아래로 흐를 수 있도록 욕조 위에 애완동물의 앞발을 올려두고 시작한다.

71. 애완동물의 염색 작업 후 목욕시키는 방법에 대한 설명으로 틀린 것은?
① 꼬리를 흔들거나 올리면 다른 부위에 이염이 될 수 있다.
② 물티슈를 사용할 때에는 한꺼번에 부드럽게 닦아 낸다.
③ 꼬리 끝을 욕조 바닥으로 향하게 한다.
④ 물소리가 너무 크게 들리면 애완동물이 놀랄 수 있다.
⑤ 샴푸하기 전 피모보호를 위한 린싱을 먼저 해준다.

72. 염색 후 샴푸하는 과정에서 주의해야 되는 사항으로 잘못된 것은?
① 염색제 잔여물이 피모에 남아 있지 않게 주의한다.
② 물소리에 애완동물이 놀라지 않도록 주의한다.
③ 알루미늄 포일을 제거할 때 고무밴드를 과하게 당기지 않도록 주의한다.
④ 발은 한쪽씩 지면에서 천천히 올려 빠르게 세척한다.
⑤ 염색제를 세적할 때 눈, 귀, 호흡기에 들어가지 않도록 주의한다.

73. 염색 후 샴핑해야 되는 경우를 모두 고르시오.

> ㄱ. 털이 거칠 경우
> ㄴ. 이물질이 묻었을 경우
> ㄷ. 이염이 되었을 경우
> ㄹ. 세척 후에도 염색제 찌꺼기가 남아 있는 경우
> ㅁ. 이염 방지제를 지나치게 많이 사용하였을 경우

① ㄴ-ㄹ-ㅁ ② ㄴ-ㄷ-ㄹ
③ ㄴ-ㄱ-ㅁ ④ ㄷ-ㄹ-ㅁ
⑤ ㄷ-ㄴ-ㄹ

74. 염색제 세척 과정에서 올바르지 못한 것은?
① 물살을 너무 세게 틀지 않도록 주의한다.
② 염색제가 남아 있지 않도록 담아놓은 물에 세척한다.
③ 물의 온도는 너무 높지 않도록 주의한다.
④ 털이 거칠 때에는 린싱을 해준다.
⑤ 물로 볼을 세척할 때에는 부드러운 천을 조금 적셔서 닦아낸다.

75. 염색제를 세척하기 위한 재료나 장비가 아닌 것을 모두 고르시오.
① 드라이어 ② 샴푸
③ 종이테이프 ④ 린스
⑤ 타월

76. 귀를 세척하는 순서로 올바른 것은?

> ㄱ. 보정하는 손으로 귀 끝이 바닥을 향하게 고정한다.
> ㄴ. 알루미늄 포일에 고정되어 있는 고무밴드를 제거한다.
> ㄷ. 귀 끝으로 물이 흘러내려 맑은 물이 흐를 때까지 세척해 준다.
> ㄹ. 알루미늄 포일을 제거해준다.

① ㄱ-ㄴ-ㄷ-ㄹ ② ㄱ-ㄷ-ㄹ-ㄴ
③ ㄱ-ㄷ-ㄴ-ㄹ ④ ㄱ-ㄴ-ㄹ-ㄷ
⑤ ㄱ-ㄹ-ㄴ-ㄷ

77. 볼을 세척하는 방법으로 올바르지 못한 것은?
① 물티슈로 살짝 누르듯 닦아낸다.
② 털이 한 올씩 당겨지지 않도록 주의한다.
③ 1주일 후 리터치를 하면 좋다.
④ 세척작업이 생략되면 염색제가 계속 묻어 나온다.
⑤ 털이 당겨지면서 끊어지지 않도록 한 번에 깨끗하게 닦아낸다.

78. 영양 보습제에 대한 설명으로 올바르지 못한 것은?
① 새로운 모발을 생성시켜 준다.
② 피모에 영양과 수분을 공급해 준다.
③ 염색 작업 전후의 피모 상태에 따라 제품을 선택하여 사용한다.
④ 손상된 코트에 영향을 공급해 준다.
⑤ 향의 정도가 다르므로 취향에 따라 제품을 선택하여 사용한다.

79. 영양 보습제 중 크림 타입에 대한 설명으로 올바르지 못한 것은?
① 피모가 많이 건조한 애완동물에게 효과적이다.
② 수분 함량이 많아 발림성이 좋다.
③ 드라이하기 전 수분이 있는 상태에서 발라 준다.
④ 드라이 한 후에 건조된 상태에서 발라 준다.
⑤ 고르게 펴서 발라 준다.

80. 영양 보습제 중 로션 타입에 대한 설명으로 올바르지 못한 것은?
① 피모에 수분기가 없어도 흡수력이 좋다.
② 크림보다 수분 함량이 많아 발림성이 좋다.
③ 1일 5~10회 발라 주어야 한다.
④ 바르고 난 후에 브러싱을 해 준다.
⑤ 드라이한 후에 발라 준다.

81. 영양 보습제 중 액상 타입에 대한 설명으로 올바르지 못한 것은?
① 건조한 피모에 분사한다.
② 피모가 많이 건조한 애완동물에게 효과적이다.
③ 수시로 분사해준다.
④ 털의 엉킴을 방지한다.
⑤ 털의 정전기를 방지한다.

82. 컬러의 발색에 대한 설명으로 올바른 것은?
① 유색의 털에 더욱 효과적이다.
② 염색제 고유의 컬러로 색의 표현이 잘 나타내는 정도를 말한다.
③ 억센털에 더욱 효과적이다.
④ 염색제는 피부에서 멀리 있는 털의 경우에는 용량을 줄여 도포한다.
⑤ 물의 온도는 목욕할 때보다 조금 높게 한다.

83. 염색제 컬러의 발색에 대한 설명으로 올바른 것을 모두 고르시오.

> ㄱ. 도포 후에 소요 시간을 길게 잡으면 더욱 색상이 진하게 표현된다.
> ㄴ. 발색력의 최대치는 이염되거나 오염되지 않은 선명한 색상이다.
> ㄷ. 부드러운 털에 더욱 효과적이다.
> ㄹ. 하얀색 털에게 더욱 효과적이다.
> ㅁ. 물의 온도가 높으면 염색제의 컬러가 쉽게 빠진다.

① ㄱ, ㄴ, ㄷ, ㄹ
② ㄱ, ㄷ, ㄹ, ㅁ
③ ㄱ, ㄴ, ㄷ, ㅁ
④ ㄴ, ㄷ, ㄹ, ㅁ
⑤ ㄴ, ㄱ, ㄷ, ㄹ

84. 염색 마무리 단계에서 주의해야 되는 사항으로 잘못된 것은?
① 마무리 작업 직후에서 재염색을 하지 않는다.
② 과도하게 브러싱하지 않는다.
③ 낮은 온도의 강한 바람으로 드라이한다.
④ 애완동물이 싫어하는 장식은 하지 않는다.
⑤ 타월링할 때 염색제가 묻어 나오는지 확인한다.

85. 염색 마무리 작업에서 필요한 재료가 아닌 것은?
① 염색 볼
② 고객 카드
③ 영양 보습제
④ 타월
⑤ 영양보습제 제품 사용 설명서

86. 애완동물의 부위별로 마무리 작업을 하는 방법으로 올바르지 못한 것은?
① 브러싱 후 드라이를 하면서 피모에 이상이 있는지 확인한다.
② 타월링 후 피모에 이상이 있는지 확인한다.
③ 드라이 작업 후 컬러의 발색이 잘 되었는지 확인한다.
④ 피모의 상태를 염색 전과 비교해 본다.
⑤ 드라이 작업 후 좌우 밸런스가 잘 맞는지 확인한다.

87. 애완동물의 염색 마무리 작업을 하는 방법으로 올바르지 못한 것은?
① 볼의 염색 마무리에는 염색 부위에 혀가 닿는지 확인한다.
② 다리 네 곳에 고르지 못한 털은 가위로 다음어서 마무리한다.
③ 스프레이형 에센스는 적당한 거리를 두고 염색부위에 집중적으로 분사한다.
④ 양쪽 볼의 밸런스를 확인한다.
⑤ 다리 네 곳의 염색 위치와 밸런스가 맞는지 확인한다.

88. 염색 후 세척 작업 시 목욕을 할 때보다 온도를 조금 낮게 하는 이유는?
① 화학제품의 사용으로 피부의 온도가 높아져 있기 때문에
② 화상에 대비하기 위해
③ 염색제는 낮은 온도에 세척이 잘 되기 때문에
④ 시간의 단축을 위해
⑤ 염색제의 컬러가 쉽게 빠지기 때문에

89. 염색제를 세척하는 방법으로 올바르지 못한 것은?
① 고무밴드를 제거한 후 알루미늄 포일을 제거한다.
② 엉킴이나 뻣뻣함이 느껴질 때에는 린싱을 해준다.
③ 흐르는 물에 세척하여 준다.
④ 염색물에 다 빠지지 않도록 주의한다.
⑤ 발가락 사이사이 꼼꼼하게 세척한다.

90. 염색 마무리 작업으로 올바르지 못한 것은?
① 염색 마무리 작업 후에 액세서리로 장식한다.
② 낮은 온도의 약한 바람으로 드라이를 해준다.
③ 마무리 작업 직후에 밸런스가 맞지 않으면 재빨리 염색 작업을 반복한다.
④ 과도한 브러싱에 주의한다.
⑤ 애완동물의 피모의 상태에 따라 영양 보습제를 사용한다.

91. 다음 내용 중 빈칸에 들어가는 단어로 올바른 것은?

> 염색제 도포 후 ( ) 상태로 기다리는 시간은 20~( )분 정도가 적당하며 드라이어로 가온하면 시간을 ( )시킬 수 있다.

① 건조, 25, 단축
② 대기, 25, 증가
③ 자연건조, 25, 단축
④ 자연대기, 25, 단축
⑤ 자연대기, 30, 증가

92. 애완동물의 볼 염색 후 리터치 작업은 며칠 후 이루어지는가?
① 7일 ② 8일
③ 10일 ④ 12일
⑤ 14일

93. 애완동물의 염색 작업 전 피부 트러블 가능성 여부를 확인하는 방법으로 빈칸에 들어가는 단어로 올바른 것은?

> 피부가 예민하여 사소한 자극에 이상 반응이 있었는지 미리 확인해야 하며 이전에 미용이나 염색 작업 시 (   ) 발생한 적이 있었는지, 클리핑 후 이상 반응이나 샴푸 (   ) 후 이상 반응, 드라이 온도에 따라 이상 반응이 있었는지 확인한다.

① 피부 트러블, 작업 ② 피부 트러블, 교체
③ 피부 트러블, 사용 ④ 피부병, 사용
⑤ 피부병, 교체

94. 염색 제품에 대한 주의사항으로 잘못된 것은?
① 사용하던 염색제는 바로 뚜껑을 닫아서 굳거나 이물질이 들어가지 않도록 한다.
② 염색제의 유통 기한이 지나지 않았는지 확인한다.
③ 스텐실과 페인팅 작업을 할 때에는 피부에 직접 닿으므로 너무 차가우면 애완동물이 놀랄 수 있다.
④ 튜브형 염색제는 용기 손상에 주의한다.
⑤ 초크 염색제는 작업자의 피부에 묻지 않도록 작업복과 일회용 장갑을 착용한다.

95. 발, 다리, 꼬리 부위에 사용하기 편리하며 물에 닿으면 쉽게 제거할 수 있는 이염 방지제는?
① 이염 방지 테이프 ② 부직포
③ 일회용 장갑 ④ 이염 방지 크림
⑤ 알루미늄 포일

96. 염색하기 전 보호자와의 상담으로 확인해야 하는 부위가 아닌 것은?
① 육안으로 확인되지 않는 예민한 부위
② 현재 앓고 있는 질병
③ 예전에 앓았던 질병
④ 먹고 있는 사료의 종류
⑤ 예전에 있던 트라우마로 예민해진 부위

97. 애완동물 염색에 대한 설명으로 올바르지 못한 것은?
① 엉킨 털은 제거하거나 풀어내고 염색한다.
② 염색 작업 후 피부 트러블을 확인한다.
③ 오염이 있는 털은 잘라낸 후 염색한다.
④ 염색 작업 전 피부 트러블 가능성 여부를 미리 확인한다.
⑤ 엉킨 털은 가위집을 넣어서 풀 수도 있다.

98. 애완동물 염색 작업 시 주의해야 되는 사항이 아닌 것은?
① 애완동물에게 유해하지 않은 제품이여야 한다.
② 워터리스 샴푸로 염색제를 세척할 때에는 꼼꼼하게 작업한다.
③ 사용한 염색제는 뚜껑을 닫아 보관한다.
④ 지속성 염색제는 작업자의 피부에 묻지 않도록 주의한다.
⑤ 염색제의 유통 기한을 확인한다.

99. 염색 후 샴푸하는 과정에서 주의해야 되는 사항으로 잘못된 것은?
① 염색제 잔여물이 피모에 남아 있지 않게 주의한다.
② 염색제를 세척할 때 눈, 귀, 호흡기에 들어가지 않도록 주의한다.
③ 알루미늄 포일을 제거할 때 고무밴드를 과하게 당기지 않도록 주의한다.
④ 물소리에 애완동물이 놀라지 않도록 주의한다.
⑤ 발은 한쪽씩 지면에서 천천히 올려 빠르게 세척한다.

100. 이염 방지제 사용의 목적으로 올바른 것은?
① 소독과 이물질 제거 목적으로 사용한다.
② 정전기로 코트가 날리는 현상을 줄여주는 목적으로 사용한다.
③ 염색할 부위가 아닌 다른 부위에 염색되는 것을 방지하는 목적으로 사용한다.
④ 작업자의 손에 염색약이 묻지 않게 하는 목적으로 사용한다.
⑤ 염색할 부위에 염색제가 잘 스며들게 하는 목적으로 사용한다.

정답 및 해설

1	④	2	①	3	②	4	③	5	⑤
6	④	7	③	8	②	9	⑤	10	⑤
11	③	12	①	13	②	14	①	15	⑤
16	④	17	③	18	②	19	③④	20	④
21	①	22	④⑤	23	①	24	③	25	②
26	①	27	③	28	④	29	⑤	30	④
31	④	32	②	33	⑤	34	①	35	①③⑤
36	②	37	④	38	②	39	④	40	②
41	①⑤	42	②	43	④	44	①	45	①
46	⑤	47	③	48	③	49	②	50	①
51	⑤	52	②	53	④	54	②	55	⑤
56	②	57	⑤	58	①	59	③	60	④
61	②	62	⑤	63	④	64	⑤	65	③
66	②	67	②	68	③	69	③	70	④
71	⑤	72	④	73	①	74	②	75	①③
76	④	77	⑤	78	①	79	②	80	③
81	②	82	②	83	④	84	③	85	①
86	①	87	③	88	⑤	89	④	90	⑤
91	③	92	①	93	②	94	⑤	95	①
96	④	97	③	98	②	99	⑤	100	③

2. ① 염색 작업 후 트러블 확인 방법이다.
4. ③ 염색 전 피부 트러블 가능성 여부를 확인하는 방법이다.
5. 털의 오염 제거하는 방법
  ① 브러싱으로 털어내기
  ② 물티슈로 두아내기
  ③ 물 세척하기
  ④ 샴푸하기
6. ④ 피부가 예민하거나 잘못된 염색 방법으로 이상반응이 일어날 수 있으니 염색 작업 후 피부 트러블이 있는지 상태를 확인하여야 한다.
7. ③ 귀의 상태를 확인하는 방법이다.
8. ①, ③, ④ 발과 다리의 상태를 확인하는 방법
  ⑤ 예전 혹은 현재에 앓는 질병이 있는지 확인하는 방법
9. ⑤ 볼과 주둥이의 상태를 확인하는 방법이다.
11. ③ 발과 다리의 상태를 확인하는 것으로 육안으로 직접 판별이 가능하다.
12. ②, ③, ④, ⑤는 피모 상태를 확인하는 내용이다.
13. ② 피모 엉킴 정도를 확인하는 방법이다.
14. ① 목욕으로 제거할 수 있는 일회성 염색제도 있다.
15. ① 색상 : 색 자체가 갖는 고유의 특성
  ② 채도 : 색의 맑고 탁한 정도
  ③ 명도 : 색의 밝고 어두운 정도
  ④ 유사 대비 : 색상환에서 서로 근접해 있는 색상끼리 배색되었을 때 얻어지는 조화
16. ① 삼원색 : 여러 가지 색깔을 만들어 낼 수 있는 기본색 세 가지
  ② 보색 대비 : 색상환에서 반대되는 색상끼리 배색되었을 때 얻어지는 조화
17. ① 인덴테이션 : 우묵한 패임을 표현하는 것
  ② 아이브로 : 눈썹 부위 털
  ④ 아이리드 : 눈꺼풀
  ⑤ 위더스 : 기갑
18. ② 염색에 필요한 장비에 해당된다.
19. ①, ②, ⑤ 염색에 필요한 장비에 해당된다.

21. ① 염색제를 세척하는 작업에 워터리스 샴푸를 사용하지는 않는다. 피모에 염색제가 남아있지 않도록 베이싱을 실시한다.
22. ④, ⑤ 애완동물 염색제를 준비하는 방법이다.
23. ㄴ과 ㄹ은 염색 전 준비 작업에 속한다.
24. ③ 염색하지 않을 털에 염색제가 도포되었다면 염색이 되기 전에 알칼리 성분의 샴푸를 적당량 바르고 여러 번 닦아낸다.
25. ② 액세서리는 염색 작업이 끝난 후에 장식한다.
26. 유사 대비 : 색상환에서 서로 근접해 있는 색상을 뜻한다.
27. ③ 작업복은 작업자의 피부나 다른 곳에 묻지 않도록 알맞은 사이즈로 착용하여야 한다.
28. ④ 원하지 않은 곳에 염색이 되었을 때에는 알칼리 성분의 샴푸를 적당량 바르고 여러 번 닦아내는 방법으로 빠르게 대처한다.
29. ㄱ(온수기)는 준비에 속한다.
30. ④ 피모 오염이 심할 경우는 샴푸 목욕으로 씻어낼 수 있다.
31. ④ 분말로 된 초크형 염색제의 특징이다.
32. ①, ⑤ 컬러초크는 분말형 염색제의 한 종류이다.
  ③, ④ 일시적인 염색 효과를 낼 때 사용하며 모양을 그리는 등의 작업에 사용된다.
33. ⑤ 튜브형에 들어있는 겔 타입 염색제의 특징이다.
35. ②, ④ 분말형 염색제의 특징이다.
36. ① 알코올 소독 패드에 대한 설명이다.
  ③ 정전기 방지 컨디셔너에 대한 설명이다.
  ④ 알루미늄 포일에 대한 설명이다.
  ⑤ 일회용 장갑에 대한 설명이다.
37. 이염 방지 크림 : 염색할 부위가 아닌 다른 부위에 염색되는 것을 방지해 주는 이염 방지제로 수분감이 거의 없는 크림 형태의 제품이다.
38. ② 수분이 많으면 염색제가 도포될 부분까지 흘러내려서 염색 작업에 지장을 줄 수 있다.
39. ①, ②, ③, ⑤ 부직포에 관한 내용이다.
40. ① 이염 방지 크림 : 크림 형태의 이염 방지제로 피모에 직접 발라 사용한다.
  ③ 알루미늄 포일 : 염색제가 잘 스며들 수 있도록 해준다.
  ④ 부직포 : 일회성 염색이나 간단한 염색에 사용하기 편리한 이염 방지제이다.
  ⑤ 일회용 장갑 : 작업자의 손에 이염되지 않도록 방지해 준다.
41. ②, ③, ④ 이염 방지 테이프에 대한 설명이다.
42. ① 알루미늄 포일 : 염색제가 잘 스며들 수 있도록 해준다.
  ③ 종이테이프 : 이염 방지 테이프
  ④ 래핑지 : 장모종 개의 털을 보호하기 위해 사용하는 재료
  ⑤ 이염 방지 크림 : 크림형태의 이염 방지제로 피모에 직접 발라 사용한다.
43. ④ 탈지면에 알코올이 적셔져 있어 직접적으로 닦아 사용한다.
44. ① 고객 카드 : 염색 준비 시 애완동물의 상태를 확인할 때 사용한다.
45. ① 테이핑을 너무 당겨서 하게 되면 애완동물이 불편해할 수 있다.
46. 애완동물의 귀는 예민하기 때문에 염색 작업을 하기 전에 귀털 뽑기와 귀 세정을 하면 머리를 흔들거나 귀를 털 수 있으므로 염색 작업이 모두 끝난 후에 하는 것을 권장한다.
48. ③ 염색제 도포 후 드라이와 초크를 함께 사용하면 수분의 증발을 빠르게 시킬 수 있다.
49. ② 염색용 초크는 염색제와 같은 색상을 사용하며 같은 색상이 없을 경우에는 흰색 초크를 사용한다.
51. ㄱ, ㄴ, ㄷ의 세 가지 작업은 수분량에 따라 작업 순서를 바꾸거나 동시에 진

행할 수 있다.

52. ② 볼터치 염색을 할 때 좌우 밸런스에 맞게 염색을 하기 위하여 염색제를 도포할 부위에 점을 찍는다.
53. ④ 물티슈로 쉽게 제거가 가능하다.
55. ⑤ 체온에 의하여 피부와 가까운 부위부터 염색되는 속도가 빠르다.
56. ② 보색 대비보다 유사 대비가 컬러의 발색에 더 좋다.
57. ⑤ 부분염색에 대한 설명이다.
58. ① 블리치는 부분염색으로 전체에 컬러를 입히는 것이 아니라 원하는 컬러로 조금씩 포인트를 주는 염색 방법이다.
59. 작용 시간
   (1) 자연 건조 상태로 대기하는 시간은 20~25분 정도이다.
   (2) 작용 시간은 털의 양과 길이에 따라 시간의 차이가 있다.
   (3) 염색 부위를 고정한 고무밴드가 너무 조이게 되면 애완동물이 불편해 하므로 주의한다.
   (4) 염색제 도포 후 드라이 작업은 시간을 단축시킬 수 있으며 드라이 작업을 거부하는 애완동물은 보정을 하면서 자연 건조로 작용을 시킨다. 대기시간이 길어지면서 애완동물이 산만해질 수 있으니 애완동물을 지속적으로 관찰하며 보정한다.
60. ① 투톤 염색 작업 시 보색 대비로 할 경우 두 가지 컬러가 섞이면 자연스럽지 않으니 주의한다.
63. 부분염색을 할 때에는 털의 양이 많이 않기 때문에 다른 염색 작업보다 염색제의 작용 시간을 짧게 잡는다.
64. ⑤ 페인트펜 : 일회성 염색제로 펜 타입의 도구로 정교한 작업이 가능
65. ③ 스탬프 : 고무도장에 잉크 등을 도포하여 찍는 작업으로 커피숍 등에서 쿠폰에 찍어 주는 도장도 스탬프에 속한다.
66. ② 스텐실과 페인팅 작업은 피부에 직접 닿도록 사용하기 때문에 애완동물이 차가워서 놀랄 수 있으니 주의하도록 한다.
68. ③ 보습 영양제는 염색제 도포 전에 수분이 남지 않고 뭉치지 않게 조금씩 도포한다.
70. ① 물티슈로 털을 닦아낼 때에는 한 올씩 당기지 않게 한꺼번에 부드럽게 사용한다.
   ② 물이 흐르는 상태에서는 귀 안쪽이 보이게 뒤집지 않는다.
   ③ 이염 방지제를 지나치게 많이 사용하였을 때에는 샴핑으로 제거해준다.
   ⑤ 발바닥은 모두 지면에 닿은 상태에서 시작하여야 한다.

71. 염색 작업 후 린싱을 해야 할 경우
   ① 샴핑 후에도 털이 거칠 때
   ② 염색제가 제거되지 않아 여러 번 샴핑하였을 때
72. ④ 발은 한쪽씩 천천히 샴푸한다.
73. ㄱ) 린싱을 해야 하는 경우
   ㄷ) 이염이 되었을 때에는 농도가 진한 샴푸 등으로 바로 처리해 주어야한다.
74. ② 염색제가 남아 있지 않도록 흐르는 물에 세척한다.
75. ① 드라이어 : 염색 마무리하기 단계에 들어간다.
   ③ 종이테이프 : 이염 방지제로 염색 작업을 준비하기 위한 과정에 들어간다.
77. ⑤ 염색제가 남아 있지 않도록 반복하여 깨끗하게 닦아낸다.
78. ① 코트에 영양을 공급하지만 새로운 코트를 생성시켜 주지는 않는다.
79. ② 로션 타입에 대한 설명이다.
80. ③ 1일 2~3회 발라 주어도 부담이 없다.
81. ② 크림 타입에 대한 설명이다.
82. ① 하얀색 털에 더욱 효과적이다.
   ③ 부드러운 털에 더욱 효과적이다.
   ④ 피부에서 멀리 있는 털은 용량을 늘려서 도포한다.
   ⑤ 물의 온도는 목욕할 때보다는 조금 낮게 한다.
83. 염색제의 용량과 도포 후에 소요 시간, 염색제의 세척 방법 등을 기준치에 맞추어야 컬러의 발색력이 좋게 표현된다.
84. ③ 낮은 온도의 약한 바람으로 드라이한다.
85. ① 염색 작업을 할 때에 사용한다.
86. ① 타월링을 하고 드라이와 브러싱을 동시에 작업한다.
87. ③ 스프레이형 에센스는 적당한 거리를 두고 피모 골고루 분사해 준다.
88. ⑤ 물의 온도가 높으면 염색제의 컬러가 쉽게 빠지기 때문에 물의 온도를 목욕할 때보다 조금 낮게 하여 세척하여 준다.
89. ④ 염색제가 남아 있지 않도록 맑은 물이 흐를 때까지 세척한다.
90. ③ 마무리 작업 직후에는 재염색을 피해준다.
94. ⑤ 지속성 염색제는 작업자의 피부에 묻지 않도록 작업복과 일회용 장갑을 착용한다.

Key Point

2급 초벌과 재벌은 순서와 방법이 필요가 없다. 각자 개인마다 재벌 들어가기에 편한 초벌 방법을 생각하고 본인의 기술에 맞는 것을 선택하면 된다.

초벌은 2가지의 방법이 있다. 2급 초벌은 라인선을 기점으로 커트하는 방법이 매우 중요하므로 3급 초벌처럼 짧은 커트는 바람직하지 않다. 3급보다 길이를 늘려 재벌 시에 충분히 라인선을 살릴 수 있도록 해야 한다. 그리고 초벌 시간은 최대한 단축시켜 재벌 시간을 늘리도록 해야 한다. 미용완성은 2시간 안에 해야 하므로 재벌의 복잡한 면을 생각하지 않으면 안 된다.

또한 2급은 블런트 가위뿐만 아닌 모든 가위가 가능하므로 본인에게 맞는 가위를 선택하여 사용하면 된다.

* 2급 초벌 과정은 코밍 방법을 기재하지 않았으며 재벌 과정에선 코밍 방법을 필요한 부분만 기재하였다.
* 커트하는 위치가 변경될 때는 반드시 코밍 후 커트해야 한다.
* 코밍 방법은 3급 초벌 과정에서 참고한다.

1. 반려견스타일리스트 2급 실기 시험 초벌

1) 램식 초벌(머즐클리핑, 풋라인, 체장, 체고)

1~3. 3급과 동일한 방법으로 클리핑하며 목과 밑 클리핑은 아래 머즐 길이보다 조금 짧게 한다.

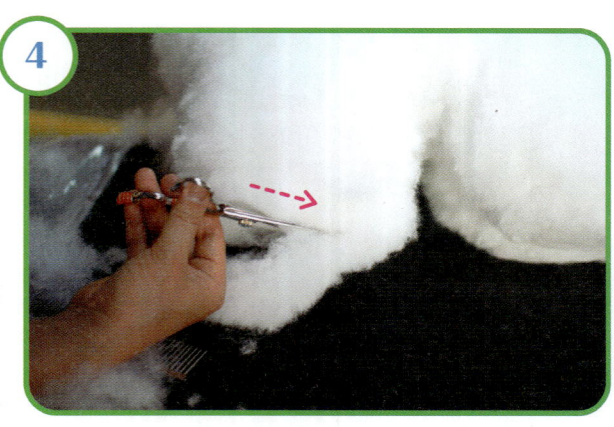

4~5. 네 다리의 풋라인을 코밍 후 커트한다.(가위의 방향은 3급 초벌에서 참고한다)

▶ 제2부 반려견스타일리스트 2급

◀ 6. 완성된 모습

7~8. 넥라인을 정리 후 체장의 가슴앞 부분을 일직선으로 커트한다.

9. 완성된 모습 ▶

10~11. 견체의 좌골 끝단 1.5cm 뒤에서 체장의 경계를 커트하며 앵귤레이션을 다듬는다.

12. 완성된 모습 ▶

13~14. 좌골 위 등선에서 목 뒤 기갑부까지 2cm 길이로 커트한다.

▲ 15. 완성된 모습

2) 램식 초벌(뒷부분)

1~2. 뒷다리 측면 부위를 A자 형태로 커트한다.

4~6. 뒷다리 좌측과 안쪽을 커트한 후 다리 사이를 커트한다.

> **TIP** 다리 사이의 간격은 1.5cm 정도이다.

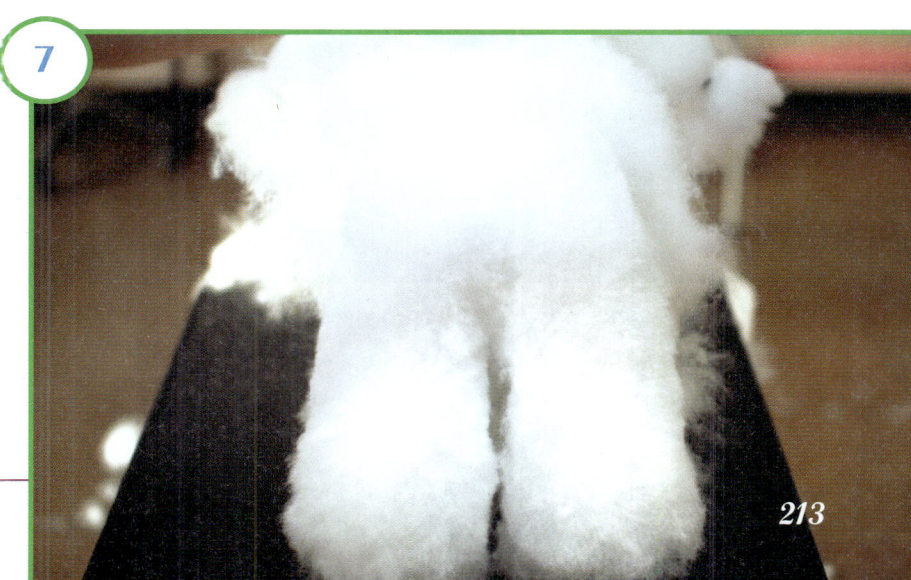

8~9. 풋라인을 라운딩한다.

11~12. 몸통 측면 부위 털을 완전히 커트한다.

3) 램식 초벌(앞부분, 몸통 아랫부분)

1~3. 오른쪽 앞가슴은 둥근 원형, 앞다리 앞 측면 부위는 일직선으로 커트한다.

4~6. 왼쪽 앞가슴과 앞다리 앞 측면 부위를 커트한다.

7. 완성된 모습 ▲

8~10. 앞다리 안쪽 오른쪽과 왼쪽을 일직선으로 커트하며 다리 사이를 커트한다.

TIP 다리 사이의 간격은 1cm 정도이다.

11. 완성된 모습 ▶

12~14. 왼쪽 언더라인 및 앞다리 뒤, 뒷다리 앞부분을 사진과 같이 커트한다.

TIP 모양은 3급 초벌 참고하며 3급보다는 조금 길게 커트한다.

15~17. 오른쪽 언더라인 및 앞다리 뒤, 뒷다리 앞부분을 사진과 같이 커트한다.

▲ **18.** 완성된 모습

4) 램식 초벌 〔클리핑식 초벌(머리, 목)〕

1~3. 눈앞 45°, 측면 부위 20°가량이 되도록 커트한다.

4~6. 귀 양쪽 측면 부위 목 부분을 커트한다.

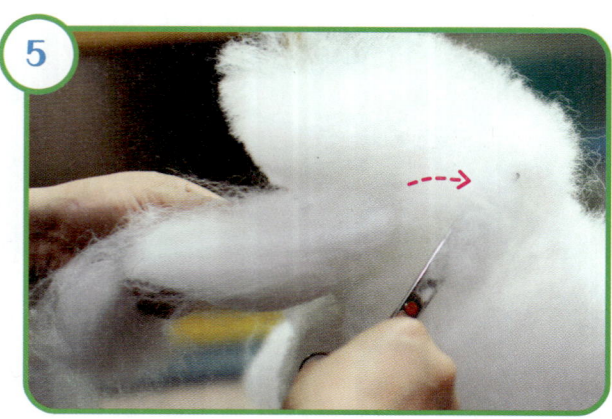

▶ 제2부 반려견스타일리스트 2급

7. 머리 부분을 둥글게 커트한다.

◀▲▼▶ **8~10.** 완성된 모습

5) 램식 초벌〔클리핑식 초벌(얼굴, 목 클리핑, 풋라인)〕

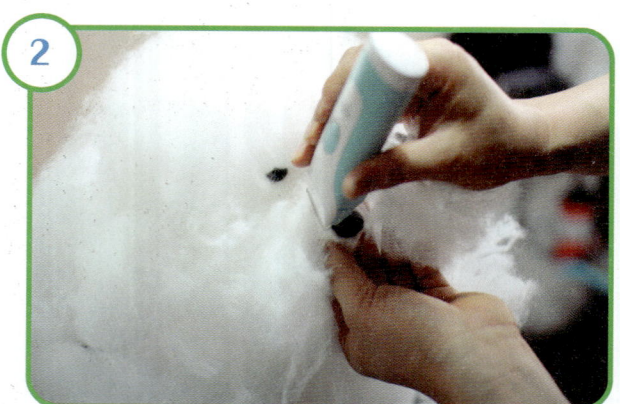

2~4. 머즐과 얼굴 부분을 클리핑하며 목 아래는 손가락 3개 밑 아래 머즐 길이 정도보다 약간 짧게 클리핑한다.

▶ 제2부 반려견스타일리스트 2급

5~8. 목 뒤 클리핑 라인은 귀밑 선상과 기갑부 2cm 위에 경계로 클리핑한다.

9~12. 앞, 뒤 풋라인을 일직선으로 커트한다.

6) 램식 초벌〔클리핑식 초벌(체장, 체고, 뒷다리 측면, 몸통, 가슴)〕

1~3. 체장, 체고를 커트하며 앵귤레이션을 만들어준다.

4. 양쪽 귀 아랫부분을 둥글게 커트한다.

5~6. 기갑부의 클리핑 라인과 등선 부분을 일직선이 되도록 커트한다.

▶ 제2부 반려견스타일리스트 2급

7~10. 뒷다리 양 측면을 A자 형태로 앵귤레이션 가장자리를 커트한다.

11~13. 몸통 측면 부위를 원통 모형으로 커트한다.

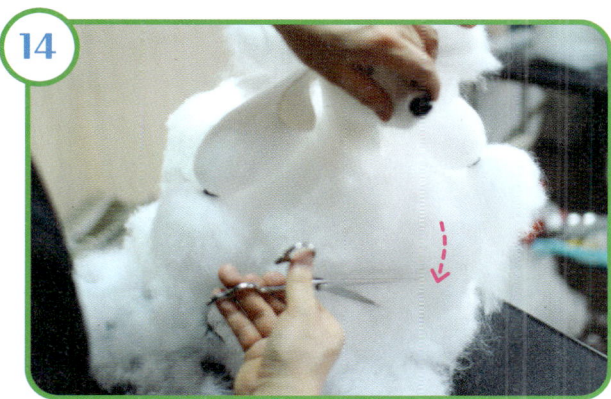

14~15. 가슴을 볼륨감 있게 둥글게 커트한다.

7) 램식 초벌〔클리핑식 초벌(뒷다리 안쪽, 앞다리, 배 아랫부분)〕

1~3. 뒷다리 안쪽을 일직선으로 커트하며 다리 사이 윗부분을 커트한다.

> **TIP** 다리 사이의 간격은 1.5cm 정도이다.

4~7. 오른쪽 배 아랫부분, 뒷다리 앞부분, 앞다리 뒷부분을 램 클립 형태로 커트한다.

8~12. 양쪽 앞다리 측면과 안쪽 다리 사이 윗부분을 커트한다.

TIP 다리 사이의 간격은 1cm 정도이다.

13~16. 왼쪽 배 아랫부분, 앞다리 뒤쪽, 뒷다리 뒤쪽을 램 클립 형태로 커트한다.

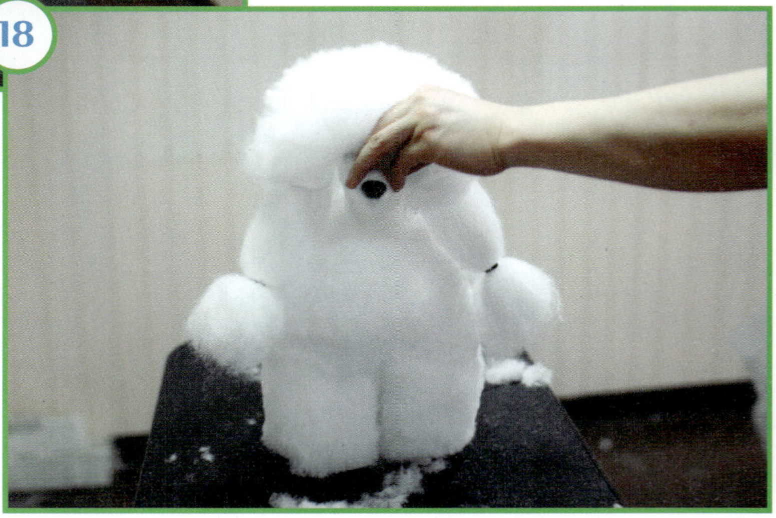

17~18. 완성된 모습 ▶

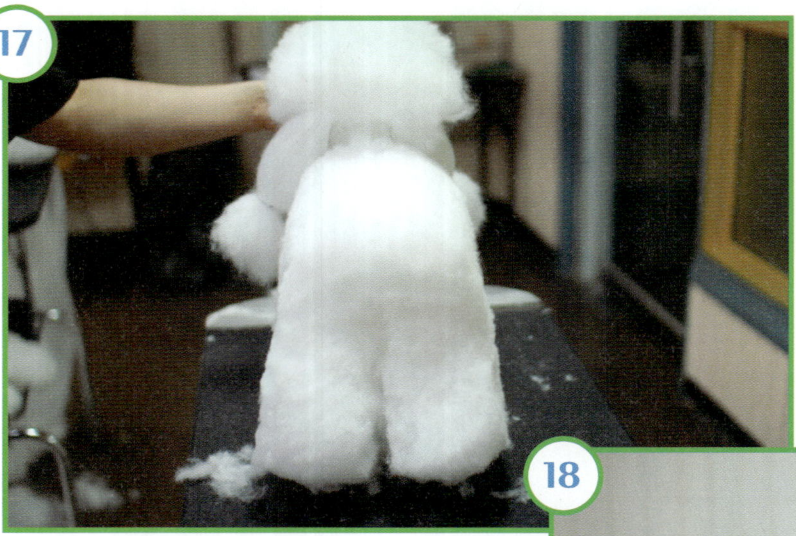

8) 램식 초벌 〔클리핑식 초벌(머리)〕

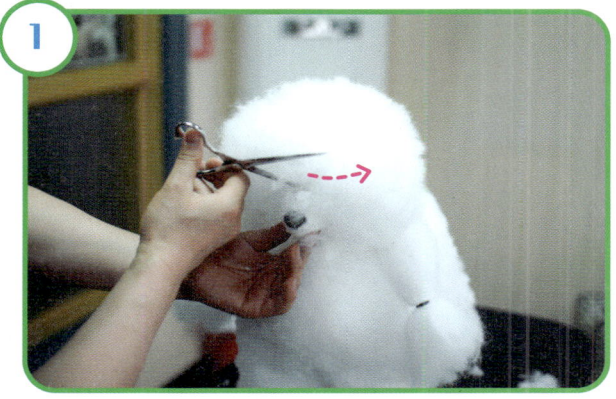
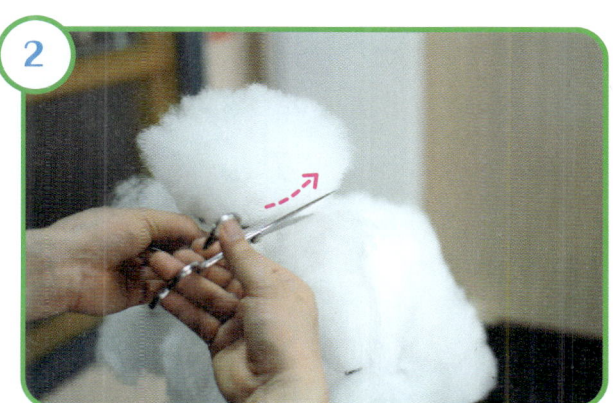

1~2. 머리 앞쪽 45°, 양 측면 15° 각도로 커트한다.

3. 후두부 뒤쪽을 15°가량 사선으로 둥근 형태로 커트한다.

4. 머리 부분을 둥근 형태로 커트한다.

◀ 5. 완성된 모습

9) 다이아몬드 클립

다이아몬드 클립은 등 중간에 다이아몬드의 모양을 만드는 것을 의미한다.
다이아몬드의 중심으로 좌, 우 옆면 밑으로 같은 크기의 모양이 새겨져 체형의 밸런스 깊이가 돋보인다.
중심축에서 이어지는 직선과 곡선의 조각미는 단연 으뜸이라 볼 수 있다.
옆면의 포인트를 기점으로 앞, 뒤 밸런스를 잘 살려서 커트한다.

▶ 제2부 반려견스타일리스트 2급

2~3. 목 부분의 경계 라인을 35°가량 사선으로 밴드 라인을 만들고 기갑 부위의 경계 라인은 2~2.5cm로 한다.

4. 귀밑 후두부를 가위로 밴드 라인을 만든다.

5. 설정된 밴드 라인을 클리핑한다.

6~7. 목 부분과 등 부분을 전체 코밍 후 불필요한 털을 커트한다.

9~11. 앞, 뒤 풋라인 전체를 둥글게 커트한다.

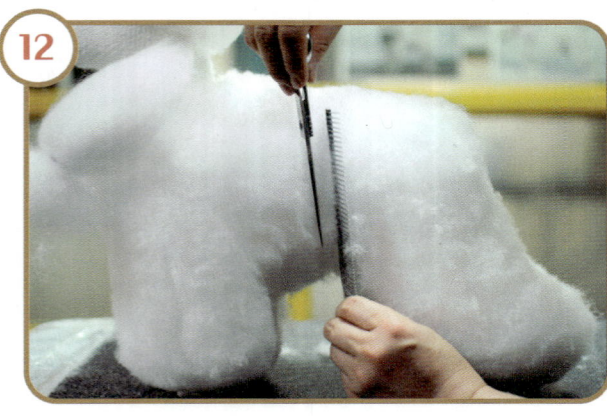 

12~13. 다이아몬드의 중요한 기준점은 턱업에서 대략 1.5~2cm가량 앞부분을 중간 지점으로 설정하고 위, 아래 각각 60°가량 밴드 라인을 설정한다.

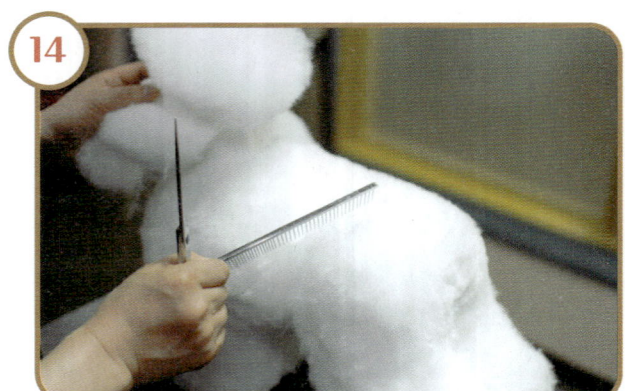

14. 설정된 부분을 코밍한다.

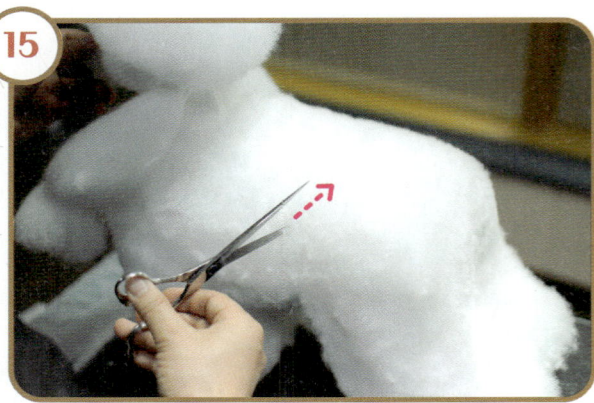

15~17. 설정된 몸통 중간 윗부분을 60°가량 가위선을 넣는다.

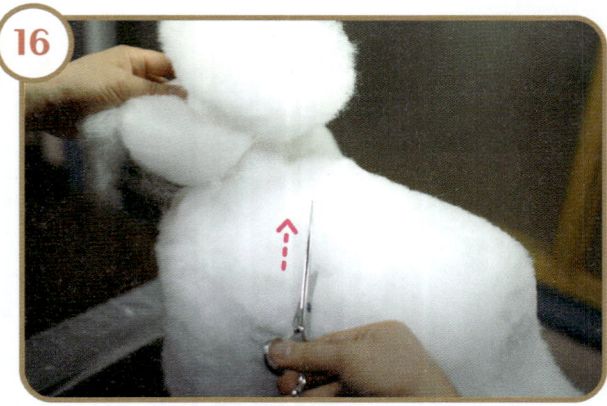 

▶ 제2부 반려견스타일리스트 2급

18~19. 설정된 몸통 중간 아랫부분을 60° 가팅 가위선을 넣는다.

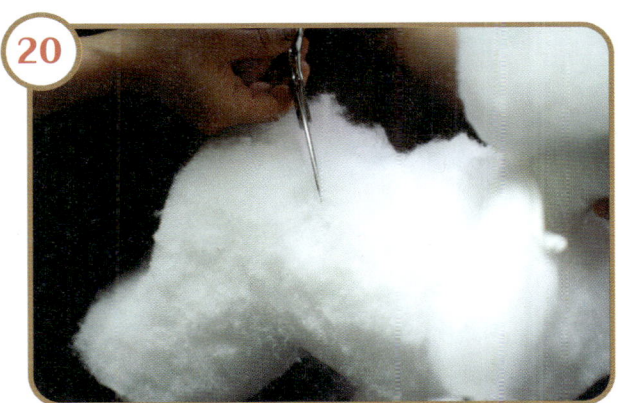

20~23. 위와 같은 방법으로 반대쪽 몸통에 가위선을 넣는다.

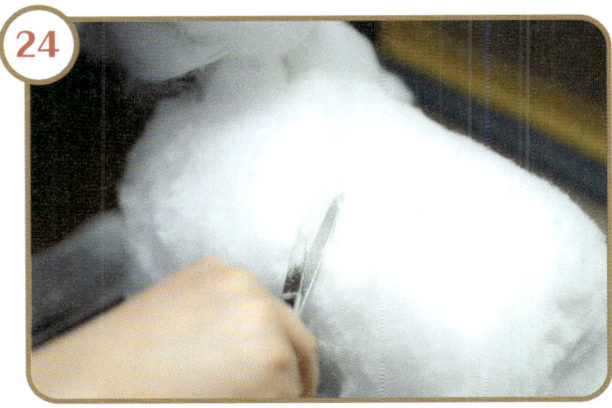

24. 몸통 윗부분에 다이아몬드 모양을 짧게 커트한다.

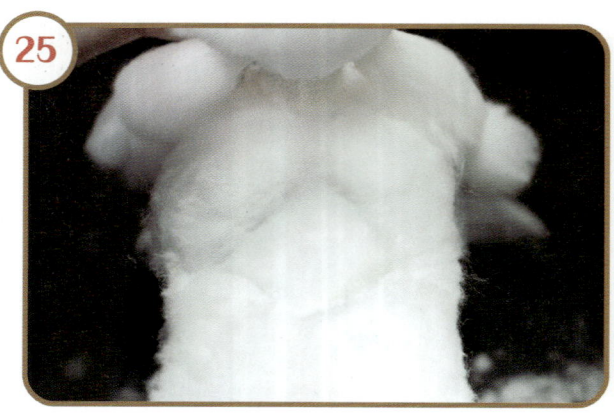 

25~26. 커트된 다이아몬드 부분을 클리핑한다. **TIP** 클리핑 전에 가위로 커트하지 않고 클리핑하여도 무방하다.

◀ **27.** 완성된 모습

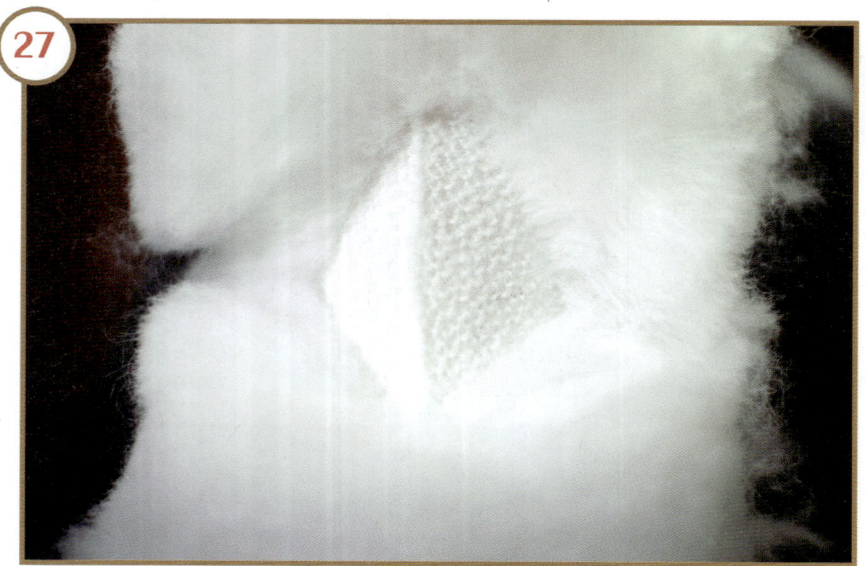

28~30. 양쪽 옆구리 가위선을 넣은 부분을 위, 아래가 서로 떨어지지 않고 0.5~1cm가량 붙을 수 있도록 클리핑한다.

▶ 제2부 반려견스타일리스트 2급

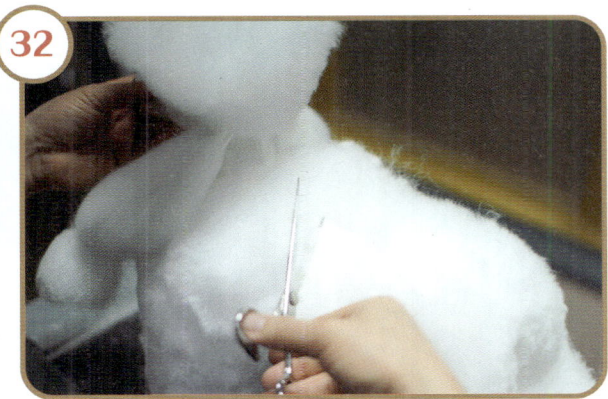

31~33. 위 다이아몬드 가장자리 부분을 안쪽으로 코밍한 후 불필요한 털을 제거한다.

34~37. 아랫부분도 위와 같이 마찬가지로 코밍 후 커트한다.

◀ 38~39. 완성된 모습

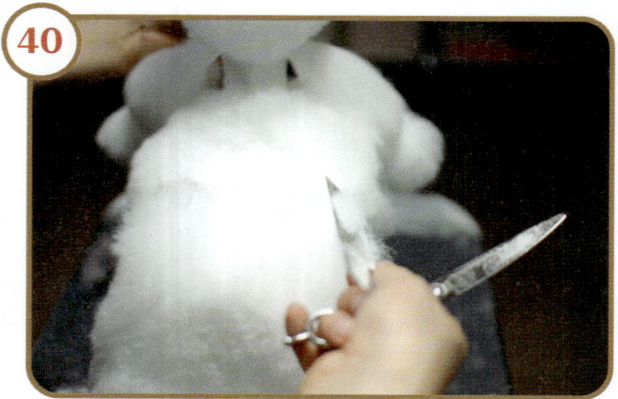

▶ 제2부 반려견스타일리스트 2급

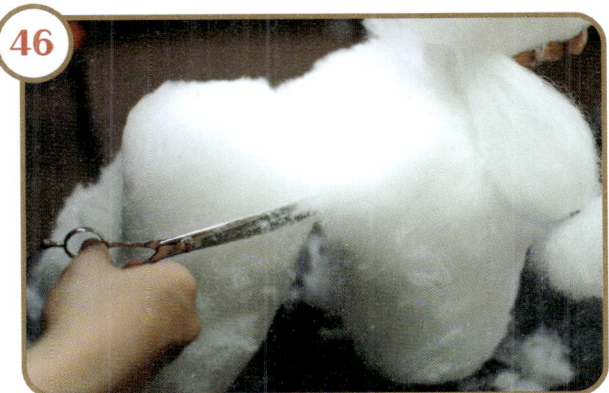

45~49. 양쪽 옆구리에 다이아몬드가 교착되는 부위에는 짧게 라인선이 들어갈 수 있도록 가위 끝으로 선을 만들어 가며 커트한다.

40~44. 다이아몬드 부분 가장자리 부분을 코밍 후 라운딩 모양으로 커트한다.

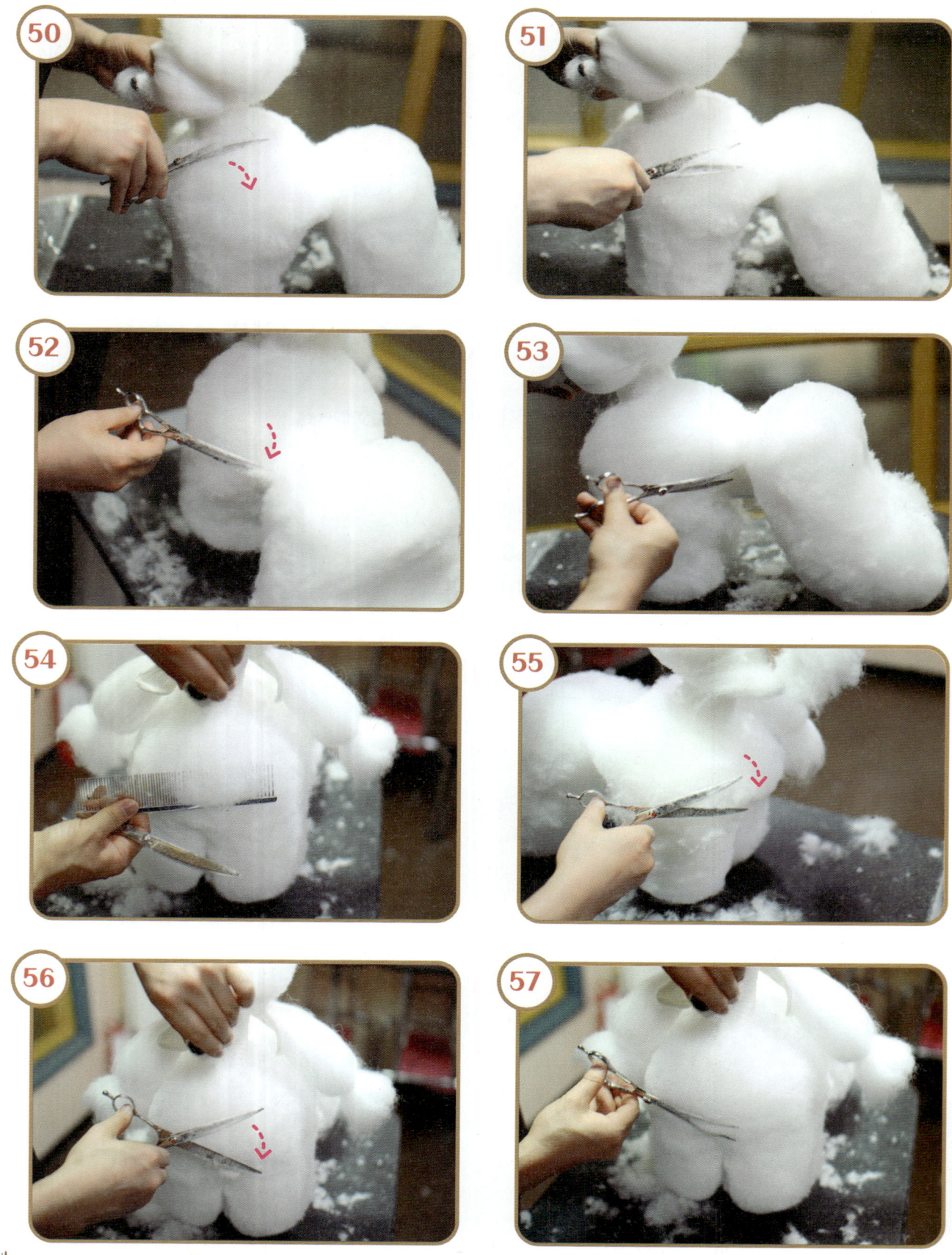

50~57. 앞부분의 측면과 가슴 부위를 밸런스에 맞춰 둥글게 커트한다.

▶ 제2부 반려견 스타일리스트 2급

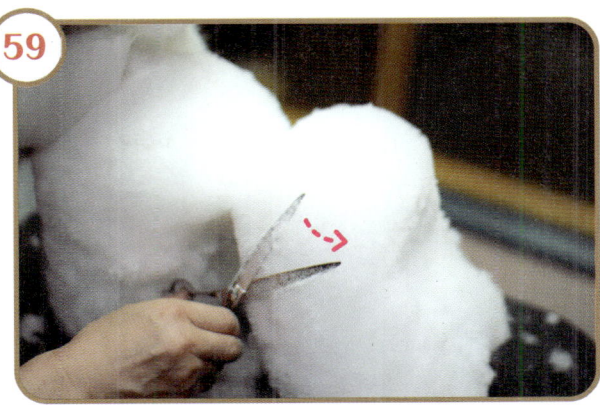

58~60. 다이아몬드 뒤 엉덩이 라인 부분을 30°로 정하고 둥근 원형이 되도록 커트한다.

▲ 61. 완성된 모습

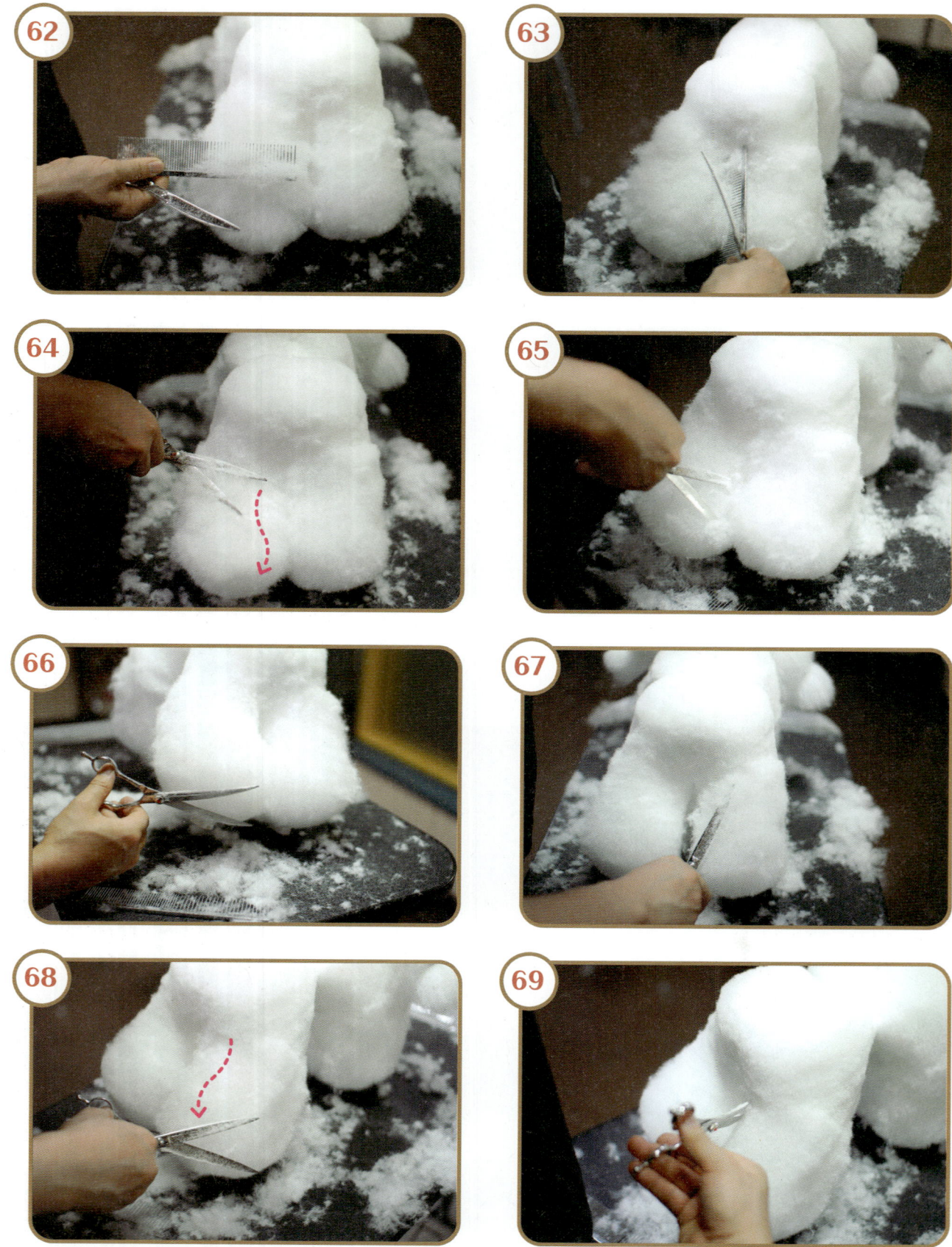

62~69. 양쪽 뒷다리 안쪽을 일직선으로 하며 앵귤레이션 부분을 밸런스에 맞춰 커트한다.

▶ 제2부 반려견스타일리스트 2급

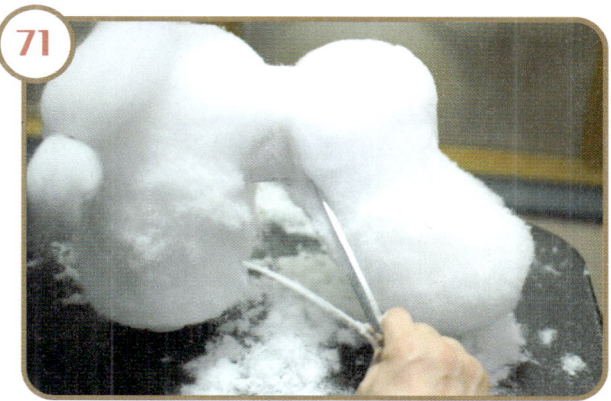

70~74. 왼쪽 뒷다리를 측면과 앞쪽을 충분히 코밍한 후 커트한다.
   (1) 뒷다리 형태는 A자 모형으로 하며 앞쪽은 라운딩 형태로 한다.
   (2) 뒷다리 앞쪽 털은 충분히 코밍한 후 커트한다.

75. 완성된 모습 ▶

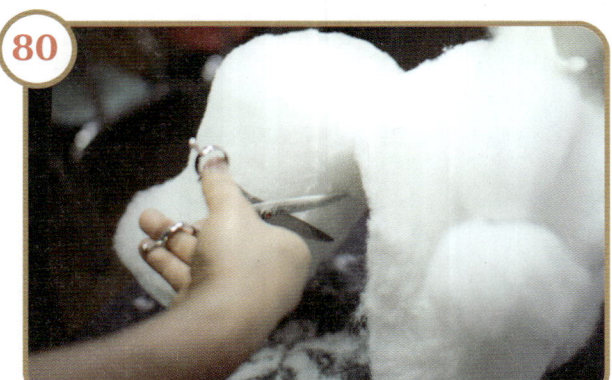

76~80. 오른쪽 뒷다리 측면과 앞쪽을 충분히 코밍한 후 커트한다.

81. 완성된 모습 ▶

82~88. 양쪽 앞다리 앞쪽을 코밍한 후 일직선이 되도록 커트한다.

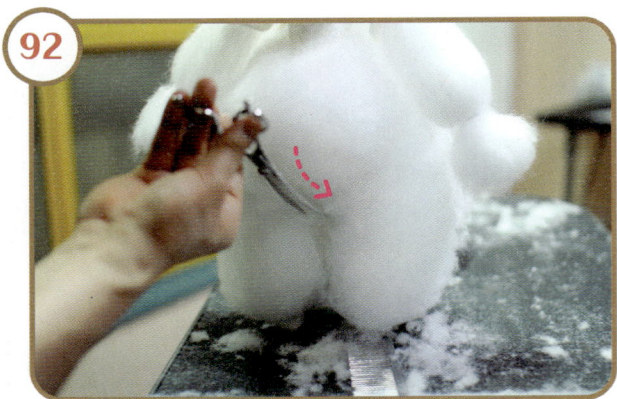

89~92. 양쪽 앞다리 안쪽을 코밍한 후 일직선이 되도록 커트한 후 다리 사이를 정리한다.

TIP 다리 사이의 간격은 1cm 정도가 적당하다.

93~98. 왼쪽 뒷다리 측면 부위와 뒷부분을 코밍한 후 일직선으로 커트한다.

▶ 제2부 반려견스타일리스트 2급

99. 완성된 모습 ▲

243

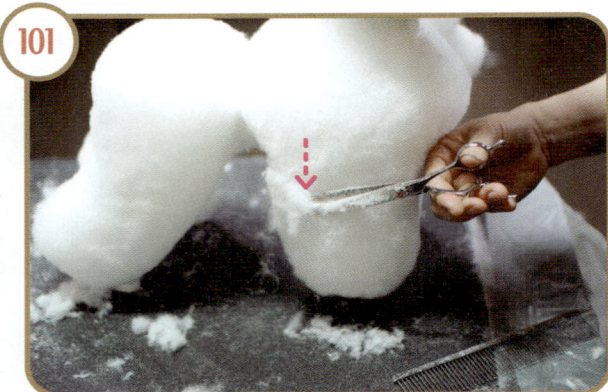

100~104. 오른쪽 측면과 뒷부분을 코밍한 후 커트한다.

105. 완성된 모습 ▶

▶ 제2부 반려견스타일리스트 2급

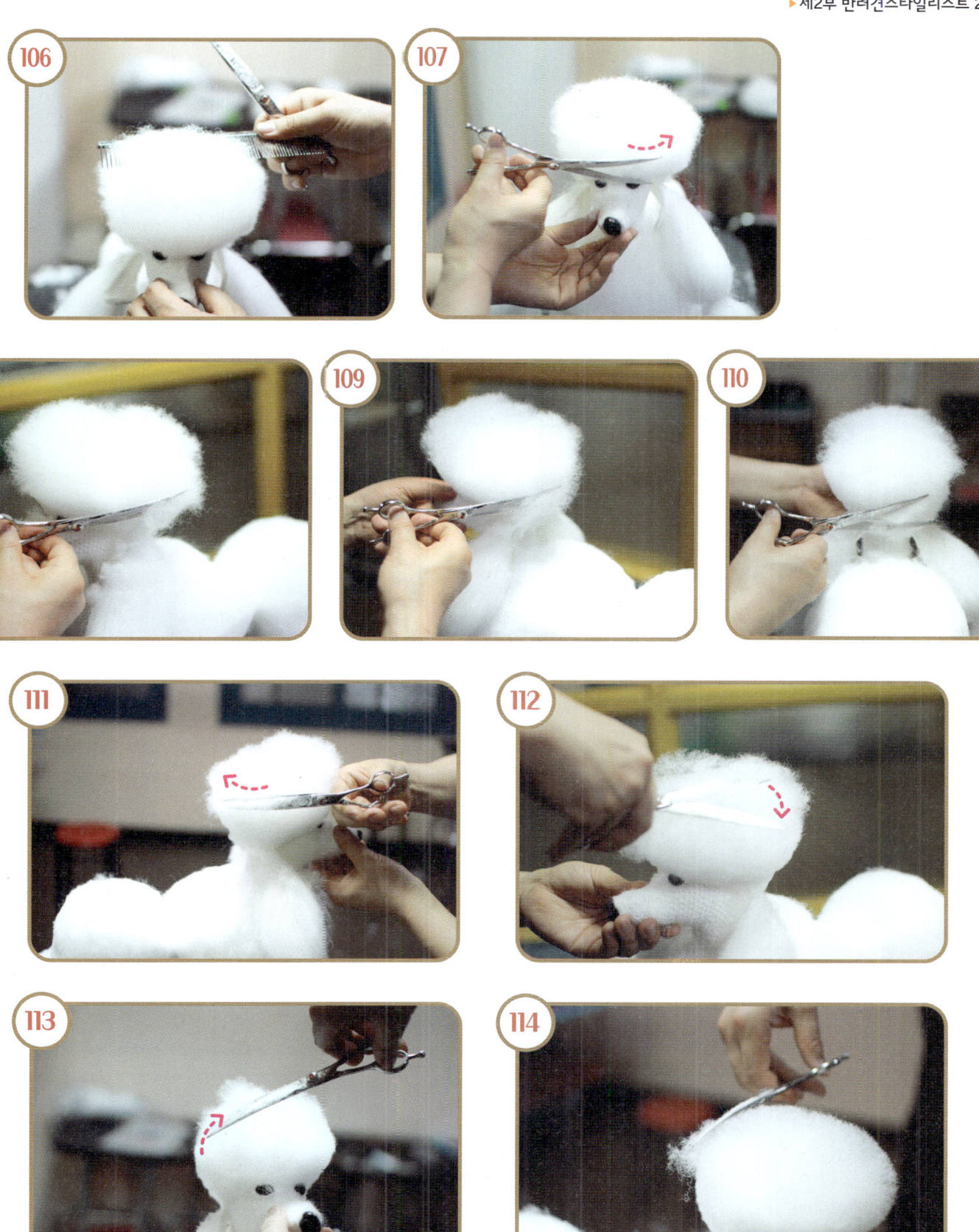

106~114. 머리 앞부분 45°, 양쪽 측면과 후두부는 30°가량이 되도록 둥근 원형 모양으로 커트한다.

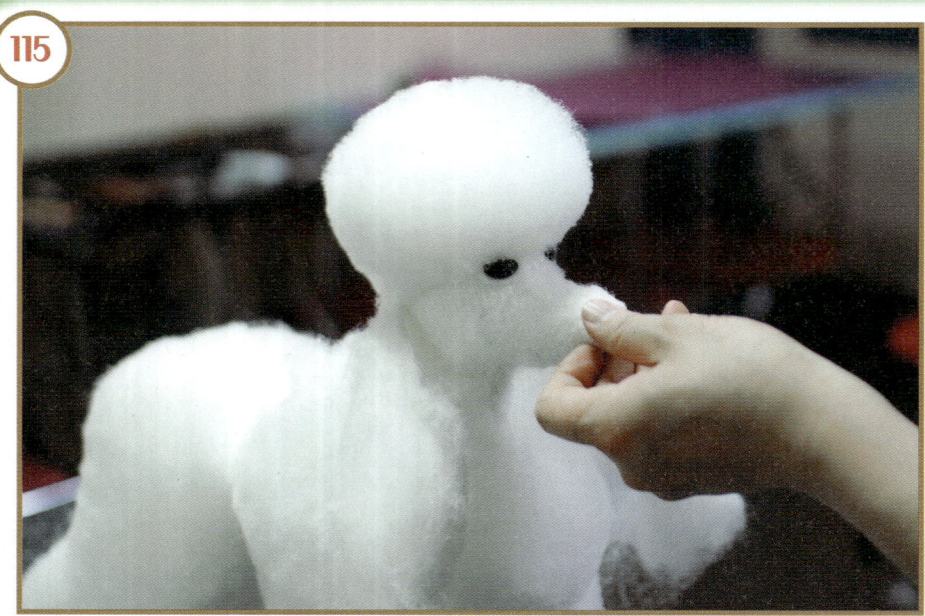

115

◀ 115. 완성된 모습

116

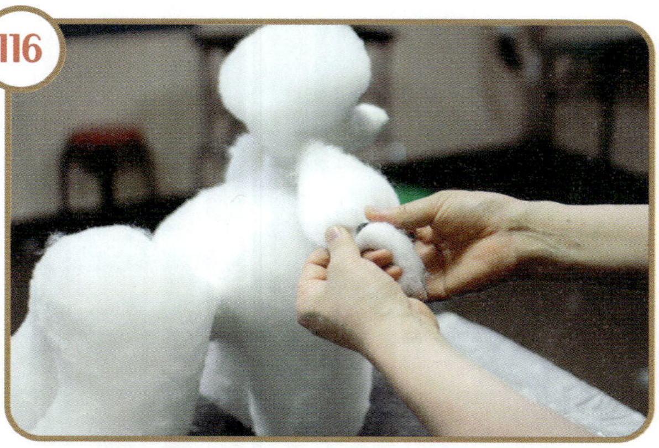

117

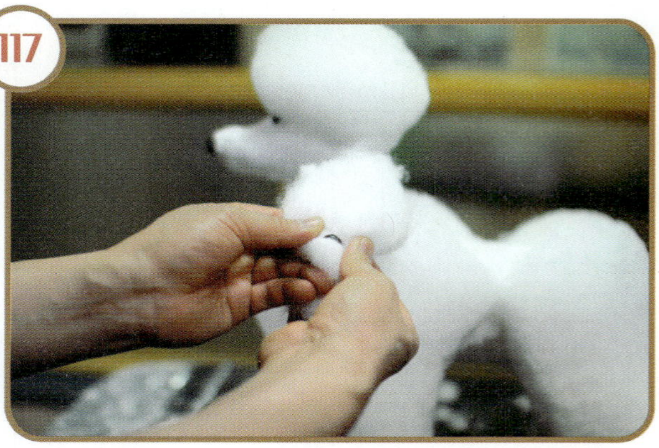

118

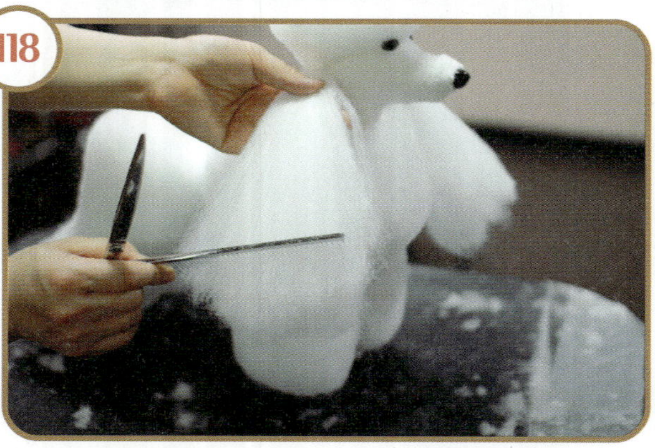

119

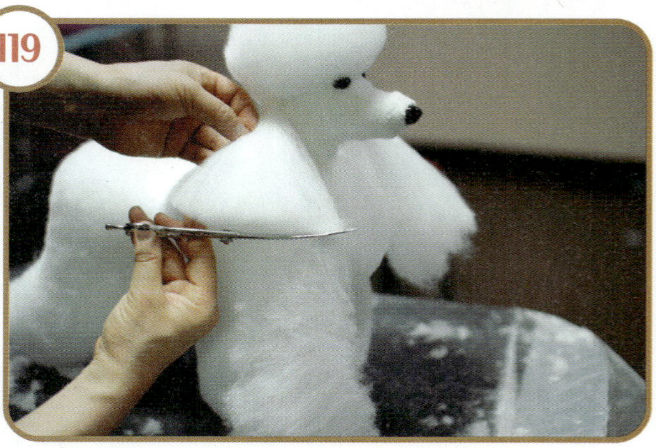

120

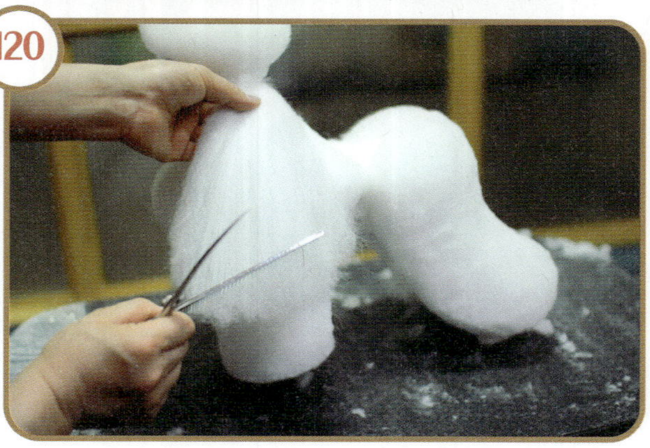

121

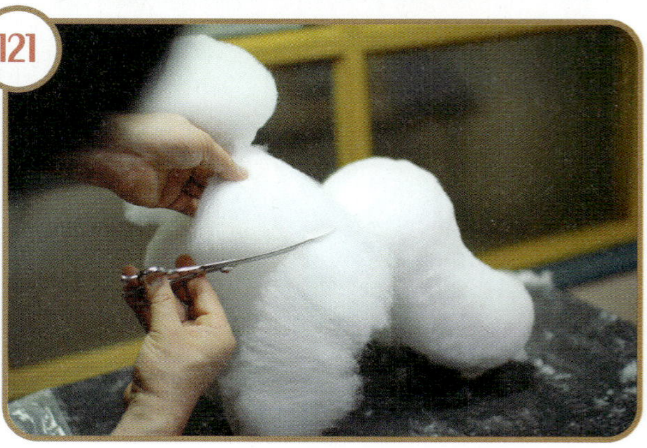

116~121. 귀 부분의 고무밴드를 제거한 후 목 아래 클리핑 라인보다 길게 라운딩 커트하고 귀 길이에 설정은 목 클리핑에서 조금 밑 부분까지 설정한다. 가슴 흉골까지 내려가면 바람직하지 않다.

▶ 제2부 반려견스타일리스트 2급

122~124. 완성된 모습

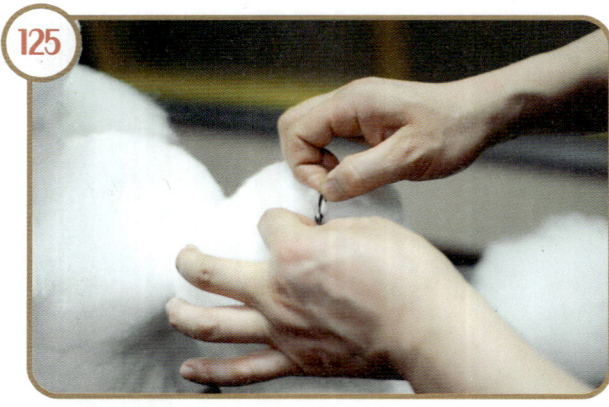

125~128. 가위와 콤을 테이블 밑에 바구니에 보관 후 꼬리 위치의 검정밴드를 제거한 후 겸자로 꼬리 위치를 뚫어준다.
  (1) 만일 검정밴드가 엉켜서 제거할 수 없을 경우 밴드 제거 가위로 커트한다.
  (2) 작업 중에는 반드시 손으로 견체를 보정해야 하지만 꼬리 교체 준비시에는 견체에서 손을 떼도 된다. 꼬리 교체 완료 후 다시 커트를 할 경우 견체를 보정하고 진행해야 한다.

129. 꼬리를 밑으로 코밍한다.

130. 꼬리 아랫부분을 둥글게 원형으로 커트한다.

▶ 제2부 반려견스타일리스트 2급

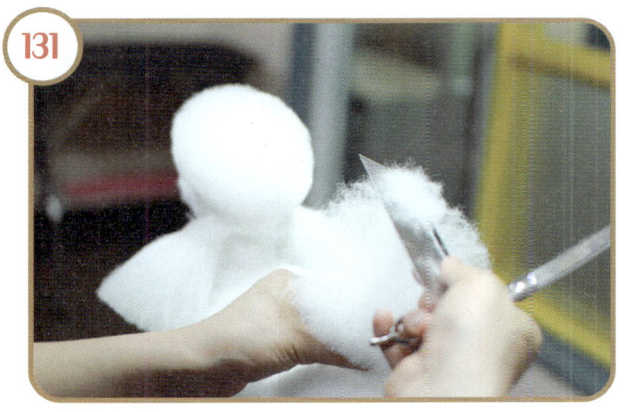

131~132. 꼬리 위 부분을 코밍한 후 꼬리 길이에 맞게 커트한다.

133~136. 꼬리의 사이즈를 정하여 사각형으로 커트한다.

137. 꼬리의 전체 사이즈는 9~9.5cm가 되도록 한다.

138. 꼬리의 튀어나온 털을 둥근 모형이 되도록 커트한다.

139~141. 꼬리털로 인해 뒷다리에 잘못된 라인선을 가볍게 코밍하며 털을 털어 준다.

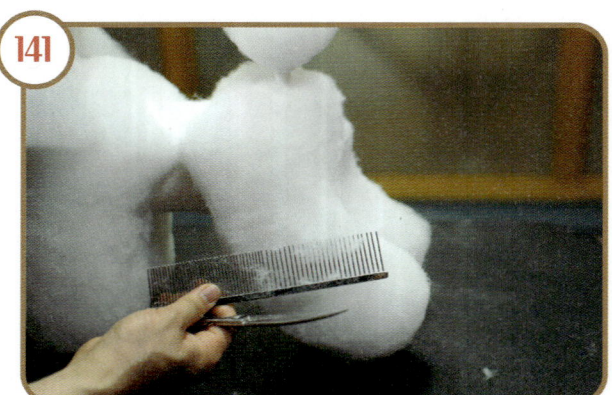

142~144. 몸통 앞부분과 머리 부분을 전체적으로 가볍게 코밍한다.

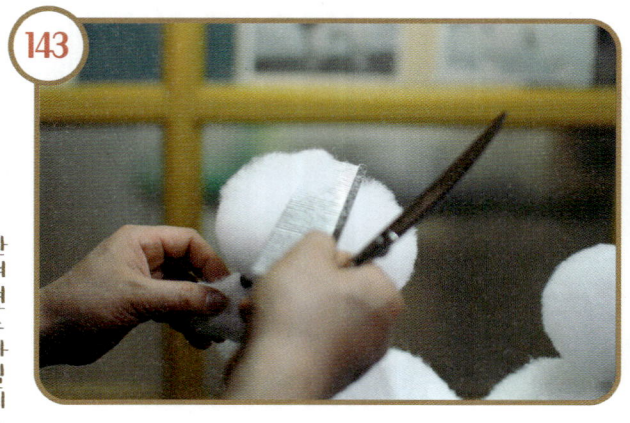

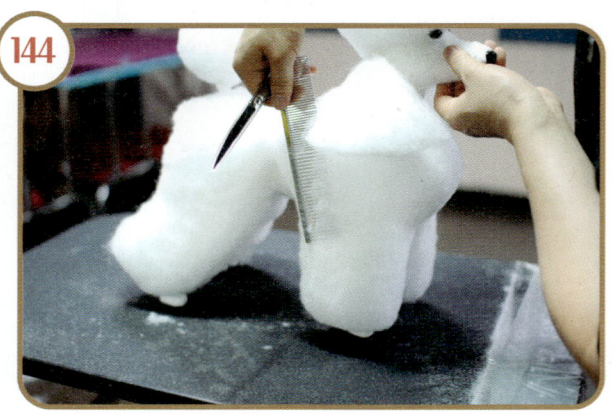

▶ 제2부 반려견스타일리스트 2급

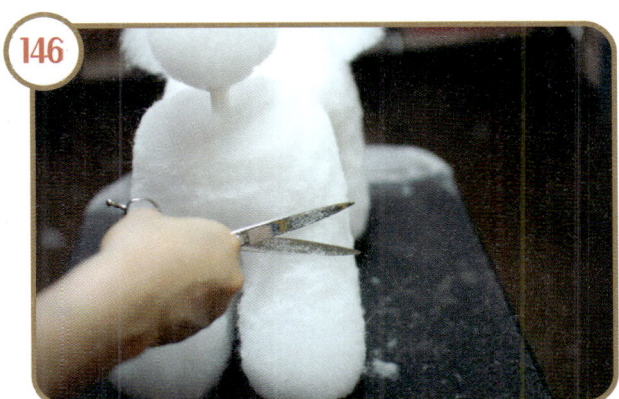

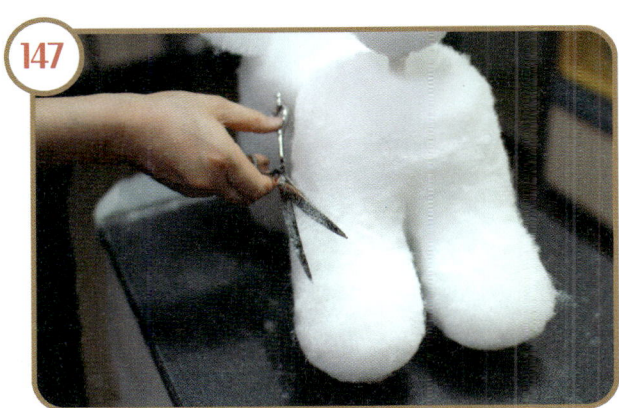

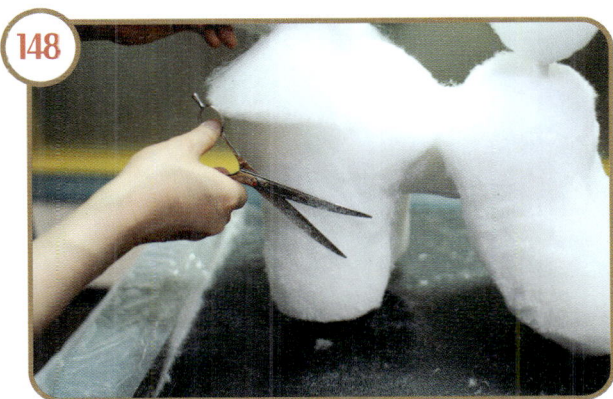

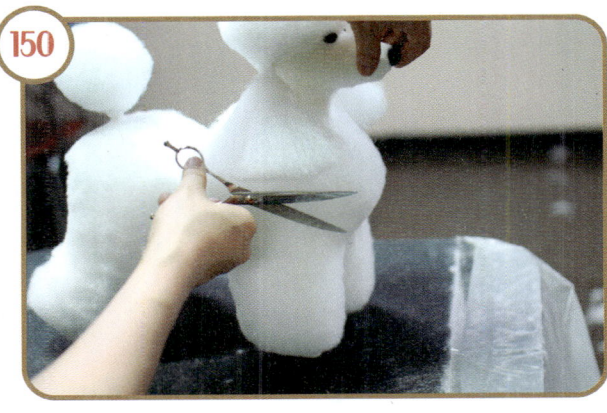

145~151. 튀어나온 털들을 각 부위 밸런스에 맞게 깔끔히 커트하여 마무리한다.

10) 다이아몬드 클립 완성

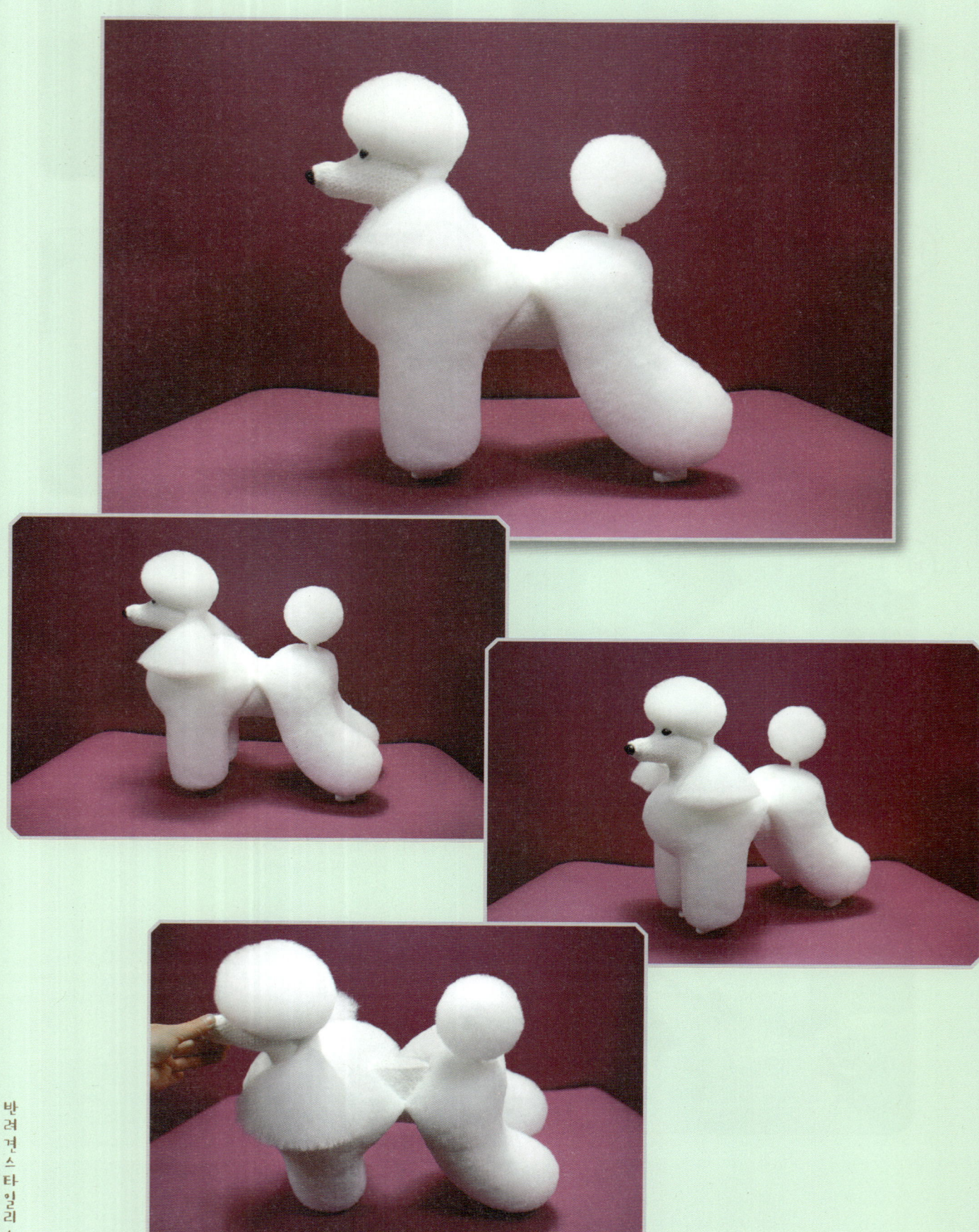

▶ 제2부 반려견스타일리스트 2급

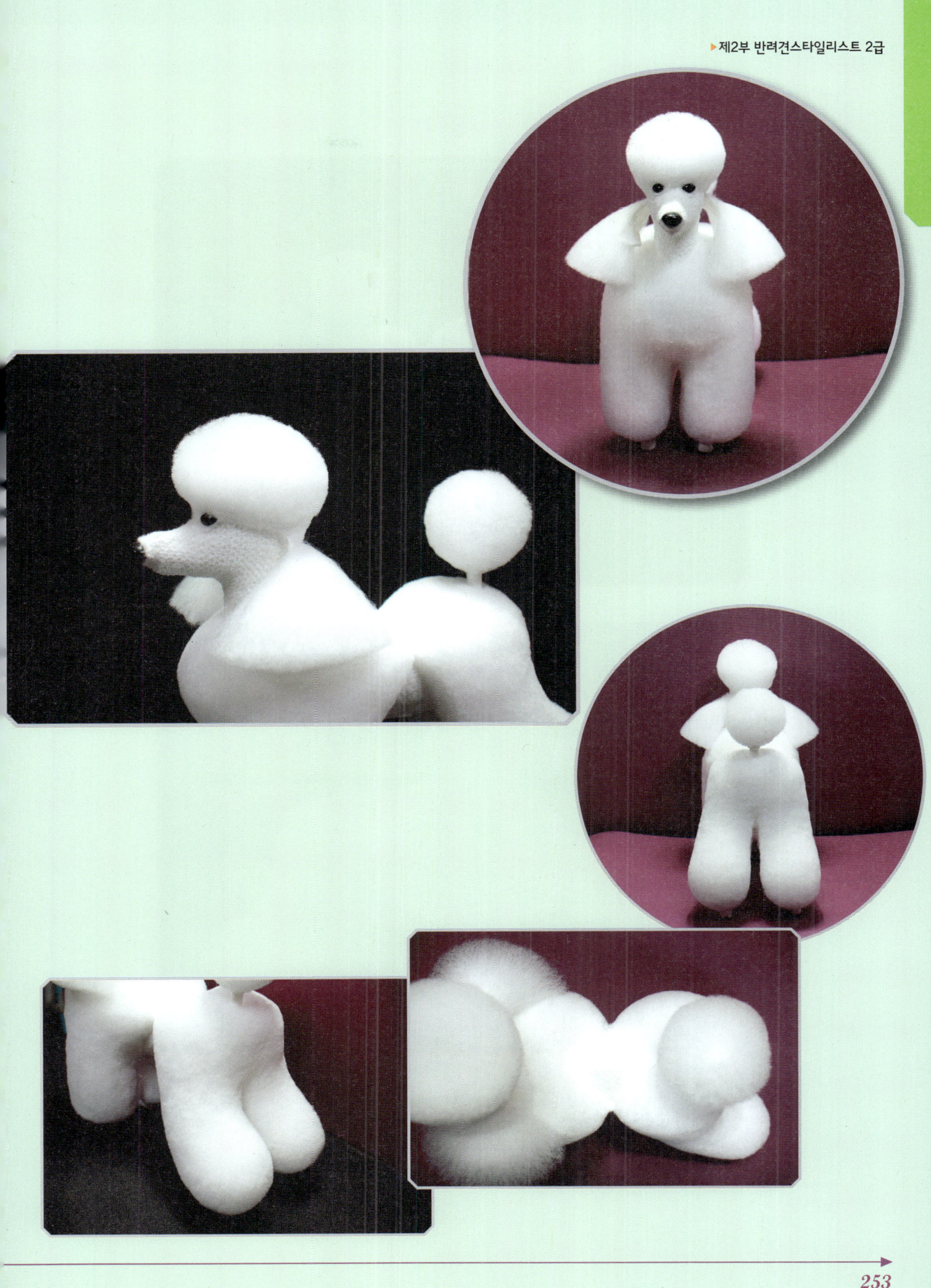

11) 맨해튼 클립

맨해튼 클립은 칵테일 잔의 잘록한 손잡이를 연상시키는 미용법이다. 견체의 허리 지점의 선을 중심으로 앞, 뒤, 짜임새 있는 나눔은 미용의 기본인 동시에 밸런스의 기초라 볼 수 있다.
허리선을 기점으로 완만한 선의 흐름을 잘 이해하고 커트한다.

▶ 제2부 반려견스타일리스트 2급

2~3. 목 부분 뒤 경계 라인은 양쪽 귀 사이와 기갑부 2.5cm 위에서 35°가량 사선으로 클리핑한다.

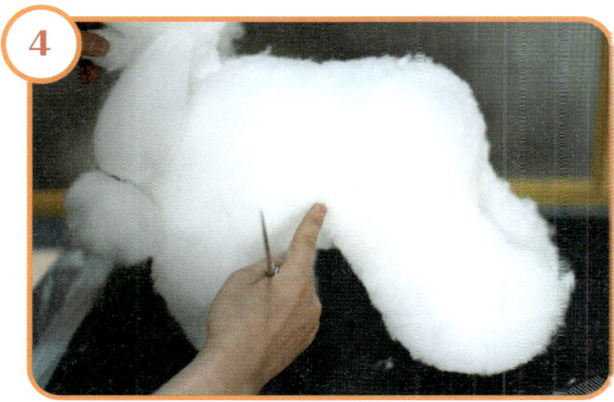 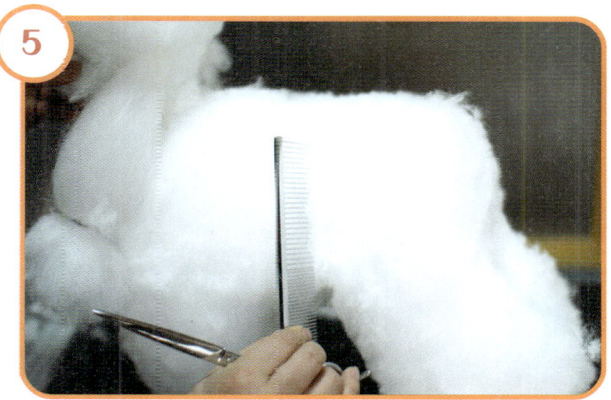

4~5. 허리 라인선은 턱업 지점으로 뒷선을 정한다.

6~9. 선을 정한 부위에 가위로 밴드 라인을 한다.

10~11. 앞선의 밴드 라인은 뒷선에서 1.5cm 앞 지점으로 정한다.

12~14. 앞, 뒤 밴드 라인 중앙을 가위로 커트한다.

> **TIP** 실견일 경우 보통 갈비뼈 뒤 지점을 앞 밴드 라인으로 정하지만 허리가 짧은 위그인 경우 뒷선을 턱업 지점으로 정하는 것이 좋은 밸런스다.

15~16. 완성된 모습 ▼

17~20. 밴드 라인선을 클리핑한다.

> **TIP** (1) 커트 후 클리퍼를 사용할 경우 가위나 일자빗은 흰색 바구니에 보관하고 클리퍼가 사용할 수 있도록 한다. 또한 클리핑 작업 종료 후 클리퍼는 다시 흰색 바구니에 보관한 후 가위와 일자빗을 꺼내 작업한다.
> (2) 도구 교체시 위그에서 손이 떨어져도 되나 작업 중에는 위그에서 손을 떼서는 안 된다.

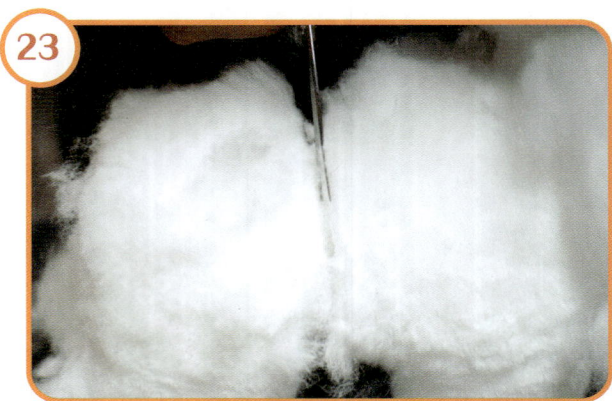

21~25. 밴드 라인이 된 앞부분의 털을 뒤쪽으로 코밍한 후 커트한다.

26. 뒷부분의 밴드 라인 털을 앞부분으로 코밍한 후 커트한다.

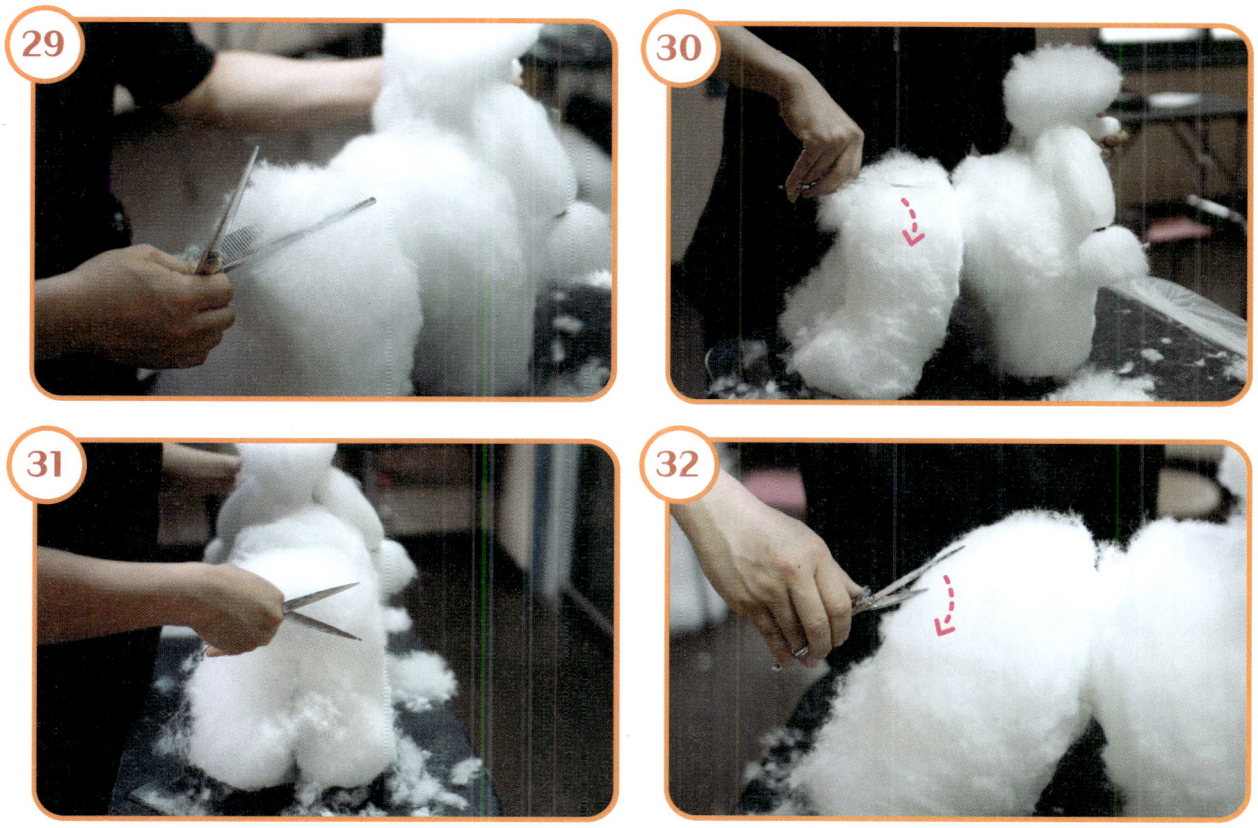

29~32. 엉덩이 위는 35°로 커트하며, 측면 부위를 허리 라인선이 생기도록 한다.

◀ **27~28.** 완성된 모습

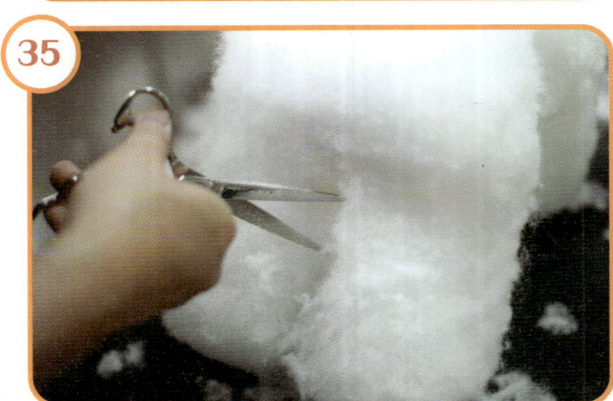
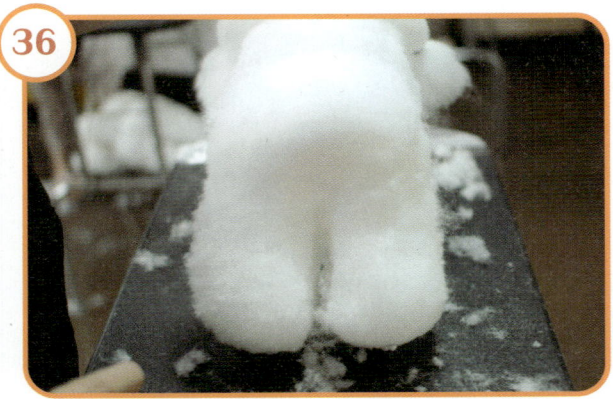

33~37. 양쪽 앵귤레이션은 충분히 털이 나올 수 있도록 커트하며 다리 안쪽은 일직선으로 커트한다.

38~40. 왼쪽 뒷다리 측면 부위와 앞부분을 코밍한 후 뒤에서 보아 측면 부위가 사다리 형태가 되도록 커트한다.

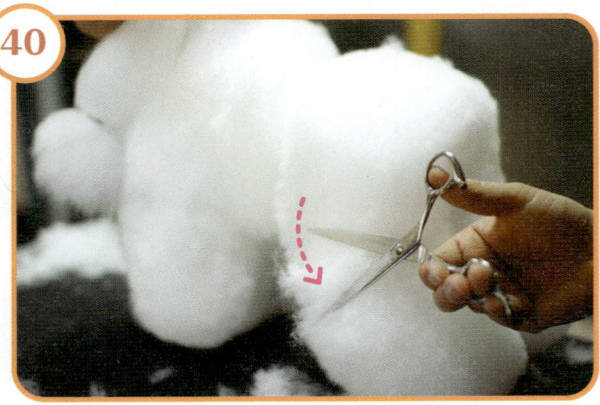

41~44. 뒷다리 앞부분은 위에 밴드 라인선을 기준으로 풋라인까지 자연스럽게 라운딩 형태로 커트한다.

45~47. 오른쪽 뒷다리 측면 부분과 앞부분을 코밍한 후 뒤에서 보아 측면 부위가 사다리 형태가 되도록 커트한다.

48~49. 뒷다리 앞부분은 위에 밴드 라인선을 기준으로 풋라인까지 자연스럽게 라운딩 형태로 커트한다.

◀ **50.** 완성된 모습

51~56. 앞부분 몸통 부위를 코밍한 후 어깨와 등선 부분을 라인선에 맞춰 뒷부분의 라인과 어우러지도록 커트하며 가슴 부분은 둥근 모형으로 커트한다.

▶ 제2부 반려견스타일리스트 2급

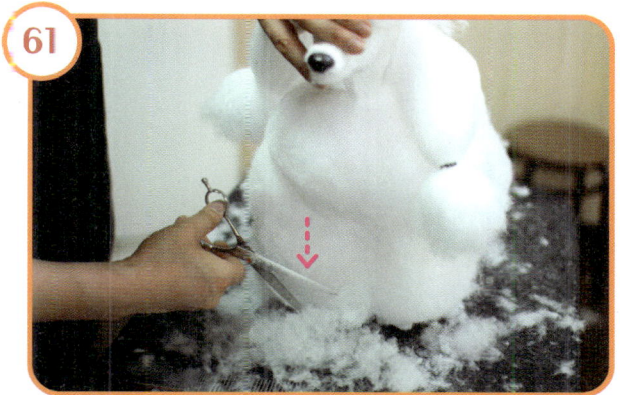

58~62. 양쪽 앞다리 부분과 안쪽을 코밍한 후 일직선으로 커트하고 풋라인 선을 라운딩 형태로 마무리한다.

▼ 57. 완성된 모습

63
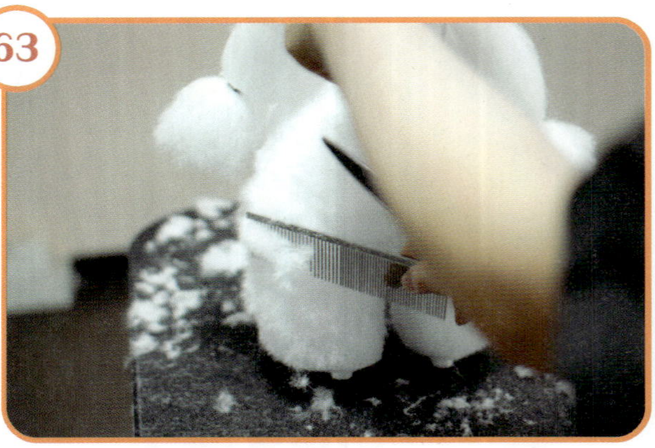

64
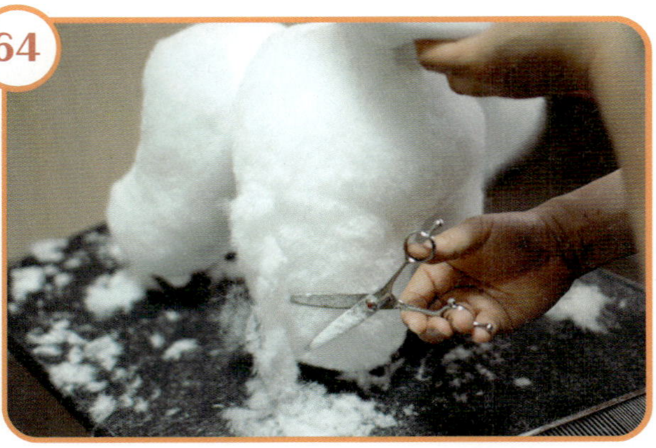

65
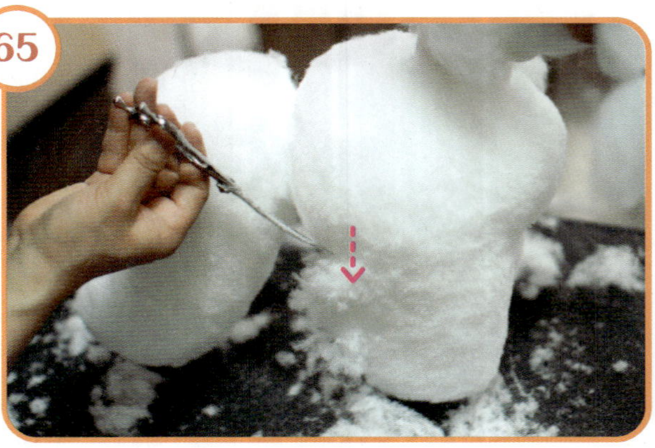

66
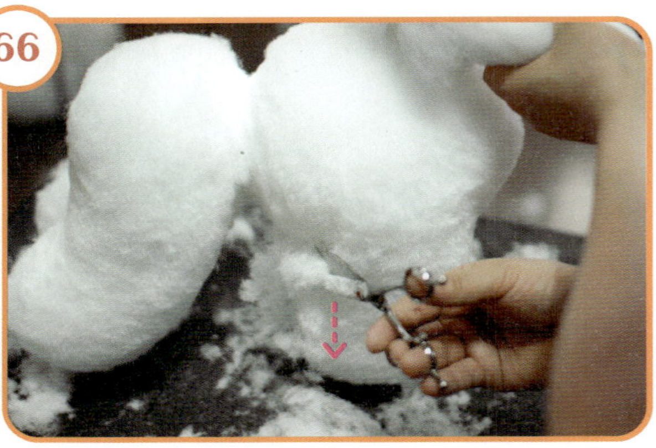

67
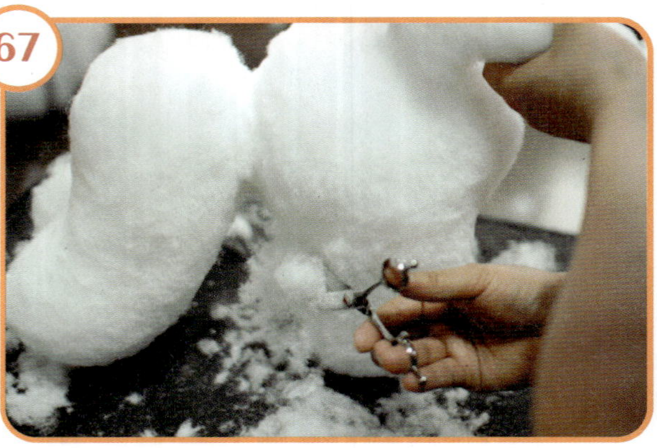

68
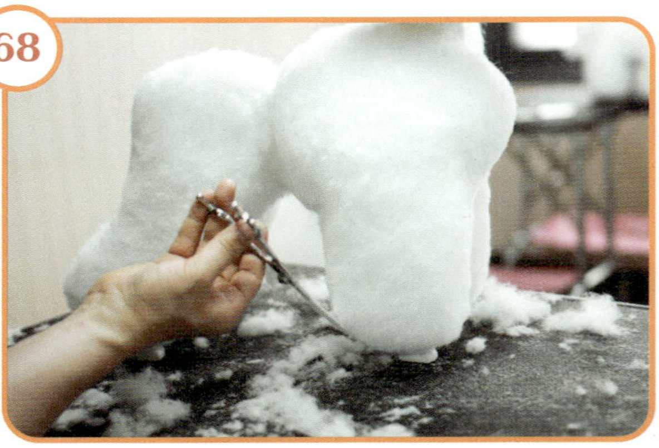

63~68. 오른쪽 앞다리 측면 부위와 뒷부분을 코밍한 후 일직선이 되도록 커트한다.

69

70

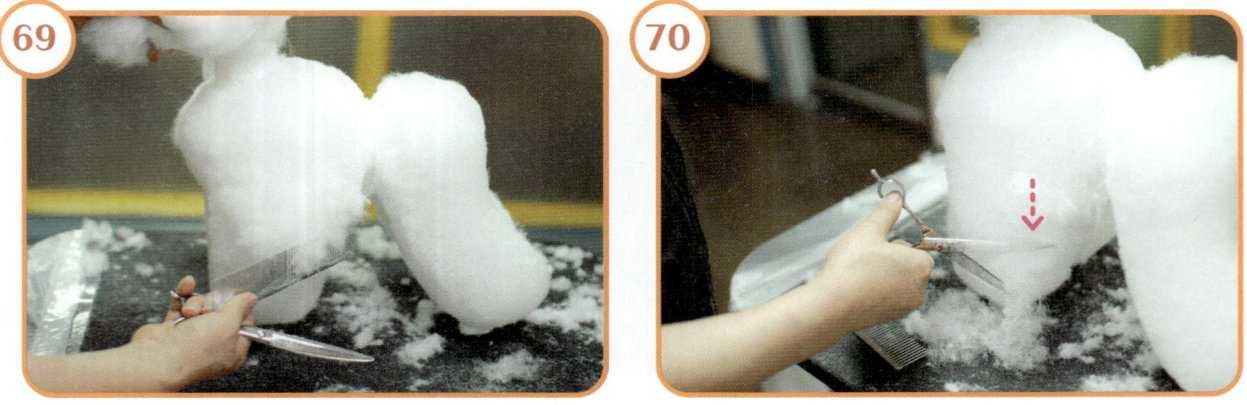

69~75. 왼쪽 앞다리 측면 부위와 뒷부분을 코밍한 후 일직선이 되도록 커트하고 발뒤꿈치가 살짝 올라가도록 라운딩한다.

◀ **76.** 완성된 모습

77

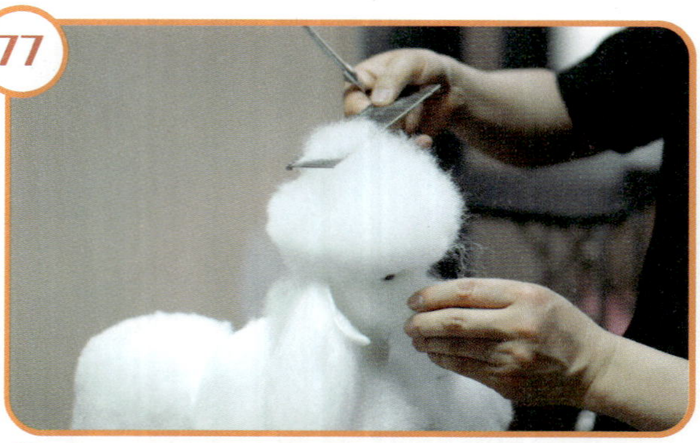

78

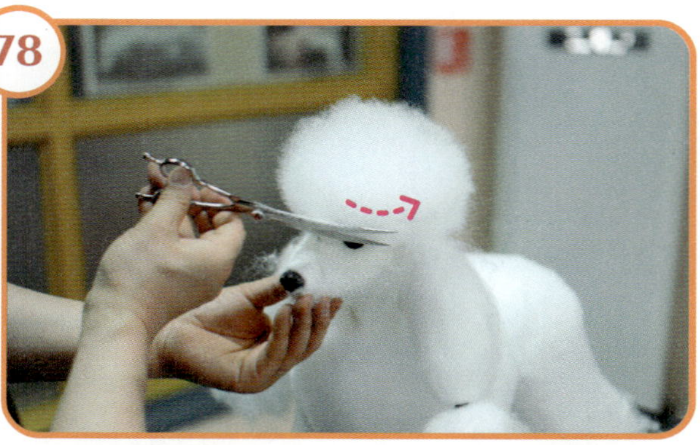

79

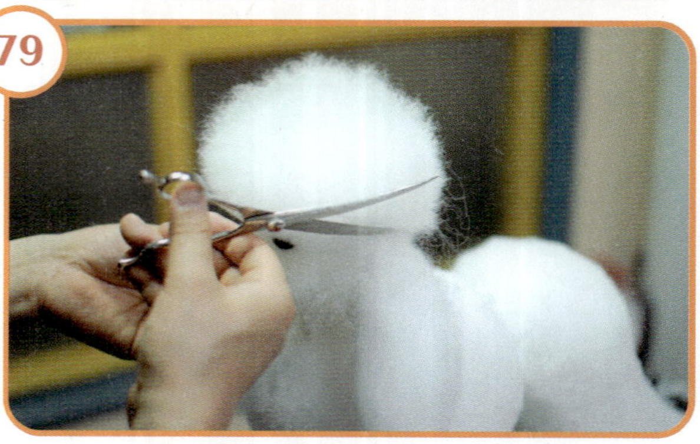

80

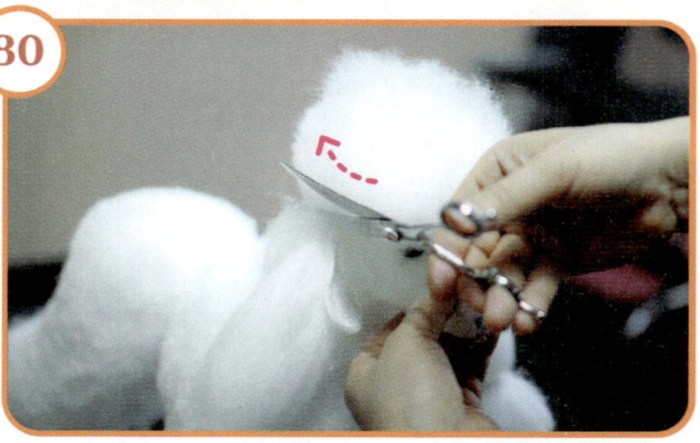

81

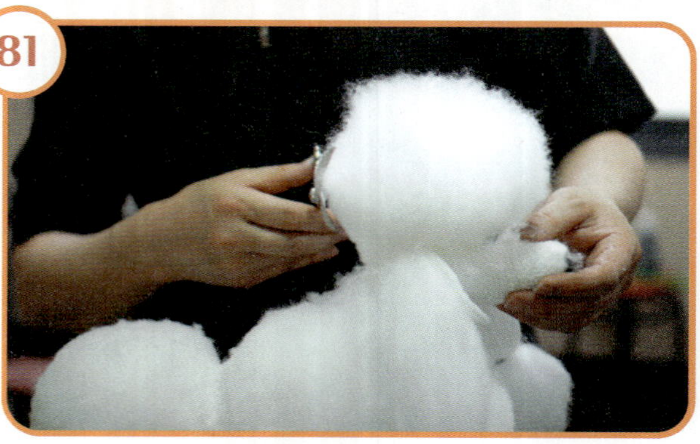

82

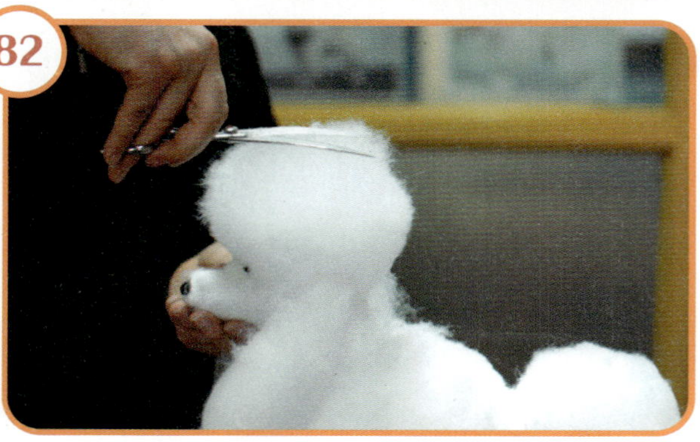

83

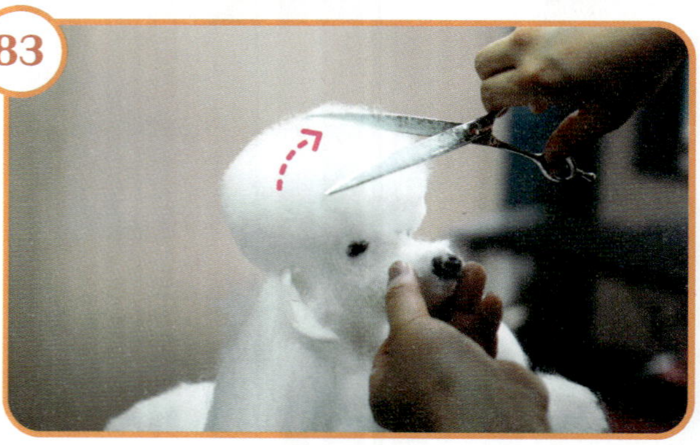

84

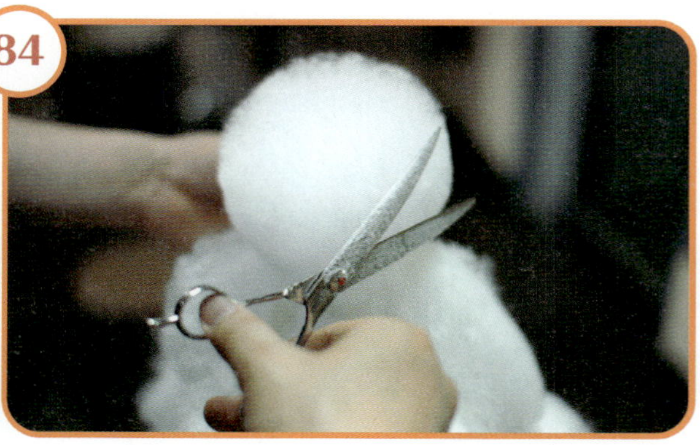

77~84. 머리 부분을 코밍한 후 앞부분 45°, 측면과 뒷면을 20°가량 커트하며 전체적으로 라운딩 처리한다.

85

86

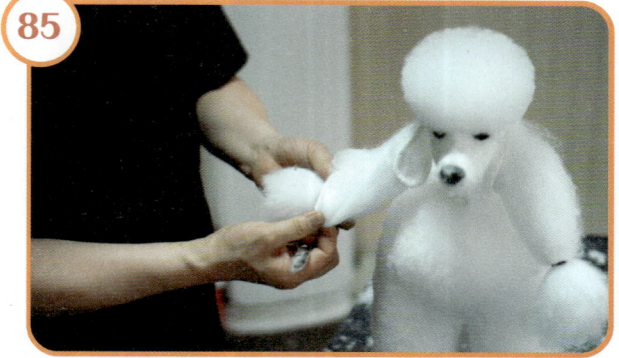

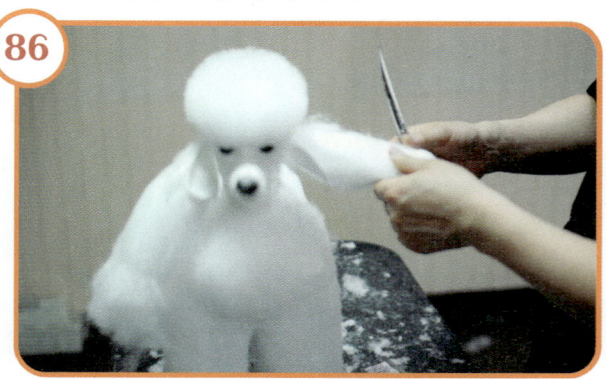

▶ 제2부 반려견스타일리스트 2급

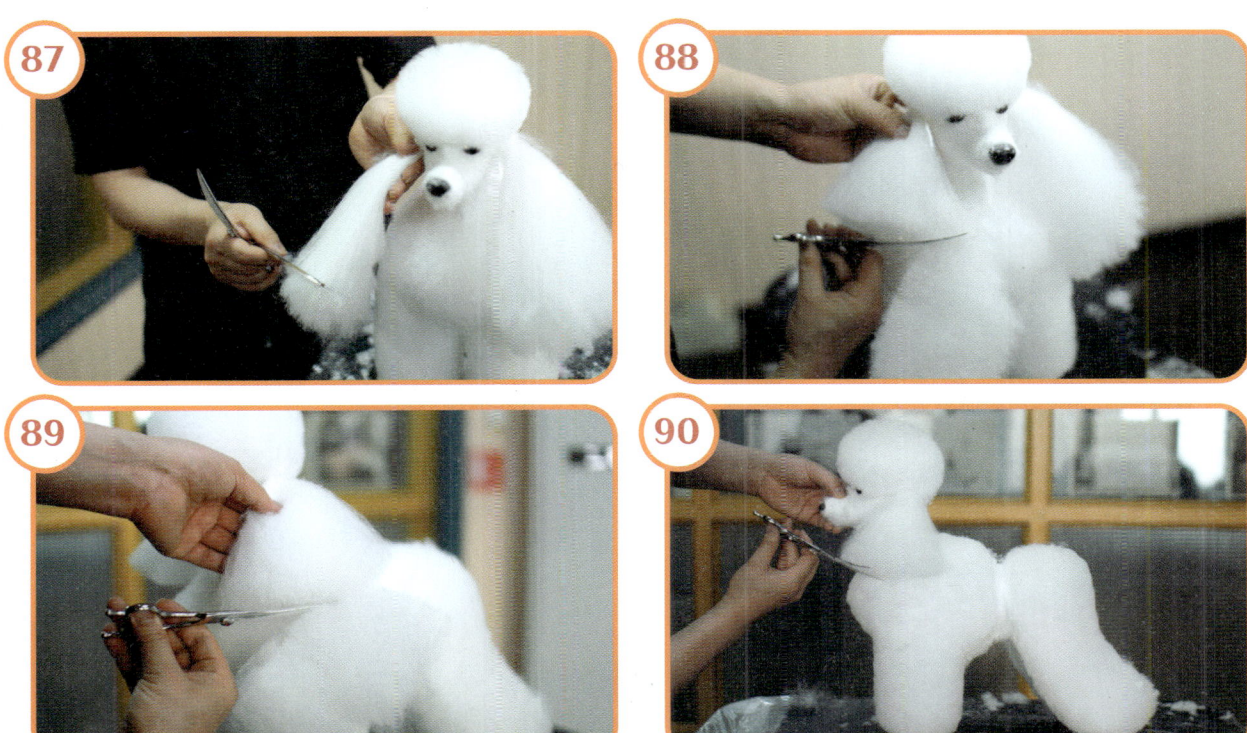

85~90. 양쪽 귀에 검정 밴드를 제거하고 라운드 형태로 커트하며 귀 끝에 길이 설정은 목 밑 클리핑 라인에서부터 조금 긴 정도로 한다.

91. 꼬리 밑부분을 코밍한다.

92. 꼬리 밑부분을 라운딩 형태로 커트한다.

93. 꼬리 윗부분을 밑에서부터 위로 9.5cm가 되도록 커트한다.

94. 꼬리를 전체적으로 라운딩 처리한다.
  * 꼬리를 끼우는 방법은 다이아몬드 클립에서 참고한다

12) 맨해튼 클립 완성

제2부 반려견스타일리스트 2급

13) 소리터리 클립

소리터리 클립은 보석의 뜻을 의미한다. 몸 등선 부분의 작은 사각형의 보석을 만들어 줌으로써 고급스러운 이미지를 연출한다.

중요한 점은 등선 위 중앙에 보석의 기준점을 만들어 넣어야 하고 적당한 몸의 밸런스를 유지해야 한다. 보석의 사각은 정사각형 보석 모양으로 보석의 등선이 끝부분들이 목 클리핑의 시작점과 꼬리의 시작점과 동일한 길이 선정을 중요 포인트로 한다.

▶ 제2부 반려견스타일리스트 2급

3. 목 클리핑 시작점과, 꼬리 부분의 중간 지점을 소리터리 중심으로 한다.

4. 다른 방법으로는 턱업 지점 1.8cm 앞 지점에서 소리터리 중심을 찾는다.

5. 중심 지점에서 몸통 둘레 중앙보다 약간 위 지점을 소리터리 끝 지점으로 정한다.

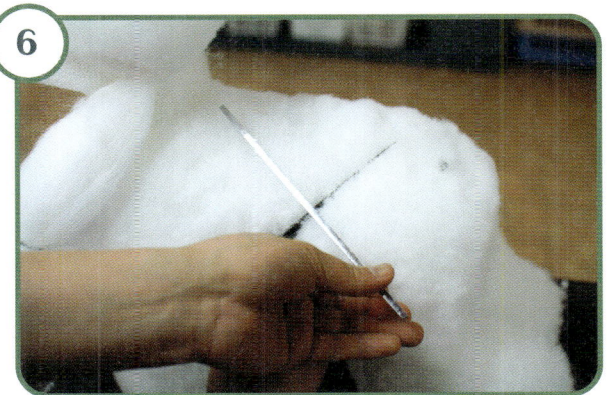

6. 끝 지점 부분에서 양 각이 90°가 되도록 설정한다.

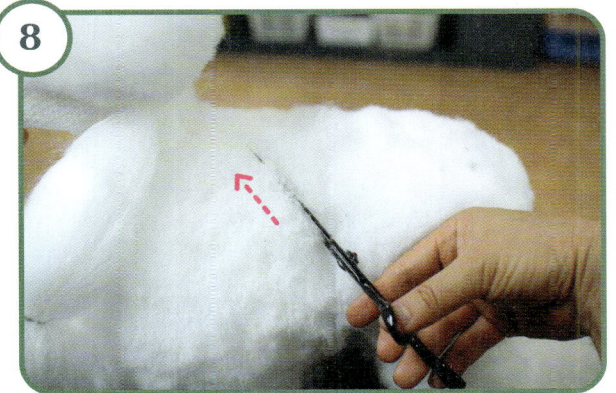

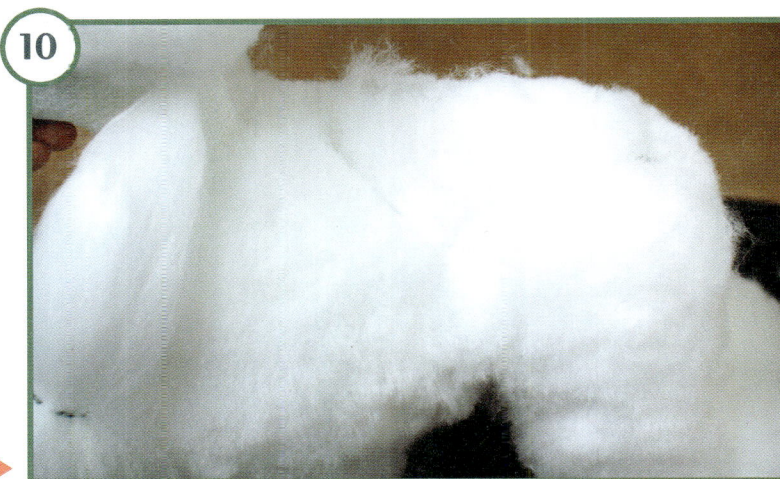

7~9. 설정된 지점을 가위선이 등선까지 넣어준다.

10. 완성된 모습 ▶

271

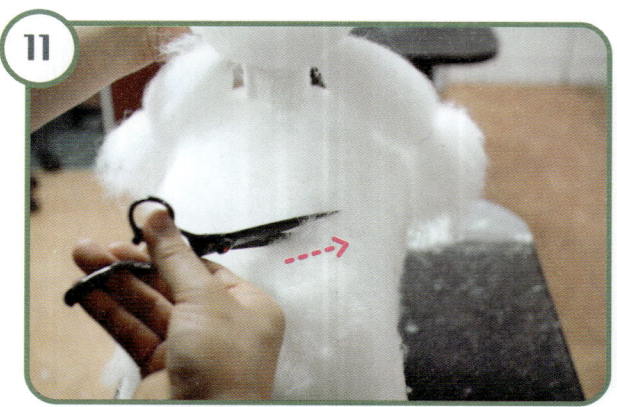

11~13. 반대쪽 가위선도 동일한 방법으로 한다.

▲ **14.** 완성된 모습

15. 보석의 중앙과 가장자리의 중간 부분으로 안쪽 가위선을 정한다.

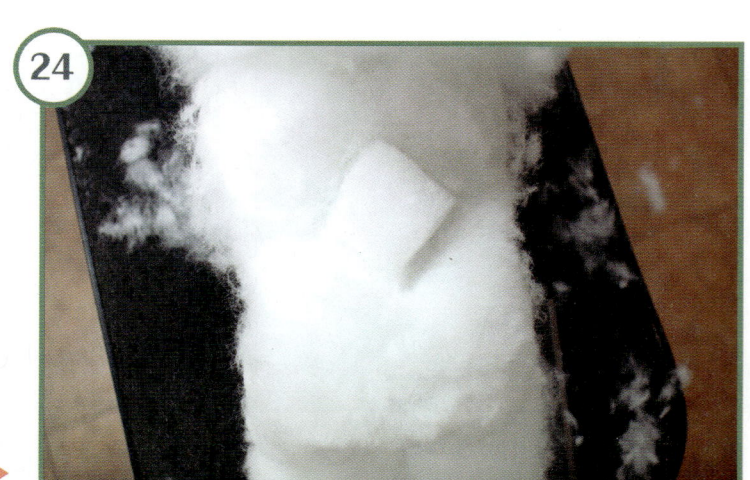

24. 완성된 모습 ▶

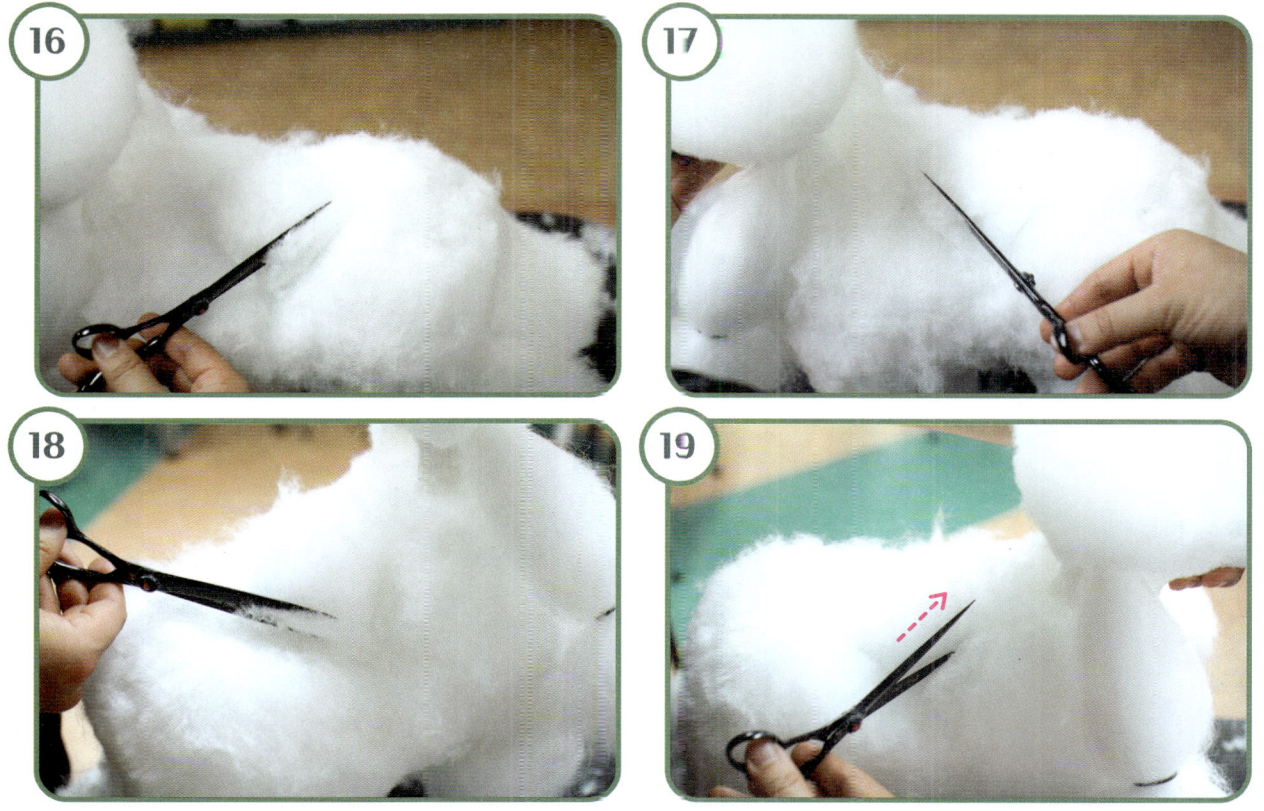

16~19. 설정된 안쪽 라인선을 사각형 모양으로 커트한다.

20~23. 불필요한 부분을 가위로 짧게 커트한다.

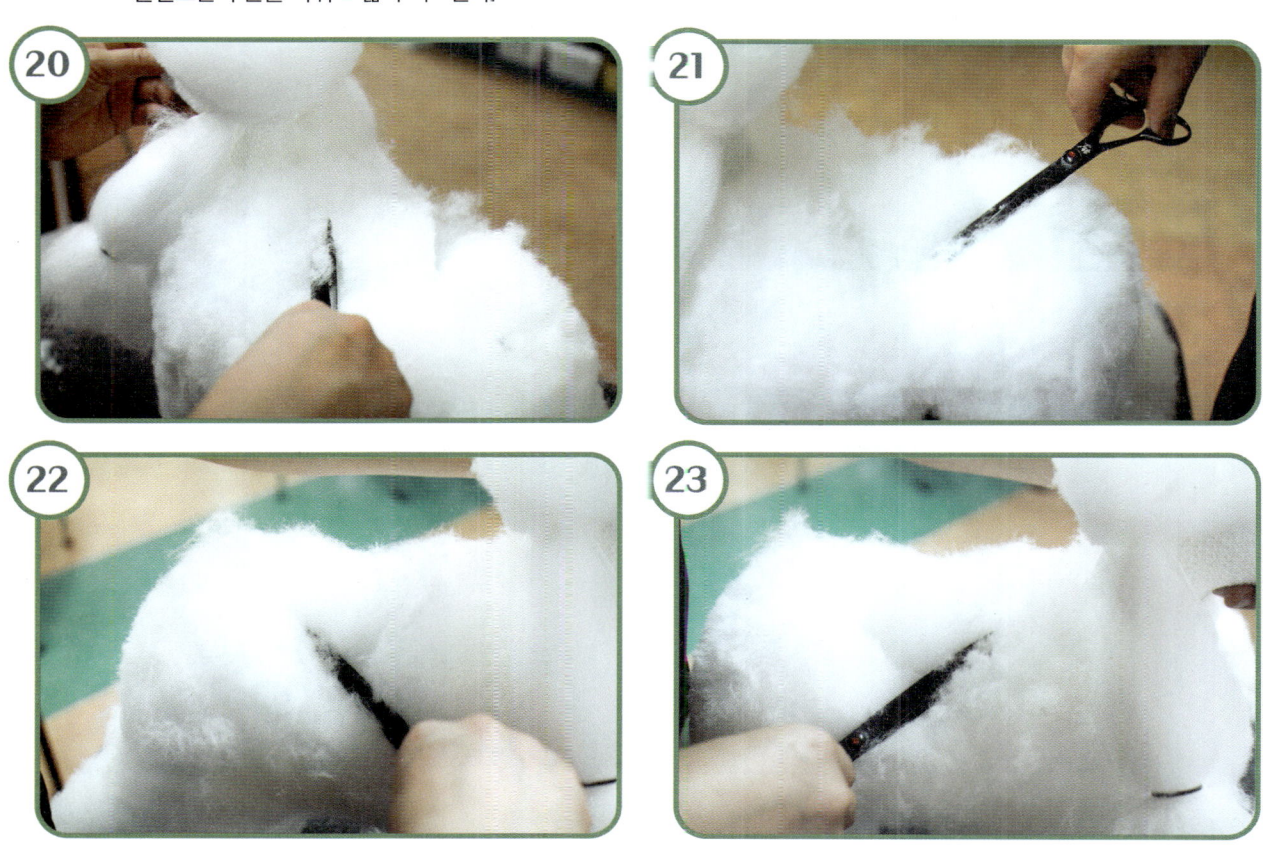

25~28. 짧게 커트한 부분을 클리핑한다.

29. 보석 가장자리 부분으로 안쪽으로 살짝 코밍한다.

30~33. 바깥 모서리 부분을 사각형이 되도록 커트한다.

▶ 제2부 반려견스타일리스트 2급

34. 안쪽 보석 부분 가장자리를 커트한다.

TIP 약간의 코밍 방법은 좀 더 효과적일 수 있다.

35. 보석 중앙 부분을 쿠풀리듯 코밍한다.

36. 살짝 사각의 원형이 되도록 라운딩 처리한다.

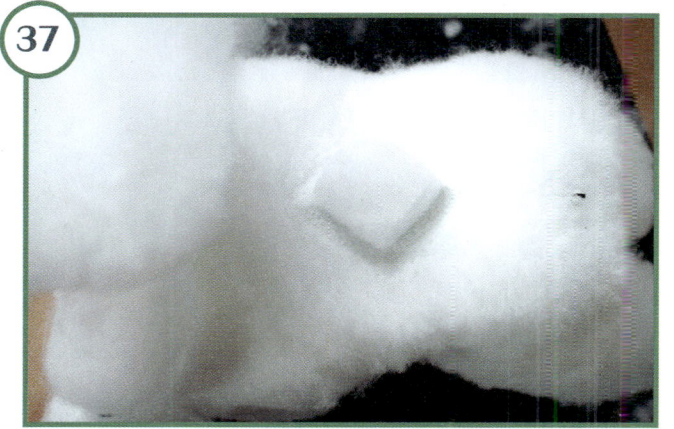

▲ **37.** 완성된 모습

38~39. 보석 가장자리의 엉덩이 부분을 코밍한다.

40. 엉덩이 윗부분을 일직선으로 자르고, 엉덩이 끝 라인을 만들어 준다.

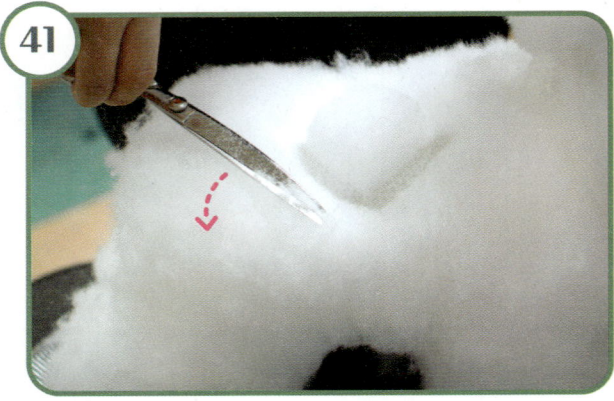

41. 보석 가장자리 부분을 라운딩해 준다.

42~44. 엉덩이 아래에서 앵귤레이션과 옆구리 측면 부위를 균형있게 커트한다.

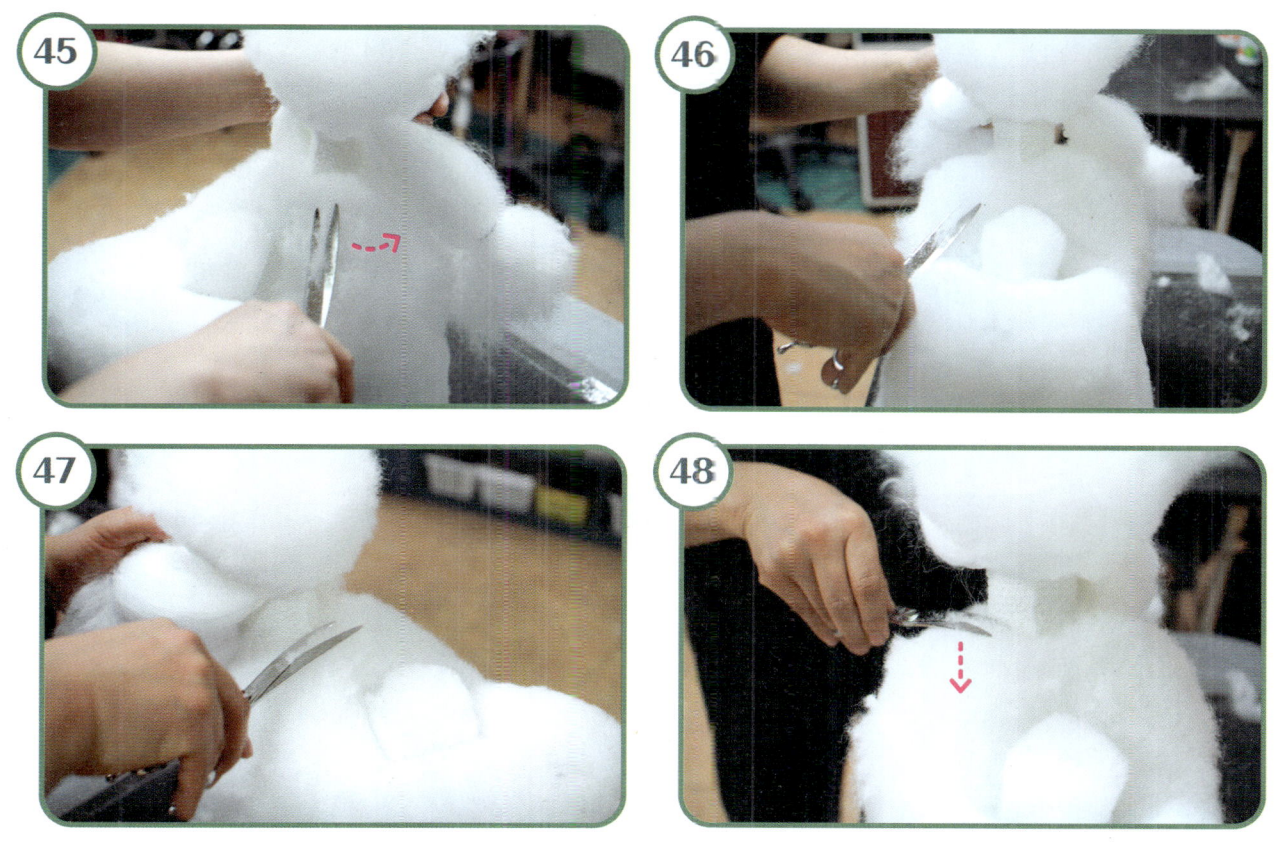

45~48. 어깨와 목 부분이 연결되도록 커트한다.

49~50. 좌측 옆구리 부분을 허리 라인이 들어갈 수 있게 볼륨감을 주며 커트한다.

51. 아래 라인 부분을 코밍한다.

TIP 배 밑부분은 튀어나오는 털들이 많기 때문에 확실히 코밍한다.

52~53. 턱업에서부터 아래 가슴을 사선으로 이어지도록 커트한다.

◀ **54.** 완성된 모습

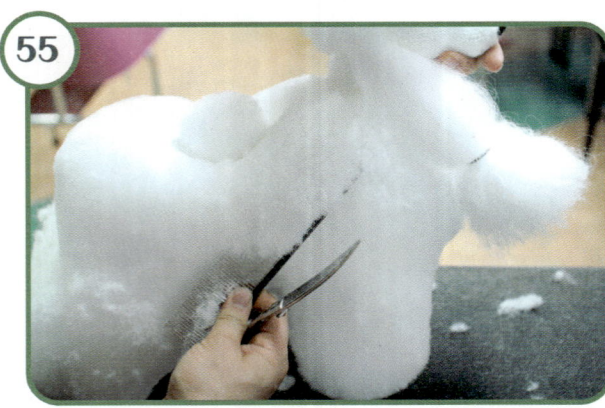
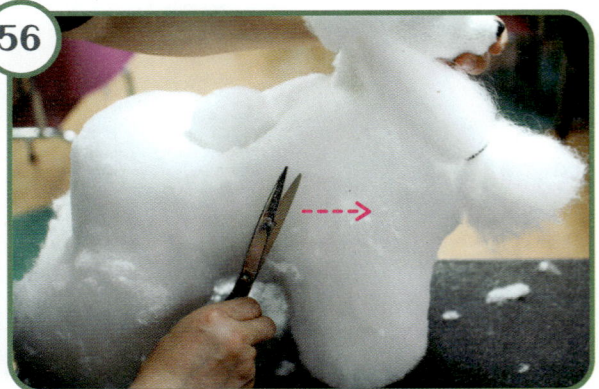

55~56. 반대쪽과 동일한 방법으로 코밍하고 허리 라인이 들어갈 수 있게끔 커트한다.

57. 배 밑부분은 튀어나오는 털들이 많기 때문에 확실히 코밍한다.

58. 턱업에서부터 아래 가슴을 사선으로 이어지도록 커트한다.

▶ 제2부 반려견스타일리스트 2급

◀ 59. 완성된 모습

60. 가슴을 볼륨감 있게 코밍한다.

61~65. 가슴을 둥근 원형으로 커트한다.

66~68. 반대쪽도 동일한 방법으로 커트한다.

69~70. 양쪽 어깨에서 몸통을 확인한 후 밸런스를 맞춘다. **TIP** 양쪽 측면이 잘 커트되었으면 확인을 하지 않아도 무방하다.

▲ **71.** 완성된 모습

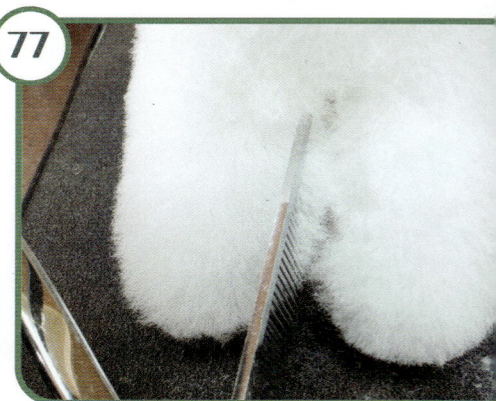

72~73. 뒤쪽 앵귤레이션 부분을 코밍한다.

74~76. 양쪽 앵귤레이션을 커트하며, 비절 아래의 풋라인까지 이어지도록 한다.

77~80. 좌측 뒷다리 안쪽을 코밍 후 일직선으로 커트하며 풋라인까지 이어지도록 한다.
  TIP 다리 사이의 간격은 15cm 정도가 적당하다.

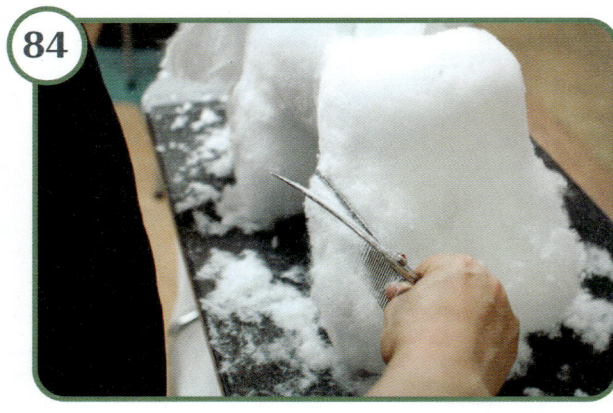

81~83. 우측 뒷다리 안쪽을 코밍 후 일직선으로 커트하며 풋라인까지 이어지도록 한다.

84. 뒷다리 좌측 측면을 코밍한다.

85. 위에서 아래로 A자 형태가 되도록 커트하며 풋라인까지 한다.

86. 뒷다리 우측 측면을 코밍한다.

87~88. 위에서 아래로 A자 형태가 되도록 커트하며 풋라인까지 한다.

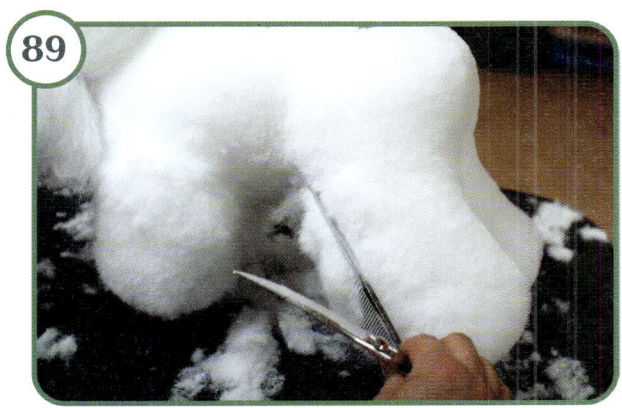

89. 뒷다리 좌측 닿면을 코밍한다
TIP 털의 양이 많으므로 확실하게 코밍한다.

90~93. 턱업에서부터 풋라인까지 라운딩 형태로 사선으로 커트한다.

94. 완성된 모습 ▶

95. 뒷다리 우측 앞면을 코밍한다.

96~98. 턱업에서부터 풋라인까지 라운딩 형태로 사선으로 커트한다.

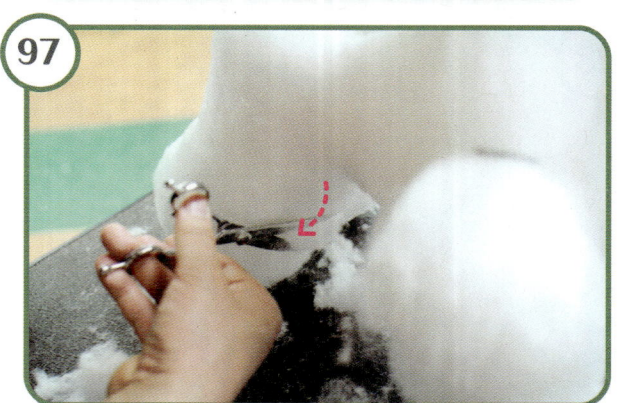

▲ **99.** 완성된 모습

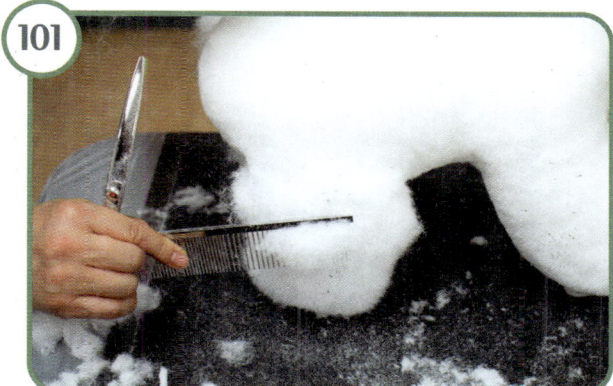

100~101. 우측 앞다리 앞면과 옆면을 코밍한다.

102~105. 앞다리 앞면을 일직선으로 커트하고 옆면을 어깨에서 밑으로 일직선으로 커트하며, 풋라인으로 이어 준다.

106. 다리 안쪽은 코밍하되 잘 안되므로 확실하게 털을 빼 주도록 한다.

107~109. 다리 안쪽을 위에서 일직선으로 커트하며 풋라인까지 이어 준다.

110. 좌측 앞다리 뒤쪽을 코밍한다.

111~112. 엘보우 뒤에서 밑으로 일직선으로 커트하며 풋라인까지 이어 준다.

▶ 제2부 반려견스타일리스트 2급

113~116. 우측 앞다리는 좌측과 동일한 방법으로 코밍 후 커트한다.

117~118. 완성된 모습

119. 머리 부분을 전체적으로 볼륨감 있게 코밍한다.

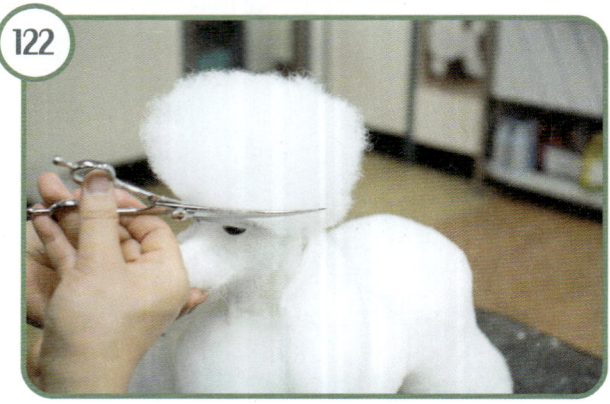

120~123. 눈 앞 45°, 눈 옆 20°, 후두부 20° 정도로 커트한다.

124~126. 머리 전체를 볼륨감 있게 커트한다.

127. 완성된 모습 ▶

▶ 제2부 반려견스타일리스트 2급

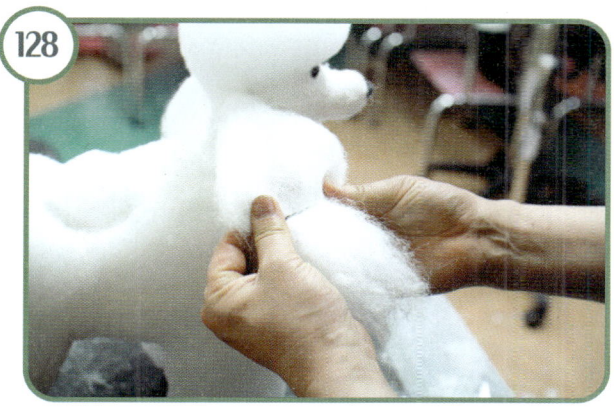

128~130. 좌측 귀 부분의 검정밴드를 풀고, 코밍한 후 커트한다.

TIP 귀 끝 길이 설정은 목 아래 클리핑 지점 또는 약간 아래로 정한다.

131~133. 우측 귀 커트는 반대편과 동일한 방법으로 커트한다.

TIP 밴드가 엉켜 풀 수 없을 경우에는 밴드 커트 가위를 사용한다. 일반 커트 가위로 자를 경우 도구가 손상될 수 있으므로 하지 않는다.

▶ **134~135.** 완성된 모습

289

136. 꼬리 위치 지점의 고무밴드를 손으로 풀거나, 밴드 커트 가위로 자른다.

137. 꼬리 위치에 꼬리 플라스틱 재질이 잘 들어갈 수 있도록 겸자로 천을 뚫어준다.

138~139. 사진과 같은 방법으로 배 아랫부분을 손으로 받치고, 꼬리를 끼워준다.

> **TIP** 손으로 배 부분을 받치지 않을 경우, 꼬리를 끼우는 힘이 가해져 다리가 벌어질 수 있음을 주의한다.

◀ **140.** 완성된 모습

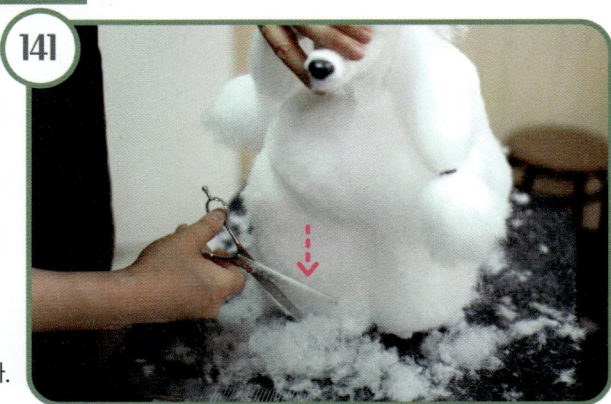

141. 꼬리 위를 잡고 밑으로 코밍한다.

▶ 제2부 반려견스타일리스트 2급

142~144. 꼬리 밑부분을 라운딩 형태로 커트한다.

145. 꼬리 밑부분부터 위까지 길이 9cm~9.5cm를 정하여 커트한다.

146~149. 꼬리 전체에 둘레를 사각으로 초벌 커트한다.

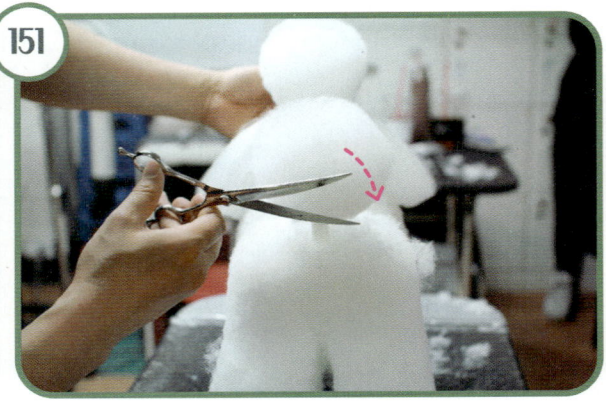

150~151. 꼬리 전체를 둥글게 커트한다.

◀ **152.** 완성된 모습

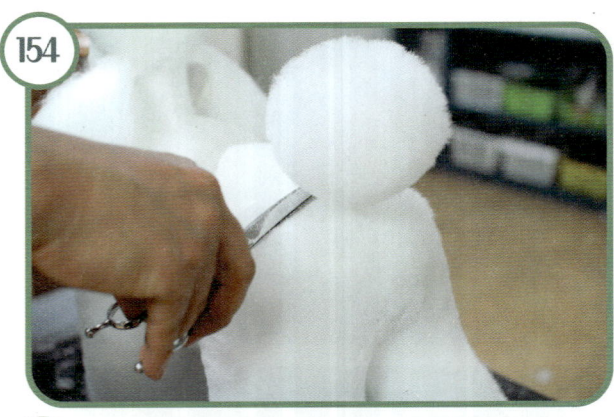

153. 꼬리 외에 전체(뒷다리, 앞다리, 몸통, 가슴, 머리, 귀)를 가볍게 코밍해 준다.

154~156. 커트된 꼬리털로 인해 흐트러진 뒷다리 부분을 다듬어 준다.

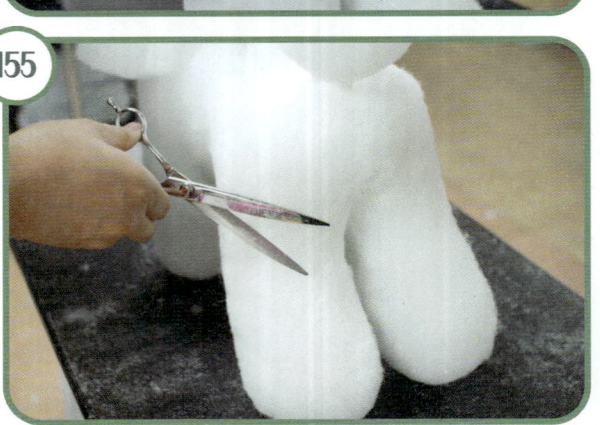

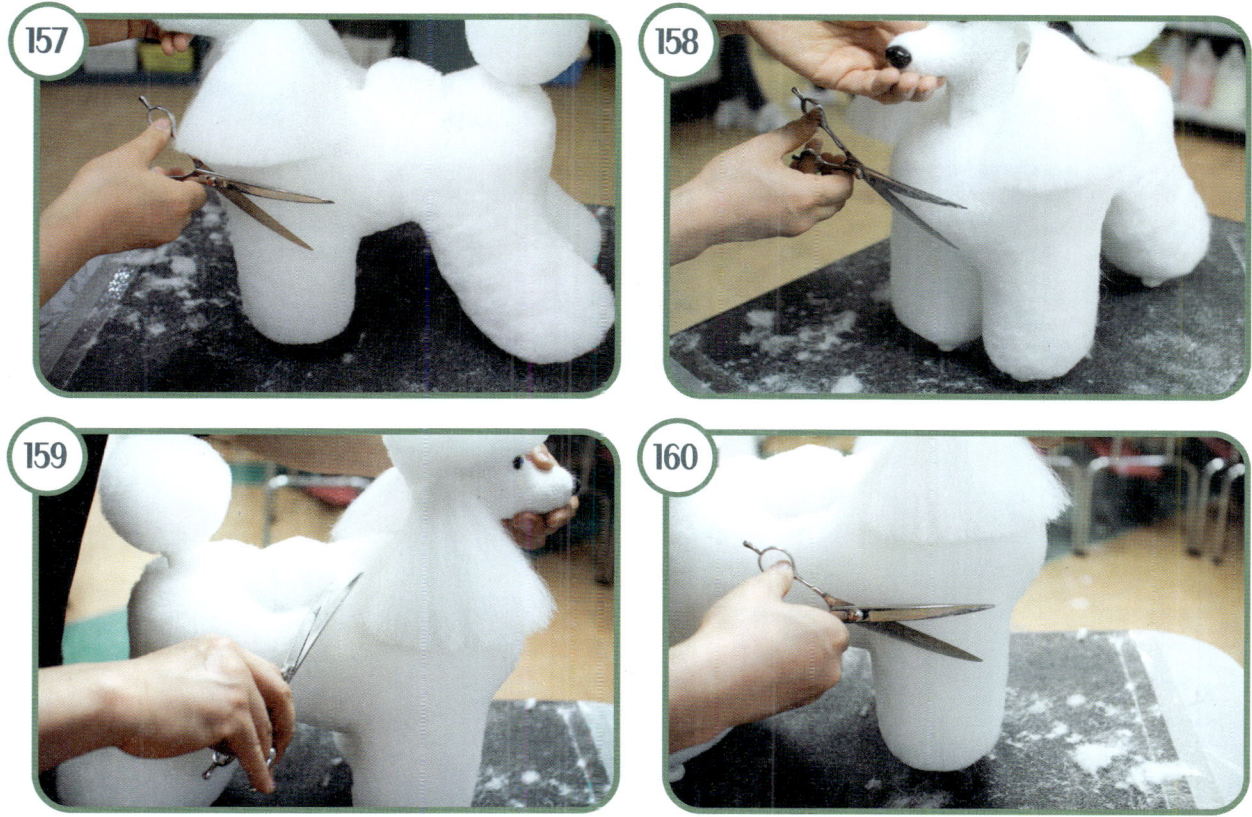

157~160. 몸통과 앞다리 전체 부위를 다듬어 준다.

161. 귀 끝에 튀어나온 털을 다듬어 준다.

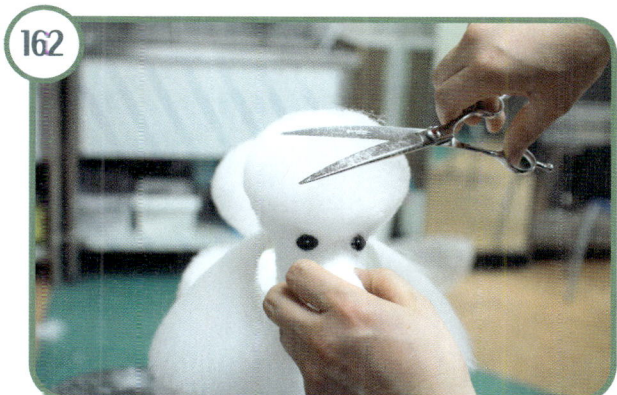

162. 머리 전체에 튀어나온 털들을 다듬어 준다.

14) 소리터리 클립 완성

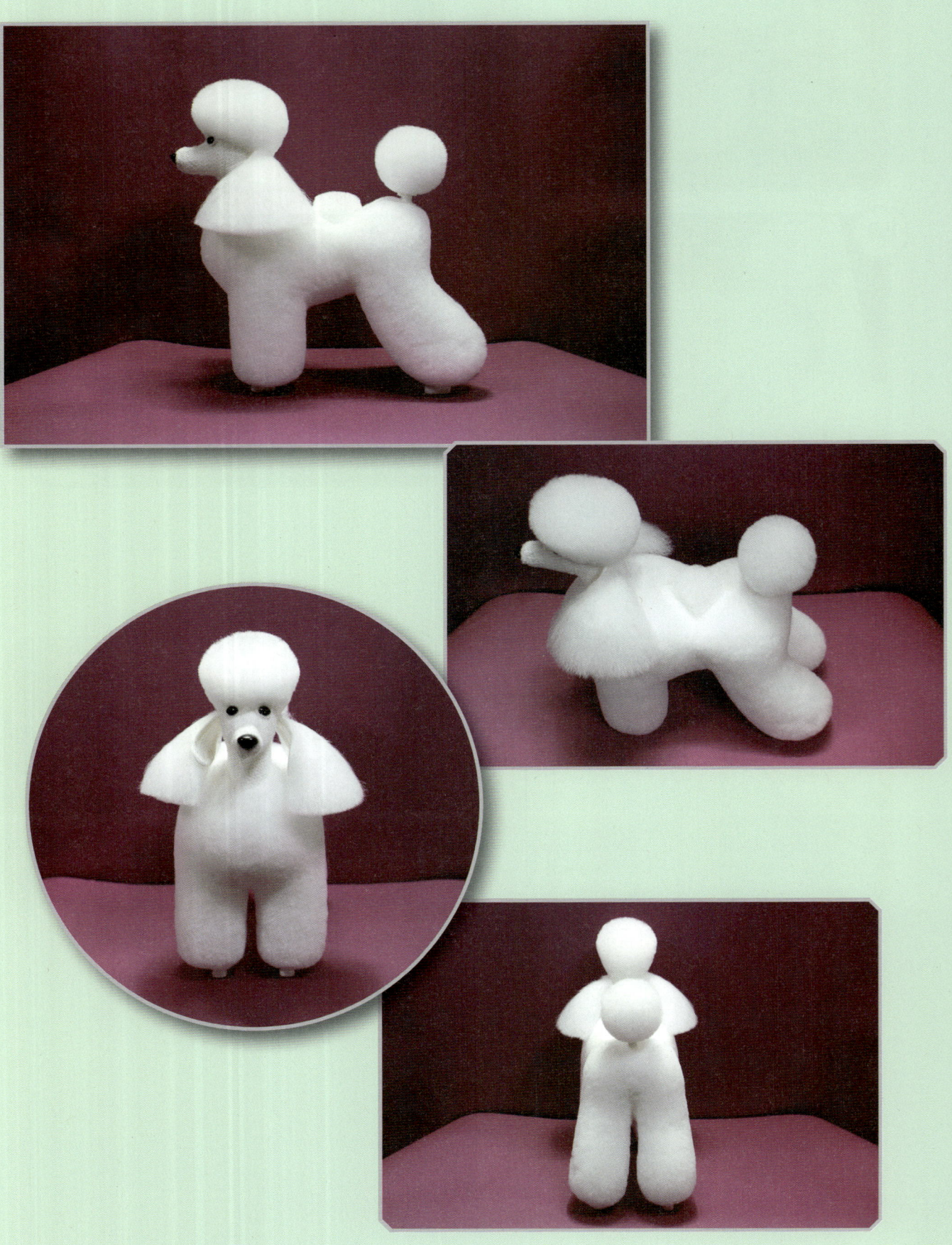

15) 볼레로 클립

볼레로 클립은 민소매 옷의 모양을 의미한다.

목과 허리 라인은 물론이고, 다리 부분의 라인과 동시에 다리의 방울을 만들어 주는 미용이다.

클리핑 부분이 많아서 각 부위에 크기와 균형은 매우 어렵고 힘든 작업이다.

잘 보이는 허리 라인의 기점으로 앞부분의 팔꿈치 전까지의 클리핑 라인과 뒷부분 다리 클리핑 라인이 잘 나타날 수 있도록 만들어야 한다. 또한, 4개의 다리방울이 견체의 밸런스에 맞게 크기를 정해 커트해야 한다.

2급 실기에서 시간 소요가 제일 많으므로 포인트를 정확하게 이해하며 정리되도록 한다.

3. 사진과 같이 턱업을 기점으로 뒷부분 라인과 1.5cm 앞부분의 라인선을 설정한다.

4. 뒷부분의 털을 앞으로 코밍한다.

5~8. 설정된 뒷부분의 라인의 가위선을 넣어준다.

9. 앞부분의 라인선을 뒤쪽으로 코밍한다.

10~12. 앞부분의 허리 라인도 뒷부분과 같은 방법으로 가위선을 만든다.

13~15. 앞, 뒤 허리 밴드 사이를 가위로 짧게 커트한다.

16. 설정된 목 부분을 위로 후두부 뒤쪽을 아래로 코밍한다.

▶ 제2부 반려견스타일리스트 2급

17~19. 사진과 같이 기갑부 위 2.5cm에서 앞으로 35°가량 내려가면서 목 밑에 클리핑 라인과 만나도록 가위선을 넣는다.

TIP 실견일 경우 45°로 하지만 위그는 목길이가 충분하지 않기 때문에 45°가량 할 경우 가슴 부분을 만들 수가 없다.

20~23. 귀 아래 밑에 부분이 서로 연결되게 가위선을 넣는다.

24~27. 기갑부 위, 양 귀 사이의 밴드 라인 부분을 클리핑한다.

28~29. 허리 부분도 밴드 라인을 클리핑한다.

▶ 제2부 반려견스타일리스트 2급

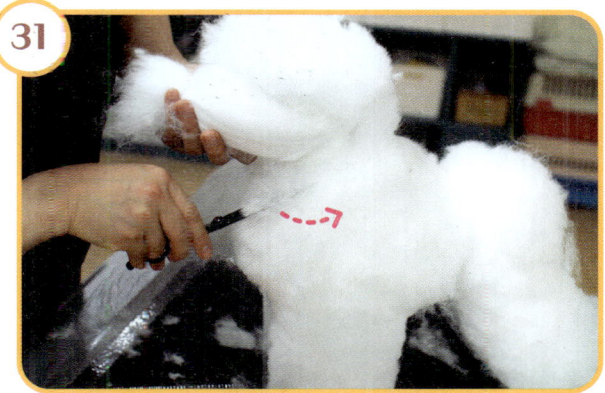

30~34. 목에서 기갑부 위에 튀어나온 털을 코밍 후 커트한다.

35~38. 클리핑된 허리 앞부분 라인을 뒤쪽으로 코밍 후 가위로 커트한다.

301

39~43. 클리핑된 허리 뒷부분 라인을 앞쪽으로 코밍 후 가위로 커트한다.

44. 완성된 모습 ▶

45~46. 비절 끝에서 손가락 두 개 약 3.5cm 정도 밴드 라인을 설정한다.

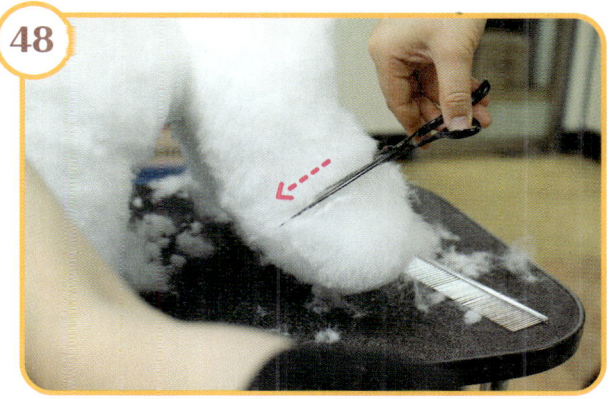

47~49. 옆면에서 보아 35°45° 앞으로 기울도록 가위선을 넣는다.

50~54. 밑에 가위선에서 2cm가량 위를 45° 기울도록 가위선을 넣는다.

55~56. 뒷다리 비절 위 라인과 동일하게 앞다리 밴드 라인을 설정한다.

▶ 제2부 반려견스타일리스트 2급

57~59. 설정된 앞다리 라인에 가위선을 일직선으로 넣는다.

60~62. 밑에 선데 맞춰 2cm가량 위에 가위선을 일직선으로 넣는다.

63~67. 반대쪽 뒷다리와 같은 방법으로 아래 위 가위선을 넣는다.

68~75. 반대쪽 앞다리와 같은 방법으로 아래 위 가위선을 넣는다.

76~79. 앞다리와 뒷다리의 설정된 밴드 라인 사이를 클리핑한다.

80~85. 앞다리 위 클리핑된 부분을 아래로 코밍하고 커트한다.

86. 몸통 부분을 부풀리듯 코밍한다.

87~91. 몸통과 클리핑한 부분이 자연스럽게 연결되도록 커트한다.

92~93. 앞가슴을 둥글게 커트한다.

94~98. 다리의 모양을 살릴 수 있게끔 가슴에서 이어지는 몸통과 다리와 분리가 되도록 사진과 같이 커트한다.

▶ 제2부 반려견스타일리스트 2급

99~105. 반대쪽과 동일한 방법으로 커트한다.

> **TIP** 어깨 부분의 털 높이는 반드 라인 뒤쪽 허리와 동일하거나 약간 높은 정도이다. (기갑에서 2~2.5cm 위)

▼ **106.** 완성된 모습

107
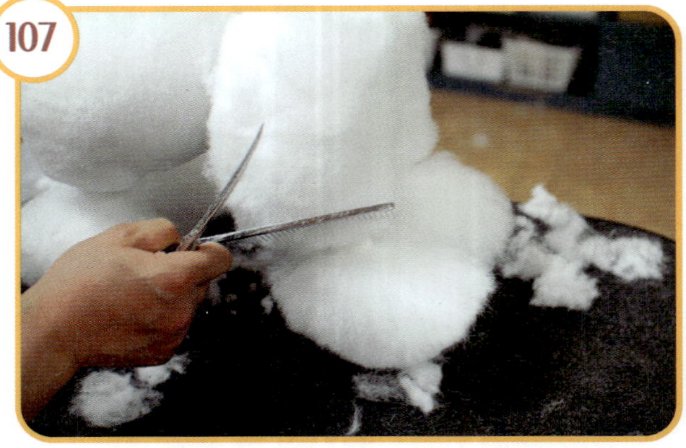

108
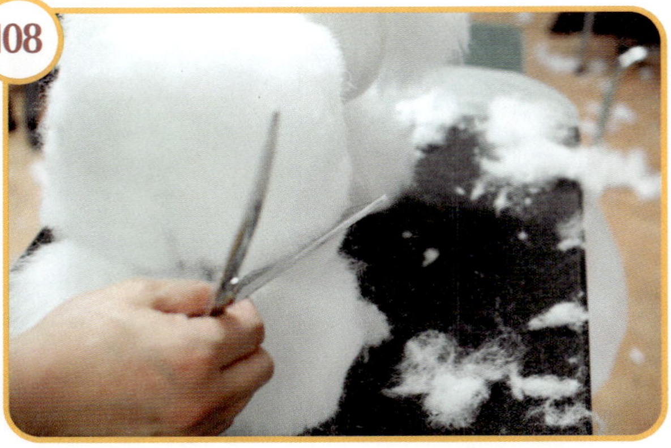

109
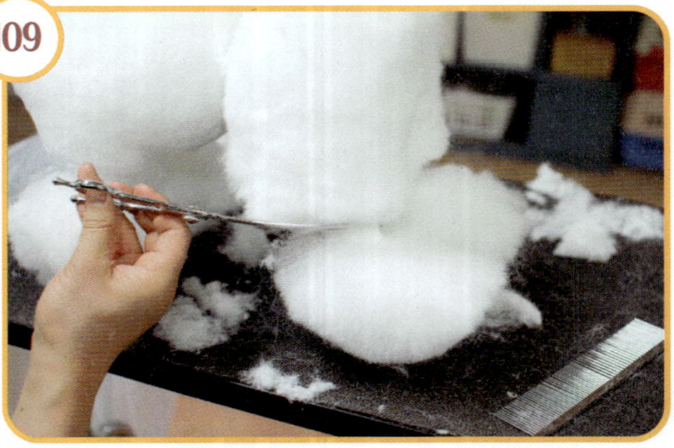

110
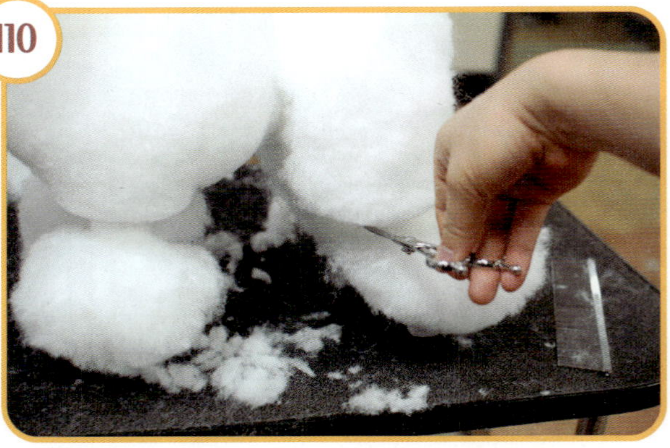

111
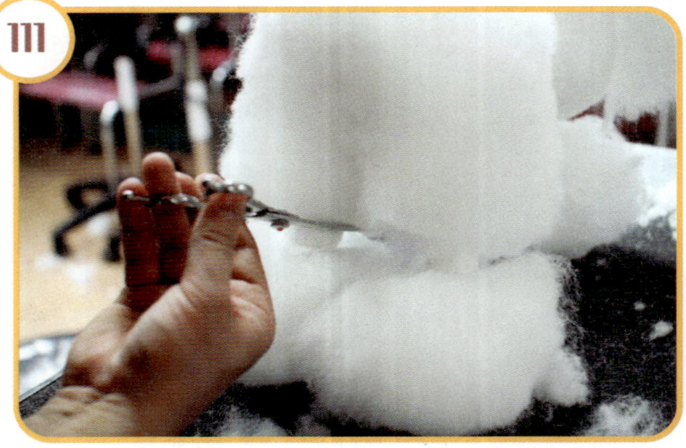

112
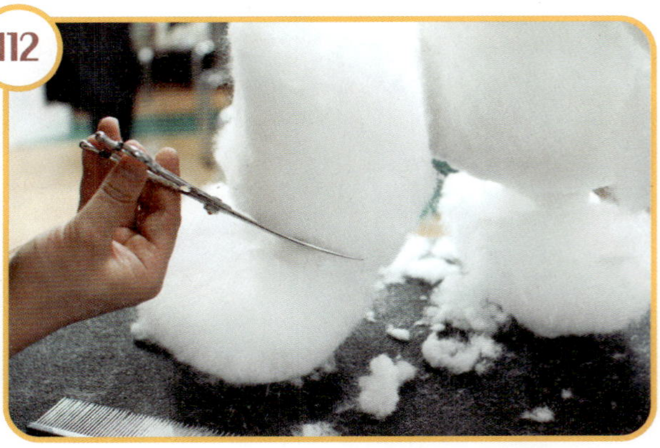

107~112. 뒷다리의 위 클리핑된 부분을 아래로 코밍 후 커트한다.

113
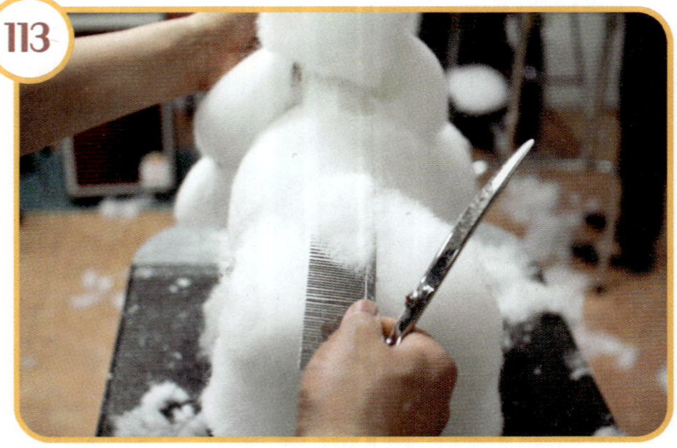

114
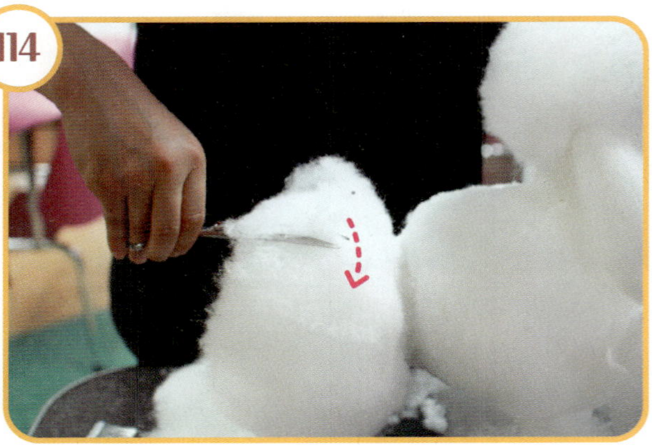

113~114. 엉덩이 위, 허리 부분을 커트한다. (엉덩이 위 일직선, 엉덩이 끝 30°가량)

115. 뒷다리 좌측 측면을 코밍한다.

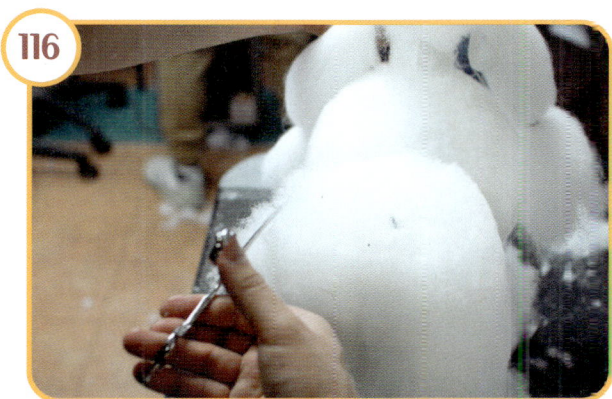

116~117. 위에서 아래로 A자 형태가 되도록 커트하며 클리핑한 부분과 이어지도록 한다.

118~120. 반대쪽과 동일한 방법으로 코밍 후 위에서 아래로 커트한다

121. 앵귤레이션 부분을 코밍한다.

122~123. 양쪽 앵귤레이션을 커트하며, 클리핑 라인까지 이어지도록 한다.

124~126. 양쪽 뒷다리 안쪽을 코밍 후 일직선으로 커트하며 클리핑 라인까지 이어지도록 한다.

▼ 129. 완성된 모습

127~128. 턱업에서부터 라운딩 형태로 사선으로 커트한다.

130. 앞다리 우측 방울을 부풀려 듯 코밍한다.

131~132. 풋라인을 라운딩으로 커트한다.

133~136. 위를 둥글게 커트하며, 앞면 부분은 자연스럽게 일직선으로 풋라인과 이어지도록 한다.

137~138. 반대쪽과 동일한 방법으로 커트한다.

139~140. 양쪽 방울 안쪽을 일직선으로 커트하며 풋라인으로 이어진다.

141~144. 우측 방울의 측면과 뒤쪽을 코밍하고, 위는 둥글게 커트한다. 측면과 뒷면은 일직선으로 내려가며 풋라인으로 둥글게 마무리한다.

146

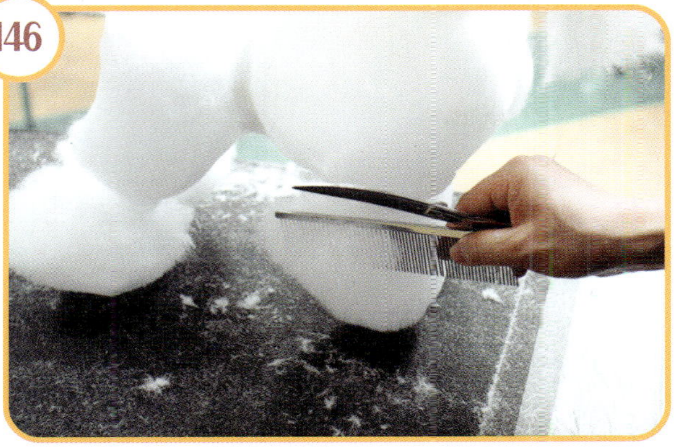

147

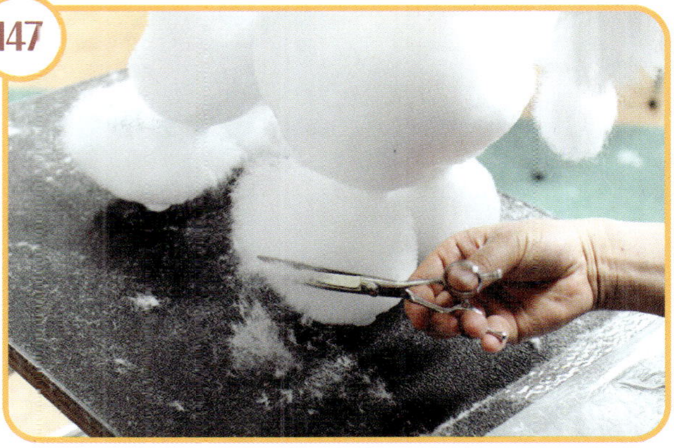

148

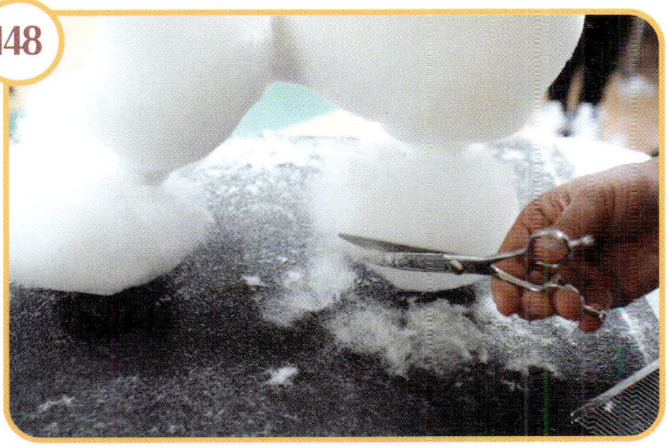

149

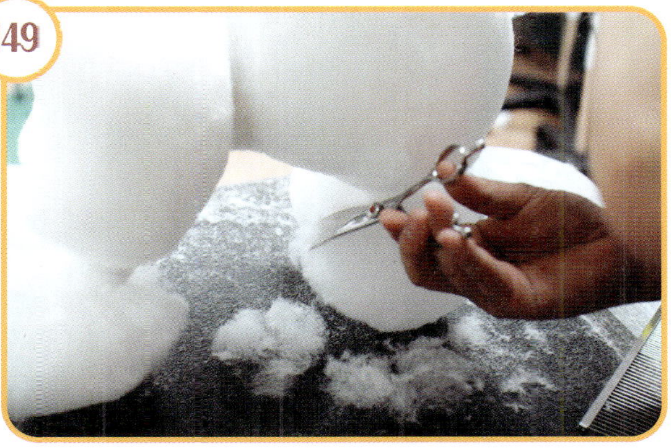

150

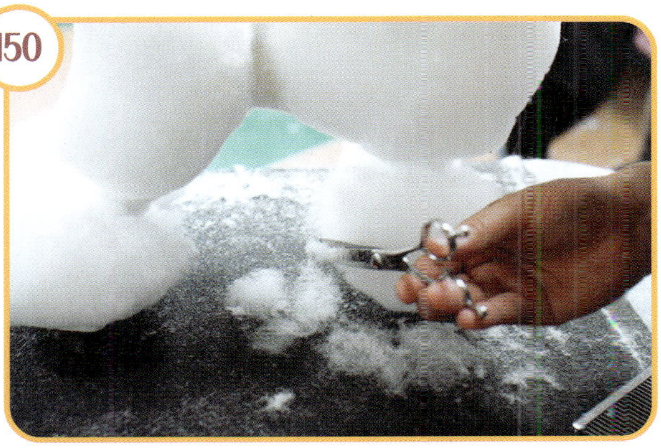

151

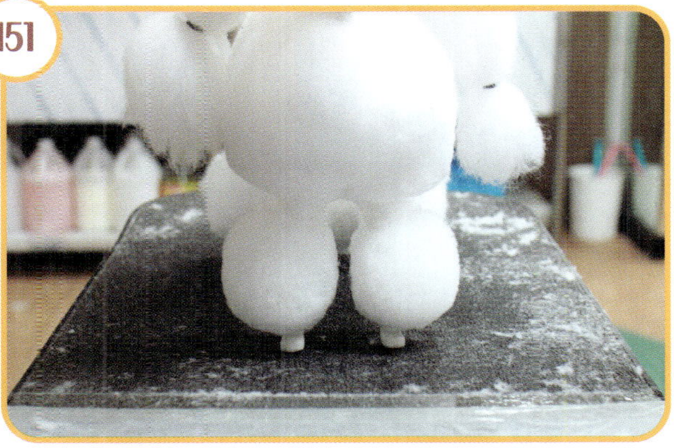

146~151. 반대쪽과 동일한 방법으로 코밍 후 커트한다.

145

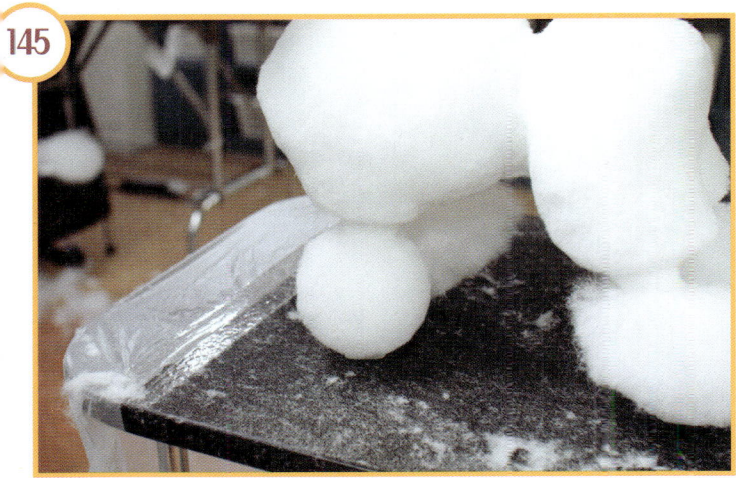

◀ 145. 완성된 모습

152. 뒷다리 우측 방울을 부풀리듯 코밍한다.

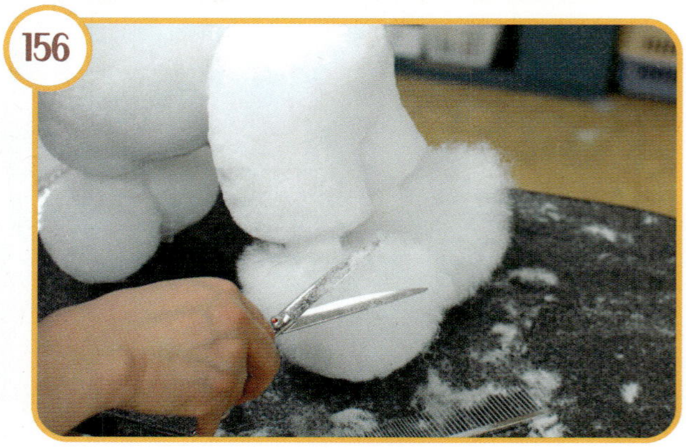

▶ 제2부 반려견스타일리스트 2급

153~159. 뒷다리 우측 방울을 밸런스에 맞게 둥글게 커트한다.

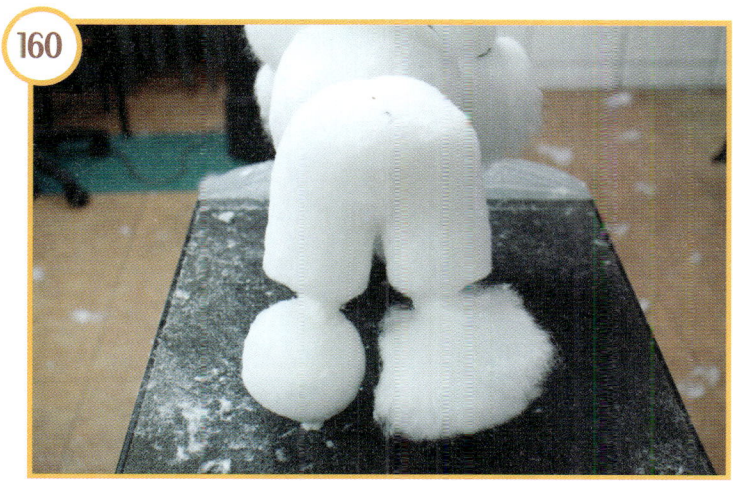

◀ **160.** 완성된 모습

161. 반대쪽과 동일한 방법으로 코밍한다.

164
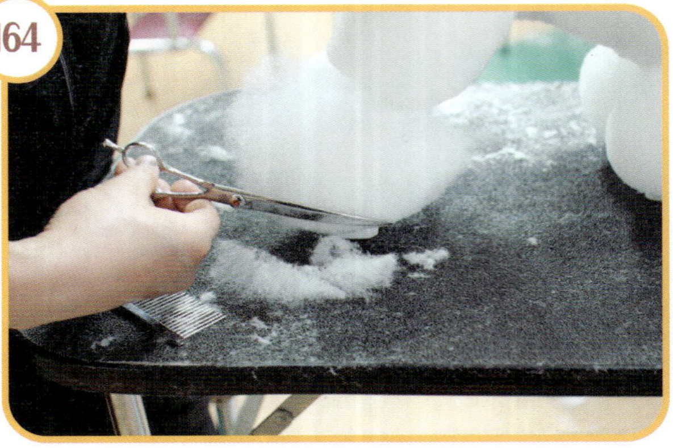

165
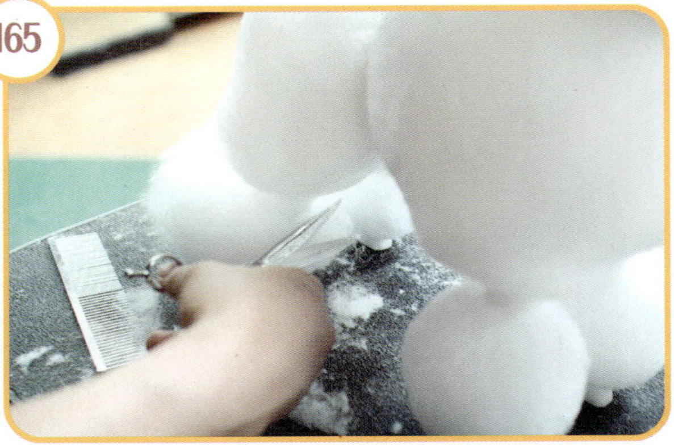

166
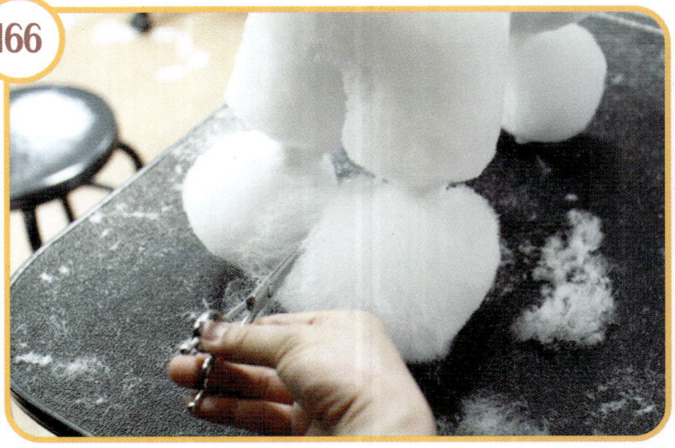

167
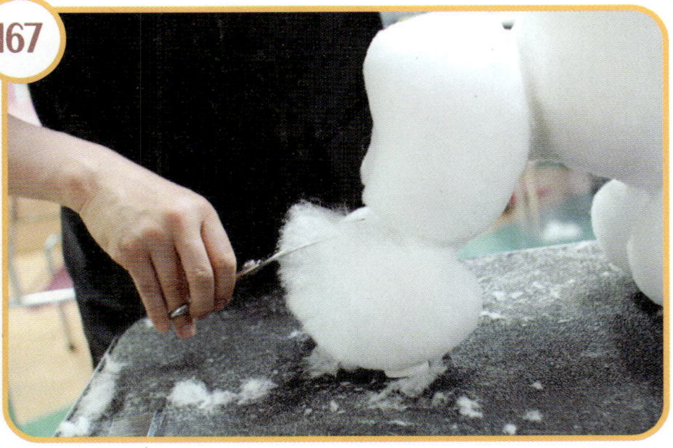

168
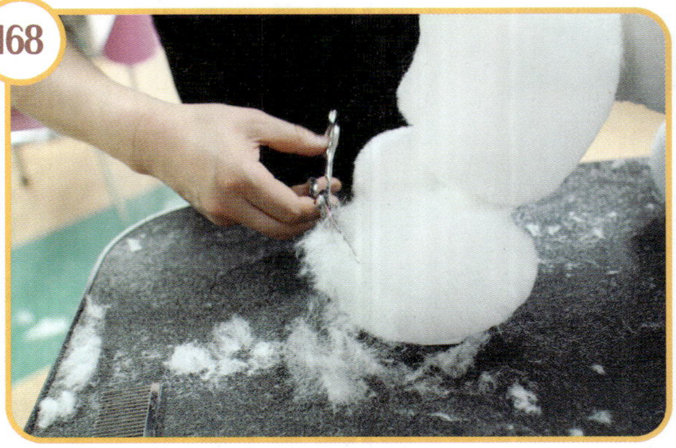

169
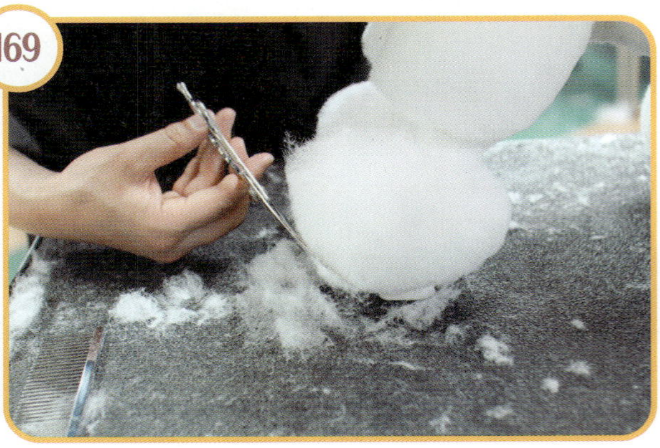

162~169. 반대쪽과 동일한 방법으로 둥글게 커트한다.

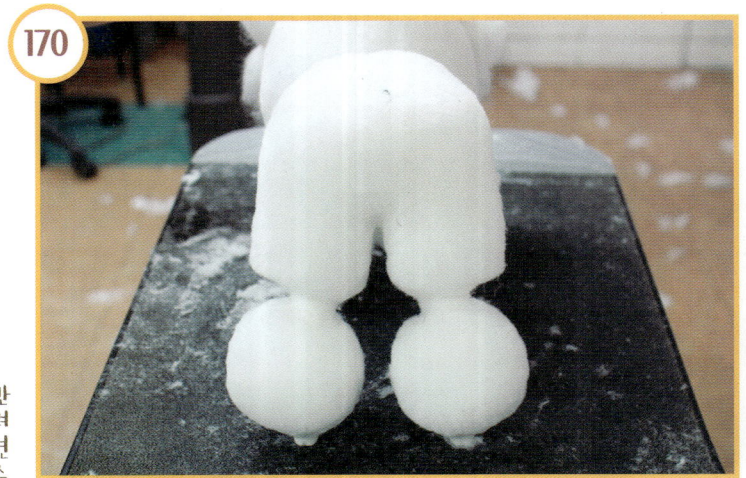

170

▲ 170. 완성된 모습

171

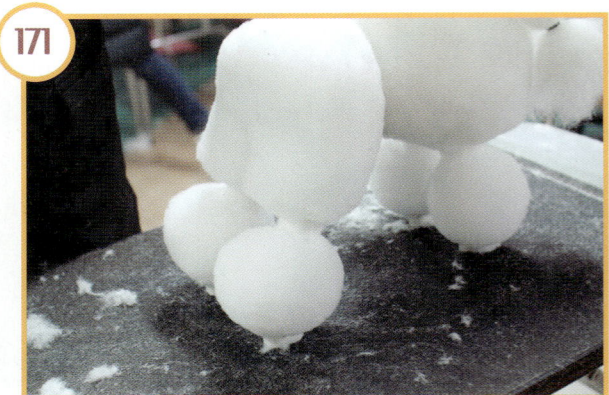

171. 뒤에서 보면 둥근 원형이지만, 옆모습은 뒷부분이 앞부분보다 약간 긴 정도의 부등변삼각형 모양이다.

▶ 제2부 반려견스타일리스트 2급

172. 머리 부분을 전체적으로 볼륨감 있게 코밍한다.

173~178. 눈 앞 45°, 눈 옆 20°, 후두부 20° 정도로 커트한다.

179~181. 머리 전체를 볼륨감 있게 커트한다.

184~186. 좌측 귀 부분의 검정밴드를 풀고, 코밍한 후 커트한다. **TIP** 귀 끝 길이 설정은 목 아래 클리핑 지점 또는 약간 아래로 정한다.

▶ 제2부 반려견스타일리스트 2급

187~188. 우측 귀 커트는 반대쪽과 동일한 방법으로 커트한다.

> **TIP** 밴드가 엉켜 풀 수 없을 경우에는 밴드 커트 가위를 사용한다. 일반 커트 가위로 자를 경우 도구가 손상될 수 있으므로 하지 않는다.

189. 꼬리 위치 지점의 고무밴드를 손으로 풀거나, 번드 커트 가위로 자른다.

190. 꼬리 위치에 꼬리 플라스틱 재질이 잘 들어갈 수 있도록 겸자로 천을 뚫어준다.

191~192. 사진과 같은 방법으로 배 아랫부분을 손으로 받치고, 꼬리를 끼워준다.

> **TIP** 손으로 버 부분을 받치지 않을 경우, 꼬리를 끼우는 힘이 가해져 다리가 벌어질 수 있음을 주의한다.

193. 완성된 모습 ▼

194. 꼬리 위를 잡고 밑으로 코밍한다.

195~196. 꼬리 밑부분을 라운딩 형태로 커트한다.

197. 꼬리 밑부분부터 위까지 길이 9~9.5cm를 정하여 커트한다.

▶ 제2부 반려견스타일리스트 2급

198~201. 꼬리 전체에 둘레를 사각으로 초벌 커트한다.

202. 꼬리 전체를 둥글게 커트한다.

◀ 203. 완성된 모습

204. 꼬리 외에 전체(뒷다리, 앞다리, 몸통, 가슴, 머리, 귀)를 가볍게 코밍한다.

205~210. 커트된 꼬리털로 인해 흐트러진 뒷다리 부분과 방울을 다듬는다.

211~212. 가슴과 앞 몸통과 전체 부위를 다듬는다.

213. 앞다리 방울을 다듬는다.

214~217. 커트된 밴드 라인은 작업 과정 중 흐트러질 수 있으므로 다시 살짝 다듬어 준다.

218. 귀 끝에 튀어나온 털을 다듬어 준다.

219. 머리 전체에 튀어나온 털들을 다듬어 준다.

16) 볼레로 클립 완성

제2부 반려견스타일리스트 2급

329

17) 피츠버그 더치 클립

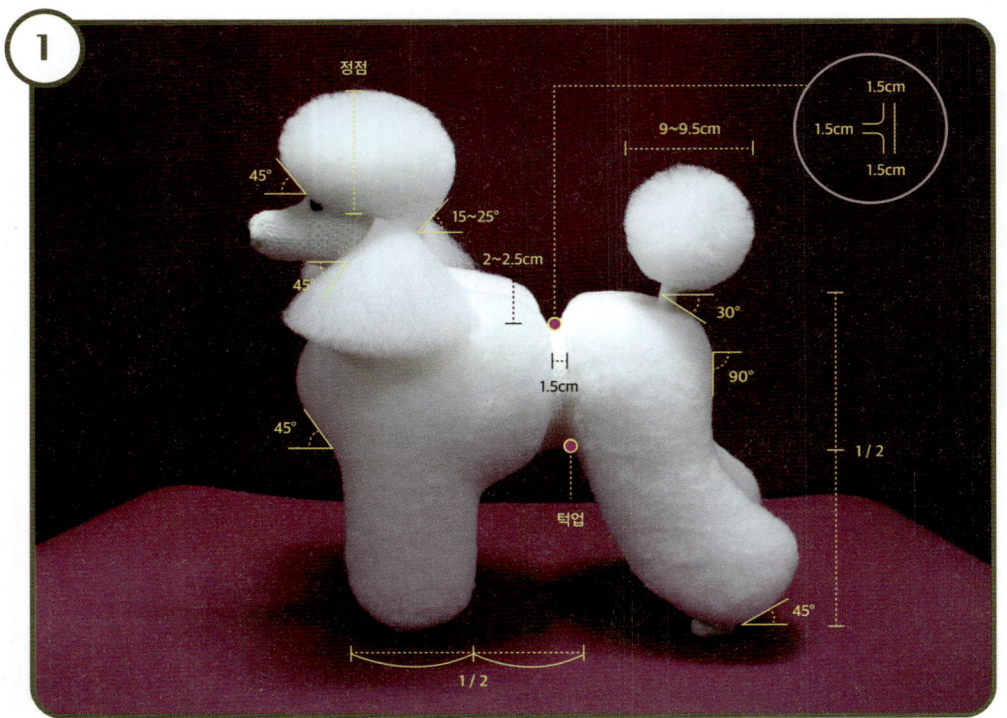

피츠버그 더치 클립은 피츠버그 지역의 강이 합류하는 모양으로 허리 라인 선이 등선으로 이어진다.

허리 라인을 중요하게 생각하는 맨해튼 클립과는 다르게 허리에서 목선까지의 이어지는 등선을 기점으로 T자 형태는 매력적인 멋스러움을 풍기며 짜임새 있는 어깨의 흐름이 돋보인다.

중요한 점은 자켓 부분과 명확한 선의 흐름으로서 앞, 뒤, 옆 간격을 잘 나눠야 한다. 맨해튼과 볼레로 더치 클립과도 마찬가지이다. 클리핑 라인부터 이어지는 선을 중심으로 형태의 흐름을 잘 이해하고 확실한 경계선을 이루어야 한다.

▶ 제2부 반려견스타일리스트 2급

3. 설정된 목 부분을 위로 후두부 뒤쪽을 아래로 코밍한다.

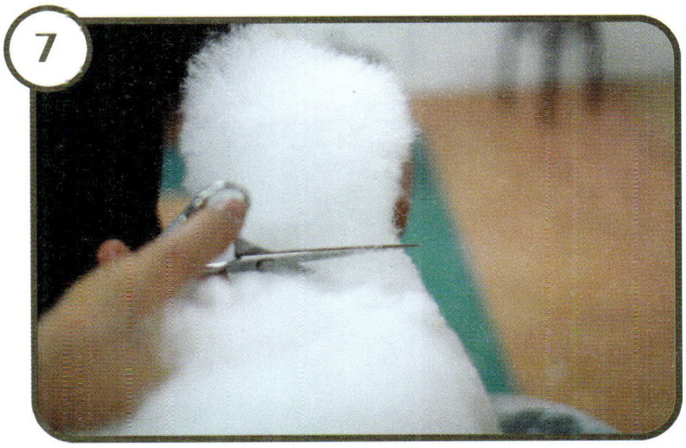

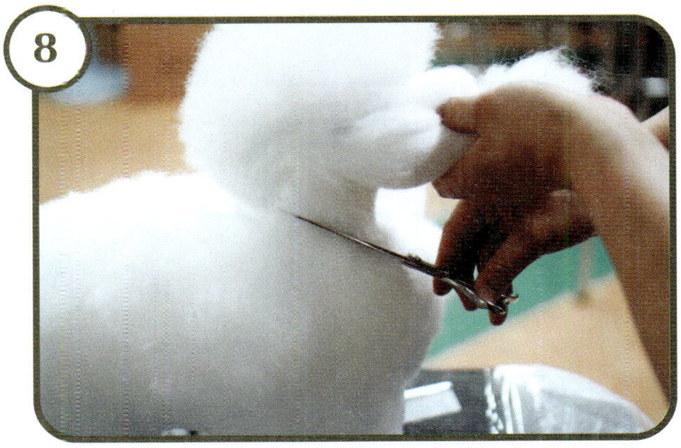

4~8. 사진과 같이 기갑부 위 2.5cm에서 앞으로 35°가량 내려가면서 목 밑에 클리핑 라인과 만나도록 가위선을 넣는다.

TIP 실견일 경우 45°로 하지만 위그는 목 길이가 충분하지 않기 때문에 45°가량 할 경우 가슴 부분을 만들 수가 없다.

9~10. 귀 밑에 부분이 서로 연결되게 가위선을 넣는다.

11~12. 기갑부 위, 양 귀 사이의 밴드 라인 부분을 클리핑한다.

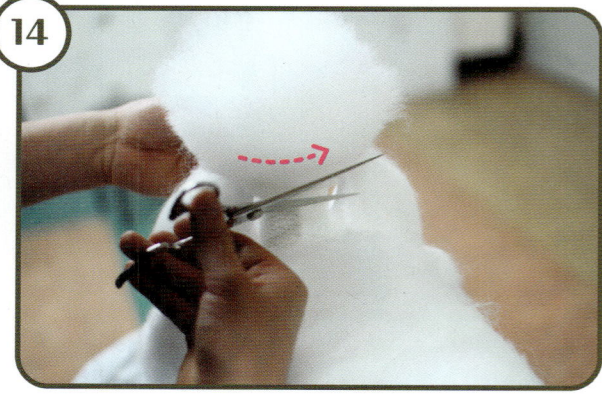

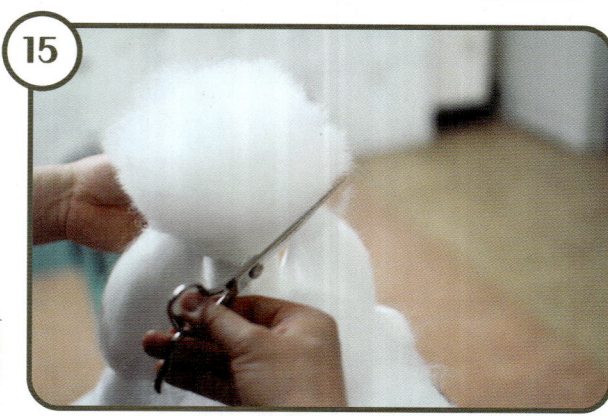
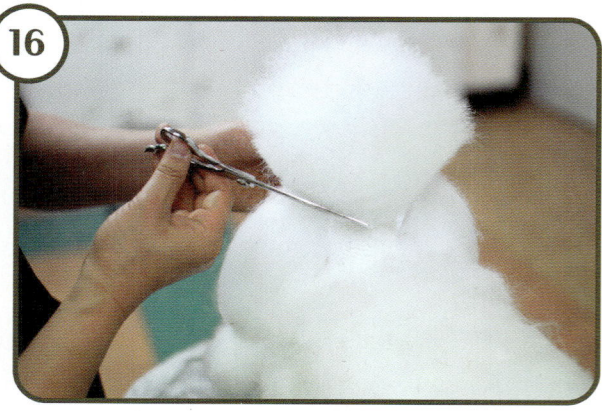

13~16. 목 위 후두부 부분의 튀어나온 털을 둥글게 커트한다.

17~25. 네 다리의 풋라인을 모두 코밍한 후 커트한다.

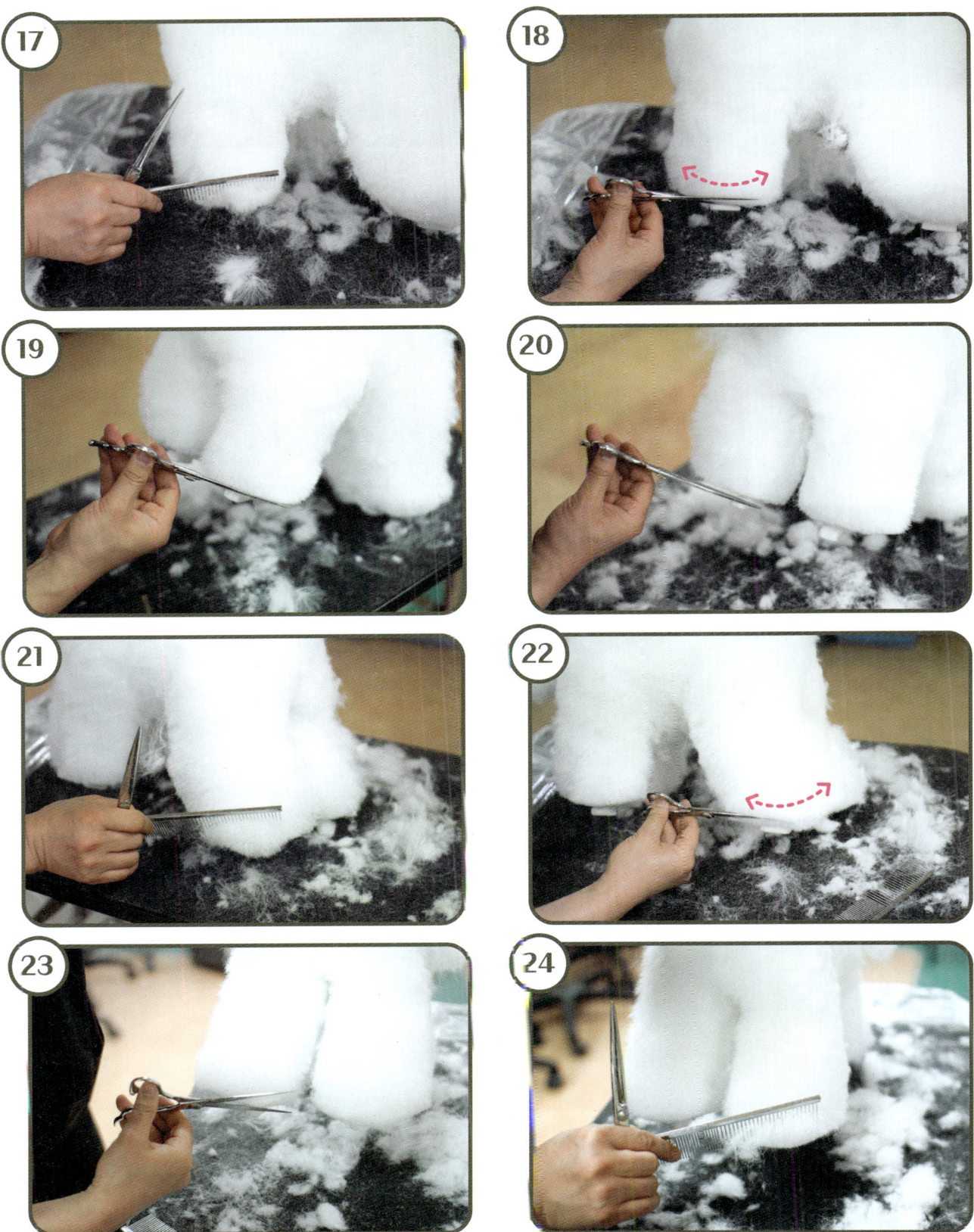

26. 완성된 모습 ▶

27~31. 목에서 기갑부 위에 튀어나온 털을 코밍 후 커트한다.

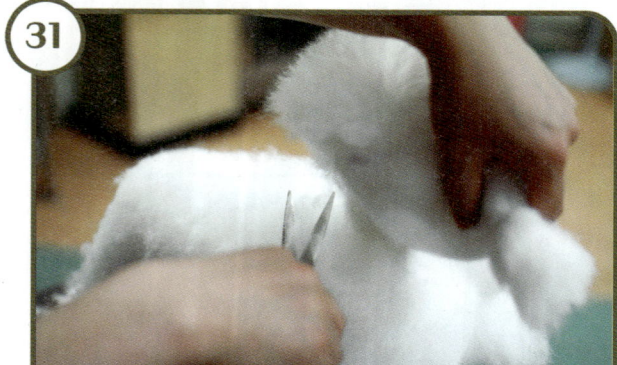

32. 사진과 같이 턱업을 기점으로 뒷부분 라인과 1.5cm 앞부분의 라인선을 설정한다.

▶ 제2부 반·려견스타일리스트 2급

33~35. 설정된 뒷부분의 라인의 가위선을 넣어준다.

36. 앞부분의 라인선을 뒤쪽으로 코밍한다.

37~39. 앞부분의 허리라인도 뒷부분과 같은 방법을 가위선을 만든다.

335

40~41. 앞, 뒤 허리 밴드 사이를 가위로 짧게 커트한다.

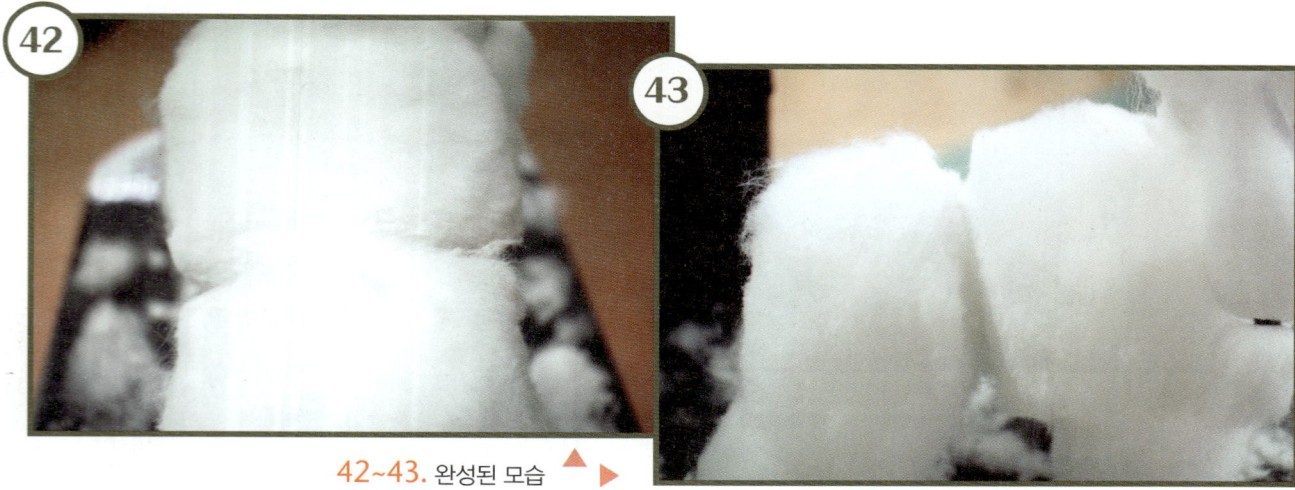

42~43. 완성된 모습

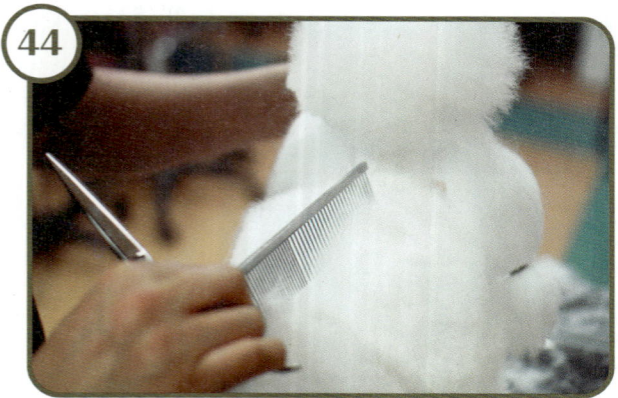

44. 허리 중심에서부터 양쪽으로 폭이 1.5cm가량 넓이로 코밍하며 커트 라인을 정한다.

45. 커트 라인을 정한 허리선 좌측선에 가위선을 넣는다.

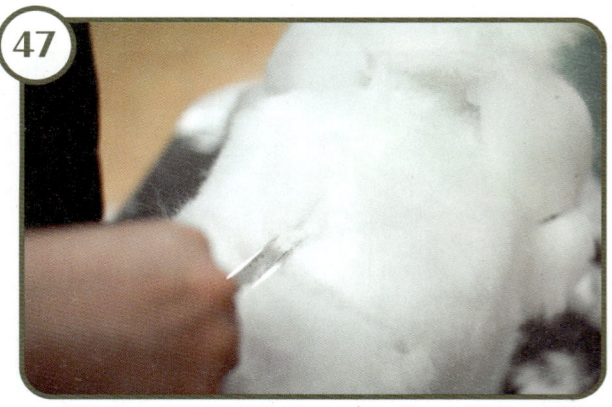

46. 커트 라인을 정한 허리선 우측선에 가위선을 넣는다.

47. 커트 라인 중앙을 가위로 짧게 커트한다.

▶ 제2부 반려견스타일리스트 2급

48. 모서리 부분도 살짝 둥글게 커트한다.

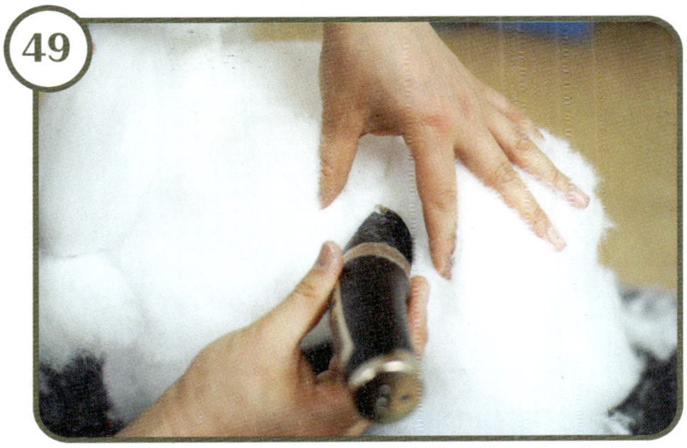

49~54. 짧게 잘라놓은 부위를 클리핑한다.

337

55

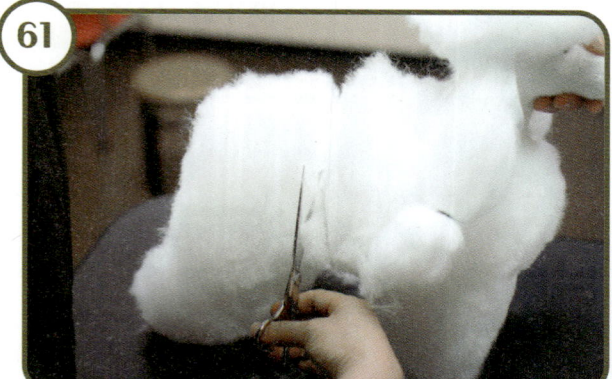

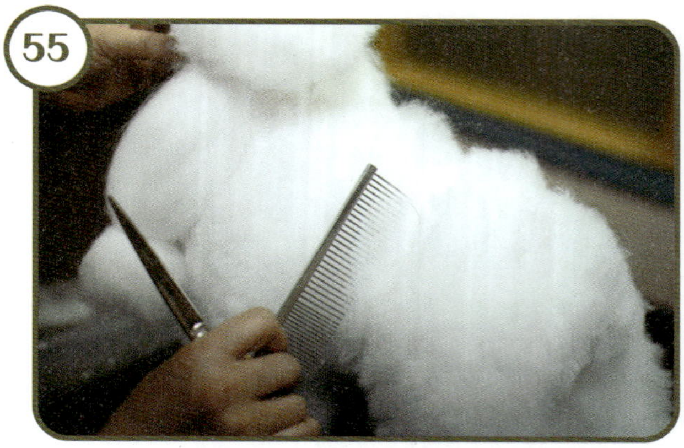

56

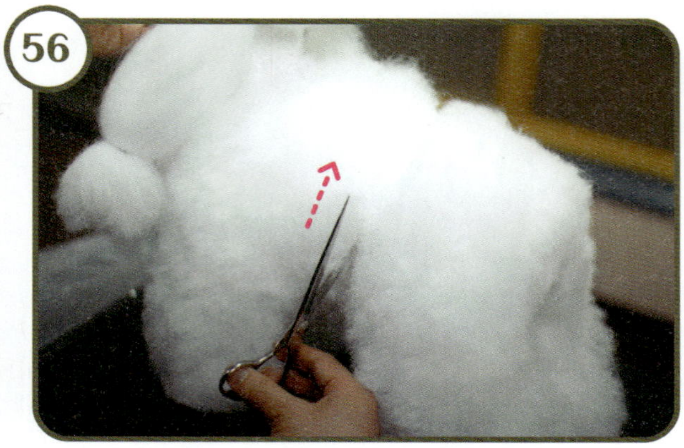

57

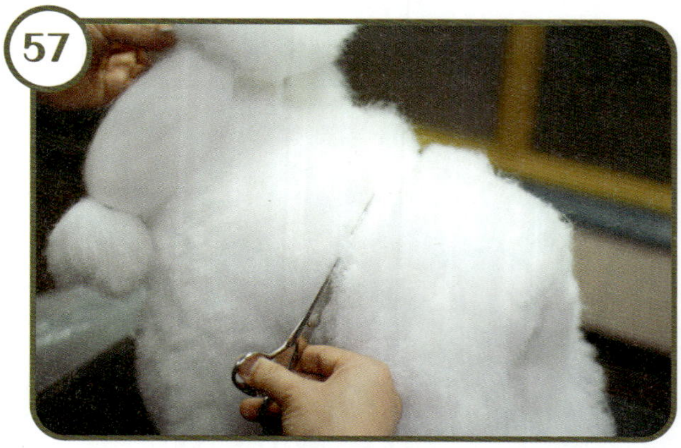

58

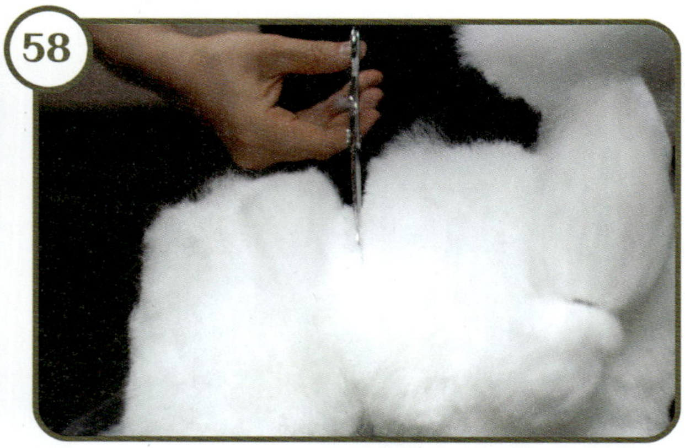

59

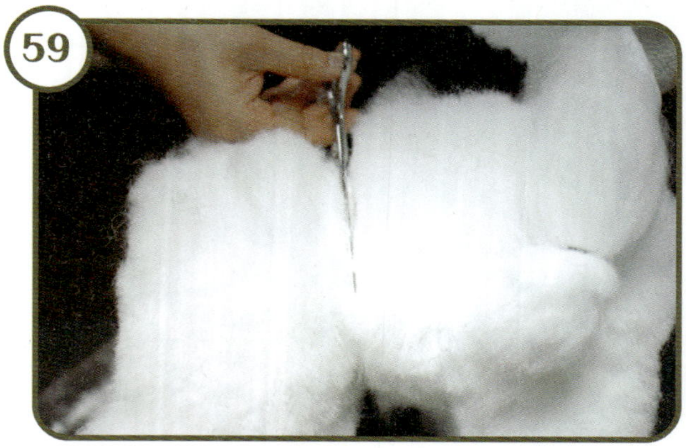

60

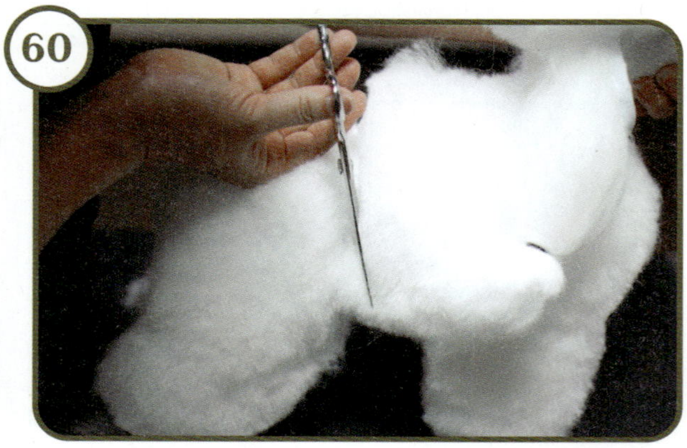

61

55~61. 클리핑 된 허리 앞부분과 뒷부분 라인을 안쪽으로 코밍 후 가위로 커트한다.

62

62. 완성된 모습 ▶

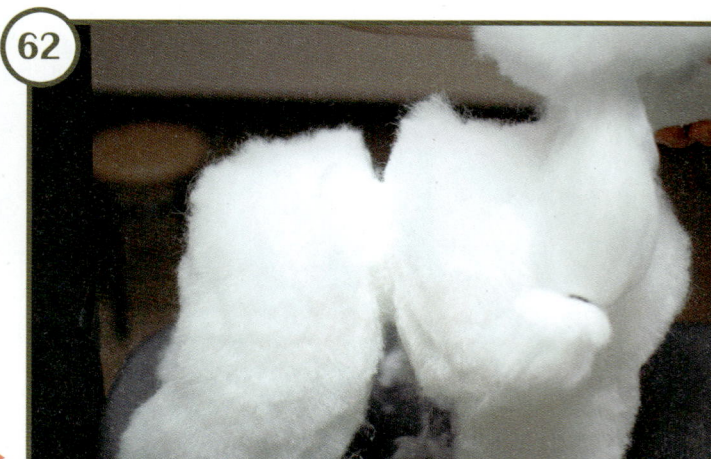

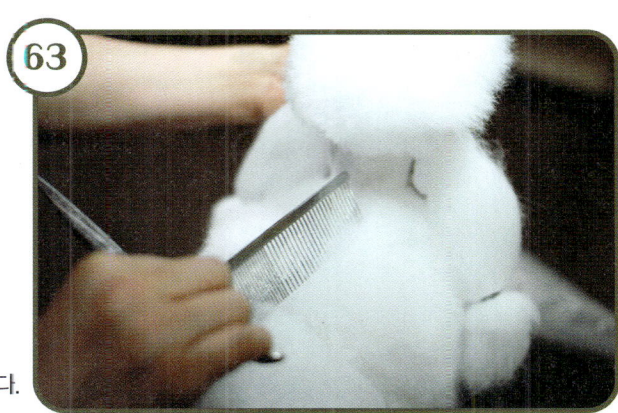

63. 커트 라인을 정한 허리선 양쪽 털을 안쪽으로 코밍한다.

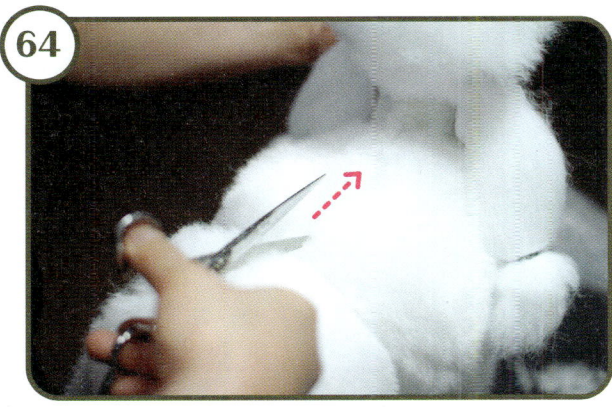

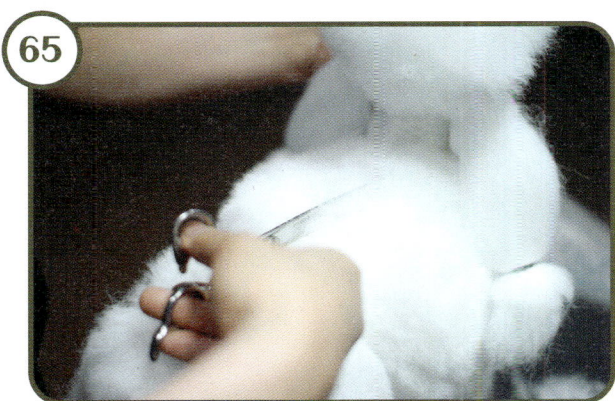
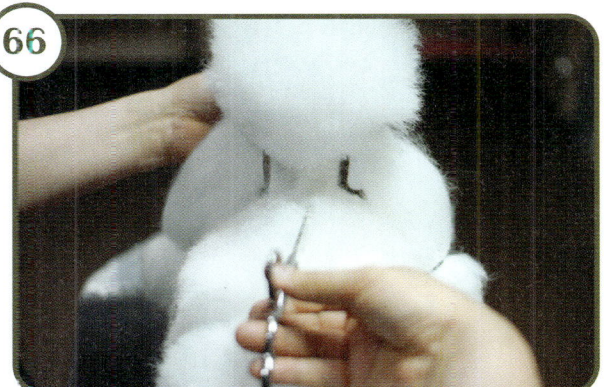

64~66. 코밍한 털을 일직선으로 커트한다.

67. 모서리 부분을 다시 살짝 클리핑한다.

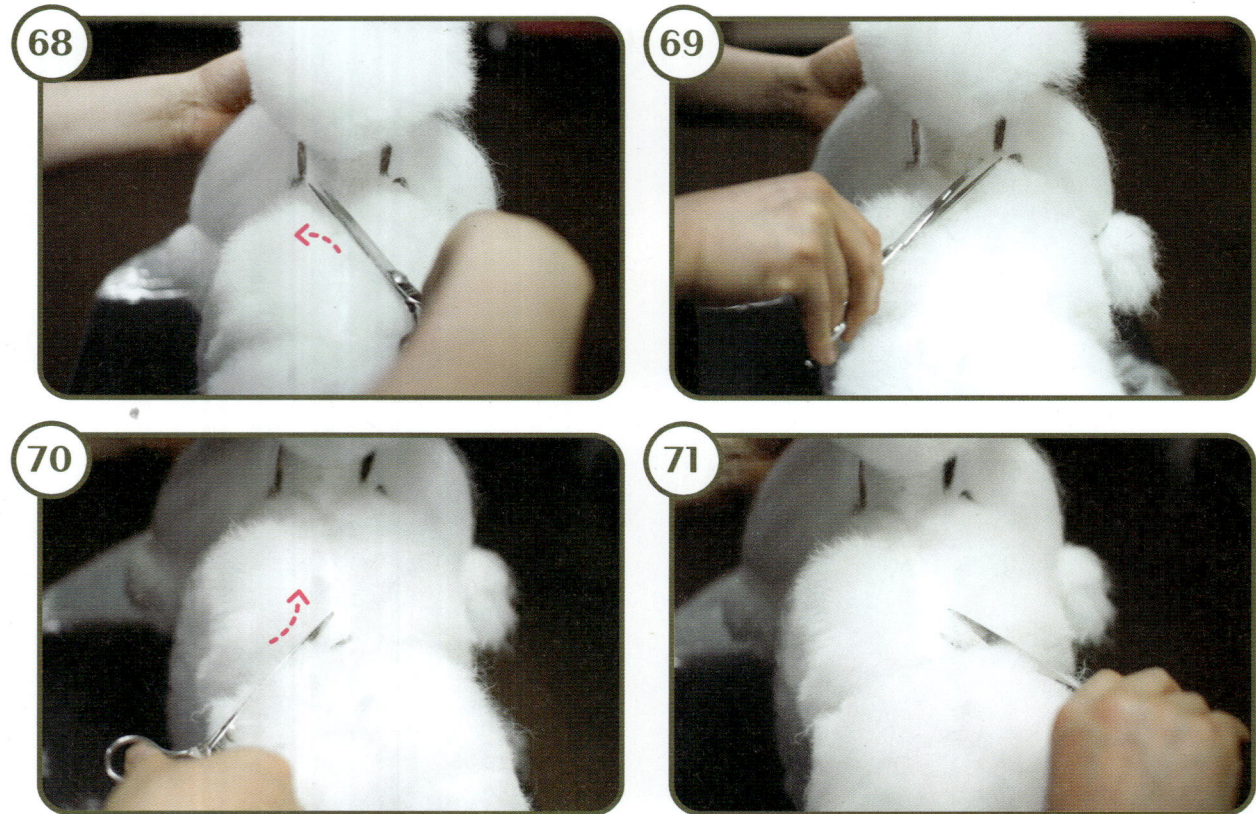

68~71. 클리핑 된 모서리 부분을 살짝 둥글게 커트한다.

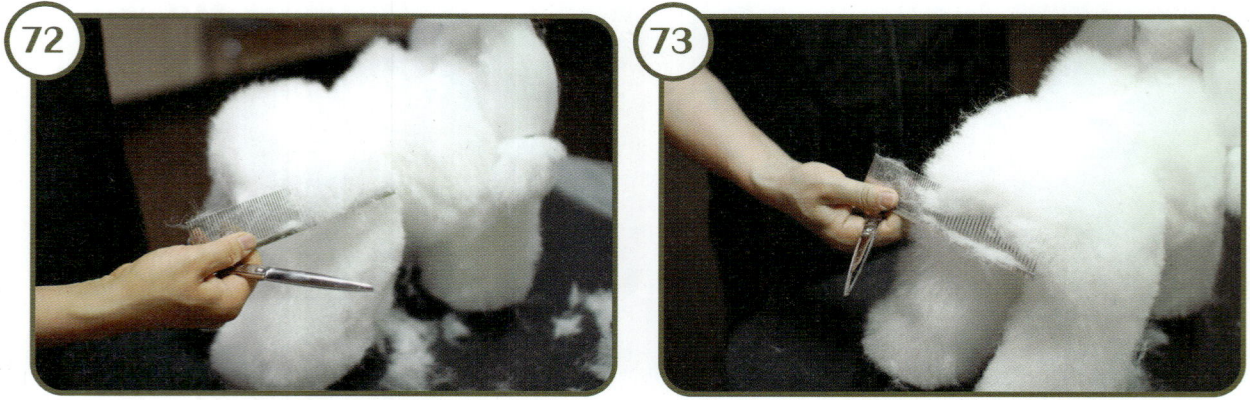

72~73. 엉덩이 부분을 코밍한다.

74~76. 엉덩이 윗부분을 일직선으로 자르고 백 라인 부분을 자연스럽게 이어준다.

77~80. 엉덩이 아래에서 앵귤레이션을 만들며 커트한다.

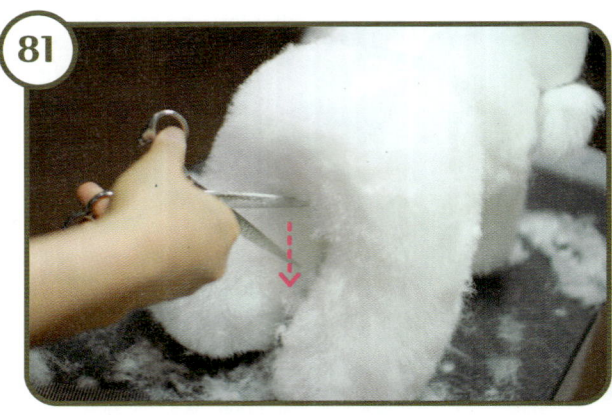 

81~82. 좌측 뒷다리 안쪽을 코밍 후 일직선으로 커트하며 풋라인까지 이어지도록 한다. **TIP** 다리 사이의 간격은 1.5cm 정도가 적당하다.

 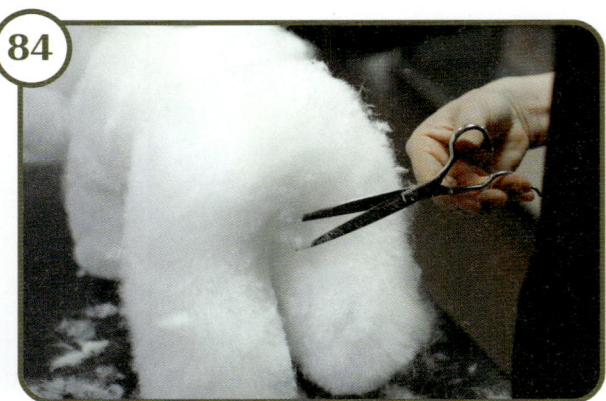

83~84. 반대쪽과 동일한 방법으로 엉덩이 아래로 앵귤레이션을 만들며 커트한다.

 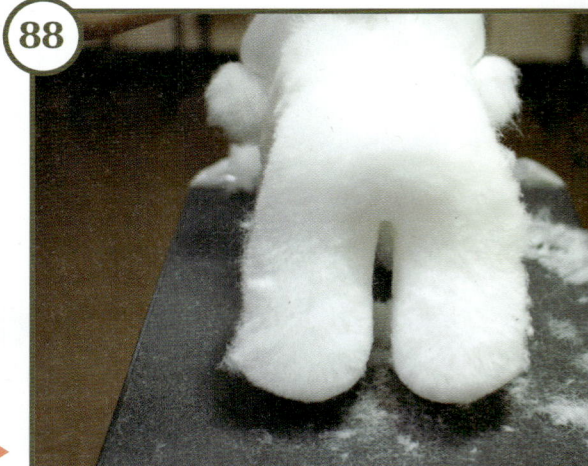

85~87. 우측 뒷다리 안쪽을 코밍 후 일직선으로 커트하며 풋라인까지 이어지도록 한다.

88. 완성된 모습 ▶

89. 클리핑한 부분과 자연스럽게 이어지도록 커트한다.

◀ **90.** 완성된 모습

91. 뒷다리 좌측 측면을 코밍한다.

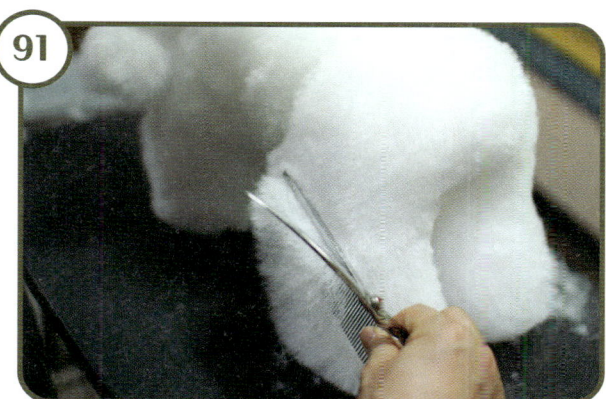

92~94. 위에서 아래로 A자 형태가 되도록 커트하며 풋라인까지 이어지도록 한다.

95~99. 턱업에서부터 풋라인까지 라운딩 형태로 사선으로 커트한다.

◀ **100~101.** 완성된 모습

▶ 제2부 반려견스타일리스트 2급

102. 뒷다리 우측 측면을 코밍한다.

103~104. 위에서 아래로 A자 형태가 되도록 커트하며 풋라인까지 이어지도록 한다.

105~108. 턱업에서부터 풋라인까지 라운딩 형태로 사선으로 커트한다.

TIP 앵귤레이션 모양 자체가 사선으로 휘어져 있기 때문에 슬로프 또한 무릎선을 강조하며 사선으로 라운딩해야 한다.

▲ 109. 완성된 모습

345

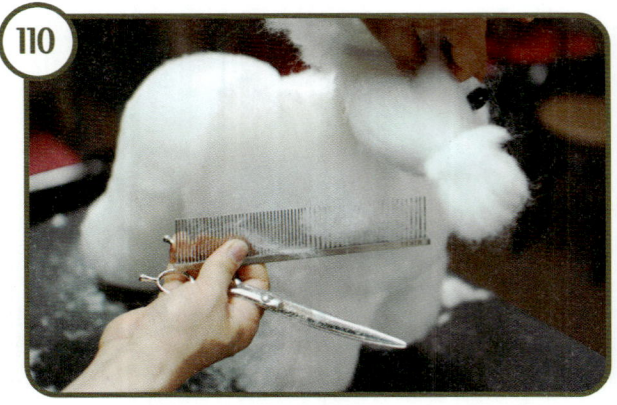

110~111. 앞가슴과 몸통을 코밍한다.

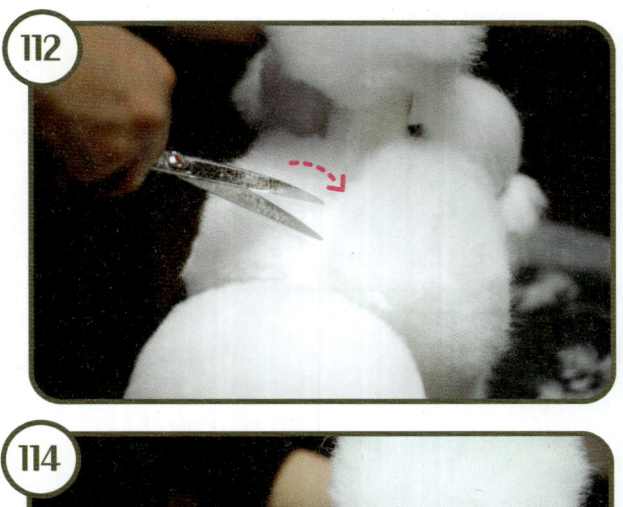

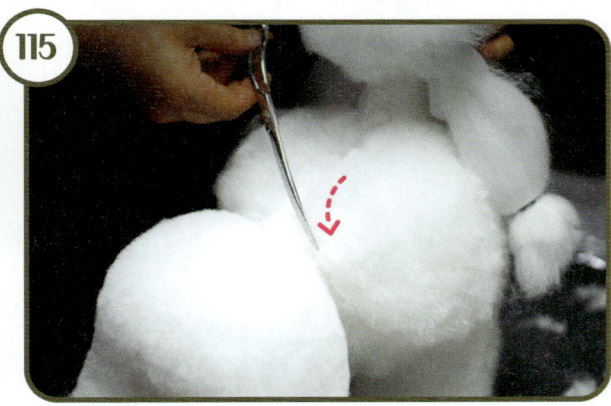

112~116. 클리핑한 부분과 등 부위의 털이 잘 이어질 수 있도록 볼륨감을 주며 커트한다.

117
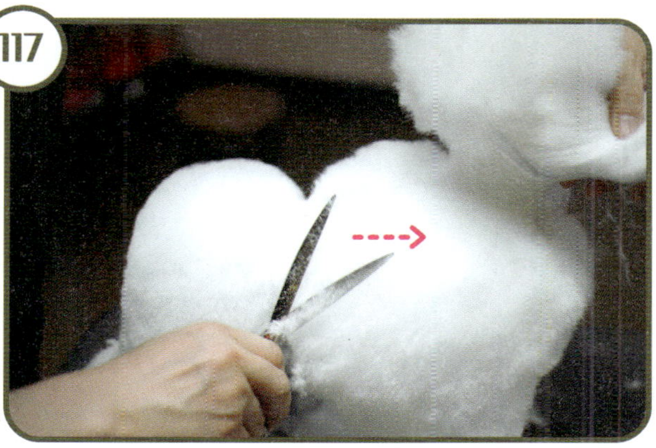

118
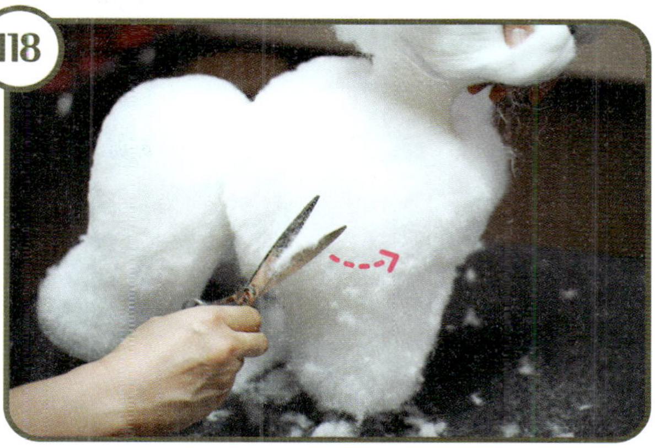

119
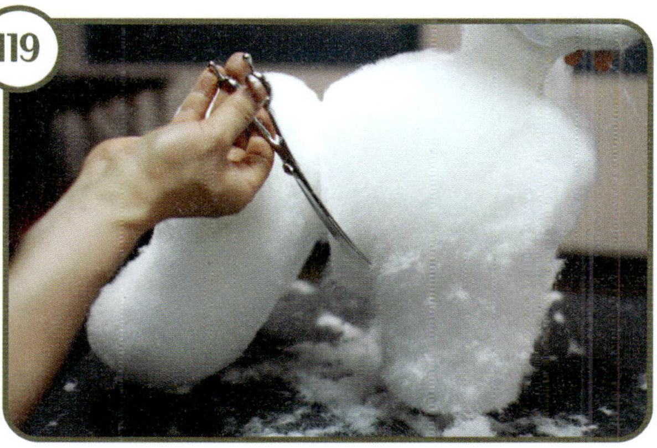

120
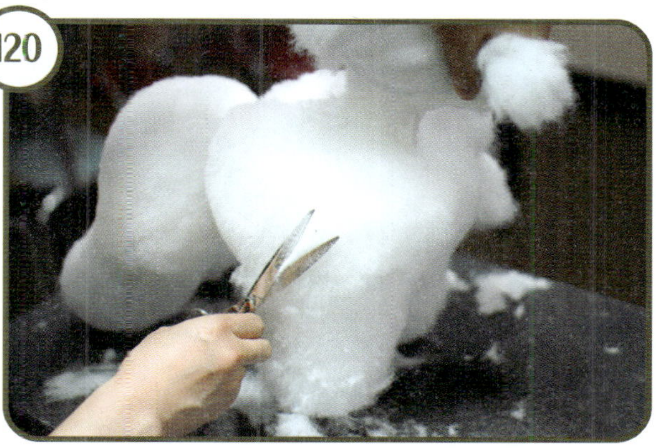

121
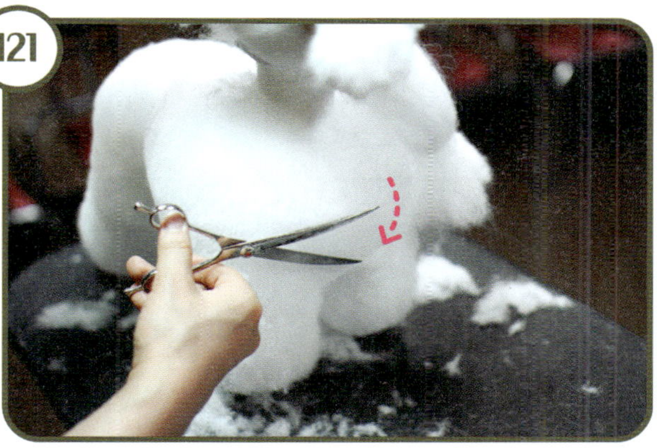

122
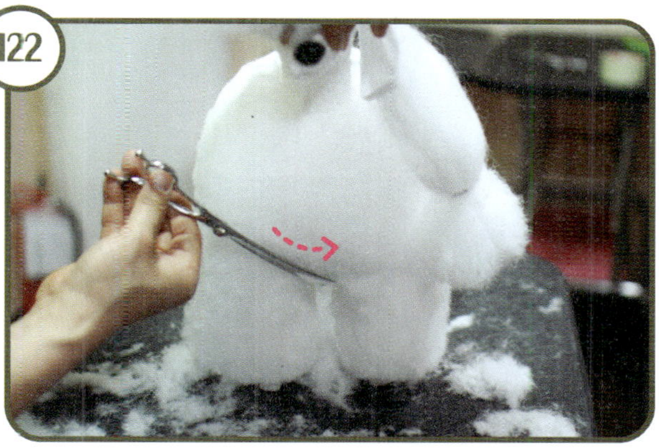

117~122. 양쪽 어깨에서 몸통을 확인한 후 밸런스를 맞추며 커트하고, 가슴은 둥근 원형으로 커트한다.

123

◀ 123. 완성된 모습

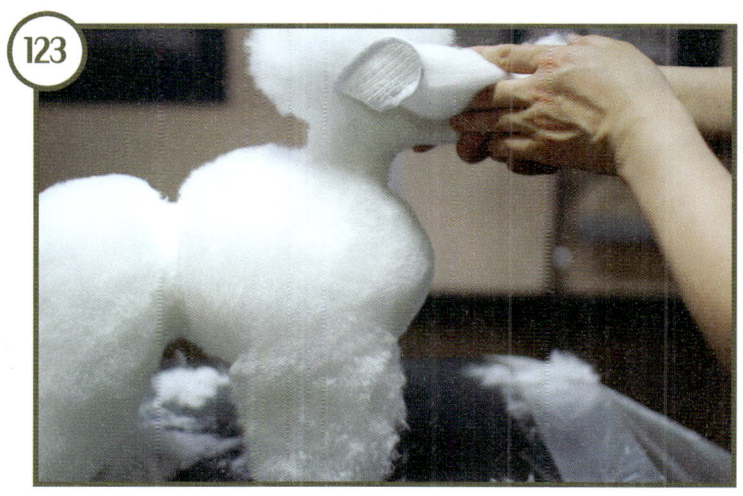

124~126. 반대쪽과 동일한 방법으로 가슴을 둥근 원형으로 커트한다.

127~129. 양쪽 어깨에서 몸통을 확인한 후 밸런스를 맞추며 커트한다.

TIP 양쪽 측면이 잘 커트되었으면 확인을 안 해도 무방하다.

130~133. 코밍 후 라운딩하며 사선으로 커트한다.

134~135. 앞다리 앞면과 옆면을 모두 코밍한다.

136

137

138

139

140

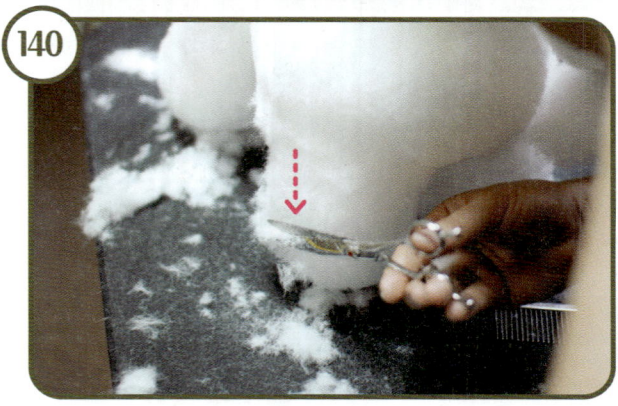

136~140. 앞다리 앞면을 일직선으로 커트하고 옆면을 어깨에서 밑으로 일직선으로 커트하며, 풋라인으로 이어 준다.

TIP 안쪽 면은 1cm 정도의 간격으로 위에서 아래로 커트한다.

147

148

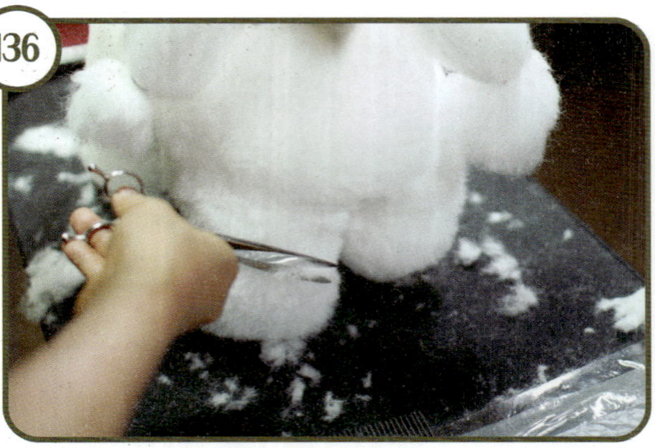

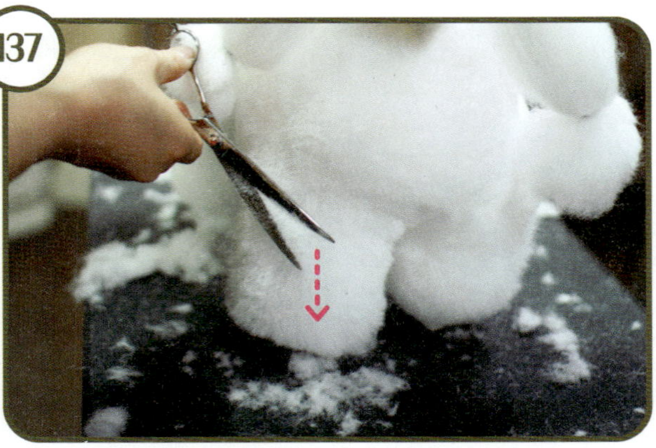

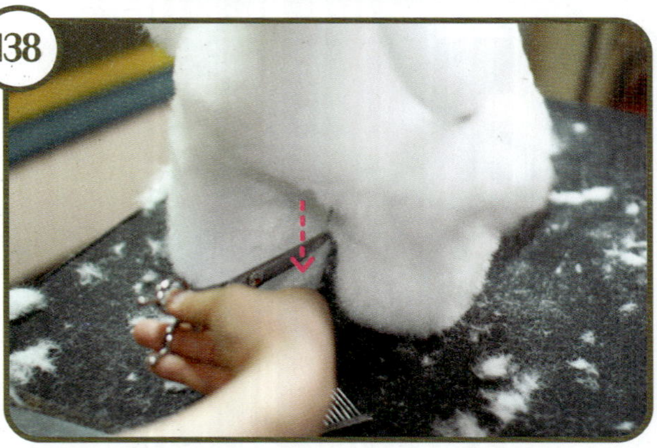

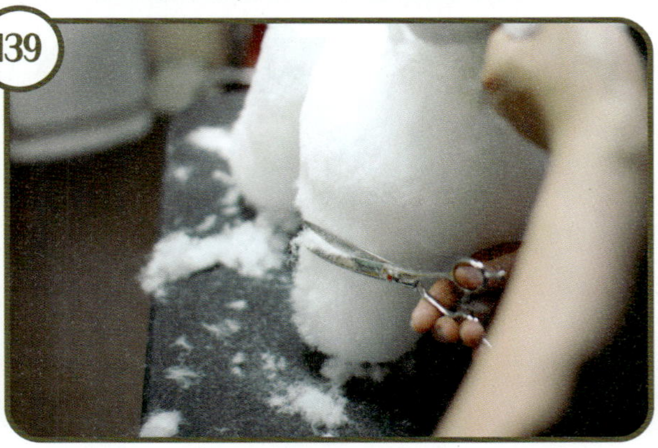

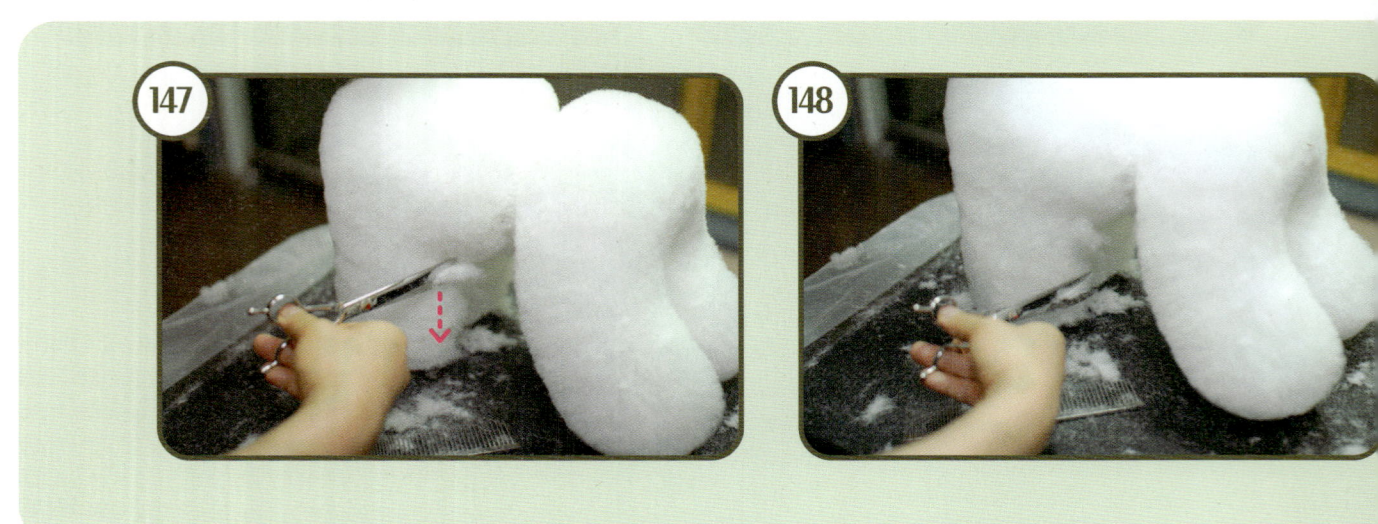

▶ 제2부 반려견스타일리스트 2급

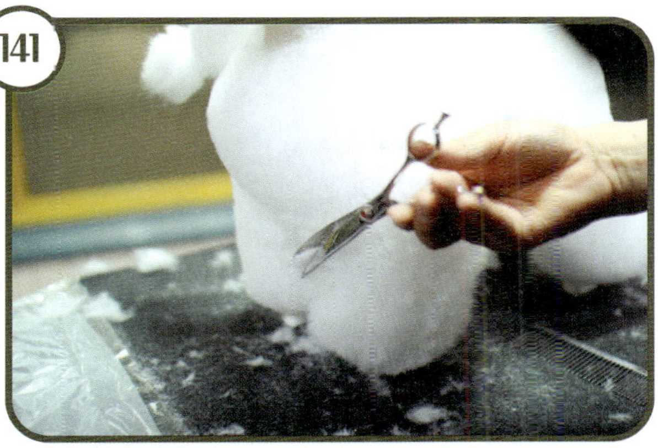

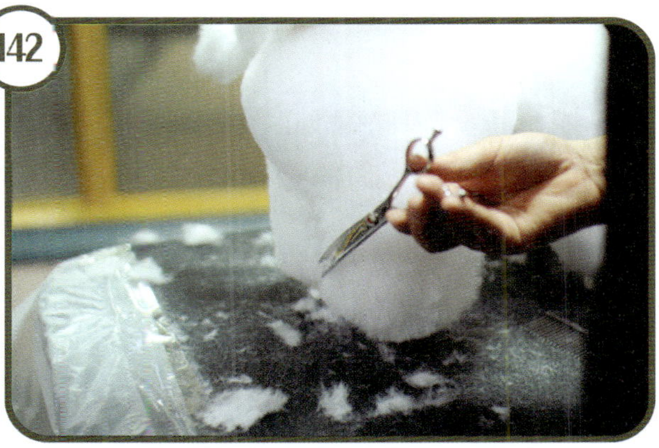

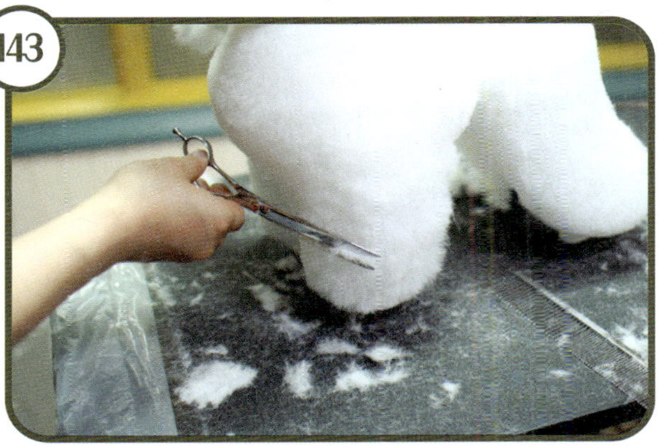

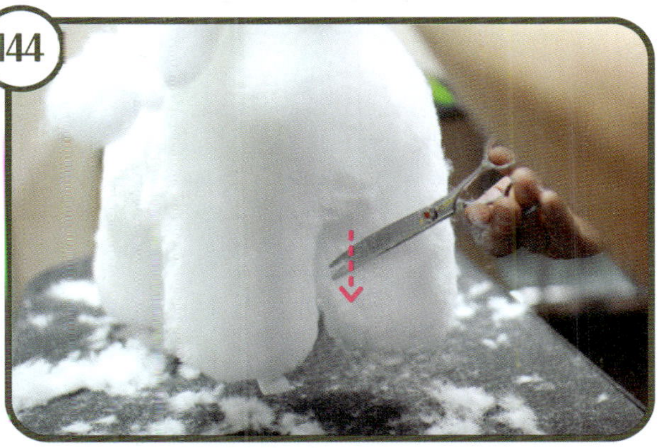

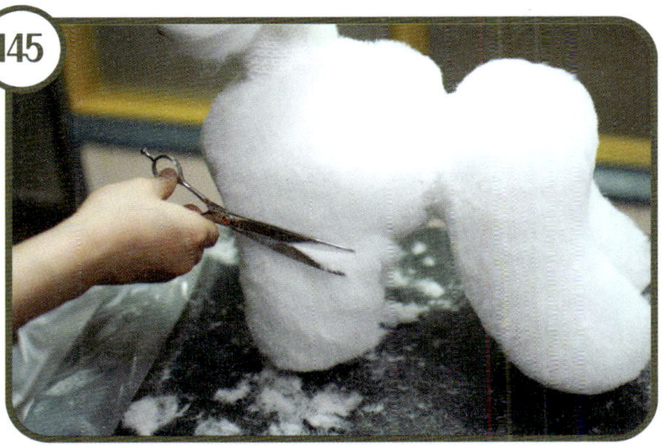

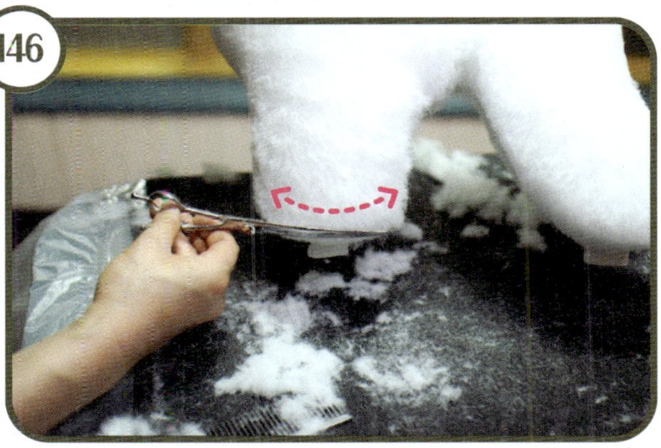

141~146. 반대쪽과 동일한 방법으로 커트한다.

147~150. 코밍 후 얼보우 컷부분부터 일직선으로 커트하며 풋라인까지 이어지도록 한다.

151~153. 우측다리 측면과 뒷면도 위에서 아래로 일직선으로 커트하며 풋라인까지 이어지도록 한다.

154. 완성된 모습 ▶

155. 머리 부분을 전체적으로 볼륨감 있게 코밍한다.

156~160. 눈 앞 45°, 눈 옆 20°, 후두부 20° 정도로 커트한다.

163. 완성된 모습 ▲

161~162 머리 전체를 볼륨감 있게 커트한다.

164~166. 좌측 귀 부분의 검정 밴드를 풀고, 코밍한 후 커트한다.

> **TIP** 귀 끝 길이 설정은 목 아래 클리핑 지점 또는 약간 아래로 정한다.

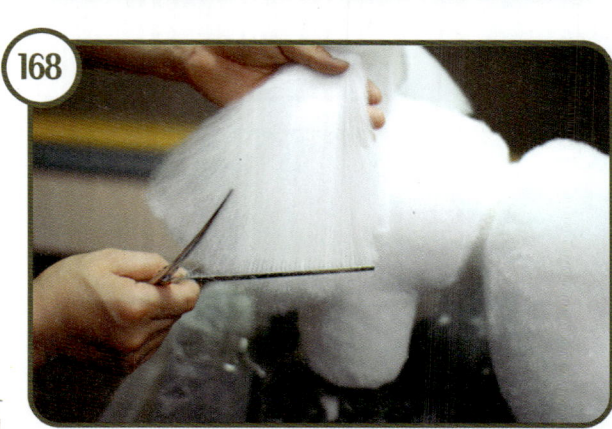

167~169. 우측 귀 커트는 반대쪽과 동일한 방법으로 커트한다.

> **TIP** 밴드가 엉켜 풀 수 없을 경우에는 밴드 커트 가위를 사용한다.
> 일반 커트 가위로 자를 경우 도구의 손상을 가져올 수 있으므로 하지 않는다.

▲ **170.** 완성된 모습

171. 꼬리 위치 지점의 고무밴드를 손으로 풀거나, 밴드 커트 가위로 자른다.

172. 꼬리 위치에 꼬리 플라스틱 재질이 잘 들어갈 수 있도록 겸자로 천을 뚫어준다.

173~174. 사진과 같은 방법으로 배 아랫부분을 손으로 받치고, 꼬리를 끼워준다.

> **TIP** 손으로 배 부분을 받치지 않을 경우, 꼬리를 끼우는 힘이 가해져 다리가 벌어질 수 있음을 주의한다.

175. 꼬리 위를 잡고 밑으로 코밍한다.

176~177. 꼬리 밑부분을 라운딩 형태로 커트한다.

178~180. 꼬리 전체에 둘레를 사각으로 초벌 커트한다.

▶ 제2부 반려견스타일리스트 2급

181. 꼬리 전체를 둥글게 커트한다.

▲ **182.** 완성된 모습

183. 꼬리 외에 전체(뒷다리, 앞다리, 몸통, 가슴, 머리, 귀)를 가볍게 코밍해 준다.

184
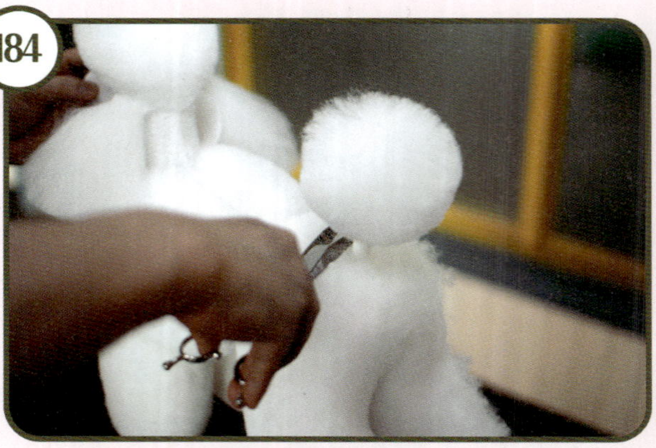

185
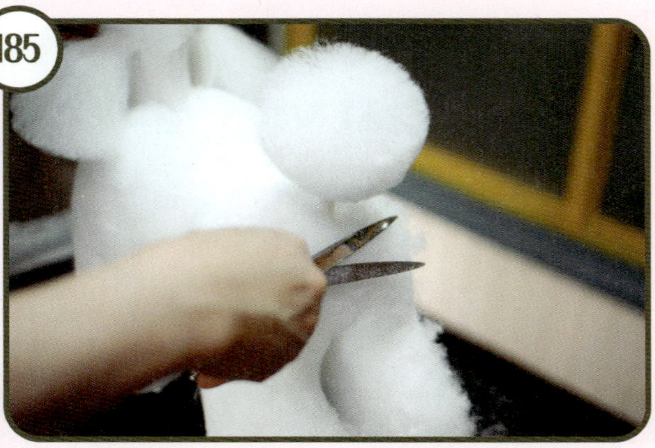

186
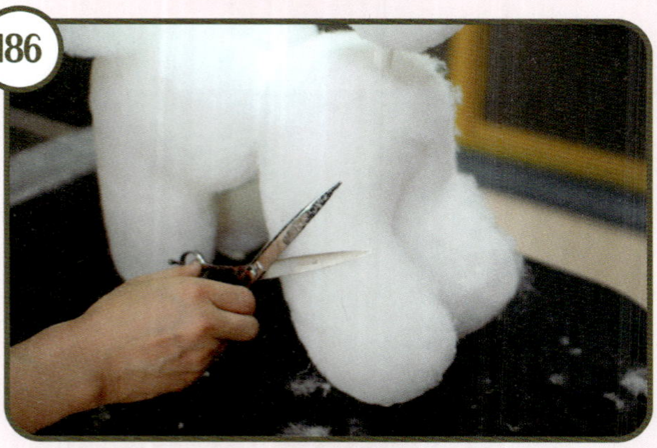

187
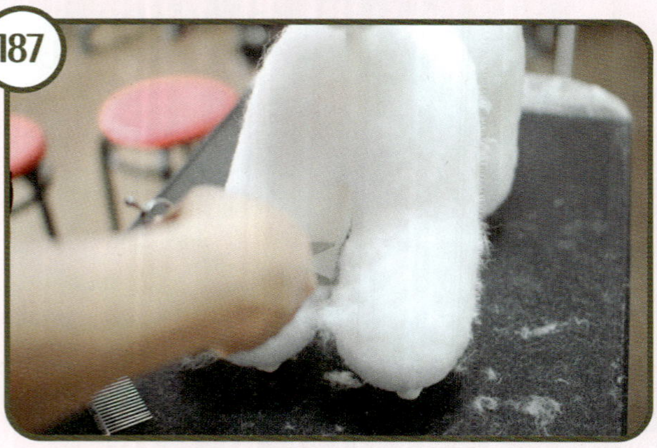

188
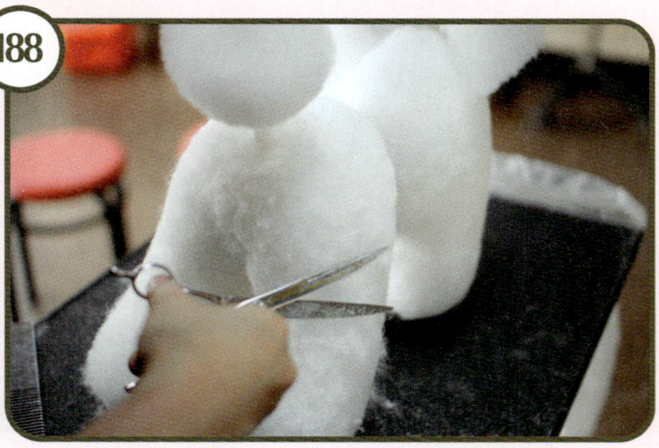

184~188. 커트 된 꼬리털로 인해 흐트러진 뒷다리 부분을 다듬어 준다.

194

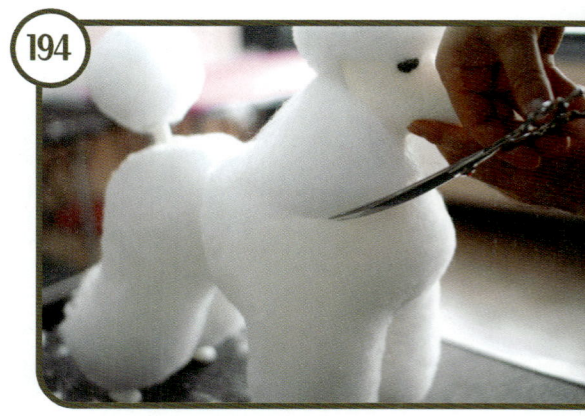

▶ 제2부 반려견스타일리스트 2급

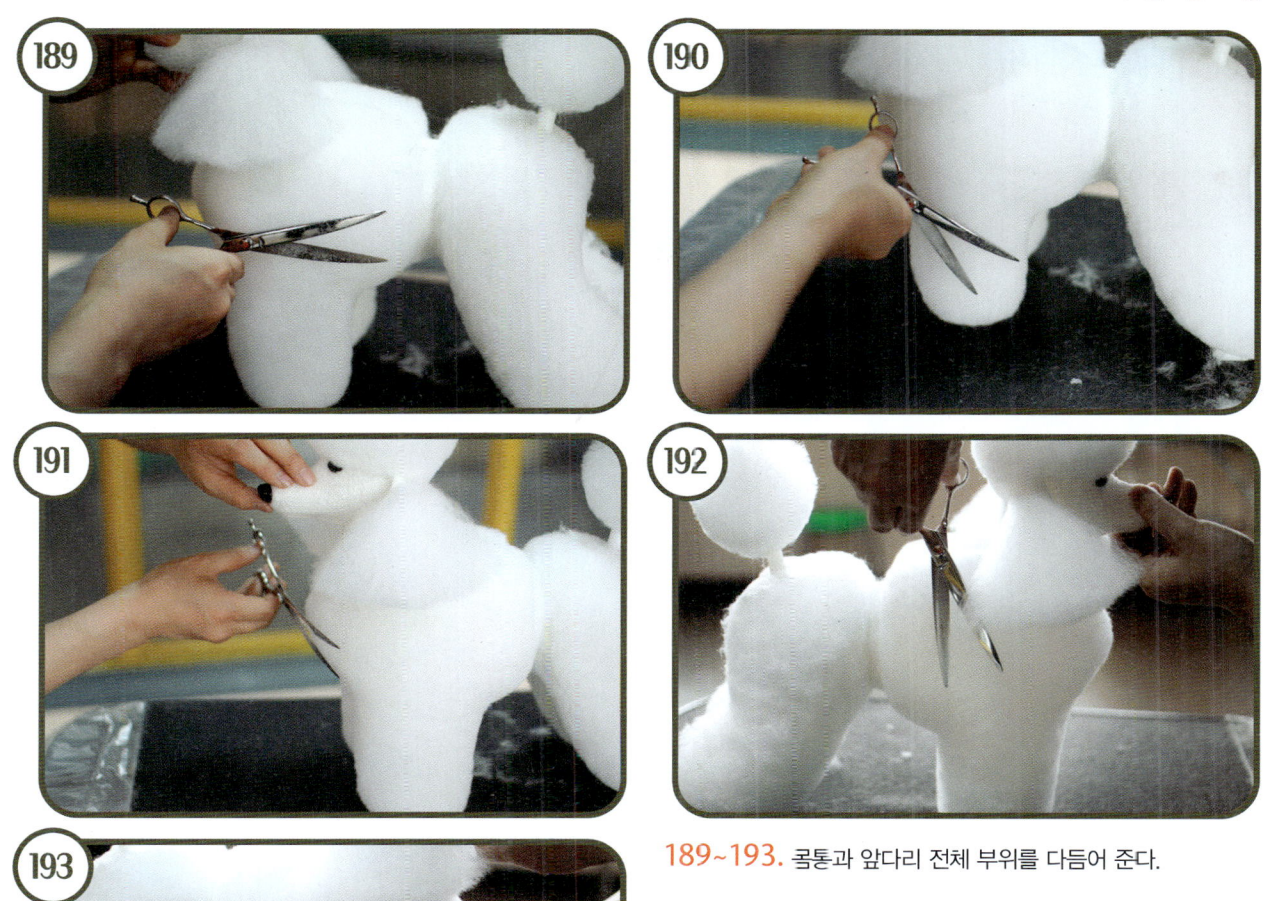

189~193. 콧등과 앞다리 전체 부위를 다듬어 준다.

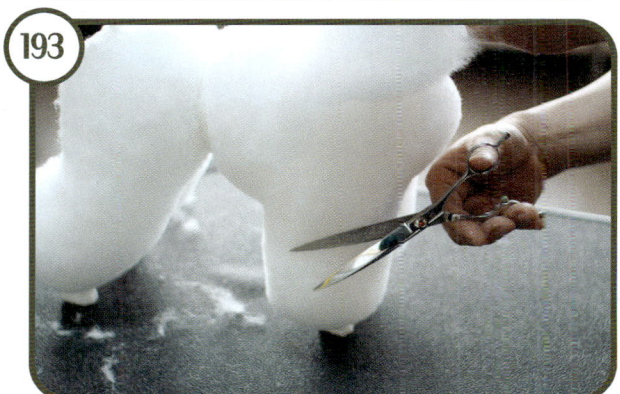

194~195. 귀 끝에 튀어나온 털을 다듬어 준다.

196. 머리 전체에 튀어나온 털들을 다듬어 준다.

18) 피츠버그 더치 클립 완성

제2부 반려견스타일리스트 2급

19) 치 클립

더치 클립은 네덜란드 지역의 민속 옷을 의미한다.

허리 라인을 중요하게 생각하는 맨해튼 클립과는 다르게 꼬리에서 목 경계선까지 이어지는 등선을 기점으로 십자 형태는 조각스러운 멋스러움을 풍기며 짜임새 있는 몸의 흐름이 돋보인다.

더치 클립에서 중요한 점은 허리를 중심으로 십자 선의 간격을 잘 나누어야 한다. 맨해튼 클립과 피츠버그 더치 클립보다는 복잡한 형태의 클립이다. 클리핑 라인부터 이어지는 선을 중심으로 모양의 흐름을 잘 이해하고 확실한 경계선을 이루어야 한다.

3. 사진과 같이 턱업을 기점으로 뒷부분 라인과 1.5cm 앞부분의 라인선을 설정한다.

4. 뒷부분의 털을 앞으로 코밍한다.

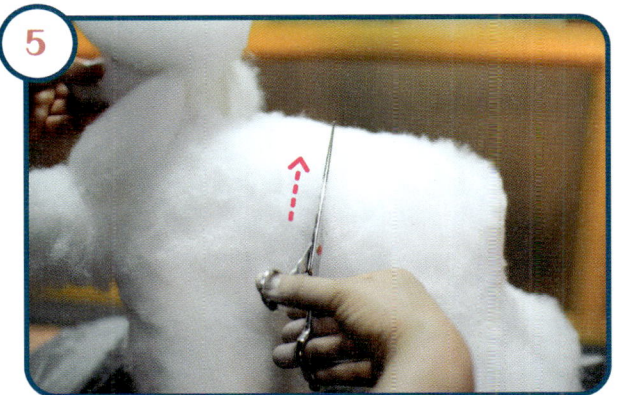

5~7. 설정된 뒷부분의 라인의 가위선을 넣어준다.

8. 앞부분의 라인선을 뒤쪽으로 코밍한다.

9~11. 앞부분의 허리 라인도 뒷부분과 같은 방법을 가위선을 만든다.

12~14. 앞, 뒤 허리 밴드 사이를 가위로 짧게 커트한다.

15. 완성된 모습 ▶

▶ 제2부 반려견스타일리스트 2급

16. 등선 중앙 라인의 설정은 꼬리 지점의 검정밴드를 확인한다.

17. 옆부분의 털을 안쪽으로 코밍한다.

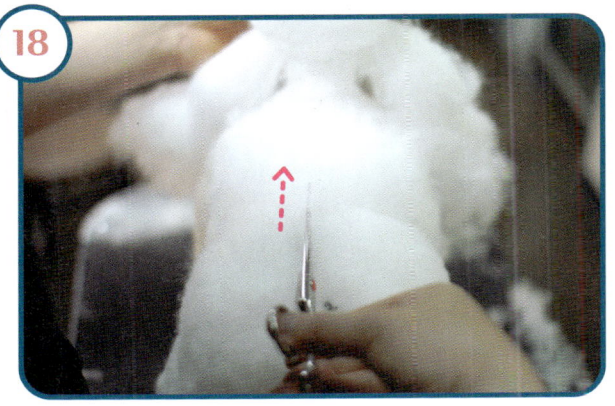

18~19. 설정한 좌측 라인에 가위선을 만든다.

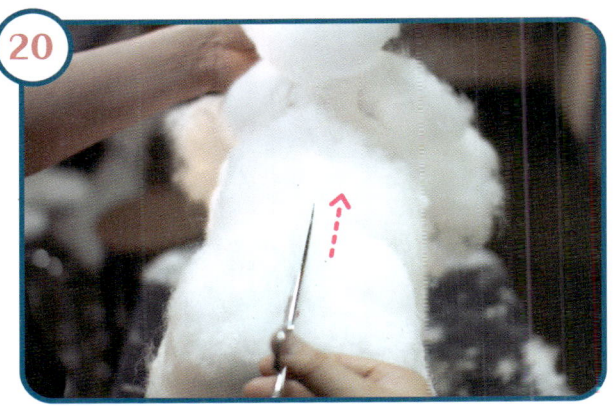

20~21. 우측 부분의 등 라인도 같은 방법을 가위선을 만든다.

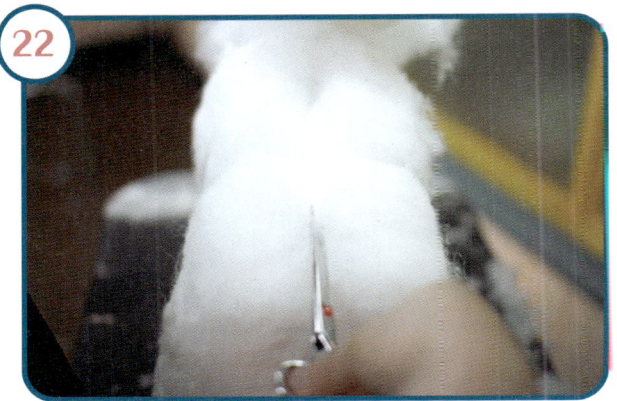

22~23. 커트한 등 라인 사이를 가위로 짧게 커트한다.

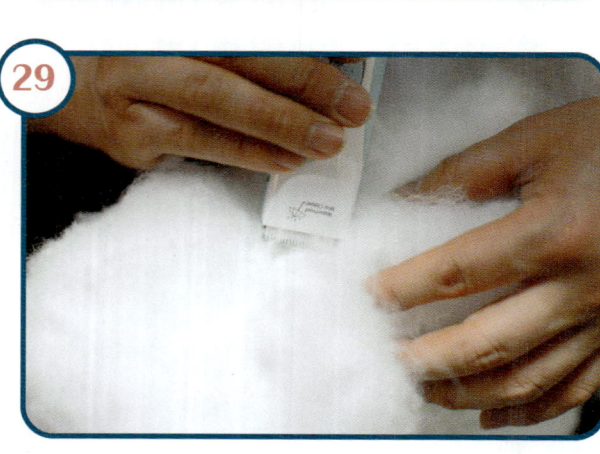

24~30. 짧게 잘라놓은 부위를 클리핑하고 모서리도 살짝 클리핑한다.

31~34. 클리핑 된 허리 라인과 등 라인 안쪽으로 코밍 후 가위로 커트하고 모서리도 살짝 둥글게 커트한다.

35~36. 클리핑 된 밴드 라인과 등 라인을 안쪽으로 코밍 후 가위로 커트한다.

37~41. 반대쪽과 동일한 방법으로 코밍 후 커트한다.

▶ 제2부 반려견스타일리스트 2급

42~47. 등 털과 클리핑 된 부분을 둥근 원형으로 커트한다.

48~52. 몸통 털과 클리핑 된 부분을 둥근 원형으로 커트한다.

53. 엉덩이 윗부분을 일직선, 좌골각을 30°가량 커트한다.

54~56. 엉덩이 윗부분을 일직선으로 자르며 밴드 라인 부분으로 이어지도록 한다.

57. 엉덩이 아래에서 앵귤레이션을 만들며 커트한다.

58~60. 클리핑 된 라인과 몸통을 자연스럽게 이어주며, 양쪽 어깨에서 몸통을 확인한 후 밸런스를 맞추며 커트한다.

61~63. 앞가슴을 둥글게 볼륨감을 주며 커트한다.

64. 완성된 모습 ▶

65~68. 네 다리의 풋라인을 모두 코밍한 후 라운딩으로 커트한다.

69~70. 좌측 다리 코밍 후 앵귤레이션을 만들며 비절까지 라운딩 커트한다.

71~72. 좌측 다리 안쪽을 코밍한 후 위에서 아래로 일직선으로 커트하며 풋라인까지 이어지도록 한다.

TIP 다리 사이의 간격은 1.5cm 정도이다.

73~74. 반대쪽과 동일한 방법으로 코밍 후 커트한다.

75~76. 반대쪽과 동일한 방법으로 코밍 후 커트하며 풋라인까지 이어지도록 한다.

▶ 제2부 반려견스타일리스트 2급

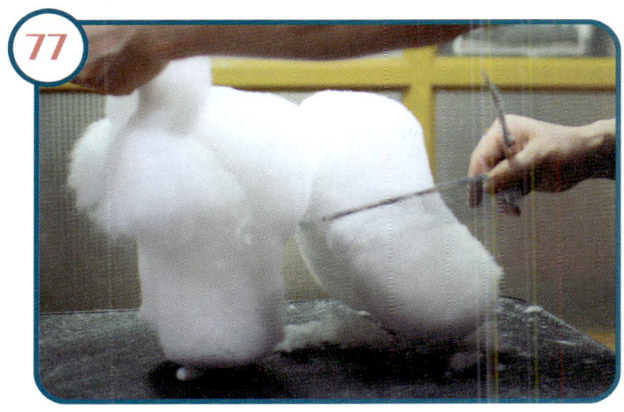

77. 뒷다리 좌측 측면을 코밍한다.

78~79. 위에서 아래로 A자 형태가 되도록 커트하며 풋라인까지 이어지도록 한다.

80~81. 턱업에서부터 풋라인까지 라운딩 형태로 사선으로 커트한다.

◀ 82. 완성된 모습

83~84. 뒷다리 우측 측면도 코밍 후 커트하며, 풋라인까지 이어지도록 한다.

85~87. 반대쪽과 동일한 방법으로 코밍 후 커트한다.

▲ **88.** 완성된 모습

▶ 제2부 반려견스타일리스트 2급

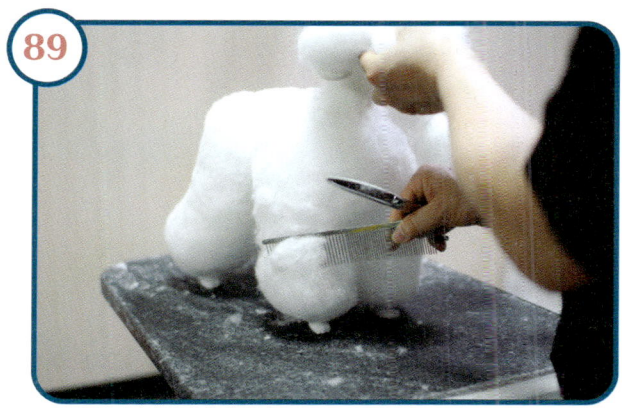

89. 앞다리 좌측 측면과 앞면을 코밍한다.

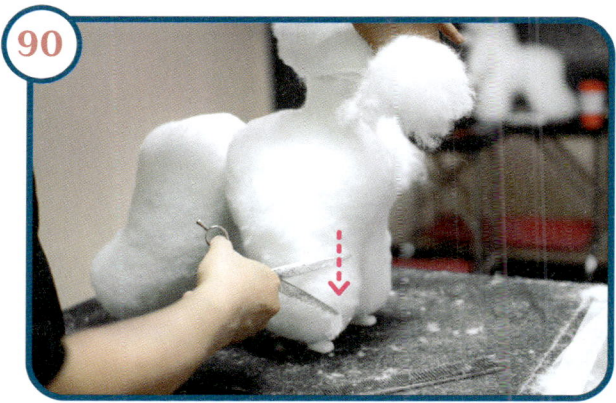

90~91. 앞다리 앞면을 일직선으로 커트하고 옆면을 어깨에서 밑으로 일직선으로 커트하며, 풋라인으로 이어지도록 한다.

92. 다리 안쪽을 위에서 일직선으로 커트하며 풋라인까지 이어지도록 한다.

TIP 다리 사이의 간격은 1cm 정도이다.

93~94. 반대쪽과 동일한 앞다리 우측 방법으로 코밍 후 커트한다.

95. 다리 안쪽도 동일한 방법으로 커트하며 풋라인까지 이어지도록 한다.

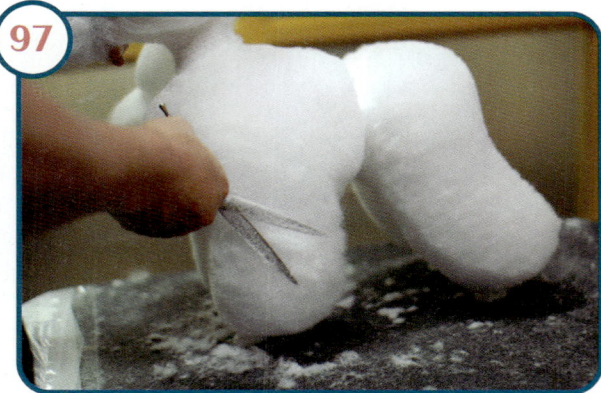

96~99. 코밍 후 엘보우 뒷부분부터 일직선으로 커트하며 풋라인까지 이어지도록 한다.

◀ **100.** 완성된 모습

101

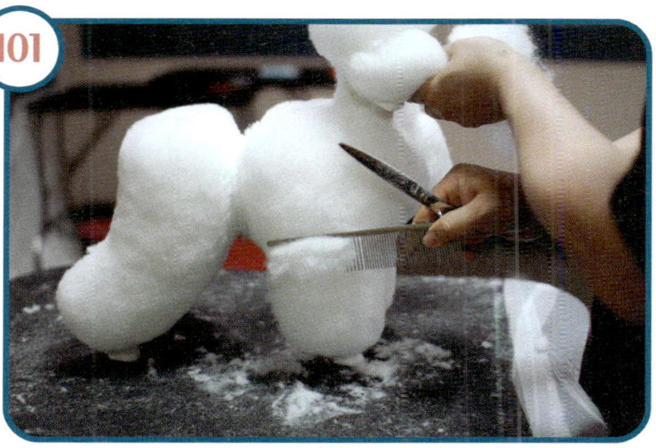

102

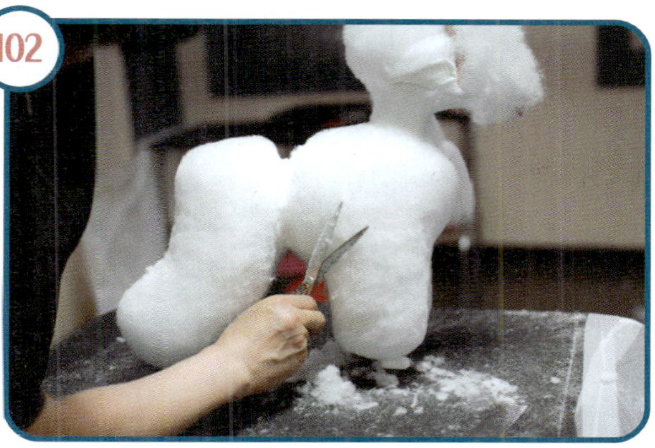

103

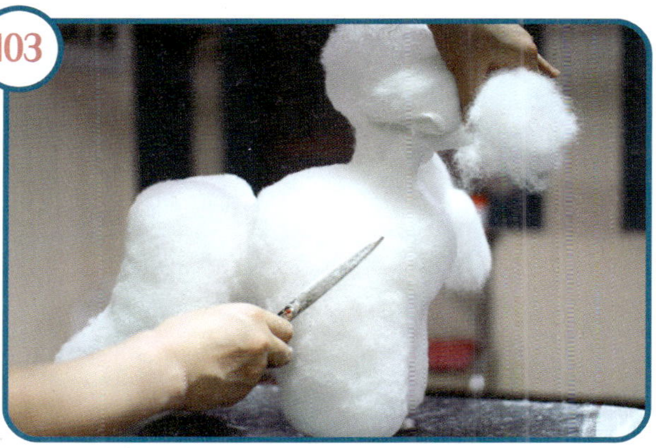

104

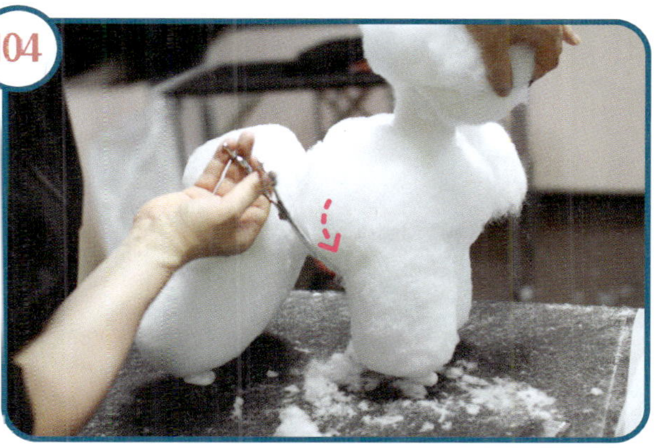

105

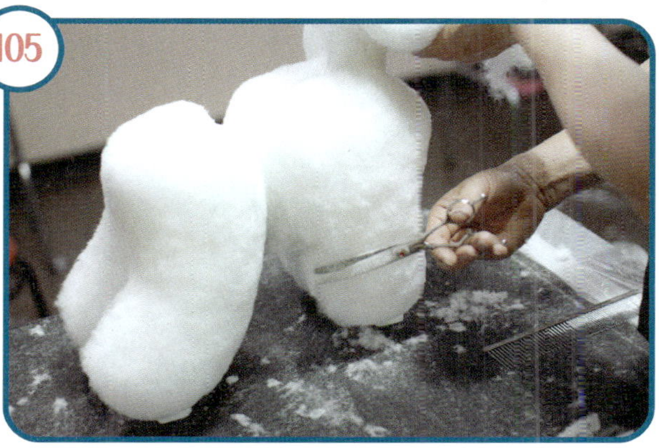

106

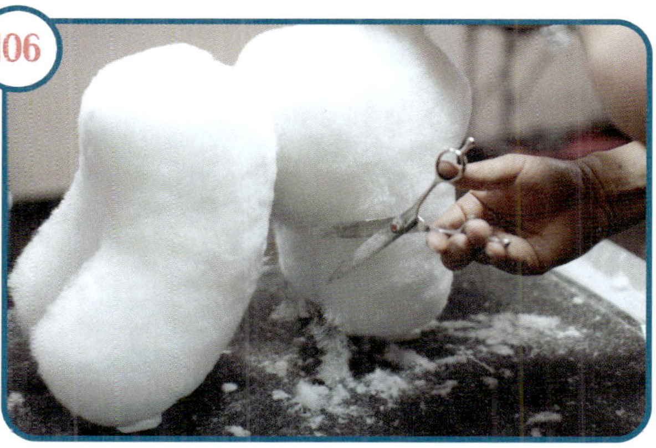

101~106. 반대쪽과 동일한 방법으로 코밍 후 커트한다.

107

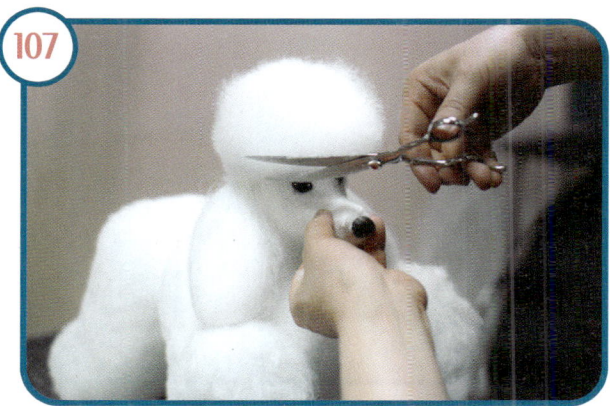

107. 머리 부분을 전체적으로 볼륨감 있게 코밍한다.

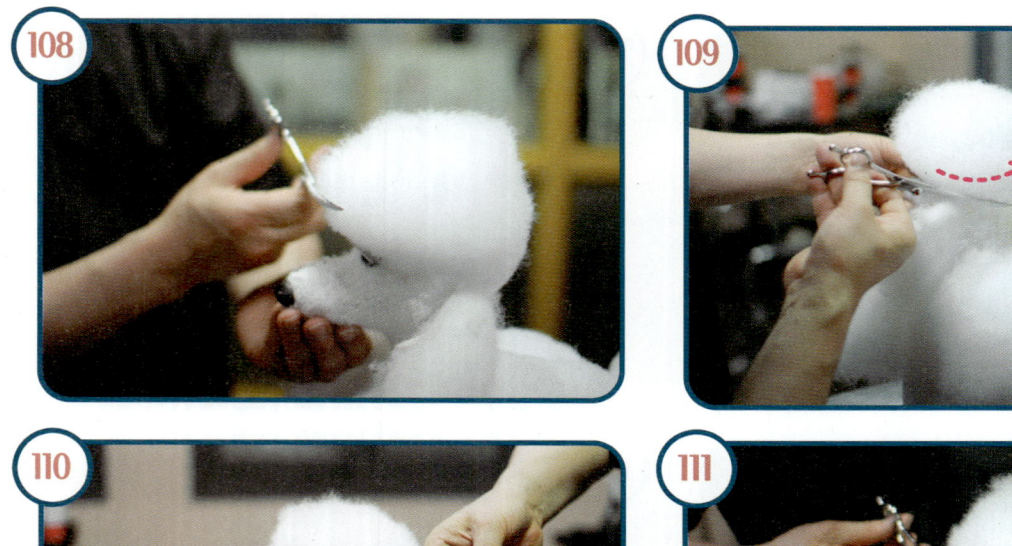

108~111. 눈 앞 45°, 눈 옆 20°, 후두부 20° 정도로 커트한다.

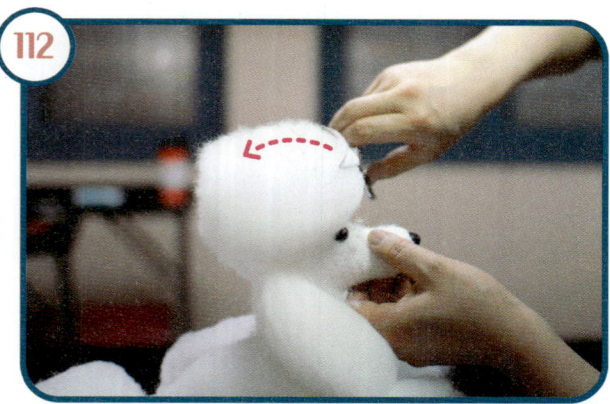

112~114. 머리 전체를 볼륨감 있게 커트한다.

▶ 제2부 반려견스타일리스트 2급

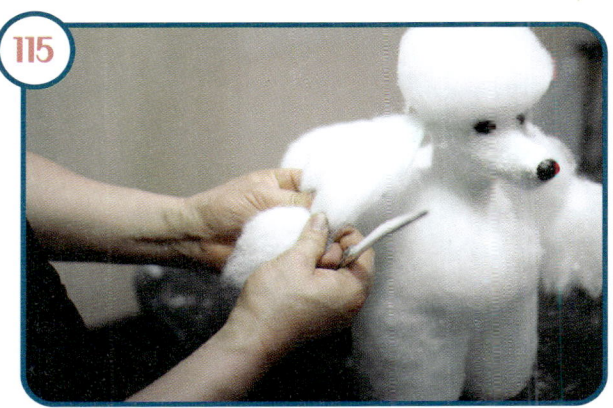

115~117. 좌측 귀 부분의 검정밴드를 풀고, 코밍한 후 커트한다.

TIP 귀 끝 길이 설정은 목 아래 클리핑 지점 또는 약간 아래로 정한다.

▲ **118.** 완성된 모습

119~121. 우측 귀 커트는 반대쪽과 동일한 방법으로 커트한다.

TIP 밴드가 엉켜 풀 수 없을 경우에는 밴드 커트 가위를 사용한다. 일반 커트 가위로 자를 경우 도구의 손상을 가져올 수 있으므로 하지 않는다.

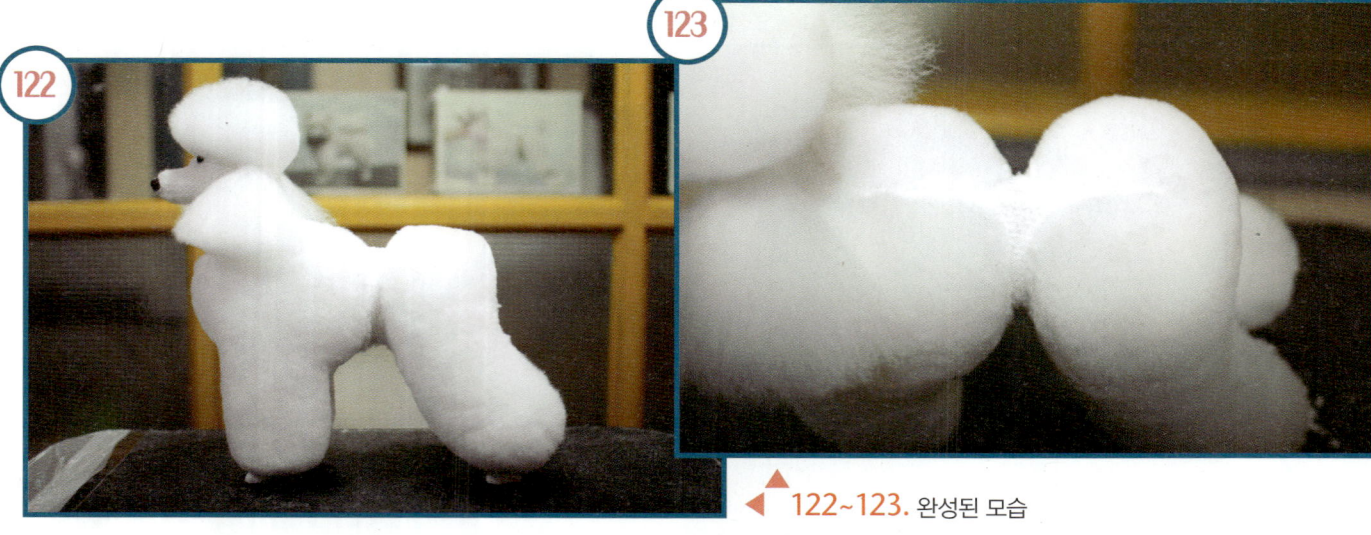

▲ 122~123. 완성된 모습

124. 꼬리 위치 지점의 고무 밴드를 손으로 풀거나, 밴드 커트 가위로 자른다.

125. 꼬리 위치에 꼬리 플라스틱 재질이 잘 들어갈 수 있도록 겸자로 천을 뚫어준다.

126~127. 사진과 같은 방법으로 배 아랫부분을 손으로 받치고, 꼬리를 끼워준다.

TIP 손으로 배 부분을 받치지 않을 경우, 꼬리를 끼우는 힘이 가해져 다리가 벌어질 수 있음을 주의한다.

128. 꼬리 위를 잡고 밑으로 코밍한다.

▶ 제2부 반려견스타일리스트 2급

129~131. 꼬리 밑 부분을 라운딩 형태로 커트한다.

132~135. 꼬리 전체에 둘레를 사각으로 초벌 커트한다.

136. 꼬리 전체를 둥글게 커트한다.

▼ **137.** 완성된 모습

138. 꼬리 외에 전체 (뒷다리, 앞다리, 몸통, 가슴, 머리, 귀)를 가볍게 코밍해 준다.

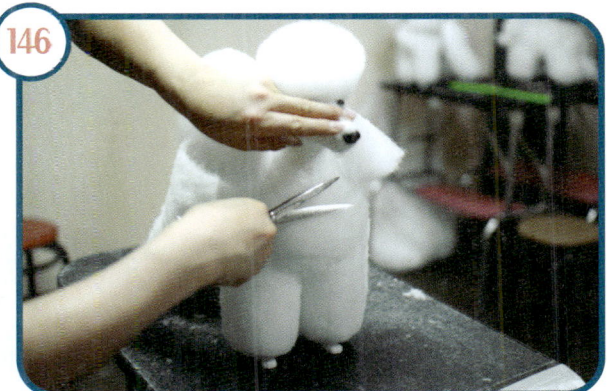

145~146. 몸통과 앞다리 전체 부위를 다듬어 준다.

147. 귀 끝에 튀어나온 털을 다듬어 준다.

148. 머리 전체에 튀어나온 털들을 다듬어 준다.

139~144. 커트된 꼬리털로 인해 흐트러진 뒷다리 부분을 다듬어 준다.

19) 치 클립 완성

Memo

반려견스타일리스트

3급

필기시험

1 애완동물 일반 미용

1. 금색에 빨강이 있는 담황색을 뜻하는 용어는?
   ① 골드(gold)
   ② 데드 그래스(dead grass)
   ③ 골든 버프(golden buff)
   ④ 레드(red)
   ⑤ 루비(ruby)

2. 흰색, 검은색, 황갈색의 반점을 뜻하는 용어는?
   ① 허니(honey)
   ② 페퍼 앤 솔트(pepper and solt)
   ③ 하운드 마킹(hound marking)
   ④ 키스 마크(kiss mark)
   ⑤ 티킹(ticking)

3. 옅은 황색의 털, 황색이 스민 것같이 보이는 색을 뜻하는 용어는?
   ① 마호가니(mahogany)   ② 레몬(lemon)
   ③ 리버(liver)   ④ 휘튼(wheaten)
   ⑤ 맨틀(mantle)

4. 황금색을 뜻하는 용어는?
   ① 골드(gold)   ② 루비(ruby)
   ③ 브론즈(bronze)   ④ 브린들(brindle)
   ⑤ 오렌지(orange)

5. 맨체스터테리어의 발가락에 있는 검은 선을 뜻하는 용어는?
   ① 페퍼(pepper)   ② 펜실링(penciling)
   ③ 팰로(fallow)   ④ 파티컬러(parti-color)
   ⑤ 트라이컬러(tri-color)

6. 금색에 검은색이 조금 섞인 색의 명칭은?
   ① 팰로(fallow)   ② 할리퀸(harlequin)
   ③ 파티컬러(parti-color)   ④ 에이프리코트(apricot)
   ⑤ 화운(faun)

7. 폴트 컬러(fault color), 부정 모색. 바람직하지 못한 반점이나 모색을 뜻하는 용어는?
   ① 파울 컬러(foul color)   ② 티킹(ticking)
   ③ 크림(cream)   ④ 트라이컬러(tri-color)
   ⑤ 휘튼(wheaten)

8. 흑색 계통 털에 회색이나 적색이 섞인 색을 뜻하는 용어는?
   ① 그루즐(gruzzle)   ② 실버 그레이(silver gray)
   ③ 실버(sliver)   ④ 트레이스(trace)
   ⑤ 펜실링(penciling)

9. 벌꿀 색, 연한 적황갈색을 뜻하는 용어는?
   ① 하운드 마킹(hound marking)
   ② 화운(faun)
   ③ 샌드(sand)
   ④ 허니(honey)
   ⑤ 비버(beaver)

10. 폰 색의 등줄기를 따른 검은 선을 뜻하는 용어는?
    ① 카페오레(cafe au lait)   ② 칼라(collar)
    ③ 캡(cap)   ④ 트레이스(trace)
    ⑤ 제트 블랙(get black)

11. 특별히 도드라지는 색 없이 여러 색으로 반점을 만드는 색. 불규칙한 반점을 뜻하는 용어는?
    ① 세이블(sable)   ② 대플(dapple)
    ③ 설반(舌班)   ④ 브리칭(breeching)
    ⑤ 벨튼(belton)

12. 흰색 바탕에 검은색이나 그레이의 불규칙한 반점이 있는 것으로 하얀색 바탕에 찢긴 것 같은 검은 반점무늬를 뜻하는 용어는?
    ① 펜실링(penciling)   ② 할리퀸(harlequin)
    ③ 캡(cap)   ④ 이사벨라(isabela)
    ⑤ 비버(beaver)

13. 엷은 다갈색으로 마른 풀색을 뜻하는 용어는?
    ① 마호가니(mahogany)   ② 새들(saddle)
    ③ 배저(badger)   ④ 데드 그래스(dead grass)
    ⑤ 스폿(spot)

14. 금색의 바탕색에 호랑이무늬가 있는 것을 뜻하는 용어는?
    ① 타이거 브린들(tiger breindle)
    ② 초콜릿(chocolate)
    ③ 옐로(yellow)
    ④ 에이프리코트(apricot)
    ⑤ 알비노(albino)

15. 녹슨 색의 탠을 뜻하는 용어는?
① 벨튼(belton)   ② 섬 마크(thumb mark)
③ 러스트 탠(rust tan)   ④ 맨틀(mantle)
⑤ 탠(tan)

16. 반점. 흰색 바탕에 검정이나 리버 스폿이 전신에 무늬를 뜻하는 단어는?
① 스틸 블루(steel blue)   ② 스폿(spot)
③ 세이블(sable)   ④ 설반(舌班)
⑤ 셀프 컬러(self color)

17. 진한 밤색을 뜻하는 용어는?
① 루비(ruby)   ② 마스크(mask)
③ 블루 블랙(blue black)   ④ 울프 그레이(wolf gray)
⑤ 에이프리코트(apricot)

18. 패스턴에서 볼 수 있는 검은색 반점을 뜻하는 용어는?
① 블레이즈(blaze)   ② 블루 블랙(blue black)
③ 비버(beaver)   ④ 샌드(sand)
⑤ 섬 마크(thumb mark)

19. 진한 적갈색, 붉은 간장 색을 뜻하는 용어는?
① 마호가니(mahogany)
② 배저 마킹(badger marking)
③ 브리칭(breeching)
④ 블레이즈(blaze)
⑤ 리버(liver)

20. 체스트너트(chestnut)의 정의는?
① 초콜릿색, 검은 적갈색
② 밤색, 적갈색
③ 밝은 적황갈색, 살구색
④ 순수한 검은색.
⑤ 회색

21. 이마, 주둥이 부위가 검은 것으로 블랙 마스크를 뜻하는 용어는?
① 화이트(white)   ② 피그멘테이션(pigmentation)
③ 키스 마크(kiss mark)   ④ 마스크(mask)
⑤ 퓨스(puce)

22. 체스트너트 레드, 적갈색을 뜻하는 용어는?
① 머즐 밴드(muzzle band)
② 블랭킷(blanket)
③ 포인츠(points)
④ 마호가니(mahogany)
⑤ 실버 블랙(silver black)

23. 검정, 블루, 그레이의 배색을 뜻하는 용어는?
① 멀(merle)
② 블랙 앤드 탠(black and tan)
③ 셀프 마크드(self marked)
④ 스모크(smoke)
⑤ 슬레이트 블루(slate blue)

24. 다음 중 알비니즘에 대한 설명이 아닌 것은?
① 백화현상
② 색소 결핍증
③ 유색 견이 흰색 양말을 신은 것 같은 무늬
④ 피부, 털, 눈 등에 색소가 발생하지 않는 현상
⑤ 유전적 원인에 의해 발생된다.

25. 목, 귀에 탠이나 다른 색의 반점이 있는 것으로 그레이, 진회색, 화이트가 섞인 오소리 색 반점을 뜻하는 용어는?
① 맨틀(mantle)   ② 배저 마킹(badger marking)
③ 블루 마블(blue marble)   ④ 실버 버프(silver buff)
⑤ 블루(blue)

26. 그레이, 진회색, 화이트가 섞인 모색을 뜻하는 용어는?
① 그레이(gray)
② 론(roan)
③ 마우스 그레이(mouse gray)
④ 마킹(marking)
⑤ 배저(badger)

27. 전체적으로 어두운 녹색에 털끝이 약간 붉은 색을 뜻하는 용어는?
① 블랙 마스크(black mask)
② 브로큰 컬러(broken color)
③ 브론즈(bronze)
④ 머스터드(mustard)
⑤ 브라운(brown)

28. 실버 버프(silver buff)의 정의는?
① 부드럽고 연한 느낌의 담황색
② 반점. 흰색 바탕에 검정이나 리버 스폿이 전신에 무늬
③ 거무스름한 옅은 흑색의 연기 색
④ 은색의 하얀색 같은 담황색
⑤ 검은 털 속에 은색 털이 섞인 것

29. 브리칭(breeching)의 정의는?
① 목, 꼬리 사이의 등, 몸통 쪽에 넓게 있는 모색
② 검은색 개의 대퇴부 안쪽과 후방의 탠 반점
③ 말안장을 얹은 것 같은 검은색 반점
④ 거무스름한 옅은 흑색의 연기 색
⑤ 푸른 동색, 청동색

30. 에이프리코트(apricot)의 정의는?
① 밝은 적황갈색, 살구색
② 노란색. 여우 색부터 크림색까지 범위가 매우 다양함
③ 블루멀(blue merle). 검정, 블루, 그레이가 섞인 대리석 색
④ 브라운과 그레이가 섞인 색
⑤ 양 눈과 눈 사이에 중앙을 가르는 가늘고 긴 백색의 선

31. 브린들(brindle)의 정의는?
① 브라운과 그레이가 섞인 색
② 모래색
③ 연한 밤색
④ 바탕색에 다른 색의 무늬가 존재하는 털
⑤ 부정 모색. 바람직하지 못한 반점이나 모색

32. 셀프 마크드(self marked)의 정의는?
① 가슴, 발가락, 꼬리 끝에 흰색이나 청색 반점을 가진 한 가지 색으로 주로 검은색을 띰
② 솔리드 컬러(solid color), 단일색
③ 담황색
④ 흰색 바탕에 한 가지나 두 가지의 명확한 독립적인 반점이 있는 것
⑤ 단일색인 모색이 파괴된 것

33. 블랙 마스크(black mask)의 정의는?
① 양 눈과 눈 사이에 중앙을 가르는 가늘고 긴 백색의 선
② 유색 견이 흰색 양말을 신은 것 같은 무늬
③ 이마 또는 주둥이 부분이 검은 것
④ 푸른 동색, 청동색
⑤ 선천적 색소 결핍증

34. 블랭킷(blanket)의 정의는?
① 양 눈과 눈 사이에 중앙을 가르는 가늘고 긴 백색의 선
② 목, 꼬리 사이의 등, 몸통 쪽에 넓게 있는 모색
③ 가슴, 발가락, 꼬리 끝에 흰색이나 청색 반점을 가진 한 가지 색으로 보통은 검은색을 띰
④ 노란색. 여우 색부터 크림색까지 범위가 매우 다양함
⑤ 목 주변을 감싸는 폭 넓은 흰색 반점

35. 탠(tan)의 정의는?
① 흰색 바탕에 한 가지나 두 가지의 명확한 독립적인 반점이 있는 것
② 안면, 귀, 사지 및 꼬리의 모색. 보통은 흰색, 검은색, 탠 등임
③ 흰색 바탕에 검은색이나 그레이의 불규칙한 반점이 있는 것. 순백색 바탕에 찢긴 것 같은 검은 반점무늬가 있음
④ 황갈색. 짙은 것은 리치 탠, 엷은 것은 라이트 탠이라고 부른다.
⑤ 주둥이 부분이 검은 것

36. 블레이즈(blaze)의 정의는?
① 검은 것 같은 청색으로 농도의 폭이 넓음. 보통 태어날 때는 검은색이나 성장하며 블루로 변함.
② 검은 모색의 견종의 볼에 있는 진회색 반점
③ 담황색
④ 양 눈과 눈 사이에 중앙을 가르는 가늘고 긴 백색의 선
⑤ 후추 색. 어두운 푸른 계통의 검은색에서 밝은 은회색까지 다양함.

37. 블루 마블(blue marble)의 정의는?
① 암갈색
② 단일색. 몸 전체 모색이 같은 것
③ 검정, 블루, 그레이가 섞인 대리석 색
④ 블루에 털끝이 검은 털
⑤ 흰색 바탕에 한 가지나 두 가지의 명확한 독립적인 반점이 있는 것

38. 블루(blue)의 정의는?
① 푸른 동색, 청동색
② 피모의 멜라닌 색소 과립 침착 상태
③ 검은 것 같은 청색으로 농도의 폭이 넓다. 보통 태어날 때는 검은색을 띠며 성장하면서 블루로 변한다.
④ 검은 털 속에 은색 털이 섞인 것
⑤ 금색에 빨강이 있는 담황색

39. 비버(beaver)의 정의는?
① 브라운과 그레이가 섞인 색
② 말안장을 얹은 것 같은 검은색 반점
③ 반점이 있는 혀
④ 가슴, 발가락, 꼬리 끝에 흰색이나 청색 반점을 가진 한 가지 색으로 보통은 검은색을 띰.
⑤ 모래색

40. 새들(saddle)의 정의는?
① 말안장을 얹은 것 같은 검은색 반점
② 반점. 흰색 바탕에 검정이나 리버 스폿이 전신에 무늬
③ 밝은 회색, 은색
④ 색소 결핍증
⑤ 목 주변을 감싸는 폭 넓은 흰색 반점

41. 세이블(sable)의 정의는?
① 금색의 바탕색에 호랑이무늬가 있는 것
② 거무스름한 옅은 흑색의 연기 색
③ 연한 기본 모색에 검은색 털이 섞여 있거나 겹쳐 있는 것
④ 부정 모색. 바람직하지 못한 반점이나 모색
⑤ 검은색과 흰색의 혼합

42. 스틸 블루(steel blue)의 정의는?
① 검정, 블루, 그레이가 섞인 대리석 색
② 검은 회색의 블루, 회색이 있는 청색
③ 블루에 털끝이 검은 털
④ 푸른 동색, 청동색
⑤ 주둥이 부분이 검은 것

43. 설반(舌班)의 정의는?
① 반점이 있는 혀
② 패스턴에서 볼 수 있는 검은색 반점
③ 목, 꼬리 사이의 등, 몸통 쪽에 넓게 있는 모색
④ 전체적으로 어두운 녹색에 털끝이 약간 붉은 색
⑤ 부드럽고 연한 느낌의 담황색

44. 배저(badger)의 정의는?
① 갈색, 다갈색
② 마른 나뭇잎 색, 황갈색, 적색
③ 검은 털 속에 은색 털이 섞인 것
④ 밤색, 적갈색
⑤ 그레이, 진회색, 화이트가 섞인 모색

45. 칼라(collar)의 정의는?
① 검은색과 흰색의 혼합
② 맨체스터테리어의 발가락에 있는 검은 선
③ 벌꿀 색, 연한 적황갈색
④ 목 주변을 감싸는 폭 넓은 흰색 반점
⑤ 옅은 황색의 털, 황색이 스민 것같이 보이는 색

46. 트라이컬러(tri-color)의 정의는?
① 세 가지가 섞인 색
② 순수한 검은색
③ 회색 어두운 정도의 색깔 혼합 비율이 다양함.
④ 오렌지색
⑤ 밝은 회색, 은색

47. 러스트 탠(rust tan)의 정의는?
① 마른 나뭇잎 색, 황갈색, 적색
② 진한 적갈색, 붉은 간장 색
③ 녹슨 색의 탠
④ 검은 회색의 블루, 회색이 있는 청색
⑤ 반점이 있는 혀

48. 브로큰 컬러(broken color)의 정의는?
① 그레이, 진회색, 화이트가 섞인 모색
② 검은 것 같은 청색으로 농도의 폭이 넓다.
③ 반점으로 부위에 따라 분포와 크기가 다양하다.
④ 엷은 다갈색으로 마른 풀색, 데드 리프라고도 한다.
⑤ 단일색인 모색이 파괴된 것

49. 알비니즘(albinism)의 정의는?
① 금색어 빨강이 있는 담황색
② 백화 현상으로 피부, 털, 눈 등에 색소가 발생하지 않는 이상 현상이다.
③ 흑색 계통 털에 회색이나 적색이 섞인 색
④ 쥐색
⑤ 진한 밤색

50. 파티컬러(parti-color)의 정의는?
① 두 가지 색의 구분된 반점의 색깔로 보통 흰 바탕에 윤곽이 뚜렷한 갈색 또는 검은색 반점이 있다.
② 후추 색, 어두운 푸른 계통의 검은색에서 밝은 은회색까지 다양함.
③ 선천적 색소 결핍증
④ 밝은 적황갈색, 살구색
⑤ 금색의 바탕색에 호랑이무늬가 있는 것

정답 및 해설

1	③	2	③	3	④	4	①	5	②
6	⑤	7	①	8	①	9	④	10	④
11	②	12	②	13	④	14	①	15	③
16	②	17	①	18	⑤	19	⑤	20	②
21	④	22	④	23	①	24	③	25	②
26	⑤	27	③	28	④	29	③	30	①
31	④	32	③	33	①	34	③	35	④
36	④	37	③	38	③	39	①	40	①
41	③	42	④	43	①	44	⑤	45	④
46	①	47	③	48	⑤	49	②	50	①

1. ① 골드(gold) : 황금색
   ② 데드 그래스(dead grass): 엷은 다갈색으로 마른 풀색, 데드 리프라고도 함.
   ④ 레드(red): 마른 나뭇잎 색, 적색, 황갈색
   ⑤ 루비(ruby): 진한 밤색

2. ① 허니(honey): 벌꿀 색, 연한 적황갈색
   ② 페퍼 앤 솔트(pepper and solt): 검은색과 흰색의 혼합
   ④ 키스 마크(kiss mark): 도베르만핀셔와 같이 검은 모색 견종의 볼에 있는 진회색 반점
   ⑤ 티킹(ticking): 흰색 바탕에 한 가지나 두 가지의 명확한 독립적인 반점이 있는 것

3. ① 마호가니(mahogany): 체스트너트 레드 또는 적갈색
   ② 레몬(lemon): 레몬색
   ③ 리버(liver): 진한 적갈색, 붉은 간장 색
   ⑤ 맨틀(mantle): 어깨, 등, 몸통 양쪽에 망토를 걸친 듯한 크고 진한 반점이 있는 것으로 세인트버나드 등이 있다.

4. ② 루비(ruby): 진한 밤색
   ③ 브론즈(bronze): 전체적으로 어두운 녹색에 털끝이 약간 붉은 색
   ④ 브린들(brindle): 바탕색에 다른 색의 무늬가 존재하는 털로 어두운 바탕색에 밝은 모색이 섞이거나 밝은 바탕색에 어두운 모색이 섞인 것
   ⑤ 오렌지(orange): 오렌지색

5. ① 페퍼(pepper): 후추 색, 어두운 푸른 계통의 검은색에서 밝은 은회색까지 다양하다.
   ③ 팰로(fallow): 담황색
   ④ 파티컬러(parti-color): 두 가지 색의 구분된 반점의 색깔로 보통 흰 바탕에 윤곽이 뚜렷한 갈색 또는 검은색 반점이 있다.
   ⑤ 트라이컬러(tri-color): 세 가지가 섞인 색

6. ② 할리퀸(harlequin): 흰색 바탕에 검은색이나 그레이의 불규칙한 반점이 있는 것으로 순백색 바탕에 찢긴 것 같은 검은 반점무늬가 있음.
   ④ 에이프리코트(apricot): 밝은 적황갈색, 살구색

7. ③ 크림(cream): 크림색

8. ② 실버 그레이(silver gray): 마우스 그레이보다 밝은 은색이 도는 회색
   ③ 실버(sliver): 밝은 회색, 은색
   ④ 트레이스(trace): 퍼그의 등줄기처럼 폰 색의 등줄기를 따른 검은 선

9. ③ 샌드(sand): 모래색
   ⑤ 비버(beaver): 브라운과 그레이가 섞인 색

10. ① 카페오레(cafe au lait): 커피 우유색
    ② 칼라(collar): 목 주변을 감싸는 폭 넓은 흰색의 반점. 예) 콜리
    ③ 캡(cap): 캡을 쓴 것 같은 두 개 위의 어두운 반점
    ⑤ 제트 블랙(get black): 순수 검은색

11. ① 세이블(sable): 연한 기본 모색에 검은색 털이 섞여 있거나 겹쳐 있는 것으로 황색 또는 황갈색 바탕에 털끝이 검은색
    ③ 설반(舌斑): 혀에 반점이 있는 것 예) 차우차우
    ④ 브리칭(breeching): 검은색 개의 대퇴부 안쪽과 후방에 탠의 반점이 있는 것

⑤ 벨튼(belton): 흰색 바탕에 옅은 반점이 흩어져 있는 것

12. ④ 이사벨라(isabela): 연한 밤색

13. ② 새들(saddle): 말안장 모양의 검은색 반점
    ③ 배저(badger): 그레이, 진회색, 화이트가 섞인 모색
    ⑤ 스폿(spot): 반점.

14. ② 초콜릿(chocolate): 초콜릿색, 검은 적갈색
    ③ 옐로(yellow): 노란색. 여우 색부터 크림색까지 범위가 매우 다양하다.
    ⑤ 알비노(albino)): 선천적 색소 결핍증

15. ③ 러스트 탠(rust tan): 녹슨 색의 탠
    ⑤ 탠(tan): 황갈색. 엷은 것은 라이트 탠이라고 부른다.

16. ① 스틸 블루(steel blue): 푸른 동색, 청동색
    ⑤ 셀프 컬러(self color): 단일색

17. ② 마스크(mask): 이마
    ③ 블루 블랙(blue black): 블루에 털끝이 검은 털
    ④ 울프 그레이(wolf gray): 회색, 색의 혼합 비율에 의해 폭이 넓다.

18. ① 블레이즈(blaze): 양 눈과 눈 사이에 중앙을 가르는 가늘고 긴 백색의 선

19. ② 배저 마킹(badger marking): 목, 귀에 탄이나 다른 색의 반점이 있는 것

21. ① 화이트(white): 흰색, 화이트 컬러의 견종은 눈, 입술, 코, 패드, 항문이 검은색이며 이것으로 알비노가 아님을 증명한다.
    ② 피그멘테이션(pigmentation): 피모의 멜라닌 색소 과립 침착 상태
    ⑤ 퓨스(puce): 암갈색

22. ① 머즐 밴드(muzzle band): 주둥이 주위에 흰색 반점이 있는 것으로 보스턴 테리어, 세인트버나드 등이 있다.
    ② 블랭킷(blanket): 목, 꼬리 사이의 등, 몸통 쪽에 넓게 있는 모색으로 아메리칸폭스하운드 등이 있다.
    • 포인츠(points): 안면, 귀, 사지 및 꼬리의 모색. 보통은 흰색, 검은색, 탠 등이 있다.
    • 실버 블랙(silver black): 검은 털 속에 은색 털이 섞인 것으로 스코티시테리어 등이 있다.

23. ② 블랙 앤드 탠(black and tan): 검은 바탕에 양 눈 위, 주둥이 양측, 귀 안쪽, 목, 아랫다리, 항문 주위에 탠이 있는 것
    ③ 셀프 마크드(self marked): 가슴, 꼬리, 발가락 끝에 흰색이나 청색 반점을 가진 한 가지 색으로 보통은 검은색을 띰.
    ④ 스모크(smoke): 거무스름한 엷은 흑색의 연기 색
    ⑤ 슬레이트 블루(slate blue): 검은 회색의 블루, 회색이 있는 청색으로 오스트레일리안 실키테리어 등이 있다.

24. ③ 삭스(socks)에 대한 설명이다.

25. ③ 블루 마블(blue marble): 블루멀(blue merle). 검정, 블루, 그레이가 섞인 대리석 색
    ④ 실버 버프(silver buff): 은색의 하얀색 같은 담황색으로 전체적으로 희게 보이며 은색을 띰.
    ⑤ 블루(blue): 검은 것 같은 청색으로 농도의 폭이 넓음. 보통 태어날 때는 검은색이었다가 성장하면서 블루로 바뀐다.

26. ① 그레이(gray): 회색. 어두운 회색부터 밝은 색까지 다양한 색이 있다.
    ② 론(roan): 흰색 털과 유색의 털이 섞여 있는 것
    ③ 마우스 그레이(mouse gray): 쥐색
    ④ 마킹(marking): 반점. 부위에 따라 분포와 크기가 다양하다.

27. ① 블랙 마스크(black mask): 주둥이 부분이 검은 것
    ② 브로큰 컬러(broken color): 단일색인 모색이 파괴된 것
    ④ 머스터드(mustard): 겨자색, 황색
    ⑤ 브라운(brown): 갈색, 다갈색

28. ① 버프(buff)

2 일반 미용(피부와 털)

1. 언더코트와 오버코트의 이중모 구조의 털을 뜻하는 용어는?
   ① 스무드 코트(smooth coat)
   ② 더블 코트(double coat)
   ③ 스탠드 오프 코트(stand off coat)
   ④ 스트레이트 코트(straight coat)
   ⑤ 싱글 코트(single coat)

2. 단단하고 거친 와이어 코트를 뜻하는 용어는?
   ① 코디드 코트(corded coat)
   ② 와이어 코트(wire coat)
   ③ 스무드 코트(smooth coat)
   ④ 하시 코트(harsh coat)
   ⑤ 스트레이트 코트(straight coat)

3. 목 주변의 풍부한 장식 털을 뜻하는 용어는?
   ① 섀기(shaggy)
   ② 러프(ruff)
   ③ 스테이링 코트(staring coat)
   ④ 에이프런(apron)
   ⑤ 아이래시(eyelash)

4. 외부 병원체로부터 신체를 보호하는 촉각, 온각, 냉각, 통각, 압각 등의 감각 기관을 뜻하는 용어는?
   ① 피부(skin)   ② 펠트(felt)
   ③ 퀼로트(culotte) ④ 위스커(whisker)
   ⑤ 블론(blown)

5. 장모(長毛), 긴 털을 뜻하는 용어는?
   ① 메인 코트(main coat)   ② 아웃 오브 코트(out of coat)
   ③ 롱 코트(long coat)   ④ 오버코트(overcoat)
   ⑤ 울리 코트(woolly coat)

6. 깃발 형태의 꼬리 장식 털을 뜻하는 용어는?
   ① 위스커(whisker)   ② 퀼로트(culotte)
   ③ 팁(tip)   ④ 페셔헤어(festher-hair)
   ⑤ 플럼(plume)

7. 입술과 턱 측면에 난 수염을 뜻하는 용어는?
   ① 섀기(shaggy)   ② 페더링(feathering)
   ③ 새들(saddle)   ④ 머스태시(moustache)
   ⑤ 폴(fall)

8. 목 아래와 가슴의 길고 풍부한 털을 뜻하는 용어는?
   ① 코트(coat)   ② 섀기(shaggy)
   ③ 러프(ruff)   ④ 프릴(frill)
   ⑤ 언더코트(undercoat)

9. 주둥이 주위의 하얀 반점을 뜻하는 용어는?
   ① 몰팅(molting)   ② 머즐 밴드(muzzle band)
   ③ 에이프런(apron)   ④ 역모
   ⑤ 타셀(tassel)

10. 정수리에서 안면부로 늘어져 내린 털을 뜻하는 용어는?
    ① 팁(tip)   ② 톱 노트(top knot)
    ③ 폴(fall)   ④ 피부(skin)
    ⑤ 비어드(beard)

11. 몸의 중심이 되는 털을 뜻하는 용어는?
    ① 스테이링 코트(staring coat)
    ② 오버코트(overcoat)
    ③ 코디드 코트(corded coat)
    ④ 와이어 코트(wire coat)
    ⑤ 메인 코트(main coat)

12. 털이 엉켜서 굳은 상태를 뜻하는 용어는?
    ① 피부(skin)   ② 타셀(tassel)
    ③ 펠트(felt)   ④ 에이프런(apron)
    ⑤ 몰팅(molting)

13. 자연스러운 계절적인 환모를 뜻하는 용어는?
    ① 몰팅(molting)   ② 에이프런(apron)
    ③ 위스커(whisker) ④ 톱 노트(top knot)
    ⑤ 프릴(frill)

14. 스코티시테리어의 머리, 귀 주변에 남겨진 장식 털을 뜻하는 용어는?
    ① 페셔헤어(festher-hair) ② 트라우저스(trousers)
    ③ 페더링(feathering)   ④ 러프(ruff)
    ⑤ 블론(blown)

15. 환모기의 털을 뜻하는 용어는?
    ① 스커트(skirt)
    ② 싱글 코트(single coat)
    ③ 아웃 오브 코트(out of coat)
    ④ 블론(blown)
    ⑤ 컬리 코트(curly coat)

16. 프린지(fringe), 귀·다리·꼬리·몸통 등에 있는 깃털 모양의 장식 털을 뜻하는 용어는?
① 웨이비 코트(wavy coat) ② 페더링(feathering)
③ 에이프런(apron) ④ 플럼(plume)
⑤ 스커트(skirt)

17. 입 주위의 털을 뜻하는 용어는?
① 에이프런(apron) ② 코트(coat)
③ 폴(fall) ④ 파일(pile)
⑤ 비어드(beard)

18. 두껍고 많은 언더코트를 뜻하는 용어는?
① 와이어 코트(wire coat)
② 오버코트(overcoat)
③ 스테이링 코트(staring coat)
④ 파일(pile)
⑤ 스무드 코트(smooth coat)

19. 등 부분에 넓은 안장 같은 반점을 뜻하는 용어는?
① 섀기(shaggy) ② 위스커(whisker)
③ 새들(saddle) ④ 아이래시(eyelash)
⑤ 톱 노트(top knot)

20. 꼬리 끝의 하얀색 털을 뜻하는 용어는?
① 타셀(tassel) ② 울리 코트(woolly coat)
③ 팁(tip) ④ 비어드(beard)
⑤ 더블 코트(double coat)

21. 올드잉글리시시프도그와 같은 덥수룩한 털을 뜻하는 용어는?
① 스탠드 오프 코트(stand off coat)
② 롱 코트(long coat)
③ 섀기(shaggy)
④ 러프(ruff)
⑤ 에이프런(apron)

22. 다량의 긴 털이 뒷다리에 자라난 헐렁헐렁한 판탈롱을 뜻하는 용어는?
① 트라우저스(trousers) ② 페셔헤어(festher-hair)
③ 실키 코트(silky coat) ④ 머스태시(moustache)
⑤ 퀼로트(culotte)

23. 단모(短毛), 짧은 털을 뜻하는 용어는?
① 컬리 코트(curly coat) ② 퀼로트(culotte)
③ 언더코트(undercoat) ④ 스무드 코트(smooth coat)
⑤ 하시 코트(harsh coat)

24. 정수리 부분의 긴 장식 털을 뜻하는 용어는?
① 페더링(feathering) ② 싱글 코트(single coat)
③ 머즐 밴드(muzzle band) ④ 아이브로(eyebrow)
⑤ 톱 노트(top knot)

25. 에이프런 아랫부분의 긴 장식 털을 뜻하는 용어는?
① 스트레이트 코트(straight coat)
② 스커트(skirt)
③ 아이래시(eyelash)
④ 파일(pile)
⑤ 섀기(shaggy)

26. 타셀(tassel)의 정의는?
① 꼬리 끝의 하얀색 털
② 귀 끝에 남기는 장식 털
③ 목 주위의 풍부한 장식 털
④ 깃발 모양의 꼬리 장식 털
⑤ 입 주위의 털

27. 스탠드 오프 코트(stand off coat) 정의는?
① 뻣뻣하고 강한 모질로 상모가 단단하고 바삭거린다.
② 오버코트와 언더코트의 이중모 구조의 털
③ 정수리 부위의 긴 장식 털
④ 속눈썹
⑤ 개립모(開立毛), 꼿꼿하게 선 모양의 털로 스피츠, 포메라니안 등이 있다.

28. 퀼로트(culotte) 정의는?
① 털이 엉켜서 굳은 상태
② 거칠고 단단한 코트
③ 양모상의 털로 북방 견종에게 많다. 워터도그의 코트에는 방수 효과가 있다.
④ 뒷다리의 부위의 긴 장식 털
⑤ 한 겹의 털

29. 스테이링 코트(staring coat) 정의는?
① 건조하고 거칠며 상태가 나빠진 털로 질병이 있거나 영양 상태가 안 좋을 경우 나타난다.
② 개립모(開立毛), 꼿꼿하게 선 모양의 털로 스피츠, 포메라니안 등의 견종이 있다.
③ 털 결에서 반대로 자란 털로 주로 목이나 항문에 있음.
④ 외부 병원체로부터 신체를 보호하는 촉각, 온각, 냉각, 통각, 압각 등의 감각 기관
⑤ 승상모(繩狀毛), 언더코트와 오버코트가 자연스럽게 얽혀 있는 새끼줄 모양의 털

30. 코트(coat) 정의는?
   ① 두껍고 많은 언더코트
   ② 깃발 모양 꼬리의 장식 털로 잉글리시세터 등이 있다.
   ③ 털, 외부 온도 변화와 외상으로부터 피부를 보호하며 품종에 따라 모색, 강도, 털의 성질이 다양하다.
   ④ 정수리에서 안면부로 늘어져 내린 털
   ⑤ 다량의 긴 털이 뒷다리 부위에 자라난 헐렁헐렁한 판탈롱

31. 스트레이트 코트(straight coat) 정의는?
   ① 파상모(波状毛)로 상모에 웨이브가 있는 털
   ② 입술과 턱 측면에 난 수염
   ③ 부드럽고 광택이 있는 실크 같은 긴 모질
   ④ 직립모(直立毛)로 구불거리지 않는 직선의 털
   ⑤ 오버코트와 언더코트의 이중모 구조의 털

32. 코디드 코트(corded coat) 정의는?
   ① 스코티시테리어의 머리와 귀 주변에 남겨진 장식 털
   ② 언더코트와 오버코트가 자연스럽게 엉킨 새끼줄 모양의 털
   ③ 아래 털, 하모(下毛), 부모(副毛), 체온을 유지하고 조절하거나 방수성을 가진다.
   ④ 모량이 부족하거나 탈모된 상태
   ⑤ 목 주위의 풍부한 장식 털

33. 실키 코트(silky coat)의 정의는?
   ① 환모기의 털
   ② 정수리 부위의 긴 장식 털
   ③ 부드럽고 광택이 있는 실크 같은 긴 모질
   ④ 몸의 중심이 되는 털
   ⑤ 주둥이 볼 양쪽과 아래턱 부위의 길고 단단한 털

34. 컬리 코트(curly coat)의 정의는?
   ① 파상모(波状毛)로 상모에 웨이브가 있는 털
   ② 가슴 부위의 장식 털
   ③ 눈썹 부위의 털
   ④ 자연스러운 계절적인 환모
   ⑤ 곱슬거리는 모질로 권모(捲毛)라고도 한다.

35. 싱글 코트(single coat)의 정의는?
   ① 한 겹의 털
   ② 모량이 부족하거나 탈모된 상태
   ③ 아래 털, 하모(下毛), 부모(副毛), 체온을 유지하고 조절하거나 방수성을 가진 털로 부드럽고 촘촘하게 나 있다.
   ④ 깃발 모양의 꼬리 장식 털
   ⑤ 파상모(波状毛)로 상모에 웨이브가 있는 털

36. 위스커(whisker)의 정의는?
   ① 주둥이 주위의 하얀 반점
   ② 자연스러운 계절적인 환모
   ③ 가슴 부위의 장식 털
   ④ 주둥이 볼 양쪽과 아래턱의 길고 단단한 털로 미니어쳐슈나우저 등이 있다.
   ⑤ 입 주위의 털

37. 아웃 오브 코트(out of coat)의 정의는?
   ① 한 겹의 털
   ② 건조하고 거칠며 상태가 나빠진 털로 질병이 있거나 영양 상태가 안 좋을 경우 나타난다.
   ③ 털 결에서 반대로 자란 털로 주로 목이나 항문에 있음.
   ④ 모량이 부족하거나 탈모된 상태
   ⑤ 뒷다리의 부위의 긴 장식 털

38. 웨이비 코트(wavy coat)의 정의는?
   ① 곱슬거리는 모질로 권모(捲毛)라고도 한다.
   ② 상모에 웨이브가 있는 털로 파상모(波状毛)라고도 한다.
   ③ 언더코트와 오버코트가 얽혀 새끼줄 모양으로 된 털
   ④ 모량이 부족하거나 탈모된 상태
   ⑤ 부드럽고 광택이 있는 실크 같은 긴 모질

39. 아이래시(eyelash)의 정의는?
   ① 주둥이 볼 양쪽과 아래턱의 길고 단단한 털
   ② 정수리에서 안면부로 늘어져 내린 털
   ③ 외부 병원체로부터 신체를 보호하는 촉각, 온각, 냉각, 통각, 압각 등의 감각 기관이다.
   ④ 눈썹 부위의 털
   ⑤ 속눈썹

40. 울리 코트(woolly coat)의 정의는?
   ① 양모상의 털로 북방 견종에게 많다. 워터도그의 코트에는 방수 효과가 있다.
   ② 올드잉글리시십도그와 같은 덥수룩한 털
   ③ 곱슬모, 권모(捲毛)
   ④ 상모에 웨이브가 있는 털, 파상모(波状毛)
   ⑤ 두껍고 많은 언더코트

41. 아이브로(eyebrow)의 정의는?
   ① 프린지(fringe), 귀·꼬리·다리·몸통 등에 있는 깃털 모양의 장식 털
   ② 눈썹 부위의 털
   ③ 목 아래와 가슴 부위의 길고 풍부한 털
   ④ 깃발 모양의 꼬리 장식 털
   ⑤ 거칠고 단단한 코트

42. 와이어 코트(wire coat)의 정의는?
    ① 털이 엉켜서 굳은 상태
    ② 건조하고 거칠며 상태가 나빠진 털로 질병이 있거나 영양 상태가 안 좋을 경우 나타난다.
    ③ 뻣뻣하고 강한 형태의 모질로 상모가 단단하고 바삭거린다.
    ④ 위 털, 상모(上毛), 주모(主毛), 외부 환경으로부터 신체를 보호한다. 언더코트보다 굵고 길다.
    ⑤ 오버코트와 언더코트의 이중모 구조의 털

43. 언더코트(undercoat)의 정의는?
    ① 아래 털, 하모(下毛), 부모(副毛), 체온을 유지하고 조절한다. 방수성을 가지며 부드럽고 촘촘하게 나 있다.
    ② 길이가 짧은 털
    ③ 한 겹의 털
    ④ 곱슬거리는 모질
    ⑤ 잉글리시세터 등의 깃발 모양의 꼬리 장식 털

44. 오버코트(overcoat)의 정의는?
    ① 뻣뻣하고 강한 형태의 모질로 상모가 단단하고 바삭거린다.
    ② 몸의 중심이 되는 털
    ③ 스피츠, 포메라니안 등의 꼿꼿하게 선 모양의 털
    ④ 위 털, 상모(上毛), 주모(主毛), 외부 환경으로부터 신체를 보호하며 언더코트보다 굵고 길다.
    ⑤ 구불거리지 않는 직선의 털로 직립모(直立毛)라고도 한다.

45. 에이프런(apron)의 정의는?
    ① 가슴 부위의 장식 털
    ② 뒷다리 부위의 긴 장식 털
    ③ 꼬리 끝의 하얀색 털
    ④ 털이 엉켜서 굳은 상태
    ⑤ 정수리에서 안면부로 늘어져 내린 털

46. 페셔헤어(festher-hair)의 정의는?
    ① 프린지(fringe), 귀 · 꼬리 · 다리 · 몸통 등에 있는 깃털 모양의 장식 털
    ② 정수리에서 안면부로 늘어져 내린 털
    ③ 깃발 모양의 꼬리 장식 털
    ④ 입술과 턱 측면에 난 수염
    ⑤ 스코티시테리어의 머리와 귀 주변에 남겨진 장식 털

47. 더블 코트(double coat)의 정의는?
    ① 에이프런 아랫부분의 긴 장식 털
    ② 오버코트와 언더코트의 이중모 구조의 털
    ③ 아래 털, 하모(下毛), 부모(副毛), 체온을 유지하고 조절하거나 방수성을 가지며 부드럽고 촘촘하게 나 있다.
    ④ 뻣뻣하고 강한 형태의 모질로 상모가 단단하고 바삭거린다.
    ⑤ 두껍고 많은 언더코트

48. 플럼(plume)의 정의는?
    ① 꼬리 끝의 하얀색 털
    ② 털이 엉켜서 굳은 상태
    ③ 깃발 모양의 꼬리 장식 털
    ④ 목 주위의 풍부한 장식 털
    ⑤ 목 아래와 가슴 부위의 길고 풍부한 털

49. 몰팅(molting)의 정의는?
    ① 등 부분에 넓은 안장 모양의 반점
    ② 자연스러운 계절적인 환모
    ③ 귀 끝에 남긴 장식 털
    ④ 환모기의 털
    ⑤ 입 주위의 털

50. 러프(ruff)의 정의는?
    ① 가슴 부위의 장식 털
    ② 정수리 부분의 긴 장식 털
    ③ 털이 엉켜서 굳어 있는 상태
    ④ 목 주변의 풍부한 장식 털
    ⑤ 올드잉글리시시프도그와 같은 덥수룩한 털

정답 및 해설

1	②	2	④	3	②	4	①	5	③
6	⑤	7	④	8	④	9	②	10	③
11	⑤	12	③	13	①	14	①	15	④
16	②	17	⑤	18	④	19	③	20	③
21	③	22	①	23	④	24	⑤	25	②
26	②	27	⑤	28	④	29	①	30	③
31	④	32	②	33	③	34	⑤	35	①
36	④	37	④	38	②	39	⑤	40	①
41	②	42	③	43	①	44	④	45	①
46	⑤	47	②	48	③	49	②	50	④

1. ① 스무드 코트(smooth coat): 단모(短毛), 길이가 짧은 털
   ③ 스탠드 오프 코트(stand off coat): 개립모(開立毛), 꼿꼿하게 선 모양 모양의 털로 스피츠, 포메라니안 등이 있다.
   ④ 스트레이트 코트(straight coat): 직립모(直立毛), 털이 구불거리지 않는 직선 모양의 털
   ⑤ 싱글 코트(single coat): 일중모 구조의 털

2. ① 코디드 코트(corded coat): 승상모(繩狀毛), 언더코트와 오버코트가 자연스럽게 얽혀 있는 새끼줄 모양의 털
   ② 와이어 코트(wire coat): 뻣뻣하고 강한 모질

3. ① 섀기(shaggy): 올드잉글리시시프도그와 같은 덥수룩한 모양의 털
   ③ 스테이링 코트(staring coat): 건조하고 거칠며 상태가 나빠진 털로 질병이 있거나 영양 상태가 안 좋을 경우 나타남.
   ④ 에이프런(apron): 가슴 부분의 장식 털
   ⑤ 아이래시(eyelash): 속눈썹

4. ② 펠트(felt): 털이 엉켜서 굳은 상태
   ③ 퀼로트(culotte): 뒷다리 부분의 긴 장식 털
   ④ 위스커(whisker): 주둥이 볼 양쪽과 아래턱의 길고 단단한 털
   ⑤ 블론(blown): 환모기의 털

5. ① 메인 코트(main coat): 몸의 중심이 되는 털
   ② 아웃 오브 코트(out of coat): 모량이 부족하거나 탈모된 상태
   ④ 오버코트(overcoat): 위 털, 상모(上毛), 주모(主毛), 외부 환경으로부터 신체를 보호하며 언더코트보다 굵고 길다.
   ⑤ 울리 코트(woolly coat): 양모상의 털로 북방 견종에게 많다. 워터도그의 코트에는 방수 효과가 있다.

6. ③ 팁(tip): 꼬리 끝의 하얀색 털
   ④ 페더헤어(feather-hair): 스코티시테리어의 머리와 귀 주변에 남겨진 장식 털

7. ② 페더링(feathering): 프린지(fringe), 귀·꼬리·다리·콤통 등에 있는 깃털 모양의 장식 털
   ③ 새들(saddle): 등 부위에 넓은 안장 모양의 반점
   ④ 폴(fall): 정수리에서 안면부로 늘어져 내리는 털로 아프간하운드, 스카이테리어 등이 있다.

8. ⊙ 코트(coat): 털, 외부 온도 변화와 외상으로부터 피부를 보호하며 품종에 따라 모색, 강도, 털의 성질이 다양하다.
   ⓒ 언더코트(undercoat): 아래 털, 하모(下毛), 부모(副毛), 체온을 유지하고 조절하거나 방수성을 가지고 있으며 부드럽고 촘촘하게 나 있다.

9. ① 몰팅(molting): 자연스러운 계절적인 환모
   ④ 역모: 털 결에서 반대로 자란 털로 주로 목이나 항문에 있음.
   ⑤ 타셀(tassel): 베들링턴테리어 등의 귀 끝에 남긴 장식 털

10. ④ 톱 노트(top knot): 정수리 부분의 긴 장식 털
    ⑤ 비어드(beard): 입 주위의 털

14. ⑤ 트라우저스(trousers): 다리의 긴 털 뒷다리에 자라는 헐렁헐렁한 판탈롱으로 아프간하운드 견종 등이 있다.

15. ① 스커트(skirt): 에이프런 아랫부분의 긴 장식 털
    ⑤ 컬리 코트(curly coat): 권모(捲毛), 곱슬거리는 모

16. ① 웨이비 코트(wavy coat): 파상모(波狀毛), 상모에 웨이브가 있는 털

17. ④ 파일(pile): 두껍고 많은 언더코트

22. ③ 실키 코트(silky coat): 부드럽고 광택이 있는 길고 실크 같은 모질

24. ④ 아이브로(eyebrow): 눈썹 부위의 털

3 애완동물 쇼 미용

1. 세계 최초의 공식적인 도그 쇼의 명칭은?
   ① 월드 도그 쇼   ② 스포팅 도그 쇼
   ③ 크러프트 도그 쇼   ④ 웨스트 민스터
   ⑤ 인터내셔널 도그 쇼

2. 도그 쇼의 목적으로 가장 올바르지 못한 것은?
   ① 모든 견종의 각각의 목적을 지니고 있다.
   ② 심사항목에는 개의 건강미, 상태, 몸의 균형, 성격 등이 있다.
   ③ 초기에는 서로의 사냥견을 평가하기 위한 자리였다.
   ④ 각 견종에는 그 목적에 적합하고 이상적인 신체 구성 등이 있다.
   ⑤ 개의 컨디션에 따라 결과가 달라지지 않도록 훈련한다.

3. 스포팅 도그 쇼에 대한 설명으로 틀린 것은?
   ① 1859년 영국의 뉴캐슬에서 개최되었다.
   ② 귀족들 사이에서 만들어진 자리이다.
   ③ 세계 최초의 공식적인 도그 쇼이다.
   ④ 약 100마리의 포인터와 세터가 출진하였다.
   ⑤ 포인터와 세터가 출진한 사냥개 품평회로 이루어졌다.

4. 도그 쇼에 출진하는 마음가짐으로 올바르지 못한 것은?
   ① 견주와 출진하는 개에게 모두 즐거운 행위가 될 수 있어야 한다.
   ② 자신의 애견과 함께 하루를 즐겁게 보내는 시간이다.
   ③ 같은 취미를 가진 사람과 함께 어울리는 시간이다.
   ④ 자신의 개를 소중히 여기는 마음이 있어야 한다.
   ⑤ 도그 쇼의 순수한 목적을 인지하고 승패를 중요시 하여야 한다.

5. 도그 쇼의 구성인원으로 올바른 것은?
   ① 세컨드 사이   ② 쇼링
   ③ 핸들러   ④ 베이팅
   ⑤ 패이싱

6. 번식을 한 어미 개의 소유자를 가리키는 단어는?
   ① 핸들러   ② 심사위원
   ③ 비치   ④ 스튜어드
   ⑤ 브리더

7. 쇼링 안에서 안내를 해주는 사람을 무엇이라 하는가?
   ① 심사위원   ② 핸들러
   ③ 스튜어드   ④ 브리더
   ⑤ 비치

8. Best In Group의 의미로 올바른 것은?
   ① BOB 수상 견들이 경합하여 선발하는 상
   ② 각 견종 중에서 1위 견
   ③ 해당 도그 쇼 최고의 견
   ④ 해당 도그 쇼 우수상
   ⑤ 해당 도그 쇼 출진상

9. Best In Show의 의미로 올바른 것은?
   ① BIG 견들이 경합하여 선발하는 상, 최고의 견
   ② 도그 쇼 최고의 견
   ③ 각 견종 중에서 1위 견
   ④ BOB 수상 견들이 경합하여 선발하는 상
   ⑤ 해당 도그 쇼 출진상

10. 도그 쇼 미용을 능숙하게 하기 위한 자세로 틀린 것은?
    ① 견종 특성을 잘 나타내어야 한다.
    ② 견종 표준을 이해하고 있어야 한다.
    ③ 각 국가와 단체별로 미용 규정이 다를 수 있으니 미리 확인한다.
    ④ 견종 표준에 맞는 미용을 하여야 한다.
    ⑤ 개의 좋지 못한 부위를 미용으로 감추는 것이 목적이다.

11. 다음 중 도그 쇼 진행 방법이 아닌 것은?
    ① 업 앤 다운   ② 트라이앵글
    ③ ㄱ자형   ④ 개체 심사
    ⑤ 라운딩

12. 사냥꾼과 함께 사냥을 하는 개로 사냥감을 지목하거나 새를 날아오르게 하는 등의 견종이 속해 있는 그룹은?
    ① 스포팅그룹   ② 토이 그룹
    ③ 워킹 그룹   ④ 하운드 그룹
    ⑤ 논스포팅 그룹

13. 시각과 후각을 사용하여 스스로 사냥을 하며 사냥감을 궁지에 몰아넣는 견종이 속해 있는 그룹은?
    ① 워킹 그룹   ② 하운드 그룹
    ③ 토이 그룹   ④ 목축 그룹
    ⑤ 논스포팅 그룹

14. 다음 중 워킹 그룹에 속하는 견종을 모두 고르시오.
    ① 아프간하운드   ② 불테리어
    ③ 마스티프   ④ 치와와
    ⑤ 복서

15. 테리어 그룹에 대한 내용으로 올바른 것은?
   ① 라사압소는 테리어 그룹에 속한다.
   ② 테리어라는 이름은 땅이라는 라틴어 '테라'에서 유래되었다.
   ③ 집과 가축을 지키며, 경찰견, 군견으로도 활약한다.
   ④ 새를 날아오르게 하거나 사냥감을 회수해 오기도 한다.
   ⑤ 웰시코기는 테리어 그룹에 속한다.

16. 다음 중 토이 그룹에 속하는 견종은?
   ① 차이니스크레스티드   ② 노리치테리어
   ③ 아키타   ④ 휘핏
   ⑤ 비글

17. 다른 그룹에 포함되지 않으며 다양한 특성을 가진 견종들의 구성으로 비숑프리제와 차우차우등이 속해 있는 그룹은?
   ① 하운드 그룹   ② 4그룹
   ③ 토이 그룹   ④ 목축 그룹
   ⑤ 논스포팅 그룹

18. FCI 견종 분류로 잘못 짝지어진 것은?
   ① 1그룹: 목양견과 목축견
   ② 3그룹: 테리어
   ③ 9그룹: 반려견과 애완견종
   ④ 5그룹: 후각형 수렵견종
   ⑤ 7그룹: 조렵견종

19. FCI 견종 분류로 올바르게 짝지어진 것은?
   ① 5그룹: 스피츠와 조렵견종
   ② 8그룹: 닥스훈트 견종
   ③ 10그룹: 시각형 수렵견종
   ④ 1그룹: 핀셔
   ⑤ 2그룹: 목양견과 목축견

20. 미국애견협회의 도그 쇼의 표준 미용 규정으로 틀린 것은?
   ① 12개월 미만의 강아지는 퍼피 클립으로 출진한다.
   ② 12개월 이상의 개들은 퍼피 클립이 가능하다.
   ③ 12개월 이상의 개들은 잉글리시 새들 클립이 가능하다.
   ④ 12개월 이상의 개들은 콘티넨털 클립이 가능하다.
   ⑤ 모견이나 종견 클래스는 스포팅 클립이 가능하다.

21. 콘티넨털 클립에 대한 설명으로 올바른 것은?
   ① 머리 위에는 모자 형태로 시저링한다.
   ② 다리의 털은 몸의 털 길이보다 약간 더 길게 시저링해 둔다.
   ③ 엉덩이 위에 둥근 로제트가 있다.
   ④ 뒷다리에 2개의 면도선이 있다.
   ⑤ 클리핑 부위는 얼굴, 목, 발과 꼬리의 밑동이다.

22. 다음 중 아메리칸코커스패니얼의 구성으로 틀린 것은?
   ① 가슴이 깊어 그 가장 밑 지점이 팔꿈치보다 높지 않다.
   ② 엉덩이는 넓으며 꽤 둥글고 근육질이어야 한다.
   ③ 발목은 짧고 튼튼하며 앞다리의 며느리발톱은 제거해도 된다.
   ④ 어깨는 좋은 경사로 누워 위팔뼈와 약 80°를 이루고 있다.
   ⑤ 뒷무릎은 튼튼하고 움직이거나 서 있을 때 미끄러지는 경향이 없다.

23. 애견 단체의 견종별 미용 규정을 분석하는 방법으로 틀린 것은?
   ① 미용하고자 하는 개의 견종 표준서를 확인한다.
   ② 해당 견종의 도그 쇼 사진 및 동영상을 참고하여 비교해 본다.
   ③ 견종 표준서를 읽고 머릿속에 미용 형태를 그려 보며 이해한다.
   ④ 머릿속에 그린 이미지와 해당 견종의 도그 쇼 사진 등의 이미지를 비교해보며 이상적인 미용 형태를 결정한다.
   ⑤ 견종 표준을 기준으로 개의 장단점을 파악하여 보완할 부분과 부각시킬 부분 등을 그려 보도록 한다.

24. 세계 애견연맹의 견종 분류로 올바르게 짝지어 진 것은?
   ① 1그룹: 반려견   ② 3그룹: 테리어
   ③ 5그룹: 닥스훈트 견종   ④ 7그룹: 후각형 수렵견종
   ⑤ 9그룹: 슈나우저

25. 트라이앵글 보행 방법으로 올바른 것은?
   ① 링의 한 변을 곧장 나아가다 제 1코너에서 90°로 돈다.
   ② 제 2코너에서 회전하여 제 1코너로 돌아간다.
   ③ 원의 형태로 보행한다.
   ④ 위아래로 움직이는 보행법
   ⑤ 제 3코너에서 회전하여 심사 위원을 향해 돌아온다.

26. 품종 표준 미용 파악을 하기 위해서 필요한 재료 및 장비를 모두 고르시오.

   | ㄱ. 미용 도구 사용 매뉴얼 |
   | ㄴ. 견종 표준서 |
   | ㄷ. 프린터 |
   | ㄹ. 작업복 |
   | ㅁ. 쇼 미용 매뉴얼 |
   | ㅂ. 컴퓨터 |

   ① ㄱ, ㄴ, ㄷ, ㄹ   ② ㄴ, ㄷ, ㄹ, ㅁ
   ③ ㄴ, ㄷ, ㅁ, ㅂ   ④ ㄷ, ㄹ, ㅁ, ㅂ
   ⑤ ㄷ, ㅁ, ㅂ

27. 비숑프리제, 시바이누가 속한 그룹의 명칭은?
   ① 논스포팅 그룹   ② 토이 그룹
   ③ 목축 그룹   ④ 테리어 그룹
   ⑤ 하운드 그룹

28. 복서, 뉴펀들랜드가 속한 그룹의 명칭은?
   ① 논스포팅 그룹   ② 워킹 그룹
   ③ 목축 그룹   ④ 토이 그룹
   ⑤ 하운드 그룹

29. 아펜핀셔, 이탤리언그레이하운드가 속한 그룹의 명칭은?
   ① 목축 그룹   ② 워킹 그룹
   ③ 토이 그룹   ④ 테리어 그룹
   ⑤ 하운드 그룹

30. 노리치테리어, 미니어처슈나우저가 속한 그룹의 명칭은?
   ① 목축 그룹   ② 워킹 그룹
   ③ 토이 그룹   ④ 스포팅 그룹
   ⑤ 테리어 그룹

31. 다음 그림의 클립 명칭은?

   ① 잉글리시 새들 클립   ② 콘티넨털 클립
   ③ 스포팅 클립   ④ 마이애미 클립
   ⑤ 퍼피 클립

32. 다음 그림의 클립 명칭은?

   ① 퍼피 클립   ② 콘티넨털 클립
   ③ 스포팅 클립   ④ 마이애미 클립
   ⑤ 잉글리시 새들 클립

33. FCI의 견종 분류에서 핀셔, 슈나우저, 몰로시안등의 견종이 포함된 그룹은 몇 그룹인가?
   ① 1그룹   ② 2그룹
   ③ 3그룹   ④ 4그룹
   ⑤ 5그룹

34. 개의 훈련방법으로 올바르지 않은 것은?
   ① 어린 강아지는 짧고 규칙적인 시간에 일정한 장소에서 교육한다.
   ② 즐거워야 한다.
   ③ 일정한 음성과 제스처로 훈련한다.
   ④ 간단하고 규칙적인 단어로 일관되게 훈련한다.
   ⑤ 규칙은 바꾸지 않되 명령어는 주기적으로 바꾸어 준다.

35. 스태그에 대한 설명으로 올바른 것은?
   ① 개는 네 다리로 서 있으며 균형이 흐트러지면 똑바로 서 있지 못한다.
   ② 도그 쇼에서 완벽한 스태그 자세는 개의 본능적인 자세로 많은 연습을 필요로 하지는 않는다.
   ③ 앞발의 체중은 80%이다.
   ④ 개의 시선은 최대한 높은 곳을 향한다.
   ⑤ 뒷발의 체중은 50%이다.

36. 테이블 매너 훈련을 할 때 주의해야 되는 사항으로 틀린 것은?
   ① 테이블 암에 고정하였을 때 애완동물이 불편해 하지 않도록 한다.
   ② 오랜 시간 훈련하여 단기간에 익힐 수 있도록 한다.
   ③ 낙상 사고에 유의한다.
   ④ 개와 눈을 맞추어 심리적으로 안정을 취할 수 있도록 한다.
   ⑤ 한 손을 가슴 부위에 받치고 다른 손으로 부드럽게 감싸 안아 테이블에 조심스럽게 내려놓는다.

37. 테이블 암의 안전장치를 활용하는 방법으로 틀린 것은?
   ① 테이블 암에 목줄을 설치한다.
   ② 목 위치를 설정한 후, 암의 높낮이를 조절한다.
   ③ 목줄은 개의 목젖보다 밑에 위치하게 한다.
   ④ 클램프가 단단하게 고정되었는지 확인한다.
   ⑤ 개가 네 발로 편하게 설 수 있도록 한다.

38. 테이블 위의 미용 매너 훈련으로 올바른 것은?
   ① 앞발의 위치는 옆에서 봤을 때 기갑보다 조금 앞으로 나와 있어야 한다.
   ② 개는 긴장되어 있는 상태여야 한다.
   ③ 개는 전방을 주시하고 무게 중심은 70% 정도가 앞으로 올 수 있게 한다.
   ④ 정면에서 보았을 때 앞의 두 다리는 평행을 이루어야 한다.
   ⑤ 뒷발 허리뼈가 테이블과 60°로 이루게 조정한다.

39. 모델견과의 친화 형성 과정으로 틀린 것은?
   ① 개의 골격, 근육 부위, 피부, 털, 패드, 발톱 등의 상태를 손으로 만져 보며 확인한다.
   ② 개의 건강 상태를 육안으로 확인한다.

③ 부드러운 터치로 개를 안정시킨다.
④ 한 손을 가슴 부위에 받히고 다른 손으로 개를 부드럽게 감싸 안아 테이블 위에 조심스럽게 올린다.
⑤ 눈을 맞추는 행위는 개가 긴장을 하므로 피한다.

40. 모델견과의 친화 형성 과정으로 올바른 것을 모두 고르시오.

> ㄱ. 개를 부드럽게 감싸 안아 테이블 위에 조심스럽게 내려 놓는다.
> ㄴ. 클램프가 제대로 고정되었는지 확인한다.
> ㄷ. 부드러운 터치로 개를 먼저 안정시킨다.
> ㄹ. 눈을 맞추어 개가 심리적으로 안정을 취할 수 있도록 해준다.

① ㄱ
② ㄱ, ㄴ
③ ㄱ, ㄷ
④ ㄱ, ㄴ, ㄷ
⑤ ㄱ, ㄷ, ㄹ

41. 테이블 위의 미용 매너 훈련에 대한 올바른 설명을 모두 고르시오.

> ㄱ. 손으로 개를 반복적으로 터치하여 미용 도구에 의한 자극에 익숙해지도록 한다.
> ㄴ. 개가 긴장하지 않은 상태에서 네 발로 편하게 설 수 있도록 한다.
> ㄷ. 개가 편안한 상태가 되도록 가만히 두고 조금 기다린다.
> ㄹ. 스태그 자세를 유지할 수 있도록 반복적으로 독려해준다.

① ㄱ, ㄴ, ㄷ, ㄹ
② ㄱ, ㄴ
③ ㄱ, ㄴ, ㄷ
④ ㄴ, ㄹ, ㄷ
⑤ ㄱ, ㄴ, ㄹ

42. 스태그에 대한 설명으로 올바른 것은?
① 개의 상태를 관찰하는 과정
② 균형 있게 네 다리를 지면에 두고 서 있는 것
③ 애견이 심리적 안정을 취하는 과정
④ 테이블 암의 안정장치를 활용하는 과정
⑤ 스탠다드에 쓰여 있는 각 견종의 특정적인 표현

43. 테이블 매너 훈련을 할 때 필요한 재료 및 장비를 모두 고르시오.

> ㄱ. 애견 핸들링 관련 서적
> ㄴ. 소형 클리퍼
> ㄷ. 애견 훈련 관련 서적
> ㄹ. 목줄
> ㅁ. 테이블 고정 암
> ㅂ. 견체학 서적
> ㅅ. 스타일 북
> ㅇ. 견체 모형

① ㄱ, ㄴ, ㄹ, ㅂ, ㅇ
② ㄷ, ㄹ, ㅁ, ㅂ, ㅇ
③ ㄴ, ㅁ, ㅂ, ㅅ, ㅇ
④ ㄱ, ㄷ, ㄹ, ㅁ, ㅂ
⑤ ㄱ, ㄴ, ㄷ, ㅁ, ㅂ

44. 개의 골격에 관한 용어로 올바르게 짝지어 진 것은?
① 등뼈: 흉추
② 엉치뼈: 두개골
③ 어깨뼈: 흉골
④ 정강뼈: 비골
⑤ 골반뼈: 미추

45. 다음 중 개의 골격에 관한 용어로 틀린 것은?
① 발가락뼈: 지골
② 무릎관절: 슬관절
③ 허리뼈: 요추
④ 13번째 갈비뼈: 13번째 늑골
⑤ 위팔뼈: 요골

46. 개의 골격과 밸런스를 이해해야 되는 이유로 틀린 것은?
① 골격을 이해함으로써 견종 기준서와 비교할 수 있다.
② 개의 장단점을 판단하는 데 도움이 된다.
③ 표준 미용을 하는 데 기준점이 된다.
④ 이상적인 개의 이미지를 상상할 수 있다.
⑤ 미용으로 견종의 밸런스를 보완하기는 힘들다.

47. 개의 밸런스를 이해하고 부족한 부분을 보완하며 미용할 수 있는 내용으로 틀린 것은?
① 머즐의 두께와 미간의 폭을 털의 형태와 커트로 조절할 수 있다.
② 몸에 맞추어 꼬리의 위치를 조절할 수 있다.
③ 와이드 리브의 미용견은 털 길이를 길게 커트하여 밸런스를 조절할 수 있다.
④ 귀의 위치를 털의 형태와 커트로 조절할 수 있다.
⑤ 다리 형태가 스트레이트로 보이도록 커트할 수 있다.

48. 푸들의 퍼피 클립 클리핑으로 올바른 것은?
① 날의 사이즈는 30~10을 사용한다.
② 목 부위를 V자 또는 깊은 V형으로 클리핑한다.
③ 스톱 부위를 깊은 역 V자형으로 클리핑한다.
④ 귀 앞부분에서 눈꼬리까지 직선으로 클리핑한다.
⑤ 항문 주변을 V자 또는 U자 형태로 클리핑한다.

49. 푸들의 퍼피 클립 클리핑 방법으로 틀린 것은?
① 배꼽 지점에서 수캐는 ∧로 클리핑한다.
② 꼬리를 바르게 세운 후 밑부분을 ∧자 또는 ∩자 형으로 항문에서 전방 클리핑한다.
③ 클리퍼 날의 사이즈는 0.5mm~1mm로 사용한다.
④ 배꼽 지점에서 암캐는 ∩자로 클리핑한다.
⑤ 발바닥과 발등을 발목까지 클리핑한다.

50. 푸들의 퍼피 클립 미용 방법으로 틀린 것은?
① 네 발은 발끝 주변을 정리한다.
② 앞다리는 양쪽 다리 사이가 닿을 수 있도록 커트한다.
③ 엉덩이 위쪽은 지면과 평행을 유지하고 30°가 되도록 시저링한다.
④ 뒷다리는 뒷발목의 각도를 생각하면서 둥글게 커트한다.
⑤ 엉덩이 뒤쪽의 털은 짧게 커트한다.

51. 푸들의 퍼피 클립 미용 방법으로 틀린 것은?
① 엉덩이 뒤쪽의 털은 짧게 커트하면서 비절 부위까지 수직으로 내려준다.
② 가슴 부위에 볼륨감을 표현하며 커트한다.
③ 목 부위의 클리핑라인을 40~45°로 기울여 입체적으로 커트한다.
④ 라스트 리브를 기준으로 몸통과 엉덩이 부위를 자연스럽게 이어 주면서 시저링한다.
⑤ 앞다리는 둥근 기둥 형태로 커트한다.

52. 푸들의 클립 미용 시 올바르지 못한 내용은?
① 다리 밑쪽은 살짝 모이게 커트하면 경쾌한 걸음걸이를 표현할 수 있다.
② 개를 전체적으로 바라보며 몸길이의 비율을 확인하면서 커트한다.
③ 발의 표현이 좋은 개는 라인을 낮게 잡아 모양이 잘 보이도록 한다.
④ 허벅지 안쪽 부위의 털을 너무 내려 깎으면 뒤에서 볼 때 오다리처럼 보이니 주의해야 한다.
⑤ 턱 업 부위가 과하게 커트되면 몸통의 길이가 길어 보이기도 한다.

53. 푸들의 퍼피 클립 세팅 방법으로 올바른 것은?
① 밴딩의 수나 위치는 정해져 있다.
② 꼬리빗을 이용하여 밴딩 라인을 나눈다.
③ 개를 세워서 머리 부분부터 스프레이를 많이 뿌리며 털을 세운다.
④ 세팅은 인위적인 모습이 강조된다.
⑤ 스탠더드푸들과는 방법이 다르다.

54. 푸들의 퍼피 클립의 순서를 바르게 나열한 것은?

| ㄱ. 세팅하기 | ㄴ. 클리핑하기 |
| ㄷ. 귀, 꼬리 시저링하기 | ㄹ. 시저링하기 |

① ㄴ-ㄱ-ㄷ-ㄹ
② ㄴ-ㄷ-ㄱ-ㄹ
③ ㄴ-ㄱ-ㄹ-ㄷ
④ ㄴ-ㄹ-ㄱ-ㄷ
⑤ ㄴ-ㄹ-ㄷ-ㄱ

55. 푸들의 퍼피 클립에서 정상적인 목을 가진 개는 꼬리의 위치를 어디에 기준을 두고 커트하는가?
① 눈
② 목젖
③ 흉골
④ 후두부
⑤ 머즐

56. 아메리칸코커스패니얼의 발바닥 클리핑에 사용되는 클리퍼 날은?
① 0.25mm
② 0.4mm
③ 0.5mm
④ 0.7mm
⑤ 1mm

57. 아메리칸코커스패니얼 미용 방법 중 올바르지 못한 것은?
① 미용 시 1~2mm 클리퍼 날을 사용한다.
② 귀 뒤쪽을 1~2cm 폭으로 어깨 부분을 향하여 흉골단까지 정방향 클리핑을 한다.
③ 발바닥은 클리핑을 하지 않고 패드 밖으로 튀어나온 털을 가위로 다듬어 주어도 된다.
④ 눈꼬리에서 귀 앞쪽까지 역방향으로 클리핑한다.
⑤ 귀 부분은 이중으로 접히는 곳에서 귀뿌리까지 역방향으로 클리핑을 한다.

58. 아메리칸코커스패니얼 미용 방법 중 올바르지 못한 것은?
① 볼 부위와 입술 라인을 가위를 사용하여 깨끗하게 정리한다.
② 꼬리 끝은 뾰족하게 않게 표현한다.
③ 꼬리 끝부분에서 밑부분을 향하여 정방향으로 클리핑한다.
④ 코트킹으로 등 부위의 언더코트를 제거한다.
⑤ 꼬리 뿌리의 뒤쪽부터 좌골단까지 짧게 커트한다.

59. 비숑프리제의 피모에 대한 설명으로 올바른 것은?
① 겉 털은 부드럽다.
② 털은 충분한 길이여야 한다.
③ 뻣뻣한 털을 선호한다.
④ 속 털은 거칠고 곱슬거린다.
⑤ 만질 때 부드럽고 탄력이 없는 것을 선호한다.

60. 비숑프리제 클리핑 방법으로 틀린 것은?
① 생식기 주변도 클리퍼를 사용하여 정리한다.
② 발바닥은 0.5mm를 사용한다.
③ 발바닥은 패드 밖으로 튀어나온 가위로 다듬어 주어도 된다.
④ 미용 시 클리퍼 날은 1~2mm 사용한다.
⑤ 항문 주변을 작은 U자형으로 클리핑한다.

61. 비숑프리제의 시저링 방법으로 틀린 것은?
① 꼬리 부분의 위쪽 면을 라스트 리브까지 테이블 면과 평행이 되도록 커트한다.
② 허리의 폭은 충분히 넓고 평평하게 커트한다.

③ 허벅지와 정강이 사이의 경사는 충분히 크게 커트한다.
④ 비숑은 긴 뒷다리 발목을 가지고 있으므로 밸런스를 조절하여 커트한다.
⑤ 미간 사이에 머즐과 직각으로 가위를 대고 스톱 가까이 커트한다.

62. 비숑프리제의 시저링 방법으로 틀린 것은?
① 어깨뼈의 위쪽 끝에서 엘보까지 길이와 엘보에서 바닥까지의 길이는 같다.
② 위더스에서 바닥까지 가위를 수직으로 잡아 똑바른 다리 표현을 한다.
③ 넥의 톱 라인은 라스트 리브를 향해 점점 굵어지는 모양으로 완만한 아치를 표현한다.
④ 머즐 윗면을 기준으로 원의 상하가 동일한 길이가 되도록 커트한다.
⑤ 꼬리 뿌리 부분부터 좌골단을 향하여 45° 각도로 표현한다.

63. 비숑프리제의 시저링 방법으로 틀린 것은?
① 충분히 깊고 넓은 가슴표현을 염두하며 커트한다.
② 정강이뼈 부분의 털은 짧게 커트하여 각을 표현한다.
③ 뒷다리 안쪽의 볼륨은 충분히 남겨 두어 뭉실뭉실한 표현을 하도록 한다.
④ 어깨뼈의 이상적인 표현과 연장되어 앞다리 위치를 정한다.
⑤ 머리는 전체적으로 큰 원을 연상하며 커트한다.

64. 다음 중 스트리핑 관련 용어를 모두 고르시오.
① 플러킹   ② 페이킹
③ 네일 트리밍   ④ 러프
⑤ 롤링

65. 스트리핑에 대한 설명으로 틀린 것은?
① 거칠고 뻣뻣한 털을 가진 견종에게 많이 이용된다.
② 털을 뽑아내는 작업
③ 고통이 동반한다.
④ 스트리핑 나이프, 스트리핑 스톤을 사용한다.
⑤ 피부의 당겨짐이 없이 뽑히는 것이 정상이다.

66. 손끝이나 트리밍 나이프를 사용해 털을 뽑아내는 작업으로 주로 손을 이용하여 적은 양의 털을 뽑는 행위를 뜻하는 단어는?
① 플러킹   ② 풀 스트리핑
③ 블렌딩   ④ 레이킹
⑤ 배저

67. 트리밍 나이프나 콤 등을 이용해 피부에 자극을 주어 가며 죽은 털이나 두꺼운 언더코트를 제거해 새로운 털이 잘 자랄 수 있도록 촉진시켜 주는 작업을 무엇이라 하는가?
① 스테이지 스트리핑   ② 롤링
③ 팰로   ④ 플러킹
⑤ 레이킹

68. 털을 양호한 상태로 유지하기 위하여 주기적으로 부드러운 털이나 떠 있는 털, 긴 털을 나이프나 손가락을 이용해 뽑아 정리하는 작업을 무엇이라 하는가?
① 레이킹   ② 풀 스트리핑
③ 비어드   ④ 롤링
⑤ 플러킹

69. 스테이지 스트리핑을 설명한 것으로 옳은 것은?
① 털을 양호한 상태로 유지하기 위하여 주기적으로 부드러운 털이나 떠 있는 털, 긴 털을 나이프나 손가락을 이용하여 뽑아 정리하는 작업이다.
② 단계를 나누어 진행하는 스트리핑 방법으로 간격을 두고 순서대로 작업한다.
③ 트리밍 나이프나 콤 등을 이용하여 피부에 자극을 주어 가며 죽은 털이나 두꺼운 언더코트를 제거하여 새로운 털이 자랄 수 있도록 촉진시켜 주는 작업이다.
④ 스트리핑 털의 경계가 뚜렷하지 않고 자연스럽게 보이도록 하는 작업이다.
⑤ 코트워크와 같은 단어로 사용된다.

70. 풀 스트리핑에 대한 설명으로 옳은 것은?
① 손끝이나 트리밍 나이프를 사용하여 털을 뽑아내며 주로 손을 이용하여 적은 양의 털을 뽑는 작업이다.
② 털을 양호한 상태로 유지하기 위하여 주기적으로 부드러운 털이나 떠 있는 털, 긴 털을 나이프나 손가락을 이용하여 뽑아 정리하는 작업이다.
③ 뻣뻣한 털로 만들고 털의 발모를 재촉하기 위해 피부가 보일 정도까지 털을 뽑는 작업이다.
④ 단계를 나누어 진행하는 스트리핑 방법으로 간격을 두고 순서대로 작업한다.
⑤ 스트리핑 털의 경계가 뚜렷하지 않고 자연스럽게 보이도록 하는 작업이다.

71. 스트리핑 계획에 대한 설명으로 틀린 것은?
① 주기적인 작업으로 모양을 만들어 나갈 수 있다.
② 도그 쇼를 대비한다.
③ 단계를 나누어 작업할 수 있다.
④ 견종별로 단일하다.
⑤ 쇼 도그는 펫보다 스트리핑 작업을 더 자주 한다.

72. 미니어처슈나우저 코트에 대한 설명으로 틀린 것은?
① 이중으로 단단하다.
② 몸체의 털은 질감을 확인할 수 있도록 충분한 길이여야 한다.
③ 머리, 목, 귀, 가슴, 꼬리, 몸체는 플러킹이 되어 있다.
④ 철사 같은 바깥 털이 있다.
⑤ 장식 털은 얇고 비단결 같다.

73. 다음은 AKC의 견종 표준에 대한 내용이다. 어떤 견종에 대한 내용인가?

> 단단하고 철사 같으며 올곧다. 몸체에 바싹 붙어 있으며 밑털은 확실히 있다. 목과 어깨에 난 털은 보호 작용을 하는 갈기를 형성하며 머리, 귀, 주둥이에 난 털은 눈두덩과 수염을 제외하고 짧으며 반반하다.

① 와이어헤어드 닥스훈트
② 저먼와이어 헤어드 포인터
③ 미니어처슈나우저
④ 아펜핀셔
⑤ 노리치테리어

74. 다음은 AKC의 견종 표준에 대한 내용이다. 어떤 견종에 대한 내용인가?

> 짧고 매끈한 스무드 코트, 부드럽고 양모 같은 코트 또는 너무 긴 코트는 심한 결함이며 뻣뻣하고 철사 같은 모질을 관리하기 위하여 강아지의 피모는 다 자란 개보다 짧을 수 있다. 기능적인 와이어 코트가 이 견종에게 가장 독특한 특징이다.

① 저먼와이어 헤어드 포인터
② 아펜핀셔
③ 노리치테리어
④ 불테리어
⑤ 미니어처슈나우저

75. 아펜핀셔 코트에 대한 설명으로 올바른 것은?
① 조밀하며 부드럽다.
② 강아지는 튼튼한 털의 갈기 또는 망토를 갖는다.
③ 어깨와 몸에서 1인치 정도의 길이를 갖는다.
④ 귀의 장식 털은 길고 아름답게 표현된다.
⑤ 원숭이 같은 표현이 나타나지 않도록 주의한다.

76. 와이어헤어드 닥스훈트 코트의 설명으로 틀린 것은?
① 꼬리는 억세고 굵은 털이 나 있다.
② 코와 발톱은 스무드 코트의 변종과 같다.
③ 긴 털, 돌돌 말린 털, 곱슬거리는 털은 전부 결함이다.
④ 꼬리는 억세고 굵은 털이 나 있고 끝으로 가면서 점차 굵어진다.
⑤ 눈에 띄는 얼굴 장식은 수염과 눈썹을 포함한다.

77. 핸드 스트리핑의 방법으로 올바르지 못한 것은?
① 정전기가 나서 서 있는 털은 뽑아야 할 털이다.
② 한 손으로는 개의 피부를 지탱해 준다.
③ 털이 잘리지 않고 뿌리까지 뽑히도록 한다.
④ 한 번에 많은 양의 털을 뽑도록 한다.
⑤ 스트리핑 작업 전에는 샴핑을 하지 않는 것이 좋다.

78. 스트리핑 나이프의 사용 방법이 아닌 것은?
① 나이프 손잡이를 집게손가락부터 세 개의 손가락으로 가볍게 움켜쥔다.
② 어깨, 무릎, 손가락의 관절에 힘을 주지 않는다.
③ 털을 쉽게 잡을 수 있도록 해주는 도구이다.
④ 날이 피부면과 수직을 이루면 개에게 상처를 입힐 수 있다.
⑤ 털은 끊어지지 않게 뿌리째 뽑는다.

79. 언더코트를 제거하는 데 좋으며 부드럽게 털의 결 방향으로 문질러 사용하는 도구는?
① 미디엄 나이프   ② 화인 나이프
③ 코스 나이프   ④ 스트리핑 스톤
⑤ 코트킹

80. 스트리핑 후 남은 오버코트나 언더코트를 일정 간격으로 제거해주는 것으로 목적에 따라 언더코트의 양을 조절할 수 있는 스트리핑 기법은?
① 카딩   ② 그리핑
③ 레이저 커트   ④ 플러킹
⑤ 레이킹

81. 스테이지 스트리핑을 할 때 주의해야 되는 사항으로 틀린 것은?
① 털이 난 방향으로 뽑아낸다.
② 뽑힐 준비가 되어 있지 않은 털은 무리해서 뽑지 않도록 한다.
③ 개가 가려워하는 부분이 있는지 지켜보며 문제가 생기지 않도록 한다.
④ 스트리핑을 한 개는 체온이 금방 떨어지므로 추운 날씨나 비에 노출되는 것을 주의한다.
⑤ 스트리핑 과정 중에 있는 개가 외출할 때에는 모공이 막히는 것을 방지하기 위하여 옷을 입히면 안 된다.

82. 스테이지 스트리핑 시 상처가 있다면 대처해야 하는 방법으로 올바른 것을 모두 고르시오.
① 습윤 드레싱 밴드를 이용한다.
② 차가운 물로 30분 이상 적셔 준다.
③ 파우더를 발라 진정시킨다.
④ 항생제를 발라 진정시킨다.
⑤ 물로 수 분간 상처를 씻어 준다.

83. 다음 중 스트리핑 견종을 모두 고르시오.

```
ㄱ. 푸들              ㄴ. 미니어처슈나우저
ㄷ. 아펜핀셔          ㄹ. 포메라니안
ㅁ. 시추              ㅂ. 저먼와이어헤어드 포인터
ㅅ. 와이어헤어드 닥스훈트   ㅇ. 비숑프리제
```

① ㄴ, ㄷ, ㄹ, ㅁ   ② ㄴ, ㄷ, ㅂ, ㅅ
③ ㄴ, ㄷ, ㅂ, ㅇ   ④ ㅂ, ㅅ, ㄱ, ㄹ
⑤ ㅂ, ㅅ, ㅁ, ㅇ

84. 플러킹에 대한 설명으로 올바른 것은?
① 미니어처슈나우저 등에게 하는 스트리핑 방법의 순서
② 빗살 가위로 모량을 감소시키고 형태를 만드는 것
③ 손끝이나 트리밍 나이프를 사용하여 털을 뽑아내는 작업이다. 주로 손을 이용하여 적은 양의 털을 뽑은 스트리핑 방법이다.
④ 드레서나 나이프를 사용하여 털을 베듯이 자르는 기법
⑤ 빗질하거나 긁어내어 털을 제거하는 미용법

85. 롤링에 대한 설명으로 올바른 것은?
① 스트리핑한 털의 경계가 뚜렷하게 나지 않고 자연스럽게 보이도록 하는 작업
② 트리밍 나이프로 소량의 털을 골라 뽑는 작업
③ 가위나 빗살 가위를 사용하여 털끝을 잘라 내는 미용법
④ 털을 양호한 상태로 유지하기 위해 주기적으로 부드러운 털이나 떠 있는 털, 긴 털을 나이프나 손가락을 이용하여 뽑아 주며 라인을 정리하는 작업
⑤ 스트리핑 후 완성된 아웃코트 위에 튀어나오는 털을 뽑아 정리하는 작업

86. 레이킹에 대한 설명으로 올바른 것은?
① 트리밍 나이프를 사용하여 노폐물 및 탈락된 언더코트를 제거하거나 과도한 언더코트의 양을 줄이기 위해 털을 뽑아 스타일을 만들어 내는 것
② 엄지손가락과 집게손가락을 이용하여 털을 잡아 뽑는 것으로 자연스러운 표현이 가능하다.
③ 트리밍 칼로 털을 뽑아 원하는 미용 스타일을 만드는 작업
④ 듀플렉스 쇼튼과 같은 작업으로 주로 손가락을 사용하여 오래된 털을 정리
⑤ 트리밍 나이프나 콤 등을 이용하여 피부에 자극을 주며 죽은 털이나 두꺼운 언더코트를 제거해 새로운 털이 자랄 수 있도록 촉진시켜 주는 작업이다.

87. 쇼 미용 메이크업에서 필요한 재료가 아닌 것은?
① 견종 표준서   ② 꼬리빗
③ 컬러 파우더   ④ 고무밴드
⑤ 미용 도구 세트

88. 털에 손상이 있는 등의 이유로 모색이 바랬을 때 털색을 선명하게 하기 위하여 사용하며 분필을 사용하는 것처럼 바를 수 있는 재료의 명칭은?
① 고무밴드   ② 컬러초크
③ 컬러믹스   ④ 스프레이
⑤ 컬러파우더

89. 컬러초크보다 입자가 고우며 점착력이 우수하여 미용을 더 오랜 시간 유지할 수 있는 재료의 명칭은?
① 스프레이   ② 컬러믹스
③ 컬러초크   ④ 컬러파우더
⑤ 고무밴드

90. 스프레이에 대한 설명으로 틀린 것은?
① 입자가 섬세하다.
② 많은 양을 사용하여 고정한다.
③ 자연스러운 표현이 쉽다.
④ 털의 모양을 고정시킬 때 사용한다.
⑤ 빠른 시간 안에 목욕으로 성분을 제거해 주어야 한다.

91. 쇼 미용 메이크업 시 주의해야 되는 사항으로 올바르지 못한 것은?
① 과한 메이크업을 하지 않는다.
② 메이크업 전문 제품을 사용한다.
③ 제품의 사용 설명서를 숙지한다.
④ 인위적인 표현이 나오지 않도록 한다.
⑤ 얼굴 주변은 메이크업을 하지 않는다.

92. 모색별 샴푸 제품의 사용 방법으로 틀린 것은?
① 모색에 맞는 전용 샴푸 제품을 선정한다.
② 품종에 맞는 샴푸 방법에 맞춰 샴푸한다.
③ 모색을 먼저 확인한다.
④ 컬러 샴푸의 사용법은 일반 샴푸와 동일하다.
⑤ 모색별 전용 샴푸의 사용 설명서를 숙지해야 한다.

93. 컬러초크 제품의 사용 방법으로 올바른 것을 모두 고르시오.

```
ㄱ. 색상을 선명하게 부각하여야 하는 부위에 초크를 발라 준다.
ㄴ. 파우더 브러시를 사용한다.
ㄷ. 원하는 정도의 색상이 나올 때까지 10회 반복한다.
ㄹ. 초크를 바른 부위에 드라이어 바람을 이용하여 살짝 털어 준다.
```

① ㄱ, ㄹ   ② ㄱ, ㄷ
③ ㄱ, ㄴ   ④ ㄱ, ㄴ, ㄷ
⑤ ㄱ, ㄷ, ㄹ

94. 컬러파우더 제품의 사용 방법으로 올바른 것을 모두 고르시오.

> ㄱ. 콜레스테롤 크림을 사용한다.
> ㄴ. 파우더 브러시를 사용한다.
> ㄷ. 원하는 정도의 색상이 나올 때까지 2~3회 반복한다.
> ㄹ. 이염이 되지 않도록 주의한다.

① ㄱ, ㄴ, ㄷ ② ㄱ, ㄴ, ㄷ, ㄹ
③ ㄴ, ㄷ, ㄹ ④ ㄱ, ㄷ, ㄹ
⑤ ㄷ

95. 쇼 미용 메이크업에 필요한 재료는 몇 개인가?

> ㄱ. 견종 표준서   ㄴ. 컬러파우더
> ㄷ. 콜레스테롤 크림 ㄹ. 헤어스프레이
> ㅁ. 꼬리빗   ㅂ. 고무밴드
> ㅅ. 컬러초크   ㅇ. 파우더 브러시

① 2개 ② 3개
③ 5개 ④ 7개
⑤ 8개

96. 컬러초크 및 컬러파우더 제품을 사용할 때 올바르지 못한 것은?

① 초크 및 파우더는 원하는 색상이 나올 때까지 2~3회 반복한다.
② 초크 및 파우더 사용 후 드라이어 바람을 이용하여 살짝 털어 준다.
③ 콜레스테롤 크림을 많이 발라 파우더가 잘 접착할 수 있도록 한다.
④ 콜레스테롤 크림을 대용하여 접착력이 있는 헤어크림을 사용해도 된다.
⑤ 견종 표준서에 표현되어 있는 모색을 이해하고 작업할 수 있도록 한다.

97. 밴딩 작업 순서로 올바른 것은?

> ㄱ. 꼬리빗을 사용하여 밴딩 부위를 구분 짓는다.
> ㄴ. 밴딩할 부분의 털을 빗으로 빗어서 정리한다.
> ㄷ. 한 손으로 털을 고정한다.
> ㄹ. 엄지손가락과 집게손가락 사이에 고무줄을 끼우고 털을 묶어준다.

① ㄱ-ㄴ-ㄷ-ㄹ ② ㄴ-ㄷ-ㄹ-ㄱ
③ ㄷ-ㄹ-ㄱ-ㄴ ④ ㄹ-ㄱ-ㄴ-ㄷ
⑤ ㄱ-ㄷ-ㄴ-ㄹ

98. 밴딩 작업에 대한 설명으로 올바르지 못한 것은?

① 밴딩 라인은 주기적으로 변화를 주면 경계 부분의 털 빠짐을 방지할 수 있다.
② 고무줄 크기에 따라서 묶는 횟수를 조절하여 준다.
③ 타이트하게 밴딩하여 고무줄이 빠지지 않도록 한다.
④ 밴딩 부분을 개가 불편해하지 않는지 확인해준다.
⑤ 필요하면 밴딩을 느슨하게 조절한다.

99. 고정이 필요한 부위에 스프레이를 사용하는 방법으로 올바른 것은?

① 스프레이 작업이 필요한 부위에서 0~15cm 정도 떨어진 거리에서 사용한다.
② 스프레이 작업이 필요한 부위에서 5~20cm 정도 떨어진 거리에서 사용한다.
③ 스프레이 작업이 필요한 부위에서 10~25cm 정도 떨어진 거리에서 사용한다.
④ 스프레이 작업이 필요한 부위에서 15~30cm 정도 떨어진 거리에서 사용한다.
⑤ 스프레이 작업이 필요한 부위에서 20~35cm 정도 떨어진 거리에서 사용한다.

100. 스프레이 사용 방법으로 올바른 것은?

① 해당 부위에서 10~20cm 정도 떨어진 거리에서 분사한다.
② 1회 분사로 고정을 끝낸다.
③ 필요한 곳 외의 주변 부위는 손으로 가려 준다.
④ 길고 부드럽게 눌러 분사한다.
⑤ 굵은 입자로 분사한다.

정답 및 해설

1	②	2	⑤	3	④	4	⑤	5	③
6	⑤	7	③	8	①	9	①	10	⑤
11	③	12	①	13	②	14	③⑤	15	②
16	①	17	⑤	18	④	19	③	20	②
21	③	22	④	23	⑤	24	②	25	①
26	③	27	①	28	②	29	③	30	⑤
31	⑤	32	②	33	②	34	⑤	35	①
36	②	37	③	38	④	39	⑤	40	⑤
41	①	42	②	43	④	44	①	45	⑤
46	⑤	47	③	48	④	49	③	50	②
51	①	52	②	53	②	54	④	55	①
56	③	57	④	58	③	59	②	60	⑤
61	④	62	③	63	②	64	①⑤	65	③
66	①	67	⑤	68	④	69	②	70	③
71	④	72	⑤	73	⑤	74	①	75	③
76	④	77	④	78	①	79	⑤	80	⑤
81	⑤	82	③④	83	②	84	③	85	④
86	⑤	87	⑤	88	②	89	①	90	④
91	⑤	92	④	93	①	94	⑤	95	⑤
96	③	97	①	98	③	99	④	100	③

1. 스포팅 도그 쇼: 1859년 영국의 뉴캐슬에서 개최되었으며 세계 최초의 공식적인 도그 쇼이다.

2. ⑤ 도그 쇼 출진 경험이 많은 개라도 컨디션이 좋지 못한 날이 있을 수 있으며 항상 좋은 결과를 얻는다는 확신도 없다.

3. ④ 약 60마리의 포인터와 세터가 출진하였다.

4. ⑤ 도그 쇼의 출진자는 승패에 연연하지 않고 자신의 개를 소중히 여기는 마음과 도그 쇼의 순수한 목적을 인지하고 참여하여야 한다.

5. ① 세컨드 사이: 하퇴부

   ② 쇼링: 도그 쇼의 경기장

   ④ 베이팅: 미끼를 주는 행위로 개의 집중력 및 호기심을 끌어낸다.

   ⑤ 패이싱: 측대보, 한쪽 앞다리와 뒷다리를 한 방향으로 움직이는 개의 보행법

6. ① 핸들러: 개를 컨트롤하면서 보여주는 사람으로 경마장에서 말을 타는 기수의 역할과 비슷하다.

   ② 심사위원: 도그 쇼에 출진한 출진 견들을 평가하고 검토하는 사람

   ③ 비치: 암컷

   ④ 스튜어드: 쇼링 안에서 안내를 하주는 사람

7. ④ 브리더: 번식을 한 어미 개를 소유한 사람

8. ① 베스트 인 그룹(best in group): 견종별 베스트 오브 브리드 견들이 경합하여 그룹 1위견을 선발한다.

9. ① 베스트 인 쇼(best in show): 각 그룹의 BIG 견들이 경합하여 도그 쇼 최고의 견을 선발한다.

10. ⑤ 쇼 미용은 개의 좋은 부분을 강조하고 좋지 못한 부위를 보완하여 견종 특성을 최대한 살려 아름다운 모습을 보이는 것이 목적이다.

11. ① 업 앤 다운: 위아래로 움직이는 보행

    ② 트라이앵글: 링은 삼각형 방향으로 움직이는 보행

    ④ 개체 심사: 개가 견종 표현에 맞는지 신체 각 부위를 세밀히 검사

    ⑤ 라운딩: 링 안에서 원의 형태로 보행

12. ② 토이 그룹: 작은 사이즈의 반려동물 그룹

    ③ 워킹 그룹: 총명하고 강력한 체격을 가지고 집과 가축을 지키고 수레를 끄는 그룹

    ④ 하운드 그룹: 시각이나 후각을 이용하여 사냥을 하는 그룹

    ⑤ 논스포팅 그룹: 현재에 어느 그룹에도 속하지 않은 다양한 특성을 가진 그룹

13. ④ 목축 그룹: 목양견, 타고난 본능으로 목동과 농부를 도와 가축을 관리 감독하는 그룹

14. ① 아프간 하운드: 하운드 그룹

    ② 불테리어: 테리어 그룹

    ④ 치와와: 토이 그룹

15. ① 라사압소는 논스포팅 그룹이다.

    ③ 워킹 그룹에 대한 내용이다.

    ④ 스포팅 그룹에 대한 내용이다.

    ⑤ 웰시코기는 목축 그룹에 속한다.

16. ② 노리치 테리어: 테리어 그룹

    ③ 아키타: 워킹 그룹

    ④ 휘핏: 하운드 그룹

    ⑤ 비글: 하운드 그룹

17. ① 하운드 그룹: 시각이나 후각을 이용하여 사냥을 하는 그룹

    ② 4그룹: FCI 견종 분류로 4그룹은 닥스훈트 견종이다.

    ③ 토이 그룹: 작은 사이즈의 반려동물 그룹

    ④ 목축 그룹: 목양견, 타고난 본능으로 목동과 농부를 도와 가축을 관리 감독하는 그룹

18. ④ 5그룹: 스피츠와 프라이미티브 견종

19. ① 5그룹: 스피츠와 프라이미티브 견종

    ② 8그룹: 영국 총렵견종, 플러싱 도그, 워터 도그 견종

    ④ 1그룹: 목양견과 목축견

    ⑤ 2그룹: 핀셔, 슈나우저, 몰로시안, 스위스캐틀도그

20. ② 12개월 이상의 개들은 잉글리시 새들 클립, 콘티넨털 클립으로 도그 쇼에 출전한다.

21. ① ②는 스포팅 클럽에 관한 내용이다.

    ④는 잉글리시 새들 클립에 관한 내용이다.

    ⑤는 퍼피 클립에 관한 내용이다.

22. ④ 어깨는 좋은 경사로 누워 위팔뼈와 약 90°를 이루고 있다.

23. ⑤ 견종 표준서와 비교하는 방법의 내용이다.

24. ① 1그룹: 목양견과 목축견

    ③ 5그룹: 스피츠와 프라이미티브 견종

    ④ 7그룹: 조렵견종

    ⑤ 9그룹: 반려견과 애완견종

25. 트라이앵글: 링을 삼각형으로 사용하여 보행

    (1) 링의 한 변을 직선으로 나아가서 제 1코너에서 90°로 돈다.

    (2) 제 2코너에서 회전한 후 심사위원을 향해 돌아온다.

27. 논스포팅 그룹에는 비숑프리제, 시바이누, 달마티안, 프렌치불도그 등의 견종이 있다.

28. 워킹 그룹에는 복서, 뉴펀들랜드, 마스티프, 쿠바스, 코몬도르 등의 견종이 있다.

29. 토이 그룹에는 아펜핀셔, 이탤리언그레이하운드, 치와와, 파피용, 브뤼셀그리펀 등의 견종이 있다.

30. 테리어 그룹에는 노리치테리어, 미니어처슈나우저, 던디딘몬트테리어, 아이리시테리어, 잭러셀테리어 등의 견종이 있다.

34. ⑤ 한 번 정한 명령어는 바꾸지 않으며 일관되게 훈련한다.

35. 스태그(stag): 금방이라도 앞으로 튀어나갈 것 같지만 움직이지 않은 안정된 자세로 완벽한 스태그 자세를 취하려면 많은 연습량이 필요하다. 개의 시선은 전방을 주시하고 앞발과 뒷발은 각각 60%, 40%를 이룬다.
36. ② 오랜 시간을 무리해서 훈련시키지 않아야 한다.
37. ③ 목줄이 목젖보다 밑에 위치하게 되면 개가 머리를 숙일 때 불편해하기 때문에 턱 밑에 정확히 올 수 있도록 한다.
38. ① 앞다리가 기갑에서 수직으로 내려오도록 한다.
    ② 개가 긴장하지 않은 상태에서 편하게 설 수 있도록 한다.
    ③ 개는 전방을 주시하고 무게 중심은 60% 정도가 앞으로 올 수 있게 한다.
    ⑤ 뒷발 허리뼈가 테이블 면과 90°로 이루게 조정한다.
39. ⑤ 테이블에 개를 올린 후 눈을 맞추어 개가 심리적으로 안정을 취할 수 있도록 한다.
40. 클램프의 고정 여부의 확인은 테이블 암의 안전장치를 활용하는 방법이다.
42. ⑤ 타입에 관한 설명이다.
44. ② 엉치뼈: 천골
    ③ 어깨뼈: 견갑골
    ④ 정강뼈: 경골
    ⑤ 골반뼈: 골반골
45. ⑤ 위팔뼈: 상완골
46. ⑤ 이상적인 몸의 길이와 둘레를 비교하여 미용으로 밸런스를 조절할 수 있다.
47. ③ 와이드 리브의 미용견은 털 길이를 짧게 커트하여 밸런스를 조절할 수 있다.
48. ① 날의 사이즈는 40~30을 사용한다.
    ② 목 부위를 V자형 또는 U자형으로 클리핑한다.
    ③ 스톱 부위를 얇은 역 V자형으로 클리핑한다.
    ⑤ 항문 주변을 ∧자 또는 ∩자 모양으로 클리핑한다.
49. ③ 클리퍼 날의 사이즈는 0.25mm~0.5mm로 사용한다.
50. ② 앞다리는 양쪽 다리 사이가 닿지 않도록 커트한다.
51. ① 엉덩이 뒤쪽의 털은 짧게 커트하면서 무릎 부위까지 수직으로 내려준다.
52. ③ 발의 표현이 좋은 개는 라인을 조금 높게 잡아 발 전체의 모양이 잘 보일 수 있도록 한다.
53. ① 밴딩의 수나 위치는 정해져 있지 않으며 모량이나 머리 크기 등의 요인으로 바뀔 수 있다.
    ③ 개를 세워서 머리 부분부터 스프레이를 조금씩 뿌리며 털을 세운다.
    ④ 자연스럽게 표현하되 전체적인 외형을 살펴가며 개의 밸런스에 맞게 작업한다.
    ⑤ 모량, 모질, 사이즈의 차이는 있으나 스탠더드푸들과 동일하게 작업한다.
55. ① 꼬리의 이상적인 길이의 설정은 목 길이에 따라 다르지만 정상적인 목을 가진 푸들은 눈 위치 정도가 꼬리의 상부 위치가 된다.
56. 미용 시 클리퍼 날은 1~2mm를 사용하며 발바닥은 0.5mm를 사용한다.
57. ④ 눈꼬리에서 귀 앞쪽까지는 정방향으로 클리핑한다.
58. ③ 꼬리 밑부분에서 끝부분을 향하여 정방향으로 클리핑한다.
59. 비숑프리제의 피모
    (1) 속털은 부드럽고 조밀하며 겉털은 거칠고 곱슬거린다.
    (2) 부드럽고 만질 때 단단한 느낌과 벨벳 같은 탄력을 느낄 수 있다.
    (3) 뻣뻣한 털은 선호하지 않는다.
    (4) 눕는 털이나 속털이 적으면 심한 결함이다.
    (5) 솜을 부풀린 듯한 모습을 유지하기 위하여 털은 충분히 길어야 한다.
60. ⑤ 항문 주변을 작은 마름모꼴로 다듬어 준다.
61. ④ 비숑은 짧은 뒷다리 발목을 가지고 있으므로 너무 낮게 표현하면 전체 밸런스가 무거워 보인다.
62. ③ 넥의 톱 라인은 어깨를 향해 점점 굵어지는 완만한 아치 모양으로 표현한다.
63. ② 정강이뼈 부분의 털은 최대한 남겨 두어 각을 표현한다.
64. ② 페이킹: 눈속임
    ③ 네일 트리밍: 발톱 손질
    ④ 러프: 목 주변의 풍부한 장식 털
65. ③ 피부의 당겨짐 없이 쉽게 뽑히는 것이 정상이며 개는 고통을 전혀 느끼지 않는다.
66. ⑤ 배저: 그레이
67. ③ 팰로: 담황색
68. ③ 비어드: 환모기의 털
69. ① 롤링에 대한 설명이다.
    ③ 레이킹에 대한 설명이다.
    ④ 블렌딩에 대한 설명이다.
    ⑤ 롤링에 대한 설명이다.
70. ① 플러킹에 대한 설명이다.
71. ④ 견종별로 스트리핑 계획이 달라지며, 각 견종의 특징과 필요에 따라 단계를 맞춰가며 작업한다.
72. ⑤ 장식 깃털은 아주 굵지만 비단결 같지 않다.
75. 아펜핀셔의 코트
    (1) 조밀하며 거칠고 뻣뻣한 털로 어깨와 몸에서 2.54cm(1인치) 정도의 길이를 가지고 있다.
    (2) 성견은 튼튼한 털의 갈기 또는 망토를 갖는다.
    (3) 귀의 털은 아주 짧게 표현한다.
    (4) 머리의 긴 털, 눈썹과 수염은 솟아서 얼굴의 형상을 만들며 원숭이 같은 표현을 강조한다.
76. ④ 꼬리는 억세고 굵은 털이 나 있고 끝으로 가면서 점차 가늘어진다.
77. ④ 한 번에 많은 양의 털을 잡아당기지 않으며 뽑힐 준비가 되지 않은 털은 무리하게 뽑지 않도록 한다.
78. ① 나이프는 손잡이를 집게손가락부터 네 개의 손가락으로 가볍게 움켜쥔다.
79. ① 미디엄 나이프: 중간 두께의 나이프로 꼬리, 머리, 목 부분의 털을 제거한다.
    ② 화인 나이프: 가장 얇고 촘촘한 나이프로 귀, 눈, 볼, 목 아래의 털을 제거한다.
    ③ 코스 나이프: 가장 두껍고 거친 나이프로 언더코트를 제거하는데 사용한다.
    ⑤ 코트킹: 필요 없는 언더코트를 자연스럽게 제거하는 도구
80. ① 카딩: 긁어내거나 빗질하여 털을 제거하는 미용 방법
    ② 그리핑: 트리밍 나이프를 사용하여 소량의 털을 골라 뽑는 것
    ③ 레이저 커트: 면도날로 털을 잘라내는 기법
    ④ 플러킹: 손끝이나 트리밍 나이프를 사용하여 털을 뽑아내며 주로 손을 이용하여 적응 양의 털을 뽑는 작업이다.
81. ⑤ 스트리핑 과정 중에 있는 개는 맨살을 보호해야 하므로 가벼운 옷을 입히거나 그늘에 있을 수 있도록 한다.
82. ①, ② 화상에 대한 대처 방법이다.
    ⑤ 교상에 대한 대처 방법이다.
84. ① 스테이징에 관한 설명이다.

② 시닝에 관한 설명이다.
④ 셰이빙에 관한 설명이다.
⑤ 카딩에 관한 설명이다.

85. ① 블렌딩에 관한 설명이다.
② 그리핑에 관한 설명이다.
③ 치핑에 관한 설명이다.
⑤ 토핑오프에 관한 설명이다.

86. ① 스트리핑에 관한 설명이다.
② 핑거 앤드 섬 워크에 관한 설명이다.
③ 플러킹에 관한 설명이다.
④ 피킹에 관한 설명이다.

87. ⑤ 미용 도구 세트는 필요한 장비 또는 공구에 포함된다.

88. ① 고무밴드: 털을 묶거나 래핑지를 고정시킬 때 사용한다.
③ 컬러믹스: 밝은 색의 표현을 위하여 염색약과 섞어 사용하는 제품
④ 스프레이: 털의 모양이 고정할 때 주로 사용한다.
⑤ 컬러 파우더: 입자가 매우 곱고 점착력이 우수한 파우더

90. ② 과도한 양의 스프레이는 털의 뭉침이 생기면서 피모에 많은 손상을 준다.

91. ⑤ 얼굴 주변은 동물에게 해가 되지 않도록 주의하며 섬세하게 작업한다.

92. ④ 대부분의 컬러 샴푸는 제품을 골고루 바른 후 일정 시간이 지나야 더 나은 효과를 기대할 수 있으므로 샴푸의 사용 설명서를 숙지하여야 한다.

93. 컬러초크 제품 사용
   (1) 색상을 선명하게 부각시키고자 하는 부위에 초크를 바른다.
   (2) 초크를 바른 부위에 드라이어 바람을 이용하여 살짝 털어 준다.
   (3) 원하는 색상이 나올 때까지 2~3회 반복한다

94. 컬러파우더 제품 사용
   (1) 콜레스테롤 크림이나 접착력이 있는 헤어크림을 선명하게 하고자 하는 부위에 골고루 발라준다.
   (2) 파우더 브러시를 이용하여 크림을 바른 부위에 파우더를 칠한다.
   (3) 파우더를 바른 부위는 드라이어 바람을 이용해 살짝 털어 준다.
   (4) 원하는 정도의 색상이 나올 때까지 2~3회 반복해준다.
   (5) 주변 털이 오염되지 않도록 유의한다.

95. • 견종 표준서 : 견종 표준서에 표현되어 있는 모색을 이해하기 위하여 필요하다.
   • 컬러초크, 컬러파우더 : 색상을 더욱 선명하게 표현할 때 사용한다.
   • 콜레스테롤 크림 : 초크나 파우더의 접착을 쉽게 하기 위하여 사용한다.
   • 헤어스프레이 : 컬의 모양을 고정시킬 때 사용한다.
   • 꼬리빗 : 털을 가를 때 사용한다.
   • 고무밴드 : 밴딩작업을 할 때 사용한다.
   • 파우더 브러시 : 파우더 제품을 칠할 때 사용한다.

96. ③ 콜레스테롤 크림을 과하게 사용하면 털의 자연스러움을 표현할 수 없으므로 동전 크기 정도만 사용한다.

98. ③ 밴딩을 너무 타이트하게 하면 털이 빠질 수 있으니 주의한다.

100. ① 해당 부위에서 15~30cm 정도 떨어진 거리에서 분사한다.
   ② 고정 상태에 따라 2~3회 추가로 분사한다.
   ④ 짧고 부드럽게 눌러 분사한다.
   ⑤ 고운 입자로 분사한다.

④ 애완동물 장모종 관리

1. 장모종의 브러싱 관련 제품이 아닌 것은?
   ① 브러싱 컨디셔너   ② 디탱글 제품
   ③ 워터리스 샴푸   ④ 정전기 방지 컨디셔너
   ⑤ 글리터젤

2. 오염된 코트에 직접 뿌려서 사용하며 물로 헹구지 않고 드라이어로 말리거나 수건 등으로 닦아서 사용되는 제품은?
   ① 워터리스 샴푸   ② 엉킴 제거 제품
   ③ 심한 오염 제거 샴푸 ④ 오트밀 샴푸
   ⑤ 화이트닝 샴푸

3. 장모 관리용 브러시의 사용 방법 중 틀린 것은?
   ① 브러시를 잡지 않은 다른 손으로는 개체를 보정한다.
   ② 콤은 손목의 움직임으로 털의 결과 수평이 되게 빗질한다.
   ③ 브러시는 흔들리지 않도록 고정하여 가볍게 잡는다.
   ④ 슬리커 브러시는 손목의 스냅을 이용하여 부드럽게 빗질한다.
   ⑤ 핀 브러시는 손목의 탄력을 이용하여 빗질한다.

4. 브리슬 브러시에 대한 설명으로 틀린 것은?
   ① 나일론 브러시는 정전기가 발생하여 털이 손상될 수 있다.
   ② 털과 피부의 노폐물 제거에 사용한다.
   ③ 빳빳한 짐승의 털로 만들어져 있다.
   ④ 오일 브러싱을 할 때 사용한다.
   ⑤ 주로 컬리코트에 사용한다.

5. 브러싱을 할 때 주의해야 될 내용으로 틀린 것은?
   ① 귓불의 피부는 얇기 때문에 상처가 나기 쉬우므로 주의한다.
   ② 스프레이 형태의 제품을 분사할 때 개와 작업자의 눈에 들어가지 않도록 주의한다.
   ③ 브러시는 끝이 둥글고 면이 고르지 않은 것을 선택한다.
   ④ 브러싱할 때 모질 손상을 최소화하도록 세심하게 작업한다.
   ⑤ 제품 사용 시 민감한 반응이 있으면 사용을 중지한다.

6. 장모 관리의 브러싱 방법으로 틀린 것은?
   ① 털의 결 방향대로 브러싱한다.
   ② 털은 순차적으로 브러싱한다.
   ③ 소량의 털만 빗어 내어 털의 흐름이 흐트러지지 않게 주의한다.
   ④ 눈 위는 안구의 손상에 주의해야 하므로 브러싱하지 않는다.
   ⑤ 피부가 움직이지 않도록 고정하며 브러싱한다.

7. 장모 관리 브러싱에 필요한 도구로 알맞은 것은?
   ① 핀 브러시   ② 루버 브러시
   ③ 컬러믹스   ④ 이어파우더
   ⑤ 오발빗

8. 부분적인 털의 오염 물질을 제거하기 위한 브러싱의 순서로 맞는 것은?

   > 가. 털의 오염 정도를 파악한다.
   > 나. 해당 오염 부위를 타월로 닦아 낸다.
   > 다. 브러싱 스프레이를 분사해 가며 브러싱한다.
   > 라. 오염 제거에 도움을 주는 제품을 뿌려 준다.
   > 마. 해당 부위의 털을 드라이어로 건조시킨다.
   > 바. 전체적으로 모근의 털부터 순차적으로 브러싱한다.

   ① 가 - 라 - 다 - 나 - 마 - 바
   ② 가 - 라 - 나 - 마 - 다 - 바
   ③ 가 - 라 - 바 - 다 - 마 - 나
   ④ 가 - 라 - 다 - 마 - 나 - 바
   ⑤ 가 - 라 - 나 - 다 - 마 - 바

9. 정전기가 발생되는 모질을 개선하기 위한 브러싱의 순서로 맞는 것은?

   > 가. 정전기 발생 부위에 개선 제품을 도포하기
   > 나. 콤으로 전체적으로 빗질하여 브러싱 상태를 점검하고 코트를 정돈하는 마무리 작업하기
   > 다. 털의 정전기 발생 부위를 파악하기
   > 라. 브러싱이 덜 된 부분이 확인되면 그 부위를 순서대로 브러싱을 반복한다.
   > 마. 정전기가 계속 발생할 경우 위의 브러싱을 반복한다.
   > 바. 브러싱을 실시하여 정전기 발생 여부를 재차 확인하기

   ① 가 - 다 - 바 - 마 - 나 - 라
   ② 가 - 다 - 바 - 나 - 마 - 라
   ③ 다 - 가 - 바 - 마 - 나 - 라
   ④ 다 - 가 - 바 - 라 - 나 - 마
   ⑤ 다 - 가 - 바 - 나 - 마 - 라

10. 엉킨 털을 푸는 방법으로 올바른 것은?
    ① 빗을 쥔 손에 힘을 주어 엉킨 부분을 찾는다.
    ② 손가락 끝을 이용하여 엉킨 털을 갈라놓는다.
    ③ 털의 모근부분부터 모질 손상에 주의하며 브러싱한다.
    ④ 엉킴 제거에 도움을 주는 제품은 브러싱 후에 사용한다.
    ⑤ 엉킨 털은 안쪽 부분의 적은 양부터 브러싱한다.

11. 브러싱 컨디셔너에 대한 설명으로 틀린 것은?
    ① 코트가 건강한 상태로 유지되도록 도움을 준다.
    ② 코트에 보습 효과를 준다.
    ③ 털의 정전기로 생기는 마찰 손상을 줄여 준다.
    ④ 피모의 손상을 회복시켜 주지는 못한다.
    ⑤ 브러싱을 쉽게 할 수 있도록 도움을 준다.

12. 워터리스 샴푸에 대한 설명으로 틀린 것은?
① 물로 헹구지 않고 드라이어로 말린다.
② 얼룩진 코트 부위에 수건에 묻혀 간접적으로 사용하여 닦아낸다.
③ 물로 헹구지 않고 수건으로 닦아서 사용한다.
④ 목욕 시설이 준비되어 있지 않은 곳에서도 사용할 수 있다.
⑤ 물 없이 사용하는 드라이 샴푸이다.

13. 정전기 방지 컨디셔너에 대한 설명으로 틀린 것은?
① 정전기로 코트가 날리는 현상을 해결해 준다.
② 말라있는 코트에 브러싱을 할 때 정전기를 예방
③ 오일이 뭉치는 제품을 선택하는 것이 보습효과어 좋다.
④ 목욕 후 수분이 건조되지 않은 상태의 코트에 직접 분사하여 사용한다.
⑤ 코트가 완전히 말라 브러싱이 필요한 상태에 분사하여 사용한다.

14. 장모종의 브러싱에 대한 설명으로 올바른 것은?
① 플라스틱 재질의 빗은 정전기 발생이 심하다.
② 브러싱을 할 때에 개는 테이블에 서 있는 자세여야 한다.
③ 모량이 많은 장모견은 시야 확보가 잘 된다.
④ 귀 뒤쪽, 관절 뒤 부위는 중요하지 않은 부위이므로 약간의 엉킴은 관계없다.
⑤ 눈 위의 털은 안구에 손상을 주지 않도록 전방을 통해 브러싱한다.

15. 엉킨 부분을 브러싱할 때 모질 손상이 적게 하고 엉킨 털을 더 쉽게 풀 수 있게 도와주는 제품은?
① 콤 ② 천연모 브러시
③ 슬리커 브러시 ④ 엉킴 제거 제품
⑤ 핀 브러시

16. 장모 대형견의 브러싱 방법 중 올바르지 못한 것은?
① 대형견용 테이블을 준비한다.
② 밴딩 가위로 고무밴드를 잘라낸다.
③ 많은 양의 털을 흐트러지지 않게 주의하여 브러싱한다.
④ 테이블 고정 암을 설치한다.
⑤ 털의 파트를 나누어서 집게로 고정하여 준다.

17. 엉킨 털을 푸는 방법으로 틀린 것은?
① 손가락으로 털을 풀 때에는 빗을 내려놓은 상태로 한다.
② 빗과 손을 활용하여 털의 엉킨 부분을 찾는다.
③ 빗을 쥔 손에 힘을 주지 않고 가볍게 빗질하면서 엉킨 부분을 찾는다.
④ 엉킨 털을 손바닥 위에 올려놓고 빗을 쥔 손에 힘을 주어 빗질한다.
⑤ 모질 끝부분의 엉킴이 제거되면 조금 더 안쪽까지 브러싱한다.

18. 브러싱을 할 때 주의해야 될 내용으로 맞는 것은?
① 목, 겨드랑이, 귀 안쪽까지 꼼꼼하게 브러싱한다.
② 브러시는 끝이 날카롭고 면이 고른 것을 고른다.
③ 도구와 장비는 사용법만 숙지하고 있으면 된다.
④ 특별한 소독관리는 하지 않아도 된다.
⑤ 긴 털에 숨겨져 있는 등, 꼬리는 꼼꼼하게 브러싱한다.

19. 브러싱 방법으로 틀린 것은?
① 래핑지의 고무밴드는 밴딩 가위를 사용하여 잘라 낸다.
② 래핑지를 풀어 낸 후 손가락 끝을 이용하여 털을 정리한다.
③ 애완동물이 불편하지 않도록 최대한 넓은 미용 테이블을 준비한다.
④ 한쪽 손은 피부에 가까이 대어 피부가 움직이지 않도록 고정한다.
⑤ 브러시는 끝이 둥글고 면이 고른 것을 사용한다.

20. 대형견을 테이블로 이동시키는 방법으로 틀린 것은?
① 개의 앞과 뒤를 받쳐 안아 올린다.
② 대형견용 테이블을 미리 준비한다.
③ 대형견을 테이블로 들어 올린 후 고정 암을 설치한다.
④ 개의 가슴과 배를 받쳐 안아 올린다.
⑤ 두 팔로 두드럽게 감싸 안아서 들어 올린다.

21. 장모 관리 브러싱에 필요한 도구가 아닌 것은?
① 꼬리빗 ② 핀 브러시
③ 래핑지 ④ 클리퍼 콤
⑤ 콤

22. 브리슬 브러시 사용 방법으로 틀린 것은?
① 일반적인 빗질용으로는 사용하지 않는다.
② 털 관리용 오일을 바를 때 사용할 수 있다.
③ 오일 사용 시 한곳에 많이 도포되지 않도록 주의한다.
④ 털과 피부의 노폐물을 제거해 준다.
⑤ 주로 실키 코트에 사용한다.

23. 슬리커 브러시 사용 방법으로 틀린 것은?
① 엄지손가락과 집게손가락으로 손잡이를 쥔다.
② 브러시를 잡지 않은 손으로는 브러싱할 털을 잡는다.
③ 손목의 스냅을 이용하여 부드럽게 빗질한다.
④ 엄지와 집게를 제외한 손가락으로 손잡이를 받친다.
⑤ 슬리커 브러시가 흔들리지 않도록 고정하여 잡는다.

24. 부분적인 털의 오염 물질을 제거하기 위한 브러싱의 순서로 올바른 것은?

> ㄱ. 브러싱 상태를 점검하고 코트 정돈하기
> ㄴ. 털을 드라이어로 건조시키기
> ㄷ. 브러싱 스프레이를 사용해가며 브러싱하기
> ㄹ. 오염 부위를 타월로 닦아내기
> ㅁ. 털의 오염 정도를 파악하기

① ㄴ - ㅁ - ㄷ - ㄹ - ㄱ
② ㄴ - ㅁ - ㄹ - ㄷ - ㄱ
③ ㅁ - ㄹ - ㄷ - ㄴ - ㄱ
④ ㅁ - ㄴ - ㄹ - ㄷ - ㄱ
⑤ ㅁ - ㄹ - ㄴ - ㄷ - ㄱ

25. 엉킨 털의 브러싱 순서로 올바른 것은?

> ㄱ. 모근의 털부터 순차적으로 브러싱하기
> ㄴ. 엉킴 제거에 도움을 주는 제품 뿌리기
> ㄷ. 일정 시간이 지난 후 해당 부위를 손끝으로 조금씩 가르기
> ㄹ. 안쪽으로 이동하여 브러싱하기
> ㅁ. 털의 끝부분부터 모질 손상에 주의하며 브러싱하기

① ㄱ - ㅁ - ㄷ - ㄹ - ㄴ
② ㄱ - ㄷ - ㅁ - ㄹ - ㄴ
③ ㄴ - ㄹ - ㄷ - ㅁ - ㄱ
④ ㄴ - ㅁ - ㄷ - ㄹ - ㄱ
⑤ ㄴ - ㄷ - ㅁ - ㄹ - ㄱ

26. 장모종의 목욕 제품에 대한 설명으로 틀린 것은?
① 일반적인 목욕 제품은 피모의 세정이 목적이기 때문에 장모종의 목욕 제품에는 더 많은 기능이 필요하다.
② 긴 털이 끊어지지 않고 건강하게 자랄 수 있는 제품이어야 한다.
③ 보습, 엉킴 방지의 기능이 포함되어 있어야 한다.
④ 거칠어진 모질의 복원이 힘들기 때문에 필요하면 털을 잘라 주어야 한다.
⑤ 모질의 특성에 따라 샴푸와 린스를 선택하여 사용하여야 한다.

27. 푸들이나 비숑프리제 견종에 주로 사용하며 모량이 풍성하게 보이며 미용 시 스타일 완성을 용이하게 하는 목욕 제품은?
① 볼륨 목욕 제품
② 디프 클렌징 목욕 제품
③ 트리트먼트
④ 화이트닝 목욕 제품
⑤ 러프코트

28. 디프 클렌징 목욕 제품에 대한 설명으로 틀린 것은?
① 모발에 수분과 오일 성분이 함께 제거되는 제품이 좋다.
② 모발에 축적되어 있는 이물질을 제거한다.
③ 빌드업 현상을 제거한다.
④ 모공에 축적되어 있는 이물질을 제거한다.
⑤ 모발에 점착된 이물질을 제거한다.

29. 주로 몰티즈나 요크셔테리어 같은 견종에게 사용하며 털을 차분하고 부드럽게 하여 모질에 광택을 주고 관리가 용이하도록 해주는 목욕 제품은?
① 트리트먼트
② 화이트닝 목욕 제품
③ 실키 코트 목욕 제품
④ 볼륨 목욕 제품
⑤ 디프 클렌징 목욕 제품

30. 목욕 제품 선택 시 주의해야 할 사항으로 틀린 것은?
① 모질의 특성에 따라 제품을 선택하여야 한다.
② 실키코트 목욕 제품은 정전기와 엉킴을 방지하는 제품을 선택한다.
③ 디프 클렌징 목욕 제품은 모발에 유용한 오일 성분까지 제거하지 않는 제품으로 선택하여야 한다.
④ 화이트닝 목욕 제품은 화이트닝이 강한 제품으로 선택한다.
⑤ 볼륨 목욕 제품은 털에 볼륨을 주어 모량을 풍성하게 만들어 주는 제품이어야 한다.

31. 장모종의 목욕 전 준비 사항으로 틀린 것은?
① 작업복
② 타월
③ 케이지
④ 고무밴드
⑤ 브러싱 스프레이

32. 장모종의 목욕 전 작업자의 준비사항인 것은?
① 콤
② 샴푸
③ 핀 브러시
④ 작업화
⑤ 슬리커 브러시

33. 장모종의 목욕 전 작업자의 준비사항인 것은?
① 작업복
② 고무밴드
③ 린스
④ 트리트먼트
⑤ 콤

34. 장모종의 목욕 전 드라이실 내에 미리 준비해야 하는 준비물은?
① 샴푸
② 슬리커 브러시
③ 린스
④ 콤
⑤ 작업화

35. 장모종의 목욕 전 목욕실 내에 미리 준비해야 하는 준비물은?
① 작업화
② 타월
③ 핀 브러시
④ 브러싱 스프레이
⑤ 고무밴드

36. 목욕 전 필요한 용품을 미리 준비해야 하는 이유로 틀린 것은?
① 동물이 혼자 있을 경우 욕조에서 탈출하는 등의 안전사고가 일어날 수 있다.
② 물에 젖어 있을 시 동물의 체온이 떨어진다.
③ 목욕을 하면서 동물로부터 멀리 떨어질 수 없다.
④ 드라이를 하는 시간이 길어진다.
⑤ 목욕을 하는 시간이 길어진다.

37. 장모종의 목욕 시 유의해야 할 사항으로 올바른 것은?
① 먼지 등의 제거를 위하여 털을 문지르듯이 목욕 시킨다.
② 시간 단축을 위하여 헹굼을 최소화한다.
③ 세정 성분이 강한 샴푸를 사용한다.
④ 바닥이 젖어 미끄러울 수 있으므로 주의한다.
⑤ 수압은 강하게 하여 털 안쪽까지 충분히 헹구어 준다.

38. 장모종 목욕 시 필요한 장비로 올바른 것은?
① 수도꼭지   ② 타월
③ 린스   ④ 샴푸
⑤ 브러싱 스프레이

39. 장모종의 샴핑 방법으로 틀린 것은?
① 오염이 심한 부위는 농도가 진한 샴푸를 사용한다.
② 샴푸를 끼얹어 가며 반복적으로 샴핑한다.
③ 털의 반대 방향으로 마사지하여 오염물질을 제거한다.
④ 샴핑 시 마사지는 혈액 순환을 촉진시킨다.
⑤ 털 안쪽까지 충분히 물에 적신 후 샴푸를 도포한다.

40. 일반적인 장모종의 샴핑 방법으로 틀린 것은?
① 마사지는 털의 결대로 한다.
② 샴푸의 농도는 진하게 한다.
③ 욕조에 물을 받아 사용한다.
④ 모근을 부드럽게 자극한다.
⑤ 눈 아래는 손끝을 사용하여 마사지한다.

41. 장모종의 샴핑 방법으로 틀린 것은?
① 털 안쪽까지 충분히 젖을 수 있도록 한다.
② 눈 아래와 입 주변은 손끝을 사용해서 마사지한다.
③ 털이 갈라지지 않도록 물을 뿌린다.
④ 얼굴을 먼저 헹군다.
⑤ 머리부터 물을 적셔준다.

42. 장모종의 목욕 방법으로 올바른 것을 고르시오.

> ㄱ. 모질의 특성과 상태에 맞는 목욕 제품을 선택하여 사용하여야 한다.
> ㄴ. 코를 아래로 향하게 하여 얼굴을 헹군다.
> ㄷ. 손가락을 벌려서 위에서 아래로 빗처럼 사용하며 마사지를 해준다.
> ㄹ. 털에 묻은 물기를 손으로 제거해 준다.

① ㄱ, ㄴ   ② ㄱ, ㄴ, ㄷ
③ ㄱ, ㄷ, ㄹ   ④ ㄱ, ㄴ, ㄹ
⑤ ㄱ, ㄷ

43. 장모종의 목욕 순서를 나열하시오.

> ㄱ. 적절한 온도로 욕조에 물을 받아 샴푸의 농도를 조절한다.
> ㄴ. 개를 욕조에 넣고 털의 결대로 마사지하며 샴핑한다.
> ㄷ. 털의 오염 물질을 가볍게 씻어준다.
> ㄹ. 항문낭액을 짜준다.

① ㄱ-ㄴ-ㄷ-ㄹ   ② ㄴ-ㄷ-ㄹ-ㄱ
③ ㄷ-ㄹ-ㄱ-ㄴ   ④ ㄹ-ㄱ-ㄴ-ㄷ
⑤ ㄹ-ㄷ-ㄱ-ㄴ

44. 장모종 목욕 전 준비사항 중 목욕실 내 준비물을 모두 고르시오.

> ㄱ. 린스   ㄴ. 콤
> ㄷ. 작업화   ㄹ. 고무밴드
> ㅁ. 핀 브러시   ㅂ. 작업복
> ㅅ. 타월   ㅇ. 슬리커 브러시

① ㄱ, ㅁ, ㅇ   ② ㄱ, ㄴ, ㅁ
③ ㄱ, ㄴ, ㅇ   ④ ㄱ, ㄷ, ㅂ
⑤ ㄱ, ㄴ, ㅅ

45. 장모종 목욕 전 준비사항 중 드라이실 내 준비물이 아닌 것은?
① 타월   ② 핀 브러시
③ 브러싱 스프레이 ④ 슬리커 브러시
⑤ 콤

46. 장모종의 샴핑 순서를 바르게 나열한 것은?

> ㄱ. 항문낭 짜기   ㄴ. 머리 조시기
> ㄷ. 손가락으로 마사지하기 ㄹ. 머리 헹구기
> ㅁ. 샴푸 끼얹기   ㅂ. 샴푸 농도 조절

① ㄱ-ㄴ-ㅂ-ㅁ-ㄷ-ㄹ
② ㄱ-ㄴ-ㅂ-ㄷ-ㅁ-ㄹ
③ ㄴ-ㄱ-ㄱ-ㅁ-ㄷ-ㄹ
④ ㄴ-ㄱ-ㅂ-ㅁ-ㄹ-ㄷ
⑤ ㄴ-ㄱ-ㅂ-ㅁ-ㄷ-ㄹ

47. 장모종의 린싱 순서를 바르게 나열한 것은?

| ㄱ. 린싱하기 | ㄴ. 반복 끼얹기 |
| ㄷ. 린스 농도 조절 | ㄹ. 물기 제거 |

① ㄱ - ㄷ - ㄴ - ㄹ
② ㄱ - ㄷ - ㄹ - ㄴ
③ ㄷ - ㄱ - ㄹ - ㄴ
④ ㄷ - ㄴ - ㄱ - ㄹ
⑤ ㄷ - ㄱ - ㄴ - ㄹ

48. 장모종의 린싱 방법으로 올바르지 못한 것은?
① 털의 결대로 마사지한다.
② 린스의 헹굼 정도에 따라 코트의 무게감을 조절할 수 있다.
③ 모근을 부드럽게 자극해준다.
④ 손가락을 빗처럼 사용하여 마사지한다.
⑤ 코트 끝 위주의 린스 작업은 모질 개선에 큰 효과가 있다.

49. 다음 중 실키코트 목욕 제품을 사용하는 견종은?
① 베들링턴테리어 ② 불테리어
③ 포메라니안 ④ 케리블루테리어
⑤ 몰티즈

50. 볼륨 목욕 제품을 사용하는 견종은?
① 요크셔테리어 ② 시추
③ 몰티즈 ④ 라사압소
⑤ 비숑프리제

51. 환모기가 없고 털빠짐이 적으며 피모가 얇아 추위에 약한 코트의 종류는?
① 싱글 코트 ② 더블 코트
③ 실키 코트 ④ 롱 코트
⑤ 스트레이트 코트

52. 피모를 보호하는 얇고 거친 털과 부드럽고 촘촘히 난 털로 구성되어 있는 코트는?
① 싱글 코트 ② 더블 코트
③ 스트레이트 코트 ④ 메인 코트
⑤ 오버 코트

53. 다음 중 싱글 코트를 가진 견종은?
① 슈나우저 ② 시베리안허스키
③ 푸들 ④ 포메라니안
⑤ 알래스칸맬러뮤트

54. 다음 중 싱글 코트 견종이 아닌 것은?
① 요크셔테리어 ② 몰티즈
③ 푸들 ④ 스피츠
⑤ 시추

55. 다음 중 더블 코트를 가진 견종은?
① 시추 ② 시베리안허스키
③ 푸들 ④ 몰티즈
⑤ 요크셔테리어

56. 다음 중 더블 코트 견종을 모두 고르시오.

| ㄱ. 슈나우저 | ㄴ. 포메라니안 |
| ㄷ. 시베리안허스키 | ㄹ. 페키니즈 |

① ㄱ, ㄴ
② ㄱ, ㄴ, ㄷ, ㄹ
③ ㄱ, ㄴ, ㄷ
④ ㄱ, ㄹ
⑤ ㄴ, ㄷ, ㄹ

57. 습식 타월의 특징이 아닌 것은?
① 젖은 상태로 접어서 보관한다.
② 수건에 털이 붙지 않는다.
③ 여러 장의 수건이 필요하다.
④ 재질이 매끈하다.
⑤ 한 장으로 여러 번 짜서 사용한다.

58. 건식 타월의 특징으로 올바른 것은?
① 젖은 수건은 다른 수건으로 교체하여 사용한다.
② 매끈한 재질이다.
③ 사용 전에는 딱딱하게 굳어져 있다.
④ 젖은 상태에서 보관한다.
⑤ 털이 달라붙지 않는다.

59. 타월 사용에 대한 내용으로 틀린 것은?
① 작업 시간 단축을 위해 사용한다.
② 타월로 몸을 감싸 물기를 제거하는 것을 타월링이라고 한다.
③ 건식 타월과 습식 타월이 있다.
④ 수분 제거가 목적이므로 수분을 모두 제거하여 시간을 최대한 단축시킨다.
⑤ 털을 말리기 위해 제일 먼저 타월로 물기를 닦아내는 작업을 한다.

60. 드라이의 풍량 조절 방법으로 틀린 것은?
① 타월링 후에는 풍량을 약으로 조절한다.
② 최대한 털을 피면서 말린다.
③ 말리는 부위에 바람이 있도록 방향을 조절한다.
④ 물기가 제거되면 풍량의 강약을 조절한다.
⑤ 더블 코트는 풍량을 조절해 가며 핀 브러시와 슬리커 브러시로 말려 준다.

61. 드라이어의 풍량 조절로 가장 올바른 것은?
① 더블 코트는 물기가 제거된 후 풍량을 조절하며 핀 브러시로

말려준다.
② 풍량은 최대한 강하게 사용하여야 한다.
③ 싱글 코트는 물기가 제거된 후 풍량을 약으로 조절하여 핀 브러시로 말려준다.
④ 화상의 위험이 있으니 풍량을 항상 약하게 사용하도록 한다.
⑤ 물기가 제거되면 풍량을 강으로 조절한다.

62. 드라이어의 온도 조절 방법으로 틀린 것은?
① 높은 온도에서는 피부에 화상을 입을 수 있다.
② 낮은 온도에서는 피모가 손상될 수 있다.
③ 물기가 제거된 후에는 미지근한 바람으로 털을 말려 준다.
④ 젖은 털은 온도를 강으로 하여 말린다.
⑤ 눈에 직접적으로 드라이 바람이 가지 않도록 한다.

63. 드라이어의 온도 조절 방법으로 올바른 것은?
① 젖은 털은 온도를 약으로 하여 말린다.
② 싱글 코트는 물기가 잘 마르지 않아 피모 속을 확실하게 말려주어야 한다.
③ 눈에 직접적으로 드라이 바람이 가지 않도록 한다.
④ 더블 코트는 피모가 얇아 화상의 위험으로 빠른 시간에 작업을 끝낼 수 있도록 한다.
⑤ 낮은 온도는 한곳에 바람이 집중되어 피모가 손상되고 화상을 입을 수 있으니 주의한다.

64. 드라이 작업의 방법 중 올바른 것을 모두 고르시오.

> ㄱ. 물기 제거 직후의 털은 풍량을 강으로 조절하여 재빠르게 말린다.
> ㄴ. 물기 제거 후 온도를 강으로 하여 빠르게 말려준다.
> ㄷ. 젖은 털은 손상이 잘 되므로 온도를 약하게 해준다.
> ㄹ. 더블 코트는 물기가 제거된 후 풍량을 약하게 하여 핀 브러시로 말려 준다.

① ㄱ
② ㄱ, ㄴ
③ ㄱ, ㄷ
④ ㄱ, ㄹ
⑤ ㄱ, ㄷ, ㄹ

65. 드라이 작업 시 주의해야 할 사항으로 틀린 것은?
① 얼굴 드라이 시 안구 손상에 유의한다.
② 모질의 특성에 따라 수분을 조절하며 드라이 한다.
③ 드라이의 바람에 털이 흩날려 서로 엉기지 않도록 주의한다.
④ 온도를 강하게 하여 빠르게 작업을 끝낼 수 있도록 한다.
⑤ 눈에 바람이 직접적으로 가지 않도록 주의한다.

66. 드라이 순서로 올바른 것은?

> ㄱ. 개를 세워서 드라이 마무리하기
> ㄴ. 타월로 물기 제거하기
> ㄷ. 털의 결 방향대로 브러싱하며 드라이하기
> ㄹ. 테이블 위에 개를 올려놓기

① ㄴ-ㄷ-ㄱ-ㄹ
② ㄴ-ㄱ-ㄷ-ㄴ
③ ㄴ-ㄷ-ㄹ-ㄱ
④ ㄴ-ㄹ-ㄷ-ㄱ
⑤ ㄴ-ㄹ-ㄱ-ㄷ

67. 드라이 작업 시 밴딩을 하는 부위가 아닌 곳을 모두 고르시오.
① 입 주변
② 머리 위
③ 귀
④ 생식기 주위
⑤ 꼬리 주위

68. 다음 중 드라이 방법으로 틀린 것은?
① 밴딩 부위는 밴드를 잘라 내고 드라이한다.
② 털의 길이가 긴 부위부터 드라이한다.
③ 모발의 끝까지 브러싱한다.
④ 바람이 닿는 곳의 털을 갈라 가며 모근 안쪽에서 바깥쪽으로 브러싱한다.
⑤ 마무리 드라이 시에는 위에서 아래 방향으로 들뜬 털을 정리한다.

69. 드라이 전 얼굴 부위를 밴딩하는 이유로 가장 올바른 것은?
① 견종의 입에 털이 들어가는 것을 방지하기 위해서
② 작업 시간의 단축을 위해서
③ 시야를 확보하기 위해서
④ 드라이 순서를 정하기 위해서
⑤ 마지막에 드라이하기 위해서

70. 드라이 작업 전 밴딩을 할 때 주의해야 되는 것으로 올바른 것은?
① 래핑지를 같이 준비한다.
② 털이 단단히 고정되어야 하므로 여러 개의 고무줄을 사용한다.
③ 개의 움직임에 방해가 되지 않도록 주의하여 밴딩한다.
④ 더즐의 털은 한 번에 잡아 밴딩한다.
⑤ 귀의 피부와 함께 묶어 풀어지지 않도록 주의한다.

71. 드라이 작업 시 주의해야 되는 사항으로 틀린 것은?
① 바람이 닿는 곳의 털을 가르며 드라이해 준다.
② 털의 파트를 나누어 집게로 고정한다.
③ 콤으로 드라이작업의 완성도를 확인해 준다.
④ 들뜬 털의 마무리는 아래에서 위 방향으로 마무리해 준다.
⑤ 얼굴 부위는 콤이나 슬리커 브러시를 사용한다.

72. 장모종의 드라이 작업 순서를 바르게 나열한 것은?

> ㄱ. 털 안쪽부터 끝까지 드라이하기
> ㄷ. 바람이 닿은 곳의 털을 가르며 드라이하기
> ㄹ. 긴 털을 밴딩하기
> ㅁ. 수시로 브러싱 스프레이 분사하기
> ㅂ. 파트를 나누어 집게로 고정하기
> ㅅ. 드라잉 작업 확인하기

① ㅂ-ㄹ-ㄷ-ㄱ-ㅁ-ㅅ
② ㅂ-ㄹ-ㄱ-ㄷ-ㅁ-ㅅ
③ ㄹ-ㄷ-ㅂ-ㄱ-ㅁ-ㅅ
④ ㄹ-ㄱ-ㅂ-ㄷ-ㅁ-ㅅ
⑤ ㄹ-ㅂ-ㄱ-ㄷ-ㅁ-ㅅ

73. 피모 속에 물기가 남아 있는 경우가 많아 핀 브러시와 슬리커 브러시를 사용하여 피모 속까지 확실하게 말려 주어야 하는 견종을 모두 고르시오.

① 시추 ② 시베리언허스키
③ 차이니스크레스티드 ④ 몰티즈
⑤ 포메라니안

74. 피모가 얇아서 강한 바람을 한 곳에 향하게 할 경우 화상의 위험이 높아 빠른 시간에 작업을 끝내야 하는 견종이 아닌 것을 모두 고르시오.

① 슈나우저 ② 푸들
③ 몰티즈 ④ 요크셔테리어
⑤ 재퍼니즈스피츠

75. 보호털에 대한 설명으로 올바르지 않은 것은?
① 보호털만 가진 견종이 있다.
② 외부 환경으로부터 신체를 보호한다.
③ 상모 또는 주모라고도 한다.
④ 언더코트보다 길다.
⑤ 언더코트보다 얇다.

76. 래핑을 하는 이유가 아닌 것은?
① 모질의 손상을 최소화한다.
② 모색의 변질을 막아 준다.
③ 털이 쓸리는 것을 예방해 준다.
④ 밴딩에 비하여 비교적 간단하다.
⑤ 털이 엉키는 것을 예방해 준다.

77. 장모종의 긴 털을 보호하기 위해 래핑지로 감싸주는 것은?
① 그리핑 ② 카딩
③ 래핑 ④ 피킹
⑤ 밴딩

78. 밴드를 이용하여 털의 끊어짐과 오염을 방지하는 관리법은?
① 밴딩 ② 파팅
③ 초킹 ④ 치핑
⑤ 래핑

79. 밴딩을 하는 목적으로 틀린 것은?
① 래핑에 비해 작업이 비교적 간단하다.
② 래핑과 목적은 동일하다.
③ 털의 구겨짐이 발생한다.
④ 전람회 출진 전 코트 관리에 활용할 수 있다.
⑤ 털의 끊어짐을 방지한다.

80. 다음 중 래핑이나 밴딩을 하지 않는 견종은?
① 몰티즈 ② 슈나우저
③ 푸들 ④ 달마티안
⑤ 아프간하운드

81. 다음 중 래핑·밴딩을 하는 견종을 모두 고르시오.

> ㄱ. 아프간하운드 ㄴ. 요크셔테리어
> ㄷ. 시추 ㄹ. 미니어처핀셔

① ㄱ, ㄴ ② ㄴ, ㄷ
③ ㄱ, ㄴ, ㄷ ④ ㄱ, ㄷ, ㄹ
⑤ ㄱ, ㄴ, ㄷ, ㄹ

82. 다음 중 래핑·밴딩으로 관리하는 견종은?
① 그레이하운드 ② 비글
③ 불독 ④ 푸들
⑤ 차이니즈샤페이

83. 밴딩에 필요한 재료 및 장비가 아닌 것은?
① 래핑지 ② 고무밴드
③ 브러싱 스프레이 ④ 핀 브러시
⑤ 미용 테이블

84. 래핑에 필요한 재료 및 장비가 아닌 것은?
① 래핑지 ② 겸자
③ 꼬리 빗 ④ 밴딩 가위
⑤ 미용 테이블

85. 다음 중 래핑·밴딩에 필요한 재료 및 장비가 아닌 것은?
① 콤 ② 미용 테이블
③ 밴딩 가위 ④ 미디엄 나이프
⑤ 슬리커 브러시

86. 래핑·밴딩 작업 시 주의해야 되는 사항으로 틀린 것은?
① 래핑지는 통풍이 잘 되는 것으로 선택한다.
② 애완동물이 불편함이 없도록 작업하여야 한다.
③ 모질의 특성과 모량을 고려하여 래핑지와 밴드를 선택한다.
④ 래핑과 밴딩의 적용 범위는 모든 강아지들에게 동일하게 결정되어 있다.
⑤ 브러싱 스프레이는 동물과 작업자의 눈에 들어가지 않도록 주의한다.

87. 래핑·밴딩 작업 시 주의해야 되는 사항으로 틀린 것은?
① 모질의 특성과 모량을 고려하여 재료를 선택한다.
② 분사식 스프레이 사용 시 환기가 잘 되는 곳에서 한다.
③ 브러싱 스프레이 사용 시 동물 및 작업자의 눈에 들어가지 않도록 주의한다.
④ 과도한 브러싱이 들어가지 않도록 래핑 후 최대한 오래 유지한다.
⑤ 애완동물이 불편함을 느끼지 않도록 주의한다.

88. 몰티즈의 래핑·밴딩을 할 때 경계선의 라인이 잘못된 것은?
① 스톱의 구분을 준 뒤 눈꼬리에서 뒤통수까지 경계선을 나눈다.
② 구분된 스톱 선에서 윗입술 끝선까지 경계선을 나눈다.
③ 양쪽 아랫입술 끝선을 서로 연결하여 경계선을 나눈다.
④ 입술 끝선에서 눈꼬리 끝 라인까지 경계선을 나눈다.
⑤ 귀가 시작되는 지점과 머리의 경계선을 구분한다.

89. 몰티즈의 래핑·밴딩을 할 때 경계선의 라인이 잘못된 것은?
① 구분된 스톱 선에서 윗입술 끝선까지 경계선을 나눈다.
② 귀가 시작되는 지점과 머리의 경계선을 나눈다.
③ 스톱의 구분을 준 뒤 눈꼬리에서 목선까지 경계선을 나눈다.
④ 뒤통수에서 꼬리 시작점까지 등선을 따라 등의 중앙에 경계선을 나눈다.
⑤ 입술 끝선에서 눈꼬리 끝 라인까지 경계선을 나눈다.

90. 몰티즈의 래핑·밴딩 순서를 나열하세요.

> ㄱ. 얼굴 부위의 털을 나누기
> ㄴ. 등선을 몸의 중앙에서 좌우로 나누기
> ㄷ. 목 부위 경계선을 나누기
> ㄹ. 어깨 코트의 경계선 나누기

① ㄱ-ㄴ-ㄷ-ㄹ   ② ㄴ-ㄷ-ㄹ-ㄱ
③ ㄷ-ㄹ-ㄱ-ㄴ   ④ ㄱ-ㄷ-ㄹ-ㄴ
⑤ ㄹ-ㄴ-ㄷ-ㄱ

91. 래핑의 순서를 바르게 나열한 것은?

> ㄱ. 털 길이에 맞춰 세로로 등분하여 접는다.
> ㄴ. 털에 래핑지를 감싼다.
> ㄷ. 털에 컨디셔너를 뿌리고 가지런히 한다.
> ㄹ. 털에 당김이 있는지 확인한다.

① ㄱ-ㄴ-ㄹ-ㄷ   ② ㄷ-ㄴ-ㄹ-ㄱ
③ ㄷ-ㄹ-ㄱ-ㄴ   ④ ㄴ-ㄷ-ㄹ-ㄱ
⑤ ㄱ-ㄷ-ㄴ-ㄹ

92. 래핑 작업 시 주의해야 되는 사항으로 틀린 것은?
① 고무밴드는 모량이나 래핑 재료에의 특징에 따라 감는 횟수를 조절해준다.
② 래핑이 모근에 너무 가깝게 되면 털이 끊어질 수 있다.
③ 귀 래핑 시 상해가 발생되지 않도록 귀 끝에서 3cm 이상 간격을 주고 래핑한다.
④ 래핑은 개의 움직임을 고려하여 나누며 정해진 개수는 없다.
⑤ 래핑지는 모량, 모질, 털의 길이를 확인하여 알맞은 크기로 접는다.

93. 래핑·밴딩 작업 시 주의해야 되는 사항으로 올바른 것을 모두 고르시오.
㉠ 개가 래핑을 긁어 모양을 엉클어 놓는 경우 습관이 들지 않도록 그대로 놓아둔다.
㉡ 밴딩은 관절의 움직임에 따라 개수가 정해져 있다.
㉢ 과도한 브러싱 방지를 위하여 래핑은 최대한 오래 유지하여 준다.
㉣ 관절 부위의 래핑은 움직임에 방해가 되면 모질 끊어짐의 원인이 된다.
㉤ 개의 모량, 모질, 털의 길이를 확인하여 알맞은 래핑·밴딩 용품을 사용한다.

94. 소형견의 밴딩 순서를 나열하세요.

> ㄱ. 전체적으로 브러싱 하기
> ㄴ. 개를 엎드려 하여 목 베개 받치기
> ㄷ. 테이블 위에 개 올리기
> ㄹ. 밴딩 라인을 나누기

① ㄱ-ㄷ-ㄴ-ㄹ   ② ㄷ-ㄴ-ㄱ-ㄹ
③ ㄷ-ㄴ-ㄹ-ㄱ   ④ ㄱ-ㄴ-ㄹ-ㄷ
⑤ ㄹ-ㄴ-ㄱ-ㄷ

95. 래핑·밴딩 시 개의 움직임을 고려하여 경계선을 나누게 된다. 개의 경추에는 총 몇 개의 래핑·밴딩을 하게 되는가?
① 1개   ② 2개
③ 3개   ④ 4개
⑤ 정해진 개수는 없다.

96. 래핑에 거부 반응을 보이며 래핑지를 물어뜯어 놓았을 때 대처 방법으로 올바르지 않은 것은?
    ① 피부 소양감이 있는지 확인한다.
    ② 즉시 래핑을 다시 해준다.
    ③ 래핑의 경계선에 불편한 곳이 있는지 확인한다.
    ④ 래핑이 너무 타이트한지 확인한다.
    ⑤ 거부 반응을 없애기 위해 래핑지에 좋아하는 냄새를 발라 준다.

97. 털의 정전기로 생기는 마찰 손상을 줄여 주어 브러싱을 쉽게 할 수 있도록 도와주며 손상된 코트에 보습 효과를 주어 피모의 손상을 빨리 회복시켜주는 제품은?
    ① 린스
    ② 트리트먼트
    ③ 천연모 브러시
    ④ 핀 브러시
    ⑤ 브러싱 컨디셔너

98. 빳빳한 짐승의 털로 만들어져 있으며 털과 피부의 노폐물 제거와 오일 브러싱에 사용하는 것은?
    ① 오발빗
    ② 콤
    ③ 핀 브러시
    ④ 슬리커 브러시
    ⑤ 브리슬 브러시

99. 모발이나 모공에 축적되어 있는 이물질을 제거해 주는 샴푸의 종류는?
    ① 워터리스
    ② 화이트닝
    ③ 볼륨
    ④ 실키코트
    ⑤ 디프 클렌징

100. 모량이 풍성하게 보이게 하여 미용 스타일의 완성도를 높여주는 샴푸의 종류는?
    ① 워터리스
    ② 화이트닝
    ③ 디프 클렌징
    ④ 실키코트
    ⑤ 볼륨

정답 및 해설

1	⑤	2	①	3	②	4	⑤	5	③
6	④	7	①	8	②	9	③	10	②
11	④	12	②	13	③	14	①	15	④
16	③	17	④	18	①	19	③	20	④
21	④	22	①	23	②	24	⑤	25	⑤
26	④	27	①	28	①	29	③	30	④
31	③	32	④	33	①	34	②	35	②
36	④	37	④	38	①	39	③	40	②
41	③	42	③	43	③	44	⑤	45	⑤
46	⑤	47	⑤	48	⑤	49	⑤	50	⑤
51	①	52	②	53	③	54	④	55	⑤
56	②	57	③	58	①	59	④	60	①
61	③	62	②	63	③	64	①	65	⑤
66	④	67	④⑤	68	②	69	①	70	③
71	④	72	⑤	73	②⑤	74	①⑤	75	⑤
76	④	77	③	78	①	79	③	80	④
81	④	82	④	83	①	84	②	85	④
86	③	87	④	88	④	89	③	90	①
91	②	92	③	93	④⑤	94	②	95	⑤
96	⑤	97	⑤	98	⑤	99	⑤	100	⑤

1. ⑤ 글리터젤: 젤 타입의 장식용 반짝이로 애완동물 염색 시 보조제품으로 사용된다.
2. ② 엉킴 제거 제품: 디탱글 제품으로 엉킨 털의 브러싱을 보조
    ③ 심한 오염 제거 샴푸: 세정력이 강한 샴푸로 사용 후 물을 사용하여 잔여물이 남지 않도록 씻어내야 한다.
    ④ 오트밀 샴푸: 오트밀 성분이 첨가된 샴푸의 한 종류
    ⑤ 화이트닝 샴푸: 화이트닝 기능이 첨가된 샴푸의 한 종류
3. ② 콤의 사용은 팔에 힘을 주지 않고 손목의 움직임으로 털의 결과 수직이 되게 빗질한다.
4. ⑤ 브리슬 브러시는 멧돼지나 돼지 등의 동물의 털을 사용하여 만들어진 브러시로 주로 실키 코트에 사용한다.
5. ③ 브러시는 끝이 둥글고 면이 고른 것을 선택한다.
6. ④ 눈 위는 안구의 손상을 주지 않도록 주의하며 귀 쪽을 향해 브러싱한다.
7. ② 루버 브러시: 단모종의 죽은 털 제거와 피부 마사지에 사용한다.
    ③ 컬러믹스: 염색약에 섞어서 사용하는 염색 보조 제품
    ④ 이어파우더: 귓속의 털이 잘 잡히도록 사용하는 제품
    ⑤ 오발빗: 애완동물의 볼륨을 표현하기 위해 사용하는 콤
10. ① 빗을 쥔 손에 힘을 주지 않고 가볍게 빗질하면서 엉킨 부분을 찾는다.
    ③ 털의 끝부분부터 모질 손상에 주의하며 브러싱한다.
    ④ 털의 엉킴 정도를 파악 후 브러싱 전에 엉킴 제거에 도움을 주는 제품을 뿌려 준다.
    ⑤ 엉킨 털은 바깥쪽 부분의 적은 양부터 브러싱한다.
11. ④ 손상된 코트에 보습효과를 주어 피모의 손상을 빨리 회복시킨다.
12. ② 얼룩진 코트 부위에 직접 뿌려서 사용한다.
13. ③ 빌드업(build-up) : 컨디셔너나 오일이 뭉치는 현상으로 장모종관리 시 적합하지 않는 제품이다.
14. ② 브러싱을 위해 개를 눕힐 수 있으며 목배개를 활용하면 효과적이다.
    ③ 모량이 많은 장모견은 시야 확보가 잘 되지 않으므로 드라이어를 이용하면 브러싱할 때 시야 확보에 도움이 된다.
    ④ 뒤쪽, 관절 뒤 부위는 특히 잘 엉키는 부위이므로 꼼꼼하게 확인 하여야 한다.

⑤ 눈 위의 털은 안구에 손상을 주지 않도록 귀 쪽을 향해 브러싱한다.
15. ① 콤: 엉키거나 죽은 털의 제거나 털을 세우는 도구
    ② 천연모 브러시: 브리슬 브러시로 털의 노폐물을 제거하기 위해 사용되거나 털 관리용 오일을 사용할 때 사용된다.
    ③ 슬리커 브러시: 엉킨 털을 브러싱하거나 드라이를 할 때 사용되는 도구
    ⑤ 핀 브러시: 장모종의 브러싱에 사용하는 도구
16. ③ 소량의 털만 뽑아내어 털의 흐름이 흐트러지지 않게 주의하여 브러싱한다.
17. ④ 엉킨 털을 손바닥 위에 올려놓고 빗을 쥔 손에 힘을 주지 않으면서 가볍게 빗질한다.
18. ② 브러시는 끝이 둥글고 면이 고른 것을 고른다.
    ③ 도구와 장비는 사용 방법을 숙지하고 숙련되어 있어야 한다.
    ④ 애완동물의 질병 감염을 예방하기 위해 위생관리를 철저히 해야 한다.
    ⑤ 긴 털에 숨겨져 있는 목, 겨드랑이, 귀 안쪽까지 꼼꼼하게 브러싱한다.
19. ③ 애완동물의 개체 특성에 따라 소형견용 또는 대형견용 테이블을 준비한다.
20. ③ 대형견을 테이블로 이동시키기 전에 테이블 고정 암을 미리 설치한다.
21. ④ 클리더콤 : 클리퍼 날에 끼우는 덧빗으로 클리핑을 할 때 사용한다.
22. ① 일반적인 빗질용으로 사용하는 경우 털의 피부와 노폐물을 제거해 준다.
23. ② 브러시를 잡지 않은 다른 손으로 개체를 보정하거나 털과 피부를 고정시킨다.
26. ④ 장모종의 목욕 제품에는 거칠어진 모질을 복원 기능이 포함되어 있어야 한다.
27. ② 디프 클렌징 목욕 제품: 모발과 모공에 축적되어 있는 이물질을 제거하는 목욕 제품
    ③ 트리트먼트: 모발에 수분과 영양분을 주는 손질법
    ④ 화이트닝 목욕 제품: 하얀색 모색을 가진 개에게 사용하는 목욕 제품으로 모색을 더욱 하얗게 보이게 한다.
    ⑤ 러프코트: 볼륨 샴푸와 비슷하지만 이중모나 테리어 견종에게 더욱 볼륨감을 살려주는 샴푸로 주로 포메라니안, 셀티 종류에게 사용한다.
28. ① 모발에 필요한 수분과 유용한 오일 성분이 함께 제거되지 않는 제품을 선택하여야 한다.
29. ① 트리트먼트: 모발에 수분과 영양분을 주는 손질법
    ② 화이트닝 목욕 제품: 하얀색 모색을 가진 개에게 사용하는 목욕 제품으로 모색을 더욱 하얗게 보이게 한다.
    ④ 볼륨 목욕 제품: 털에 볼륨을 주어 모량이 풍성하게 보이게 하는 목욕 제품
    ⑤ 디프 클렌징 목욕 제품: 모발이나 모공에 축적되어 있는 이물질을 제거해 주는 목욕 제품
30. ④ 화이트닝 목욕 제품은 얼룩이나 먼지를 제거해 주면서도 모질 손상을 줄일 수 있는 제품으로 선택한다.
31. ③ 케이지: 애완동물의 대기 장소로 동물의 성격이 공격적이거나 울타리에 대기하기 부적합한 경우에 주로 사용된다.
32. ④ 작업화: 물기가 있는 바닥에서 미끄러지지 않는 제품으로 선택하여 착용한다.
33. ① 작업복: 물에 젖지 않는 의복 또는 앞치마를 착용한다.
34. 드라이실 내 준비물: 타월, 핀 브러시, 슬리커 브러시, 고두밴드 브러싱 스프레이
35. 목욕실 내 준비물: 샴푸, 린스, 트리트먼트, 타월, 콤
36. ④ 목욕을 하는 도중에 용품의 부재가 있을 경우 용품을 준비하는 시간 동안 목욕 작업의 시간이 길어지면서 전체적인 작업 시간이 연장된다. 또한 용품을 준비하는 도중 욕조에 혼자 있는 동물에게서 안전사고가 일어날 가능성이 있다. 특히 나이가 어리거나 많은 동물의 경우에는 작업 시간 연장은 좋지 않다.

37. ① 목욕 시 털을 문지르면 엉킴의 원인이 될 수 있다.
    ② 목욕 제품이 피부에 남지 않도록 안쪽까지 충분히 헹구어 준다.
    ③ 모질의 특성을 파악하여 장모견 전용 제품을 사용한다.
    ⑤ 수압을 강하게 하면 애완동물이 놀랄 수 있으므로 적절한 수압을 조절하여 사용한다.
38. 장모종 목욕에서 필요한 장비: 욕조, 수도꼭지, 샤워기, 온수기
39. ③ 털의 결대로 마사지하듯 샴핑하여야 엉킴을 방지할 수 있다.
40. ② 오염 정도가 심한 부위가 있을 경우에는 샴푸의 농도를 진하게 하여 사용한다.
41. ③ 털이 양쪽으로 갈라지도록 물을 뿌려 안쪽까지 충분히 적신다.
45. ⑤ 콤: 목욕실 내 준비물이다.
48. ⑤ 코트 전체를 린스에 담그면 모질 개선에 큰 효과가 있다.
49. 실키 코트 목욕 제품: 털을 차분하고 부드럽게 해주기 때문에 언더코트가 많이 발달된 견종이나 와이어코트의 견종에게는 적합하지 않다.
50. 볼륨 목욕 제품: 털에 볼륨을 주어 모량이 풍성하게 보이게 하는 제품으로 가위 커트를 하는 견종이나 볼륨이 필요한 테리어 종에게 적합하다.
51. ② 더블 코트: 오버 코트 언더 코트의 이중모로 구성되어 있는 털
    ③ 실키 코트: 부드럽고 광택이 있는 모질
    ④ 롱 코트: 장모
    ⑤ 스트레이트 코트: 직립모로 털이 구불거리지 않는다.
52. ① 싱글 코트: 상모만을 가진 한 겹의 털
    ③ 스트레이트 코트: 직립모로 털이 구불거리지 않는다.
    ④ 메인 코트: 몸의 중심이 되는 털
    ⑤ 오버 코트: 외부 환경으로부터 신체를 보호하는 상모
53. 싱글 코트 대표 견종: 푸들, 몰티즈, 요크셔테리어
54. 스피츠는 더블 코트를 가진 견종이다.
55. 더블 코트 대표 견종 : 슈나우저, 포메라니안, 시베리안허스키
57. 습식 타월: 한 장의 타월로 물기를 여러 번 짜서 사용하며 재질이 매끈하기 때문에 수건에 털이 붙지 않는다.
58. 건식 타월: 흡수력이 뛰어나 물기를 제거하는 데 효과적이지만 물기를 먹은 수건은 다른 수건으로 교체해서 사용하여야 한다.
59. ④ 수분을 모두 제거하지 않고 적당히 남겨야 드라잉을 수월하게 할 수 있다.
60. ① 타월링 후에는 풍량을 강으로 하여 재빠르게 말린다.
61. 풍량의 조절
    1. 물기 제거 직후에는 풍량을 강으로 조절하여 재빠르게 말리며 털은 최대한 펴준다.
    2. 말리는 부위에 바람이 있도록 한다.
    3. 물기제거가 되면 풍량의 강약을 조절해 가며 말린다
    4. 더블 코트는 풍량을 조절해 가며 핀 브러시와 슬리커 브러시를 사용하여 말려 준다.
    5. 싱글 코트는 물기가 제거된 후 풍향을 약으로 조절하여 핀 브러시로 말려 준다.
62. ② 높은 온도에서는 피모가 손상되고 피부에 화상을 입을 수 있으니 주의하여야 한다.
63. 온도의 조절
    1. 젖은 털은 온도를 강으로, 물기가 제거된 후에는 미지근한 바람을 이용하여 말린다.
    2. 높은 온도는 피모가 손상되고 피부에 화상을 입을 수 있으므로 주의한다.
    3. 눈에 바람이 직접적으로 가지 않도록 주의한다.

4. 더블 코트는 이중모로 되어 있어 피모에 물기가 남아 있는 경우가 있으므로 피모 속을 확실하게 말려 주어야 한다.

5. 싱글 코트는 피모가 얇아서 강한 바람이 한 곳에 향할 경우 화상의 위험이 있으므로 빠른 시간 내에 작업을 끝낼 수 있도록 한다.

65. ④ 강한 온도는 모질 손상의 원인이 되므로 온도를 적절하게 조절하여 준다.

67. 얼굴 주변과 귀의 털은 길이가 길어 개의 입에 들어가는 것을 방지하기 위하여 밴딩을 해준다.

68. ② 털의 길이가 짧은 부위부터 드라이를 한다.

69. ① 얼굴 부위의 털이 길기 때문에 견종의 입에 들어가는 경우 모발의 손상뿐 아니라 애완동물의 기도를 막아 호흡곤란이 올 수도 있으니 주의하여야 한다.

70. ① 래핑지는 래핑을 할 때 필요한 재료이다.

② 드라이 작업 시 밴드를 다시 잘라내어야 하므로 여러 개의 고무줄 사용은 작업 시간을 연장시킨다.

④ 머즐의 털은 양쪽으로 나눠 밴딩하며 하악의 털과도 나누어 밴딩해준다.

⑤ 귀의 피부가 함께 묶이지 않도록 주의하여 밴딩하여야 한다.

71. ④ 들뜬 털의 마무리는 위에서 아래 방향으로 드라이한다.

73. 더블 코트 견종에 대한 설명이다.

74. 싱글 코트 견종에 대한 설명이다.

75. ⑤ 보호털은 오버코트로 언더코트보다 길고 굵다.

76. ④ 밴딩에 비하여 더 많은 작업을 하게 되지만 장기적으로 관리하기 용이하다.

77. ① 그리핑: 트리밍 나이프로 소량의 털을 골라서 뽑는 것

② 카딩: 빗질하거나 긁어내어 털을 제거하는 미용법

④ 피킹: 손가락을 사용하여 오래된 털을 정리하는 것

⑤ 밴딩: 밴드를 이용하여 털을 묶어주는 것

78. ② 파팅: 털을 좌우로 분리하는 것.

③ 초킹: 흰색 털에 흰색을 표현할 수 있는 제품을 문지르며 바르는 것

④ 치핑: 가위나 빗살 가위를 사용하여 털끝을 잘라내는 것

⑤ 래핑: 래핑지로 털을 감싸 밴드로 묶는 것

79. ③ 밴딩은 털의 구겨짐이 없어 전람회 출진 전 코트 관리에 많이 활용된다.

80. ④ 달마티안: 달마티안은 단모종으로 래핑을 할 이유가 없다.

82. 그레이하운드, 비글, 불독, 차이니스샤페이는 단모종으로 래핑·밴딩을 필요로 하지 않다.

83. ① 래핑지: 래핑을 할 때 필요한 재료이다.

84. ② 겸자: 귀 관리를 할 때 필요한 장비이다.

85. ④ 미디엄나이프: 꼬리, 머리, 목 부분을 스트리핑할 때 사용하는 장비이다.

86. ④ 애완동물의 성향과 털의 성질을 파악하여 래핑과 밴딩의 적용 여부를 결정하여야 한다.

87. ④ 래핑을 한 상태에서는 피모의 공기 접촉이 저해되므로 일정 시간마다 풀어준 후 다시 작업해 준다.

88. ④ 입술 끝선에서 귀 아래쪽 라인에 맞춰 경계선을 나눈다.

89. ③ 스톱의 구분을 준 뒤 눈꼬리에서 뒤통수까지 경계선을 나눈다.

92. ③ 귀 래핑 시 상해가 발생되지 않도록 귀 끝에서 1cm 이상 간격을 주고 래핑한다. 간격이 너무 넓어지게 되면 래핑지가 잘 흘러내린다.

93. ① 개가 래핑을 긁어 모양을 엉클어 놓는 경우 털의 손상을 방지하기 위해 래핑을 다시 해주고 불편함이 있는지 확인한다.

② 밴딩은 관절의 움직임에 따라 나누지만 정해진 개수는 없다.

③ 래핑은 오랜 시간 방치하면 털이 손상되고 뭉침의 원인이 된다.

96. ⑤ 래핑지에 개가 싫어하는 냄새나 맛을 발라 물어뜯지 않도록 훈련할 수 있다.

▶ 저자 소개

김남진
- 애견미용 경력 28년
- 반려견스타일리스트 NCS학습모듈 개발진
- (현) 킴스애견미용학원 원장
- (현) (사)한국애견협회 미용 심사위원
- (현) 서울종합예술실용학교 애완동물과 교수

▶ 도움 주신 분들
- 김희은
- 장미진
- 이화정

- 태현상사
- 유진가운
- 비요세까이

반려견스타일리스트

| 초판 발행일 • 2020년 5월 27일
| 초판 인쇄일 • 2020년 5월 25일
| 지은이 • 김 남 진
| 펴낸이 • 김 미 아
| 펴낸곳 • **도서출판 한수**
| 출판등록 • 제303-2003-000031호
| 주소 • 서울특별시 성동구 왕십리로 311-1
| 전화 • 02·2281·8013
| 팩스 • 02·921·8785
| 홈페이지 • www.hansoo.or.kr
| ISBN • 979-11-85174-52-5

■ 이 책의 내용을 무단으로 인용하거나 발췌를 금지하며, 내용의 전부 또는 일부를 이용하려면 **도서출판 한수**의 서면 동의를 받아야 합니다.

※ 파본 및 낙장본은 교환하여 드립니다.